Hans Georg Lehmann

Deutschland
Chronik
1945–2000

2000

BOUVIER VERLAG · BONN

Die Deutsche Bibliothek – CIP-Einheitsaufnahme

Lehmann, Hans Georg:
Deutschland Chronik 1945-2000 / Hans Georg Lehmann. - 2., überarb. und erw. Aufl.
- Bonn : Bouvier, 2000
  ISBN 3-416-02957-7

ISBN 3-416-02957-7

Inhalt

KAPITEL V: Die beiden deutschen Staaten im Wandel vom
Ost-West-Konflikt zur Ost-West-Entspannung
1969/71–1982   211

KAPITEL VI: Deutschland in der Ära der Ost-West-Entspannung bis zum Vorabend der »Wende« in der DDR
1982–1989   303

KAPITEL VII: Von der friedlichen Revolution in der DDR
zur staatlichen Einheit Deutschlands am Ende
des Kalten Krieges 1989–1990 357

KAPITEL VIII: Deutschland auf dem Wege zur inneren Einheit
im gesamteuropäischen Bezugsrahmen 1990–1998 441

KAPITEL IX: Kontinuität und Wandel in Deutschland während der rotgrünen Koalition 1998 – 2000   551

Tabellen

Einführung

Die »**Deutschland-Chronik 1945 – 1995**«, von der Bundeszentrale für politische Bildung und dem Bouvier Verlag in Bonn Ende 1995 veröffentlicht, ist in den Jahren 1996 – 1999 fünf Mal nachgedruckt, aber nicht aktualisiert worden. Nach fünf Jahren wird eine überarbeitete und bis zur Gegenwart ergänzte und erweiterte Neuausgabe vorgelegt. Auf den neuesten Stand gebracht ist auch die Auswahlbibliographie im Anhang.

1. Zielsetzungen

Die Chronik will **Daten, Zusammenhänge und Entwicklungen** zur Zeitgeschichte und Politik in Deutschland über die letzten fünfeinhalb Jahrzehnte vermitteln. Sie beginnt mit der bedingungslosen Kapitulation nach dem Zweiten Weltkrieg am 8. Mai 1945, und sie endet 55 Jahre später Ende Mai 2000. Redaktionsschluss war daher am **1. Juni 2000**.

Zu den Hypotheken des Zweiten Weltkriegs gehören die Teilung Deutschlands und die Entstehung zweier deutscher Staaten. Zwar gibt es zusammenfassende Bücher über die Bundesrepublik Deutschland (BRD), über die Deutsche Demokratische Republik (DDR), teilweise auch über Deutschland als Ganzes nach 1945, doch fehlte bisher ein vergleichbarer informierender datenorientierter Gesamtüberblick, der die Entwicklung der **beiden deutschen Staaten** getrennt darstellt, sie jedoch zugleich integriert.

Diese Chronik spannt daher den Bogen von der Vorgeschichte der beiden deutschen Staaten bis zu ihrer Nachgeschichte seit dem Beitritt der DDR zur BRD. Damit werden Daten, Zusammenhänge und Entwicklungen erfasst und dokumentiert, die von den Anfängen der Teilung Deutschlands bis zu ihrer Überwindung reichen – bis zur Wiederherstellung der staatlichen Einheit und zum Teil auch bereits inneren Einheit Deutschlands.

2. Konzeption

In Chroniken werden üblicherweise Daten und Informationen chronologisch aufgeführt und aneinander gereiht, aber nicht systematisch nach inhaltlichen Bezügen geordnet. Die Deutschland-Chronik macht eine Ausnahme von dieser Regel. Sie erleichtert es, Informationen gezielt nachzuschlagen oder zu vermitteln, indem sie Daten chronologisch nach übergreifenden Sachthemen ordnet, so Zusammenhänge aufzeigt und Entwicklungen offen legt. Diese **Chronik neuen Stils** verbindet daher **Chronologie mit Systematik**. Sie gliedert den Stoff systematisch-inhaltlich nach Kapiteln und innerhalb der durchnummerierten Abschnitte bzw. Unterabschnitte nach Daten in zeitlicher Reihenfolge. So entsteht ein **Wegweiser**, der eine Orientierunghilfe zur deutschen Zeitgeschichte und Politik der letzten 55 Jahre bieten soll. Ergänzend treten Bilder als Illustrationen hinzu.

Soweit sich – wie oft – Fakten und Vorgänge nicht eindeutig bestimmten Abschnitten oder Unterabschnitten zuordnen lassen, werden sie durch **Querverweise** erschlossen oder ergänzt, die Hinweispfeile (→) markieren.

3. Gliederung

Die Chronik ist nach historisch-politischen Zäsuren wie folgt gegliedert:

Kapitel I: 1945–1949 — Die Besetzung und Teilung Deutschlands nach dem Zweiten Weltkrieg und die Vorgeschichte der beiden deutschen Staaten

Kapitel II: 1949–1955 — Die Konstituierung der beiden deutschen Staaten bis zu ihrer West- bzw. Ostintegration und Souveränität

Kapitel III: 1955–1961 — Das doppelte Bündnis der beiden deutschen Staaten mit den bisherigen Besatzungsmächten bis zum Bau der Berliner Mauer

Kapitel IV: 1961–1969/1971 — Die Übergangsperiode von der Ära Adenauer bis zum Ende der Großen Koalition (1961–1969) bzw. bis zum Sturz Ulbrichts (1961–1971)

Kapitel V: 1969/1971–1982 — Die sozialliberale Ära Brandt/Schmidt und die neue Ära Honecker im Wandel der Ost-West-Beziehungen

Kapitel VI: 1982–1989 — Der christlichliberale Regierungswechsel und die beginnende Destabilisierung der SED-Herrschaft

Kapitel VII: 1989–1990 — Die friedliche Revolution (Wende) in der DDR und die Wiederherstellung der staatlichen Einheit Deutschlands

Kapitel VIII: 1990–1998 — Die Einheit Deutschlands als neue politische Herausforderung in gesamteuropäischer Verantwortung

Kapitel IX: 1998 – 2000 — Kontinuität und Diskontinuität in Deutschland seit der rotgrünen Regierungsbildung

4. Akzente

Vorrangig sind sachliche Informationen zur Zeitgeschichte und Politik in Deutschland 1945–2000. Dieses Basiswissen soll zu einer fundierten historischen Urteilsbildung befähigen und so zur persönlichen politischen Meinungsbildung beitragen. Daten und Fakten sammeln und vorstellen, heißt Daten und Fakten auswählen, einordnen und bewerten. Der Verfasser ist sich bewusst, dass es ihm daher trotz seines Bestrebens, möglichst sachlich zu informieren, nicht »objektiv« gelungen sein kann, neutral zu bleiben.

Allerdings: Der Akzent liegt eindeutig – **primär** – auf der Vermittlung gesicherten Tatsachenwissens; ihm gegenüber treten – **sekundär** – Interpretationen deutlich zurück. Diese Bewertungen sollen Zusammenhänge aufdecken helfen, also zur Orientierung beitragen, ohne sie zu präjudizieren. Nicht politische Beeinflussung oder gar Schulung, sondern politische Bildung auf der Basis gesicherter Fakten und Grundkenntnisse – das ist das Leitmotiv dieser Chronik.

Je mehr sich die Chronik der Gegenwart nähert, umso dichter werden die Daten, umso umfangreicher die Informationen. Dies liegt nicht nur im **Gegenwartsbezug** der Chronik begründet, dies rechtfertigen auch die weltpolitischen Veränderungen seit 1989, in die der deutsche Einigungsprozess, seine Folgen und seine Nachwirkungen eingebettet sind. Wichtige Fakten, Ereignisse und Entwicklungen der Vergangenheit kommen dennoch nicht zu kurz. Sie laden zu einem Rückblick oder zu einer Rückbesinnung auf die letzten 55 Jahre deutscher Zeitgeschichte und Politik ein.

5. Orientierungen

Die bisher gesammelten ausgewählten Datenmaterialien sind durchgesehen, übernommen, überarbeitet, zum Teil gekürzt und schließlich bis Ende Mai 2000 fortlaufend ergänzt worden. Damit ist die Deutschland-Chronik auf den **neuesten Stand** gebracht.

Die Auswahl der Daten und Materialien orientiert sich **schwerpunktmäßig** an folgenden staatlichen Politikfeldern:

Regierungssystem und Innenpolitik; Internationale Beziehungen, Außen- und Sicherheitspolitik; Deutschlandpolitik und innerdeutsche Beziehungen; Berlin-Frage und Hauptstadtproblem; Wirtschafts-, Finanz- und Arbeitspolitik; Sozial- und Gesundheitspolitik; Entwicklungs- und Umweltpolitik; Familien-, Jugend- und Bildungspolitik (am Rande).

Der Schwerpunkt der Datenauswahl liegt zwar im **staatlich-politischen** Bereich, doch wird unter Politik nicht nur Politik **von oben** verstanden, also staatliche und Regierungspolitik. Daher sind, soweit im begrenzten Umfang dieser Chronik möglich, auch die wichtigsten **gesellschaftspolitischen** Entwicklungen und Verände-

rungen **von unten** beachtet worden, z.B. bei Parteien, Organisationen, Protest-
bewegungen, Extremismus oder Terrorismus.

Berücksichtigt sind während der Teilung Deutschlands **beide deutschen Staaten.**
Entsprechend ihrer Bedeutung ist die Bundesrepublik Deutschland bevorzugt dokumentiert, doch ist die DDR nicht vernachlässigt worden. Gehen von der DDR
entscheidende Weichenstellungen aus, wie in den Jahren 1989 und 1990 für die
deutsche Einheit, dann kehrt sich das Verhältnis um: Daten und Fakten aus der
DDR überwiegen bei weitem jene aus der BRD, so z. B. im Kapitel VII.

Die Außen- und Sicherheitspolitik der beiden deutschen Staaten wird nicht nur
jeweils **bilateral**, sondern auch **international** in ihren mehrstaatlichen Verflech-
tungen beleuchtet. Soweit zum Verständnis erforderlich, sind daher wichtige Vorgänge der Weltpolitik oder in Nachbarstaaten erwähnt.

Deutschlandpolitik, innerdeutsche Beziehungen und Berlin-Frage haben als **besondere Politikfelder** eigene Abschnitte erhalten.

Die Chronik beschränkt sich in der Regel auf die **vertikale** Politik des Bundes
bzw. der Bundesregierung; doch sind gelegentlich auch **horizontale** Vorgänge in
Bundesländern oder Regionen eingeflochten worden, soweit von ihnen wichtige
Impulse auf den Gesamtstaat ausgehen – so z.B. bei Landtagswahlen oder in der
Bildungspolitik.

Die Abkürzung BRD für Bundesrepublik Deutschland wird wertneutral neben
der Abkürzung DDR für Deutsche Demokratische Republik verwendet.

6. Adressaten

Die Chronik wendet sich an **alle an Geschichte oder Politik Interessierten**, die sich
nicht mit Tagesnachrichten zufrieden geben, sondern mehr wissen wollen oder kritisch weiterfragen – nach historischen Hintergründen und Zusammenhängen, nach
politischen Leitzielen und Konsequenzen, nach konkreten Informationen und ver-
steckten Desinformationen. Dazu ist befähigt nur, wer über historisch-politisches
Basiswissen verfügt.

Wegen der Zielsetzung, einen breiten Leserkreis anzusprechen, hat der Verfasser
soweit wie möglich auf fachwissenschaftliche Terminologie verzichtet und sich um
eine klare und allgemein verständliche Ausdrucksweise bemüht. Informationen sind
komprimiert und in ihren Zusammenhängen dargestellt worden, um eine rasche
Orientierung zu ermöglichen.

Bevorzugt richtet sich die Chronik an Wissensvermittler (Multiplikatoren), auch
an künftige:

– **an Lehrende und Lernende in der politischen Bildung.** Ihr Leitziel sind informierte und mündige Bürgerinnen und Bürger, ohne die auf Dauer keine Demokratie leben und überleben kann. Hierbei gilt es auch den Blick für neue
politische Herausforderungen zu schärfen, mit denen sich Deutschland heute

konfrontiert sieht. Schließlich waren die Deutschen mehr als 40 Jahre lang geteilt, und sie sind erst zehn Jahre wieder geeint, so dass Hypotheken, Belastungen
und Indoktrinationen der Vergangenheit nachwirken.

–   **an Studierende, vor allem der Geschichte, der Politikwissenschaft und der So-
    zialwissenschaften.** Die Chronik ist aus Vorlesungen entstanden, die der Ver-
    fasser an der Universität Bonn gehalten hat, um in die Zeitgeschichte und Po-
    litik Deutschlands seit 1945 einzuführen: für Studierende im Grundstudium, die
    sich das erforderliche historisch-politische Basiswissen aneignen wollten, auf
    dem sie aufbauen konnten, aber auch für Examenskandidaten, die sich auf ihre
    Prüfung vorbereitet haben und deshalb ihre Grundkenntnisse auffrischen woll-
    ten.

–   **an Lehrerinnen und Lehrer der Fächer Geschichte, Politik, Sozialwissenschaften
    oder Sozial- und Gemeinschaftskunde**, vor allem an Gymnasien für Grund- und
    Leistungskurse. Da die Chronik den Stoff nach übergreifenden Kapiteln gliedert
    und inhaltlich nach Abschnitten und Unterabschnitten erschließt, kann sie
    die Unterrichtsvorbereitung durch schnelle Vermittlung historisch-politischer
    Grundkenntnisse in ihren zeitlichen Zusammenhängen erleichtern.

7. Benutzung

Die Benutzung der Chronik erleichtern je nach Zielsetzung folgende Orientierungshilfen:

–   **das Inhaltsverzeichnis nach Kapiteln und durchnummerierten Abschnitten bzw.
    Unterabschnitten**: zur fortlaufenden Lektüre oder zum gezielten Nachschlagen
    über historisch-politische Fakten und Zusammenhänge in ihrer zeitlichen Ab-
    folge.

–   **die Querverweise mit Hinweispfeilen** (→) und fortlaufenden **Kolumnentiteln**:
    zur ergänzenden Information bei themenübergreifenden Fakten und Vor-
    gängen; **innerhalb** des Abschnitts/Unterabschnitts mit Pfeil und Datum/Da-
    ten, **außerhalb** des Abschnitts/Unterabschnitts mit deren laufender Numme-
    rierung, Pfeil und Datum/Daten (z. B. Potsdamer Konferenz: 1. → 17. 7. –
    2. 8. 1945).

–   **das Namenregister im Anhang**: zum gezielten Nachschlagen aller im Textteil
    der Chronik aufgeführten Namen (einschließlich der Lebensdaten) mit Seiten-
    angaben. – Auf ein Sachregister ist verzichtet worden, da die Chronik systema-
    tisch-inhaltlich nach Sachthemen gegliedert wird und Querverweise (→) über die
    Kolumnentitel rasch nachschlagbar sind.

–   **die Auswahlbibliographie im Anhang:** zum weiterführenden Studium sind –
    nach Sachthemen gegliedert – Hilfsmittel und Fachbücher aufgeführt, die
    helfen, Datenmaterialien zu ergänzen oder Fachkenntnisse zu vertiefen. Ver-
    zeichnet sind auch Bücher mit statistischen Angaben, sodass es überflüssig ist,

Bevölkerungszahlen, Wahlergebnisse u.a. im Anhang zusammenzustellen. Soweit Hauptergebnisse z. B. von Wahlen dokumentiert werden, sind sie in durchnummerierten Tabellen erfasst und im Inhaltsverzeichnis aufgeführt worden.

Frau Hildegard Bremer und Frau Birgitta Gruber von der Bundeszentrale für politische Bildung danke ich für ihre redaktionelle Mithilfe und die Auswahl der Abbildungen.

Redaktionsschluss: 1. Juni 2000

Hans Georg Lehmann

KAPITEL I:

Alliierte Besatzungspolitik und die Teilung Deutschlands nach dem Zweiten Weltkrieg 1945–1949

Hausen in Ruinen, Kochen im Freien, Essen zwischen Trümmern: Frauen in Nürnberg im April 1945.

1. Vorentscheidungen der Siegermächte 1945–1949

1945

8. Mai

Das Oberkommando der Wehrmacht (OKW) unterzeichnet (eigentlich am 9. 5. 1945 um 0 Uhr 16) in Anwesenheit der bevollmächtigten alliierten Generale die **bedingungslose Kapitulation** aller deutschen Streitkräfte im sowjetischen Hauptquartier in Berlin-Karlshorst. Damit endet in Europa der Zweite Weltkrieg.

9. Mai

In seiner Siegesrede versichert **Stalin**, die Sowjetunion beabsichtige nicht, »Deutschland zu zerstückeln oder zu vernichten«. Er rückt damit öffentlich von alliierten Teilungsplänen ab, die er noch auf der Konferenz in Jalta (4.–11. 2. 1945) befürwortet hatte.
Während des Zweiten Weltkriegs hatte Stalin gefordert, dass Deutschland Territorien abtreten müsse, vor allem im Osten, da Polen für den Verlust seiner Gebiete bis zur Curzonlinie (»Ostpolen«) entschädigt und deshalb nach Westen verschoben werden müsse (Heimstatt- und Kompensationstheorie auf der Kriegskonferenz in Teheran vom 28. 11.–1. 12. 1943). Konkrete Teilungspläne hatten Churchill (Nord- und Südtrennung Deutschlands entlang der Mainlinie) und Roosevelt (Zerstückelung Deutschlands in fünf Teilstaaten) vorgelegt.

11. Mai

Die von Präsident Truman am 10. 5. 1945 gebilligte, geringfügig geänderte **Direktive JCS 1067** vom 26. 4. 1945 schreibt der US-Militärregierung vor, Deutschland nicht zum »Zwecke seiner Befreiung« zu besetzen, sondern als »besiegten Feindstaat«. Untersagt sind Bestrebungen, die auf eine Fraternisation mit den Deutschen hinauslaufen oder ihren Mindestlebensstandard über das Niveau eines Nachbarstaats heben.

23. Mai

Britische Truppen verhaften Hitlers Nachfolger **Karl Dönitz** mit seiner »Geschäftsführenden Reichsregierung« unter Graf Schwerin von Krosigk. Seitdem fehlt jede deutsche Zentralgewalt.

5. Juni

Berliner Deklaration »in Anbetracht der Niederlage«: Die Regierungen der Vier Mächte übernehmen die »Oberste Regierungsgewalt in Deutschland« (supreme authority with respect to Germany), jedoch ohne Annexion. Seine Grenzen wollen sie später festlegen. Sie teilen das Territorium nach dem Stande vom 31. 12. 1937 in vier Besatzungszonen auf, Berlin unter einer Militärkommandantur in vier Sektoren. Die oberste Gewalt übernimmt der **Kontrollrat** aus den vier alliierten Oberbefehlshabern in Berlin: jeder in seiner Zone, gemeinsam und einstimmig in allen Deutschland als Ganzes betreffenden Angelegenheiten.

Über die Besatzungszonen und den Kontrollmechanismus hatten sich die Siegermächte in den **Londoner Protokollen** der European Advisory Commission (EAC) verständigt: Im 1. Protokoll vom 12. 9. 1944 war Deutschland in seinen Grenzen vom 31. 12. 1937 in eine östliche (sowjetische), nordwestliche (britische) und südwestliche (amerikanische) Zone aufgeteilt worden, Groß-Berlin ebenfalls in drei Sektoren. Ergänzend wurde nachträglich am 14. 11. 1944 eine französische Besatzungszone beschlossen, die aus ursprünglich den USA und England zugewiesenen Gebieten bestand. – Im 2. Protokoll vom 14. 11. 1944 hatte die EAC das Dreimächte-Kontrollsystem geregelt, dem Frankreich am 1. 5. 1945 beitrat.

Die Interalliierte Militärkommandantur für Berlin beginnt ihre Arbeit am 11. 7., der Alliierte Kontrollrat am 30. 8. 1945.

17. Juli –   Die **Potsdamer Konferenz** der »Großen Drei« (Truman, USA; Sta-
2. August   lin, Sowjetunion; Churchill, ab 28. 7. Attlee, Großbritannien) beschließt, Deutschland zu entmilitarisieren, zu entnazifizieren, zu demokratisieren, zu dekartellisieren und nach dem Prinzip der Selbstverwaltung von unten nach oben zu dezentralisieren. Geplant sind deutsche Zentralverwaltungen unter Staatssekretären für Finanzen, Transport, Verkehr, Außenhandel und Industrie. Deutsch-

Die »Großen Drei« auf der Konferenz in Potsdam: links Churchill, in der Mitte Truman, rechts Stalin. → 17. Juli–2. August 1945

land ist als wirtschaftliche Einheit zu betrachten, seine Industrie zu kontrollieren, seine Land- und Friedenswirtschaft zu fördern, sein Lebensstandard jedoch unter dem Niveau der europäischen Länder zu halten. Reparationen sind in der jeweiligen Besatzungszone aus der laufenden Produktion, aus Demontagen und Auslandsguthaben zu befriedigen; die Sowjetunion erhält 10 Prozent der demontierten Industrieanlagen aus den Westzonen ohne Gegenleistung und 15 Prozent gegen Naturalien bzw. Rohstoffe.

Nordostpreußen mit Königsberg (westliche Zusage, dies bei der Friedensregelung zu unterstützen) und »die früher deutschen Gebiete« östlich Oder und westlicher Neiße sowie die »frühere« Freie Stadt Danzig kommen vorbehaltlich der endgültigen Regelung der Grenzen auf der Friedenskonferenz unter sowjetische bzw. polnische »Verwaltung«. Die in Polen, der ČSR und in Ungarn zurückgebliebene deutsche Bevölkerung soll »in ordnungsgemäßer und humaner Weise« ausgesiedelt werden.

Frankreich tritt den Beschlüssen am 7. 8. 1945 unter Vorbehalten bei. Sie beziehen sich u. a. auf die vorgesehene Errichtung gesamtdeutscher Zentralverwaltungen, die im Herbst 1945 am französischen Veto im Kontrollrat scheitern.

Die Potsdamer Konferenz bestätigt, dass die Anti-Hitler-Koalition (Bündnis der Westmächte mit der Sowjetunion) auch nach dem Kriegsende in Europa trotz aller Meinungsverschiedenheiten fortbesteht. Konflikte werden aber nur vorübergehend durch dilatorische, d. h. aufschiebende Formelkompromisse überbrückt.

10. Sept. –
2. Okt.

Auf der ersten Konferenz des in Potsdam beschlossenen **Rats der Außenminister in London** verlangt Frankreich die Abtrennung des Rhein-Ruhr-Gebiets. Die Sowjetunion fordert eine deutsche Zentralregierung sowie eine Viermächte-Ruhrkontrolle. Die USA schlagen einen Viermächtevertrag über die Entmilitarisierung Deutschlands für 25 Jahre vor (Byrnes-Plan).

20. Nov. –
1. Okt. 1946

Vor dem **Internationalen Militärgerichtshof in Nürnberg** werden die NS-Hauptkriegsverbrecher – wie zwischen den Alliierten vereinbart – angeklagt. Zwölf von ihnen werden wegen Verbrechen gegen den Frieden, Kriegsverbrechen und Verbrechen gegen die Menschlichkeit zum Tode verurteilt, sieben zu Haftstrafen und drei freigesprochen (Hjalmar Schacht, Franz von Papen und Hans Fritsche). NSDAP-Führerkorps, Gestapo, Sicherheitsdienst (SD) und Schutzstaffel (SS) werden als verbrecherische Organisationen eingestuft.

Als letzter verbüßt Rudolf Heß (»Stellvertreter des Führers«) seine Strafe im Spandauer Gefängnis, wo er am 17. 8. 1987 laut Obduktionsbefund Selbstmord begeht.

Zwölf Nachfolgeprozesse (1946–1949) befassen sich u. a. mit dem Auswärtigen Amt (Wilhelmstraßenprozess), dem IG-Farben-, dem

Der Prozeß gegen die Hauptkriegsverbrecher in Nürnberg: hinter der Barriere die Angeklagten. → 20. November 1945–1. Oktober 1946

Flick- und dem Kruppkonzern, mit dem Oberkommando der Wehrmacht und SS-Behörden, ferner mit SS-Ärzten, SS-Juristen und Militärs.
Die von den Militärgerichten verurteilten Kriegsverbrecher sind, soweit sie nicht hingerichtet werden, später unter dem Einfluss des Kalten Krieges größtenteils amnestiert worden.

1946

25. April –
12. Juli

Der Rat der Außenminister erzielt auf seiner **Konferenz in Paris** (erste Sitzungsperiode: 25. 4. – 16. 5., zweite Sitzungsperiode: 15. 6. – 12. 7.) keinen Konsens in der Deutschlandfrage. US-Außenminister Byrnes regt erneut an, Deutschland 25 bzw. 40 Jahre lang zu entwaffnen, die vier Sektoren zusammenzulegen und einen Friedensvertrag abzuschließen. Der sowjetische Außenminister Molotow kritisiert die westliche Besatzungspolitik: Er fordert einen deutschen Zentralstaat, die Viermächte-Ruhrkontolle, die »wirtschaftliche« Entmilitarisierung Deutschlands und – wie auf der Krimkonferenz in Jalta vom 4.–11. 2. 1945 empfohlen – zehn Milliarden Dollar Reparationen als 50-prozentigen sowjetischen Anteil.

6. September In seiner **Stuttgarter Rede** kündigt **Außenminister Byrnes** den Wandel der amerikanischen Besatzungspolitik an. Sie wolle dem deutschen Volk »zu einem ehrenvollen Platz unter den freien und friedliebenden Nationen der Welt« verhelfen und dem demokratischen, föderativen und wirtschaftlichen Wiederaufbau Deutschlands dienen. Der französische Anspruch auf das Saarland werde anerkannt, der Umfang der an Polen abzutretenden Gebiete dagegen endgültig erst auf der Friedenskonferenz festgelegt. – Der sowjetische Außenminister Molotow bezeichnet daraufhin am 17. (16.?) 9. 1946 die Oder-Neiße-Linie als endgültige deutsch-polnische Grenze.

1947

1. Januar Zur Entstehung der **Bizone**: 2.1. → 1. 1. 1947.

25. Februar Der Kontrollrat löst den **Staat Preußen** mit der Begründung auf, er sei »seit jeher Träger des Militarismus und der Reaktion in Deutschland gewesen«.

10. März – Die **Moskauer Konferenz** des Rats der Außenminister scheitert am
24. April Dissens in der Deutschlandfrage (Friedensvertrag) und am verschärften Ost-West-Konflikt. Molotow (Sowjetunion) fordert einen deutschen Einheitsstaat, Mitkontrolle des Ruhrgebiets, zehn Milliarden Dollar Reparationen, die Anerkennung der Oder-Neiße-Grenze, die Aufhebung der Bizone und die Rückgabe des Saargebiets an Deutschland; Marshall (USA) und Bevin (Großbritannien) treten für die wirtschaftliche Einheit Deutschlands, seinen föderativen Aufbau und die Einsetzung einer Grenzkommission zur Revision der Oder-Neiße-Linie ein. Bidault (Frankreich) erstrebt die Abtrennung des Saar- und des Rhein-Ruhr-Gebiets und legt sich nicht auf eine der beiden Parteien fest.

Die Konferenz wird von der **Truman-Doktrin** überschattet, die der US-Präsident am 12. 3. 1947 verkündet hatte: Präsident Truman verband darin die Zusicherung finanzieller Hilfe für das vom Bürgerkrieg zerrissene Griechenland und die Türkei mit einer Erklärung zur Unverletzlichkeit der Staaten im Nahen Osten und sagte die Hilfe der USA »für die in ihrer Freiheit bedrohten freien Völker« zu. Damit vollzog sich der Übergang zur antikommunistischen Eindämmungspolitik des neuen US-Außenministers Marshall und seines Beraters George F. Kennan (Containment-Konzept).

Die Moskauer Konferenz markiert die Wende der amerikanischen Deutschlandpolitik, die Byrnes in Stuttgart (→ 6. 9. 1946) angedeutet, aber noch nicht vollzogen hatte. Die Anti-Hitler-Koalition zerfällt, der Kalte Krieg wird zunehmend auch in Deutschland ausgetragen.

5. Juni	US-Außenminister Marshall verkündet ein europäisches Hilfs- und Wiederaufbauprogramm, an dem Deutschland teilhaben soll. Dieser **Marshallplan** ist das politisch-ökonomische Pendant zur diplomatisch-militärischen Truman-Doktrin. Auf der Pariser Marshallplan-Konferenz vom 27. 6.–2. 7. 1947 lehnt es die Sowjetunion ab, am European-Recovery-Program (ERP) mitzuarbeiten.
15./17. Juli	An die Stelle der überholten US-Direktive JCS 1067 (→ 11. 5. 1945) tritt die neue **Direktive JCS 1779**: Danach soll die deutsche Selbstverantwortlichkeit auf Länderebene gefördert, die Demontage auf Kriegsindustrien beschränkt, der Lebensstandard erhöht und die Unabhängigkeit von Subventionen erstrebt werden.
25. Nov. – 15. Dez.	Die **Londoner Konferenz** des Rats der Außenminister scheitert, da die Differenzen in der Deutschlandfrage nicht mehr zu überbrücken sind. Hauptstreitpunkte: Reparationen, Demontagen, Marshallplan, Bizone, Oder-Neiße-Linie, Friedensvertrag, deutsche Einheit und Verfassung. Die Londoner Konferenz, die ergebnislos abgebrochen und vertagt wird, beendet die Bemühungen der vier großen Siegermächte um eine gemeinsame Deutschlandpolitik.

1948

23. Februar – 6. März	Die erste Sitzungsperiode der **Londoner Sechsmächtekonferenz** (Westmächte und Beneluxstaaten), zu der die Sowjetunion nicht eingeladen wird, empfiehlt, ein föderatives Regierungssystem in Westdeutschland zu errichten und es am Marshallplan und an der Ruhrkontrolle zu beteiligen. Wie zuvor bereits Großbritannien, so verzichtet unter amerikanischem Einfluss nun auch Frankreich auf eine eigenständige Politik gegenüber der Sowjetunion und Deutschland.
20. März	Aus Protest gegen die Empfehlungen der Londoner Sechsmächtekonferenz und die Gründung der Brüsseler »Westunion« verlässt der sowjetische Militärgouverneur Sokolowskij den **Alliierten Kontrollrat**. Er ist damit gesprengt und tagt nicht wieder. Der **Brüsseler Fünfmächtepakt** zwischen England, Frankreich und den Beneluxstaaten vom 17. 3. 1948 (Westunion) richtete sich als erstes Nachkriegsbündnis in Europa gegen die Sowjetunion und nicht mehr – wie noch der englisch-französische Vertrag von Dünkirchen vom 4. 3. 1947 – gegen Deutschland.
20. April – 2. Juni	Die zweite Sitzungsperiode der **Londoner Sechsmächtekonferenz** beschließt, dem deutschen Volk zu ermöglichen, »auf der Basis einer freien und demokratischen Regierungsform« seine Einheit wiederherzustellen und allmählich »volle Regierungsverantwortung« zu übernehmen. Die Militärgouverneure werden beauftragt, die westdeutschen Ministerpräsidenten zur Einberufung einer »**Ver-**

fassunggebenden Versammlung« zu ermächtigen. Die empfohlene internationale Ruhrkontrolle und die militärische Sicherheitsbehörde sollen vor allem französische Vorbehalte zerstreuen.

23. – 24. Juni Die **Warschauer Achtmächtekonferenz** (Sowjetunion, Albanien, Bulgarien, Jugoslawien, Polen, Rumänien, ČSR, Ungarn) wirft der Londoner Sechsmächtekonferenz vor, Deutschland durch ihre Beschlüsse zu spalten,»antidemokratischen Geist« zu propagieren und die »Oder-Neiße-Friedensgrenze« zu gefährden. Sie fordert unter Berufung auf Potsdam (→ 17. 7. – 2. 8. 1945) eine gesamtdeutsche »demokratische« Regierung und einen Friedensvertrag.

1949

5. – 8. April Auf ihrer **Deutschlandkonferenz in Washington** beschließen die Außenminister Acheson (USA), Bevin (Großbritannien) und Schuman (Frankreich): 1. die Bizone (2.1.→ 1. 1. 1947) durch Fusion mit dem französischen Besatzungsgebiet zur **Trizone** zu erweitern; 2. die Militärregierung zu beenden, indem **Alliierte Hohe Kommissare** politische Kontrollbefugnisse und die Oberbefehlshaber nur noch militärische Funktionen wahrnehmen; 3. die endgültige Fassung des **Besatzungsstatuts**; 4. das Demontageprogramm zu reduzieren und die Industrieproduktion anzukurbeln.

23. Mai –
20. Juni **Letzte Konferenz des Rats der Außenminister in Paris**: Die Sowjetunion befürwortet, den Alliierten Kontrollrat wieder zu beleben, einen Friedensvertrag abzuschließen und einen paritätisch besetzten gesamtdeutschen Staatsrat zu bilden. Die Westmächte schlagen vor, dass die Länder der Sowjetischen Besatzungszone (SBZ) dem soeben verabschiedeten Bonner Grundgesetz beitreten. Die Konferenz bestätigt das Ende der Berlin-Blockade (5. → 12. 5. 1949) und die Freizügigkeit des Verkehrs in Deutschland, scheitert jedoch ansonsten am unüberbrückbaren Dissens in der Deutschlandfrage.

2. Die Teilung Deutschlands

2.1. Entstehung der Bundesrepublik Deutschland (BRD) 1945–1949

1945

11. Juni Nach dem Ende jeder deutschen Zentralgewalt (1. → 23. 5. 1945) fordert als erste Partei die **KPD** in Berlin die »Aufrichtung eines antifaschistischen, demokratischen Regimes, einer parlamentarischdemokratischen Republik mit allen demokratischen Rechten und Freiheiten für das Volk«. Das vorgeschlagene Aktionsprogramm befürwortet u. a. freien Handel und private Unternehmerinitiative »auf der Grundlage des Privateigentums« und die »Schaffung eines Blocks der antifaschistischen demokratischen Parteien«. Die KPD distanziert sich auch von der Zielsetzung, »Deutschland das Sowjetsystem aufzuzwingen«.

15. Juni **Der Zentralausschuss der SPD** in Berlin appelliert im Gründungsaufruf an die Deutschen, »Demokratie in Staat und Gemeinde, Sozialismus in Wirtschaft und Gesellschaft« zu verwirklichen. Banken, Versicherungen, Bodenschätze, Bergwerke sollen verstaatlicht, Großgrundbesitz und Großindustrie für den Wiederaufbau herangezogen und arbeitslose Einkommen abgeschafft werden. Die »organisatorische Einheit der deutschen Arbeiterklasse« wird befürwortet und daher auch die Aktionseinheit mit gleich gesinnten Parteien.
Die in den Westzonen von Schumacher wiedergegründete SPD (Ortsverein Hannover seit 6. 5. 1945) lehnt – anders als die SPD unter Grotewohl in Berlin – entschieden ab, mit der KPD zu kooperieren.

17. Juni Die in **Köln** gegründete rheinische **CDU** vertritt die Idee der Unions- und Volkspartei: Sie will Konfessionsdenken politisch überbrücken und alle gesellschaftlichen Gruppen repräsentieren. Der vorläufige Programmentwurf befürwortet den »Wiederaufbau unseres Vaterlandes« auf dem »unerschütterlichen Fundament des Christentums und der abendländischen Kultur«.

26. Juni Die in **Berlin** gegründete **CDU** (Hermes, Kaiser und Lemmer) bekennt sich zum »christlichen Sozialismus«: Das Privateigentum wird zwar bejaht, doch auch die Sozialisierung der Bodenschätze, des Bergbaus und anderer Schlüsselindustrien. Die Partei erstrebt eine »Ordnung in demokratischer Freiheit«, die sich auf die »kulturgestaltenden sittlichen und geistigen Kräfte des Christentums« stützt, und einen ökonomischen Wiederaufbau »ohne jede Rücksicht auf persönliche Interessen und wirtschaftliche Theorien in straffer Planung«.

5. Juli Die in **Berlin** neu gegründete **Liberal-Demokratische Partei Deutschlands (LDPD)** bekennt sich zur »freien Wirtschaft« auf der Basis des Privateigentums und verzichtet deshalb als einzige Partei auf Sozialisierungsforderungen. Sie will »liberale Weltanschauung« mit »demokratischer Staatsgesinnung« verknüpfen.
Ähnliche Parteien entstehen in den Westzonen (Deutsche Volkspartei in Württemberg am 18. 9. 1945, FDP in Bayern am 30. 11. 1945); am 11./12. 12. 1948 vereinigen sie sich in Heppenheim/ Bergstraße zur **FDP**.

13. Oktober   Die bayerische **CSU** wird in Würzburg, am 8. 1. 1946 in München gegründet. Sie bekennt sich »zur ewigen Gültigkeit des christlichen Sittengesetzes« und setzt sich das Ziel, föderalistische Interessen Bayerns zu vertreten.

6. November   In Stuttgart konstituiert sich der **Länderrat der US-Zone** als ständige Konferenz der Ministerpräsidenten, die von der Militärregierung abhängig sind. Er soll die länderübergreifende Gesetzgebung und Verwaltung koordinieren.
Die US-Militärregierung hatte am 19. 9. 1945 die Länder Bayern, Württemberg-Baden und Groß-Hessen errichtet. – Das Land Bremen entsteht als Enklave am 23. 1. 1947.
In der US-Zone erhalten am 15. 11. 1945 Gemeinden und Kreise Selbstverwaltungsrechte. Am 1. 3. 1947 verleiht die US-Militärregierung den Ländern ihrer Zone legislative, exekutive und richterliche Befugnisse.

1946

15. Februar   Der **Zonenbeirat der britischen Zone** entsteht aus Partei-, Gewerkschafts- und Verwaltungsvertretern. Er berät die Militärregierung »auf allen Gebieten des öffentlichen Lebens«.
Nach der gescheiterten Pariser Außenministerkonferenz (1. → 25. 4. – 12. 7. 1946) löst die britische Militärregierung die bisher preußischen Provinzen innerhalb ihrer Besatzungszone auf und konstituiert am 23. 8. 1946 die Länder Nordrhein-Westfalen, Schleswig-Holstein und Hannover (am 1. 11. 1946 zusammen mit Braunschweig, Oldenburg und Schaumburg-Lippe als Gebietsrat Niedersachsen errichtet). Damit sollen auch französische und sowjetische Pläne, das Ruhrgebiet zu internationalisieren oder mitzuverwalten, abgewehrt werden. – Frankreich reagiert am 30. 8. 1946 mit der Bildung des Landes Rheinland-Pfalz; daneben bestanden bereits die Länder Baden und Württemberg-Hohenzollern.

5. März   Das Gesetz zur Befreiung von Nationalsozialismus und Militarismus in der US-Zone überträgt die **Entnazifizierung** deutschen Spruchkammern und als zweiter Instanz Berufungskammern. Alle Deutschen über 18 Jahre sind per Fragebogen zu überprüfen, ob sie als Hauptschuldige, Belastete, Minderbelastete, Mitläufer, Entlastete oder Nichtbetroffene gelten. Strafen sind je nach Einzelfall: Arbeitslager bis zu zehn Jahren, Vermögenseinziehung, Berufsverbote, Pensionsverlust, Sonderabgaben, zeitweilige Rechtsbeschränkungen u. a.
Die Entnazifizierung in der US-Zone – Vorbild für die anderen Besatzungszonen – erstrebt eine möglichst systematische Entfernung von ehemaligen Nationalsozialisten aus öffentlichen Ämtern und Führungspositionen auch auf der Ebene der kleinen Parteigenossen, ausgenommen Jugendliche, die amnestiert werden. Während

des Kalten Krieges geht das Interesse an der Entnazifizierung immer mehr verloren; in der Regel wird sie 1949/1950 eingestellt. In manchen Behörden der US-Zone arbeiten um diese Zeit mehr ehemalige Parteigenossen als zur NS-Zeit.

1947
1. Januar   Die amerikanische und britische Besatzungszone werden zur **Bizone** vereinigt (Vereinigtes Wirtschaftsgebiet). Für die Wirtschaftsverwaltung ist der »Verwaltungsrat für Wirtschaft« in Minden zuständig.
Die Bizone wird am 8. 4. 1949 um die französische Zone zur Trizone erweitert.

15. April   Das »**Deutsche Büro für Friedensfragen**« wird in Stuttgart von den Ministerpräsidenten der US-Zone gegründet. Es bereitet zunächst künftige Friedensverhandlungen vor und erarbeitet später Gutachten und Materialsammlungen über Territorial-, Besatzungs- und Wirtschaftsfragen. – Es wird am 30. 6. 1950 aufgelöst.

29. Mai   Die britische und amerikanische Militärregierung vereinbaren, die Wirtschaftsverwaltung in der Bizone umzugestalten: durch einen **Wirtschaftsrat** (Wirtschaftsparlament) mit legislativen Befugnissen, den die Landtage wählen; durch den **Exekutivausschuss** als Koordinierungsorgan, der aus je einem Vertreter jeder Landesregierung besteht, und durch **Direktoren**, die der Exekutivausschuss vorschlägt und der Verwaltungsrat ernennt. – Kontrollorgan ist der Bipartite Board, das am 9. 8. 1946 beschlossene britisch-amerikanische Zweimächteamt zur Förderung der wirtschaftlichen Zusammenarbeit.

4. Juni   Die »Niedersächsische Landespartei«, aus der Welfenbewegung hervorgegangen, nennt sich fortan »**Deutsche Partei**« **(DP)**. Sie verficht konservative nationale Grundüberzeugungen, das Recht auf die Heimat und erstrebt eine »gottgewollte sittliche« Staats- und Gesellschaftsordnung.

25. Juni   In Frankfurt a. M. konstituiert sich der **Wirtschaftsrat** als oberstes Organ der Bizone. Er besteht aus 52 von den Landtagen delegierten Abgeordneten (davon je 20 der CDU/CSU und SPD).
Die **Direktoren** der fünf Verwaltungen in und bei Frankfurt a. M. seit 9. 8. 1947 (Ernährung und Landwirtschaft; Verkehr; Post- und Fernmeldewesen; Finanzen; Wirtschaft) gehören alle der CDU/CSU an.

1948
9. Februar   Nach Rücksprache mit den Ministerpräsidenten reorganisieren die Militärgouverneure die Wirtschaftsverwaltung der Bizone: Der **Wirtschaftsrat** wird auf 104 Abgeordnete verdoppelt und ein **Länderrat** als zweite Kammer gebildet (24 Vertreter der Landesregie-

rungen). Der Länderrat hat das Recht der Gesetzesinitiative und kann Veto gegen verabschiedete Gesetze einlegen, das der Wirtschaftsrat nur mit absoluter Mehrheit zurückweisen kann. Gesetze des Wirtschaftsrates bedürfen der Zustimmung des Bipartite Board. (→ 29. 5. 1947)

Der Wirtschaftsrat wählt am 2. 3. 1948 als neues koordinierendes Exekutivorgan den **Verwaltungsrat**, der aus dem Oberdirektor (Hermann Pünder) und Direktoren mit Ministerialbefugnissen besteht. Sie sind alle Mitglieder der CDU/CSU, bis auf den parteilosen Ludwig Erhard (Wirtschaft).

1. Juli   Gemäß den Empfehlungen der Londoner Sechsmächtekonferenz (1. → 20. 4.–2. 6. 1948) übergeben die Militärgouverneure Clay, Robertson und Koenig den elf westdeutschen Ministerpräsidenten die drei **Frankfurter Dokumente**. Im ersten Dokument wird vorgeschlagen, eine »Verfassunggebende Versammlung« bis zum 1. 9. 1948 zur Gründung eines föderativen Staates einzuberufen, im zweiten wird empfohlen, die Ländergrenzen zu überprüfen, und im dritten werden Leitsätze der Beziehungen zwischen der künftigen westdeutschen Regierung und den Besatzungsmächten formuliert.

8.–10. Juli   In **Koblenz** (Hotel Rittersturz) vereinbaren die westdeutschen Ministerpräsidenten widerstrebend und vorläufig, das erste Frankfurter Dokument zu verwirklichen. Damit aber nicht eine Nationalversammlung präjudiziert oder die Reichseinheit gefährdet werde, sollte an die Stelle einer Verfassung ein Grundgesetz als »Organisationsstatut« (Carlo Schmid) treten, das eine parlamentarische Vertretung der Landtage erarbeitet.

21./22. Juli   In **Rüdesheim** (Jagdschloss Niederwald) kommen die westdeutschen Ministerpräsidenten unter dem Einfluss des Berliner Oberbürgermeisters Ernst Reuter (SPD) zu dem Schluss, dass der neu zu gründende westdeutsche Staat die Reichseinheit nicht gefährden werde. Denn zunächst gehe es darum, ein Provisorium als »Kernstaat« aufzubauen, und dann etappenweise darum, die Einheit Deutschlands in den Grenzen von 1937 zu restituieren.

10.–23. Aug.   Auf **Schloss Herrenchiemsee** entwirft ein vorbereitender Verfassungskonvent (von den Landesregierungen berufene Sachverständige) grundgesetzliche Richtlinien für einen »Bund Deutscher Länder« auf föderalistischer Basis.

1. September   Der **Parlamentarische Rat**, dessen Mitglieder von den elf westdeutschen Landtagen gewählt werden (65 Abgeordnete: CDU/CSU und SPD je 27, FDP/DVP/LDP 5 und Zentrum, DP, KPD je 2), tritt in Bonn mit fünf beratenden Vertretern West-Berlins zusammen, um das Grundgesetz (GG) zu erarbeiten. Präsident: Konrad Adenauer (CDU); Vorsitzender des wichtigen gesetzesformenden Hauptausschusses: Carlo Schmid (SPD).

Bonner Idylle: auf dem Weg zum Parlamentarischen Rat. → 1. September 1948

1949

8. Mai	Der Parlamentarische Rat verabschiedet in **dritter Lesung das GG** der »Bundesrepublik Deutschland« mit 53 gegen 12 Stimmen (CSU 6, Zentrum, DP und KPD je 2). Sechs von acht CSU-Vertretern votieren vor allem deshalb gegen das GG, weil es sich nicht eindeutig zur christlichen Staatslehre bekenne und die Länder im Finanzwesen benachteilige.
10. Mai	Der Parlamentarische Rat wählt in geheimer Abstimmung **Bonn** zur vorläufigen Bundeshauptstadt: Von 62 gültigen abgegebenen Stimmen entfallen 33 auf Bonn, 29 auf Frankfurt a. M. – Am 3.11.1949 bestimmt der Bundestag Bonn zum Sitz der Verfassungsorgane der Bundesrepublik Deutschland.
12. Mai	Die Militärgouverneure Clay, Robertson und Koenig genehmigen das **Grundgesetz** vorbehaltlich der Bestimmungen des Besatzungsstatuts (6.2. → 21.9.1949). Das GG kann in Kraft treten, sobald zwei Drittel der Landtage es billigen. Die Militärgouverneure hatten während der Beratungen des GG wiederholt dahin gewirkt, dass das föderalistische Prinzip stärker berücksichtigt (Gesetzgebung, Bundes- und Finanzverwaltung) und der Sonderstatus Berlins beachtet wird.

23. Mai	**Geburtstag der BRD:** Der Parlamentarische Rat **verkündet das GG.** Zehn von elf Landtagen (außer in Bayern) haben ihm zugestimmt.

2.2. Entstehung der Deutschen Demokratischen Republik (DDR) 1945–1949

1945

30. April – 2. Mai	Die **Gruppe Ulbricht** (KPD) trifft mit dem Flugzeug in Berlin aus dem Exil in Moskau ein. Im Auftrag der Roten Armee beginnt sie, deutsche Verwaltungen aufzubauen. Die vielerorts spontan entstandenen antifaschistischen Ausschüsse, Aktions- und Volkskomitees werden aufgelöst oder überwacht. Ähnliche Aufgaben übernehmen die »Initiativgruppen« des Zentralkomitees der KPD unter Anton Ackermann in Sachsen und Gustav Sobottka in Mecklenburg-Vorpommern.
2. Mai	**Berlin kapituliert** vor der Roten Armee. Hitler hatte zuvor am 30. 4. im Bunker der Reichskanzlei Selbstmord begangen. Zur Verhaftung seines Nachfolgers Karl Dönitz: 1. → 23. 5. 1945.
9. Juni	In Berlin-Karlshorst konstituiert sich die **Sowjetische Militäradministration in Deutschland** (SMAD). Sie organisiert sich auch auf Länder-, Provinz-, Kreis-, Stadt- und teilweise Ortsebene. Da die SMAD den politischen Kurs bestimmt und die deutsche Verwaltung kontrolliert, übt sie faktisch die Souveränität in der SBZ aus.
10. Juni	Die SMAD gestattet die Gründung »**antifaschistischer Parteien**« in der SBZ. Sie sollen die »Überreste des Faschismus« ausrotten und die »Grundlage der Demokratie und der bürgerlichen Freiheiten« festigen helfen. Erlaubt sind auch freie Gewerkschaften, die Tarifverträge abschließen, Unterstützungs- und Versicherungskassen organisieren sowie Bildungs- und Kulturarbeit leisten dürfen. Es besteht Registrierungspflicht für alle Organisationen, die der Kontrolle der SMAD unterworfen sind.
11. Juni	Die **KPD** kann sich als erste Partei in Berlin mit einem Aufruf an die deutsche Öffentlichkeit wenden, dazu: 2.1. → 11. 6. 1945. Das vorgeschlagene Aktionsprogramm empfiehlt die Bildung eines antifaschistischen Blocks demokratischer Parteien. Ausdrücklich verworfen wird der Weg, Deutschland das Sowjetsystem aufzuzwingen.
15. Juni	Gründungsaufruf des Zentralausschusses der **SPD** in Berlin (Otto Grotewohl). Die geforderte Einheitspartei der Arbeiterklasse wird von der KPD abgelehnt, doch beschließen beide Parteien

am 19. 6. 1945 ein gemeinsames **Aktionsprogramm**. Zum unterschiedlichen Kurs der SPD unter Grotewohl und Schumacher (Westzonen): 2.1. → 15. 6. 1945.

15. Juni   In Berlin treten Repräsentanten unterschiedlicher Gewerkschaftsrichtungen (Allgemeiner Deutscher Gewerkschaftsbund, Christliche Gewerkschaften, Hirsch-Dunckersche Gewerkschaften, Revolutionäre Gewerkschaftsopposition) dafür ein, den **Freien Deutschen Gewerkschaftsbund** (FDGB) zu gründen. Er soll als Einheitsgewerkschaft an die Stelle der bisherigen Richtungs- und Berufsverbände treten und den antifaschistisch-demokratischen Neuaufbau fördern. – Der FDGB konstituiert sich auf seinem ersten Kongress vom 9.–11. 2. 1946 in Berlin.

26. Juni   In **Berlin** wird die **CDU** gegründet, die sich als gemeinsame Partei beider Konfessionen zum »christlichen Sozialismus« bekennt. Zu den unterschiedlichen Zielsetzungen der »Berliner« und »Kölner« CDU: 2.1. → 17. und 26. 6. 1945.

Am 19. 12. 1945 werden auf Druck der SMAD der CDU-Vorsitzende Andreas Hermes und sein Stellvertreter Walther Schreiber abgesetzt, da sie eine Entschädigung für den nicht in der NS-Zeit belasteten Grundbesitz und »lebensfähige Familienbetriebe« anstelle der Parzellierung durch die Bodenreform gefordert hatten. (3.2. → 3.–10. 9. 1945)

Die neue CDU-Führung unter Jakob Kaiser und Ernst Lemmer vertritt die Idee der Blockfreiheit: Deutschland soll neutral bleiben und eine Brückenfunktion zwischen Ost und West wahrnehmen, um seine Einheit und die Sicherheit Berlins nicht zu gefährden. Die SMAD toleriert diesen Kurs zeitweilig bis zur »Volkskongressbewegung«. (→ 6./7. 12. 1947)

3. Juli   Schriftsteller, Künstler, Wissenschaftler und Lehrer gründen in Berlin den **Kulturbund** zur demokratischen Erneuerung Deutschlands. Der zunächst überparteiliche Verband will zum antifaschistisch-demokratischen Neuaufbau beitragen, »Geist und Macht« miteinander versöhnen und an das »Erbe« des Humanismus, der Klassik und der Arbeiterbewegung anknüpfen.

4.–16. Juli   Die SMAD bestätigt die **Verwaltungen** und ihre **Präsidenten** in den Ländern Sachsen, Mecklenburg-Vorpommern und Thüringen sowie in den Provinzen (seit 21. 7. 1947 Länder) Brandenburg und Sachsen-Anhalt. Die für »innere Angelegenheiten« zuständigen ersten Vizepräsidenten gehören der KPD an, nicht jedoch zunächst die Präsidenten selbst. – In den Landes- und Provinzialverwaltungen sind alle zugelassenen Parteien repräsentiert; das Berufsbeamtentum wird abgeschafft.

Am 22. 10. 1945 bevollmächtigt die SMAD die Landes- und Provinzialverwaltungen, Gesetze und Verordnungen zu erlassen.

5. Juli	Wilhelm Külz und Waldemar Koch gründen in Berlin die **LDPD**, die als einzige Partei Sozialisierungen ablehnt. (2.1. → 5. 7. 1945)
14. Juli	KPD, SPD, CDU und LDPD bilden in der SBZ unter formeller Wahrung ihrer Selbstständigkeit den **Antifa-Block** (»Einheitsfront der antifaschistisch-demokratischen Parteien«). Verbindliche Grundsatzfragen berät und beschließt der paritätisch besetzte Zentrale Ausschuss einstimmig. Der Antifa-Block (Demokratischer Block) dient nach dem Vorbild der kommunistischen Volksfronttaktik seit 1935 dazu, bürgerliche Parteien zu unterwandern und die »führende Rolle der Arbeiterpartei« schrittweise durchzusetzen. Diese Einheitsfront war auch der »Hebel« in osteuropäischen Staaten, um sie zu »Volksdemokratien« sozialrevolutionär umzugestalten.
27. Juli	Auf Weisung der SMAD werden in der SBZ **elf Deutsche Zentralverwaltungen** aufgebaut, denen Präsidenten vorstehen (Verkehr; Post- und Fernmeldewesen; Handel und Versorgung; Industrie; Brennstoffindustrie; Land- und Forstwirtschaft; Finanzen; Arbeit und Sozialfürsorge; Gesundheitswesen; Volksbildung; Justiz). – Die Wirtschaftsverwaltungsorgane werden am → 4. 6. 1947 als Deutsche Wirtschaftskommission (DWK) eingesetzt. Es folgen fünf weitere Zentralverwaltungen: für deutsche Umsiedler (September 1945), für Statistik (Oktober 1945), die Zentrale Deutsche Kommission für Sequestrierung und Beschlagnahme (März 1946), die Deutsche Verwaltung des Innern (Juli 1946) und die Deutsche Verwaltung für Interzonen- und Außenhandel (Juli 1947). Den Zentralverwaltungen obliegen im Auftrag der SMAD Beratungs-, Koordinierungs- und Anleitungsfunktionen gegenüber den Landes- und Provinzialverwaltungen, die ihnen aber nicht unterstellt sind. Schlüsselpositionen haben die Kommunisten inne. Alle aktiven Nationalsozialisten, die sich registrieren lassen müssen, werden aus der Verwaltung entfernt (Entnazifizierung).
20./21. Dez.	Auf der **»Sechziger Konferenz«** (je 30 Delegierte der SPD und KPD) in Berlin macht Grotewohl Vorbehalte gegen die von den Kommunisten zunächst abgelehnte und verzögerte, seit Mitte September 1945 jedoch forcierte Vereinigung beider Parteien geltend, solange der gesamtdeutsche Rahmen fehle. Gefordert wird auch der Verzicht auf die »Vorzugsstellung« der KPD und auf undemokratische Methoden wie Druck oder Zwang. Doch soll als »Auftakt zur Verwirklichung der politischen und organisatorischen Einheit der Arbeiterbewegung« die Aktionseinheit beider Parteien erweitert und vertieft werden. Der Zentralausschuß der SPD wendet sich noch am 15. 1. 1946 in einer Resolution gegen die Parteiverschmelzung unter KPD-Führung in der SBZ und versucht, sie zu verzögern.

1946

7. März
Die **Freie Deutsche Jugend** (FDJ) wird unter dem Vorsitz Erich Honeckers gegründet. Der »Zentrale Jugendausschuss« hatte am 26. 2. beantragt, die FDJ als »überparteiliche, demokratische« und einheitliche Jugendorganisation zuzulassen.
Der am 13. 12. 1948 gegründete **Pionierverband** organisiert Kinder von 6 bis 14 Jahren: zunächst als Jungpioniere (1.–3. Klasse), dann als Thälmann-Pioniere (4.–7. Klasse). Mit dem Eintritt in die 8. Klasse sollen sie freiwillig der FDJ beitreten.
In Widerspruch zu ihrer überparteilichen »Verfassung«, die im Mai 1952 revidiert wird, bekennt sich die FDJ zur führenden Rolle der »Arbeiterpartei« und zur Freundschaft mit der Sowjetunion.

21./22. April
Die **Sozialistische Einheitspartei Deutschlands** (SED) wird in Berlin durch Zwangsvereinigung der KPD mit der SPD in der SBZ gegründet. Zuvor hatten am 19./20. 4. die letzten Parteitage beider Parteien in der SBZ stattgefunden; trotz ihrer Vorbehalte befürworteten auch die SPD-Delegierten die Parteigründung. Hauptgründe: 1. Die SPD sah sich doppeltem Druck ausgeliefert, von oben durch die SMAD, die »Einheitsgegner« verhaftet oder mit Redeverbot bestraft hatte, von unten durch »Aktionsausschüsse«,

Walter Ulbricht (rechts) lässt sich auf der I. Funktionärskonferenz der FDJ feiern. In der Mitte vor dem Mikrophon: FDJ-Vorsitzender Erich Honecker. → 7. März 1946

die – oft auf Weisung sowjetischer Kommandanten – die Parteivereinigung lokal vorweggenommen hatten. 2. Die KPD machte Zugeständnisse, indem sie sich zum »besonderen deutschen Weg zum Sozialismus« (Anton Ackermann) bekannte und volle »Demokratie« zusicherte. 3. Die Niederlage der Kommunisten bei freien Wahlen in Österreich und Ungarn sowie die verschärften Ost-West-Spannungen in Osteuropa und im Nahen Osten (erzwungener Rückzug der Roten Armee aus Iran) legten der Sowjetunion nahe, vollendete Tatsachen in der SBZ zu schaffen. – Zur Urabstimmung der West-Berliner SPD-Mitglieder: 5. → 31. 3. 1946.

Die SED ist zunächst keine Kaderpartei nach sowjetischem Vorbild, sondern eine Massenpartei, die statutengerecht alle Funktionen von Betriebs- und Ortsgruppen bis zum Zentralsekretariat (ZS) paritätisch mit Kommunisten und Sozialdemokraten besetzt. Demgemäß sind Pieck und Grotewohl gleichberechtigte Parteivorsitzende. Nach den einstimmig verabschiedeten programmatischen »Grundsätzen und Zielen« betrachtet sich die SED als »unabhängige Partei«, die für die »wahren nationalen Interessen ihres Volkes« kämpft und »für die wirtschaftliche, kulturelle und politische Freiheit Deutschlands« eintritt.

Die Gründung der SED markiert eine Zäsur. In den Westzonen wird sie, von der KPD abgesehen, als sowjetische Satellitenpartei angeprangert, von der Bevölkerung in der SBZ »Russenpartei« geheißen; die SED selbst interpretiert ihre Gründung als »bisherigen Höhepunkt in der Geschichte der deutschen Arbeiterbewegung und des deutschen Volkes«.

22. Mai –
2. Juni

Die **Einheitsschule** wird in der SBZ mit dem Ziel eingeführt, die Schule zu demokratisieren: ohne Rücksicht auf Geschlecht, Besitz, Glauben oder Abstammung. Privilegien im Bildungswesen sollen so abgeschafft werden.

Auf den »vorschulischen« Kindergarten folgt die achtklassige obligatorische Grundschule. Sie wird durch die dreijährige Berufsschule bzw. durch die vierjährige Ober- und Fachschule ergänzt.

»Neulehrer«, in kurzfristigen Lehrgängen vorbereitet, ersetzen die aus dem Schuldienst im Zuge der »Entnazifizierung« entlassenen Lehrer.

1947

7. – 9. März

Antifaschistische Frauenausschüsse gründen in Berlin den **Demokratischen Frauenbund Deutschlands** (DFD). Er soll Frauen aktiv an das politisch-gesellschaftliche Leben heranführen.

4. Juni

Die von der SMAD eingesetzte **Deutsche Wirtschaftskommission** (DWK) koordiniert zentral die Arbeit der Landesverwaltungen und hat u. a. die Reparationslieferungen zu gewährleisten.

Seit dem 12. 2. 1948 wird die DWK eine De-facto-Regierung, da ihr Wirtschaftsplanung und -leitung obliegen. Am 20. 4. 1948 erhält sie auch Gesetzgebungsbefugnisse, die für alle deutschen Organe in der SBZ verbindlich sind. Am 11./12. 10. 1949 wird die DWK Teil der »Provisorischen Regierung« der DDR.

20. – 24. Sept. Auf ihrem **II. Parteitag** (mit westdeutschen Delegierten) bekennt sich die SED, die bei den Landtagswahlen am 20. 10. 1946 die erstrebte absolute Mehrheit knapp verfehlt hatte, »zum Marxismus als der wissenschaftlichen Grundlage der Arbeiterbewegung«. Im »Kampf um die Einheit Deutschlands« fordert sie einen Volksentscheid für einen »demokratischen Einheitsstaat mit dezentralisierter Verwaltung«. Unter der Losung »Mehr produzieren, gerechter verteilen, besser leben!« sollen die Arbeitsproduktivität und der Konsum erhöht, das Leistungsprinzip stärker bedacht werden.

6./7. Dez. In Berlin tagt der **1. Deutsche Volkskongress**, der aus Delegierten politischer Parteien und Organisationen besteht, z. T. auch aus den Westzonen. Als Instrument der SED-Bündnispolitik fordert er eine Volksabstimmung mit der Zielsetzung, die »demokratische Einheit« Deutschlands unter einer Zentralregierung herzustellen.
Ursprünglich war die »Volkskongressbewegung für Einheit und gerechten Frieden« einberufen worden, um auf der Londoner Außenministerkonferenz (1. → 25. 11.–15. 12. 1947) den gesamtdeutschen Willen zu repräsentieren.
Da die CDU-Vorsitzenden Jakob Kaiser und Ernst Lemmer ablehnen, sich an der Volkskongressbewegung zu beteiligen und damit ihre politische Autonomie gegenüber der SED aufzugeben, werden sie am 19./20. 12. 1947 von der SMAD abgesetzt. An ihre Stellen treten konzessionsbereite Parteiführer wie Otto Nuschke, Georg Dertinger und Hugo Hickmann. – Kaiser war für SMAD und SED auch deshalb nicht mehr tolerierbar, weil er eine »nationale Repräsentation« als »Brückenbau« zwischen Ost und West forderte, den von der Sowjetunion abgelehnten Marshallplan (1. → 5. 6. 1947) billigte und die Oder-Neiße-Linie als Grenze ablehnte.

1948
17./18. März Der **2. Deutsche Volkskongress**, den die SED anläßlich der 100-Jahr-Feier der Revolution von 1848 einberuft, besteht aus Delegierten der Blockparteien und Massenorganisationen in der SBZ sowie Teilnehmern aus den Westzonen. Er wählt den **1. Deutschen Volksrat**, der beansprucht, ganz Deutschland zu repräsentieren, und fordert ein Volksbegehren für einen Volksentscheid über die Einheit Deutschlands.
Der vom »Verfassungsausschuss« (Otto Grotewohl) vorgelegte und vom 1. Deutschen Volksrat am 22. 10. 1948 bestätigte Verfassungs-

text, der sich an den SED-Entwurf einer »Verfassung für die deutsche demokratische Republik« vom 14. 11. 1946 anlehnt, wird zur öffentlichen Diskussion gestellt. Der 1. Deutsche Volksrat verabschiedet am 19. 3. 1949 den überarbeiteten Verfassungstext. (→ 7. 10. 1949)

21. April   Die **National-Demokratische Partei Deutschlands** (NDPD) wird gegründet und in den Antifa-Block aufgenommen. Sie umwirbt vor allem ehemalige NSDAP-Mitglieder, Soldaten und Offiziere sowie bürgerlich-nationale und konservative Gruppen.
Formell war die **Entnazifizierung** mit der Auflösung der Entnazifizierungskommissionen am 10. 3. 1948 beendigt worden. Danach folgen nur noch Strafverfahren gegen NS- und Kriegsverbrecher.

29. April   Gründung der **Demokratischen Bauernpartei Deutschlands** (DBD). Sie soll vor allem die Landbewohner für die Antifa-Politik gewinnen.

15./16. Sept. Die SED verurteilt die **Sonderwegtheorie**, d. h. den »besonderen deutschen Weg zum Sozialismus«; denn sie missachte das »große historische Beispiel der Sowjetunion« und die »Grundlagen des Marxismus-Leninismus«. Das sowjetische Modell gilt daher fortan als sakrosankt.
Oppositionelle Sozialdemokraten (»Schumacheragenten«), Gewerkschafter und Kommunisten, die nicht – wie z. B. Anton Ackermann am 24. 9. 1948 – »Selbstkritik« üben, werden als »feindliche Elemente« aus der SED ausgeschlossen, zum Teil verhaftet (u. a. Max Fank, Fritz Drescher, Paul Kreutzer). Die »Säuberungen« obliegen der neugebildeten Zentralen Parteikontrollkommission (ZPKK).

<u>1949</u>

25.–28. Jan. Mit der **1. Parteikonferenz** (Ersatzparteitag) beginnt die Stalinisierung der **SED** als Kader- und Kampfpartei nach sowjetischem Vorbild. Diese »Partei neuen Typus« versteht sich als »bewusste Vorhut der Arbeiterklasse« mit dem Politbüro als Führungsspitze und organisiert sich nach dem Prinzip des »demokratischen Zentralismus«, d. h. der freiwilligen Unterordnung der Basis unter die Führung (Parteidisziplin). Das Prinzip, alle Führungsfunktionen paritätisch mit Kommunisten bzw. Sozialdemokraten zu besetzen, wird aufgegeben.

29./30. Mai   Der **3. Deutsche Volkskongress** bestätigt die vom 1. Volksrat am 19. 3. 1949 verabschiedete Verfassung. Er wählt aus seinen Reihen den 2. Deutschen Volksrat mit 330 Mitgliedern, davon 90 der SED.
Am 15./16. 5. 1949 war der 3. Volkskongress in der SBZ erstmals nach einer **Einheitsliste** des »Demokratischen Blocks« von der

wahlberechtigten Bevölkerung mit zwei Dritteln Ja- und einem Drittel Neinstimmen gewählt worden; aus den Westzonen werden Teilnehmer delegiert.

7. Oktober **Gründung der DDR:** Der 2. Deutsche Volksrat konstituiert sich als Provisorische Volkskammer und setzt die **Verfassung** in Kraft. (6.3. → 7. 10. 1949)

3. Wirtschafts- und Sozialreformen

3.1. Westzonen: Wiederaufbau und Währungsreform 1945–1949

<u>1945</u>

2. August   Nach dem **Potsdamer Abkommen**, das Deutschland als wirtschaftliche Einheit betrachtet, sind Kriegs- und Rüstungspotenzial zu vernichten, Industriebetriebe zu dekartellisieren, zu demontieren und zu kontrollieren, Landwirtschaft und Friedensindustrie zu fördern. Der durchschnittliche Lebensstandard in Deutschland darf das Niveau der europäischen Länder nicht überschreiten. (1. → 17. 7. – 2. 8. 1945)

Deutsche Großstädte nach dem Krieg: Hamburg 1945 in Schutt und Asche. → 2. August 1945

Das wirtschaftliche Überleben in den Westzonen mit ihren zerstörten Großstädten und Industriezentren (Ruhrgebiet) ist zunächst oft härter als in der SBZ. Es mangelt vor allem an Lebensmitteln, Wohnungen, Verkehrswegen und Arbeitsmöglichkeiten.

1946
26. März

Der **Industrieplan des Alliierten Kontrollrats** beschränkt die Kapazität der gesamtdeutschen Rohstoff- und Fertigungsindustrie – den Bausektor ausgenommen – auf etwa die Hälfte der Vorkriegsproduktion (1938). Aufgelistet wird, was verboten ist, neu herzustellen (u. a. Waffen, Schiffe, synthetisches Benzin, verschiedene Chemikalien), und was eingeschränkt produziert werden darf (u. a. Stahl, Maschinen, Verkehrsmittel, Chemieprodukte). Für die Friedenswirtschaft nicht erforderliche Industrieanlagen sollen zerstört oder als Reparationen demontiert werden.

1947
29. August

Der **neue Industrieniveauplan** für die Bizone, trotz heftiger französischer und sowjetischer Proteste verabschiedet, revidiert den Industrieplan des Alliierten Kontrollrats vom → 26. 3. 1946. Danach ist die Industrieproduktion etwa auf den Stand von 1936 zu erhöhen, das Wirtschaftspotenzial wieder aufzubauen und die immer noch katastrophale Ernährungslage (sog. Hungerwinter 1946/1947) zu verbessern.
Die Demontage wird zwar trotz deutscher Proteste fortgesetzt, jedoch schrittweise reduziert (Demontagepläne in der Bizone vom 16. 10. und in der französischen Zone vom 7. 11. 1947).

1948
20. – 21. Juni

Währungsreform in den drei Westzonen durch Neuordnung des Geldwesens: Die Deutsche Mark (DM) tritt an die Stelle der Reichsmark (RM). Dadurch wird der bestehende Geldüberschuss (Kriegsfinanzierung) abgeschöpft. Die am 1. 3. 1948 gegründete »Bank Deutscher Länder« erhält das Notenausgaberecht verliehen.
Jeder Deutsche bekommt zunächst eine Kopfquote von DM 40, später noch einmal DM 20. Private RM-Guthaben und Verbindlichkeiten werden in der Regel 10 : 1 umgetauscht, regelmäßig wiederkehrende Leistungen (Löhne, Gehälter, Renten, Pensionen, Mieten u. a.) 1 : 1 umgestellt. Der Sachwertbesitz bleibt erhalten.
Die öffentliche Hand wird von allen Verbindlichkeiten (z. B. Reichsschuldtitel) befreit, sog. Ausgleichsforderungen zugunsten von Bank- und Versicherungsbilanzen ausgenommen.
Die Planwirtschaft mit Bezugsscheinen, Preis- und Lohnstopps (seit 1936) sowie Geldentwertung bei Warenknappheit bzw. -hortung, schwarzen Märkten und »Zigarettenwährung« endet. Bei zunächst

Währungsreform in den Westzonen: Ausgabe des »Kopfgeldes« von DM 40 in Hamburg. →
20.–21. Juni 1948

steigenden Preisen gleicht die neue marktwirtschaftliche Ordnung
nach und nach monetäre Nachfrage und Güterangebot aus.

Die Währungsreform ist vor allem das Werk Ludwig **Erhards**, der
als Direktor für Wirtschaft in der Bizone (»Homburger Plan«)
den wirtschaftlichen Aufschwung in den Westzonen einleitet und
eine Vielzahl von Preis-, Bewirtschaftungs- und Rationierungs-
vorschriften aufhebt. Damit sind die Voraussetzungen für die Normalisierung des Wirtschaftslebens und das spätere »Wirtschaftswunder« geschaffen.

Nicht nur SPD und Gewerkschaften, sondern auch Kräfte in der
CDU hatten zunächst ein auf Sozialisierung und Planung beruhen-
des Wirtschaftssystem befürwortet. So sprach sich die CDU der
britischen Zone im **Ahlener Programm** unter dem Vorsitz Konrad Adenauers am 3. 2. 1947 für die Überwindung von Kapitalismus und Marxismus gleichermaßen aus; den Umschwung brachten
erst die **Düsseldorfer Leitsätze** der CDU zur sozialen Marktwirtschaft vom 15. 7. 1949 unter dem Einfluss Ludwig Erhards.
Für die freie Marktwirtschaft auf der Basis des Privateigentums
war nach dem Kriegsende nur die FDP/LDP vorbehaltlos eingetreten.

1. September   In der US-Zone werden die **Demontagen** eingeschränkt; in Nordrhein-Westfalen suspendiert die britische Militärregierung das Gesetz zur **Sozialisierung** der Kohlewirtschaft.
Beide Besatzungsmächte stimmen darin überein, dass Sozialisierungsfragen bis zum Abschluss der Verfassungsvorarbeiten zurückzustellen seien. Verstaatlichungsangebote wurden daher außer Kraft gesetzt, z. B. der Sozialisierungsartikel 41 der hessischen Verfassung vom 1. 12. 1946.

<u>1949</u>

22. April   Das **Ruhrstatut** (Abkommen über die internationale Ruhrkontrolle) tritt in Kraft. Die Internationale Ruhrbehörde aus Regierungsvertretern der Besatzungsmächte, der Beneluxstaaten und später der BRD (vertreten durch die Alliierte Hohe Kommission) kontrolliert die Kohle-, Koks- und Stahlproduktion des Ruhrgebiets und setzt Verbrauchs-, Exportquoten und -preise fest.
Die BRD tritt dem Ruhrstatut gemäß dem Petersberger Abkommen (7.1. → 22. 11. 1949) am 30. 11. 1949 bei. Sie vermag damit die Bodenschätze und Montanerzeugnisse des Ruhrgebiets mit zu kontrollieren.

Demontage im Nachkriegsdeutschland: leergeräumte Maschinenhalle. → 1. September 1948

3.2. SBZ: Wirtschaftsreformen und Sozialisierung 1945–1949

1945

23. Juli   Die SMAD befiehlt, alle privaten Banken und Versicherungen zu schließen. Sie werden damit faktisch »sozialisiert«.

3. – 10. Sept. Die Landes- und Provinzialverwaltungen erlassen **Bodenreformverordnungen**: Alle Großgrundbesitzer mit Gütern von über 100 ha sowie prinzipiell Wirtschaften und Inventar von »NS- und Kriegsverbrechern« werden entschädigungslos und restlos enteignet. Das konfiszierte Land kommt mit staatlichem Grundbesitz in einen Bodenfonds. Aus ihm erhalten vor allem Landarbeiter, landlose oder landarme Bauern sowie »Umsiedler« (aus Gebieten östlich der Oder-Neiße-Linie) Parzellen mit Inventar als Privateigentum zugewiesen (»Junkerland in Bauernhand!«). Dieses »Arbeitseigentum« ist nicht verkäuflich, teilbar, pfändbar oder verpachtbar. Ein Drittel des Bodenfonds bewirtschaften Länder, Kreise und Gemeinden als Volkseigene Güter **(VEG)**.

Eine »demokratische Bodenreform« hatten alle Blockparteien befürwortet, jedoch mit unterschiedlichen Zielen. Zur Kritik der CDU-Führung unter Hermes und Schreiber, die auf Druck der SMAD abgesetzt werden: 2.2. → 26. 6. 1945.

Seit Herbst 1945 entstehen Vereinigungen der gegenseitigen Bauernhilfe (VdgB), die genossenschaftlich die Bodenreform absichern sollen: durch Maschinen-Ausleih-Stationen (MAS), Produzentengemeinschaften, Reparaturwerkstätten, gemeinsame Saatgut- und Düngemittelverwaltung, Kreditvergabe u. a. Die VdgB, die vor allem 1949 bis 1951 mit Hilfe der FDJ ausgebauten MAS (»FDJler auf die Traktoren«) und die Vereinigungen Volkseigener Güter (VVG) dienen später als »Hebel« zur Kollektivierung der Landwirtschaft.

4. September Die SMAD ordnet die Reorganisierung der Justiz an. Diese **Justizreform** vereinheitlicht, zentralisiert und entnazifiziert Gerichte und Staatsanwaltschaften. NS-Juristen werden entlassen. An ihre Stelle treten vor allem »Volksrichter« und Staatsanwälte im »Soforteinsatz«, d. h. ohne juristische Ausbildung.

Reorganisiert und entnazifiziert wird auch die Polizei. Sie dient als »proletarisches Klassenorgan« der »antifaschistisch-demokratischen Umgestaltung«.

29. Oktober Der Flick-Konzern in Sachsen wird entschädigungslos enteignet. Damit beginnt die **Industriereform** als Voraussetzung für die Sozialisierung vor allem der Schwerindustrie.

Zuvor hatten bereits »Bereinigungsausschüsse« (später Sequesterkommissionen) und Betriebsräte Industrieanlagen von »NS- und Kriegsverbrechern« erfasst, beschlagnahmt und die Produktion geregelt. Die SMAD übergibt dieses Vermögen – von Ausnahmen abgesehen – am 29. 3. 1946 deutschen Verwaltungsorganen.

Den Wiederaufbau wichtiger Industriezweige behindern Demontagen vor allem des Maschinenbaus, der chemischen und optischen Werke sowie des zweiten Gleises fast aller Bahnstrecken, ferner Reparationen, die aus der laufenden Produktion entnommen werden.

1946

5. Juni   Großunternehmen wie u. a. die Leuna-, Buna-, Bitterfeld- und Wismut-Werke werden nicht – wie zunächst vorgesehen – als Reparationsleistungen demontiert, sondern in **Sowjetische Aktiengesellschaften** (SAG) umgewandelt. Sie stellen zeitweilig ca. ein Viertel der Gesamtproduktion in der SBZ her und erfüllen auch Reparationsverpflichtungen. Die SAG werden nach und nach der DDR-Wirtschaft übergeben, die letzten am 1. 1. 1954.

30. Juni   **Volksentscheid** im Land Sachsen über die entschädigungslose Enteignung der gewerblichen Betriebe von aktiven Nationalsozialisten und Kriegsverbrechern: 93,7 Prozent aller Wahlberechtigten stimmen mit 77,6 Prozent für, nur 16,5 Prozent gegen die Konfiskation. Sequesterkommissionen überführen die Betriebe in Volkseigentum.

Die Länder und Provinzen der SBZ folgen diesem Beispiel, jedoch unter Verzicht auf Volksentscheide (Gesetze bzw. Verordnungen vom 24. 7. – 16. 8. 1946). Die staatliche Leitung der Volkseigenen Betriebe **(VEB)** obliegt Industrieverwaltungen und ihrer »Hauptverwaltung«.

1947

4. Juni   Zur **DWK** und ihren Aufgaben: 2.2. → 4. 6. 1947.

9. Oktober   »Maßnahmen zur Erhöhung der **Arbeitsproduktivität** und zur weiteren Verbesserung der materiellen Lage der Arbeiter und Angestellten der Industrie und des Verkehrswesens«: In allen Betrieben werden »Arbeitsordnungen« eingeführt und »Leistungsnormen« festgesetzt; Strafmaßnahmen sollen ihre Einhaltung verbürgen.

Der FDGB unterstützt diesen »Aufbauplan« als Instrument gegen »Arbeitsbummelei« und »Gleichmacherei« trotz des Widerstands der Betriebsräte. Sie werden daher schrittweise entmachtet und durch Betriebsgewerkschaftsleitungen (BGL) ersetzt.

1948

17. April   Mit der Entstehung von **Vereinigungen Volkseigener Betriebe** (VVB) endet die Enteignung privater Unternehmen der »NS- und

Propaganda am Parteihaus der SED in Leipzig zum Volksentscheid in Sachsen am → 30. Juni 1946.

Kriegsverbrecher« (Sächsisches Modell). Die Kommissionen für Sequestrierung und Beschlagnahme werden daher aufgelöst. Das Volkseigentum gilt als unantastbar, d. h., es darf weder an Privatpersonen noch an Organisationen verkauft oder übereignet werden. »Verwaltungsräte« aus Gewerkschaftsfunktionären und Betriebsangehörigen beraten die allein verantwortlichen und verfügungsberechtigten VVB-Direktoren.

23. – 28. Juni Die **Währungsreform**, die von der SMAD für die SBZ und ganz Berlin angeordnet worden war, führt die DM-Ost ein. Anders als in den Westzonen (3.1. → 20.–21. 6. 1948) wird mit dieser Neuordnung des Geldwesens der Lebensstandard nicht wesentlich verbessert. Lebensmittelrationierungen bleiben bestehen, auch der schwarze Markt (Geld gegen Ware) und der graue Markt (Ware gegen Ware). Die Versorgungsdefizite sollen Naturallöhne und betriebliche Kompensationen (Tauschgeschäfte) ausgleichen.
Zur Verbesserung der Versorgungslage wird am 20. 10. 1948 die Staatliche Handelsorganisation (HO) gegründet. Waren und Produkte können in diesen Einzelhandelsbetrieben zu erhöhten Preisen ohne Bezugsschein oder Lebensmittelkarten gekauft werden.

30. Juni Der von der SED verabschiedete **1. Zweijahresplan 1949/1950** soll die Industrieproduktion und die Arbeitsproduktivität um ca. ein Drittel steigern.
Die Zentrale Kontrollkommission (ZKK) bei der DWK und Landeskontrollkommissionen dienen der Planerfüllung.
Dem FDGB obliegt die Aufgabe, die zentralistisch gesteuerte Planwirtschaft und ihren volkseigenen Sektor zu fördern. Da traditionelle gewerkschaftliche Funktionen als überholt gelten, werden die Betriebsräte abgeschafft (Bitterfelder Konferenz des FDGB am 25./26. 11. 1948).

13. Oktober Der Bergmann Adolf **Hennecke** (SED) erfüllt in Lugau/Oelsnitz eine Hochleistungsschicht nach dem Vorbild des sowjetischen Hauers Alexej G. Stachanow (1935). Die Rekordleistung (387 Prozent über der Norm) war gründlich vorbereitet und organisiert worden. Sie macht Hennecke zum »Vorbild« der Aktivistenbewegung, die von den Medien hochgespielt wird. Ziele sind der »sozialistische Wettbewerb« und »Qualitätsbrigaden«, die Prämien erhalten.

1949

29. März Auf Anordnung der DWK sind Arbeitsausschüsse für **Technische Arbeitsnormen** (TAN) zu schaffen; werden sie nicht eingehalten, so ist das Leistungssoll nicht erfüllt.
Bereits am 23. 9. 1948 hatte die DWK die Wirtschaftsstrafverordnung erlassen, die Verstöße gegen die Wirtschaft und die Arbeitsmoral ahnden sollte.

Gegen den Marshallplan, für Planerfüllung: FDGB-Agitation in Leipzig Herbst 1948. →
30. Juni 1948

Wer ist Hennecke-Aktivist?
Wer immer 100% sein Plansoll erfüllt
Wer den Begriff „Volkeigener Betrieb" richtig verstanden
Der die Feinde des Fortschritts erkannt hat u. mit ihnen diskutie
Der gewerkschaftliche Disziplin wahrt u. ideologische Aufklärungs
Wer erkannt hat, daß nur eine einige geschlossene Arbeiterklass
ebensgrundrechte des deutschen Volkes verbessern kann!
Wer dies will, der ist ein Hennecke-Aktivis

Nach dem Vorbild Adolf Henneckes sollte der wirtschaftliche Aufschwung durch verstärkte Anstrengungen der Werktätigen bei der Planerfüllung erreicht werden. → 13. Oktober 1948

4. Interzonale Verflechtungen und Sonderfall Saargebiet 1945–1949

1945

30. August Der **Alliierte Kontrollrat** konstituiert sich in Berlin und übernimmt damit die »Oberste Regierungsgewalt in Deutschland« (1. → 5. 6. 1945). Er besteht aus den vier Oberbefehlshabern der alliierten Besatzungstruppen und repräsentiert Deutschland als Ganzes. Die vier Besatzungszonen entwickeln sich politisch eher auseinander als nebeneinander; denn jeder Oberbefehlshaber ist von Weisungen seiner Regierung abhängig, und die deutschen Ministerpräsidenten werden von der jeweiligen Besatzungsmacht eingesetzt. Zunächst überwiegen alliierte Zielsetzungen, die geschlagenen Deutschen für NS- und Kriegsverbrechen zu bestrafen, sie zu entnazifizieren und umzuerziehen (Reeducation).
Die französische Zone wird am stärksten abgeschottet (»Seidener Vorhang«). Am französischen Veto scheitern im Herbst 1945 auch die in Potsdam beschlossenen deutschen Zentralverwaltungen, die in Ost-Berlin bereits bestanden. (1. → 17. 7.–2. 8. 1945 und 2.2. → 27. 7. 1945)

7. Juli Das von US-Truppen besetzte **Saargebiet** kommt zur französischen Zone. Frankreich erklärt es zu seinem Protektorat und erstrebt seine Annexion.
Am 2./3. 1. 1946 stellt Frankreich die ehemals reichseigenen Saarbergwerke unter Zwangsverwaltung (Sequestration).

20. November Der Kontrollrat billigt den zentralen **Aussiedlungsplan**, der vorsieht, ca. 3,5 Millionen Deutsche aus »Polen«, d. h. den polnisch verwalteten Gebieten östlich der Oder und Lausitzer Neiße, in die sowjetische und britische Besatzungszone umzusiedeln. Die Alliierten übernehmen damit zugleich Mitverantwortung für die organisierten Massenaustreibungen; sie sind nicht mehr so brutal wie die grausamen »wilden« Vertreibungen vor und nach der Potsdamer Konferenz. (1. → 17. 7. – 2. 8. 1945)

1946

1. Januar Mit dem »Dyson-Geschäft« beginnt der **Interzonenhandel** zwischen britischer und sowjetischer Zone: der erste befristete Warenaustausch vor allem von Stahl und Eisen gegen Braunkohle und Brennholz.

25. Mai Die Reparationslieferungen aus der US-Zone an die Sowjetunion werden eingestellt, nachdem der stellvertretende US-Gouverneur Clay am 3. 5. einen **Demontagestopp** verfügt hatte. Begründung: Die Sowjetunion habe die in Potsdam vereinbarten Lebensmit-

tel und Rohstoffe im Austausch gegen 15 Prozent der in den Westzonen demontierten Industrieanlagen nicht geliefert. (1. → 17.7.–
2. 8. 1945)

18.–23. Dez.   Frankreich gliedert das Saargebiet aus seiner Zone aus, indem es
eine **Zollgrenze** zu den Westzonen errichtet. Ursprünglich hatte
Frankreich erstrebt, alle linksrheinischen Territorien von Deutschland abzutrennen, stieß damit jedoch auf den Widerstand seiner
Alliierten.

1947

1. Januar   Wie von den Außenministern Byrnes und Bevin am 2. 12. 1946
vereinbart, vereinigen sich amerikanische und britische Zone zur
Bizone. Damit soll die schwierige Versorgungslage (vor allem der
britischen Zone) verbessert werden.

18. Januar   Im **Mindener Abkommen** vereinbaren die Militärverwaltungen der
Bizone und der SBZ erneut einen befristeten Interzonenhandel. Er
sieht gegenseitige Warenlieferungen zu festen RM-Verrechnungs-
preisen (Stand 1944) vor.

6.–7. Juni   Einzige gesamtdeutsche **Ministerpräsidentenkonferenz in München**
auf Einladung des bayerischen Ministerpräsidenten Hans Ehard
(CSU): Die Zusammenkunft scheitert, da die SBZ-Vertreter bereits
am Vorabend abreisen; denn ihr Antrag,»die Bildung einer deutschen Zentralverwaltung« zur»Schaffung eines deutschen Ein-
heitsstaates« als ersten Tagesordnungspunkt zu verhandeln, wird
abgelehnt. Die Rumpfkonferenz verhandelt über Versorgungsengpässe und erlässt den einzigen zentralen Aufruf an die – größtenteils
vom NS-Staat ausgebürgerten – Emigranten im Ausland, wieder
nach Deutschland zurückzukehren (remigrieren).

3.–5. Nov.   Im Haus Altenberg bei Köln erörtern Repräsentanten deutscher
Jugendverbände die Möglichkeiten, interzonal zusammenzuarbei-
ten und einen **gesamtdeutschen Jugendring** zu gründen. Vertre-
ten sind der BDKJ (Bundesführer Josef Rommerskirchen und
Ludgera Kerstholt), die Evangelische Jugend (Landesjugendpfarrer
Fritz Bopp), die Bündische Jugend (Heinz Gruber), die Sportjugend
(Siegfried Perrey), die SJD – Die Falken (Vorsitzender Erich Lindstaedt, Stellvertreter Heinz Westphal) und die FDJ (Vorsitzender
Erich Honecker, Stellvertreterin Edith Baumann, zwei westdeutsche Delegierte).
Nach den Vorstellungen der FDJ sollte das von ihr initiierte Treffen
einen einheitlichen Jugendverband konstituieren, der dem»historischen Erfordernis der antifaschistisch-demokratischen Umwälzung« in ganz Deutschland gerecht wird. Die westdeutschen Repräsentanten fordern als Voraussetzung für eine erfolgversprechende
Kooperation nicht nur die verbale, sondern auch die tatsächliche
»freie demokratische Entwicklung und Arbeit der Jugendverbände

in allen Zonen Deutschlands gleichermaßen«, vor allem die Freiheit der Persönlichkeit, der Meinung, des Gewissens und der Vereinigung (Koalitionsfreiheit) in der SBZ. Da die FDJ diese Grundrechte weder gewährleisten will noch verwirklichen kann, scheitern die Altenberger Sondierungsgespräche an unüberbrückbaren Meinungsverschiedenheiten. Der Deutsche Bundesjugendring wird daher ohne FDJ gegründet. (10. → 3. 10. 1949)

15. Dezember Die **erste Verfassung des Saarlands**, die der Landtag gegen nur eine Stimme verabschiedet, geht von der »politischen Unabhängigkeit des Saarlandes vom Deutschen Reich« aus sowie vom »wirtschaftlichen Anschluss« an die Französische Republik. Ihr obliegen auch Landesverteidigung und Auslandsvertretung. – Erster Ministerpräsident wird Johannes Hoffmann (Christliche Volkspartei).

1948

20. März Die Sowjetunion stellt ihre Arbeit im **Alliierten Kontrollrat** ein, der nicht wieder zusammentritt (Gründe: 1. → 20. 3. 1948). Damit ist das Gremium gesprengt, das »eine angemessene Einheitlichkeit« der alliierten Besatzungspolitik gewährleisten sollte.

1. April Die schrittweise eingeführte **Währungs- und Zolleinheit des Saarlands** mit Frankreich ist vollendet. – Ein Gesetz vom 15. 7. 1948 kreiert eine eigenständige saarländische Staatsangehörigkeit.

1949

8. April Wie auf der Washingtoner Deutschlandkonferenz beschlossen (1. → 5.–8. 4. 1949), wird die Bizone durch die französische Zone zur **Trizone** erweitert.

5. Berlin und Berlin-Blockade 1945–1949

1945

2. Mai Militärische **Kapitulation Berlins**, das die Rote Armee erobert. Hitler hatte am 30. 4. in der Reichskanzlei Selbstmord begangen; am gleichen Tag war die Gruppe Ulbricht (KPD) aus Moskau in Berlin eingetroffen.

19. Mai Der vom sowjetischen Stadtkommandanten eingesetzte **erste »antifaschistische« Magistrat von Berlin** unter dem parteilosen Oberbürgermeister Arthur Werner tritt sein Amt an. Die Schlüsselpositionen bekleiden Kommunisten.

11. Juli Vereinbarungsgemäß übernimmt die **Interalliierte Militärkommandantur** (Kommandantura) die Viermächtekontrolle über die

gemeinsame Verwaltung Berlins, das in vier Sektoren eingeteilt wird. Die Kommandantur untersteht direkt dem Kontrollrat für Deutschland. (1. → 5. 6. 1945)
Englische und amerikanische Truppen waren bis 3./4. 7. 1945 in Berlin eingerückt, nachdem sie die von ihnen eroberten, aber der SBZ zugeteilten thüringischen, sächsischen und mecklenburgischen Gebiete – wie von Truman befürwortet, aber von Churchill heftig kritisiert – geräumt hatten. Französische Truppen folgen vom 12.– 14. 8. 1945.

30. November   Der Alliierte Kontrollrat bestätigt die **drei Luftkorridore**, die alliierte Flugzeuge von Hamburg, von Bückeburg und von Frankfurt a. M. unbeschränkt nach Berlin benutzen können.
Die westlichen Zugangsrechte nach Berlin zu Wasser und zu Lande beruhten nicht auf schriftlichen Vereinbarungen, sondern auf – später umstrittenen – mündlichen Absprachen mit der Sowjetunion vom 29. 6. 1945.

1946
31. März   In einer **Urabstimmung der SPD-Mitglieder** in West-Berlin votieren 82 Prozent der Abstimmenden gegen und nur 12 Prozent für

Selbstversorgung in Berlin: Gemüseanbau vor dem Brandenburger Tor und dem Reichstag 1946.

die Vereinigung ihrer Partei mit der KPD; doch befürworten sie mehrheitlich eine Zusammenarbeit zwischen beiden Parteien. In Ost-Berlin und in der SBZ war die Urabstimmung verboten worden. Auf ihrem Bezirksparteitag am 7. 4. 1946 lehnt die Berliner SPD unter der Führung Franz Neumanns die Vereinigung mit der KPD ab. – Zur Gründung der SED: 2.2. → 21./22. 4. 1946.

20. Oktober   Erste und bis 1990 letzte **freie Wahlen** zur Stadtverordnetenversammlung von Groß-Berlin und zu den Bezirksverordnetenversammlungen unter alliierter Aufsicht. Die SED erhält nur 19,8 Prozent der abgegebenen gültigen Stimmen, die SPD dagegen 48,7 Prozent, die CDU 22,2 Prozent und die LDPD 9,3 Prozent.
Zum Oberbürgermeister wird am 5. 12. 1946 Otto Ostrowski (SPD) gewählt; er tritt am 17. 4. 1947 wegen innerparteilicher Streitigkeiten zurück. Amtierende Oberbürgermeisterin wird am 8. 5. 1947 Louise Schröder (SPD).

1947
24. Juni   Die Stadtverordnetenversammlung wählt **Ernst Reuter** (SPD) gegen die SED-Stimmen zum neuen Oberbürgermeister. Er wird jedoch in seinem Amt wegen eines sowjetischen Vetos von der Interalliierten Kommandantur am 12. 8. 1947 nicht bestätigt.

1948
1. April   Beginn der »**kleinen**« **Berlin-Blockade**: Die westalliierten Militär-, später auch die zivilen Personen- und Gütertransporte nach Berlin zu Lande und zu Wasser werden durch sowjetische Inspektionen und Behinderungen erschwert.

16. Juni   Ende der **Viermächte-Militärverwaltung Berlins**: Die Sowjetunion zieht – wie bereits seit 20. 3. im Kontrollrat – ihren Vertreter aus der Interalliierten Militärkommandantur zurück. Die Westmächte errichten daher am 21. 12. 1948 eine eigene Kommandantur für Berlin (West). (1. → 5. 6. 1945 und 20. 3. 1948)

23./24. Juni   Die Sowjetunion versucht, die Währungsreform in der SBZ auf ganz Berlin zu erstrecken, scheitert jedoch am Widerstand der Westmächte, die am 25. 6. in den Westsektoren die DM-West einführen. Daraufhin wird eine **Großblockade** zu Lande und zu Wasser über West-Berlin verhängt und die Viermächteverwaltung »praktisch beendet«. Die existenznotwendigen Personen- und Gütertransporte sind wegen angeblicher »technischer Schwierigkeiten« unterbrochen, die Strom- und Kohlenlieferungen wegen »Kohlenmangels« eingestellt.
Unter dem Einfluss Reuters (»Völker der Welt! Schaut auf diese Stadt . . .«) und des US-Generals Clay beginnt am 26. 6. 1948 das bisher größte Lufttransportunternehmen, die englisch-amerika-

Berliner Kinder spielen »Luftbrücke«. → 23./24. Juni 1948

nische Luftbrücke, die West-Berlin notdürftig mit Lebensmitteln und Waren versorgt. Sie wird bis 30. 9. 1949 aufrechterhalten.

14. Juli   Die Sowjetunion bestreitet das von den Westmächten beanspruchte Recht auf **freien Zugang** nach Berlin. Gründe: Sie besäßen dort keine originären Besatzungsbefugnisse, sie hätten die Abkommen von Jalta und Potsdam gebrochen, eine separate Währungsreform durchgeführt, obwohl Berlin zur SBZ gehöre, und sie wollten einen westdeutschen Staat gründen. (1. → 20. 4. – 2. 6. 1948)

6. September   Da kommunistische Demonstranten die **Stadtverordnetenversammlung** stürmen, ohne von der Polizei behindert zu werden, verlegen die Mehrheitsparteien unter Otto Suhr ihren Tagungsort vom Ostsektor nach West-Berlin.

30. November   Die SED beruft eine »Außerordentliche Stadtverordnetenversammlung« ein, die den **Magistrat** für abgesetzt erklärt und Friedrich **Ebert** (SED) zum Oberbürgermeister (Ost) wählt.
Der legale bisherige Magistrat weicht am 1. 12. 1948 nach West-Berlin aus (endgültiger Sitz: Rathaus Schöneberg). Auch war zuvor der amtierende Oberbürgermeister Ferdinand **Friedensburg** (CDU) im Ostsektor politisch wiederholt unter Druck gesetzt worden.
Am 4. 12. 1948 wird die Freie Universität (FU) mit der Zielsetzung gegründet, die Freiheit von Forschung und Lehre im Westteil Berlins zu gewährleisten.

5. Dezember   Die neuen Wahlen zur Stadtverordnetenversammlung und zu den Bezirksverordnetenversammlungen finden wegen sowjetischen Verbots **nur in West-Berlin** und ohne Beteiligung der SED statt.
Zum neuen Oberbürgermeister (West) wird am 7. 12. 1948 **Ernst Reuter** (SPD) gewählt. Damit ist Berlin politisch und administrativ endgültig geteilt.

1949

12. Mai   **Ende der ersten Berlin-Krise:** Die Sowjetunion hebt die Blockade West-Berlins auf, wie im New Yorker Viermächteabkommen vom 4. 5. 1949 vereinbart. Dies ändert jedoch nichts daran, dass Berlin geteilt bleibt, auch das Versorgungs- und größtenteils das Verkehrsnetz der Millionenstadt.

KAPITEL II

Die Gründerjahre der beiden deutschen Staaten und ihre Integration in den Ost-West-Konflikt 1949–1955

Sowjetische Panzer auf dem Potsdamer Platz in Ost-Berlin. 6.4. → 17. Juni 1953

6. Konstituierung der beiden deutschen Staaten

6.1. BRD: Grundgesetz und Regierungssystem 1949

1949

24. Mai **Das Grundgesetz (GG) tritt in Kraft**. Es konstituiert die BRD nicht als neuen Staat, sondern organisiert sie als neue politische Ordnung des staatlichen Lebens für eine »Übergangszeit« (Präambel, Art. 146). Auf den Begriff Verfassung wird daher verzichtet, obwohl das GG Verfassungsrang hat.

Hauptunterschiede zur Weimarer Reichsverfassung vom 11. 8. 1919: Plebiszitäre Elemente fehlen, vom Fall der Neugliederung des Bundesgebietes abgesehen (Art. 29 GG); die Position des Präsidenten ist eingeschränkt, jene des Kanzlers dagegen gestärkt worden (Kanzlerdemokratie); der Föderalismus wird ausgebaut und das GG im Sinne der »streitbaren« Demokratie geschützt.

An erster Stelle stehen die **Grundrechte** (Abschnitt I: Art. 1–19), die als unmittelbar geltende subjektive Rechte einklagbar und gegen Missbrauch oder Aushöhlung geschützt, zum Teil staatlich garantiert sind (institutionelle Garantien u. a. für Ehe und Familie, Religionsunterricht, Eigentum und Erbrecht, kommunale Selbstverwaltung, Berufsbeamtentum). Unterscheiden lassen sich:

1. Freiheitsrechte: Freie Entfaltung der Persönlichkeit und persönliche Freiheit (Art. 2), Glaubens- und Gewissensfreiheit (Art. 4), freie Meinungsäußerung und Pressefreiheit (Art. 5), Versammlungsfreiheit für Deutsche (Art. 8), Vereinigungsfreiheit für Deutsche, Koalitionsfreiheit für jedermann (Art. 9), Freizügigkeit und freie Berufswahl für Deutsche (Art. 11 und 12), Petitionsrecht (Art. 17). Bürgerrechte bleiben Deutschen vorbehalten, Menschenrechte gelten für alle.

2. Unverletzlichkeitsrechte: Recht auf Leben und körperliche Unversehrtheit (Art. 2), Brief-, Post- und Fernmeldegeheimnis (Art. 10), Unverletzlichkeit der Wohnung (Art. 13), Eigentum und Erbrecht (Art. 14).

3. Gesellschaftlich-sozialstaatliche Rechte: Elternrecht zur Erziehung und Pflege der Kinder (Art. 6), Errichtung von Privatschulen (Art. 7), Ausbürgerungs- und Auslieferungsverbot (Art. 16), Asylrecht für politisch Verfolgte (Art. 16), staatliche Fürsorge nach den Grundsätzen des sozialen Rechtsstaats (Art. 20 und 28).

Nach den Vorschriften über das Verhältnis von **Bund und Ländern** (Abschnitt II: Art. 20–37) ist die BRD ein demokratischer, republikanischer und sozialer Bundes- und Rechtsstaat, in dem alle Gewalt vom Volke ausgeht. Hauptprinzipien dieser »freiheitlich-demokratischen Grundordnung« sind vor allem: die Menschenrechte, die Volkssouveränität und das Repräsentativsystem (Parteien und Interessenverbände vertreten und formen den Volkswillen), der Primat des Rechts (Rechtssicherheit im Sinne des Gesetzesvorrangs und des Gesetzesvorbehalts), die Gewaltenteilung vertikal-föderativ (Bund-Länder-Gemeinden-Verhältnis) und horizontal-funktionell (Legislative, Exekutive, Judikative), die Verantwortlichkeit der Regierung, das Mehrparteien- und Mehrheitsprinzip als Ausdruck einer pluralistisch-demokratischen Gesellschaft und das Sozialstaatspostulat, d. h., der Staat hat regulativ soziale Gerechtigkeit anzustreben, indem er Gruppenkonflikte ausgleicht, das Wohl der Bürger fördert und eine menschenwürdige Sozialordnung verwirklicht. Demokratische Parteien wirken bei der politischen Willensbildung des Volkes mit (Parteienprivileg nach Art. 21).

Der **Bundestag** (Abschnitt III: Art. 38–49), als einziges Bundesorgan in allgemeiner, direkter, freier, gleicher und geheimer Wahl auf vier Jahre gewählt, repräsentiert das Volk in Ausübung der Staatsgewalt.

Als Parlament obliegen ihm vor allem die Gesetzgebung (u. a. Budgetrecht), die Wahl des Bundeskanzlers, die Kontrolle von Regierung und Bundesverwaltung, die Zustimmung zu Staatsverträgen u. a. m.

Die Abgeordneten sind als Vertreter des ganzen Volkes »an Aufträge und Weisungen nicht gebunden und nur ihrem Gewissen unterworfen« (Art. 38). Sie genießen Indemnität (Verantwortungsfreiheit) und Immunität (Art. 46) und organisieren sich nach Parteien als Fraktionen. Die Opposition übt Kritik an der Regierung, deren Alternative sie ist.

Der **Bundesrat** (Abschnitt IV: Art. 50–53) besteht aus weisungsgebundenen Mitgliedern der Landesregierungen; je nach Bevölkerungszahl verfügen die Länder über fünf, vier oder drei Stimmen, die geschlossen abgegeben werden müssen.

Durch den Bundesrat wirken die Länder bei der Gesetzgebung und Verwaltung des Bundes mit. Verfassungsändernde und föderative (Länderinteressen berührende) Gesetze bedürfen seiner Zustimmung (Zustimmungsgesetze). Gegen alle anderen vom Bundestag verabschiedeten – sog. einfachen – Gesetze kann der Bundesrat nach dem Scheitern des Vermittlungsverfahrens zwar Einspruch einlegen; der Bundestag kann ihn jedoch mit derselben Mehrheit zurückweisen, mit der ihn der Bundesrat eingelegt hat: mit absoluter oder Zweidrittelmehrheit.

Differenzen kann im Gesetzgebungsverfahren der aus Mitgliedern von Bundestag und Bundesrat zusammengesetzte Vermittlungsausschuss schlichten.

Der **Bundespräsident** (Abschnitt V: Art. 54–61) repräsentiert die BRD als Staatsoberhaupt nach innen und außen: Er schlägt dem Bundestag den Bundeskanzler vor, vertritt den Bund völkerrechtlich, schließt in dessen Namen Staatsverträge, ernennt und entlässt Bundesminister, -richter und -beamte, fertigt von der Regierung gegengezeichnete Gesetze aus und verkündet sie, übt das Begnadigungsrecht aus u. a.

Der Bundespräsident kann den Bundestag auflösen, wenn bei der Wahl des Bundeskanzlers (Art. 63) oder bei der Vertrauensfrage des Bundeskanzlers (Art. 68) keine absolute Mehrheit (50 Prozent und eine Stimme der gesetzlichen Mitglieder) zustande kommt. Er kann ferner auf Antrag der Bundesregierung mit Zustimmung des Bundesrats den Gesetzgebungsnotstand (Art. 81) verkünden, falls der Bundestag nach einem gescheiterten Vertrauensantrag nicht aufgelöst worden ist und abgelehnt hat, eine dringliche Gesetzesvorlage zu verabschieden, oder der Bundeskanzler mit ihr die Vertrauensfrage verknüpft hatte. Im Falle solcher Regierungskrisen genügt die Zustimmung des Bundesrats anstelle des Bundestags zu Gesetzesvorlagen innerhalb einer Frist von sechs Monaten.

Den Bundespräsidenten wählt die Bundesversammlung, der als Mitglieder je zur Hälfte die Bundestagsabgeordneten und von den Länderparlamenten nach dem Verhältniswahlsystem gewählte Delegierte angehören, auf fünf Jahre. Gewählt ist, wer im ersten oder ggf. im zweiten Wahlgang die absolute Mehrheit der Stimmen der gesetzlichen Mitglieder der Bundesversammlung erhält. Im dritten Wahlgang genügt die einfache (relative) Mehrheit. – Der Bundespräsident kann einmal wiedergewählt werden und wird vom Präsidenten des Bundesrats vertreten.

Die **Bundesregierung** (Abschnitt VI: Art. 62–69) besteht aus dem Bundeskanzler, der die Richtlinien der Politik bestimmt und dafür die Verantwortung trägt, sowie den für ihr Ressort zuständigen Ministern, die auf seinen Vorschlag vom Bundespräsidenten ernannt und entlassen werden. Es gelten das Kanzler-, das Kollegial- und das Ressortprinzip. Vorrang hat wegen seiner starken Stellung eindeutig der Bundeskanzler mit seiner Richtlinien-, Organisations- und Entscheidungskompetenz.

Der Bundeskanzler wird auf Vorschlag des Bundespräsidenten vom Bundestag mit der Mehrheit der Stimmen seiner gesetzlichen Mitglieder gewählt; andernfalls kann der Bundestag binnen 14 Tagen mit dieser absoluten Mehrheit einen von ihm selbst nominierten Kandidaten zum Bundeskanzler wählen. Erfolgt keine Wahl innerhalb dieser Frist, so findet unverzüglich ein neuer Wahlgang statt. Gewählt ist dann, wer die meisten Stimmen erhält: bei absoluter Mehrheit muss ihn der Bundespräsident ernennen; erreicht er die relative Mehrheit der abgegebenen Stimmen, so entscheidet der Bundespräsident, ob er ihn zum Bundeskanzler ernennt oder den Bundestag auflöst (Art. 63).

Der Bundestag kann den Bundeskanzler nur durch ein konstruktives Misstrauensvotum stürzen, indem er mit der Mehrheit seiner

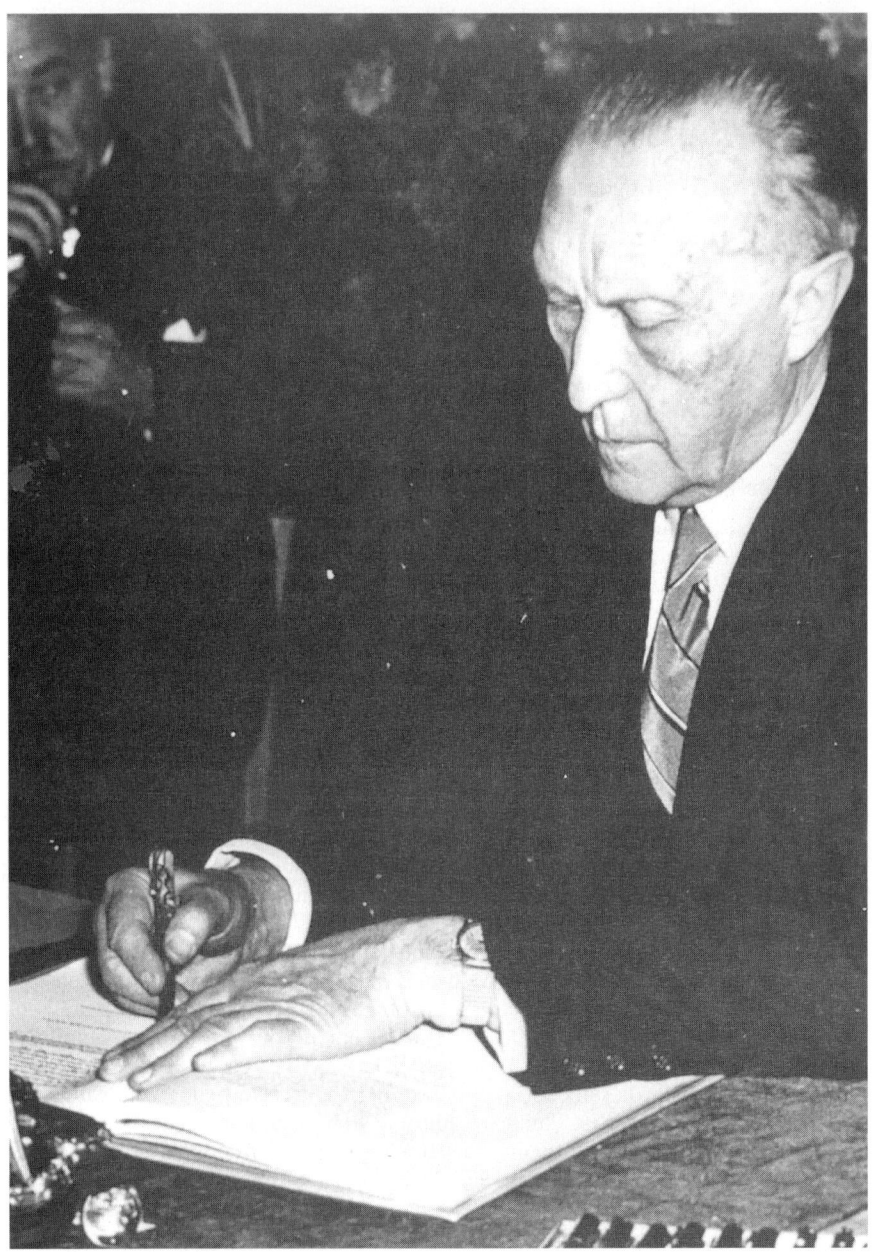

Der Präsident des Parlamentarischen Rats und spätere Bundeskanzler Konrad Adenauer unterzeichnet am 23. Mai 1949 das Grundgesetz.

Mitglieder einen Nachfolger wählt, den der Bundespräsident ernennen muss (Art. 67). Findet eine Vertrauensfrage des Bundeskanzlers nicht die Zustimmung der Mehrheit der Mitglieder des Bundestags, so kann der Bundespräsident den Bundestag auf Antrag des Bundeskanzlers binnen 21 Tagen auflösen, sofern er nicht einen anderen Bundeskanzler wählt (Art. 68).

Die **Gesetzgebungskompetenz** (Abschnitt VII: Art. 70–82) unterscheidet zwischen: 1. der Gesetzgebung der Länder, die zuständig sind, soweit nichts anderes bestimmt ist; 2. der ausschließlichen Gesetzgebung des Bundes; 3. der konkurrierenden Gesetzgebung als Vorranggesetzgebung des Bundes und 4. der Rahmengesetzgebung des Bundes, deren Rahmenvorschriften der Landesgesetzgeber ausfüllt. Bundesrecht bricht Landesrecht.

Gesetzesvorlagen werden beim Bundestag eingebracht: 1. durch die Bundesregierung als Kollegium, das sie zunächst dem Bundesrat zur Stellungnahme zuzuleiten hat; 2. durch den Bundesrat über die Bundesregierung und 3. aus der Mitte des Bundestags durch Abgeordnete (Gesetzesinitiative und Durchlaufverfahren nach Art. 76). Bundesgesetze werden vom Bundespräsidenten nach Gegenzeichnung durch den Bundeskanzler oder den zuständigen Minister ausgefertigt und im Bundesgesetzblatt (BGBl.) verkündet.

Die **Ausführung der Bundesgesetze** und die **Bundesverwaltung** (Abschnitt VIII: Art. 83–91) obliegt der landeseigenen Verwaltung, der Auftragsverwaltung der Länder (z. B. Bundesautobahnen und sonstige Fernverkehrsstraßen), der bundeseigenen Verwaltung (z. B. Bundesbahn, Bundespost, Auswärtiger Dienst, Bundesgrenzschutz) und der bundesunmittelbaren Selbstverwaltung (z. B. Träger der Sozialversicherung als bundesunmittelbare Körperschaften oder Anstalten des öffentlichen Rechts).

Die **Rechtsprechung** (Abschnitt IX: Art. 92–104) als dritte Gewalt üben unabhängige, nur dem Gesetz unterworfene Richter aus. Über besondere Kompetenzen verfügt das Bundesverfassungsgericht, vor allem bei Verfassungsstreitigkeiten. (6.2. → 12. 3. 1951)

Das **Finanzwesen** (Abschnitt X: Art. 105–115) orientiert sich am Föderalismus: Vorgeschrieben ist eine doppelte Finanzverwaltung, eine annähernd gleichmäßige Verteilung der Erträge aus Steuern und anderen Abgaben zwischen Bund und Ländern nach dem Trenn- und Mischsystem (vertikaler Finanzausgleich) sowie ein angemessener Ausgleich zwischen leistungsfähigen und -schwachen Ländern (horizontaler Finanzausgleich). Der Haushaltsplan (Etat) enthält alle Einnahmen und Ausgaben des Bundes. Haushaltsüberschreitungen und außerplanmäßige Ausgaben erfordern die Zustimmung des Bundesfinanzministers. Er ist dem Bundestag und Bundesrat zur Rechnungslegung verpflichtet; für die Rechnungsprüfung ist der Bundesrechnungshof zuständig.

Die **Übergangs- und Schlussbestimmungen** (Abschnitt XI: Art. 116–146) regeln vor allem Rechtsfragen und -folgen aus der Zeit vor und nach dem Kriege (z. B. Staatsangehörigkeit, vorkonstitutionelles Recht, Besatzungskosten und andere Kriegsfolgelasten, Reichsvermögen, Verbindlichkeiten, Religionsstatus).
Änderungen des GG bedürfen einer Zweidrittelmehrheit von Bundestag und Bundesrat; nicht geändert werden dürfen der föderative Aufbau der BRD, die grundsätzliche Mitwirkung der Länder bei der Gesetzgebung sowie die Grundsätze der Art. 1 (Menschenwürde) und 20 (demokratischer und sozialer Bundesstaat).

6.2. BRD: Staatsorgane und Besatzungsmächte 1949 – 1955

1949

14. August **Erste Bundestagswahl**, die CDU und CSU (139 Wahlkreis- und Landeslistensitze ohne Berlin) knapp vor der SPD (131 Mandate) gewinnen. Gewählt wird nach dem vom Parlamentarischen Rat beschlossenen (I.) Wahlgesetz vom 15. 6. 1949: 60 Prozent der Abgeordneten durch Mehrheitswahl direkt in den Wahlkreisen, 40 Prozent durch Verhältniswahl über Landeslisten der Parteien. Jede(r) Wähler(in) hat eine Stimme. Die Gesamtzahl der Mandate wird nach dem Verhältniswahlsystem im Bundesgebiet (ohne Berlin) errechnet und verteilt. Sitze erhalten nur Parteien, die in einem Bundesland mindestens fünf Prozent der abgegebenen gültigen Stimmen oder ein Direktmandat gewinnen.

7. September **Bundestag und Bundesrat** treten in Bonn zu ihren ersten Sitzungen zusammen. Bundestagspräsident: Erich Köhler (CDU), Bundesratspräsident: Karl Arnold (CDU).

12. September Die **erste Bundesversammlung** (402 Bundestagsabgeordnete sowie 402 von den Landesparlamenten gewählte Mitglieder) wählt in Bonn (Bundeshaus) den Bundespräsidenten. Da im ersten Wahlgang weder Theodor Heuss (FDP) noch Kurt Schumacher (SPD) die erforderliche Mehrheit erreichen, folgt ein zweiter Wahlgang, in dem **Heuss** mit der nötigen absoluten Mehrheit gewählt wird.

15. September Der Bundestag wählt den 73-jährigen **Konrad Adenauer**, Vorsitzenden der CDU in der britischen Besatzungszone, zum **ersten Bundeskanzler** mit einer Mehrheit von einer – seiner eigenen – Stimme (202 von 402 möglichen Stimmen). Oppositionsführer: Kurt Schumacher (SPD).

Tab. 1: Erste Bundestagswahl, 14. August 1949

Nur Erststimmen

	Anzahl	%	Sitze[1]
Wahlberechtigte	31 207 620		
Wähler	24 495 614	78,5	
Ungültige Stimmen	763 216	3,1	
Gültige Stimmen	23 732 398		
SPD	6 934 975	29,2	140 (9)
CDU	5 978 636	25,2	120 (5)
CSU	1 380 448	5,8	24
FDP	2 829 920	11,9	57 (5)
BP	986 478	4,2	17
DKP/DRP	429 031	1,8	5
DP	939 934	4,0	17
ZENTRUM	727 505	3,1	10
EVD	26 162	0,1	–
KPD	1 361 706	5,7	15
Parteilose	1 141 647	4,8	3
RSF	216 749	0,9	–
RWVP	21 931	0,1	–
SSW	75 388	0,3	1
WAV	681 888	2,9	12
Abkürzungsverzeichnis s. S. 585			

1 Mit West-Berliner Sitzen (= Zahl in Klammern).

Quelle: Statistisches Bundesamt.

Tab. 2: Erste Bundesversammlung, 12. September 1949 in Bonn

Zahl der Mitglieder: 804
Absolute Mehrheit: 403 Stimmen

Kandidaten	Abgegebene Stimmen	
	1. Wahlgang	2. Wahlgang
Theodor Heuss (FDP)	377	416
Kurt Schumacher (SPD)	311	312
Rudolf Amelunxen (Zentrum)[1]	28	30
Hans Schlange-Schöningen (CDU)[1]	6	2
Alfred Loritz (WAV)[1]	1	–
Karl Arnold (CDU)[1]	1	–
Josef Müller (CSU)[1]	1	–
Enthaltungen	76	37
Ungültige Stimmen	2	3
Summe	803	800

1 Nicht nominiert.

20. September   **Erstes Kabinett Adenauer** als CDU/CSU-, FDP- und DP-Koalitionsregierung.

Bundeskanzler	Konrad Adenauer (CDU), ab 15. 3. 1951 auch Außenminister
Stellvertreter und Marshallplan	Franz Blücher (FDP)
Inneres	Gustav Heinemann (CDU) bis 11. 10. 1950, ab 13. 10. 1950 Robert Lehr (CDU)
Justiz	Thomas Dehler (FDP)
Finanzen	Fritz Schäffer (CSU)
Wirtschaft	Ludwig Erhard (CDU)
Ernährung, Landwirtschaft und Forsten	Wilhelm Niklas (CSU)
Arbeit und Sozialordnung	Anton Storch (CDU)
Verkehr	Hans-Christoph Seebohm (DP)
Post- und Fernmeldewesen	Hans Schuberth (CSU)
Wohnungsbau	Eberhard Wildermuth (FDP) bis 9. 3. 1952, ab 19. 7. 1952 Fritz Neumayer (FDP)
Vertriebene, Flüchtlinge und Kriegsbeschädigte	Hans Lukaschek (CDU)
Gesamtdeutsche Fragen	Jakob Kaiser (CDU)
Angelegenheiten des Bundesrates	Heinrich Hellwege (DP)

Innenpolitisch erstrebt Adenauers Regierungsprogramm, die soziale Marktwirtschaft auszubauen, die Arbeitslosigkeit zu beseitigen, Wohnungsbau und Landwirtschaft zu fördern, industrielle Demontagen einzuschränken, Heimatvertriebene und Kriegsgeschädigte zu integrieren, die Berlin-Hilfe zu verbessern und das Tarif- und Beamtenrecht neu zu regeln; außenpolitisch die Oder-Neiße-Linie rechtlich nicht anzuerkennen, den deutsch-französischen Gegensatz zu überwinden und die Saarfrage zu regeln, die Teilung Deutschlands zu beseitigen und die BRD in die Gemeinschaft der »freien« Völker einzugliedern.

Diese Westintegration erhält – anders als beim Oppositionsführer Schumacher (SPD) – den Vorrang vor der nationalen Wiedervereinigung.

21. September   Das **Besatzungsstatut** vom 10. 4. 1949 (1. → 5.–8. 4. 1949) wird in Kraft gesetzt und das Kabinett Adenauer von der Alliierten Hohen Kommission (AHK) zum Antrittsbesuch empfangen. An die Stelle der bisherigen Militärregierung tritt damit die zivile AHK als »Oberregierung«, die auf dem Petersberg im Siebengebirge residiert – hoch über Bonn und symbolisch über der Bundesregierung. Dem Rat der Hohen Kommissare McCloy (USA), François-Poncet (Frankreich) und Sir Robertson (Großbritannien) unterstellt ist

auch das am 17. 1. 1949 errichtete militärische Sicherheitsamt, das
französische Vorbehalte gegen die BRD zerstreuen soll.

Vorbehalten bleiben den Besatzungsbehörden: militärische Sicherheitsfragen, auswärtige Angelegenheiten, Genehmigungen von
Grundgesetzänderungen, Kontrollen der Gesetzgebung, der Verwaltung, der Wirtschaft und der Außenhandelsbeziehungen. Nach
einer Generalklausel können die Besatzungsmächte alle gewährten
Rechte ganz oder teilweise wieder an sich ziehen, sofern sie es für
geboten halten. Damit ist die gesamte bundesdeutsche Rechtsordnung einschließlich Grundgesetz vom Besatzungsrecht über-
lagert (Besatzungshoheit). Besatzungsrecht hat damit Vorrecht vor
dem innerdeutschen Recht.

1950

8. Januar   Der **Block der Heimatvertriebenen und Entrechteten (BHE)** wird
in Kiel als Vertriebenen- bzw. Flüchtlingspartei gegründet. Von
Schleswig-Holstein aus verbreitet sie sich über das ganze Bundesgebiet (seit September 1952 Gesamtdeutscher Block/Bund [Block]
der Heimatvertriebenen und Entrechteten: GB/BHE).

12. – 18. Sept.   Die westlichen Außenminister Acheson, Bevin und Schuman kün-
digen auf ihrer **New Yorker Konferenz** eine neue Besatzungspolitik
an. Sie diskutieren die Aufstellung europäischer Streitkräfte mit
westdeutschen Kontingenten, beabsichtigen, den Kriegszustand mit
Deutschland zu beenden, und beschließen, die BRD und West-
Berlin gegen Angriffe zu schützen. Sie befürworten die friedliche
Wiedervereinigung Deutschlands und betrachten bis dahin allein
die Bundesregierung als legitimiert, im Namen Deutschlands zu
sprechen und das deutsche Volk zu repräsentieren (Alleinvertretungsanspruch). – Aus dem – in Bonn nicht veröffentlichten – Aus-
legungsprotokoll geht jedoch hervor, dass diese Anerkennung nur
vorläufigen Charakter hatte und die Bundesregierung nicht als De-
jure-Regierung Gesamtdeutschlands galt.

1951

6. März   **Revision des Besatzungsstatuts**: Die Alliierte Hohe Kommission
(→ 21. 9. 1949) überwacht nicht mehr die Bundes- und Länderge-
setzgebung, akzeptiert weitgehend die deutsche Devisenhoheit und
erweitert die diplomatischen Befugnisse der Bundesregierung. Als
Gegenleistung stimmt Bundeskanzler Adenauer die Rohstoffpolitik
mit den westlichen Alliierten ab und erkennt die deutschen Aus-
landsschulden an. (7.1. → 27. 2. 1953)

12. März   Das **Gesetz über das Bundesverfassungsgericht** (»Hüter der Verfassung«), das seine Tätigkeit am 28. 9. 1951 in Karlsruhe aufnimmt,
regelt Zusammensetzung, Zuständigkeiten und Prozessordnung des
obersten Gerichts. Die je acht (ursprünglich zwölf) Richter der

beiden Senate (Zwillingsgericht), jeweils zur Hälfte mit Zwei-drittelmehrheit von Bundestag (Wahlmännerausschuss) und Bundesrat gewählt, entscheiden vor allem über: 1. Organstreitigkeiten zwischen obersten Bundesbehörden (z. B. ob ein Gesetz der Zustimmung des Bundesrats bedarf oder nicht); 2. Bund-Länder-Streitigkeiten; 3. Normenkontrollverfahren zur Prüfung, ob eine Rechtsnorm mit einer höherrangigen übereinstimmt: in Einzelfällen als konkrete-indizente Normenkontrolle auf Antrag von Gerichten, davon unabhängig als abstrakte-prinzipale Normenkontrolle auf Antrag der Bundes-, einer Landesregierung oder einem Drittel der Bundestagsmitglieder über die formelle oder materiell-inhaltliche Gültigkeit einer Norm; 4. Verfassungsbeschwerden gegen Akte der öffentlichen Gewalt wegen Verletzung von Grundrechten und gleichgestellten Rechten, wenn der Rechtsweg erschöpft ist; beschwerdeberechtigt sind alle Bürger und Gemeinden, doch werden die meisten Verfassungsbeschwerden nicht zur Entscheidung angenommen, und bei den entschiedenen beträgt die Ablehnungsquote fast 98 Prozent; 5. das Verbot politischer Parteien; 6. die Verwirkung von Grundrechten; 7. die Anklage des Bundestags oder Bundesrats gegen den Bundespräsidenten wegen vorsätzlicher Verletzung des GG oder eines Bundesgesetzes; 8. Richteranklagen gegen Bundes- oder Landesrichter; 9. Beschwerden gegen die Entscheidungen des Bundestags im Wahlprüfungsverfahren; 10. das Fortwirken alten (vorkonstitutionellen) Rechts als Bundesrecht; 11. Streitfragen, ob eine Regel des Völkerrechts Bestandteil des Bundesrechts ist oder nicht; 12. unterschiedliche Auslegung des GG durch Verfassungsgerichte der Länder. – Entscheidungen des Bundesverfassungsgerichts binden alle Staatsorgane, auch den Bundestag.

15. März
Das **Auswärtige Amt** (AA) wird geschaffen und die dem Bundeskanzleramt angegliederte Dienststelle für Auswärtige Angelegenheiten aufgelöst (→ 6. 3. 1951). Adenauer übernimmt bis zum 6. 6. 1955 auch das Amt des Außenministers.

4. Mai
Das **Bundesneugliederungsgesetz** regelt die Bildung des Bundeslands Baden-Württemberg aus den Ländern Baden, Württemberg-Baden und Württemberg-Hohenzollern; eine Vereinbarung dieser Länder über den Südwestraum war nicht zustande gekommen.
Die Volksabstimmung in vier Stimmbezirken am 9. 12. 1951 ergibt einen 69,7-prozentigen Anteil für den Südweststaat, in Südbaden stimmen jedoch 62,2 Prozent für das alte Land. – Die neue Volksabstimmung am 7. 6. 1970 im Landesteil Baden bestätigt den Fortbestand des Südweststaats.

7. September
Bundespräsident Heuss stiftet den **Verdienstorden** der BRD. Er soll »verdienten Männern und Frauen des deutschen Volkes und

des Auslandes Anerkennung und Dank sichtbar zum Ausdruck«
bringen.

14. September Auf ihrer **Außenministerkonferenz in Washington** beschließen die
westlichen Besatzungsmächte, die BRD »auf der Grundlage der
Gleichberechtigung in eine kontinental-europäische Gemeinschaft«
zu integrieren, an der westlichen Verteidigung zu beteiligen und das
Besatzungsstatut durch einen Deutschlandvertrag so lange zu ersetzen, bis eine Friedensregelung mit einem geeinten Deutschland
folgt. – Den Entwurf des Deutschlandvertrags, über den seit
10. 5. 1951 in Bonn verhandelt worden war, verabschieden die drei
westlichen Außenminister und Adenauer am 22. 11. 1951 in Paris.

1952

26. Mai Der »Vertrag über die Beziehungen zwischen der Bundesrepublik
Deutschland und den Drei Mächten« **(Deutschland-, General- oder
Bonner Vertrag)** wird in Bonn unterzeichnet. Nach diesem Vertrag,
der nur zusammen mit dem Vertrag über die Europäische Verteidigungsgemeinschaft (EVG) (7.3. → 27. 5. 1952) in Kraft tritt, sobald
die Ratifikationsurkunden hinterlegt sind, ist das Besatzungsregime
beendet und die BRD souverän, allerdings vorbehaltlich folgen-
der alliierter Sonderrechte, die 1. die Befugnis zur Truppensta-
tionierung und das Notstandsrecht, 2. Berlin und 3. Deutschland
als Ganzes einschließlich der Wiedervereinigungs- und Friedens-
vertragsfragen betreffen. Erstrebt wird als gemeinsames Ziel mit
friedlichen Mitteln »ein wiedervereinigtes Deutschland, das eine
einheitlich-demokratische Verfassung ähnlich wie die Bundesrepublik besitzt und das in die europäische Gemeinschaft integriert
ist«. Die endgültige Festlegung der Grenzen Deutschlands bleibt
einer frei vereinbarten friedensvertraglichen Regelung für ganz
Deutschland vorbehalten.
Zum Vertragswerk gehören vier Zusatzverträge: 1. Truppenvertrag
über die »Rechte und Pflichten ausländischer Streitkräfte und ihrer
Mitglieder in der Bundesrepublik Deutschland«; 2. Finanzvertrag
über die Höhe des westdeutschen Verteidigungsbeitrags; 3. Über-
leitungsvertrag »zur Regelung aus Krieg und Besatzung entstan-
dener Fragen« (u. a. Besatzungsrecht, Dekartellierung, innere und
äußere Rückerstattung, Entschädigung von NS-Opfern); 4. Steuer-
abkommen über die steuerliche Behandlung ausländischer Streitkräfte und ihrer Mitglieder.
Zu den Folgen entlang der innerdeutschen Grenze: 8. → 26./27. 5.
1952.
Zum Scheitern des EVG-Vertrags und zur Neufassung des Deutschlandvertrags: 7.1. → 19.–23. 10. 1954 und 7.3. → 30./31. 8. 1954.

23. Oktober Auf Antrag der Bundesregierung verbietet das Bundesverfassungsgericht die am 2. 10. 1949 gegründete **Sozialistische Reichs-**

partei (SRP). Hauptgründe: Als rechtsextreme, verfassungswidrige Partei missachte sie die Menschenrechte, belebe den Antisemitismus neu und bekämpfe die Demokratie.

1953

6. September Die **zweite Bundestagswahl** gewinnt die Regierungskoalition deutlich: Die CDU/CSU erhält 243 und die FDP 48 Wahlkreis- und Landeslistensitze gegenüber 151 der SPD (Bundesgebiet ohne Berlin).
Gewählt werden nach dem (II.) Wahlgesetz vom 8. 7. 1953 je zur Hälfte 484 Abgeordnete in den Wahlkreisen mit der Erststimme (Direktmandat) und nach Landeslisten der Parteien mit der Zweitstimme (Verhältniswahl). Berücksichtigt sind nur Parteien, die im Bundesgebiet (ohne Berlin) mindestens fünf Prozent der Zweitstimmen oder ein Direktmandat gewinnen.

7. Oktober Der 2. Bundestag wählt **Konrad Adenauer** (CDU) zum Bundeskanzler (304 gegen 148 Stimmen bei 14 Enthaltungen).

20. Oktober Das **zweite Kabinett Adenauer** besteht aus einer CDU/CSU-, FDP-, DP-, BHE-Koalition. Stellvertreter des Bundeskanzlers wird der Minister für wirtschaftliche Zusammenarbeit Franz Blücher (FDP).

Tab. 3: Zweite Bundestagswahl, 6. September 1953
Zweitstimmen

	Anzahl	%	Sitze[1]
Wahlberechtigte	33 120 940		
Wähler	28 479 550	86,0	
Ungültige Stimmen	928 278	3,3	
Gültige Stimmen	27 551 272		
CDU	10 016 594	36,4	197 (6)
SPD	7 944 943	28,8	162 (11)
FDP	2 629 163	9,5	53 (5)
CSU	2 427 387	8,8	52
GB/BHE	1 616 953	5,9	27
BP	465 641	1,7	–
DP	896 128	3,3	15
DRP	295 739	1,1	–
ZENTRUM	217 078	0,8	3
GVP	318 475	1,2	–
KPD	607 860	2,2	–
DNS	70 726	0,3	–
SSW	44 585	0,2	–
Abkürzungsverzeichnis s. S. 585			

1 Mit West-Berliner Sitzen (= Zahl in Klammern).
Quelle: Statistisches Bundesamt.

Adenauer ist bis 6. 6. 1955 zugleich Außenminister, ab 8. 6. 1955 übernimmt Heinrich von Brentano (CDU) das Amt.

Bundeskanzler	Konrad Adenauer (CDU)
Stellvertreter und wirtschaftliche Zusammenarbeit	Franz Blücher (FDP/FVP)
Auswärtiges	Konrad Adenauer (CDU) bis 6. 6. 1955, ab 8. 6. 1955 Heinrich von Brentano (CDU)
Inneres	Gerhard Schröder (CDU)
Justiz	Fritz Neumayer (FDP/FVP), ab 16. 10. 1956 Hans-Joachim von Merkatz (DP)
Finanzen	Fritz Schäffer (CSU)
Wirtschaft	Ludwig Erhard (CDU)
Ernährung, Landwirtschaft und Forsten	Heinrich Lübke (CDU)
Arbeit und Sozialordnung	Anton Storch (CDU)
Verteidigung	Theodor Blank (CDU) seit 7. 6. 1955, ab 16. 10. 1956 Franz Josef Strauß (CSU)
Verkehr	Hans-Christoph Seebohm (DP)
Post- und Fernmeldewesen	Hans Schuberth (CSU) bis 9. 12. 1953, ab 10. 12. 1953–14. 11. 1956 Siegfried Balke (parteilos/CSU), ab 15. 11. 1956 Ernst Lemmer (CDU)
Wohnungsbau	Viktor-Emanuel Preusker(FDP/FVP)
Vertriebene, Flüchtlinge und Kriegsgeschädigte	Theodor Oberländer (GB/BHE/CDU)
Gesamtdeutsche Fragen	Jakob Kaiser (CDU)
Angelegenheiten des Bundesrates	Heinrich Hellwege (DP) bis 7. 6. 1955, ab 8. 6. 1955 Hans-Joachim von Merkatz (DP)
Atomfragen	Franz Josef Strauß (CSU) seit 21. 10. 1955, ab 16. 10. 1956 Siegfried Balke (CSU)
Familienfragen	Franz-Josef Wuermeling (CDU)
Besondere Aufgaben	Robert Tillmanns (CDU) bis 12. 11. 1955; Hermann Schäfer (FDP/FVP) bis 16. 10. 1956; Waldemar Kraft (GB/BHE/CDU) bis 16. 10. 1956; Franz Josef Strauß (CSU) bis 19. 10. 1955

Das Regierungsprogramm erstrebt: innen- bzw. sozialpolitisch an der sozialen Marktwirtschaft festzuhalten, die Lage der Rentner zu verbessern, das Sozialprodukt zu erhöhen und den Wohnungsbau verstärkt zu fördern; außenpolitisch die Souveränität der BRD herzustellen, Deutschland in Frieden und Freiheit wiederzuvereinigen, die Oder-Neiße-Linie rechtlich nicht anzuerkennen, die Saarfrage im europäischen Geiste zu regeln und zur internationalen Entspannung und Verständigung beizutragen.

1954

30. März   Bundespräsident Heuss unterzeichnet den **Deutschland-** und **EVG-Vertrag** (→ 26. 5. 1952 und 7.3. → 27. 5. 1952). Die 1. Wehrergänzung war am 26. 3. 1954 in Kraft getreten. (7.3. → 26. 2. 1954)

17. Juli   Die zweite Bundesversammlung wählt in der West-Berliner Ostpreußenhalle im ersten Wahlgang **Theodor Heuss** (FDP) zum Bundespräsidenten (871 Stimmen).
Die KPD hatte Alfred Weber (SPD) gegen seinen Willen nominiert.

19.–23. Okt.   Nach dem Scheitern der EVG (7.3. → 30./31. 8. 1954) wird auf den vier Pariser Konferenzen beschlossen, die BRD in die **Westeuropäische Union (WEU)** und **NATO** aufzunehmen und das Besatzungsregime gemäß dem revidierten Deutschlandvertrag zu beenden. (7.1. → 19.–23. 10. 1954)

1955

5. Mai   Mit dem Inkrafttreten der ratifizierten **Pariser Verträge** ist die BRD **souverän**: Das Besatzungsstatut erlischt, die Alliierte Hohe Kommission (AHK) löst sich auf. Aus Besatzungsmächten werden Schutzmächte und Verbündete.

Tab. 4: Zweite Bundesversammlung, 17. Juli 1954 in West-Berlin
Zahl der Mitglieder: 1 018
Absolute Mehrheit: 510 Stimmen

Kandidaten	Abgegebene Stimmen
	1. Wahlgang
Theodor Heuss (FDP)	871
Alfred Weber (SPD)	12
Konrad Adenauer (CDU)[1]	1
Franz-Josef Wuermeling (CDU)[1]	1
Karl Dönitz[1]	1
Prinz Louis Ferdinand von Hohenzollern[1]	1
Marie-Elisabeth Lüders[1]	1
Herzog Ernst August von Braunschweig[1]	1
Enthaltungen	95
Ungültige Stimmen	3
Summe	987

1 Nicht nominiert.

Die Bundesrepublik Deutschland wird souverän am → 5. Mai 1955. Der französische Botschafter François-Poncet (Mitte) unterzeichnet die Hinterlegungsurkunde. Rechts Bundeskanzler Adenauer.

Die BRD tritt am 7. 5. der WEU, am 9. 5. 1955 der NATO bei.
Die diplomatischen Missionen der BRD in Washington, London
und Paris waren bereits am 1. 5. 1955 in Botschaften umgewandelt
worden.

6.3. DDR: Die Verfassung von 1949

<u>1949</u>

7. Oktober   **Gründung der DDR:** Die Provisorische Volkskammer (bisher
2. Deutscher Volksrat) setzt die Verfassung in Kraft.
Die **erste Verfassung** der DDR als »antifaschistisch-radikaldemo-
kratische Republik« ist eine gesamtdeutsche Kompromissver-
fassung. Sie orientiert sich nach dem Modell des SED-Entwurfs
vom 14. 11. 1946 am Vorbild der Weimarer Reichsverfassung (1919)
und der sowjetischen Verfassung (1936).
Nach den »**Grundlagen der Staatsgewalt**« (Art. 1–5) ist Deutschland eine »unteilbare demokratische Republik«; es gibt nur »eine
deutsche Staatsangehörigkeit«. Alle Staatsgewalt geht vom Volke
aus; jeder Bürger hat das Recht und die Pflicht zur Mitgestaltung

Proklamation der DDR am → 7. Oktober 1949: Präsident Wilhelm Pieck (SED) bei der Eröffnungsansprache.

(Gestaltungsrechte mit Pflichtenbindung). Berlin erhält den Status der Hauptstadt der DDR, obwohl die Verfassung im Ostsektor nicht gilt.

»Inhalt und Grenzen der Staatsgewalt« (Art. 6–49) bestimmen die Bürgerrechte im Rahmen allgemeiner Gesetzesvorbehalte. Neben persönliche Freiheits- und Schutzrechte (Art. 6–14) treten kollektive soziale Rechte (Art. 15: Schutz der Arbeitskraft und Recht auf Arbeit; Art. 16: Recht auf Erholung, Urlaub, Kranken- und Altersversorgung; Art. 17: Mitbestimmung in den Betrieben; Art. 18: leistungsgerechtes Arbeitsentgelt, gleicher Lohn bei gleicher Arbeit). Einrichtungsgarantien gelten für die Wirtschaftsordnung, das Eigentum und seine Vergesellschaftung (Art. 19–29), für Familie und Mutterschaft (Art. 30–33), Erziehung und Bildung (Art. 34–40), Religion und Religionsgemeinschaften (Art. 41–48). – Die Wirtschaftsordnung, ein Mischsystem aus Privat- und Staatswirtschaft, ermächtigt zur »sozialistischen« Umgestaltung, z. B. durch Wirtschaftsplanung (Art. 21), Enteignung und Vergesellschaftung (Art. 23–25, 27).

Der »Aufbau der Staatsgewalt« geht vom Prinzip der **Volksdemokratie und Gewalteinheit** aus. Über die Rechtswirklichkeit und die Rolle der SED sagt die Verfassung nichts.

Die **Volkskammer** (Art. 50–70) ist als Volksvertretung das höchste Organ der Republik. Sie bestimmt die Grundsätze der Regierungspolitik und der Verwaltung und ist für ihre Überwachung zuständig; sie bestätigt und beruft die Regierung ab; sie verabschiedet u. a. Gesetze, Staatshaushalt, Wirtschaftsplan und stimmt Staatsverträgen zu; sie erlässt Amnestien, wählt den Präsidenten der Republik (zusammen mit der Länderkammer), die Mitglieder des Obersten Gerichtshofs sowie den Obersten Staatsanwalt; sie entscheidet über die Verfassungswidrigkeit von Gesetzen, Regierungs- und Verwaltungsmaßnahmen. – Die Abgeordneten werden in allgemeiner, gleicher, direkter und geheimer Wahl nach den Grundsätzen des Verhältniswahlrechts für vier Jahre gewählt; die praktizierte, verfassungsrechtlich nicht verankerte Einheitsliste sichert das von der SED geführte Blocksystem.

Die **Länderkammer** (Art. 71–80) vertritt die Länder; die Abgeordneten werden von den Landtagen nach dem Blocksystem in der Regel aus ihrer Mitte gewählt. Die Länderkammer kann Gesetzentwürfe bei der Volkskammer einbringen und gegen Gesetzbeschlüsse aufschiebend Einspruch einlegen.

Die **Gesetzgebung** (Art. 81–90) obliegt der Volkskammer (repräsentativ) oder dem Volk durch Volksentscheid (plebiszitär). Der Einspruch der Länderkammer gegen Gesetzbeschlüsse wird hinfällig, wenn die Volkskammer ihre Entscheidung aufrechterhält, ggf. mit Zweidrittelmehrheit (z. B. bei Verfassungsänderungen). Gesetze dürfen nicht richterlich auf ihre Verfassungsmäßigkeit überprüft werden.

Die **Regierung der Republik** (Art. 91–100) fungiert als Ausschuss der Volkskammer (Versammlungsregierung): Sie bestätigt den von der stärksten Fraktion benannten Ministerpräsidenten und die nach dem Blocksystem von den Fraktionen gestellten Minister. Die Regierung und jeder Minister bedürfen des Vertrauens der Volkskammer; sie kann es ihr insgesamt oder jedem einzelnen Regierungsmitglied entziehen.

Der **Präsident der Republik** (Art. 101–108) wird in gemeinsamer Sitzung von Volks- und Länderkammer gewählt; er kann von ihnen mit Zweidrittelmehrheit der gesetzlichen Zahl der Abgeordneten abberufen werden. Er verkündet die Gesetze, verpflichtet die Regierungsmitglieder beim Amtsantritt, vertritt die DDR völkerrechtlich, schließt Staatsverträge ab, beglaubigt und empfängt die Botschafter und übt das Begnadigungsrecht aus.

Im Verhältnis zwischen »Republik und Ländern« (Art. 109–116) gilt das Prinzip des **dezentralisierten Einheitsstaats**. Die wesentlichen Gesetzgebungskompetenzen sind der Republik vorbehalten; ihre Gesetze führen in der Regel die Organe der Länder aus.

Die **Verwaltung der Republik** (Art. 117–125) obliegt in der Regel der Republik. Sie verwaltet das Post-, Fernmelde-, Rundfunk- und

Eisenbahnwesen, die Wasser- und Fernverkehrsstraßen; ihr steht die Abgabenhoheit und eine eigene Abgabenverwaltung zu. Die **Rechtspflege** (Art. 126–138) ist der gewaltenvereinenden Volkskammer untergeordnet. Die von ihr gewählten Richter des Obersten Gerichtshofes und der Oberste Staatsanwalt können von ihr abberufen werden, wenn sie gegen die Verfassung und die Gesetze verstoßen oder ihre Pflichten gröblich verletzen. Die Kontrollen durch die Volksvertretungen und Verwaltungsgerichte sollen vor rechtswidrigen Verwaltungsmaßnahmen schützen. Die **Selbstverwaltung** (Art. 139–143) steht den Gemeinden und Gemeindeverbänden unter Gesetzesvorbehalt zu. Nach den **Übergangs- und Schlussbestimmungen** (Art. 144) sind alle Verfassungsbestimmungen unmittelbar geltendes Recht. – Dem widerspricht die Verfassungswirklichkeit; über sie gebietet die SED.

6.4. DDR: Besatzungsmacht, SED und Staatsorgane 1949–1955

1949

10. Oktober	An die Stelle der Sowjetischen Militäradministration (SMAD), die ihre Verwaltungsfunktionen an die DDR-Regierung überträgt und aufgelöst wird, tritt die **Sowjetische Kontrollkommission (SKK).** – Sie wird am 28./29. 5. 1953 in die **Hohe Kommission** der Sowjetunion in Deutschland umgewandelt, die diplomatische Mission am 1. 10. 1953 in eine Botschaft.
10. Oktober	Wahl der **Provisorischen Länderkammer** durch die fünf Landtage. Zur Auflösung der Länder: → 23. 7. 1952.
11. Oktober	Auf ihrer ersten gemeinsamen Tagung wählen Provisorische Volkskammer und Provisorische Länderkammer einstimmig den SED-Vorsitzenden Wilhelm **Pieck** zum **Präsidenten** der Republik. In seiner Antrittsrede heißt es:»Wir stehen heute an der Wende der deutschen Geschichte.« – Pieck ist der erste und letzte Präsident der DDR bis zu seinem Tode am 7. 9. 1960.
12. Oktober	Die Provisorische Regierung des **Ministerpräsidenten Grotewohl,** den die SED als stärkste Fraktion nominiert hatte, wird von der Provisorischen Volkskammer bestätigt. Die Regierung übernimmt das Personal und die Rechte der Deutschen Wirtschaftskommission sowie der neben ihr noch bestehenden selbstständigen Zentralverwaltungen für Inneres, Volksbildung und Justiz. (2.2. → 27. 7. 1945 und 4. 6. 1947)
7. Dezember	Die Volkskammer verabschiedet das Gesetz über die Errichtung des **Obersten Gerichts** (erste und letzte Instanz bei Straftaten

von »überragender Bedeutung« und Kassationsgericht) sowie der **Obersten Staatsanwaltschaft** nach dem Vorbild der sowjetischen Prokuratur. Der Generalstaatsanwalt erhebt Anklage bei politisch besonders bedeutsamen Strafsachen vor dem Obersten Gericht und beantragt die Kassation rechtskräftiger Entscheidungen.

1950

8. Februar Das **Ministerium für Staatssicherheit** (MfS) wird gegründet. Es ist vor allem für die innere Herrschaftssicherung verantwortlich.

15. Februar Der **Nationalrat der Nationalen Front**, am 3. 2. 1950 aus dem erweiterten Präsidium des Deutschen Volksrats entstanden, verabschiedet ein Programm: Danach kennt die Nationale Front keine statutarisch festgelegte Mitgliedschaft, sondern dient dazu, alle »Volkskräfte« an den »Arbeiter-und-Bauern-Staat« zu binden.

20.–24. Juli Auf dem **III. Parteitag** charakterisiert sich die SED als »Partei der deutschen Arbeiterklasse, ihr bewusster und organisierter Vortrupp«, geleitet vom Marxismus-Leninismus (»Partei neuen Typus«). Ulbricht propagiert den »planmäßigen Aufbau des Sozialismus und die Notwendigkeit einer Verschärfung des Klassenkampfes«. Nach dem neuen Parteistatut tritt an die Stelle des Parteivorstands das Zentralkomitee (ZK). Es wählt auf seiner konstituierenden Sitzung am 25. 7. 1950 Walter Ulbricht in das neu geschaffene Amt des Generalsekretärs.
Beschlossen wird ein einheitliches Parteilehrjahr und die Überprüfung aller Parteimitglieder (»Säuberung«).

24. August Mit einer ersten **Parteisäuberung** werden vor allem ehemalige Westemigranten entmachtet: Paul Merker (bisher Politbüromitglied), Leo Bauer (Chefredakteur des Deutschlandsenders), Willy Kreikemeyer (Generaldirektor der Reichsbahn, im Gefängnis zu Tode gefoltert), Lex Ende (Chefredakteur des »Neuen Deutschland«, als Häftling im Uranbergbau gestorben) u. a. werden aus der SED mit der Begründung ausgeschlossen, sie hätten mit dem »US-Agenten« Noel H. Field kollaboriert.
Ähnliche Vorwürfe waren bereits gegen osteuropäische KP-Führer erhoben worden, u. a. in Ungarn gegen László Rajk, in Bulgarien gegen Traitscho Kostoff. In der Tschechoslowakei wird der Generalsekretär der Kommunistischen Partei Rudolf Slánský wegen »Verschwörung« mit Tito, den US-Geheimdiensten und den »Zionisten« zum Tode verurteilt und am 3. 12. 1952 hingerichtet.

15. Oktober **Wahlen** zur 1.Volkskammer, zu den Landtagen, Kreistagen und Gemeindevertretungen nach Einheitslisten der Nationalen Front: Die Sitze werden nach einem Schlüssel der Parteien und Massenorganisationen verteilt, den der Demokratische Block (vorher Antifa-Block) festgelegt hatte.

Proteste gegen diese »Einheitswahlen« gelten als »Boykotthetze«, die hart bestraft wird. Nicht das von der Verfassung vorgeschriebene allgemeine, gleiche, unmittelbare und geheime Verhältniswahlrecht bestimmt die Wahlpraxis, sondern die Einheitsliste. Die Stimmabgabe für alle Kandidaten der Nationalen Front gilt als moralische Verpflichtung. Daher ist eine Akklamation von über 99 Prozent der Wahlberechtigten die Regel.
Aufgrund der Wahl wird am 15. 11. 1951 die **zweite Regierung Grotewohl** gebildet.

15. Dezember Das Gesetz zum **Schutze des Friedens** belegt Völker-, Revanche-, Rassen- und Kriegshetze mit strengen Strafen. Es wird auch gegen die innere Opposition (»Feinde des Friedens«) angewandt.

1952

9. – 12. Juli Die **2. Parteikonferenz** der SED beschließt den »planmäßigen Aufbau der Grundlagen des Sozialismus« und die Kollektivierung der Landwirtschaft (14.2. → 14. 4. 1960). Wegen der unvermeidlichen »Verschärfung des Klassenkampfes« sei es geboten, bürgerliche Ideologien zu überwinden und zu bekämpfen.

23. Juli Das **Demokratisierungsgesetz** wandelt die bisher dezentralisierte DDR in einen zentralistischen Einheitsstaat um. Nach dem Prinzip des demokratischen Zentralismus und nach administrativ-ökonomischen Planungen treten an die Stelle der fünf Länder (Brandenburg, Sachsen, Thüringen, Sachsen-Anhalt, Mecklenburg) 14 Bezirke (in Brandenburg: Potsdam, Frankfurt/Oder und Cottbus; in Sachsen: Dresden, Leipzig und Chemnitz, ab 5. 5. 1953 Karl-Marx-Stadt; in Thüringen: Erfurt, Gera und Suhl; in Sachsen-Anhalt: Halle und Magdeburg; in Mecklenburg: Schwerin, Rostock und Neubrandenburg) und 217 Kreise. Die neuen Bezirkstage und -räte erhalten die Funktionen der bisherigen Landtage und Landesregierungen. Es entsteht je ein Bezirks- und je ein Kreisgericht.
Die Länderkammer, zunächst noch von den Bezirkstagen gewählt, wird durch Gesetz vom 8. 12. 1958 aufgelöst.
Kurz nach dem Bau der »Mauer« am 13. 8. 1961 (16. 3. → 13. 8. 1961) erhält die »Hauptstadt Berlin« (Ost) die Funktion eines 15. Bezirks. (18. → 7. 9. 1961)

1953

9. Juni Das Politbüro der SED proklamiert den **»Neuen Kurs«**, der vom Ministerrat am 11. 6. konkretisiert wird: Danach werden wegen »ernster Fehler« gegen »Interessen« der Einzelbauern, Einzelhändler, Handwerker und der Intelligenz zwar nicht die erhöhten Arbeitsnormen zurückgenommen, wohl aber weitgehend Zwangsmaßnahmen (z. B. Entzug von Lebensmittelkarten und Preissteі-

gerungen). Die Partei sagt zu, die Konsumgüterproduktion anstelle der Schwerindustrie zu steigern, die Rechtssicherheit zu verbessern und die gesamtdeutsche »Annäherung« zu fördern.

Hintergrund: Stalin, »der größte Mensch unserer Epoche«, war am 5. 3. 1953 gestorben. An seine Stelle trat die »Troika« Malenkow, Molotow und Berija. Im Zeichen des »Tauwetters« drohte die Ablösung Ulbrichts.

Das Präsidium des ZK der KPdSU hatte bereits Ende Mai 1953 den beschleunigten »Aufbau des Sozialismus« seit der 2. Parteikonferenz vom → 9.–12. 7. 1952 und die »äußerst unbefriedigende politische und wirtschaftliche Lage« in der DDR heftig kritisiert. Die geforderten »Maßnahmen zur Gesundung« zwangen die SED, auf einen flexibleren Kurs einzuschwenken und auch das Tempo der Sozialisierung zu drosseln.

Der Sicherheitsminister Berija (entmachtet Ende Juni 1953, erschossen am 23. 12. 1953) plante sogar einen radikalen Kurswechsel in der sowjetischen Deutschlandpolitik. Dabei kalkulierte er offensichtlich mit ein, die SED-Führung fallen zu lassen.

17. Juni   **Generalstreik** und danach **Volksaufstand in der DDR**: Bauarbeiter in der Ost-Berliner Stalinallee beginnen am 16. 6. mit einem Streik, da der Ministerrat trotz des »Neuen Kurses« die am 28. 5. 1953 beschlossene Erhöhung der Technischen Arbeitsnormen (TAN) um mindestens zehn Prozent nicht zurücknimmt.

Ministerpräsident Otto Grotewohl (SED) bei der Grundsteinlegung in der Stalinallee am 3. Februar 1952. Hier beginnt der Bauarbeiterstreik und spätere Volksaufstand. → 17. Juni 1953

Die Gewerkschaftszeitung »Tribüne« nennt sie am 16. 6. »in vollem Umfang richtig«.
Streiks, Demonstrationen und Unruhen greifen auf 373 Städte und Ortschaften über. Sie weiten sich zum Generalstreik und schließlich zum Volksaufstand aus, obwohl die SED die Normenerhöhung noch am 16. 6. korrigiert hat.
Zentren des Volksaufstandes sind Industriestädte wie u. a. Ost-Berlin, Jena, Halle, Merseburg, Erfurt, Gera, Leipzig, Dresden, Magdeburg, Rostock und ferner Großbetriebe wie Bitterfeld, Leuna, Buna und Hennigsdorf. Es sind ehemalige Hochburgen der politischen Arbeiterbewegung in der Weimarer Republik.
Zunächst werden ökonomische Zugeständnisse erstrebt (»Nieder mit den Normen!«), später überwiegen politische Forderungen: »Freie Wahlen!«, »Nieder mit Ulbricht und Grotewohl«, »Rücktritt der Regierung«, »Freiheit den politischen Gefangenen«, »Nationale Einheit«. In manchen Städten übernehmen Arbeiterkomitees spontan zeitweilig die Macht.
Sowjetische Stadtkommandanten verhängen ab 13 Uhr in Ost-Berlin und danach über 13 Bezirks- und 15 Kreisstädte den Ausnahmezustand und das Kriegsrecht. Demonstrationen und Versammlungen jeder Art sind verboten. Sowjetische Truppen schlagen schließlich die Zentren des Aufstands mit Panzern, Schützenwagen und Mannschaftsfahrzeugen nieder.
Das ZK der SED prangert den Aufstand am 21. 6. als »faschistische Provokation« (Tag X) von »Adenauer, Ollenhauer, Kaiser und Reuter« an, danach als »faschistischen Putschversuch«. Justizminister Max Fechner (SED), der die Verhaftung Oppositioneller und Wortführer des 17. Juni kritisiert und das Streikrecht befürwortet hatte, wird am 15. 7. 1953 abgesetzt und verhaftet. Seine Nachfolgerin ist Hilde Benjamin, die »Rote Hilde«. Sie lenkt die politischen Strafverfahren »operativ« nach Anweisungen der Besatzungsmacht und der SED.
Ohne die sowjetische militärische Intervention wäre die SED-Diktatur innerhalb weniger Tage in sich zusammengebrochen. Der erste Volksaufstand im Stalinismus, von den maßgeblichen Historikern in der DDR bis zuletzt als »konterrevolutionärer Putschversuch« dargestellt, bleibt daher für die SED-Führung stets ein Trauma. Noch am 31. 8. 1989 fragt Stasi-Chef Mielke in einer Dienstbesprechung auf höchster Ebene in Ost-Berlin: »Ist es so, dass morgen der 17. Juni ausbricht?«

23. Juli   Der Ministerrat beschließt, das **Ministerium für Staatssicherheit** aufzulösen, da es den Volksaufstand vom 17. Juni nicht vorausgesehen hatte, und als Staatssekretariat in das Innenministerium einzugliedern. Der bisherige Minister für Staatssicherheit Wilhelm Zaisser und der Chefredakteur des Zentralorgans »Neues Deutsch-

land« Rudolf Herrnstadt werden als Gegner Ulbrichts entmachtet (»**Zaisser-Herrnstadt-Fraktion**«).
Am 24. 11. 1955 wird aus dem Staatssekretariat wieder das **Ministerium für Staatssicherheit** (MfS). Leiter ist wie bisher Ernst Wollweber, ab 1. 11. 1957 Erich Mielke. Unter ihm wird das »spezielle Machtorgan der Diktatur des Proletariats« administrativ ausgebaut und politisch aufgewertet als »Schild und Schwert der Partei«.

24.–26. Juli   Das ZK der SED bestätigt den »**Neuen Kurs**« mit den Hauptzielen, den Lebensstandard und die politischen Verhältnisse zu verbessern. Die Investitionen für die Konsumgüterproduktion und die Landwirtschaft sollen erhöht werden. Ulbricht festigt seine Machtstellung; er wird einstimmig zum Ersten Sekretär der SED (bisher Generalsekretär) gewählt.
Als Konsequenz des »Neuen Kurses« senkt die Regierung am 24. 10. 1953 die Preise für Lebens- und Genußmittel.

1954

23. Januar   Als Gegner Ulbrichts werden **Wilhelm Zaisser** und **Rudolf Herrnstadt**, bereits am → 23. 7. 1953 entmachtet, aus der SED ausgeschlossen, Anton Ackermann aus dem ZK; Hans Jendretzky und Elli Schmidt gelten als Sympathisanten. – Am 14. 5. 1953 war bereits der »Westemigrant« Franz Dahlem kaltgestellt worden.
In den Fraktionskämpfen der SED-Spitze nach Stalins Tod, dem Aufstand vom 17. Juni und der »Liquidierung« des sowjetischen Innenministers Berija am 23. 12. 1953 gelingt es Ulbricht, seine Herrschaft trotz der »Entstalinisierung« im Ostblock zu festigen und seine Rivalen auszubooten.
Auf der ZK-Tagung vom 24.–29. 7. 1956 werden Dahlem und Fechner »rehabilitiert«, die Parteistrafen gegen Ackermann, Jendretzky und Elli Schmidt aufgehoben.

25. März   Die Sowjetunion erklärt die DDR für **souverän**: 7.2. → 25. 3. 1954.

30. März –
6. April   Die SED ändert auf ihrem **IV. Parteitag** das Statut. Danach werden der Parteieintritt erschwert und eine »kollektive Führung« proklamiert.
Nach den einstimmig verabschiedeten Grundsätzen »für die Lösung der Lebensfrage der deutschen Nation« ist die deutsche Einheit nur möglich, »wenn die Deutschen selbst gemeinsam dafür kämpfen«. Höchstes Gebot sei und bleibe daher: »Deutsche an einen Tisch!«

17. Oktober   **Wahlen** zur 2.Volkskammer, zu den Bezirkstagen und zur Stadtverordnetenversammlung von Berlin: Nach dem offiziellen Ergebnis beteiligen sich 98,4 Prozent der Wahlberechtigten; 99,5 Prozent von ihnen stimmen für die Einheitsliste der Nationalen Front.
Die Volkskammer billigt am 19. 11. 1954 den neuen Ministerrat unter dem Vorsitzenden **Grotewohl** (SED).

16. November	Nach dem Gesetz über den **Ministerrat** erhält die Regierung als »höchstes vollziehendes und verfügendes Organ der Staatsgewalt« zentrale Planungs-, Wirtschafts-, Verwaltungs- und Kontrollfunktionen sowie die Befugnis, Recht durch Verordnungen zu setzen. Alle Mitglieder sind für die gesamte Regierungsarbeit verantwortlich (Kollegialprinzip).
19. November	Die Geschäftsordnung der Volkskammer ersetzt das freie durch das **imperative Mandat**. Danach sind die Abgeordneten des »obersten staatlichen Machtorgans sozialistischen Typus« an Wähleraufträge gebunden und insoweit rechenschaftspflichtig.

1955

14. Mai	Die DDR, bereits am → 25. 3. 1954 von der Sowjetunion für souverän erklärt, erhält durch den **Warschauer Pakt** eine multilaterale Bestandsgarantie. (7.3. → 14. 5. 1955)

7. Bipolare Außenpolitik und Wiederaufrüstung im Kalten Krieg

7.1. BRD: Westpolitik und Westintegration 1949–1955

1949

31. Oktober	Die BRD tritt der **Organization for European Economic Cooperation** (OEEC) bei. Sie soll die Marshallplan-Gelder verteilen, das wirtschaftliche Wiederaufbauprogramm koordinieren und den Waren- bzw. Zahlungsverkehr liberalisieren. Die in Paris am 16. 4. 1948 beschlossene OEEC sollte die Marshallplan-Gelder verteilen helfen und ihren größtmöglichen Erfolg in den beteiligten Ländern verbürgen (1. → 5. 6. 1947). Vor der Gründung der BRD waren die Westzonen von den drei Militärgouverneuren repräsentiert worden. Die 17 Mitglieder der OEEC, u. a. die BRD, gründen am 19. 9. 1950 die Europäische Zahlungsunion. Sie bereitet die freie Konvertierbarkeit der Währungen vor. Als dieses Ziel erreicht ist, löst sie sich am 1. 1. 1959 auf. (14.1. → 29. 12. 1958)
22. November	Die Alliierten Hohen Kommissare und Adenauer unterzeichnen das **Petersberger Abkommen**. Es berechtigt die BRD, konsularische Beziehungen zu westlichen Staaten aufzunehmen und internationalen Organisationen beizutreten, z. B. dem Europarat. Beschränkungen beim Schiffbau werden gelockert, Stahl- und

Farbenwerke im Ruhrgebiet, in Leverkusen, Ludwigshafen und Berlin von der Demontageliste gestrichen. Die Bundesregierung sagt zu, der Ruhrbehörde beizutreten, die BRD nicht wieder aufzurüsten und ihre demokratische Ordnung zu schützen.
Mit dem Petersberger Abkommen erstrebt Adenauer (»entscheidende Wende«), die Freiheiten und Zuständigkeiten der BRD zu erweitern und sie schrittweise in die »Europäische Gemeinschaft« zu integrieren. Die SPD-Opposition, die den Primat der Wiedervereinigung Deutschlands und der Rückgewinnung seiner nationalen Souveränität vertritt, kritisiert das Abkommen heftig, u. a. wegen des Beitritts zur Ruhrkontrolle (3.1. → 22. 4. 1949). Oppositionsführer Schumacher wirft Adenauer sogar vor, »der Bundeskanzler der Alliierten« zu sein.

15. Dezember Die BRD schließt ihren **ersten völkerrechtlichen Vertrag** mit den USA über wirtschaftliche Zusammenarbeit ab. Er schafft die Voraussetzungen dafür, das ERP-Sondervermögen (European Recovery Program des Marshallplans) des Bundes als »Gegenwertfonds« zu bilden.

1950

10. März Bundeskanzler Adenauer legt vor dem Bundestag Rechtsverwahrung gegen die **Saar-Konventionen** ein; denn die Abhängigkeit des Saarlands von Frankreich verschleiere – wie bereits in einem Weißbuch dargelegt – eine versteckte Annexion.
Nach den zwölf Konventionen zwischen der französischen und saarländischen Regierung vom 3. 3. 1950 bleibt das Saarland zwar in Gesetzgebung, Verwaltung und Rechtsprechung weitgehend »autonom«, doch wird es wirtschaftlich noch stärker als bisher von Frankreich abhängig. Die Saargruben werden für 50 Jahre von Frankreich gepachtet (Saargrubenverwaltung), sein Vertreter (seit 25. 1. 1952 in diplomatischer Mission) verfügt über ein Verordnungs- und Gesetzgebungseinspruchsrecht in Währungs- und Zollangelegenheiten.
Das Saarland tritt dem Europarat am 13./15. 5. 1950 als assoziiertes Mitglied bei. – In der Montanunion wird es von Frankreich repräsentiert. (→ 18. 4. 1951)

8. Juli Auf Einladung des Ministerkomitees tritt die BRD dem **Europarat** als assoziiertes Mitglied bei (wirksam seit 13. 7.). Der Bundestag hatte am 15. 6. zugestimmt. Vollgültiges Mitglied, d. h. mit Stimmrecht im Ministerkomitee, wird die BRD am 2. 5. 1951.
Der Europarat war am 5. 5. 1949 in London von England, Frankreich, Italien, den Beneluxstaaten, Dänemark, Norwegen, Schweden und Irland gegründet worden. Er will als Staatenbund das gemeinsame europäische Erbe pflegen, den wirtschaftlich-sozialen Fortschritt seiner Mitglieder fördern und sie enger miteinander

verflechten. Die Beratende Versammlung in Straßburg besteht – nach der Größe der Mitgliedstaaten jeweils gestaffelt – aus Delegierten der nationalen Parlamente, das Ministerkomitee aus den Außenministern der Regierungen, an die es (unverbindliche) Empfehlungen der Versammlung weiterleitet. Das Generalsekretariat erledigt Verwaltungs- und Organisationsaufgaben.

1951

6. März   Zur **Revision des Besatzungsstatuts**: 6.2. → 6. 3. 1951.

18. April   Frankreich, Italien, die Beneluxstaaten und die BRD (»Kern-Westeuropa«) schließen den Vertrag über die **Europäische Gemeinschaft für Kohle und Stahl** (EGKS) ab. Sie beruht auf Vorstellungen des französischen Außenministers Robert Schuman und seines Beraters Jean Monnet, künftige Kriege zu verhindern und die westdeutsche Schwerindustrie zu kontrollieren (Schuman-Plan vom 9. 5. 1950). Adenauer hatte zuvor eine »vollständige Union« Frankreichs und der BRD befürwortet.

Die Montanunion erstrebt für die Dauer von 50 Jahren einen gemeinsamen Markt für die Kohle sowie die Eisen und Stahl erzeugende Industrie, und zwar ohne Restriktionen, Diskriminierungen und Subventionen. Ein gemeinsames Zolltarifschema sieht vor, die Binnenzölle aufzuheben und die Außenzölle zu harmonisieren.

Die oberste Gewalt repräsentiert die Hohe Behörde in Luxemburg, die als Regierungsorgan erstmals in Europa supranationale Hoheitsrechte übertragen erhält. Die Gemeinsame Versammlung besteht aus Delegierten nach nationalen Kontingenten und fungiert als Parlament. In den Ministerrat als Staatenkammer entsendet jeder Staat ein Mitglied. Der Gerichtshof ist für Streitigkeiten zuständig.

Der Vertrag tritt am 24./25. 7. 1952 in Kraft. Gleichzeitig enden Ruhrstatut und alliierte Kontrollen oder Beschränkungen im Montanbereich, die Ruhrbehörde wird aufgelöst. (3.1. → 22. 4. 1949)

1952

26. Mai   Zum **Deutschlandvertrag**: 6.2. → 26. 5. 1952 und 7.1. → 19.–23. 10. 1954.

27. Mai   Unterzeichnung des Vertrages über die **Europäische Verteidigungsgemeinschaft** (7.3. → 27. 5. 1952). – Mit der EVG scheitert auch die geplante Europäische Politische Gemeinschaft (EPG), die ein supranationales Europa der EVG-Staaten hätte politisch realisieren sollen.

10. September   Im **Luxemburger Abkommen** verpflichtet sich die BRD zu Warenlieferungen und Dienstleistungen im Wert von drei Milliarden DM an Israel und zur Zahlung von 450 Millionen DM an die Conference on Jewish Material Claims Against Germany. Diese kol-

lektive Wiedergutmachung als Globalentschädigung, ratenweise erfüllt, soll es erleichtern, entwurzelte jüdische NS-Flüchtlinge, die vor allem der Staat Israel aufgenommen hatte, zu integrieren bzw. zu unterstützen; die ehemals emigrierten Reichsdeutschen unter ihnen hatte der NS-Staat kollektiv ausgebürgert.

Die BRD schließt noch mit zwölf europäischen Staaten ähnliche Wiedergutmachungsverträge zugunsten von NS-Opfern ab.

Die DDR lehnt es als »antifaschistischer« Staat ab, Wiedergutmachung für NS-Verbrechen zu leisten.

1953

27. Februar   Die BRD und 20 Staaten schließen das **Londoner Schuldenabkommen** ab, dem später zwölf weitere Staaten beitreten. Die deutschen Vorkriegsschulden aus Auslandsanleihen werden auf ca. 13,3 Milliarden DM festgelegt, die Verbindlichkeiten aus der Nachkriegswirtschaftshilfe (Marshallplan, Überschussgüter u. a.) gesondert auf ca. 16 Milliarden DM. Durch Schuldenerlass vermindern sich die deutschen Verbindlichkeiten auf 15,28 Milliarden DM.

Da die BRD die Tilgungsraten pünktlich erfüllt, gewinnt sie Vertrauen und Ansehen im westlichen Ausland, vor allem in den USA.

20. Mai   Die teils revidierten, teils neuen **Saarkonventionen** (→ 10. 3. 1950) sollen ein »europäisches Statut für das Saarland« erleichtern. Sie ermächtigen die Saarregierung, diplomatische und konsularische Beziehungen mit Frankreich zu pflegen und internationale Verträge abzuschließen.

Bundeskanzler Adenauer legt erneut Rechtsverwahrung ein, weil die Saar völkerrechtlich zu Deutschland gehöre und eine friedensvertragliche Regelung präjudiziert werde.

Zum **Saarstatut** zwischen Frankreich und der BRD im Rahmen der Pariser Verträge: → 19.–23. 10. 1954, Punkt 4.

1954

28. Sept. –
3. Okt.   Die **Londoner Neunmächtekonferenz** (Beneluxstaaten, BRD, Großbritannien, Frankreich, Italien, Kanada, USA) berät über Alternativen nach dem Scheitern des EVG-Vertrages. (7.3. → 30./31. 8. 1954)

Ergebnisse: 1. Italien und der BRD wird empfohlen, dem revidierten Brüsseler Pakt, und der BRD, der NATO beizutreten. 2. Großbritannien, Frankreich und die USA erklären sich bereit, das Besatzungsstatut alsbald aufzuheben und die Bundesregierung wie bisher als einzige deutsche Regierung anzusehen, die für Deutschland zu sprechen legitimiert ist; sie halten sich jedoch für Deutschland als Ganzes weiterhin für verantwortlich und stationieren Truppen auf dem Kontinent (**Londoner Schlussakte** nebst Zusatzerklärungen). 3. Die BRD verpflichtet sich, die Grundsätze der UN-Charta, des Brüsseler und NATO-Pakts zu beachten, die Wiedervereinigung Deutschlands oder eine Grenzänderung nicht gewaltsam zu erstreben, völkerrechtliche Streitfragen friedlich zu lösen und unter Rüstungskontrolle freiwillig auf die Herstellung von atomaren, biologischen und chemischen Waffen (ABC-Waffen) zu verzichten.

19.–23. Okt. Auf **vier Pariser Konferenzen** werden – wie in London beschlossen – die Beziehungen zwischen den Staaten der »westlichen Gemeinschaft« vertraglich neu geregelt. Hauptergebnisse der **Pariser Verträge**:

1. Die Viermächtekonferenz (drei Westmächte und die BRD) fasst den **Deutschlandvertrag** nebst Zusatzverträgen neu, verabschiedet ein Protokoll über die Beendigung des Besatzungsregimes und bekräftigt Sicherheitsgarantien der Westmächte bzw. Hilfeleistungen der BRD für Berlin.
Mit dem Deutschlandvertrag wird die BRD souverän, jedoch unter Vorbehalten (6.2. → 26. 5. 1952). Gestrichen worden sind aus der alten Fassung die Präambel und die modifizierte Bindungsklausel (Art. 7 Abs. 3: Die Rechte werden auf ein wiedervereinigtes Deutschland erstreckt, wenn es die Verpflichtungen der BRD übernimmt); erweitert ist die Revisionsklausel für den Wiedervereinigungsfall (Art. 10).
2. Die Neunmächtekonferenz (sechs EVG-Staaten, Großbritannien, Kanada, USA) ändert und ergänzt den Brüsseler Vertrag,

Unterzeichnung der Pariser Verträge: von links: Pierre Mendès-France, Konrad Adenauer, Anthony Eden und John Foster Dulles. → 19.-23. Oktober 1954

dem Italien und die BRD beitreten, und gründet so die **Westeuropäische Union** (WEU). Die BRD verpflichtet sich, ABC-Waffen nicht herzustellen. Sie unterwirft sich weiteren Rüstungsbeschränkungen und der Aufsicht des Rüstungskontrollamts der WEU.

Im **Brüsseler Vertrag** vom 17. 3. 1948 hatten Großbritannien, Frankreich und die Beneluxstaaten vereinbart, politisch, wirtschaftlich und kulturell enger zusammenzuarbeiten und sich gegenseitig jeden in ihrer Macht liegenden Beistand für den Fall eines Angriffs zu gewähren. Die neue WEU tritt an die Stelle der gescheiterten EVG und soll die Integration Europas fördern. (1. → 20. 3. 1948)

3. Die 15-Mächte-Konferenz (14 NATO-Staaten und die BRD als Beobachter) lädt die BRD ein, der **NATO** beizutreten. Sie erkennt die BRD als einzige legitime deutsche Regierung an und befürwortet als gemeinsames Ziel die Wiedervereinigung Deutschlands. Die BRD bekennt sich zur UN-Charta, zum Defensivcharakter der NATO/WEU und sagt zu, Deutschland mit gewaltsamen Mitteln weder wiederzuvereinigen noch seine gegenwärtigen Grenzen zu ändern.

Der **Nordatlantikpakt (NATO)** war am 4. 4. 1949 in Washington von den drei Westmächten, den Beneluxstaaten, Dänemark, Island, Italien, Kanada, Norwegen und Portugal als multilaterale Defensivallianz geschaffen worden. Er besteht aus einem zivilen und militärischen Teil. Oberstes Organ ist der Ständige Rat (Vorsitz: Generalsekretär), dem der Militärausschuss aus den Stabschefs unterstellt ist. Bereits in Friedenszeiten besteht ein integriertes Oberkommando, dem jedoch nicht alle Allianzmitglieder oder ihre Streitkräfte angehören. Anders als die WEU fordert die NATO keine automatische Beistandspflicht, da jeder Bündnispartner darüber entscheiden kann, ob und mit welchen Mitteln er seiner Beistandspflicht bei einem Fremdangriff nachkommt. Am 18. 2. 1952 waren Griechenland und die Türkei (Südostflanke) der NATO beigetreten.

4. Auf der Zweimächtekonferenz (Frankreich und die BRD) unterzeichnen Adenauer und Mendès-France 1. das **Saarstatut**, das vorsieht, das politisch autonome, jedoch mit Frankreich durch eine Währungs- und Zollunion verbundene Saarland unter einem der WEU verantwortlichen Kommissar für Verteidigung und Außenpolitik zu »europäisieren« und alle demokratischen Freiheiten wieder herzustellen; die Saarbevölkerung soll über das Statut abstimmen, sobald es drei Monate in Kraft ist; 2. Vereinbarungen über die wirtschaftliche und kulturelle bilaterale Zusammenarbeit; vorgesehen sind ein Wirtschaftsausschuss, eine Handelskammer und ein Kulturaustauschprogramm.

7.2. DDR: Ostpolitik und Ostintegration 1949–1955

1949

15. Oktober Die **Sowjetunion** erkennt als erster Staat die DDR völkerrechtlich an und nimmt **diplomatische Beziehungen** mit ihr auf. Wenig später folgen die zehn sozialistischen Staaten: Bulgarien am 17. 10., Polen am 18. 10., die ČSR am 18. 10., Ungarn am 19. 10., Rumänien am 22. 10., China am 25. 10., Korea am 7. 11., Albanien am 2. 12. 1949 und Vietnam am 3. 2. 1950, zuletzt die Mongolei am 13. 4. 1950.
In einem Telegramm vom 13. 10. 1949 hatte Stalin die Gründung der DDR als »Wendepunkt in der Geschichte Europas« markiert. Das deutsche und sowjetische Volk besäßen »die größten Potenzen in Europa zur Vollbringung großer Aktionen von Weltbedeutung«. – Zur Bildung der Sowjetischen Kontrollkommission: 6.4. → 10. 10. 1949.

1950

23. Juni In der **Prager Deklaration** stellen die DDR und die ČSR fest, dass es zwischen ihnen »keine strittigen und offenen Fragen« und »keine Gebiets- und Grenzansprüche« gebe. Die »Umsiedlung« der Deutschen aus der ČSR wird als »unabänderlich, gerecht und endgültig gelöst« bezeichnet.
Ähnliche Deklarationen über die Entwicklung guter Beziehungen tauscht die DDR mit drei weiteren Staaten aus: mit Ungarn am 24. 6., mit Rumänien am 22. 9. und mit Bulgarien am 25. 9. 1950.

6. Juli Im **Görlitzer Vertrag** stimmen Polen und die DDR darin überein, dass die seit dem Potsdamer Abkommen »festgelegte und bestehende« Oder-Neiße-Grenze die »Staatsgrenze zwischen Deutschland und Polen« bilde. Sie sei eine »unantastbare Friedens- und Freundschaftsgrenze«. Zu Potsdam: 1. → 17. 7.–2. 8. 1945.
Bereits am 6. 6. 1950 hatten Walter Ulbricht als Leiter einer DDR-Delegation und der polnische Regierungschef Józef Cyrankiewicz die **Warschauer Deklaration** über die »Grenzmarkierung« unterzeichnet. Sie wird im Görlitzer Vertrag völkerrechtlich abgesichert.
Durch einen Rechtsakt am 27. 1. 1951 in Frankfurt an der Oder wird die Grenze im Gelände »abgesteckt«.
Zur Reaktion der Regierung Adenauer: 8. → 9. und 13. 6. 1950.

28. September Aufnahme der DDR in den **Rat für gegenseitige Wirtschaftshilfe** (RGW/COMECON).
Der RGW war am 18. 1. 1949 in Moskau von Bulgarien, der ČSR, Polen, Rumänien, der Sowjetunion und Ungarn gegründet worden.

Er will einen sozialistischen Weltmarkt schaffen, um den erzwungenen Verzicht osteuropäischer Staaten auf Marshallplan-Hilfe und die Nachteile westlicher Embargomaßnahmen zu kompensieren. Durch Koordination der Wirtschaftspläne soll die nationale Produktion der Mitgliedstaaten nach überregionalen Schwerpunkten spezialisiert werden. Die DDR liefert vor allem Industrieausrüstungen und Maschinen gegen den Import von Rohstoffen, Erzen und Halbfabrikaten (Handelsabkommen mit der Sowjetunion vom 27. 9. 1951).

20./21. Okt. Die DDR nimmt erstmals an einer Außenministerkonferenz sozialistischer Staaten in **Prag** teil. Sie protestieren gegen Pläne, Deutschland zu remilitarisieren und in »Aggressionspläne« einzubeziehen. Statt dessen fordern sie, den Rat der Außenminister neu einzuberufen, das Potsdamer Abkommen zu verwirklichen, eine paritätisch gebildete deutsche Zentralregierung zu schaffen und einen Gesamtdeutschen Rat vorzubereiten. – Diese Beschlüsse richten sich gegen die New Yorker Außenministerkonferenz. (6.2. → 12. – 18. 9. 1950)

1953
28./29. Mai Die Sowjetische Kontrollkommission (SKK) wird in die **Hohe Kommission** der Sowjetunion in Deutschland umgewandelt. Erster Hoher Kommissar wird Botschafter Semjonow, seit 1945 politischer Berater der SMAD.

1954
1. Januar   Die Sowjetunion verzichtet auf weitere **Reparationen**. (9.2. → 1. 1. 1954)

25. März   Die Sowjetunion erklärt die DDR für **souverän**. Sie räumt ihr das Recht ein, »nach eigenem Ermessen über ihre inneren und äußeren Angelegenheiten einschließlich der Frage der Beziehungen zu Westdeutschland zu entscheiden«. Ausgenommen sind die »mit der Gewährleistung der Sicherheit« zusammenhängenden Fragen und »Verpflichtungen« der Sowjetunion aus den Viermächteabkommen.
             Mit der **Souveränitätserklärung** will die Sowjetunion die DDR nach der gescheiterten Berliner Viermächtekonferenz (8. → 25. 1. – 18. 2. 1954) als Staat aufwerten.

1955
25. Januar   Die Sowjetunion beendet den **Kriegszustand** mit Deutschland.

14. Mai   Als Reaktion auf den NATO-Beitritt der BRD wird die DDR Mitglied des **Warschauer Pakts**. Zum Vertragsabschluss: 7.3. → 14. 5. 1955.

7.3. BRD und DDR: Wiederaufrüstung und Sicherheitspolitik im Kalten Krieg 1949–1955

1950

28. April   Bundeskanzler Adenauer fordert die Aufstellung einer mobilen Polizeitruppe auf Bundesebene. Hintergrund: In der SBZ bzw. DDR waren militärähnliche Einheiten der Volkspolizei als **Kasernierte Volkspolizei** aufgebaut worden. Es entsteht auch die See- und Luftpolizei als Marine und Luftwaffe der Kasernierten Volkspolizei (KVP).

29. August   Unter dem Eindruck des Koreakrieges fordert Bundeskanzler Adenauer in einem **Sicherheitsmemorandum** von der Alliierten Hohen Kommission (AHK), sie solle die Besatzungstruppen verstärken, westeuropäische Streitkräfte mit deutschen Kontingenten als Gegengewicht gegen die Kasernierte Volkspolizei in der DDR aufbauen und eine Bundesschutzpolizei zur inneren Sicherheit zulassen.
Hintergrund: Der Ausbruch des **Koreakrieges** am 25. 6. 1950 hatte die Gefahr eines »Dritten Weltkrieges« heraufbeschworen; führende westliche Politiker wie Churchill und de Gaulle forderten daher, die BRD an den Verteidigungslasten zu beteiligen. – Wie von Churchill vorgeschlagen, empfahl die Versammlung des Europarats am 11. 8. 1950 mehrheitlich, eine »Europa-Armee« mit westdeutschen Kontingenten aufzustellen.

11. Oktober   Gustav W. **Heinemann** (CDU) tritt aus Protest gegen Adenauers Sicherheitsmemorandum als Bundesinnenminister zurück. Er hatte dem Bundeskanzler bereits auf der Kabinettssitzung am 31. 8. 1950 Eigenmächtigkeit und Verletzung des demokratischen Stils (»einsame Beschlüsse«, verspätete Informationen) vorgehalten und seine Demission angeboten.
Heinemann gründet am 21. 11. 1951 die neutralistisch eingestellte Notgemeinschaft für den Frieden Europas, am 29./30. 11. 1952 die **Gesamtdeutsche Volkspartei** (GVP). Sie bleiben erfolglos. (11.1. → 18./19. 5. 1957)

29. Oktober   Die »**Dienststelle Blank**« wird errichtet und Adenauer direkt unterstellt. Ihr obliegen die »mit der Vermehrung der alliierten Truppen zusammenhängenden Fragen«. Adenauer erstrebt mit dem Verteidigungsbeitrag eine Revision des Besatzungsstatuts (6.2. → 21. 9. 1949 und 6. 3. 1951) und eine schrittweise Übertragung von Hoheitsrechten bis zur Gleichberechtigung.
In der Öffentlichkeit und von der Opposition werden die Wiederaufrüstungspläne heftig kritisiert; nach den Erfahrungen der Vergangenheit macht sich teilweise ein »Ohne-mich«-Standpunkt breit (»Nie wieder Krieg!«).

8. November   Adenauer begrüßt im Bundestag den **Pleven-Plan**: Er gewährleiste nicht nur die Sicherheit der BRD, sondern ebne auch den Weg zur Wiedervereinigung Deutschlands; der Verteidigungsbeitrag erfordere allerdings die Gleichberechtigung der BRD.
Oppositionsführer Kurt Schumacher (SPD) befürwortet zeitweilig eine offensive »Vorwärtsverteidigung«, damit im Falle eines sowjetischen Angriffs die »Kriegsentscheidung an Njemen oder Weichsel« falle. Später lehnt er die Wiederaufrüstung entschieden ab; denn sie diene nicht der Verteidigung Deutschlands und seiner vorrangig erstrebten Wiedervereinigung, sondern der Verteidigung des westlichen Glacis zwischen Elbe und Rhein. Auch widerspräche sie dem Grundsatz der Gleichberechtigung.
Der französische Ministerpräsident René Pleven hatte am 24. 10. 1950 angeregt, eine **Europa-Armee** mit einheitlicher Ausrüstung aufzustellen. Sie sollte übernational organisiert und einem europäischen Verteidigungsminister unterstellt sein.

1951

16. März   Das Gesetz über den **Bundesgrenzschutz** schafft eine dem Bundesinnenministerium unterstellte Sonderpolizei des Bundes. Sie bewacht die Grenzen der BRD, ihre Grenzgebiete und Bundesorgane (Grenzschutzdienste Bonn); bei drohender Gefahr kann sie im Bundesgebiet eingesetzt werden.

9. Juli   Die drei Westmächte beschließen die formelle Beendigung des **Kriegszustandes** mit Deutschland. Sie tritt für England am 9. 7., für Frankreich am 13. 7. und für die USA am 19. 10. 1951 in Kraft. – Als erster Staat hatte die Republik Indien den Kriegszustand mit Deutschland am 1. 1. 1951 beendet.

1952

27. Mai   In Paris schließen Frankreich, Italien, die Beneluxstaaten und die BRD den Vertrag über die **Europäische Verteidigungsgemeinschaft** (EVG) ab. Sie sieht die Integration der nationalen Streitkräfte bei gleicher Ausrüstung, Ausbildung und Dienstzeit der Soldaten sowie einen gemeinsamen Oberbefehl vor. Damit sollte vor allem französischen Bedenken gegen einen westdeutschen Verteidigungsbeitrag Rechnung getragen und die europäische Einigung beschleunigt werden.

7. August   In der DDR wird die **Gesellschaft für Sport und Technik** (GST) gegründet. Sie dient als »demokratische Massenorganisation« vor allem der paramilitärischen Ausbildung von Jugendlichen. Zuständig ist das Ministerium des Innern.

1. Oktober   **Kasernierte Volkspolizei** (KVP) und **Grenzpolizei** erhalten militärische Dienstgrade und olivbraune Uniformen. Zuvor waren Armeekorps als »Territoriale Verwaltungen« geschaffen worden.

1953

19. März   Der Bundestag billigt nach heftigen innenpolitischen Kontroversen den **Deutschland- und EVG-Vertrag** in dritter Lesung mit den Stimmen der Regierungsmehrheit.
Die Opposition im Bundestag hatte am 31. 1. 1952 beim Bundesverfassungsgericht vorbeugende Normenkontrollklage eingereicht; die beantragte Feststellung, dass eine Entscheidung über den Wehrbeitrag ohne GG-Änderung verfassungswidrig sei, wurde jedoch am 30. 7. 1952 als »im gegenwärtigen Zeitpunkt unzulässig« zurückgewiesen. – Bundespräsident Heuss ersuchte das Bundesverfassungsgericht am 10. 6. 1952 um ein beratendes Gutachten über die Verfassungsmäßigkeit des EVG-Vertrages, zog seinen Antrag jedoch am 10. 12. 1952 zurück. – Die Feststellungsklage der Fraktionen der Regierungsparteien vom 6. 12. 1952, wonach der Bundestag mit einfacher Mehrheit den Deutschland- und EVG-Vertrag verabschieden könne, verwarf das Bundesverfassungsgericht am 7. 3. 1953 als unzulässig, da die klagende Bundestagsmehrheit nicht parteifähig für eine Organklage sei.

1. Juli   Aus den Betriebskampfgruppen in der DDR (ursprünglich »Friedenswachen« und »Arbeiterwehren«) werden straff organisierte, paramilitärische »**Kampfgruppen der Arbeiterklasse**« gebildet. Zum Zusammenhang: 6.4. → 17. 6. 1953.

1954

26. Februar   Der Bundestag verabschiedet mit der erforderlichen Zweidrittelmehrheit der Regierungsparteien (CDU/CSU, FDP, DP, GB/BHE) die **1. Wehrergänzung** (Art. 73 GG). Sie tritt am 26. 3. 1954 in Kraft und begründet die Wehrhoheit des Bundes, indem sie ihm die ausschließliche Gesetzgebungskompetenz in Verteidigungs-, Wehrpflicht- sowie Zivilschutzangelegenheiten einräumt. Damit ist klargestellt, dass Deutschland- und EVG-Vertrag (später die Pariser Verträge) mit dem Grundgesetz übereinstimmen (eingefügter Art. 142a GG).

30./31. August In der französischen Nationalversammlung **scheitert der EVG-Vertrag** (Adenauer: »Schwarzer Tag für Europa«). Hauptgründe: Bedenken gegen die supranationale Armee, die die Souveränität eingeschränkt und einen Verzicht auf eine nationale Atomstreitmacht zur Folge gehabt hätte; Vorbehalte gegen die Allianz mit dem ehemaligen Kriegsgegner und die deutsche Wiederaufrüstung ohne direkte Beteiligung des traditionellen Verbündeten England; Kooperation zwischen der Mehrheit der Nationalisten, Kommunisten und zum Teil der Sozialisten, vor allem in der Absicht, Optionen im Kalten Krieg zwischen Ost und West im Zeichen sowjetischer Werbungen offen zu halten. Zu den Pariser Verträgen: 7.1. → 19.–23. 10. 1954.

Fahrraddemonstration in München im November 1954: Proteste gegen die Wiederbewaffnung.
→ 26. Februar 1954

1955

25. Januar   Die Sowjetunion erklärt den **Kriegszustand** mit Deutschland für
              beendet. Sie behält sich jedoch weiterhin alle Rechte und Pflich-
              ten vor, die sich aus den alliierten Verträgen über Deutschland
              als Ganzes ergeben. – Die osteuropäischen Staaten folgen die-
              sem Schritt.

29. Januar   Auf Einladung Erich Ollenhauers (SPD), Walter Freitags (DGB),
              Helmut Gollwitzers, Alfred Webers u. a. wird in der Frankfurter
              Paulskirche das »**Deutsche Manifest**« verabschiedet. Es lehnt die
              Pariser Verträge ab und hält Viermächteverhandlungen über die
              Wiedervereinigung für vorrangig vor der Bildung militärischer
              Blöcke.

5. Mai   Die ratifizierten Pariser Verträge treten in Kraft; dadurch wird
              die BRD am 9. 5. **Mitglied der NATO**. Zur Vorgeschichte: 7.1.
              → 28. 9. – 3. 10. 1954.

14. Mai   **Warschauer Pakt** zwischen Albanien, Bulgarien, DDR, Polen, Ru-
              mänien, Sowjetunion, ČSR und Ungarn: Der in Warschau un-
              terzeichnete »Vertrag über Freundschaft, Zusammenarbeit und
              gegenseitigen Beistand« ist die Reaktion des Ostblocks auf die
              ratifizierten Pariser Verträge. Er soll im Sinne der UN-Charta den

Weltfrieden und die Sicherheit gewährleisten, aber auch zur Abrüstung beitragen. Die Vertragsparteien sind verpflichtet, sich in allen wichtigen internationalen Fragen gemeinsamen Interesses zu konsultieren und im Falle eines bewaffneten Überfalls in Europa auf einen oder mehrere Signatarstaaten sofort kollektiv Beistand »mit allen Mitteln«, also auch militärischer Gewalt, zu leisten. Sie bilden ein Vereinigtes Kommando und als höchstes Entscheidungsgremium den Politischen Beratenden Ausschuss für »Gipfeltreffen«. Weiteren friedliebenden Staaten steht der Beitritt zum Pakt offen. – Die Mitgliedschaft des Außenseiters Albanien ruht seit 1. 2. 1962, am 13. 9. 1968 tritt Albanien aus dem Pakt aus.

8. Deutschlandpolitik und Berlin-Status im Kalten Krieg 1949 – 1955

1949

14. Mai **Kleines Besatzungsstatut** für West-Berlin, von den drei westlichen Stadtkommandanten erlassen, revidiert am 7. 3. 1951. Hintergrund: Die Westmächte hatten die im Grundgesetz (Art. 23) vorgesehene Integration Groß-Berlins in die BRD am 12. 5. suspendiert. Beratende Mitwirkung im Bundestag und Bundesrat wird West-Berlin jedoch zugebilligt; die Bundestagsabgeordneten werden nicht direkt gewählt, sondern vom Berliner Parlament delegiert. – Das Kleine Besatzungsstatut wird am 5. 5. 1955 mit dem Inkrafttreten der Pariser Verträge (7.1. → 19.–23. 10. 1954) aufgehoben.

7. Oktober Die Regierung Adenauer protestiert gegen die Gründung der DDR und ihre von der Provisorischen Volkskammer in Kraft gesetzte Verfassung vom gleichen Tag (6.3. → 7. 10. 1949). Das SED-Regime sei nicht frei gewählt, daher rechtswidrig und nicht befugt, die Bevölkerung in der SBZ zu vertreten.

21. Oktober Bundeskanzler Adenauer betont im Bundestag, die BRD sei »allein befugt, für das deutsche Volk zu sprechen« (**Alleinvertretungsanspruch**). Sie erkenne daher nicht als verbindlich für das deutsche Volk an, was die »Sowjetzone« u. a. über die Oder-Neiße-Linie erklärt habe.

1950

7. März Das **Berlin-Hilfegesetz** der BRD soll die Wirtschaftskraft West-Berlins durch Bundesgarantien, Finanzbürgschaften und Steuererleichterungen stärken. – Die Berlin-Hilfe wird vor allem durch das am 19. 10. 1948 eingeführte »Notopfer Berlin« finanziert.

22. März   Von den USA unterstützt, fordert die Regierung Adenauer erstmals öffentlich die **Wiedervereinigung** durch freie, gesamtdeutsche
Wahlen. Eine Nationalversammlung solle unter alliierter oder internationaler Kontrolle gewählt werden und sodann eine gesamtdeutsche Verfassung erarbeiten.

9. und 13. Juni Als Reaktion auf die Warschauer Deklaration vom 6. 6. 1950 (7.2.
→ 6. 7. 1950) erklärt die Bundesregierung alle **Grenzabreden** der
»Sowjetzone« für »null und nichtig«; der Bundestag legt Rechtsverwahrung gegen die »Politik des Verzichts« (Paul Löbe) ein.

1. Oktober   Die neue **Berlin-Verfassung** tritt in Kraft. Art. 1 Abs. 2 und 3, wonach Berlin ein Land der BRD ist und Grundgesetz und Gesetze
der BRD bindend sind, werden wegen westlicher Vorbehalte vom
29. 8. 1950 zeitweilig suspendiert. Das Abgeordnetenhaus ersetzt
die bisherige Stadtverordnetenversammlung, der Senat den bisherigen Magistrat. An der Spitze des Senats steht der Regierende
Bürgermeister: ab 18. 1. 1951 Ernst Reuter (SPD), nach seinem
Tod am 29. 9. 1953 Walther Schreiber (CDU).

Mit der Berlin-Klausel versehene Bundesgesetze übernimmt das
Abgeordnetenhaus durch Mantelgesetze. Allerdings sind Rechts-
normen ausgenommen, die dem Viermächtestatus widersprechen,
z. B. Wehrgesetze und Wehrpflicht.

30. November   Ministerpräsident Grotewohl schlägt Bundeskanzler Adenauer in
einem Brief vor, einen paritätisch besetzten **Gesamtdeutschen
Konstituierenden Rat** zu bilden; er solle eine gesamtdeutsche provisorische Regierung, Wahlen für die Nationalversammlung und
den Friedensvertrag vorbereiten. – Die Aktion »Deutsche an einen
Tisch« hatte die Prager Konferenz empfohlen. (7.2. → 20./21. 10.
1950)

1951

15. Januar   Adenauer lehnt Grotewohls Vorschlag vom → 30. 11. 1950 ab. –
DDR-Präsident Pieck schlägt Bundespräsident Heuss mit Schreiben vom 2. 11. 1951 erneut **gesamtdeutsche Beratungen** vor.

20. September   Das Berliner Abkommen zwischen den Währungsgebieten der DM-
West und der DM-Ost regelt den **Interzonenhandel**. Es bildet die
Rechtsgrundlage für den innerdeutschen Handel. Er erhält einen
Sonderstatus (Währungsgebietsklausel) und wird nach vereinbarten
Warenlisten auf dem Verrechnungsweg (clearing) zum beiderseiti-
gen Vorteil abgewickelt.
Zur Entstehung des Interzonenhandels: 4. → 1. 1. 1946 und 18. 1.
1947.

1952

9. Januar   Die Volkskammer verabschiedet ein Wahlgesetz für die **Nationalversammlung** auf der Basis freier gesamtdeutscher Wahlen und

der Viermächtekontrolle. – Die Volkskammer hatte dem Bundestag wiederholt vorgeschlagen, über diese Wahlen und den Abschluss eines Friedensvertrages gesamtdeutsch zu beraten.

6. Februar Der Bundestag billigt das Wahlgesetz für eine verfassunggebende gesamtdeutsche **Nationalversammlung**. Es geht von 14 Grundsätzen aus, die Adenauer am 27. 9. 1951 formuliert hatte.

Die von der UN-Vollversammlung geforderte und am 20. 12. 1951 beschlossene internationale Kontrollkommission soll die Voraussetzungen für freie gesamtdeutsche Wahlen prüfen. Sie vertagt sich am 21. 7. 1952 auf unbestimmte Zeit, da ihr die DDR die Einreise verweigert.

10. März **Stalin-Note**: Stalin schlägt den drei Westmächten vor, einen Friedensvertrag mit einer gesamtdeutschen Regierung wie folgt abzuschließen: Wiedervereinigung in den Grenzen, wie sie die Potsdamer Konferenz »festgelegt« habe (1. → 17. 7.–2. 8. 1945); Neutralisierung Deutschlands nach Abzug aller ausländischen Truppen; Aufbau nationaler Streitkräfte zur Landesverteidigung; Verbot antidemokratischer Organisationen, jedoch Garantie demokratischer Rechte und Parteien.

In ihrer Antwortnote vom 25. 3. lehnen es die Westmächte mit ausdrücklicher Billigung Adenauers (Siegener Rede vom 16. 3.) ab, einen Friedensvertrag zu diskutieren, bevor freie gesamtdeutsche Wahlen stattgefunden haben.

9. April In einer zweiten Note an die drei Westmächte stimmt die Sowjetunion **»freien gesamtdeutschen Wahlen«** unter Viermächtekontrolle zu.

In ihrer Antwort vom 13. 5. bestehen die Westmächte darauf, dass ein Friedensvertrag erst abgeschlossen werden könne, wenn eine gesamtdeutsche Regierung aufgrund kontrollierter freier Wahlen entstanden und sie vor und nach der Friedensregelung frei sei, über Koalitions-, Integrations- und Grenzfragen zu entscheiden.

Die Standpunkte verhärten sich in einem dritten und vierten Notenwechsel am 24. 5./10. 7. und 23. 8./23. 9. 1952: Die Westmächte und Adenauer wollen – ohne Stalins Angebot zu testen – die Voraussetzungen für freie Wahlen prüfen, bevor sie stattfinden, dann eine gesamtdeutsche Regierung bilden und zuletzt über einen Friedensvertrag auf der Basis der Koalitionsfreiheit Deutschlands verhandeln; die Sowjetunion besteht auf einer umgekehrten Reihenfolge und auf der Neutralisierung ganz Deutschlands als Voraussetzung für die Wiedervereinigung.

In seiner Waiblinger Rede vom 6. 6. 1952 stellt der FDP-Abgeordnete Karl Georg Pfleiderer die These infrage, dass der erste Schritt zur Wiedervereinigung freie Wahlen seien, da ihnen die Sowjetunion nicht zustimmen könne.

26./27. Mai   Nach Unterzeichnung des Bonner Deutschlandvertrags und des EVG-Vertrags wird die **innerdeutsche Demarkationslinie** abgeriegelt: durch einen 10-m-Kontrollstreifen, einen 500-m-Schutzstreifen und eine 5-km-Sperrzone. Der bisher geduldete kleine Grenzverkehr wird eingestellt. Die DDR unterbricht die Telefonverbindungen zwischen Ost- und West-Berlin. Ab 15. 1. 1953 verkehren nur noch U-Bahn und S-Bahn durchgehend zwischen beiden Stadtteilen.
Das Kleine Besatzungsstatut wird durch ein neues **Berlin-Statut** ersetzt, das jedoch erst mit den Pariser Verträgen am 5. 5. 1955 in Kraft tritt. (7.1. → 19.–23. 10. 1954)

1953
17. Juni   Zum Arbeiter- und danach **Volksaufstand** in Ost-Berlin und in der DDR: 6.4. → 17. 6. 1953.
Durch Gesetz vom 4. 8. 1953 wird in der BRD der 17. Juni zum »Tag der deutschen Einheit« und zum gesetzlichen Feiertag erhoben.

1954
25. Januar –   Die **Berliner Außenministerkonferenz** (Dulles, Molotow, Eden,
18. Februar   Bidault) kann sich in Deutschland- und Sicherheitsfragen nicht einigen. Eden empfiehlt ein 5-Punkte-Programm zur Wiedervereinigung, das mit den USA und Frankreich abgestimmt ist: 1. kontrollierte gesamtdeutsche freie Wahlen abzuhalten; 2. eine Nationalversammlung einzuberufen; 3. eine Verfassung und einen Friedensvertrag vorzubereiten; 4. eine für den Friedensvertrag zuständige Regierung zu bilden; 5. den Friedensvertrag abzuschließen. Nach diesem **ersten Eden-Plan** sollte es Deutschland freistehen, die Bündnisverpflichtungen der BRD bzw. der DDR zu übernehmen, zu lösen oder neue einzugehen. Demgegenüber vertritt Molotow die entgegengesetzte Reihenfolge: 1. einen Friedensvertrag mit beiden deutschen Staaten auszuarbeiten; 2. eine provisorische Regierung durch Bundestag und Volkskammer einzusetzen; 3. die Besatzungstruppen bis auf Kontrollkontingente abzuziehen und freie gesamtdeutsche Wahlen durchzuführen; 4. eine gesamtdeutsche Regierung zu bilden. Das wiedervereinigte Deutschland müsse neutral sein und in ein kollektives Sicherheitssystem in Europa eingebunden werden. Erstmals wird so die deutsche Frage mit dem Problem der europäischen Sicherheit verknüpft.

2. Dezember   Die Deklaration der **Moskauer Ostblockkonferenz** billigt Deutschland die historische Rolle einer »Großmacht« zu, sofern es den friedlichen Weg gehe und an einem europäischen System der kollektiven Sicherheit teilnehme.
Am letzten Tag der Pariser Konferenzen (7.1. → 19.–23. 10. 1954) hatte die Sowjetunion erklärt, sie sei bereit, den Eden-Plan als Diskussionsgrundlage zu akzeptieren.

1955

11. Januar **Große Koalition** in West-Berlin: Otto Suhr (SPD) wird zum Regierenden Bürgermeister gewählt, Franz Amrehn (CDU) zum Bürgermeister.
Bei den Wahlen zum Abgeordnetenhaus am 5. 12. 1954 hatte die SED nur 2,7 Prozent der abgegebenen gültigen Stimmen erhalten.

15. Januar Die Sowjetunion stellt in einer »**Erklärung zur deutschen Frage**« die BRD vor die Alternative, zwischen Verhandlungen über die Wiedervereinigung auf der Basis freier gesamtdeutscher Wahlen oder der Ratifizierung der Pariser Verträge (7.1. → 19.–23. 10. 1954) zu wählen; die geplante Remilitarisierung würde Deutschland endgültig spalten und verhindern, dass es als »Großmacht« wiedererstehe.
Oppositionsführer Ollenhauer (SPD) fordert Adenauer, der ablehnend Stellung bezieht, am 23. 1. 1955 auf, die Sowjetunion »jetzt beim Wort« zu nehmen und nicht – wie 1952 – zu versäumen, das Angebot freier und international beaufsichtigter Wahlen ernsthaft zu prüfen.
Nach dem In-Kraft-Treten der Pariser Verträge annulliert die Sowjetunion die gegen Deutschland gerichteten Bündnisverträge mit Großbritannien und Frankreich vom 26. 5. 1942 und 10. 12. 1944. Als Gegengewicht zur NATO wird der **Warschauer Pakt** gegründet. (7.3. → 14. 5. 1955)

9. Wirtschaft, Sozialpolitik und Gesellschaft

9.1. BRD: Kriegsfolgelasten, Wirtschaft und Verbände 1949 – 1955

1949

8. August Das Gesetz zur Milderung sozialer Notstände regelt als Vorstufe zum Lastenausgleich die **Soforthilfe** für Vertriebene und Flüchtlinge, Kriegssach- und Währungsgeschädigte sowie für politisch Verfolgte. Sie wird durch eine Vermögensabgabe der Nichtgeschädigten finanziert (Soforthilfefonds) und dient vor allem dem Unterhalt, der Berufsausbildung, dem Existenzaufbau, der Hausratbeschaffung und dem Wohnungsbau.

12.–14. Okt. Die überparteilichen und überkonfessionellen Einheits- bzw. Industriegewerkschaften, die an die Stelle der früheren Richtungs- und Berufsverbände getreten sind, gründen in München den **Deutschen Gewerkschaftsbund** (DGB) als Dachorganisation mit Sitz in Düsseldorf. Er erstrebt neben arbeits- und sozialrechtlichen Verbesserungen u. a. auch die Mitbestimmung der Arbeitnehmer, die Sozialisierung der Schlüsselindustrien und eine zentrale Wirtschaftsplanung bei freier Konsum-, Berufs- und Arbeitsplatzwahl. Gewerkschaftliche Berufsverbände sind die **Deutsche Angestelltengewerkschaft** (DAG), gegründet am 12./13. 4. 1949, und der **Deutsche Beamtenbund** (DBB), gegründet am 21./22. 3. 1950. Nach dem Tarifvertragsgesetz vom 9. 4. 1949 haben die Sozialpartner das Recht, Löhne und Gehälter frei zu vereinbaren und festzulegen (Tarifautonomie).

19. Oktober   Die Industriespitzenfachverbände gründen in Köln den **Bundesverband der Deutschen Industrie** (BDI) als Dachorganisation. Er vertritt die Interessen der deutschen Industrie im In- und Ausland. Die am 28. 1. 1949 gegründete **Bundesvereinigung der Deutschen Arbeitgeberverbände** (BDA) mit Sitz in Köln ist für sozial-, arbeits- und bildungspolitische Grundsätze, Richtlinien und Empfehlungen zuständig, u. a. für die Lohn- und Tarifpolitik. Die Dachorganisation ist allerdings nicht tariffähig, da die Mitgliederverbände autonom sind.
Dritte Säule unternehmerischer Interessenvertretung ist der am 27. 10. 1949 neu konstituierte **Deutsche Industrie- und Handelstag** (DIHT). Er ist der Spitzenverband der regionalen Industrie- und Handelskammern, die als Selbstverwaltungsorgane der gewerblichen Wirtschaftszweige öffentlich-rechtliche Funktionen wahrnehmen.

1950

19. Juni   Ehemalige Kriegsgefangene erhalten durch das **Heimkehrergesetz** besondere Rechte und Vergünstigungen, u. a. Entlassungsgeld, Übergangsbeihilfen und Steuererleichterungen. Bei der Wohnungs- und Arbeitsplatzzuteilung werden sie bevorzugt.
Nach dem Gesetz zur Entschädigung von Kriegsgefangenen vom 30. 1. 1954 können Entschädigungen, Darlehen für den Beruf und Beihilfen für den Hausrat bewilligt werden. – Die 1970 errichtete »Heimkehrer-Stiftung« dient der Unterstützung ehemaliger Kriegsgefangener und politischer Häftlinge.

5. August   Die ostdeutschen Landsmannschaften verkünden in der **Charta der Heimatvertriebenen** in Stuttgart-Bad Cannstatt ihren Verzicht auf Rache und Vergeltung. Sie fordern die Anerkennung des Rechts auf die Heimat als eines von Gott gegebenen Grundrechts und bekennen sich zu einem freien, geeinten Europa.

27. November   Der **Bundesrechnungshof** wird durch Gesetz als Oberste Bundesbehörde, d. h. im Range eines Bundesministeriums, mit Sitz in Frankfurt a. M. errichtet. Er ist als Organ der Staatskontrolle dafür zuständig, die Rechnung über alle Einnahmen und Ausgaben

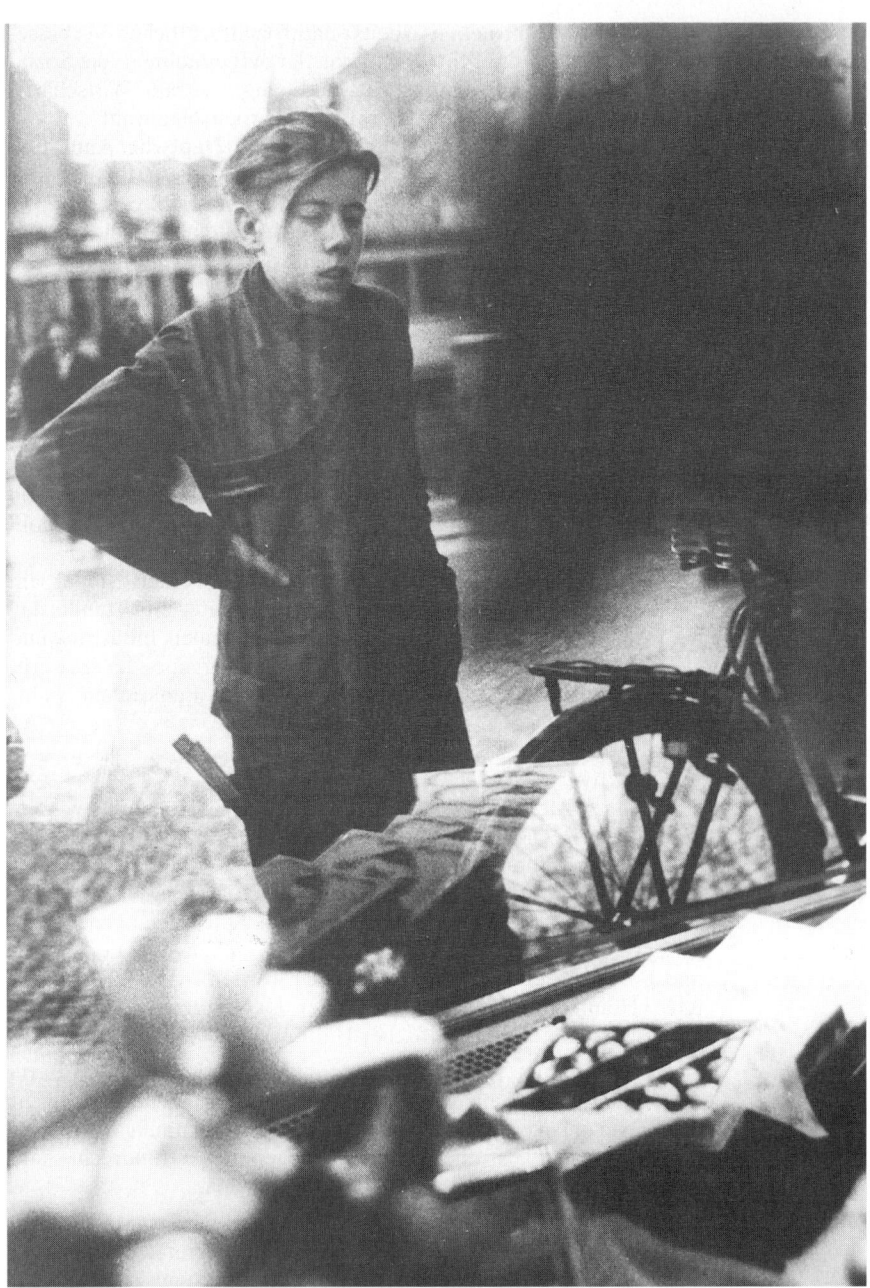

Wirtschaftswunder hinter Glas: begehrlicher Blick in das Schaufenster.

des Bundes, über sein Vermögen und seine Schulden sowie die Wirtschaftlichkeit und Ordnungsmäßigkeit der Haushalts- und Wirtschaftsführung zu prüfen (Art. 114 GG).

20. Dezember Das **Bundesversorgungsgesetz** (BVG) vereinheitlicht die Kriegsopferversorgung für Beschädigte, die Gesundheitsschäden davongetragen haben, und Hinterbliebene, d. h. Witwen, Witwer, Waisen und Eltern. Der Versorgungsanspruch setzt voraus, dass zwischen dem schädigenden Ereignis und der Gesundheitsstörung bzw. dem Tode ein »ursächlicher Zusammenhang« besteht.
Zur Versorgung gehören vor allem: Heil- und Krankenbehandlung sowie orthopädische Hilfsmittel; Kriegsopferfürsorge nach dem konkreten Einzelfall (Ausbildung, Beruf, Erholung, Wohnung u. a.); Geldleistungen wie Grundrente ohne, Ausgleichs- und Elternrente unter Berücksichtigung der wirtschaftlichen Lage; seit 1960/1964 Berufsschadensausgleich für Beschädigte bzw. Schadensausgleich für Witwen.
Ab 1. 1. 1970 werden die Renten dynamisiert, d. h. jährlich an die wirtschaftliche Entwicklung angepasst.
Das Leistungssystem des BVG wird später auch auf Angehörige der Bundeswehr, des Zivil- und Grenzschutzdienstes, auf ehemalige politische Häftlinge, auf Opfer von Gewalttaten sowie auf Impfgeschädigte übertragen.

1951

15. März Das **Wohnungseigentumsgesetz** ermöglicht, Eigentum auch an Teilen von Gebäuden zu erwerben, z. B. als Eigentumswohnung. Damit werden der Wiederaufbau der zerstörten Stadtkerne und die Eigentumsbildung breiter Bevölkerungsgruppen gefördert.

11. Mai Das Gesetz zu **Art. 131 GG** klärt die Rechtsverhältnisse, Wiederverwendungs- und Versorgungsansprüche von Personen, die am 8. 5. 1945 im öffentlichen Dienst gestanden haben, aus ihm jedoch aus Gründen der Arbeits- und Wehrdienstpflicht, der Vertreibung, Flucht oder der Entnazifizierung ausgeschieden sind.

21. Mai Nach dem Gesetz über die **Mitbestimmung in der Montanindustrie** (Eisen, Stahl, Bergbau) haben Aktiengesellschaften (AG), Gesellschaften mit beschränkter Haftung (GmbH) oder bergrechtliche Gewerkschaften mit mehr als 1000 Arbeitnehmern einen in der Regel elfköpfigen Aufsichtsrat zu bilden und mit Anteilseignern und Arbeitnehmern paritätisch zu besetzen. Die Arbeitnehmervertreter werden von den Gewerkschaften (möglich sind maximal drei außerbetriebliche Mitglieder) und dem Betriebsrat der Anteilseignerversammlung bindend vorgeschlagen. Das elfte Mitglied wählen Arbeitgeber- und Arbeitnehmervertreter gemeinsam; da es bei Stimmengleichheit über die Pattsituation entscheidet, wird von ihm erwartet, dass es die Voraussetzungen der Neutralität erfüllt.

Der Arbeitsdirektor darf vom Aufsichtsrat nur mit mindestens drei Arbeitnehmerstimmen bestellt werden; ihm obliegen als gleichberechtigtem Vorstandsmitglied Personal-, Tarif-, Sozial-, Ausbildungs- und Weiterbildungsfragen sowie die Zusammenarbeit mit dem Betriebsrat.

Die Montanmitbestimmung war zwar unter Streikdrohungen zwischen Adenauer und DGB-Chef Hans Böckler gegen den Widerstand der Schwerindustrie und der FDP ausgehandelt worden, trug aber auch dazu bei, die Gewerkschaften und ihre Mitglieder in die Sozial- und Wirtschaftsordnung der BRD zu integrieren.

Das Mitbestimmungs-Ergänzungsgesetz vom 7. 8. 1956 soll die Montanmitbestimmung in Konzern-Obergesellschaften sicherstellen, das Mitbestimmungs-Fortgeltungsgesetz vom 29. 11. 1971 soll verhindern, dass Gesellschaften sich der Montanmitbestimmung entziehen, indem sie ihre Unternehmensstruktur ändern.

10. August

Die BRD tritt dem Allgemeinen Zoll- und Handelsabkommen **(GATT)** bei. – Der Zugang zum Weltmarkt beschleunigt den anhaltenden Wirschaftsaufschwung, der die Massenarbeitslosigkeit der »Gründungskrise« abbaut (»Korea-Boom«), aber auch den Preisanstieg begünstigt (»Korea-Inflation«). Beim Handelsumsatz steht die BRD bereits 1954 an dritter Stelle hinter den USA und Großbritannien.

Das GATT (General Agreement on Tariffs and Trade) vom 30. 10. 1947 setzt sich das Ziel, den internationalen Handel nach dem Prinzip der Gegenseitigkeit zu fördern. Handelsschranken sollen durch Konsultationen und die Gewährung der Meistbegünstigung beseitigt, Diskriminierungen, Zölle, Kontingente u. ä. abgebaut werden.

1952

10. März

Die **Bundesanstalt für Arbeitsvermittlung und Arbeitslosenversicherung** entsteht in Nürnberg. Sie ist eine Körperschaft des öffentlichen Rechts mit Selbstverwaltung und gliedert sich in die Hauptstelle, die Landesarbeitsämter und die Arbeitsämter. Ihr obliegen anfangs vor allem Arbeitsbeschaffungsmaßnahmen (»Sofortprogramme«).

Die Selbstverwaltung bei den Sozialversicherungsträgern war bereits mit Gesetz vom 22. 2. 1951 wieder hergestellt worden; durch Wahlen sind die Sozialpartner in allen Organen der Sozialversicherung paritätisch vertreten.

17. März

Das **Wohnungsbau-Prämiengesetz** fördert die Eigenkapitalbildung, indem es je nach Familienstand und Aufwendungen Prämien für Sparleistungen zugunsten des Wohnungsbaus einführt (Bausparen). Die Sparbeiträge können auch als Sonderausgaben steuerlich abgesetzt werden.

Exportschlager Volkswagen: Im Lübecker Hafen werden im Oktober 1954 »Käfer« für Schweden verladen. → 10. August 1951

14. August   Das **Lastenausgleichsgesetz** (LAG) soll in den Grenzen volkswirtschaftlicher Möglichkeiten Schäden und Verluste regulieren, die durch Zerstörungen und Vertreibungen in der Kriegs- und Nachkriegszeit entstanden sind. Es will jedoch das Rückkehr-, Heimat- und Entschädigungsrecht der Vertriebenen und Flüchtlinge nicht beeinträchtigen.

Nichtgeschädigte mit nennenswertem Vermögen müssen zur LAG-Finanzierung jährlich Vermögens-, Hypothekengewinn- oder Kreditgewinnabgaben an den Ausgleichsfonds abführen; er wird vom Bundesausgleichsamt in Bad Homburg als Sondervermögen des Bundes verwaltet. Damit sollen die finanziellen Folgen des verlorenen Krieges nicht nur die Geschädigten tragen, sondern proportional auch auf die Gesamtbevölkerung verteilt werden.

Ausgleichsleistungen mit Rechtsanspruch sind: die Hauptentschädigung, die nach der Höhe des erlittenen Verlustes gestaffelt wird, die Kriegsschadenrente, die als Unterhaltshilfe für den Lebensunterhalt und die Altersversorgung gewährt wird oder als Entschädigungsrente nach der Höhe des Verlustes und nach Familieneinkommen, die Hausratentschädigung, die Entschädigung für Sparguthaben; ohne Rechtsanspruch gewährt werden Eingliederungs- und Aufbaudarlehen, Wohnraumhilfen, Härtefondsleistungen, Ausbildungshilfen u. a. Die Unterhalts- und Beihilfe zum Lebensunterhalt ist zum 1. 1. 1974 dynamisiert worden.

Mit dem Feststellungsgesetz vom 21. 4. 1952 waren zur Vorbereitung des Lastenausgleichs die Vertreibungs-, Kriegssach- und Ostschäden ermittelt worden. Das Währungsausgleichsgesetz vom 27. 3. 1952 soll Vertriebene für Verluste an Reichsmark-Sparguthaben im Vertreibungsgebiet entschädigen, das Altsparergesetz vom 14. 7. 1953 Härten der Währungsreform bei Gläubigerverlusten mildern, z. B. bei Schuldverschreibungen der öffentlichen Hand.

11. Oktober   Das **Betriebsverfassungsgesetz** schreibt allen Privatbetrieben mit mindestens fünf ständigen wahlberechtigten Arbeitnehmern vor, einen Betriebsrat zu bilden. Er vertritt die Arbeitnehmerinteressen in sozialer, personeller und wirtschaftlicher Hinsicht, z. B. bei Kündigungen. In allen Aktiengesellschaften (auch Holdings), Kommanditgesellschaften auf Aktien, Gesellschaften mit beschränkter Haftung, Genossenschaften, Versicherungsvereinen auf Gegenseitigkeit – ausgenommen Familiengesellschaften mit weniger als 500 Arbeitnehmern – sind Arbeitnehmervertreter zu einem Drittel im Aufsichtsrat zu beteiligen. Sie werden von den Betriebsräten und Arbeitnehmern (mindestens 1/10 oder 100) vorgeschlagen und von der Belegschaft in allgemeiner, gleicher, geheimer und unmittelbarer Wahl gewählt. Stehen den Arbeitnehmern mehr als zwei Aufsichtsratsposten zu, können auch Betriebsfremde (z. B. Gewerkschaftsfunktionäre) bestellt werden.

1953

19. Mai   Das **Bundesvertriebenengesetz** klärt Rechtsstellungs- und Eingliederungsfragen der Vertriebenen und Flüchtlinge. Vertriebene sind Deutsche, die ihren Wohnsitz in den deutschen Ostgebieten nach den Grenzen von 1937 oder im Ausland verloren haben; Flüchtlinge sind Deutsche, die aus der DDR übergesiedelt oder geflüchtet sind. Heimatvertriebene waren seit Ende 1949 aus den »überbelegten« Ländern Schleswig-Holstein, Bayern und Niedersachsen umgesiedelt worden, um sie besser auf das Bundesgebiet zu verteilen.

3. September   Das **Arbeitsgerichts-** und das **Sozialgerichtsgesetz** regeln Zuständigkeiten und Verfahren vor Arbeitsgerichten bei Streitigkeiten aus Arbeitsverhältnissen bzw. vor Sozialgerichten für Versicherte und Versorgungsberechtigte. Letztinstanzliche Gerichte sind das Bundesarbeits- und das Bundessozialgericht in Kassel.

18. September   Das **Bundesergänzungsgesetz** – seit 29. 6. 1956 **Bundesentschädigungsgesetz** (BEG) – regelt die Wiedergutmachung für NS-Opfer. Voraussetzung ist, dass sie aus Gründen der Rasse, des Glaubens, der Weltanschauung oder der politischen Gegnerschaft Schäden an Leben, Körper, Gesundheit, Freiheit, Eigentum, Vermögen oder beruflichem und wirtschaftlichem Fortkommen erlitten haben. Der Verfolgte muss das subjektive Territorialprinzip erfüllen, d. h. in der Regel örtlich-persönliche Beziehungen zur BRD nachweisen. Unberücksichtigt bleiben u. a. Verfolgte, die dem NS-Regime Vorschub geleistet oder die freiheitlich-demokratische Grundordnung des GG bekämpft haben. Entschädigungen sind: Pauschalabgeltung, Rente wie z. B. Körperschaden-, Berufsschaden- und Hinterbliebenenrente, Kapitalentschädigung, Heilverfahren, Beihilfe und berufliche Rehabilitation.
                Ergänzend zur schuldrechtlichen Wiedergutmachung regelt das **Bundesrückerstattungsgesetz** vom 19. 7. 1957 abschließend die sachenrechtliche inländische Restitution feststellbarer Sachen, Rechte und Verbindlichkeiten, die NS-Verfolgten entzogen worden waren.
                Besondere Wiedergutmachungsgesetze gelten im öffentlichen Dienst, in der Kriegsopferversorgung und in der Sozialversicherung.

1955

5. August   Das **Bundespersonalvertretungsgesetz** regelt die Beteiligungsrechte der Beamten, Angestellten und Arbeiter im öffentlichen Dienst und enthält Rahmenvorschriften für die Landespersonalvertretungsgesetze. Der Personalrat wird – ähnlich wie der Betriebsrat in der Privatwirtschaft (→ 11. 10. 1952) – an innerdienstlichen, personellen und sozialen Entscheidungen beteiligt.

9.2. DDR: Planwirtschaft und Sozialisierung 1949–1955

1950

1. Mai

Das **Gesetz der Arbeit** vom 19. 4. 1950 tritt am Maifeiertag in Kraft. Es begründet das sozialistische Arbeitsrecht, das Rechte und Pflichten der Werktätigen, Vorschriften über Arbeits- und Kündigungsschutz, Berufsausbildung, Arbeitsproduktivität, materielle und kulturelle Verbesserungen, Urlaub u. v. m. kodifiziert. Es garantiert jedem einen seinen Fähigkeiten entsprechenden, zumutbaren Arbeitsplatz mit gleichem Lohn für gleiche Arbeit, und es fördert den sozialistischen Wettbewerb (Aktivisten). Gewerkschaften gelten als gesetzliche Interessenvertreter der herrschenden Arbeiterklasse.

30. August – 3. September

Der **Freie Deutsche Gewerkschaftsbund** (FDGB) bekennt sich auf seinem dritten Kongress zur führenden Rolle der SED, zum Marxismus-Leninismus, zur Freundschaft mit der Sowjetunion, zum Sozialismus und zur Planerfüllung als gesellschaftspolitischen Leitzielen. Das »Nurgewerkschaftertum« wird verworfen, da Staats-, Partei- und Gewerkschaftsinteressen identisch seien. Der FDGB war damit endgültig zum Erfüllungsgehilfen der SED (»Transmissionsriemen«) geworden. (2.2. → 15. 6. 1945)

28. September

Die DDR wird in den **Rat für gegenseitige Wirtschaftshilfe** (RGW/ COMECON) aufgenommen. (7.2. → 28. 9. 1950)
Anders als die Europäische Gemeinschaft für Kohle und Stahl (7.1. → 18. 4. 1951) entsteht der RGW als zwischenstaatliche Organisation ohne supranationale Rechte. Ein Statut gibt er sich erst am 14. 12. 1959. Wichtigste Organe: Die Ratstagung der Regierungschefs, das Exekutivkomitee der stellvertretenden Ministerpräsidenten (seit Juni 1962) und das Sekretariat als Vorbereitungs-, Vollzugs- und Verwaltungsorgan.

1951

26. April

In der **Sozialversicherung** wird die Selbstverwaltung eingeführt. Leitung und Kontrolle obliegen dem FDGB.
Auf sowjetische Weisung vom 28. 1. 1947 war in der SBZ ein einheitliches System der (vorher in einzelne Kassen zersplitterten) Sozialversicherung geschaffen worden.

1. November

Mit dem **1. Fünfjahrplan 1951–1955** beginnt die zentrale staatliche Planwirtschaft. Die Industrieproduktion soll verdoppelt, die Arbeitsproduktivität noch darüber hinaus gesteigert werden. Hauptziele: die Volkswirtschaft mit ihren Disproportionen umzustrukturieren, eine »metallurgische Basis« aufzubauen und die sozialistischen Produktionsverhältnisse zu verbessern. Demgemäß wird vor allem die Grundstoff- und Schwerindustrie mit Walz- und Stahl-

SED-Parolen zum wirtschaftlichen Neubeginn: Dank an die Sowjetunion und Appell zur Planerfüllung. → 1. November 1951

werken, der Maschinen- und Schiffbau sowie das neue Eisenhüttenkombinat Ost bei Fürstenberg/Oder (bis 13. 11. 1961 Stalinstadt, seitdem umbenannt in Eisenhüttenstadt) gefördert. Die sozialistischen Produktionsverhältnisse sollen durch »Feldzüge für strengste Sparsamkeit« und den Wettstreit um den Titel »Brigade der ausgezeichneten Qualität« verbessert werden.

Für die zentrale langfristige Wirtschaftslenkung ist die Staatliche Plankommission als Organ des Ministerrats zuständig. Die meisten Vereinigungen Volkseigener Betriebe (VVB) werden aufgelöst, die größeren Volkseigenen Betriebe (VEB) unmittelbar Industrieministerien unterstellt.

Der Planerfüllung nach sowjetischem Vorbild dienen Betriebskollektivverträge (BKV) zwischen Werks- und Betriebsgewerkschaftsleitungen (BGL) sowie »freiwillige« Rationalisatoren- und Aktivistenarbeit, z. B. die Franik-Bewegung im Kohlebergbau bzw. die Hockauf-Bewegung in der Textilindustrie. Der Leistungslohn richtet sich gemäß Technischen Arbeitsnormen (TAN) nach Akkordsätzen.

1952

12. Juli   Die 2. Parteikonferenz der SED beschließt die **Kollektivierung**: Die privaten Bauernwirtschaften sollen in Landwirtschaftliche Produk-

tionsgenossenschaften (LPG) als genossenschaftlich-kollektivwirtschaftliches Eigentum überführt werden.

Es entstehen drei Organisationsformen, die als offiziell »freiwillig« gelten, jedoch politisch-administrativ begünstigt und häufig erzwungen werden: **LPG I** hat nur das Ackerland, evtl. auch Grünland und Wald, **LPG II** Land, Zugkräfte, Maschinen und Geräte, **LPG III** den gesamten landwirtschaftlichen Betrieb mit Gebäuden kollektiviert; eine persönliche Hauswirtschaft bis 0,5 Hektar Land mit Tierhaltung ist gestattet. Die Maschinen-Ausleih-Stationen (MAS) werden in Maschinen-Traktoren-Stationen (MTS) umgewandelt. (14.2→ 14. 4. 1960)

1953
30. April

Arbeitsstreitfälle werden in den Volkseigenen Betrieben und in den Verwaltungen in der Regel durch **Konfliktkommissionen** als gesellschaftliche Organe der Rechtspflege verhandelt oder geschlichtet. Später sind sie auch für kleinere Straftaten zuständig.

1954
1. Januar

Die Sowjetunion verzichtet uneingeschränkt auf weitere **Reparationen**. Sie überlässt der DDR unentgeltlich die letzten Sowjetischen Aktiengesellschaften (SAG), ausgenommen die SAG Wismut, die wegen ihres Uranbergbaus den Status einer Sowjetisch-Deutschen Aktiengesellschaft (SDAG) erhält. Die Besatzungskosten werden auf fünf Prozent der Einnahmen des Staatshaushalts festgeschrieben.

Die Reparationspolitik der Sowjetunion hatte wesentlich dazu beigetragen, dass Wirtschaft und Verkehr der DDR stark gehemmt und belastet worden waren, u. a. wegen der Demontagen von Eisenbahngleisanlagen.

10. BRD und DDR: Bildungs-, Kultur-, Familien- und Jugendpolitik 1949 – 1955

1949
31. März

Die Deutsche Wirtschaftskommission in der SBZ (2.2. → 4. 6. 1947) ordnet Reformen in **Wissenschaft und Kultur** an. Die Universitäten und Hochschulen sind beschleunigt wieder aufzubauen. Die Vorstudienanstalten werden mit Wirkung vom 21. 5. 1949 in Arbeiter-und-Bauern-Fakultäten (ABF) umgewandelt; ihr Besuch setzt eine abgeschlossene Grundschul- und Berufsausbildung sowie besondere Leistungen in der Praxis voraus. Die Akademie der Künste wird geschaffen, die Deutsche Akademie der Wissenschaften re-organisiert. Neu gestiftete »Nationalpreise« sollen hervorragende wissenschaftliche oder künstlerische Leistungen auszeichnen.

24. April
Die wissenschaftlichen Hochschulen schließen sich in der **West-deutschen Rektorenkonferenz** (WRK) zusammen. Sie vertritt die Hochschulen gegenüber Staat und Öffentlichkeit und plant und koordiniert gemeinsame hochschulpolitische Aufgaben.
Am 26. 2. 1948 war die **Max-Planck-Gesellschaft** (MPG) zur För-derung der Wissenschaften als Rechtsnachfolgerin der Kaiser-Wilhelm-Gesellschaft (seit 1911) gegründet worden. Die Selbst-verwaltungs- und Trägerorganisation, größtenteils staatlich finan-ziert, unterhält unabhängige Forschungsinstitute und -stellen, die vor allem der technischen, natur- und geisteswissenschaftlichen Grundlagenforschung dienen.

3. Oktober
Im Haus Altenberg bei Köln schließen sich die bundesweit täti-gen, selbstständigen demokratischen Jugendverbände und die Ju-gendringe der Bundesländer einschließlich Berlins zum **Deutschen Bundesjugendring (DBJR)** als Dachorganisation zusammen. Die Arbeitsgemeinschaft will an der Lösung von Jugendproblemen mitwirken, Vorschläge zur Jugendpolitik unterbreiten und die Inte-ressen und Rechte der freien Jugendpflege vertreten. Verständnis, Erfahrungsaustausch und Zusammenarbeit sind nicht nur inner-halb der deutschen Jugend zu fördern, sondern auch international zu pflegen. Durch Persönlichkeitsbildung »in sittlicher, sozialer und kultureller Hinsicht« soll ein »Aufleben militaristischer, na-tionalistischer und totalitärer Tendenzen« verhindert werden. Vor-sitzender: Josef Rommerskirchen (BDKJ), Stellvertreter: Erich Lindstaedt (SJD).
Bundeskanzler Adenauer und Bundespräsident Heuss verkünden am 18. 12. 1950 im Bundestag den ersten **Bundesjugendplan** (BJP). Er dient als haushaltsrechtlich verankertes Subventionsinstrument vor allem dazu, die »Jugendnot« der Nachkriegsjahre (Entwurze-lung durch Krieg, Gefangenschaft, Flucht, Vertreibung, Arbeits- und Wohnungslosigkeit) zu lindern und die demokratische Jugend-arbeit zu fördern. Der Schwerpunkt des Hilfsfonds verlagert sich von fürsorgerischen Aufgaben zunehmend auf fachbezogene kultu-relle, berufliche, soziale und internationale Programme, die je nach staatlichen Zielsetzungen wechseln, d. h. neu geschaffen, ausdiffe-renziert, verstärkt oder eingestellt werden.

2. Dezember
Die **Ständige Konferenz der Kultusminister** der Länder in der BRD (KMK) wird in Bonn errichtet. Sie hatte sich bereits am 2. 7. 1948 konstituiert. Beschlüsse der Kultusminister/-senatoren zu überre-gionalen Angelegenheiten der Schul- und Kulturpolitik erfordern Einstimmigkeit, bleiben aber Empfehlungen, d. h., sie sind für die einzelnen Länder unverbindlich. Dennoch gewährleistet die KMK

im Sinne des kooperativen Föderalismus, dass eine gewisse Einheitlichkeit und Koordination in der Schul- und Bildungspolitik gewahrt bleibt.
Nach dem Grundgesetz sind die Länder für das Schul- und Bildungswesen zuständig. Dieser Kulturföderalismus (Kulturhoheit) gilt als Kernstück der Eigenstaatlichkeit der Länder. Zur Bundeskompetenz: 21. → 12. 5. 1969.

1950

8. Februar   Das **1. Jugendgesetz** regelt die »Teilnahme der Jugend beim Aufbau der DDR«. Die Freie Deutsche Jugend (FDJ) gilt als Sachwalterin der Jugend und ihrer Förderung in Schule und Beruf, bei Sport und Erholung. – Jugendliche werden in der DDR am 17. 5. 1950 mit 18 Jahren volljährig.

5. August   Kultusminister und Hochschulrektoren der BRD gründen den **Deutschen Akademischen Austauschdienst** (DAAD) neu. Der Selbstverwaltungseinrichtung obliegen Zusammenarbeit, Information und Austausch zwischen den westdeutschen und ausländischen Hochschulen, z. B. durch die Vermittlung von Lehrkräften und die Pflege von Beziehungen zwischen Wissenschaftlern, Forschern und Studierenden.

27. September Das DDR-Gesetz über den Mutter- und Kinderschutz und die Rechte der Frau geht von der **Gleichberechtigung der Frau** in Beruf, Gesellschaft, Ehe und Familie aus. Beide Ehegatten entscheiden gleichberechtigt in allen Familien- und Kinderangelegenheiten.

1951

19. Januar   Die SED beschließt, das allgemeine und berufsausbildende Schulwesen sowie die Universitäten und Hochschulen nach **sowjetischem Vorbild** zu reformieren (»Erstürmt die Festung Wissenschaft!«). Das 10-Monate-Studienjahr und ein festes Kurssystem mit präzisen Studien- und Stoffplänen werden eingeführt; das »gesellschaftswissenschaftliche Grundstudium« des Marxismus-Leninismus ist fortan an allen Fakultäten Pflicht. – Der Unterricht an den Schulen (neue Lehrpläne seit 1. 9. 1951) hat sich am »sozialistischen« Erziehungsziel zu orientieren.

11. Juli   Die BRD tritt der **UNESCO** bei.
Die UNESCO (United Nations Educational, Scientific and Cultural Organization), am 4. 11. 1946 mit Sitz in Paris gegründet, fördert als UN-Sonderorganisation weltweit und universell die Zusammenarbeit in Erziehung, Wissenschaft und Kultur ohne Unterschied von Rasse, Geschlecht, Sprache oder Religion.

20. Juli –   Auf dem Loreley-Felsen am Rhein findet die »**Begegnung Euro-**
6. September   **päischer Jugend**« statt, die der Deutsche Bundesjugendring und der

Schule und Schulung in der DDR: Ein »Meisterbauer« gibt Gegenwartskunde. → 19. Januar 1951

Rat der Französischen Jugendverbände initiieren und tragen. Das internationale Lager wird ein Höhepunkt jugendpolitischen Engagements für die westeuropäische Einigung und die internationale Zusammenarbeit auf der Grundlage des Jugendaustausches, der Verständigung und des Friedens. Auf dem langen Weg zur deutsch-französischen Aussöhnung und späteren Freundschaft leistet das Loreley-Treffen Pionierdienste.

2. August   Die **Deutsche Forschungsgemeinschaft** (DFG) entsteht als zentrale Forschungsförderungsorganisation der BRD, indem der Deutsche Forschungsrat (gegründet 10. 3. 1949) in die am 11. 1. 1949 wieder gegründete Notgemeinschaft der Deutschen Wissenschaft integriert wird. Die gemeinnützige, größtenteils staatlich finanzierte Selbstverwaltungskörperschaft fördert die Forschung und die internationale wissenschaftliche Zusammenarbeit, u. a. auch Forschungsvorhaben einzelner Wissenschaftler, darunter des Nachwuchses.

4. Dezember   Das Gesetz zum **Schutze der Jugend** in der BRD enthält Vorschriften über den Aufenthalt in Gaststätten, die Teilnahme an Tanz-, Film- u. a. Vergnügungsveranstaltungen sowie den Genuss von Tabakwaren und Alkohol.

1952

22.–25. Mai   Der **Schriftstellerverband** (Vorsitz: Anna Seghers) konstituiert sich als selbständige Organisation in der DDR außerhalb des »Kultur-

bunds« (2.2. → 3. 7. 1945) und bekennt sich zum »sozialistischen Realismus«.
Stalin hatte von den Schriftstellern als »Ingenieuren der menschlichen Seele« verlangt, sie sollten sich am »sozialistischen Realismus« und seinen Prinzipien (Parteilichkeit, Wahrheitstreue, Konkretheit, Volksverbundenheit und Volkstümlichkeit) orientieren und so die bürgerliche Kunst mit ihrem Formalismus und ihrer Dekadenz überwinden.

25. November   In Bonn wird die dem Bundesinnenministerium unterstellte **Bundeszentrale für Heimatdienst** (seit 18. 5. 1963: **für politische Bildung**) errichtet. Ihr obliegt die überparteiliche und überkonfessionelle politische Bildungsarbeit in Zusammenarbeit mit anderen Bildungsträgern, vor allem der Länder.

1953
10. Dezember   In Bonn wird die **Alexander-von-Humboldt-Stiftung** (seit 1860 bzw. 1925) wieder gegründet. Sie vergibt ohne Ansehen des Geschlechts, der Rasse, der Religion oder der Weltanschauung Stipendien an hochqualifizierte ausländische Akademiker für Studien- und Forschungsaufenthalte in der BRD.

1954
13. November   Das **Kindergeldgesetz** in der BRD gewährt für jedes dritte und jedes weitere Kind bis zum 18. Lebensjahr einen Rechtsanspruch auf Kindergeld. Zunächst wird es durch Beiträge der Arbeitgeber finanziert (Familienausgleichskassen), seit 1. 7. 1964 – mehrfach erhöht und erweitert – vom Bund getragen.

1955
27. März   Erste **Jugendweihe** in Ost-Berlin als Festakt. Mit ihrem Gelöbnis auf die DDR, den Sozialismus und die Freundschaft mit der Sowjetunion sollen die Jugendlichen den Kirchen entfremdet werden.

KAPITEL III:

Die BRD und die DDR
als Verbündete und Vorposten
ihrer Schutzmächte
1955–1961

Wirtschaftswunder im geteilten Deutschland: Modefoto vor dem Brandenburger Tor in West-Berlin.

11. Regierung und Innenpolitik

11.1. BRD: Parteienwandel und Regierung 1955–1961

1955

11. Juli **Krise des GB/BHE:** Sieben Bundestagsabgeordnete, u. a. die Bundesminister Waldemar Kraft und Theodor Oberländer, treten aus der Regierungspartei aus, die sich wegen des Saarstatuts (7.1. → 19. – 23. 10. 1954, Punkt 4) und wirtschaftlicher Sonderwünsche mit der CDU/CSU zerstritten hatte. – Der GB/BHE geht am 23. 7. in die Opposition. Die Regierungskoalition verliert dadurch ihre Zweidrittelmehrheit für Grundgesetzänderungen.
Die abgespaltene »Gruppe Kraft-Oberländer« hospitiert zunächst bei der CDU/CSU-Fraktion und schließt sich ihr am 18. 2. 1956 an.

23. Oktober **Volksabstimmung** über das Saarstatut (7.1. → 19. – 23. 10. 1954, Punkt 4): Unter WEU-Aufsicht lehnen 67,7 Prozent der stimmabgebenden Wahlberechtigten (Wahlbeteiligung 97,5 Prozent) das Saarstatut ab; die Regierung Hoffmann (CVP) tritt zurück. Die drei zugelassenen Parteien DPS/FDP, SPD und CDU, die für die Rückgliederung des Saargebiets an Deutschland eintraten, hatten sich im erfolgreichen »Heimatbund« zusammengeschlossen. – Zum Saarvertrag: 12.1. → 27. 10. 1956.

1956

20. Februar Erstes konstruktives Misstrauensvotum in **Nordrhein-Westfalen:** In Düsseldorf stürzt eine Koalition aus SPD, FDP (»Jungtürken«) und Zentrum den Ministerpräsidenten Karl Arnold (CDU), indem sie Fritz Steinhoff (SPD) zum Nachfolger wählt. Dadurch verliert die Bonner Regierungskoalition zeitweilig auch ihre Zweidrittelmehrheit im Bundesrat.

23. Februar **FDP-Krise:** Die Bundesminister Franz Blücher, Fritz Neumayer, Hermann Schäfer und Viktor-Emanuel Preusker treten mit ihrem Anhang (»Euler-Gruppe«) aus der FDP aus. Zum Bruch kommt es wegen Meinungsverschiedenheiten mit dem »Dehler-Flügel«, der die Regierung kritisiert, vor allem wegen ihrer Außenpolitik und der von ihr geplanten Wahlrechtsreform, die das Mehrheitswahlprinzip stärken sollte (»Grabensystem«).
Die FDP scheidet am 25. 2. aus der Regierungskoalition aus und geht in die Opposition. Zunächst bildet die »Euler-Gruppe« eine eigene Fraktion. Am 23. 4. gründet sie die »Freie Volkspartei« (FVP). Sie vereinigt sich am 20. 1. 1957 mit der Deutschen Partei zur DP/FVP.

17. August   **KPD-Verbot**: Das Bundesverfassungsgericht erklärt die Kommunistische Partei Deutschlands auf Antrag der Bundesregierung nach fünfjähriger Prozessdauer für verfassungswidrig. Die von ihr erstrebte »proletarische Revolution« und die »Diktatur des Proletariats« seien mit der freiheitlich-demokratischen Grundordnung des Grundgesetzes unvereinbar. Das Gericht ordnet die Auflösung der KPD an, verbietet Ersatzorganisationen und verfügt die Beschlagnahme des Parteivermögens. Es geht davon aus, dass dadurch die Wiedervereinigung weder rechtlich noch politisch behindert werde.

16. Oktober   **Kabinettsverkleinerung**: Die Veränderungen – u. a. wird Franz Josef Strauß (CSU) Verteidigungsminister – sind in der Kabinettsliste (6.2. → 20. 10. 1953) dokumentiert.

1957

1. Januar   Das **Saarland** wird – wie im Saarvertrag (12.1. → 27. 10. 1956) vereinbart – politisch in die BRD eingegliedert. Für die wirtschaftliche Wiedereingliederung wird der 31. 12. 1959 vereinbart, sie vollzieht sich bereits vorzeitig am 5. 7. 1959.
Das z. T. protektionistische französische Wirtschaftssystem des Saarlands wird allmählich auf das marktwirtschaftliche der BRD umgestellt. Dies erleichtern Hilfsmaßnahmen der Bundesregierung und der umfangreiche französisch-saarländische zollfreie Warenaustausch.
Die seit 1957 mit der CSU fusionierte Christliche Volkspartei (CVP) vereinigt sich am 19. 8. 1959 mit der CDU.

18./19. Mai   Die **Gesamtdeutsche Volkspartei** (GVP) beschließt ihre Auflösung. Sie empfiehlt ihren Mitgliedern, der SPD beizutreten oder sie zu unterstützen.
Die von Gustav Heinemann und Helene Wessel am 29./30. 11. 1952 gegründete Splitterpartei hatte die Wiederaufrüstung und die Westintegration der BRD abgelehnt und vor allem protestantische Bevölkerungsschichten umworben. Ihr Hauptziel war die Wiedervereinigung Deutschlands auf neutralistischer Basis.

15. September   **Wahlen zum 3. Bundestag**: Nach dem zeitlich nicht befristeten (III.) Wahlgesetz vom 7. 5. 1956 werden die Grundsätze der Personenwahl (Erststimme: Direkt- bzw. Mehrheitswahl der Wahlkreisabgeordneten) mit der Verhältniswahl kombiniert (Zweitstimme: Landesliste der Parteien). Mandate erhält jedoch nur jene Partei, die bundesweit mindestens fünf Prozent der Zweitstimmen oder drei Direktmandate gewinnt.
Als erste deutsche Partei erringt die CDU/CSU mit der Parole »Keine Experimente« in freien Wahlen die absolute Mehrheit der abgegebenen gültigen Zweitstimmen.

Tab. 5: Dritte Bundestagswahl, 15. September 1957
Zweitstimmen

	Anzahl	%	Sitze[1]
Wahlberechtigte	35 400 923		
Wähler	31 072 894	87,8	
Ungültige Stimmen	1 167 466	3,8	
Gültige Stimmen	29 905 428		
CDU	11 875 339	39,7	222 (7)
SPD	9 495 571	31,8	181 (12)
CSU	3 133 060	10,5	55
FDP	2 307 135	7,7	44 (3)
BdD	58 725	0,2	–
DG	17 490	0,1	–
DP	1 007 282	3,4	17
DRP	308 564	1,0	–
FU	254 322	0,9	–
GB/BHE	1 374 066	4,6	–
SSW	32 262	0,1	–
Mittelstand	36 592	0,1	–
VU	5 020	0,0	–
Abkürzungsverzeichnis s. S. 585			

1 Mit West-Berliner Sitzen (= Zahl in Klammern).
Quelle: Statistisches Bundesamt.

29. Oktober	**Drittes Kabinett Adenauer** aus einer CDU/CSU- und DP-Koalition:
	Bundeskanzler — Konrad Adenauer (CDU)
	Stellvertreter und Wirtschaft — Ludwig Erhard (CDU)
	Auswärtiges — Heinrich von Brentano (CDU) bis 30. 10. 1961
	Inneres — Gerhard Schröder (CDU)
	Justiz — Fritz Schäffer (CDU)
	Finanzen — Franz Etzel (CDU)
	Ernährung, Landwirtschaft und Forsten — Heinrich Lübke (CDU) bis 15. 9. 1959, ab 14. 10. 1959 Werner Schwarz (CDU)
	Arbeit und Sozialordnung — Theodor Blank (CDU)
	Verteidigung — Franz Josef Strauß (CSU)
	Verkehr — Hans-Christoph Seebohm (DP/CDU)
	Post- und Fernmeldewesen — Richard Stücklen (CSU)
	Wohnungsbau — Paul Lücke (CDU)
	Vertriebene, Flüchtlinge und Kriegsgeschädigte — Theodor Oberländer (CDU) bis 4. 5. 1960, ab 27. 10. 1960 Hans-Joachim von Merkatz (DP/CDU)

Gesamtdeutsche Fragen	Ernst Lemmer (CDU)
Angelegenheiten des Bundes und der Länder	Hans-Joachim von Merkatz (DP/ CDU)
Atomkernenergie und Wasserwirtschaft	Siegfried Balke (CSU)
Familien- und Jugendfragen	Franz-Josef Wuermeling (CDU)
Wirtschaftlicher Besitz des Bundes	Hermann Lindrath (CDU) bis 27. 2. 1960, ab 4. 5. 1960 Hans Wilhelmi (CDU)

1959

5. Juni   **Präsidentschaftskrise**: Adenauer tritt von seiner Kandidatur für das Amt des Bundespräsidenten zurück und gerät in das Kreuzfeuer öffentlicher Kritik. Der 83-jährige Bundeskanzler hatte angekündigt, er werde sich um dieses Amt bewerben, dessen Funktion »viel größer« sei, »als man schlechthin glaubt«. Heuss lehnt eine dritte Wahl ab, die eine Verfassungsänderung erfordert hätte.

1. Juli   Die dritte Bundesversammlung wählt in West-Berlin (Ostpreußenhalle) im zweiten Wahlgang den bisherigen Bundesernährungs- und Landwirtschaftsminister Heinrich **Lübke** (CDU) mit 526 Stimmen zum neuen Bundespräsidenten. Gegenkandidaten: Carlo Schmid (SPD) und Max Becker (FDP).

13. – 15. Nov.   Auf ihrem außerordentlichen Parteitag verabschiedet die **SPD** in Bad Godesberg ein neues Grundsatzprogramm, das **Godesberger Programm**. Es verzichtet auf jede weltanschauliche Festlegung und grenzt sich vom Marxismus/Kommunismus ab: »Sozialismus wird nur durch die Demokratie verwirklicht, die Demokratie durch den Sozialismus erfüllt.« Die Partei bekennt sich zu Freiheit, Gerechtigkeit und Solidarität als Grundwerten des demokratischen Sozialismus; er wurzele in der christlichen Ethik, im Humanismus und in der klassischen Philosophie Europas und verkünde keine letzten

Tab. 6: Dritte Bundesversammlung, 1. Juli 1959 in West-Berlin
Zahl der Mitglieder: 1 038
Absolute Mehrheit: 520 Stimmen

Kandidaten	Abgegebene Stimmen	
	1. Wahlgang	2. Wahlgang
Heinrich Lübke (CDU/CSU)	517	526
Carlo Schmid (SPD)	385	386
Max Becker (FDP)	104	99
Enthaltungen	25	22
Summe	1 031	1 033

Wahrheiten. Das Programm bejaht die parlamentarische Demokratie, das Privateigentum, die Landesverteidigung und respektiert
die Kirchen und Religionsgemeinschaften. Wirtschaftspolitisch gilt
die Formel:»Wettbewerb soweit wie möglich – Planung soweit wie
nötig!«
Mit dem Godesberger Programm orientiert sich die SPD an bürgerlichen politischen Vorstellungen. Sie wird dadurch für neue
Schichten wählbar und für die CDU/CSU koalitions- und regierungsfähig. Nach»linken«, vor allem marxistischen Kritikern verrät
oder verleugnet das Programm die Tradition der deutschen Arbeiterbewegung.

1960

30. Juni

Wehners Grundsatzrede im Bundestag leitet – nach dem programmatischen Wandel in Bad Godesberg vom → 13.–15. 11. 1959 –
den **Kurswechsel der SPD** in der Außenpolitik ein. (12.1. → 30. 6.
1960)

1. Juli

DP-Krise: Neun Bundestagsabgeordnete, u. a. die Bundesminister
Hans-Christoph Seebohm und Hans-Joachim von Merkatz, treten
aus der Deutschen Partei aus und am 20. 9. der CDU/CSU-Fraktion
bei. Hauptgründe sind Meinungsverschiedenheiten mit der FDP vor
allem im Stammland Niedersachsen.
Damit ist die bisherige Regierungspartei zerfallen. Die Rest-DP
vereinigt sich am 24. 11. 1960 mit dem GB/BHE zur **Gesamtdeutschen Partei** (GDP). Diese Fusion wird am 30. 10. 1961 wieder
rückgängig gemacht, da die GDP bei der nächsten Bundestagswahl
nur 2,8 Prozent der gültigen Zweitstimmen erzielt. (16.1. → 17. 9.
1961)

29. November Erstmals entstehen Rundfunkanstalten des Bundesrechts kraft
Gesetzes: die **Deutsche Welle** für Auslandssendungen und der
Deutschlandfunk für Sendungen im In- und europäischen Aus-
land.

1961

28. Februar

Das Bundesverfassungsgericht erklärt auf Antrag der sozialdemo-
kratisch regierten Länder Hamburg, Hessen, Bremen und Niedersachsen die von Adenauer am 25. 7. 1960 gegründete »Deutsch-
land-Fernseh-GmbH« für verfassungswidrig. Hauptgründe: Sie sei
von der Bundesregierung beherrscht, schmälere die Länderrechte
und gefährde die Freiheit der öffentlichen Meinungsbildung.
Die Ministerpräsidenten der Länder vereinbaren am 6. 6. 1961, das
»Zweite Deutsche Fernsehen« (ZDF) mit Sitz in Mainz zu errichten. Es beginnt am 1. 4. 1963, sein Programm bundesweit aus-
zustrahlen.

11.2. DDR: SED und Innenpolitik 1955–1961

1956

24. – 30. März Die **3. Parteikonferenz** der SED will den »sozialistischen Produktionsverhältnissen« zum Sieg verhelfen, die Mittelschichten verstärkt am »sozialistischen Aufbau« beteiligen und die DDR fest im »sozialistischen Lager« verankern. Zu den verabschiedeten Direktiven für den 2. Fünfjahrplan: 14. 2. → 9. 1. 1958.
Obwohl sich Chruschtschow auf dem XX. Parteitag der KPdSU vom 14.–25. 2. 1956 in einer Geheimrede von Stalin distanziert und damit eine Politik der Entstalinisierung eingeleitet hatte, werden »Angriffe« gegen Ulbricht zurückgewiesen. Er hatte bereits im »Neuen Deutschland« vom 4. 3. 1956 erklärt, dass Stalin nicht zu den »Klassikern des Marxismus« gehöre, sich vom »Persönlichkeitskult« distanziert und damit als Stalinist Anpassungsvermögen bewiesen. Nur vereinzelt regt sich daher in der SED »Selbstkritik« (z. B. bei Karl Schirdewan, Willi Bredel).

1957

17. Januar Nach dem Gesetz über die **örtlichen Organe** der Staatsmacht delegiert die einheitliche staatliche Zentralgewalt partikulare Kompetenzen an lokale Volksvertretungen (z. B. Bezirkstage, Stadtverordnetenversammlungen, Kreistage, Gemeindevertretungen) und ihre Verwaltungsorgane (Räte) in Bezirken, Kreisen und Gemeinden. Es handelt sich somit um örtliche Volksvertretungen bzw. Verwaltungseinheiten.

7. – 9. März Mit der **»Harich/Janka-Gruppe«** wird die erste innerparteiliche Oppositionsgruppe gegen Ulbricht zu Zuchthausstrafen verurteilt.
Wolfgang Harich, Philosophieprofessor in Ost-Berlin, und Walter Janka, Leiter des Aufbau-Verlags, waren bereits Ende 1956 verhaftet worden, da sie des »Revisionismus« (Losung: »Für den Marxismus/Leninismus, aber gegen Stalinismus«) beschuldigt wurden. Als seine Brutstätten (»Dritter Weg« zwischen Kapitalismus und Sozialismus) gelten akademische Zirkel um Ernst Bloch (seit 13. 8. 1961 in Tübingen), Alfred Kantorowicz, der bereits am 22. 8. 1957 nach West-Berlin geflüchtet war, und Robert Havemann. – Harich wird am 18. 12. 1964 vorzeitig aus der Haft entlassen.

11. Dezember Das **Strafrechtsergänzungsgesetz** führt 1. neue Strafarten ein (z. B. die bedingte Verurteilung ohne Freiheitsentzug, den öffentlichen Tadel als gesellschaftliche Missbilligung) und fasst 2. die Tatbestände bei Verbrechen gegen das sozialistische Eigentum und den Staat neu (z. B. Staatsverrat, Spionage, Diversion, Republikflucht). Nach dem geänderten Passgesetz vom gleichen Tage wird das nicht genehmigte Verlassen und Betreten der DDR bestraft, z. B. als »Abwerbung«, »Menschenhandel«.

1958

6. Februar

Die »**Schirdewan-Gruppe**« wird des »Opportunismus«, der »Zersetzung« und der »Fraktionsbildung« beschuldigt und als zweite innerparteiliche Oppositionsgruppe gegen Ulbricht entmachtet. Kaderchef Karl Schirdewan, bisher zweiter Mann in der SED, der Minister für Staatssicherheit Ernst Wollweber und der Chefideologe Fred Oelßner verlieren ihre Ämter, da sie für einen Kurswechsel eingetreten waren, bleiben jedoch wegen ihrer Selbstkritik SED-Mitglieder. Trotz der von Chruschtschow eingeleiteten vorsichtigen Entstalinisierung hat damit Ulbricht seine uneingeschränkte Machtstellung behaupten können. Bei Nachwahlen wird Erich Honecker als Vertrauter Ulbrichts Mitglied des ZK-Sekretariats der SED.

10. – 16. Juli

Der **V. Parteitag** der SED verkündet die Endphase des Übergangs vom Kapitalismus zum Sozialismus. Ulbricht, auf dem Höhepunkt seiner Macht, schlägt erneut eine Konföderation zwischen beiden deutschen Staaten vor. Mit dem Slogan »Der Sozialismus siegt!« setzt sich die SED als »ökonomische Hauptaufgabe« das Ziel, den Pro-Kopf-Verbrauch der BRD bei allen wichtigen Konsumgütern »zu erreichen und zu übertreffen«. Die »10 Gebote der sozialistischen Moral« sollen den »Arbeiter-und-Bauern-Staat« festigen und die Produktion steigern helfen. (14.2. → 1. 10. 1959)

16. November

Wahlen zur 3. Volkskammer, zu den Bezirkstagen und zur Stadtverordnetenversammlung von Ost-Berlin: Nach offiziellen Angaben bestätigen 99,87 Prozent der abgegebenen Stimmen (Wahl-

»Der Sozialismus siegt«: Blick in die Tagungshalle des V. Parteitags der SED vom → 10.–16. Juli 1958.

beteiligung 98,89 Prozent) die Einheitsliste der Nationalen Front. Sie hatte die Wahllosung ausgegeben: »Plane mit, arbeite mit, regiere mit!« Grotewohl stellt seine neue Regierung am 8. 12. 1958 vor.

1959

1. Oktober   Neue **Staatsflagge**: Hammer und Zirkel im Ährenkranz werden als Emblem der Arbeiter-und-Bauern-Macht Hoheitszeichen der schwarzrotgoldenen Fahne. Sie soll die staatliche Eigenständigkeit der DDR symbolisieren und sie von der BRD mit ihrer »Alleinvertretungsanmaßung« abgrenzen. Die sog. »Spalterflagge« darf zunächst in der BRD nicht gehisst werden.

1. Oktober   **Richterwahlgesetz**: Die Richter der Bezirks- und Kreisgerichte werden nicht mehr vom Justizministerium ernannt, sondern von den örtlichen Volksvertretungen auf drei Jahre befristet gewählt. Bei »Pflichtverletzungen« können sie abberufen werden.

1960

12. September   Mit dem Gesetz über die Bildung des **Staatsrates** wird nach dem Tode Wilhelm Piecks am 7. 9. 1960 das Amt des Präsidenten der Republik durch ein kollektives Staatsoberhaupt ersetzt. Es wird von der Volkskammer für vier Jahre gewählt und erhält neben den bisherigen Präsidialfunktionen zusätzlich bislang der Volkskammer vorbehaltene Kompetenzen: Der Staatsrat legt die Gesetze verbindlich aus, fasst Beschlüsse mit Gesetzeskraft, erklärt den Verteidigungszustand, er beruft die Mitglieder des Nationalen Verteidigungsrates und bestätigt dessen grundsätzliche Anordnungen. Damit konzentrieren sich beim Staatsrat weitgehend die exekutiven, legislativen und judikativen Rechte der staatlichen Gewalteinheit. Vorsitzender ist Walter Ulbricht (SED). Seine sechs Stellvertreter sind: Otto Grotewohl (SED), Johannes Dieckmann (LDPD), Gerald Götting (CDU), Heinrich Homann (NDPD), Manfred Gerlach (LDPD) und Hans Rietz (DBD).

12. Außen- und Sicherheitspolitik der beiden deutschen Staaten

12.1. BRD: Europapolitik, NATO und Bundeswehr 1955–1961

1955

9. Mai   Nach dem In-Kraft-Treten der Pariser Verträge (6.2. → 5. 5. 1955) wird die BRD **Mitglied der NATO**.

7. Juni	Erster Bundesverteidigungsminister wird der bisherige Sicherheitsbeauftragte Theodor **Blank** (CDU), seine Dienststelle zum Bundesministerium für Verteidigung. (7.3. → 29. 10. 1950)
8. – 14. Sept.	**Moskau-Reise** Adenauers und Aufnahme diplomatischer Beziehungen zwischen der BRD und der Sowjetunion: 13. → 8.–14. 9. 1955; zur Entstehung der Hallstein-Doktrin: 13. → 8.–9. 12. 1955.

1956

1. Januar	Aus **freiwilligen Soldaten** (Freiwilligengesetz vom 23. 7. 1955) entstehen in Andernach (Heer), Nörvenich (Luftwaffe) und Wilhelmshaven (Marine) die ersten Lehrkompanien. Sie bilden die ersten Bundeswehrkader.
6. März	Der Bundestag verabschiedet die **2. Wehrergänzung** des Grundgesetzes. Sie schafft die Voraussetzungen für die Einführung der allgemeinen Wehrpflicht, für die Ernennung von Offizieren und Unteroffizieren durch den Bundespräsidenten und für die Übernahme der Befehls- und Kommandogewalt durch den Bundesminister für Verteidigung in Friedenszeiten bzw. durch den Bundeskanzler im Verteidigungsfall. Der Verteidigungsausschuss des Bundestags erhält Sonderrechte für Kontrollen und Untersuchungen. Ein Wehrbeauftragter soll den Schutz der Grundrechte gewährleisten und dem Bundestag als Erfüllungsorgan dienen. – Die 2. Wehrergänzung tritt am 19. 3. 1956 in Kraft. Die oppositionelle SPD stimmt der 2. Wehrergänzung zu, um die »Demokratie bei den Streitkräften« zu wahren. Sie zieht damit Konsequenzen aus negativen Erfahrungen der Weimarer Republik, in der sich die Reichswehr zum Staat im Staate entwickelt hatte. Am gleichen Tage verabschiedet der Bundestag auch das **Soldatengesetz**, jedoch gegen die Stimmen der SPD. Es führt den Namen Bundeswehr (Leitziel: 500 000 Soldaten) ein und regelt Rechte und Pflichten der Berufssoldaten, der Soldaten auf Zeit und der Wehrpflichtigen.
21. Juli	Das **Wehrpflichtgesetz** führt für alle Männer zwischen dem 18. und dem 45. Lebensjahr die allgemeine Wehrpflicht ein. Es regelt auch das Wehrersatzwesen für Wehrdienstverweigerer und die Freistellung vom Wehrdienst. – Das Gesetz gilt nicht in West-Berlin. Die Dauer des Grundwehrdienstes wird gesetzlich zunächst auf 12 Monate mit der Möglichkeit der freiwilligen Verlängerung auf 18 Monate festgelegt.
27. Oktober	Frankreich und die BRD schließen den **Luxemburger Saarvertrag** ab. Beide Staaten ziehen darin die Konsequenzen aus dem gescheiterten Saarstatut (11.1. → 23. 10. 1955). Danach ist das Saarland in zwei Etappen mit der BRD zu vereinen: politisch zum 1. 1. 1957, wirtschaftlich zum 31. 12. 1959 (vorzeitig vollzogen bereits am 5. 7.

Einkleidung der ersten Wehrpflichtigen am 1. April 1957. → 21. Juli 1956

1959). Frankreich erhält ökonomische Kompensationen, u. a. beim Ausbau von Mosel und Oberrhein für die Schifffahrt, bei Bezugsrechten auf ein Drittel der saarländischen Kohlenproduktion, die eine paritätisch besetzte deutsch-französische Kohlenkauforganisation sichert.

Mit dem Saarvertrag gelingt es Adenauer, die deutsch-französischen Beziehungen zu normalisieren und später auszubauen. Dazu tragen auch weltpolitische Konflikte bei, die Frankreich eine engere europäische Integration nahe legen: 1. der fehlgeschlagene Suez-Krieg Großbritanniens, Frankreichs und Israels gegen Ägypten (29. 10.–7. 11. 1956), das die Suez-Kanal-Gesellschaft am 26. 7. 1956 verstaatlicht hatte; 2. die militärische Niederschlagung des ungarischen Volksaufstands (23. 10.–4. 11. 1956) durch die Rote Armee.

1957
25. März

Römische Verträge: Die sechs Montanunionstaaten gründen aufgrund der Beschlüsse von Messina (1.–3. 6. 1955) die **Europäische Wirtschaftsgemeinschaft** (EWG) und die **Europäische Atomgemeinschaft** (EURATOM bzw. EAG). Das eingeladene Großbritannien hatte den Beitritt abgelehnt.

Nach dem Scheitern der Europäischen Verteidigungsgemeinschaft (7. 3.→ 30./31. 8. 1954) setzen damit die sechs EGKS-Staaten die

Integration auf dem Gebiet der Wirtschaft fort; denn sie war weniger als Armee und Militär vom nationalstaatlichen Souveränitätsdenken beeinflusst. Die Grundlage für die Vertragsverhandlungen hatte eine Expertenkommission unter der Leitung des belgischen Außenministers Paul-Henri Spaak erarbeitet (Spaak-Bericht).

Der EWG-Vertrag, die »Magna Charta des europäischen Einigungswerks«, strebt auf unbegrenzte Dauer eine Zollunion und darüber hinaus eine vollständige Wirtschaftsintegration an. Die Mitgliedstaaten verpflichten sich, Binnenzölle und Handelsschranken abzubauen, einen gemeinsamen Außenhandelszoll einzuführen und ihre Wirtschafts-, Landwirtschafts-, Handels-, Verkehrs- und Sozialpolitik miteinander abzustimmen. Der gemeinsame Markt soll in der Endstufe die »vier Freiheiten« des Warenaustausches bzw. der Dienstleistungen, der Freizügigkeit, der Niederlassung und des Zahlungs- bzw. Kapitalverkehrs verbürgen und so die Voraussetzungen dafür schaffen, dass sich die europäischen Völker immer enger zusammenschließen.

Der EAG-Vertrag will die friedliche Atomforschung und -nutzung fördern, vor allem durch Kernkraftanlagen, ihren Bau und Unterhalt.

Im Falle einer Wiedervereinigung sind die Verträge, die den deutsch-deutschen Interzonenhandel nicht berühren, zu überprüfen. West-Berlin wird in die EWG mit einbezogen.

Die Römischen Verträge werden am → 25. März 1957 unterzeichnet. Erste Reihe, fünfter von links: Bundeskanzler Konrad Adenauer.

Organe: 1. Der **Rat** aus Regierungsvertretern übt supranationale Entscheidungsbefugnisse aus; wichtige Beschlüsse erfordern Einstimmigkeit oder qualifizierte Mehrheiten. 2. Die **Kommission** hat das Funktionieren und die Fortentwicklung der EWG zu gewährleisten, vor allem durch Initiativen, Empfehlungen, Stellungnahmen und Durchführung der Beschlüsse. Die Regierungen ernennen im gegenseitigen Einvernehmen auf vier Jahre die Mitglieder, die von ihnen unabhängig sind. 3. Die **Versammlung** (Europäisches Parlament) nimmt Beratungs- und Kontrollfunktionen (Budget- und Fragerechte) wahr, vor allem gegenüber der Kommission, der es mit Zweidrittelmehrheit das Misstrauen aussprechen kann. Die Abgeordneten werden zahlenmäßig gestaffelt je nach Mitgliedstaat von den Parlamenten aus ihrer Mitte delegiert (BRD, Frankreich und Italien je 36). 4. Der **Gerichtshof**, dessen Richter die Regierungen im gegenseitigen Einvernehmen auf sechs Jahre ernennen, übt rechtsprechende, zum Teil rechtsetzende Funktionen bei der Auslegung und Anwendung des EWG-Vertrags aus. Er ist auch zuständig für Streitigkeiten zwischen Gemeinschaftsorganen und Mitgliedstaaten, wenn sie der Auffassung sind, dass gegen Vertragsverpflichtungen verstoßen wird. – Parlament und Gerichtshof sind gemeinsame Organe von EWG, EAG und EGKS. (7.1. → 18. 4. 1951)

Nach Art. 189 EWG-Vertrag gilt eine Verordnung allgemein und unmittelbar in jedem Mitgliedstaat. Eine Richtlinie ist für jeden Mitgliedstaat, an den sie sich richtet, verbindlich, jedoch bleibt es innerstaatlichen Stellen überlassen, Form und Mittel des zu erreichenden Ziels zu wählen. Eine Entscheidung ist für diejenigen verpflichtend, für die sie bestimmt ist. Empfehlungen und Stellungnahmen sind nicht verbindlich.

12. April   **Göttinger Manifest**: Führende Atomwissenschaftler (u. a. Max Born, Otto Hahn, Werner Heisenberg, Max von Laue, Carl Friedrich von Weizsäcker) votieren gegen die atomare Bewaffnung der Bundeswehr. Sie fordern von der Bundesregierung, sie solle freiwillig auf Atomwaffen verzichten, da so die BRD und der Weltfrieden besser geschützt seien. Sie wollen wie bisher an der friedlichen Nutzung der Atomenergie mitwirken, nicht aber an der Herstellung, Erprobung oder dem Einsatz von Atomwaffen. Bundesverteidigungsminister Strauß kritisiert den Appell, der an die falsche Adresse gerichtet sei; denn die Bundesregierung habe auf die Herstellung von Atomwaffen verzichtet und wolle die Bundeswehr nicht mit strategischen Atomwaffen ausrüsten.

26. Juni   Die Institution des **Wehrbeauftragten des Bundestages** wird nach schwedischem Vorbild (Ombudsmann) errichtet. Jeder Soldat kann sich unmittelbar an den Wehrbeauftragten wenden, z. B. mit Beschwerden.

Als Wehrbeauftragten wählt der Bundestag: 1. am 19. 2. 1959 Helmuth von Grolman/CDU (Rücktritt: 14. 7. 1961), 2. am 8. 11. 1961 Hellmuth Heye/CDU (Rücktritt: 10./11. 11. 1964), 3. am 11. 12. 1964 Matthias Hoogen/CDU, 4. am 11. 3. 1970 Fritz-Rudolf Schultz/FDP, 5. am 19. 3. 1975 und erneut am 17. 1. 1980 Karl Wilhelm Berkhan/SPD, 6. am 14. 3. 1985 Willi Weiskirch/CDU, 7. am 27. 4. 1990 Alfred Biehle/CSU mit der Amtszeit bis 26. 4. 1995, 8. am 30. 3. 1995 Claire Marienfeld/CDU, Amtszeit bis 28. 4. 2000, 9. am 14. 4. 2000 Willfried Penner/SPD.

1958

1. Januar   Die **Römischen Verträge** (→ 25. 3. 1957) treten in Kraft.

20. – 25. März   Nach einer emotionalen Wehrdebatte stimmt der Bundestag mehrheitlich der **atomaren Ausrüstung** der Bundeswehr im Rahmen der NATO zu. Der SPD-Vorsitzende Erich Ollenhauer kündigt vor der Schlussabstimmung die Initiative für eine Volksbefragung an, da die Bewaffnung der Bundeswehr mit atomaren Massenvernichtungsmitteln den nationalen Notstand heraufbeschwöre.

Demonstration gegen die geplante Atombewaffnung der Bundeswehr in München 1958. → 20.–25. März 1958

Elvis Presley trifft am 1. Oktober 1958 in Bremerhaven ein, um als US-Panzersoldat in Hessen zu dienen.

Die Protestbewegung »**Kampf dem Atomtod**«, initiiert von der SPD und unterstützt von Gewerkschaftern, Theologen, Professoren und Schriftstellern, organisiert Massenkundgebungen gegen die Ausrüstung mit atomaren Sprengkörpern.

Hamburg, Bremen und hessische Kommunen beschließen Volksbefragungen über die Atomausrüstung; sie werden jedoch auf Antrag der Bundesregierung vom Bundesverfassungsgericht am 30. 7. 1958 als verfassungswidrig ausgesetzt.

14. September   Der neue französische Ministerpräsident Charles **de Gaulle** (seit 29. 5. 1958) und Bundeskanzler Adenauer treffen sich erstmals in Colombey-les-deux-Églises (Lothringen). Es entsteht ein persönliches und präferenzielles Vertrauensverhältnis zwischen beiden Staatsmännern.

De Gaulle will die NATO reformieren, vor allem Westeuropa mehr Einfluss gegenüber den USA einräumen: zunächst durch ein »Dreierdirektorium« aus den USA, Frankreich und Großbritannien, später durch ein »Viererdirektorium« mit Einschluss der BRD. Die EWG soll auf den Kontinent beschränkt bleiben und supranational nicht weiter ausgebaut werden (»Europa der Vaterländer«).

1960

30. Juni   In einer Grundsatzrede vor dem Bundestag vollzieht Herbert Wehner einen **Kurswechsel der SPD** in der bisherigen Außen- und Sicherheitspolitik. Hatte sie sich in ihrem Deutschlandplan (13. → 18. 3. 1959) noch zum Primat der Wiedervereinigung bekannt und gefordert, die bestehenden Militärpakte durch ein kollektives Sicherheitssystem abzulösen, so rückt Wehner von diesen sozialdemokratischen Leitzielen ab, indem er ausführt, dass die Partei fortan die NATO als Ausgangspunkt und Bezugsrahmen ihrer Außen- und Sicherheitspolitik betrachte und eine gemeinsame Außenpolitik (bipartisanship) mit der Bundesregierung befürworte. – Erstmals gibt damit die SPD der West- und NATO-Politik den Vorrang vor der »Wiedervereinigung durch Bündnisfreiheit« (z. B. Ollenhauer-Plan vom 23. 5. 1957) oder kollektiven Sicherheitssystemen und Disengagement-Plänen.

12.2. DDR: Verbündete, Berlin-Krise und Nationale Volksarmee 1955–1961

1955

20. September   DDR und Sowjetunion bekräftigen im **1. Staatsvertrag,** dass die Beziehungen zwischen ihnen »auf völliger Gleichberechtigung, gegenseitiger Achtung der Souveränität und der Nichteinmischung in die inneren Angelegenheiten« beruhen. Zeitweilig bleiben weiter sowjetische Truppen in der DDR stationiert. Beide Staaten verpflichten sich zu Konsultationen und gegenseitiger Hilfe beim Aufbau des Sozialismus. Sie erstreben eine »friedensvertragliche Regelung« und die Wiederherstellung der deutschen Einheit »auf friedlicher und demokratischer Grundlage«. Aufgelöst wird das Amt des Hohen Kommissars.

25. Dezember   Die DDR schließt einen Vertrag über Freundschaft und Zusammenarbeit (Kooperationsvertrag) mit der **Volksrepublik China** ab, am 22. 8. 1957 auch mit der **Mongolischen Volksrepublik.**

1956

18. Januar   Durch das Gesetz über die Schaffung der **Nationalen Volksarmee** und des Ministeriums für Nationale Verteidigung werden die Verbände der Kasernierten Volkspolizei in die NVA überführt. An die Stelle der olivbraunen tritt die feldgraue Uniform. Erster Minister für Nationale Verteidigung wird am 19. 1. 1956 Willi Stoph.

28. Januar   Der Politische Beratende Ausschuss beschließt in Prag, die Nationale Volksarmee (NVA) in die Streitkräfte der »**Warschauer Vertragsorganisation**« (WVO) zu integrieren und – auch in Friedenszeiten – dem Vereinten Oberkommando zu unterstellen.

1957

12. März   Die Sowjetunion und die DDR vereinbaren ein Abkommen über die zeitweilige **Stationierung** der »Gruppe der Sowjetischen Streitkräfte in Deutschland« (GSSD). – Ab 1. 1. 1959 verzichtet die Sowjetunion auf Stationierungskosten.

2. Oktober   **Rapacki-Plan**: Der polnische Außenminister Adam Rapacki schlägt erstmals eine atomwaffenfreie Zone in ganz Deutschland, in der ČSR und in Polen vor. Die DDR stimmt am 5. 10. 1957 zu; die USA und die BRD lehnen ab.

10. Oktober   **Jugoslawien** und die DDR vereinbaren die Aufnahme diplomatischer Beziehungen. – Unter Berufung auf die Hallstein-Doktrin bricht die BRD am 19. 10. 1957 die Beziehungen zu Jugoslawien ab. (13. → 8.–9. 12. 1955)

1958

27. November   **Zweite Berlin-Krise**: In Noten an die drei Westmächte, die BRD und die DDR kündigt die Sowjetunion ihre Viermächteverantwortung für Deutschland und Berlin auf. Sie betrachtet, von der »faktischen Lage« ausgehend, die alliierten Vereinbarungen über Berlin (1. → 5. 6. 1945) »als nicht mehr in Kraft befindlich«, zumal die Westmächte das Potsdamer Abkommen (1. → 17. 7.–2. 8. 1945) gebrochen hätten. Die Berlin-Frage müsse »in nächster Zeit einer selbständigen Lösung« zugeführt werden, damit West-Berlin nicht wie eine »Frontstadt« als »Aufmarschgebiet für eine feindliche Tätigkeit gegen die sozialistischen Länder« dienen könne. Die Sowjetregierung fordert daher, West-Berlin binnen sechs Monaten zu entmilitarisieren und als Freie Stadt in eine »selbständige politische Einheit« umzuwandeln; nach Ablauf dieser Frist werde sie der DDR durch ein Abkommen die »Berlin-Rechte« übertragen, u. a. die Kontrollrechte über die Zugangswege. Chruschtschows Moskauer »Sportpalast-Rede« vom 10. 11. 1958 hatte dieses Berlin-Ultimatum angekündigt.
US-Außenminister John Foster Dulles entwickelt die »Agenten-Theorie«: Danach könnten die DDR-Organe als »Beauftragte« der Sowjetunion betrachtet werden, sofern sie die Verantwortung für die alliierten Zugangswege übernehmen.
Nach dem Tode Otto Suhrs (30. 8. 1957) war Willy **Brandt** am 3. 10. 1957 Regierender Bürgermeister in West-Berlin geworden (seit 12. 1. 1958 auch SPD-Landesvorsitzender von Berlin).

31. Dezember   Die Westmächte antworten auf die Berlin-Note vom → 27. 11., sie seien zu Verhandlungen bereit, nicht aber zur Aufgabe ihrer **Berlin-Rechte** unter einem Ultimatum.
Die Regierung der BRD lehnt am 5. 1. 1959 die **Dreistaatentheorie** ab: die Bildung einer »Freien Stadt« West-Berlin, die damit verbundene Anerkennung der DDR und die von ihr vorgeschlagene »Konföderation beider deutscher Staaten«. (13. → 10. 1. 1959)

1959

17. Februar   Chruschtschow, sowjetischer Ministerpräsident und Erster Sekretär des ZK der KPdSU, droht erstmals öffentlich an, die Sowjetunion werde mit der DDR ein Separatabkommen abschließen, falls die Westmächte sich weigern sollten, einen deutschen Friedensvertrag zu unterzeichnen.
Während seines Besuches in der DDR erklärt Chruschtschow am 5. 3. 1959, die Berlin-Note vom → 27. 11. 1958 sei nicht ultimativ gemeint; die Sechsmonatsfrist könne verlängert werden, sofern die Westmächte ernsthaft zu Verhandlungen bereit seien. So kommt es einvernehmlich zur Einberufung der Viermächte-Außenministerkonferenz in Genf: 13. → 11. 5. – 20. 6. und 13. 7. – 5. 8. 1959.

1960

10. Februar   Der **Nationale Verteidigungsrat** (NVR) wird gebildet. Er verfügt im Falle einer äußeren Gefahr oder eines inneren Notstands über alle Vollmachten zum Schutze der DDR. Vorsitzender ist Walter Ulbricht, die Zusammensetzung ansonsten geheim.

9. September   Die DDR erschwert die **Einreise** Westdeutscher nach Ost-Berlin. Ab 15. 9. 1960 erkennt sie als Reisedokument für West-Berliner nur noch den West-Berliner Personalausweis an.

1961

25. Juli   »**Three essentials**«: Der neue US-Präsident Kennedy erklärt in einer Rundfunkrede seine Entschlossenheit, West-Berlin zu verteidigen, notfalls atomar. Unabdingbar seien 1. die Anwesenheit westlicher Truppen; 2. der freie Zugang von und nach Berlin; 3. die Freiheit und Lebensfähigkeit der Stadt.

13. August   Zum Bau der **Mauer** in Berlin: 16.3. → 13. 8. 1961.

13. Deutschlandpolitik und deutsch-deutscher Konflikt 1955–1961

1955

18.–23. Juli Erstmals seit der Potsdamer Konferenz (1. → 17. 7.–2. 8. 1945) treffen sich die vier Siegermächte zu einer **Gipfelkonferenz in Genf**, an der Delegationen der BRD und der DDR als Beobachter teilnehmen. US-Präsident Eisenhower schlägt einen Abrüstungsplan mit gegenseitiger Luftinspektion vor, der britische Premier Eden einen dreigliedrigen Plan: Abschluss eines Sicherheitspakts zwischen einem nach freien Wahlen geeinten Deutschland und den vier Mächten, Rüstungsinspektionen beiderseits der Ost-West-Demarkationslinie und die Schaffung militärisch verdünnter Zonen entlang der Oder-Neiße-Linie auf der Basis des territorialen Status quo (**2. Eden-Plan**). Der französische Ministerpräsident Edgar Faure befürwortet, Ersparnisse bei den Rüstungsausgaben, die offen zu legen seien, teilweise unterentwickelten Ländern zur Hebung des Lebensniveaus zuzuwenden. Bulganin, Vorsitzender des Ministerrats der Sowjetunion, fordert einen gesamteuropäischen kollektiven Sicherheitspakt, dem beide deutsche Staaten bis zur Wiedervereinigung angehören sollten, sowie einen Nichtangriffsvertrag zwischen NATO/WEU und Warschauer Pakt.

Trotz ihrer Meinungsverschiedenheiten können sich die vier Mächte auf die »Direktive« einigen, dass zwischen der deutschen Wiedervereinigung auf der Basis freier Wahlen und der Abrüstung und Entspannung, z. B. durch Schaffung eines gesamteuropäischen Sicherheitssystems, ein Junktim bestehe (»Konferenz des Lächelns«).

Bei einer Zwischenlandung in Ost-Berlin vertritt Chruschtschow erstmals offen die »**Zweistaatentheorie**«: dass die Wiedervereinigung Sache der Deutschen sei und eine Annäherung zwischen der »souveränen« DDR und BRD voraussetze.

Der Genfer Gipfel markiert eine **Wende** in der Deutschlandpolitik: 1. Die Sowjetunion geht von der Teilung Deutschlands und von der Existenz zweier »souveräner« deutscher Staaten aus (Zweistaatentheorie), während sich Stalin und seine Nachfolger die gesamtdeutsche Option offen gehalten hatten. 2. Die Westmächte beginnen sich mit dem territorialen Status quo abzufinden, den der Zweite Weltkrieg geschaffen hatte. 3. Im Zeichen der Blockbildung und des atomaren Patts erhalten globale Entspannungs- und Abrüstungsfragen den Vorrang vor der ungelösten Deutschlandproblematik, die eine Verständigung zwischen Ost und West zu behindern scheint.

8. – 14. Sept. **Moskau-Reise**: Auf Einladung der Sowjetunion vom 7. 6. 1955 verhandeln Adenauer, von Brentano, Kiesinger, Arnold (alle CDU)

Konrad Adenauer (Mitte) in Moskau, links Bulganin, rechts Chruschtschow. → 8.–14. September 1955

und Carlo Schmid als Oppositionsvertreter (SPD) in Moskau mit Bulganin, Chruschtschow und Molotow über die »Normalisierung« der westdeutsch-sowjetischen Beziehungen. Die Meinungsverschiedenheiten werden offen und hart ausgetauscht, die Schrecken des Zweiten Weltkrieges von beiden Seiten heraufbeschworen. Ergebnisse der Verhandlungen, die wiederholt vor dem Abbruch stehen: Beide Staaten nehmen diplomatische Beziehungen im beiderseitigen politischen und humanitären Interesse auf; die Sowjetunion sichert die Heimkehr der letzten deutschen Kriegsgefangenen und Zivilinternierten zu. – In einseitigen Vorbehaltserklärungen, die die Sowjetregierung entgegennimmt, aber inhaltlich zurückweist, betont Adenauer, dass die Aufnahme diplomatischer Beziehungen weder eine Anerkennung des beiderseitigen territorialen Status quo bedeute noch den Rechtsanspruch der BRD beeinträchtige, Deutschland allein zu vertreten (Alleinvertretungsanspruch).

27. Okt. –   Die **Genfer Außenministerkonferenz** bringt keine Fortschritte. Die
16. Nov.   Westmächte legen den modifizierten Eden-Plan mit einem Zusatzvertrag über eine beschränkte Rüstungszone mit Inspektionen vor. Molotow vertritt die »Zweistaatentheorie«: dass zwei souveräne deutsche Staaten bestehen und die Wiedervereinigung eine Angelegenheit ihrer Annäherung sei. Als ersten Schritt schlägt er

eine **Konföderation** vor: den Abzug der ausländischen Truppen bis auf kleine Kontingente und die Bildung eines Gesamtdeutschen Rates.

8. – 9. Dez.   **Hallstein-Doktrin**: Außenminister von Brentano weist auf einer Botschafterkonferenz in Bonn auf die völkerrechtlichen Folgen des Alleinvertretungsanspruchs hin: Wenn dritte Staaten diplomatische Beziehungen zur DDR aufnehmen, so betrachtet dies die BRD als »unfreundlichen Akt« (acte peu amicable); er wird mit abgestuften Gegenmaßnahmen beantwortet und gegebenenfalls mit dem Abbruch der Beziehungen geahndet. Ausgenommen gilt die Sowjetunion als vierte Besatzungsmacht mit Verantwortung für ganz Deutschland.

Diese Hallstein-Doktrin, benannt nach dem Staatssekretär Walter Hallstein im Auswärtigen Amt, wird bis zur letzten Konsequenz (Abbruch der diplomatischen Beziehungen) bei Jugoslawien am 19. 10. 1957 und Kuba am 14. 1. 1963 angewendet. (12.2. → 10. 10. 1957 und 17.3. → 12. 1. 1963)

Nach dem geistigen Vater, dem Rechtslehrer Erich Kaufmann, soll die Hallstein-Doktrin die Bonner Deutschlandpolitik völkerrechtlich legitimieren und absichern. Doch schränkt damit die BRD zugleich ihren internationalen diplomatischen Spielraum selbst ein, z. B. in der Ost- und Entwicklungspolitik. Zwar bleibt die DDR zunächst außenpolitisch isoliert, doch erweist sich die Hallstein-Doktrin langfristig als stumpfe Waffe.

1957

27. Juli   Der DDR-Ministerrat schlägt zur Sicherung des Friedens und der Wiedervereinigung Deutschlands vor, eine **Konföderation** zwischen beiden deutschen Staaten als Staatenbund zu bilden.

1958

7. und   Adenauer schlägt in geheimen Gesprächen mit dem sowjetischen
19. März   Botschafter in Bonn Smirnow eine »**Österreich-Lösung**« für die DDR vor: Sie solle neutralisiert werden, ihre inneren Angelegenheiten jedoch frei gestalten können. – Adenauer vertritt damit erstmals eine Alternative zur bisher von ihm öffentlich propagierten Deutschlandpolitik.

Beim Besuch des stellvertretenden sowjetischen Ministerpräsidenten Mikojan in Bonn vom 25.–28. 4. 1958 wiederholt Adenauer seine Vorschläge.

27. November   **Berlin-Note** der Sowjetunion: 12.2. → 27. 11. 1958.

1959

10. Januar   Die Sowjetunion fordert alle Staaten der ehemaligen Anti-Hitler-Koalition sowie die beiden deutschen Staaten auf, eine **Friedens-**

konferenz einzuberufen. Sie legt den Entwurf eines Friedensvertrags vor, der an Vorschläge der März-Note Stalins (8. → 10. 3.
1952) anknüpft (Neutralisierung Deutschlands, Anerkennung der
Oder-Neiße-Grenze); ihn sollten diesmal BRD und DDR unterzeichnen. Als Weg zur Wiedervereinigung wird beiden deutschen
Staaten empfohlen, eine Konföderation zu bilden. Für West-Berlin ist der Status einer entmilitarisierten freien Stadt vorgesehen
(Dreistaatenkonzept).
Die drei Westmächte und die BRD bestehen am 16. 2. 1959 darauf, die deutsche Frage auf einer Außenministerkonferenz zu erörtern. Sie lehnen es ab, unter dem Druck eines »Ultimatums« zu
verhandeln.

18. März	Die SPD legt ihren **Deutschlandplan** vor. Er fordert die Schaffung einer entmilitarisierten und atomwaffenfreien »Entspannungszone« in Mitteleuropa (Deutschland, ČSSR, Polen, Ungarn) und damit kombiniert die schrittweise Wiederherstellung der deutschen Einheit in Stufen: 1. durch eine Gesamtdeutsche Konferenz, paritätisch mit Vertretern beider deutscher Regierungen besetzt; 2. durch einen Gesamtdeutschen Parlamentarischen Rat, je zur Hälfte in der BRD und DDR gewählt, mit legislativen Befugnissen; 3. durch die Wahl einer Nationalversammlung, die eine gesamtdeutsche Verfassung verabschiedet; 4. durch die Wiedervereinigung.

Der Deutschlandplan der SPD geht davon aus, dass zwischen der
deutschen Frage und der europäischen Sicherheit ein Junktim bestehe. Unter dem Einfluss von »Entspannungsvorschlägen« der US-
Politiker George Kennan (»mitteleuropäische Neutralität«) und
Hubert Humphrey, des englischen Labour-Führers Hugh Gaitskell
und des polnischen Außenministers Adam Rapacki (12.2. → 2. 10.
1957) wird ein »Disengagement« zwischen Ost und West durch das
»Auseinanderrücken der Blöcke« erstrebt und damit die schrittweise Wiederherstellung der deutschen Einheit verknüpft. Ein kollektives Sicherheitsabkommen sollte dann in Mitteleuropa an die
Stelle von NATO bzw. Warschauer Pakt treten. – Die SPD distanziert sich in den folgenden Monaten von ihrem Deutschlandplan
und vollzieht am → 30. 6. 1960 einen radikalen außen- und sicherheitspolitischen Kurswechsel.

11. Mai – 20. Juni und 13. Juli – 5. August	**Viermächte-Außenministerkonferenz in Genf**, an der an »Katzentischen« auch die Außenminister der beiden deutschen Staaten (Heinrich von Brentano und Lothar Bolz) als »Berater« teilnehmen.

Die Konferenz endet faktisch ergebnislos: Dulles' Nachfolger Christian Herter legt den letzten großen westlichen Stufenplan zur
Wiedervereinigung vor, der im Sinne des 2. Eden-Plans zugleich
den Aufbau eines europäischen Sicherheits- und Inspektionssys-
tems erstrebt: 1. Ost- und West-Berlin werden nach freien Wah-

len unter UNO- oder Viermächtekontrolle vereint (vorgeschaltete »kleine« Wiedervereinigung). 2. Die Vier Mächte setzen einen Deutschen Ausschuss ein, der u. a. freie Wahlen vorbereitet. 3. Eine gewählte gesamtdeutsche Versammlung entwirft eine Verfassung. 4. Eine nach dieser Verfassung gebildete gesamtdeutsche Regierung schließt den Friedensvertrag ab. – Der neue sowjetische Außenminister Andrej Gromyko besteht auf dem Friedensvertragsentwurf vom → 10. 1. 1959. Er droht erneut den Abschluss eines separaten Friedensvertrags mit der DDR an; ihr würden dann alle Berlin-Rechte übertragen, so dass die westalliierten erlöschen.

Unter dem Eindruck der Berlin-Krise signalisieren die Westmächte in der zweiten Konferenzphase immer mehr Konzessionsbereitschaft und revidieren ihre gesamtdeutschen Zielsetzungen. Sie koppeln die Berlin-Frage von der Deutschlandfrage ab und steuern ein Separatabkommen zur Bereinigung der »anormalen Lage« in Berlin an.

Damit beginnen sich die Verbündeten und Schutzmächte, wie von Adenauer befürchtet, mit der Teilung Berlins und Deutschlands abzufinden. Heinrich Krone, Vorsitzender der CDU/CSU-Fraktion im Bundestag, spricht von einer »neuen Ära der Koexistenz« zwischen Ost und West.

Das vereinbarte Gipfeltreffen zwischen Eisenhower und Chruschtschow am 26./27. 9. 1959 in Camp David erfüllt nicht die Erwartungen auf ein Ost-West-Arrangement.

1960
30. Juni Die **SPD-Opposition** rückt endgültig von ihrem Deutschlandplan (→ 18. 3. 1959) ab und bekennt sich zur NATO. (12.1. → 30. 6. 1960) Als personelle Konsequenz wird auf dem SPD-Parteitag in Hannover vom 21.–25. 11. 1960 Willy Brandt, Regierender Bürgermeister von Berlin, zum Kanzlerkandidaten gewählt.

16. August Das **Interzonenhandelsabkommen** (8. → 20. 9. 1951) wird geändert, um längerfristige Lieferverträge zu ermöglichen. Der Swing dient als zinsloser Überziehungskredit.
Die BRD kündigt am 30. 9. 1960 vorsorglich das Abkommen wegen Behinderungen des Berlin-Verkehrs, setzt es jedoch zum 1. 1. 1961 wieder in Kraft.

1961
6. Juli **Deutscher Friedensplan**: Die Volkskammer schlägt eine paritätisch besetzte Kommission aus Regierungs- und Parlamentsvertretern beider deutscher Staaten vor. Sie soll einen Friedensvertrag vorbereiten und die bilateralen Beziehungen verbessern helfen (»Abkommen des guten Willens«).

13. August **Mauerbau** in Berlin: 16.3. → 13. 8. 1961.

14. Wirtschaft, Arbeit und Sozialpolitik

14.1. BRD: Sozialpolitische Reformen und soziale Marktwirtschaft 1955–1961

<u>1955</u>

5. September   Das **Landwirtschaftsgesetz** soll bestehende naturbedingte und ökonomische Nachteile der Landwirtschaft gegenüber anderen Wirt-
schaftszweigen kompensieren. Die Bundesregierung legt jährlich
einen Bericht über die Lage der Landwirtschaft (Grüner Bericht)
und einen Katalog von Hilfsmaßnahmen zur Modernisierung der
Agrar-, Betriebs- und Marktstruktur sowie zur Verbesserung der
Einkommens- und sozialen Lage vor (Grüner Plan).

<u>1956</u>

27. Juni   Das **2. Wohnungsbaugesetz** fördert – im Anschluss an das erste vom
24. 4. 1950 – den Bau neuer Wohnungen, vor allem von Sozialwohnungen für Bezieher niedriger Einkommen, für kinderreiche
Familien, Schwerbeschädigte, Vertriebene und Kriegsopfer.

Großbaustelle des sozialen Wohnungsbaus, 1956. → 27. Juni 1956

1957

1. Januar   Die Neuregelung des **Rentenversicherungsrechts**, vom Bundestag am 21. 1. 1957 verabschiedet, tritt rückwirkend in Kraft. Diese vielleicht wichtigste soziale Reform seit der Bismarck-Ära markiert den Übergang von der statischen zur dynamischen Leistungsrente: Die bruttolohnbezogene Rente wird bei der Festsetzung an die gestiegenen Löhne und Gehälter angepasst und der Höhe nach periodisch an sie angeglichen:»Die Renten folgen den Löhnen.« Die»Rentenformel« berücksichtigt bei der Arbeiter-, Angestellten- oder Knappschaftsrente vier Faktoren: 1. die allgemeine Bemessungsgrundlage als durchschnittliches Bruttojahresarbeitsentgelt aller Versicherten im Mittel von drei Jahren vor dem Kalenderjahr des Versicherungsfalls; 2. die persönliche Bemessungsgrundlage als Prozentverhältnis des Bruttoarbeitsentgelts des einzelnen Versicherten zum Durchschnittsarbeitsentgelt aller Versicherten im Erwerbszeitraum; 3. die Zahl der anrechnungsfähigen Versicherungsjahre: Beitragszeiten + Ersatzzeiten (Militärdienst, Flucht/ Vertreibung, Kriegsgefangenschaft) + Ausfallzeiten (Studium, krankheitsbedingte Arbeitsunfähigkeit, Arbeitslosigkeit, Schwangerschaft) + Zurechnungszeit (z. B. Berufsunfähigkeit vor dem 55. Lebensjahr); 4. den Steigerungssatz je anrechnungsfähigem Versicherungsjahr: unterschiedliche Prozentsätze der persönlichen Bemessungsgrundlage bei Erwerbsunfähigkeits-, Berufsunfähigkeits-, Knappschaftsrente und Altersruhegeld.

Die Rentenneuregelung beruht auf dem Prinzip der Generationensolidarität, d. h., die arbeitenden Versicherten finanzieren die Renten. Dieser Generationenvertrag wird durch die steigende Lebenserwartung (Überalterung der Gesellschaft) gefährdet.

Das Handwerkerversicherungsgesetz vom 8. 9. 1960 gliedert die Altersversorgung der im Handwerk Beschäftigten in die Rentenversicherung der Arbeiter ein.

27. Juli   Das **Gesetz gegen Wettbewerbsbeschränkungen** (»Grundgesetz der sozialen Marktwirtschaft«) verbietet (horizontale) Kartelle, (vertikale) Preisbindungen (ausgenommen Verlagserzeugnisse) und die Monopolbildung als Missbrauch marktbeherrschender Unternehmen. Die Kartellbehörden (u. a. das Bundeskartellamt in West-Berlin) haben ein Ermittlungs-, Auskunfts-, Einsichts- und Verfügungsrecht. Verstöße gegen das Gesetz können als Ordnungswidrigkeiten mit Geldbußen bestraft werden.

Das Gesetz, das Ausnahmen zulässt, vermag weder Konzentrationstendenzen noch Kartellabsprachen in der Wirtschaft wirksam zu verhindern. Es hat daher vornehmlich prophylaktische Bedeutung.

27. Juli   Mit dem Gesetz über die **Altershilfe für Landwirte** werden Altersgelder als Zusatzversorgung für selbstständige Landwirte nach Abgabe des Hofes aufgrund von Beitragsleistungen eingeführt. Träger sind die bei jeder landwirtschaftlichen Berufsgenossenschaft errichteten Alterskassen. Die Altershilfe wird am 1. 1. 1974 dynamisiert und damit an die Rentenversicherungsreform (→ 1. 1. 1957) angepasst.

1. August   An die Stelle der Bank Deutscher Länder tritt die **Deutsche Bundesbank** in Frankfurt a. M. Sie ist von Weisungen der Bundesregierung unabhängig, soll sie jedoch soweit wie möglich wirtschaftspolitisch unterstützen. Der Zentralbankrat, der aus dem Bundesbankpräsidenten, den weiteren Mitgliedern des Direktoriums und den Präsidenten der Landeszentralbanken als Hauptverwaltungen in den Bundesländern besteht, bestimmt die Richtlinien der Notenausgabe-, der Diskont-, Kredit-, Offenmarkt- und Mindestreservepolitik sowie der Geschäftsführung und Verwaltung.
Das Bundesaufsichtsamt für das Kreditwesen in West-Berlin (Kreditgesetz vom 10. 7. 1961) übt die Kontrolle über die Kreditinstitute aus und erteilt bzw. entzieht die Erlaubnis für das Betreiben von Bankgeschäften.

5. November   Das **Allgemeine Kriegsfolgengesetz** regelt Rechts- und Entschädigungsprobleme, die durch Kriegs- und Nachkriegsereignisse sowie die Niederlage des Reichs entstanden sind. Die im Prinzip ersatzlos erloschenen Verbindlichkeiten des Reichs und seiner Verwaltungen (Bahn, Post, Autobahn u. a.) werden nur ausnahmsweise von der BRD im Verhältnis 10 (RM) : 1 (DM) übernommen: Sie erfüllt unverbriefte Forderungen in Fällen der Existenzsicherung und bei Grundstücksgeschäften und löst verbriefte Forderungen unter bestimmten Voraussetzungen ab.

1958

29. Dezember   **DM-Konvertibilität:** Die BRD und neun europäische Staaten vereinbaren die freie Konvertibilität ihrer Währungen. Leitwährung ist der US-Dollar. – Die europäische Zahlungsunion wird daher zum 1. 1. 1959 aufgelöst. (7.1. → 31. 10. 1949)

1959

24. März   Mit der Ausgabe von **Volksaktien** der Preussag (Preußische Bergwerks- und Hütten-AG) beginnt die Privatisierung von Bundesvermögen; sie soll die Vermögensbildung einkommensschwächerer Bevölkerungsgruppen und der Belegschaften fördern. – Im Juli 1960 wird das Volkswagenwerk teilprivatisiert, im April 1965 die Veba.
Die 1959 beginnende Aktienhausse erreicht Mitte 1960 ihren Höhepunkt. Kleingestückelte Volksaktien sollen breite Bevölkerungsschichten dazu anregen, neben Eigentum an Konsumgütern auch Eigentum an Produktionsmitteln zu bilden.

5. Mai	Das **Spar-Prämiengesetz** regelt die Sparförderung neu: An die Stelle des steuerlichen Sonderausgabenabzugs tritt ein Prämiensystem für bestimmte Sparleistungen, die Sperrfristen unterliegen.

1960

1. Januar	Das **Atomgesetz** tritt in Kraft. Es regelt die freie und ungehinderte Erforschung und Nutzung der Kernenergie zu friedlichen Zwecken. Überwachungs- und Strafvorschriften dienen dem Schutz vor Radioaktivität und missbräuchlicher Verwendung von Kernbrennstoffen.
23. Juni	Das Gesetz über den **Abbau der Wohnungszwangswirtschaft** beseitigt schrittweise die Wohnraumbewirtschaftung und novelliert den Mieterschutz (Mieterschutzgesetz vom 1. 6. 1923); es führt ein »soziales Mietrecht« mit neuen Kündigungsfristen ein. Damit wird der letzte große Bereich staatlicher Bewirtschaftung in die soziale Marktwirtschaft integriert.
	Als Ausgleich für Mietanhebungen – zunächst für Altbauwohnungen – gewährt ein Gesetz vom gleichen Tage **Miet- und Lastenbeihilfen**, die nach Einkommensverhältnissen zu staffeln sind. An ihre Stelle tritt später das »Wohnungsgeld«, das sind Lastenzuschüsse für Eigentümer von Eigenheimen und Eigentumswohnungen bzw. Mietzuschüsse für familiengerechten Wohnraum.
	Das inzwischen mehrfach novellierte **zweite Wohngeldgesetz** vom 14. 12. 1970 erweitert den Kreis der Anspruchsberechtigten, da es die Leistungen den gestiegenen Einkommen bzw. Lasten anpasst. Die Bundesregierung erstattet regelmäßig Bericht darüber, inwieweit die Zuschüsse den veränderten Einkommens-, Preis- und Familienverhältnissen gerecht werden.
9. August	Das **Jugendarbeitsschutzgesetz** verbietet Kinderarbeit, indem es das Mindestalter für die Beschäftigung Jugendlicher auf 14 Jahre festlegt. Akkord- und Fließbandarbeit sind untersagt. Zuständig sind die Gewerbeaufsichts- und Bergämter. – Das Jugendarbeitsschutzgesetz wird wiederholt novelliert.

1961

6. März	**DM-Aufwertung** um 4,75 Prozent: Die Bundesregierung will damit die Hochkonjunktur mit ihren Preissteigerungen dämpfen und die Exportüberschüsse mit ihren hohen Devisenzuflüssen einschränken (Dollarparität DM 4 statt DM 4,20).
	Die spekulativen Kapitalzuflüsse gehen zurück. Erstmals seit 1950 nimmt der Import stärker zu als der Export.
30. Juni	Das **Bundessozialhilfegesetz**, das am 1. 7. 1962 in Kraft tritt, regelt das bisherige Fürsorge- und Armenrecht neu. Die staatliche Sozialhilfe wird als Hilfe zum Lebensunterhalt oder als Hilfe in besonderen Lebenslagen (u. a. Aufbau oder Sicherung der Lebens-

grundlage, Ausbildungs-, Gesundheits-, Kranken-, Eingliederungs-, Tbc-, Blinden-, Pflege-, Altenhilfe) gewährt. Sie soll ein menschenwürdiges Existenzminimum in persönlichen Notfällen nach den Besonderheiten des Einzelfalls (Prinzip der Individualisierung) ohne Rücksicht auf die Ursache der Bedürftigkeit sicherstellen, wenn alle anderen Hilfen versagen, z. B. Selbsthilfe, Hilfe von Unterhaltspflichtigen, die zum Ausgleich für Aufwendungen herangezogen werden können, oder von anderen Sozialleistungsträgern (Prinzip des Nachrangs/der Subsidiarität). Ausländer können im Allgemeinen gleiche Leistungen wie Deutsche im In- oder Ausland beanspruchen.

Die Sozialhilfe obliegt örtlich den Kommunen und überörtlich den Wohlfahrtsverbänden und Sozialämtern in Zusammenarbeit mit der freien Wohlfahrtspflege.

12. Juli   **312-DM-Gesetz:** Nach dem Gesetz zur Förderung der Vermögensbildung können Arbeitnehmer vermögenswirksam festgelegte Beträge bis zu jährlich DM 312 steuer- und versicherungsfrei sparen. Das 3. Vermögensbildungsgesetz vom 27. 6. 1970 verdoppelt den Höchstbetrag für vermögenswirksame Leistungen **(624-DM-Gesetz)**. Neu eingeführt wird die Arbeitnehmersparzulage nach steuerpflichtigem Jahreseinkommen.

14.2. DDR: Sozialistische Planwirtschaft und Kollektivierung 1955–1961

1956

18. – 25. Mai   Der Rat für gegenseitige Wirtschaftshilfe **(RGW)** tagt erstmals in Ost-Berlin. Er setzt Ständige Kommissionen ein, die regionale »Spezialisierungs- und Kooperationsempfehlungen« entwerfen.
Die Wirtschaftsplanung der DDR wird immer stärker mit Zielsetzungen des RGW abgestimmt. An die Stelle der bisher vor allem bilateralen Zusammenarbeit tritt zunehmend die »internationale sozialistische Arbeitsteilung«.

1957

21. März   Der Ministerrat verabschiedet das **Kohleprogramm** als erstes komplexes Industriezweigprojekt. Es soll Lücken bei der Energieversorgung schließen, vor allem durch Braunkohle.
Der am 6. 6. 1957 vereinbarte Forschungsrat (Beirat für naturwissenschaftlich-technische Forschung und Entwicklung) ist als Organ des Ministerrats dafür zuständig, »komplexe« Wirtschaftsprojekte mittel- und langfristig mit Hilfe des »wissenschaftlich-technischen Fortschritts« durchzuführen.

Arbeitsalltag in der DDR: Kranführerin auf der Warnow-Werft 1959. → 1. Oktober 1959

Deutsche Gründlichkeit und Ordnung nach der Kollektivierung der Landwirtschaft. →
14. April 1960

1958

9. Januar   Das Gesetz über den **Außenhandel** verankert das Außenhandelsmonopol der DDR. Daraus folgt die staatliche Planung, Durchführung und Kontrolle der gesamten Außenwirtschaft, die außenpolitischen und binnenwirtschaftlichen Zielsetzungen zu dienen
hat.

9. Januar   Der von der Volkskammer verabschiedete **2. Fünfjahrplan 1956–
1960** soll die Industrieproduktion und Arbeitsproduktivität erhöhen, aber auch die Konsumgüterproduktion. Vorrang haben die
Schwer-, Energie-, Bau- und chemische sowie elektronische Industrie. Durch »Modernisierung, Mechanisierung, Automatisierung« soll eine »neue industrielle Umwälzung« auf der Basis der
»sozialistischen Produktionsverhältnisse« eingeleitet werden.
Betriebe mit Staatlicher Beteiligung (BSB), Produktionsgenossenschaften des Handwerks (PGH) und Kommissionsverträge mit
privaten Einzelhändlern und Gaststätten werden verstärkt gefördert, da sie Mittelschichten fortschreitend in die sozialistische Umgestaltung einbeziehen und damit den »sozialistischen Sektor«
ausweiten. – Der Plan wird 1958 abgebrochen.

11. Februar   Das Gesetz über die Vervollkommnung und Vereinfachung der Arbeit des **Staatsapparats** ändert die volkswirtschaftliche zentrale
Leitung und Planung, für die der Ministerrat und seine Staatliche Plankommission zuständig sind. Die wirtschaftsleitenden Industrieministerien werden aufgelöst; die Betriebe schließen sich
erneut zu Vereinigungen Volkseigener Betriebe (VVB) zusammen. Wirtschaftsräte in den Bezirken, Plankommissionen in den
Kreisen erhalten größeren ökonomischen Bewegungsspielraum.
Dem FDGB obliegt die Arbeitsschutzkontrolle; er ist bei allen Pla-
nungsfragen zu konsultieren. (9.2. → 30. 8.–3. 9. 1950 und 1. 11.
1951)

28. Mai   **Abschaffung der Lebensmittelkarten** und der letzten Rationierun-
gen für Fleisch, Fett und Zucker. Die damit verbundenen Preissteigerungen, von denen nur staatlich subventionierte Grundnahrungs-
mittel wie Brot und Kartoffeln ausgenommen bleiben, gleichen
Lohn-, Gehalts- und Rentenerhöhungen weitgehend aus.
Die bessere Versorgung mit Konsumgütern, die staatlich subven-
tionierten Massennahrungsmittel und das erhöhte Angebot an
preisgünstigen Wohnungen entspannen das politische Klima in
der DDR.

3./4. Nov.   Das verabschiedete **Chemieprogramm** soll die chemische Produktion in Zusammenarbeit mit RGW-Staaten, die Erdöl liefern, bis
1965 verdoppeln. Die Direktive heißt: »Chemie gibt Brot, Wohl-
stand und Schönheit.«
Die Ergebnisse in der Petrochemie erfüllen nicht die Erwartungen.

1959

1. Oktober   Die Volkskammer beschließt den **Siebenjahrplan 1959 – 1965**, der an die Stelle des abgebrochenen 2. Fünfjahrplans 1956 – 1960 (→ 9. 1. 1958) tritt. Hauptziele: 1. die »sozialistische Rekonstruktion« als Modernisierung von Technologien und Maschinen, ihre Typisierung und Standardisierung; 2. die »sozialistische Territorialstruktur« als verbesserte Standortverteilung von Industriezentren; 3. »ständige Produktionsberatungen« der Belegschaft und Vertragsabschlusspflicht der Betriebe zur Kontrolle der Planerfüllung; 4. die »sozialistische Brigadebewegung« zur Förderung des Wettbewerbs nach dem Motto: »Sozialistisch arbeiten, lernen und leben«; 5. Westdeutschland im Pro-Kopf-Verbrauch einzuholen und zu überholen. – Der unrealistische Plan wird 1961/62 abgebrochen.

1960

14. April   Abschluss der **Kollektivierung der Landwirtschaft**: Die Volkskammer spricht am 25. 4. 1960 von einem unwiderruflichen Sieg der sozialistischen Produktionsverhältnisse auf dem Lande (»Sozialistischer Frühling«).
Die offiziell »freiwillige« Kollektivierung war vielfach unter Druck und durch Kadereinsatz (z. B. Agitationskampagnen an »Landsonntagen«, »Industriearbeiter aufs Land«) erzwungen worden. Rostock wurde am 4. 3. 1960 der erste kollektivierte Bezirk (Motto: »De Appel is riep«); als letzter folgte der Bezirk Karl-Marx-Stadt.
Die Landwirtschaftlichen Produktionsgenossenschaften (LPG) erhalten die Landmaschinen entweder kostenlos (Typ III) oder gegen Bezahlung (Typ I). Nach dieser »Vereinigung von Boden und Technik« werden die Maschinen-Traktoren-Stationen (MTS) in Reparatur- und Technische Stationen (RTS) umgewandelt; viele Techniker und Traktoristen treten in die LPG ein.
Nach dem Gesetz über die landwirtschaftlichen Produktionsgenossenschaften vom 3. 6. 1959 bleibt der Grund und Boden persönliches Eigentum der Mitglieder; der LPG steht nur das Bodennutzungsrecht zu. Oberstes Gebot für jedes Mitglied ist ehrliche und gewissenhafte Arbeit, da es sonst seine genossenschaftliche Verantwortung missachtet. Die Arbeit wird gemäß Musterstatuten nach dem Leistungsprinzip vergütet; jedes Mitglied einer LPG Typ III darf 0,5 Hektar Boden persönlich bewirtschaften. (9.2.→ 12. 7. 1952)

1961

12. April   Das **Gesetzbuch der Arbeit** (GBA), dessen Entwurf zur Volksdiskussion gestellt worden war, kodifiziert die Rechte und Pflichten der Werktätigen. Das Gesetz der Arbeit vom 19. 4. 1950 tritt außer Kraft. (9.2. → 1. 5. 1950)

Alle Werktätigen erhalten das Recht auf einen Arbeitsplatz entsprechend ihren Fähigkeiten sowie auch eine Bezahlung gemäß ihrer quantitativ und qualitativ geleisteten Arbeit.

15. BRD und DDR: Bildungs- und Familienpolitik 1955–1961

<u>1957</u>

25. Juli   Die Stiftung **Preußischer Kulturbesitz** entsteht als bundesunmittelbare Körperschaft des öffentlichen Rechts. Sie verwaltet die ihr übertragenen Kulturgüter des ehemaligen Landes Preußen, macht sie der Allgemeinheit zugänglich und fördert den Kulturaustausch zwischen den Völkern.

5. September   Bund und Länder der BRD gründen den **Wissenschaftsrat** mit Sitz in Köln. Das Beratungsgremium soll einen Gesamtplan für die

Jugend in der BRD: Rock 'n' Roll-Rausch in den Fünfzigerjahren.

Jugend in der DDR: FDJ-Gruppen während der Leipziger Herbstmesse 1960 auf dem Weg zu einer Kundgebung.

Wissenschaftsförderung aufstellen, diesbezügliche Konzepte von Bund und Ländern aufeinander abstimmen helfen und Vorschläge zur Hochschulentwicklung und -struktur erarbeiten.

1958

1. Juli   Die **Gleichberechtigung von Mann und Frau** wird in der BRD im bürgerlichen Recht verankert. Bereits das Grundgesetz hatte Normen suspendiert, die dem Prinzip der Gleichberechtigung widersprachen. Die Befugnisse der Ehefrau vor allem im Familien-, Ehe- und Vermögensrecht werden erweitert; gesetzlicher Güterstand ist die Zugewinngemeinschaft.

Die Entscheidungsbefugnis des Ehemannes in allen das gemeinschaftliche Leben betreffenden Angelegenheiten (u. a. über Wohnort und Wohnung) ist aufgehoben. Der Name des Mannes wird Familienname, doch ist die Frau berechtigt, ihren Mädchennamen durch öffentlich beglaubigte Erklärung gegenüber dem Standesbeamten hinzuzufügen. Der Frau obliegt nach wie vor primär die Haushaltsführung; erwerbstätig kann sie sein, »soweit dies mit ihren Pflichten in Ehe und Familie vereinbar ist«.

1. September   An den allgemein bildenden Schulen der DDR wird unter Berufung auf Karl Marx der obligatorische **Polytechnische Unterricht**

eingeführt. Die Schüler sollen nicht nur theoretisch in der Schule ausgebildet werden, sondern auch praktisch in der sozialistischen Produktion.

1959

15. – 17. Jan.   Thesen der SED über die »sozialistische Entwicklung des Schulwesens« werten die allgemeinbildende zehnklassige **Polytechnische Oberschule** (POS) als neuen Schultyp auf. Am 1. 9. 1959 wird ein neues Lehrplanwerk für die POS und die Berufsausbildung mit Abitur eingeführt. Ein Gesetz vom 2. 12. 1959 erklärt die POS zur obligatorischen Schule.

14. Februar   Der **Deutsche Ausschuss** für das Erziehungs- und Bildungswesen in der BRD legt den »**Rahmenplan** zur Umgestaltung und Vereinheitlichung des allgemein bildenden öffentlichen Schulwesens« vor. Er plädiert dafür, das tradierte dreigliedrige Schulsystem beizubehalten, schlägt jedoch vor, die Volksschuloberstufe zur Hauptschule als gleichwertige weiterführende Schule neben Real- und Oberschule fortzuentwickeln und eine schulformunabhängige, d. h. integrierte Förderstufe für alle 5. und 6. Klassen einzuführen. Die neue »Studienschule« soll geeignete Kinder nach der Grundschule in einem »griechischen« und »französischen« Zweig zur allgemeinen Hochschulreife führen.

Der Deutsche Ausschuss war auf Anregung des Bundespräsidenten Theodor Heuss am 22. 9. 1953 vom Bundesinnenministerium und von der Kultusministerkonferenz als staatlich unabhängiges Expertengremium berufen worden. Es hatte am 22. 1. 1955 bereits ein Gutachten zur politischen Bildung und Erziehung erstattet.

Die Empfehlungen des Deutschen Ausschusses bleiben zunächst weitgehend wirkungslos, doch gehen von ihnen schulreformerische Einflüsse aus. – Der Deutsche Ausschuss löst sich am 1. 7. 1965 auf, da der Deutsche Bildungsrat seine Nachfolge antritt. (28.2. → 13. 2. 1970)

24. April   Die **1. Bitterfelder Konferenz** im Kulturpalast des Elektrochemischen Kombinats ruft Künstler und Schriftsteller der DDR auf, das »Heldentum der Arbeit« zu feiern. Mit der Losung »Greif zur Feder, Kumpel, die sozialistische Nationalliteratur braucht dich« werden Arbeiter ermuntert, als Laien zu schreiben, zu malen und zu musizieren.

Die »Arbeiterliteratur« erfüllt nur teilweise die in sie gesetzten Erwartungen (2. Bitterfelder Konferenz vom 24.–25. 4. 1964).

KAPITEL IV

Deutschland in der neuen Ära der Koexistenz zwischen Ost und West 1961 – 1969/71

Bau der – zunächst provisorischen – Mauer in Berlin. 16.3. → 13. August 1961

16. Regierungen, Parteien und Verfassung im politischen Wandel

16.1. BRD: Von der Ära Adenauer zur Großen Koalition 1961–1969

<u>1961</u>

17. September   Wahlen zum 4. Bundestag: Die CDU/CSU verliert ihre absolute Mehrheit, die SPD überschreitet mit ihrem Kanzlerkandidaten Willy Brandt die 35-Prozent-Marke, die Gesamtdeutsche Partei (GDP) erleidet eine schwere Niederlage. Wahlgewinner ist die FDP, die mit 12,8 Prozent aller gültigen Zweitstimmen ihr bestes Wahlergebnis bei allen bisherigen Bundestagswahlen erreicht. Sie hatte im Wahlkampf mit der Parole geworben: »Für die CDU – ohne Adenauer«, die Union mit dem Motto: »Adenauer, Erhard und die Mannschaft«.

7. November   Kanzler auf Abruf: Der Bundestag wählt **Adenauer** zum **Bundeskanzler** (258 gegen 206 Stimmen bei 26 Enthaltungen). Zuvor hatte er sich – erstmals – einen Koalitionsvertrag von der FDP abringen lassen und darin den Fraktionsvorsitzenden Heinrich Krone (CDU/CSU) und Erich Mende (FDP) zugesagt, er werde vorzeitig zurücktreten. Die FDP hatte hiervon ihren Gesinnungswechsel (»Umfall«) abhängig gemacht; denn sie war seit ihrem Wahlkampf auf eine Koalition mit der CDU ohne Adenauer festgelegt.

Tab. 7: Vierte Bundestagswahl, 17. September 1961
Zweitstimmen

	Anzahl	%	Sitze[1]
Wahlberechtigte	37 440 715		
Wähler	32 849 624	87,7	
Ungültige Stimmen	1 298 723	4,0	
Gültige Stimmen	31 550 901		
SPD	11 427 355	36,2	203 (13)
CDU	11 283 901	35,8	201 (9)
FDP	4 028 766	12,8	67
CSU	3 014 471	9,6	50
DFU	609 918	1,9	–
DG	27 308	0,1	–
DRP	262 977	0,8	–
GDP (DP-BHE)	870 756	2,8	–
SSW	25 449	0,1	–
Abkürzungsverzeichnis s. S. 585			

1 Mit West-Berliner Sitzen (= Zahl in Klammern).
Quelle: Statistisches Bundesamt.

Heinrich von Brentano, der als Vertreter eines harten antisowjetischen Kurses galt, war als Außenminister bereits am 30. 10. 1961 zurückgetreten, um die Koalitionsverhandlungen mit der FDP nicht zu gefährden.

14. November **Viertes Kabinett Adenauer**: Es besteht aus einer CDU/CSU- und FDP-Koalition, der mit Elisabeth Schwarzhaupt erstmals eine Frau als Ministerin angehört. Am 29. 11. 1961 gibt Adenauer seine Regierungserklärung ab.

Bundeskanzler	Konrad Adenauer (CDU)
Stellvertreter und Wirtschaft	Ludwig Erhard (CDU)
Auswärtiges	Gerhard Schröder (CDU)
Inneres	Hermann Höcherl (CSU)
Justiz	Wolfgang Stammberger (FDP) bis 19. 11. 1962 bzw. 11. 12. 1962
Finanzen	Heinz Starke (FDP) bis 19. 11. 1962 bzw. 11. 12. 1962
Ernährung, Landwirtschaft und Forsten	Werner Schwarz (CDU)
Verteidigung	Franz Josef Strauß (CSU) bis 11. 12. 1962
Verkehr	Hans-Christoph Seebohm (CDU)
Arbeit und Sozialordnung	Theodor Blank (CDU)
Post- und Fernmeldewesen	Richard Stücklen (CSU)
Wohnungswesen, Städtebau und Raumordnung	Paul Lücke (CDU)
Vertriebene, Flüchtlinge und Kriegsgeschädigte	Wolfgang Mischnick (FDP) bis 19.11. 1962 bzw. 11. 12. 1962
Gesamtdeutsche Fragen	Ernst Lemmer (CDU) bis 11. 12. 1962
Familien- und Jugendfragen	Franz-Josef Wuermeling (CDU) bis 11. 12. 1962
Bundesrat	Hans-Joachim von Merkatz (CDU) bis 11. 12. 1962
Atomkernenergie und Wasserwirtschaft	Siegfried Balke (CSU) bis 11. 12. 1962
Schatz	Hans Lenz (FDP) bis 19. 11. 1962 bzw. 11. 12. 1962
Wirtschaftliche Zusammenarbeit	Walter Scheel (FDP) bis 19. 11. 1962 bzw. 11. 12. 1962
Gesundheitswesen	Elisabeth Schwarzhaupt (CDU)
Besondere Aufgaben	Heinrich Krone (CDU)

1962

26./27. Okt.   **Spiegel-Affäre:** Die Redaktions- und Verlagsräume des Nachrichtenmagazins Der Spiegel werden in Hamburg und Bonn nachts

Studierende demonstrieren für den »Spiegel«, gegen Strauß: Sitzstreik vor der Frankfurter Hauptwache. → 26./27. Oktober 1962

polizeilich besetzt und durchsucht. Der Herausgeber Rudolf Augstein, der Verlagsdirektor Hans Detlev Becker und mehrere leitende Redakteure werden verhaftet. Die spanische Polizei nimmt den stellvertretenden Chefredakteur und Militärexperten Conrad Ahlers im Urlaub nach Intervention des Verteidigungsministers Strauß beim deutschen Militärattaché in Madrid, Oberst Oster, auf dem Interpol-Weg vorläufig fest; freiwillig zurückgekehrt, wird er in Frankfurt a. M. verhaftet.

Wegen der militärpolitischen Analyse »Bedingt abwehrbereit« (Fallex) im »Spiegel« Nr. 41 vom 10. 10. 1962 hatte die Bundesanwaltschaft – u. a. auch veranlasst durch eine Anzeige des Würzburger Völkerrechtlers Friedrich August von der Heydte – ein Ermittlungsverfahren eingeleitet und beim Verteidigungsministerium ein Gutachten eingeholt; es kam am 19. 10. zu dem Ergebnis, Bundeswehrangehörige hätten Staatsgeheimnisse verraten. Daraufhin erließ der Ermittlungsrichter beim Bundesgerichtshof in Karlsruhe am 23. 10. 1962 Haft- und Durchsuchungsbefehle wegen des Verdachts des Landesverrats, der landesverräterischen Fälschung und der Aktivbestechung.

Verteidigungsminister Strauß, den der Bundestag am 25. 10. 1962 gegen die Stimmen der SPD vom Vorwurf befreit hatte, er habe in der »Fibag-Affäre« seine Dienstpflichten verletzt, erklärt zunächst, er habe mit der Spiegel-Affäre »nichts« zu tun, gibt aber am 9. 11. zu, er sei aktiv an der Festnahme Ahlers' in Südspanien beteiligt gewesen. Adenauer spricht am 7. 11. im Bundestag von einem »Abgrund von Landesverrat im Lande«; der »Spiegel« betreibe ihn »systematisch, um Geld zu verdienen«. Justizminister Stammberger (FDP), der von der Aktion gegen den »Spiegel« verspätet am 27. 10. unterrichtet worden war, will zurücktreten, bleibt aber im Amt, da die Staatssekretäre Walter Strauß (Justiz) und Volkmar Hopf (Verteidigung) die Verantwortung dafür übernehmen, dass er als zuständiger Minister nicht informiert worden ist, und ihre Posten verlieren.

Die Hamburger Zentrale des »Spiegel« bleibt bis zum 26. 11. 1962 besetzt. Die Spiegel-Ausgabe Nr. 44 steht unter Vorzensur.

Am 13. 5. 1965 lehnt der Bundesgerichtshof wegen fehlender Beweisgründe ab, das Hauptverfahren gegen Augstein und Ahlers (später Regierungssprecher 1966–1972) zu eröffnen; andere Verdächtige – u. a. der verhaftete Oberst Adolf Wicht vom Bundesnachrichtendienst – sind bereits vorher außer Verfolgung gesetzt worden.

Die Bonner Staatsanwaltschaft stellt am 3. 6. 1965 das Ermittlungsverfahren gegen Strauß, Hopf und Oster wegen Freiheitsberaubung und Amtsanmaßung infolge Fehlens subjektiver Straftatbestände ein.

Die Verfassungsbeschwerde des »Spiegel« scheitert am 5. 8. 1966 am Patt der acht Bundesverfassungsrichter, da nur vier von ihnen die Ansicht vertreten, dass die Haft- und Durchsuchungsbefehle gegen das Grundgesetz verstoßen hätten. Das Minderheitsvotum wird erstmals veröffentlicht.

Die Spiegel-Affäre löst leidenschaftliche Kontroversen in der öffentlichen Meinung aus: Hatte der Schutz von Staatsgeheimnissen Vorrang vor der verfassungsrechtlich garantierten Meinungs- und Pressefreiheit oder umgekehrt? Und wie soll im Konfliktfalle eine Güterabwägung zwischen beiden Werten stattfinden? Wo liegen die Straftatbestände, Grenzen und Grauzonen des Landesverrats? An diesen Diskussionen beteiligen sich auch bisher politisch desinteressierte oder wenig engagierte Bevölkerungsgruppen.

Mit der Spiegel-Affäre hatte die junge Demokratie der BRD eine wichtige Bewährungsprobe (»Reifeprüfung«) bestanden.

19. November Die **fünf FDP-Bundesminister** Stammberger, Starke, Lenz, Mischnick und Scheel, die sich bei der Aktion gegen den »Spiegel« übergangen und deshalb brüskiert fühlen, treten zurück. Die FDP unter dem Vorsitz Erich Mendes macht die Fortsetzung der Regierungskoalition davon abhängig, dass Strauß, der nach der Spiegel-Affäre nicht mehr tragbar sei, als Minister ausscheidet.

Während der Regierungskrise werden erstmals Möglichkeiten einer Großen Koalition u. a. zwischen Lücke (CDU), von Guttenberg (CSU) und Wehner (SPD) sondiert; die Verhandlungen scheitern

Hausdurchsuchung wegen Verdachts auf Landesverrat in der Dokumentation des »Spiegel« im Hamburger Verlagsgebäude. → 26./27. Oktober 1962

jedoch daran, dass die SPD ein Mehrheitswahlrecht nach englischem Muster zuungunsten der FDP ablehnt und Adenauer als Kanzler ohne vorzeitigen Rücktritt nicht akzeptieren will. Daraufhin einigen sich CDU/CSU und FDP am 11. 12., wieder eine Regierungskoalition zu bilden. Hauptgründe: Strauß hatte am 30. 11. auf ein Ministeramt verzichtet (vorübergehend bis 9. 1. 1963 mit der Wahrnehmung der Geschäfte als Verteidigungsminister beauftragt), Adenauer am 2. 12. zugesagt, im Herbst 1963 als Bundeskanzler definitiv zurückzutreten.

14. Dezember **Fünftes Kabinett Adenauer** nach Wiederherstellung der CDU/CSU- und FDP-Koalition.

Bundeskanzler	Konrad Adenauer (CDU)
Stellvertreter und Wirtschaft	Ludwig Erhard (CDU)
Auswärtiges	Gerhard Schröder (CDU)
Inneres	Hermann Höcherl (CSU)
Justiz	Ewald Bucher (FDP)
Finanzen	Rolf Dahlgrün (FDP)
Ernährung, Landwirtschaft und Forsten	Werner Schwarz (CDU)
Arbeit und Sozialordnung	Theodor Blank (CDU)
Verteidigung	Franz Josef Strauß (CSU) beauftragt bis zum 9. 1. 1963, Nachfolger Kai-Uwe von Hassel (CDU)
Verkehr	Hans-Christoph Seebohm (CDU)
Post- und Fernmeldewesen	Richard Stücklen (CSU)
Wohnungswesen, Städtebau und Raumordnung	Paul Lücke (CDU)
Vertriebene, Flüchtlinge und Kriegsgeschädigte	Wolfgang Mischnick (FDP)
Gesamtdeutsche Fragen	Rainer Barzel (CDU)
Bundesrat	Alois Niederalt (CSU)
Familien- und Jugendfragen	Bruno Heck (CDU)
Wissenschaftliche Forschung	Hans Lenz (FDP)
Schatz	Werner Dollinger (CSU)
Wirtschaftliche Zusammenarbeit	Walter Scheel (FDP)
Gesundheitswesen	Elisabeth Schwarzhaupt (CDU)
Besondere Aufgaben	Heinrich Krone (CDU)

1963

15. Oktober **Rücktritt Adenauers als Bundeskanzler** – wie im Koalitionspapier mit der FDP vereinbart. Gegen Adenauers heftigen Widerstand hatte die CDU/CSU-Fraktion (Vorsitzende: von Brentano und Strauß) bereits am 23. 4. 1963 Ludwig Erhard mit großer Mehrheit zum Kanzlerkandidaten bestimmt.

Der Neue und der Alte beim Abschiedsbankett am 11. Oktober 1963 in Bonn: Bundeskanzler
Konrad Adenauer gibt seinem Nachfolger Ludwig Erhard gute, aber unerbetene Ratschläge.
→ 15. Oktober 1963

Adenauer war pragmatisch von der Grundkonzeption ausgegangen, dass die Westintegration und die Sicherheit der BRD Vorrang
vor der Wiedervereinigung Deutschlands hätten; denn Freiheit,
Frieden und Privateigentum sollten dauerhaft gegen die Gefahren des Kommunismus und der Sowjetunion geschützt werden. Er
maß daher der BRD weniger eine nationale als vielmehr eine
europäische und atlantische Aufgabe zu und vertrat eine Politik der »Stärke« und »Nichtanerkennung« gegenüber Osteuropa;
auch lehnte er es ab, die deutsche Einheit, die er als Wiederherstellung des Deutschen Reiches in den Grenzen von 1937
verstand, durch Neutralisierung zu erstreben. Innenpolitisch hatte
er die parlamentarische Demokratie als »Kanzlerdemokratie« begründet und verankert.

16. Oktober   Der Bundestag wählt den bisherigen Vizekanzler und Bundeswirtschaftsminister **Ludwig Erhard** (CDU) zum neuen Bundeskanzler (279 gegen 180 Stimmen bei 24 Enthaltungen).

17. Oktober   **Erstes Kabinett Erhard** aus einer CDU/CSU- und FDP-Koalition:

Bundeskanzler	Ludwig Erhard (CDU)
Stellvertreter und gesamtdeutsche Fragen	Erich Mende (FDP)
Auswärtiges	Gerhard Schröder (CDU)
Inneres	Hermann Höcherl (CSU)
Justiz	Ewald Bucher (FDP) bis 27. 3. 1965, ab 1. 4. 1965 Karl Weber (CDU)
Finanzen	Rolf Dahlgrün (FDP)
Wirtschaft	Kurt Schmücker (CDU)
Ernährung, Landwirtschaft und Forsten	Werner Schwarz (CDU)
Arbeit und Sozialordnung	Theodor Blank (CDU)
Verteidigung	Kai-Uwe von Hassel (CDU)
Verkehr	Hans-Christoph Seebohm (CDU)
Post- und Fernmeldewesen	Richard Stücklen (CSU)
Wohnungswesen, Städtebau und Raumordnung	Paul Lücke (CDU)
Vertriebene, Flüchtlinge und Kriegsgeschädigte	Hans Krüger (CDU) bis 7. 2. 1964, ab 19. 2. 1964 Ernst Lemmer (CDU)
Bundesrat und Länder	Alois Niederalt (CSU)
Familie und Jugend	Bruno Heck (CDU)
Wissenschaftliche Forschung	Hans Lenz (FDP)
Schatz	Werner Dollinger (CSU)
Wirtschaftliche Zusammenarbeit	Walter Scheel (FDP)
Gesundheitswesen	Elisabeth Schwarzhaupt (CDU)
Besondere Aufgaben	Heinrich Krone (CDU) bis 13. 7. 1964 und ab 16. 6. 1964 Ludger Westrick (parteilos/CDU)
Bundesverteidigungsrat	Heinrich Krone (CDU) ab 13. 7. 1964

In seiner Regierungserklärung vom 18. 10. bekennt sich Erhard zur NATO als Grundpfeiler seiner Politik, vor allem zur Zusammenarbeit mit den USA und zur europäischen Integration. Er betrachtet die Ost-West-Beziehungen als Angelpunkt der Deutschlandfrage und will die Beziehungen zu Osteuropa vor allem durch wirtschaftliche und kulturelle Kontakte verbessern. Bildung und Forschung misst Erhard den gleichen Rang zu wie der sozialen Frage im 19. Jahrhundert.

1964

1. Juli   Die vierte Bundesversammlung wählt den bisherigen Amtsinhaber Heinrich **Lübke** (CDU/CSU) im ersten Wahlgang wieder zum Bundespräsidenten. Gegenkandidat: Ewald Bucher (FDP).

28. November   Der nationalkonservative Bremer Betonfabrikant Friedrich Thielen (zunächst CDU, dann DP) gründet aus rechtsextremen Splitterparteien die **Nationaldemokratische Partei Deutschlands** (NPD). Sie versteht sich als Sammelpartei für »nationale Deutsche aller Stände, Konfessionen, Landsmannschaften und Weltanschauungen« sowie für alle politisch, wirtschaftlich und sozial Unzufriedenen. Erstrebt wird »eine von fremden Interessen unabhängige deutsche Politik« gegen den »Monopolanspruch der Bonner Parteien«.

Beeinflusst vom »Chefideologen« Ernst Anrich und dem neuen Vorsitzenden Adolf von Thadden (1967) entwickelt sich die NPD zur bedeutendsten Gruppe völkisch-nationalistischer, NS-belasteter und neofaschistischer Kräfte seit Kriegsende.

Der NPD gelingt es im Zeichen wirtschaftlicher Rezession, Protestwähler zu mobilisieren und in sieben Landtage einzuziehen: 1966 in Hessen (7,9 Prozent) und Bayern (7,4 Prozent), 1967 in Niedersachsen (7 Prozent), Bremen (8,9 Prozent), Rheinland-Pfalz (6,9 Prozent) und Schleswig-Holstein (5,8 Prozent), 1968 in Baden-Württemberg (9,8 Prozent). Doch scheitert die NPD bei der Bundestagswahl 1969 (4,3 Prozent) und verliert bis 1972 alle Landtagsmandate. Sie ist seitdem politisch bedeutungslos. Ihr vorübergehender Erfolg, oft als Wiedergeburt nationalistischer oder nazistischer Tendenzen gedeutet, schadete dem außenpolitischen Ansehen der BRD.

1965

19. September   **Wahlen zum 5. Bundestag:** Demoskopische Umfragen hatten ein Kopf-an-Kopf-Rennen prognostiziert, doch gewinnt die CDU/CSU

Tab. 8: Vierte Bundesversammlung, 1. Juli 1964 in West-Berlin
Zahl der Mitglieder: 1 042
Absolute Mehrheit: 522 Stimmen

Kandidaten	Abgegebene Stimmen
	1. Wahlgang
Heinrich Lübke (CDU/CSU)	710
Ewald Bucher (FDP)	123
Enthaltungen	187
Ungültige Stimmen	4
Summe	1 024

Tab. 9: Fünfte Bundestagswahl, 19. September 1965
Zweitstimmen

	Anzahl	%	Sitze[1]
Wahlberechtigte	38 510 395		
Wähler	33 416 207	86,8	
Ungültige Stimmen	795 765	2,4	
Gültige Stimmen	32 620 442		
SPD	12 813 186	39,3	217 (15)
CDU	12 387 562	38,0	202 (6)
CSU	3 136 506	9,6	49
FDP	3 096 739	9,5	50 (1)
AUD	52 637	0,2	–
CVP	19 832	0,1	–
DFU	434 182	1,3	–
EFP	1 015	0,0	–
FSU	10 631	0,0	–
NPD	664 193	2,0	–
UAP	3 959	0,0	–

Abkürzungsverzeichnis s. S. 585

1 Mit West-Berliner Sitzen (= Zahl in Klammern).
Quelle: Statistisches Bundesamt.

die Wahlen erneut deutlich vor der SPD mit ihrem Kanzlerkandidaten Willy Brandt. Die FDP verliert beträchtlich an Stimmen.

26. Oktober **Zweites Kabinett Erhard** aus einer CDU/CSU- und FDP-Koalition. Erhard war am 20. 10. 1965 zum zweiten Male zum Bundeskanzler gewählt worden.

Bundeskanzler	Ludwig Erhard (CDU)
Stellvertreter und gesamtdeutsche Fragen	Erich Mende (FDP) bis 28. 10. 1966, Nachfolger als Stellvertreter Hans-Christoph Seebohm (CDU), für gesamtdeutsche Fragen Johann Baptist Gradl (CDU) beauftragt
Auswärtiges	Gerhard Schröder (CDU)
Inneres	Paul Lücke (CDU)
Justiz	Richard Jaeger (CSU)
Finanzen	Rolf Dahlgrün (FDP) bis 28. 10. 1966, ab 8. 11. 1966 Kurt Schmücker (CDU) beauftragt
Wirtschaft	Kurt Schmücker (CDU)
Ernährung, Landwirtschaft und Forsten	Hermann Höcherl (CSU)
Arbeit und Sozialordnung	Hans Katzer (CDU)
Verteidigung	Kai-Uwe von Hassel (CDU)

Verkehr	Hans-Christoph Seebohm (CDU)
Post- und Fernmeldewesen	Richard Stücklen (CSU)
Wohnungswesen und Städte- bau	Ewald Bucher (FDP) bis 28. 10. 1966, ab 8. 11. 1966 Bruno Heck (CDU) beauftragt
Vertriebene, Flüchtlinge und Kriegsgeschädigte	Johann Baptist Gradl (CDU)
Bundesrat und Länder	Alois Niederalt (CSU)
Familie und Jugend	Bruno Heck (CDU)
Wissenschaftliche Forschung	Gerhard Stoltenberg (CDU)
Wirtschaftliche Zusammen- arbeit	Walter Scheel (FDP) bis 28. 10. 1966, ab 8. 11. 1966 Werner Dol- linger (CSU) beauftragt
Schatz	Werner Dollinger (CSU)
Gesundheitswesen	Elisabeth Schwarzhaupt (CDU)
Angelegenheiten des Bundes- verteidigungsrates	Heinrich Krone (CDU)
Besondere Aufgaben (Chef des Bundeskanzleramtes)	Ludger Westrick (CDU) bis 15. 9. 1966 (Rücktrittsangebot)

In seiner Regierungserklärung vom 10. 11. fordert Erhard ein »Programm ohne Überschwang und ohne Selbsttäuschung«: eine stabile freie Wirtschafts- und Sozialpolitik, »Maßhalten« und eine »formierte Gesellschaft«, in der aufgeklärte Menschen »nicht nur durch Gesetze, sondern aus Einsicht das ihrem eigenen Wohl Dienende zu tun bereit sind«. Er schlägt eine Stunde Mehrarbeit je Woche über die tariflich festgelegte Arbeitszeit vor. Erhard bekräftigt das Selbstbestimmungsrecht des deutschen Volkes und den Alleinvertretungsanspruch der BRD; doch betont er auch die Sicherheitsbedürfnisse der osteuropäischen Staaten und befürwortet, Beziehungen mit ihnen zu pflegen.

1966

27. Oktober   **Ende der Regierungskoalition**: Die FDP-Fraktion entscheidet mehrheitlich, aus dem Kabinett auszuscheiden. Die vier FDP-Minister Mende, Dahlgrün, Bucher und Scheel treten daher am 28. 10. zurück. Hauptgründe für die Regierungskrise: Die Steuereinnahmen sinken infolge der ersten Wirtschaftskrise und der damit verbundenen Rezession. Die CDU/CSU will das Haushaltsdefizit 1967 durch Sparmaßnahmen und den Abbau von Steuervorteilen ausgleichen, notfalls auch durch Steuererhöhungen; sie werden jedoch von der FDP strikt abgelehnt.
Ein noch am 26. 10. erzielter Kompromiss war von der FDP widerrufen worden. Neue Koalitionsverhandlungen zwischen CDU/CSU und FDP scheitern am 25. 11. endgültig an Meinungsverschiedenheiten über Steuererhöhungen.

Bundeskanzler Ludwig Erhard mit seinem Nachfolger Kurt Georg Kiesinger.

26. November Einigung zwischen CDU/CSU und SPD über eine **Große Koalition** unter Kurt Georg Kiesinger als Bundeskanzler und Willy Brandt als Vizekanzler. – Das Angebot der FDP, mit allen ihren Bundestagsstimmen eine Kanzlerkandidatur Brandts zu unterstützen, hatte die SPD-Verhandlungskommission (Brandt, Erler, Möller, Schiller, Schmidt und Wehner) nicht aufgegriffen.

Die CDU/CSU-Fraktion hatte den baden-württembergischen Ministerpräsidenten Kiesinger am 10. 11. nach drei Wahlgängen zum Kanzlerkandidaten bestimmt. Gegenkandidaten waren: Rainer Barzel, Walter Hallstein und Gerhard Schröder.

30. November **Rücktritt des Bundeskanzlers Erhard.** Er hatte die Regierungskrise mit demonstrativer Indifferenz verfolgt.

1. Dezember Der Bundestag wählt Kurt Georg **Kiesinger** (CDU) zum **Bundeskanzler** (340 gegen 109 Stimmen, 1 ungültige Stimme, 23 Enthaltungen). Das Kabinett der Großen Koalition besteht aus zehn CDU/CSU- und neun SPD-Ministern, darunter Willy Brandt als Vizekanzler und Außenminister. Erstmals ist damit die SPD an einer Bundesregierung beteiligt.

Die Große Koalition »steht« am → 1. Dezember 1966. Von rechts nach links: Kiesinger, Brandt, Strauß und Schiller.

Bundeskanzler	Kurt Georg Kiesinger (CDU)
Stellvertreter und Auswärtiges	Willy Brandt (SPD)
Inneres	Paul Lücke (CDU) bis 2. 4. 1968, Nachfolger Ernst Benda (CDU)
Justiz	Gustav Heinemann (SPD) bis 26. 3. 1969, Nachfolger Horst Ehmke (SPD)
Finanzen	Franz Josef Strauß (CSU)
Wirtschaft	Karl Schiller (SPD)
Ernährung, Landwirtschaft und Forsten	Hermann Höcherl (CSU)
Arbeit und Sozialordnung	Hans Katzer (CDU)
Verteidigung	Gerhard Schröder (CDU)
Verkehr	Georg Leber (SPD)
Post- und Fernmeldewesen	Werner Dollinger (CSU)
Wohnungswesen und Städtebau	Lauritz Lauritzen (SPD)
Vertriebene, Flüchtlinge und Kriegsgeschädigte	Kai-Uwe von Hassel (CDU) bis 5. 2. 1969, ab 7. 2. 1969 Heinrich Windelen (CDU)
Gesamtdeutsche Fragen	Herbert Wehner (SPD)
Bundesrat und Länder	Carlo Schmid (SPD)
Familie und Jugend	Bruno Heck (CDU) bis 2. 10. 1968, ab 2./16. 10. 1968 Aenne Brauksiepe (CDU)
Wissenschaftliche Forschung	Gerhard Stoltenberg (CDU)
Schatz	Kurt Schmücker (CDU)
Wirtschaftliche Zusammenarbeit	Hans-Jürgen Wischnewski (SPD) bis 2. 10. 1968, ab 2./16. 10. 1968 Erhard Eppler (SPD)
Gesundheitswesen	Käte Strobel (SPD)

Kiesinger bezeichnet in seiner Regierungserklärung vom 13. 12. 1966 die Große Koalition, die »ein Markstein in der Geschichte der Bundesrepublik« sei, als ein Regierungsbündnis auf Zeit, das unbewältigte Aufgaben zu lösen habe: Haushaltsausgleich, Wirtschafts- und Währungsstabilisierung, Wahlrechts- und Finanzreform. Die konsequente Friedenspolitik solle Spannungen beseitigen und das Wettrüsten eindämmen; doch bleibe der Alleinvertretungsanspruch aufrecht erhalten.

1967

24. Juli   Das **Parteiengesetz** regelt Status, Struktur und Aufgaben der politischen Parteien, die im Grundgesetz verfassungsrechtlich privilegiert sind (Art. 21). Es enthält – von den Grundsätzen der Gründungs- und Betätigungsfreiheit ausgehend – Bestimmungen über

Rechte und Pflichten der Mitglieder (z. B. Ausschluss), die Kandidatenaufstellung, die innere Ordnung und Willensbildung, über die Finanzierung und Rechenschaftslegung, die staatliche Erstattung von Wahlkampfkosten, über den Vollzug des Verbots einer Partei u. a. m.

Das Bundesverfassungsgericht hatte am 24. 6. 1958 entschieden, dass die steuerliche Absetzung von Spenden für die Parteien den Gleichheitsgrundsatz verletze; denn wer große Einkommen beziehe, werde »prämiiert«, da er absolut und relativ mehr Steuern erspare als Bezieher kleiner Einkommen. – Das Bundesverfassungsgericht hatte am 19. 7. 1966 auch die staatliche Parteienfinanzierung seit 1959 für verfassungswidrig erklärt, jedoch eingeräumt, dass die »notwendigen Kosten eines angemessenen Wahlkampfes« erstattet werden könnten.

1968

2. April   **Paul Lücke** (CDU) tritt als Bundesinnenminister zurück. Grund: Der SPD-Parteitag in Nürnberg (17.–21. 3. 1968) hatte die Entscheidung über die – von der Großen Koalition geplante – Wahlrechtsreform verschoben. Nachfolger: Ernst Benda (CDU).

22. September   Die **DKP** (Deutsche Kommunistische Partei) konstituiert sich als Initiativausschuss und am 16. 11. 1968 als Bundesausschuss. Offiziell wird die DKP auf dem Essener Parteitag vom 12.–14. 4. 1969 gegründet (Vorsitzender: Kurt Bachmann, Stellvertreter: Herbert Mies). Mit ihr entsteht erstmals seit dem Verbot der KPD (11. 1. → 17. 8. 1956) in der BRD wieder eine legale kommunistische Partei. Sie will die »sozialistische Gesellschafts- und Staatsordnung« im Rahmen des Grundgesetzes verwirklichen.
Bei Wahlen bleibt die DKP, die Zulauf aus intellektuellen, vor allem studentischen Kreisen erhält und mit der Deutschen Friedens-Union (DFU) zusammenarbeitet, im Allgemeinen bedeutungslos. Den aufwendigen Parteiapparat finanziert heimlich die SED durch Gelder, die in den jährlichen Rechenschaftsberichten der DKP als »Spenden« ausgewiesen sind.

1969

31. Januar   **Eugen Gerstenmaier** (CDU) tritt als Bundestagspräsident zurück. Er war wegen seiner umstrittenen Rolle in seinem eigenen Wiedergutmachungsfall unter den Druck der öffentlichen Meinung, des Parlaments und seiner Fraktion geraten. – Zu seinem Nachfolger wird am 5. 2. 1969 der bisherige Vertriebenenminister Kai-Uwe von Hassel (CDU) gewählt.

16.2.　BRD: Innere Sicherheit und Außerparlamentarische Opposition (APO) 1961–1969

1961

13. August　　Zum Bau der Berliner **Mauer**: 16.3. → 13. 8. 1961.

1965

25. März　　Der Bundestag verabschiedet nach einem Kompromiss zwischen CDU/CSU und SPD das »Gesetz über die Berechnung strafrechtlicher Verjährungsfristen«. Danach beginnt die **20-jährige Verjährungsfrist** für die Verfolgung von Verbrechen, die mit lebenslangem Zuchthaus bedroht sind, nicht mit dem 8. 5. 1945 (Kapitulation), sondern ab 31. 12. 1949 (Gründungsjahr der BRD), da sie bis dahin geruht hat; denn der deutschen Justiz sei es in dieser Zeit erschwert oder unmöglich gewesen, NS-Verbrechen zu ahnden.
　　　　Justizminister Ewald Bucher (FDP), der sich – wie seine Partei – dagegen ausgesprochen hatte, die Verjährungsfrist rückwirkend zu verlängern (nulla poena sine lege), tritt am 26. 3. zurück. Karl Weber (CDU) wird sein Nachfolger.

19. August　　Der Frankfurter »**Auschwitz-Prozess**« endet als bisher größtes Strafverfahren in der BRD: sechs ehemalige SS-Angehörige werden lebenslang, elf Angeklagte zeitlich begrenzt zu Zuchthaus verurteilt, drei freigesprochen. Der Bundesgerichtshof bestätigt die Urteile am 20. 2. 1969 bis auf eine Ausnahme.

Blick in den Gerichtssaal mit Lageplänen des KZ Auschwitz. → 19. August 1965

Der Prozess konfrontiert die deutsche Öffentlichkeit mit den Gewaltverbrechen der NS-Vergangenheit. Sie war weitgehend verdrängt und daher nicht aufgearbeitet worden. Der älteren Generation wird daher häufig vorgeworfen, dass sie seit 1933 nicht nur versagt habe oder schuldig geworden sei, sondern auch seit 1945 ihre braune Erblast verleugne oder verharmlose, statt sich ihr zu stellen.

9. September   Das **Schutzbaugesetz** schreibt bauliche Schutzmaßnahmen für die Zivilbevölkerung u. a. gegen Brandeinwirkungen, herabfallende Trümmer, radioaktive Strahlung und biologische sowie chemische Waffen vor. Aus Kostengründen wird jedoch auf den Einbau von einfachen Schutzräumen in neugebauten Häusern (»Grundschutzräume«) verzichtet.

Das **Selbstschutzgesetz** vom gleichen Tage führt die Selbstschutzpflicht der Zivilbevölkerung ein. Es regelt damit zusammenhängende Ausbildungs- und Organisationsfragen, z. B. in Wohnstätten, Betrieben und Behörden.

1966

25. August   **Generals- und Starfighterkrise:** Verteidigungsminister Kai-Uwe von Hassel versetzt den Generalinspekteur der Bundeswehr Heinz Trettner und den Inspekteur der Luftwaffe Werner Panitzki auf ihren Wunsch in den einstweiligen Ruhestand. Trettner hatte den Gewerkschaftserlass vom 1. 8. 1966, wonach Soldaten einer Gewerkschaft beitreten und für sie tätig werden können, kritisiert, Panitzki die Beschaffung und Technik des »Starfighter«.

1967

27. Mai –
4. Juni   Der Staatsbesuch des persischen **Schahs Reza Pahlawi** löst in der BRD Proteste und Kundgebungen aus, die sich einerseits gegen die Zustände im Iran, andererseits gegen die Verhältnisse an den westdeutschen Universitäten richten.

In West-Berlin als Zentrum der studentischen Protestbewegung ereignen sich am 2. 6. vor der Oper schwere Zusammenstöße zwischen Studierenden (»Schah, Schah, Scharlatan«), schahtreuen Persern (»Jubelperser«) und Polizei; dabei trifft Kriminalobermeister Karl-Heinz Kurras den Studenten Benno Ohnesorg tödlich. Die folgenden politischen Unruhen signalisieren Konflikte zwischen Staat bzw. Konsumgesellschaft und einer unzufriedenen jungen Generation, vor allem der »linken« Studentenbewegung.

Die heterogenen oppositionellen Gruppen außerhalb des parlamentarischen Repräsentativ- und Parteiensystems formieren sich als **Außerparlamentarische Opposition** (APO). Hauptgründe: 1. der Generationenkonflikt, vor allem das Unbehagen am »bürgerlichen« Staat und seiner »repressiven« Konsumgesellschaft (»Kapi-

Protest gegen den Vietnamkrieg: SPD-Mitglieder mit Porträts von Karl Liebknecht und Rosa Luxemburg.

talismus«, »Establishment«), die der »Demokratisierung« bedürf-
ten; 2. das Fehlen einer großen parlamentarischen Oppositions-
partei, vor allem wegen der Großen Koalition der SPD mit der
CDU/CSU; 3. die verzögerte Reform des Bildungswesens, vor allem der Hochschulen, die trotz steigender Studentenzahlen (Mas-
senuniversität) am Leitziel der »Ordinarienuniversität« festhal-
ten; 4. die Faszination marxistischer, existentialistischer, anarchi-
stischer und psychoanalytischer Ideen, die – beeinflusst vor allem
von der »Kritischen Theorie« (Frankfurter Schule: Theodor W.
Adorno, Max Horkheimer, Herbert Marcuse) – das politische
Bewusstsein Jugendlicher prägen; 5. die »linken« Studentenorga-
nisationen, vor allem der Sozialistische Deutsche Studentenbund
(SDS), die nicht nur die Hochschulen, sondern zugleich auch die
bestehende politische Ordnung »revolutionieren« wollen; 6. internationale Einflüsse: Studentenbewegung im Ausland, vor allem
in Berkeley und Paris; Proteste gegen Vietnamkrieg, NATO und
Notstandsgesetze; Rezeption der Ho-Chi-Minh- und Mao-Zedong-Ideen (Große Proletarische Kulturrevolution in der Volksrepublik China 1966–1969).

1968

2./3. April   **Kaufhausbrandstiftung** in Frankfurt a. M. Als Täter werden Andreas Baader, Gudrun Ensslin, Thorwald Proll und Horst Söhnlein
festgenommen. Sie wollen damit gegen den »Völkermord« in Vietnam protestieren.
Bereits am 24. 5. 1967 hatten in West-Berlin die Mitglieder der
Kommune I, Fritz Teufel und Rainer Langhans, Flugblätter (Verfasser Dieter Kunzelmann) verteilt, die dazu ermunterten, Waren-
häuser wie am 22. 5. 1967 in Brüssel anzuzünden und so gegen den
Vietnamkrieg zu protestieren: »Burn, warehouse, burn!«
Die Brand- und Sprengstoffanschläge markieren die Trennung zwischen **APO und Terrorismus**. Er erstrebt durch systematische Androhung oder Anwendung von organisierter Gewalt gegen Sachen
und Menschen, die bestehenden Herrschaftsverhältnisse langfristig
zu beseitigen oder zu verändern.

11.–17. April   **Osterunruhen**: Nach dem Berliner Attentat des Anstreichers Josef
Bachmann auf den Studenten- und SDS-Führer Rudi **Dutschke**,
der schwer verletzt wird, kommt es in zahlreichen Städten zu
Protestkundgebungen, Krawallen, Ausschreitungen oder Straßen-
schlachten. In München werden während Demonstrationen gegen
die »Springer-Presse« der Reporter Klaus Frings und der Student
Rüdiger Schreck tödlich verletzt.
Bundeskanzler Kiesinger spricht am 13. 4. von einer kleinen, militanten Minderheit, deren »radikale Rädelsführer« offen erstrebten, die freiheitlich-demokratische Ordnung zu zerstören. – Der

Vietnamdemonstration in Berlin mit Rudi Dutschke (Mitte) am 6. Februar 1968. → 11.–
17. April 1968

Bundestag beschäftigt sich am 30. 4. in einer Sondersitzung mit
der APO. Reform, Evolution, Kritik, Antikritik und Abwehr von
Gewalt werden bejaht, Revolution, Zerstörung, Umsturz, Gewalt
und kollektive Anklagen verworfen.

30. Mai   Der Bundestag verabschiedet die **Notstandsverfassung** (384 gegen
100 Stimmen, davon 1 CDU, 53 SPD, 46 FDP). Sie tritt am
28. 6. 1968 in Kraft. Damit erlöschen die alliierten Sicherheitsvor-
behalte gemäß Art. 5 Abs. 2 Deutschlandvertrag. (6.2. → 26. 5.
1952)
Die Notstandsverfassung ergänzt das Grundgesetz in den Bereichen
Verteidigungsfall (Abschnitt Xa: Art. 115a-115l), innerer Notstand
(Art. 91) sowie bei Naturkatastrophen und außergewöhnlichen
Unglücksfällen (Art. 35). Im Verteidigungsfall und im davor oder
danach liegenden Spannungsfall (Art. 80a), die der Bundestag oder
notfalls der Gemeinsame Ausschuss mit Zweidrittelmehrheit fest-
stellt, kann die Bundesregierung die Streitkräfte zum Objektschutz
und zur Verteidigung einsetzen. Die Gesetzgebungsfunktion nimmt,
solange die Legislative daran gehindert ist, der Gemeinsame Ausschuss wahr, der zu zwei Dritteln aus Bundestags- und zu einem
Drittel aus Bundesratsmitgliedern besteht (Art. 53a).

Protest gegen die Notstandsverfassung in Bonn vor dem Koblenzer Tor und im Hofgarten. →
30. Mai 1968

Bei Naturkatastrophen oder Unglücksfällen kann ein Land Polizeikräfte anderer Länder, Bundesgrenzschutz oder Streitkräfte anfor-
dern, notfalls kann die Bundesregierung eingreifen; dasselbe gilt
auch bei drohender Gefahr für den Bestand oder die freiheitlich-
demokratische Grundordnung des Bundes oder eines Landes im
Falle des inneren Notstands (Art. 91). Falls Polizei und Bundesgrenzschutz nicht ausreichen, entscheidet die Bundesregierung über
den Einsatz von Streitkräften (Art. 87a Abs. 4).
Verabschiedet werden auch die einfachen, d. h. nicht verfassungs-
ändernden **Notstandsgesetze**: Das Arbeitssicherstellungsgesetz regelt Arbeits- oder Dienstverpflichtungen, die sich jedoch nicht
gegen Arbeitskämpfe richten dürfen (Arbeitskampfschutzklausel
Art. 9 Abs. 3 S. 3 GG); das erweiterte Katastrophenschutzgesetz
enthält Bestimmungen über den Selbstschutz und über Aufent-
haltsbeschränkungen bzw. Evakuierungen; die modifizierten Si-
cherstellungsgesetze für Ernährung, Wirtschaft und Verkehr ermöglichen Bewirtschaftungsmaßnahmen und Eingriffe in Bürgerrechte und Privateigentum unter parlamentarischer Kontrolle; das
Abhörgesetz lässt im Falle drohender Gefahren für die Grundordnung, den Bestand oder die Sicherheit des Bundes oder eines

Landes oder der Stationierungskräfte zu, das Brief-, Post- und Fernmeldegeheimnis zu beschränken (Art. 10 GG). Vor der Notstandsverfassung, hauptsächlich vor der zweiten Lesung am 15./16. 5., hatten zahlreiche Großkundgebungen, Demonstrationen und Sternfahrten gewarnt, zu denen die Außerparlamentarische Opposition (APO), das Kuratorium »Notstand der Demokratie«, der Deutsche Gewerkschaftsbund (DGB) und Studentengruppen aufgerufen hatten. Einflüsse übten auch die revolutionsähnlichen Mai-Unruhen in Paris aus.

1969
9. Mai

Der Bundestag verabschiedet das **1. und 2. Strafrechtsreformgesetz.** Sie schaffen das Zuchthaus ab und führen eine einheitliche Freiheitsstrafe sowie die Verwarnung mit Strafvorbehalt mit dem Ziel ein, Täter besser resozialisieren zu können. Erweitert wird das individuelle Geldstrafensystem und die Strafaussetzung durch Bewährung. Kleinere Verstöße (»Übertretungen«) gelten fortan als Ordnungswidrigkeiten und sind nicht mehr ins Strafregister einzutragen. Gestrichen werden Strafvorschriften über Ehebruch, Duell, Gotteslästerung, Homosexualität zwischen Erwachsenen, Unzucht mit Tieren, erschlichenen außerehelichen Beischlaf u.a.

4. August

Die **Verfolgungsverjährung** für Völkermord wird generell aufgehoben. Verbrechen, die mit lebenslanger Freiheitsstrafe geahndet werden, verjähren nicht mehr nach 20, sondern nach 30 Jahren. Nach dem neuen Berechnungsgesetz (→ 25. 3. 1965) endet somit die Verfolgungsverjährung für NS-Morde am 31. 12. 1979.

16.3. DDR: Vom Mauerbau bis zum Sturz Ulbrichts 1961–1971

1961
13. August

Die DDR beginnt mit Rückendeckung des Warschauer Pakts eine **Mauer** entlang den Westsektoren Berlins aufzubauen und die Grenze zur BRD zu befestigen. Diese Sperr- und Kontrollmaßnahmen werden damit begründet, dass man »dem Treiben der westdeutschen Revanchisten und Militaristen einen Riegel« vorschieben, die »systematische Bürgerkriegsvorbereitung durch die Adenauer-Regierung«, »feindliche Hetze«, »Abwerbung«, »Menschenhandel« und »Diversionstätigkeit« durchkreuzen müsse.
Die spektakuläre Aktion war im Auftrag Ulbrichts streng geheim von Erich Honecker als zuständigem Sekretär für Sicherheitsfragen im ZK der SED vorbereitet worden. Noch auf einer Presse-

Flucht durch Sprung aus dem Fenster in der Bernauer Straße im Stadtteil Wedding in den ersten Tagen nach dem Mauerbau. → 13. August 1961

konferenz am 15. 6. 1961 hatte Ulbricht versichert: »Niemand hat
die Absicht, eine Mauer zu errichten.« Am 13. 8. – einem Sonntag –
löst Honecker um Mitternacht »Alarm« aus: das Signal für Ab-
riegelungsmaßnahmen an der Sektorengrenze West-Berlins unter
dem Schutz bewaffneter Einheiten der NVA, der Volkspolizei und
von Betriebskampfgruppen. Damit wird die Millionenstadt herme-
tisch in zwei Teile abgesperrt.

Der Mauerbau wirkt wie ein Schock. Er löst zunächst Angst,
Schrecken und Erregung aus, schließlich Ratlosigkeit, Ohnmacht,
Empörung und Wut. »Die Mauer muss weg«, »Nieder mit Ulbricht«, »Was machen die Amerikaner?«, »Wo bleiben sie?« – so
lauten die Reaktionen.

Die Gegenmaßnahmen der westlichen Alliierten und Schutzmächte
beschränken sich auf verbale Proteste und demonstrative Akte wie
die Entsendung des US-Vizepräsidenten Johnson und des beliebten
Generals Clay (»Held der Blockade«) nach Berlin am 19. 8. 1961.
Der Tod des angeschossenen Flüchtlings Peter Fechter, der am
17. 8. 1962 hilflos an der Mauer verblutet, lässt endgültig keinen
Zweifel mehr daran, dass sich der Westen mit dem neuen Status
quo minus in Berlin abgefunden hatte. Zwar bekräftigen die USA
ihre Sicherheitsgarantien für West-Berlin, doch stellen sie im Rahmen der »Friedensstrategie« Kennedys den Besitzstand der Sowjetunion nicht mehr infrage.

Konfrontation an der Mauer: Sowjetische und amerikanische Panzer stehen sich am Sektorenübergang Friedrichstraße gegenüber.

Die Mauer stabilisiert die DDR auf der Basis des **Status quo** und der neuen **Koexistenz** zwischen Ost und West zweifach: 1. Sie unterbindet den Flüchtlingsstrom nach West-Berlin, den die erzwungene Kollektivierung und die unrealistische Wirtschaftsplanung (14.2. → 1. 10. 1959 und 14. 4. 1960) bedrohlich gesteigert hatten (»Abstimmung mit den Füßen«). Deshalb beginnt **innen- und wirtschaftspolitisch** eine Konsolidierungsphase. 2. Sie wertet die DDR trotz des weltweit negativen Medienechos auch **außenpolitisch-staatlich** auf, da im »Gleichgewicht des Schreckens« nichts anderes übrig zu bleiben scheint, als mit der »Schandmauer« zu leben. Dies erzwingt ein Umdenken in der Ost-, Deutschland- und Berlinpolitik (→ 17. 1. bzw. 18.) und ebnet der DDR den Weg zur internationalen Anerkennung (→ 17. 3.). Adenauer kann nur mühsam verhindern, daß US-Präsident Kennedy bereits im Frühjahr 1962 die DDR als zweiten deutschen Staat und die Oder-Neiße-Linie als Grenze anerkennt.

20. September   Das **Verteidigungsgesetz** regelt die Organisation der Verteidigungs- und Sicherheitsmaßnahmen, deren »einheitliche Leitung« künftig dem Nationalen Verteidigungsrat (NVR) obliegt. Der Staatsrat erklärt den Verteidigungszustand.

1962

24. Januar   Das **Wehrpflichtgesetz** führt die allgemeine Wehrpflicht für männliche DDR-Bürger zwischen dem 18. und 50. Lebensjahr ein. Der Grundwehrdienst dauert 18 Monate. Im Verteidigungsfall übernimmt der Vorsitzende des Nationalen Verteidigungsrates den Oberbefehl über alle bewaffneten Organe. Das Gesetz gilt auch in Ost-Berlin.
Es gibt kein Recht auf Wehrdienstverweigerung, auch keinen zivilen Ersatzdienst. Doch besteht die Möglichkeit, Bürger zum waffenlosen Dienst in Baueinheiten der Nationalen Volksarmee (Bausoldaten) oder zum »bewaffneten Wehrersatzdienst« in der Zivilverteidigung heranzuziehen. »Totalverweigerer« werden bestraft (Fall Nico Hübner: 22.3. → 7. 7. 1978).

1963

15.–21. Jan.   Der **VI. Parteitag der SED** erklärt den »umfassenden Aufbau des Sozialismus« zur Hauptaufgabe. Die Übergangsperiode vom Kapitalismus zum Sozialismus sei abgeschlossen, nun gehe es darum, den »entwickelten Sozialismus« zu schaffen. Ulbricht, der auf dem Höhepunkt seiner Macht steht, fordert eine Wirtschaftsreform und initiiert damit das »Neue Ökonomische System der Planung und Leitung« (NÖS). (19.2. → 25. 6. 1963)
Die SED verabschiedet einstimmig ein Parteiprogramm, das erste seit den auf dem Vereinigungsparteitag von KPD und SPD (2.2.

→ 21./22. 4. 1946) einstimmig angenommenen programmatischen »Grundsätzen und Zielen der SED«. Es orientiert sich am neuen Programm der KPdSU seit ihrem XXII. Parteitag (17.–31. 10. 1961). Der Sozialismus wird als Durchgangsstadium verstanden, das allmählich zum Kommunismus als »Zukunft der Menschheit« überleitet.

Nach ihrem neuen (4.) Statut ist die SED als Staatspartei die »Partei des Sozialismus, die Partei der Arbeiterklasse und des ganzen werktätigen Volkes, die Partei des Friedens, der nationalen Würde und nationalen Einheit«.

4. April   Der Staatsrat »demokratisiert« die **Justiz**: Ehrenamtliche Kräfte sind verstärkt an der Rechtsprechung zu beteiligen; alle kandidierenden Richter und Schöffen, die sich in allgemeinen Wahlversammlungen vorstellen, werden von Volksvertretungen gewählt (Bezirks- und Kreistage, manche Schöffen von Werktätigen); Konflikt- und Schiedskommissionen wirken als gesellschaftliche Organe der Rechtspflege neben den Gerichten.

Die in der Verfassung vorgesehenen und in drei Ländern zunächst eingeführten Verwaltungsgerichte waren abgeschafft worden. Sie galten als unvereinbar mit der Gewalteinheit der Volkssouveränität.

20. Oktober   **Wahlen** zur 4. Volkskammer, zu den Bezirkstagen und zur Ost-Berliner Stadtverordnetenversammlung. Nach amtlichen Angaben entfallen bei einer Wahlbeteiligung von 99,25 Prozent insgesamt 99,95 Prozent der gültigen Stimmen auf den Wahlvorschlag der Nationalen Front.

Die Volkskammer wählt am 13./14. 11. 1963 **Ulbricht** zum Vorsitzenden des Staatsrats und des Nationalen Verteidigungsrats. Sie bestätigt **Grotewohl** als Vorsitzenden des Ministerrats.

Nach dem Tode Grotewohls am 21. 9. 1964 bestellt die Volkskammer am 24. 9. Willi Stoph zum neuen Vorsitzenden des Ministerrats.

1964

1. September   Die Volkskammer beschließt, dass in der DDR **NS- und Kriegsverbrechen** grundsätzlich nicht verjähren. – Zur BRD: 16.2. → 25. 3. 1965 und 4. 8. 1969.

1967

20. Februar   Die DDR führt mit dem Gesetz über die Staatsbürgerschaft eine eigene **Staatsangehörigkeit** ein. Sie wird durch Abstammung (Eltern bzw. Elternteil), Geburt auf dem Territorium der DDR oder Verleihung erworben; sie geht durch Entlassung (auf Antrag), Widerruf der Verleihung (Revokation) oder Aberkennung (Ausbürgerung im Ausland wegen »grober Verletzung der staatsbürgerlichen Pflichten«) verloren. Die DDR grenzt sich damit bewusst von der BRD ab: An die Stelle der bisher gemeinsamen deutschen Staatsangehörigkeit tritt die Staatsbürgerschaft der DDR. Schon ab 2. 1. 1964 waren neue Personalausweise mit dem Vermerk »Bürger der Deutschen Demokratischen Republik« ausgegeben worden.

17. – 22. April Der **VII. Parteitag der SED** beschließt, den Sozialismus als »entwickeltes gesellschaftliches System« in einem »einheitlichen sozialen Organismus« zu entfalten. Er kündigt eine neue Verfassung an und entwirft Direktiven für den Fünfjahrplan 1966 – 1970. (19.2. → 27. 5. 1967)
Nach Ulbrichts Auffassung ist der Sozialismus keine kurze Übergangsphase zum Kommunismus, sondern »eine relativ selbständige sozialökonomische Formation in der historischen Epoche des Übergangs vom Kapitalismus zum Kommunismus im Weltmaßstab«. Er weicht damit von der parteiamtlichen sowjetischen Lehrmeinung ab.

2. Juli **Wahlen** zur 5. Volkskammer und zu den Bezirkstagen. Die Wahlbeteiligung beträgt nach offiziellen Angaben 98,82 Prozent. Von den Wählern stimmen 99,93 Prozent für die Einheitsliste der Nationalen Front.
Die Volkskammer wählt am 13./14. 7. **Ulbricht** zum Vorsitzenden des Staatsrats und des Nationalen Verteidigungsrats. Sie bestätigt **Stoph** als Vorsitzenden des Ministerrats.

1968

12. Januar Das **sozialistische Strafrecht**, das vor allem die Staats- und Gesellschaftsordnung schützen soll, wird im Strafgesetzbuch und in der Strafprozessordnung verankert. Es unterscheidet zwischen Straftaten (Verbrechen und Vergehen) sowie Verfehlungen. Neben Freiheitsstrafen gibt es Strafen ohne Freiheitsentzug, Beratungen und Erziehungsmaßnahmen.
Verabschiedet werden zugleich die Gesetze zur Bekämpfung von Ordnungswidrigkeiten und über den Vollzug der Strafen mit Freiheitsentzug sowie über die Wiedereingliederung Strafentlassener in das gesellschaftliche Leben.

31. Januar Der Volkskammer wird der Entwurf einer neuen sozialistischen Verfassung vorgelegt. Er war von einer am 1. 12. 1967 eingesetzten Kommission unter dem Vorsitz Ulbrichts erarbeitet worden. Den **Verfassungsentwurf** erhält das Volk »zur umfassenden Aussprache«.
Aus der Bevölkerung gehen zahlreiche Änderungsvorschläge ein. Doch werden sie von der Volkskammerkommission allenfalls in redaktioneller, nur ausnahmsweise auch in inhaltlich-substanzieller Hinsicht berücksichtigt. (16.4. → 6. 4. 1968)

Ulbricht hatte auf dem VII. Parteitag der SED (→ 17.–22. 4. 1967) bemängelt, dass die Verfassung der »antifaschistisch-demokratischen Ordnung« (6.3. → 7. 10. 1949) nicht mehr dem »gegenwärtigen Stand der historischen Entwicklung« entspreche.

1969

10. Juni   Der neu gegründete **Bund der Evangelischen Kirchen** in der DDR beendet – wie von der SED gefordert – die bislang bestehende juristische und organisatorische Einheit der Evangelischen Kirche in Deutschland (EKD).
Die SED hatte seit 1948 den Kirchenkampf forciert und die Austrittsbewegung gefördert. Aufgrund der »Zweistaatentheorie« schränkte die Partei die atheistische-antikirchliche Propaganda stark ein und konzentrierte sich vor allem seit 1958 darauf, die EKD als gesamtdeutschen Faktor auszuschalten. Dies gelingt zwar formal-organisatorisch, aber nicht programmatisch-ideell; denn auch der neue Bund bekennt sich »zu der besonderen Gemeinschaft der ganzen evangelischen Christenheit in Deutschland« (Art. 4 Abs. 4 Bundesordnung). Als »Kirche im Sozialismus« können die im Bund zusammengeschlossenen acht evangelischen Landeskirchen ihre Selbstständigkeit im Rahmen einer begrenzten Partnerschaft mit dem Staat wahren. Die protestantischen Gemeinden sind später eine »Nische« für jene Menschen-, Bürgerrechts-, Umwelt- und Friedensgruppen, die wesentlich zur »Wende« in der DDR beitragen (Kap. VII).

1971

3. Mai   **Ende der Ära Ulbricht**: Erich Honecker wird Erster Sekretär des ZK der SED. (22.3. → 3. 5. 1971)

16.4. DDR: Die Verfassung von 1968

1968

6. April   In einem Volksentscheid billigen 94,5 Prozent der Wähler (Wahlbeteiligung 98 Prozent) die neue **DDR-Verfassung**.
Diese zweite Verfassung der DDR als »**sozialistischer Staat deutscher Nation**« sollte – anders als die erste vom 7. 10. 1949 (→ 6.3.) – nicht nur für eine Übergangzeit gelten, sondern das Grundgesetz der sozialistischen Ordnung sein.
Nach den »**Grundlagen** der sozialistischen Gesellschafts- und Staatsordnung« (Art. 1–18) ist die DDR als »sozialistischer Staat deutscher Nation« die »politische Organisation der Werktätigen in Stadt und Land, die gemeinsam unter Führung der Arbeiterklasse und ihrer marxistisch-leninistischen Partei den Sozialismus ver-

wirklichen«. Als unantastbar gelten das Bündnis der Arbeiter mit den Genossenschaftsbauern, mit der Intelligenz und mit den anderen Volksschichten, das sozialistische Eigentum an Produktionsmitteln, die Planung und Leitung der gesellschaftlichen Entwicklung. Die »Nationale Front« gewährleistet das Bündnis aller Volkskräfte. – Die DDR erstrebt u. a. Freundschaft mit der Sowjetunion und den anderen sozialistischen Staaten, ein System kollektiver Sicherheit und eine stabile Friedensordnung sowie »die Überwindung der vom Imperialismus der deutschen Nation aufgezwungenen Spaltung Deutschlands, die schrittweise Annäherung der beiden deutschen Staaten bis zu ihrer Vereinigung auf der Grundlage der Demokratie und des Sozialismus«. Damit sind erstmals die Führungsrolle der SED und ihre Weltanschauung verfassungsrechtlich festgeschrieben, ferner das Bündnis mit der Sowjetunion sowie die Bindung an die – nicht mehr pluralistisch gesehene – »sozialistische Gemeinschaft« mit ihren Produktions- und Eigentumsverhältnissen, denen auch Wissenschaft und Forschung zu dienen haben.

»**Grundrechte und Grundpflichten der Bürger**« (Art. 19–40) gelten als Einheit und als »sozialistische Persönlichkeitsrechte«: Sie verbürgen nicht die individuell-private Freiheit **vom** Staat (»bürgerliche« subjektive öffentliche Rechte), sondern bestimmen die gesellschaftlich-politische Freiheit **im** Staat (»sozialistische« Rechte aktiver Staatsbürger). Ausgehend von der Prämisse, dass persönliche und gesellschaftliche Interessen miteinander übereinstimmen, ist somit jeder Bürger berechtigt und verpflichtet, das politische, wirtschaftliche, soziale und kulturelle Leben der »sozialistischen Gemeinschaft« und des sozialistischen Staates mitzubestimmen und mitzugestalten. Es gilt der Grundsatz: »Arbeite mit, plane mit, regiere mit!« (Art. 21). Demgemäß haben die konkretisierten Rechte (z. B. auf aktive und passive Wahl ab dem 18. Lebensjahr, auf Arbeit, auf Bildung und Beruf, auf Freizeit, Erholung und Wohnung, auf Schutz der Gesundheit, der Familie und Mutterschaft, auf Fürsorge im Alter und bei Invalidität), aber auch die Freiheiten nach den Grundsätzen der Verfassung (z. B. der Meinung und Presse, der Versammlung und Vereinigung sowie der Religion) Verpflichtungscharakter.

Eingebunden in die sozialistische Gesellschaft sind die Gemeinschaften: die »eigenverantwortlichen« Betriebe, Städte, Gemeinden und Gemeindeverbände (Art. 41–43), die Gewerkschaften im FDGB als »Klassenorganisation« (Art. 44–45) und die landwirtschaftlichen Produktionsgenossenschaften als freiwillige Vereinigung der Bauern (Art. 46).

Das Regierungssystem (»Aufbau und System der staatlichen Leitung«) richtet sich nach den verfassungsrechtlich verankerten »Zielen und Aufgaben der Staatsmacht«. Sie ist nach dem Prinzip des »demokratischen Zentralismus« aufgebaut.

Die **Volkskammer** (Art. 48–65) ist »das oberste staatliche Machtorgan«, dessen Rechte niemand einschränken kann. Sie allein beschließt die Gesetze und führt sie auch aus (»Einheit von Be-
schlussfassung und Durchführung«); sie wählt den Staatsrat, den
Ministerrat, den Vorsitzenden des Nationalen Verteidigungsrats,
das Oberste Gericht und den Generalstaatsanwalt, bestimmt die
Grundsätze ihrer Tätigkeit und kann sie jederzeit abberufen; sie
bestätigt und kündigt Staatsverträge; sie kann Volksabstimmun-
gen beschließen und sich selbst auflösen. Die Abgeordneten (500),
die alle vier Jahre direkt vom Volk, in Ost-Berlin indirekt von der
Stadtverordnetenversammlung (seit 14. 6. 1981 ebenfalls direkt:
25. → 28. 6. 1979) gewählt werden, können von den Wählern bei
groben Pflichtverletzungen abberufen werden (imperatives Mandat). – Faktisch ist die Volkskammer – anders als in der Verfas-
sungstheorie – ein machtloses und relativ arbeitsloses Organ, das
nur selten und kurz zusammentritt.

Der **Staatsrat** (Art. 66–77), der von der Volkskammer gewählt wird
und ihr »als Organ« verantwortlich ist, übt die Funktionen eines
kollektiven Staatsoberhaupts aus: Er repräsentiert die DDR völkerrechtlich und ratifiziert Staatsverträge, er ernennt und akkreditiert die Diplomaten, er stiftet Orden, und er übt das Begnadigungsrecht aus. Darüber hinaus vertritt der Staatsrat die Volkskammer zwischen ihren Tagungen in legislativer, exekutiver und
judikativer Hinsicht: Er behandelt die Vorlagen an die Volkskammer, beruft ihre Tagungen ein und schreibt die Wahlen zu allen
Volksvertretungen aus; er regelt »grundsätzliche Aufgaben« durch
rechtsverbindliche Erlasse und entscheidet über Grundsatzfragen
der Landesverteidigung, die er mit Hilfe des Nationalen Verteidigungsrats organisiert; er legt die Verfassung und die Gesetze verbindlich aus und beaufsichtigt die Tätigkeit des Obersten Gerichts
und des Generalstaatsanwalts.

Der **Ministerrat** (Art. 78–80) führt als kollektiv arbeitendes Organ Gesetze und Erlasse aus und erlässt rechtsverbindliche Verordnungen; er leitet, koordiniert und kontrolliert die Ministerien
und Räte der Bezirke; er ist für die Planwirtschaft zuständig sowie
für den Abschluss völkerrechtlicher Verträge. Der Vorsitzende des
Ministerrats wird vom Staatsratsvorsitzenden vorgeschlagen und
mit den Ministern von der Volkskammer nach dem Blocksystem für
vier Jahre gewählt. Alle Mitglieder sind für die Tätigkeit des Ministerrats verantwortlich und rechenschaftspflichtig.

Die **örtlichen Volksvertretungen** (Art. 81–85) sind die »gewählten
Organe der Staatsmacht« in Bezirken, Kreisen, Städten, Stadt-
bezirken, Gemeinden und Gemeindeverbänden. Sie wählen Räte
und Kommissionen als ausführende und kontrollierende Organe.

Die **sozialistische Gesetzlichkeit und die Rechtspflege** (Art. 86–
106) dienen dem Schutz und der Entwicklung der DDR sowie ihrer

Staats- und Gesellschaftsordnung. Das höchste Organ der Rechtsprechung ist das Oberste Gericht, das der Volkskammer bzw. dem Staatsrat verantwortlich ist. Alle Richter, Schöffen und Mitglieder gesellschaftlicher Gerichte werden gewählt und sind abberufbar; denn Richter haben »dem Volk und seinem sozialistischen Staat treu ergeben« zu sein. Die sozialistische Gesellschafts- und Staatsordnung sowie die Rechte der Bürger sichert die Staatsanwaltschaft, die der Generalstaatsanwalt leitet. Jeder Bürger kann Eingaben machen; für Beschwerden gegen oberste Organe ist der Ministerrat bzw. der Staatsrat zuständig.

Nach den **Schlussbestimmungen** (Art. 107 – 108) ist die Verfassung unmittelbar geltendes Recht. Sie kann nur von der Volkskammer durch Gesetz geändert oder ergänzt werden.

17. Außen- und Sicherheitspolitik zwischen Konfrontation und Normalisierung

17.1. BRD: Ansätze zur Ost- und Entspannungspolitik 1961–1969

1961

14. Juni

Jaksch-Bericht: Der Bundestag fordert einstimmig von der Bundesregierung, die Ostpolitik gemeinsam mit den Verbündeten zu intensivieren, um die deutsche Einheit wieder herzustellen. Ohne lebenswichtige Interessen preiszugeben, sollen daher ggf. unter Rechtsvorbehalten die Beziehungen zu den osteuropäischen Staaten normalisiert, vor allem wirtschaftlich, humanitär, geistig und kulturell ausgebaut werden. Wortführer ist der Vertriebenenpolitiker Wenzel Jaksch (SPD).

Anwalt dieser Ostpolitik wird als Nachfolger von Brentanos Adenauers neuer Außenminister Gerhard Schröder (CDU). Er strebt an, den Ostblock durch Handelsverträge mit osteuropäischen Staaten aufzulockern, dadurch die DDR zu isolieren und so die Wiedervereinigung zu fördern (Randstaatenpolitik).

1962

6. Juni

Adenauer schlägt der Sowjetunion über Botschafter Smirnow einen **zehnjährigen Burgfrieden** vor: Zehn Jahre lang solle man stillhalten und alles so akzeptieren, wie es jetzt sei, danach sehe man weiter; allerdings sollten die Menschen in der DDR davon profitieren und freier leben können.

Adenauer erstrebt mit seiner »Arkanpolitik« einen Modus vivendi mit der Sowjetunion. Zwar geht er, beeinflusst von seinem Staatssekretär und engstem Vertrauten Hans Globke (Globke-Pläne 1959/60), vom territorialen Status quo und Selbstbestimmungsrecht des deutschen Volkes aus, auch von der Existenz der DDR, er fordert jedoch eine Humanisierung der Lebensverhältnisse und mehr Freiheit in der »Zone«.

Mit seinen nicht veröffentlichten Burgfriedens- und Stillhalteangeboten zieht Adenauer unter dem Druck der amerikanischen »Friedensstrategie« Konsequenzen aus dem Mauerbau (16.3. → 13. 8. 1961), den der neue Präsident Kennedy hingenommen hatte. Die neue Ära der Koexistenz hatte bereits vor dem Präsidentenwechsel die Genfer Viermächte-Außenministerkonferenz (13. → 11. 5.–5. 8. 1959) angekündigt.

1963
7. März

Die BRD und **Polen** unterzeichnen ein **dreijähriges Handelsabkommen**. Beide Regierungen vertritt fortan eine Handelsmission. Geregelt werden der bilaterale Warenaustausch und Schifffahrtsfragen. Eine westdeutsche Handelsvertretung entsteht in Warschau (eine polnische bestand bereits in Köln).

17. Oktober

Die BRD vereinbart mit **Rumänien**, Handelsvertretungen zu errichten und über sie den beiderseitigen Handels- und Zahlungsverkehr abzuwickeln.

Abkommen über den Wirtschaftsaustausch und die Errichtung von Handelsvertretungen folgen am 9. 11. 1963 mit **Ungarn** und am 6. 3. 1964 mit **Bulgarien**.

1965
12. Mai

Aufnahme diplomatischer Beziehungen zwischen **Israel** und der BRD. Daraufhin brechen die arabischen Staaten, die in Kairo Gegenmaßnahmen verabredet hatten, mit Ausnahme von Libyen, Marokko und Tunesien, die Beziehungen zur BRD am 13. 5. ab (Sudan am 16. 5.).

Wegen des »Freundschaftsbesuchs« Ulbrichts (17.3. → 24. 2.– 2. 3. 1965) hatte die BRD die Wirtschaftshilfe an Ägypten eingestellt, die Aufnahme diplomatischer Beziehungen zu Israel erstrebt und beschlossen, künftig keine Waffen mehr in Spannungsgebiete zu liefern.

Die diplomatischen Beziehungen der BRD zu den arabischen Staaten normalisieren sich nur langsam. Sie werden am 27. 2. 1967 wieder mit Jordanien, mit Ägypten am 8. 6. 1972 aufgenommen.

16. Oktober

Der **Rat der Evangelischen Kirche in Deutschland (EKD)** kritisiert in seiner Denkschrift »Die Lage der Vertriebenen und das Verhältnis des deutschen Volkes zu seinen östlichen Nachbarn«

die bisherige Ostpolitik, vor allem ihre völkerrechtlichen und ethischen Grundlagen. Sie fordert Aussöhnung mit den osteuropäischen Nachbarvölkern und eine politische Lösung der Oder-Neiße-Grenzfrage.

Diese öffentliche Diskussion »von unten« belebt auch der Briefwechsel zwischen dem polnischen und dem deutschen katholischen Episkopat vom 18. 11./5. 12. 1965 anlässlich des Millenniums der Christianisierung Polens.

Eine freie Gruppe deutscher Katholiken befürwortet im Bensberger Memorandum vom 2. 3. 1968, auf die Oder-Neiße-Gebiete zu verzichten und polnische KZ-Opfer zu entschädigen.

1966

25. März

Die **Friedensnote** (»Note zur Abrüstung und Sicherung des Friedens«) der Regierung Erhard an fast alle Staaten der Welt (ohne DDR) enthält Vorschläge zur Abrüstung, Friedenssicherung und Entspannung. Um das Risiko eines Atomkrieges weltweit zu mindern, solle z. B. auf Kernwaffen, ihre Produktion und ihre Weiterverbreitung verzichtet werden. Förmliche Gewaltverzichtserklärungen mit den osteuropäischen Staaten und der Austausch militärischer Beobachter bei Manövern könnten den Entspannungsprozess fördern. Deutschland bestehe völkerrechtlich in den Grenzen von 1937 fort und beanspruche das Recht, frei über sein Schicksal zu bestimmen.

Die westlichen Reaktionen sind durchweg positiv, die osteuropäischen dagegen einheitlich negativ.

1967

31. Januar

Die BRD (neuer Vizekanzler und Außenminister Brandt/SPD) und **Rumänien** vereinbaren, diplomatische Beziehungen aufzunehmen. Sie bedeuten de facto das Ende der Hallstein-Doktrin. Bundeskanzler Kiesinger erklärt allerdings am 1. 2. 1967, die Aufnahme diplomatischer Beziehungen zu Rumänien bedeute nicht, dass die Bundesregierung den Alleinvertretungsanspruch aufgebe. Dies wird mit der »Geburtsfehlertheorie« begründet: Man müsse die osteuropäischen Staaten, die bereits seit 1949 diplomatische Beziehungen zur DDR unterhalten, von solchen Staaten unterscheiden, die sie erst nach 1955 völkerrechtlich anerkennen. (7.2. → 15. 10. 1949 und 13. → 8.–9. 12. 1955)

3. August

Die BRD und die ČSSR vereinbaren nach langwierigen Verhandlungen, Handelsvertretungen zu errichten.

1968

31. Januar

Die BRD nimmt die diplomatischen Beziehungen zu **Jugoslawien** wieder auf. Sie waren am 19. 10. 1957 unter Berufung auf die Hallstein-Doktrin abgebrochen worden. (13. → 8.–9. 12. 1955)

9. April   Die Bundesregierung schlägt der Sowjetregierung einen **Gewalt-verzicht** als ersten Schritt zur Entspannung und Sicherheit in Europa vor. Über den Austausch von Gewaltverzichtserklärungen könne mit allen Mitgliedstaaten des Warschauer Pakts verhandelt werden, auch mit dem »anderen Teil Deutschlands«. Der deutsch-sowjetische Meinungsaustausch solle auf der Basis der Souveränität und Nichteinmischung in die inneren Angelegenheiten zwischen gleichberechtigten Partnern geführt und nicht »mit erschwerenden Voraussetzungen« belastet werden.

Hintergrund: Die Sowjetregierung hatte auf Vorschläge der Bundesregierung **konkrete** Zusagen zum Gewaltverzicht gefordert: Einbeziehung der DDR, Anerkennung der Oder-Neiße-Grenze, der Grenze zwischen BRD/DDR und des Status West-Berlins als besondere politische Einheit, Ungültigkeit des Münchner Abkommens (1938) ex tunc (von Anfang an), Unterzeichnung des Atomwaffensperrvertrags (23.2. → 28.11.1969), Verbot militaristischer und nazistischer Aktivitäten (z.B. der NPD). Die Interventionsansprüche der Sowjetunion aus dem Potsdamer Abkommen von 1945 und den Feindstaatenartikeln 53 und 107 der UN-Charta sollten vom Gewaltverzicht unberührt bleiben.

Rückschläge erleidet die Gewaltverzichtspolitik durch die sich anbahnende ČSSR-Krise (»Prager Frühling« des Reformkommunismus Dubčeks), die vorzeitige Publikation des Notenwechsels am 12.7.1968 und die bewaffnete Intervention des Warschauer Pakts in der ČSSR am 21.8.1968.

17.2. BRD: Verbündete und Sicherheit 1961–1969

1962

18. Dezember   **Röhrenembargo**: Die Bundesregierung verbietet – wie vom Ständigen NATO-Rat empfohlen – zeitweilig den Export von Großstahlröhren in die Ostblockstaaten, und zwar rückwirkend auch für bereits bestehende Lieferverträge. Die Sowjetunion bewertet dies am 6.4.1963 als »Völkerrechtsbruch«.

1963

22. Januar   **Deutsch-französischer Freundschaftsvertrag**, unterzeichnet von Adenauer und de Gaulle in Paris. Er besiegelt nach dem Scheitern der Pläne de Gaulles, eine »Europäische Politische Union« (EPU) zu gründen, die Aussöhnung zwischen beiden Staaten (»Erbfeinde«) und verpflichtet sie zur Zusammenarbeit: in der Außen-, Verteidigungs-, Bildungs- und Jugendpolitik, vor allem beim Jugendaustausch als Gemeinschaftsaufgabe. Um die Umsetzung des Vertrags

Venez dans mes bras! Konrad Adenauer und Charles de Gaulle nach der Unterzeichnung des Vertrags über die deutsch-französische Zusammenarbeit im Élysée-Palast. → 22. Januar 1963

in die Praxis zu gewährleisten, sind regelmäßige Konsultationen auf Regierungsebene vereinbart.

Der Bundestag billigt am 16. 5. 1963 das Ratifikationsgesetz nahezu einstimmig. Er stellt jedoch dem Vertrag eine Präambel voran, um einer deutsch-französischen Sonderallianz (»Entente«) innerhalb der EWG, der NATO oder des Ost-West-Verhältnisses vorzubeugen (de Gaulle: »Europa als dritte Kraft«). Danach bleiben Rechte und Pflichten der BRD aus multilateralen Verträgen unberührt; die enge Partnerschaft zwischen Europa und den USA bestehe fort, die Einigung Europas im Rahmen der EWG werde unter Einschluss Großbritanniens und anderer beitrittswilliger Staaten erstrebt.

Hintergrund: Auf Initiative de Gaulles, das »Europa der Vaterländer« als Konföderation im Rahmen der EWG zu schaffen, hatte Botschafter Christian Fouchet zwei Vertragsentwürfe für eine »Union der Europäischen Völker« am 2. 11. 1961 (Plan 1) und überarbeitet am 18. 1. 1962 (Plan 2) vorgelegt. Diese »Europäische Politische Union« (EPU) scheiterte jedoch vor allem daran, dass sie sich auf Kosten der Gemeinschaftsorgane und ihrer supranationalen Befugnisse weitgehend auf eine intergouvernementale Zusammenarbeit zwischen den EWG-Staaten beschränken sollte.

Im Januar 1963 legt Frankreich Veto gegen den EWG-Beitritt Großbritanniens ein; es bleibt deshalb weiter Mitglied der kleinen

Freihandelszone EFTA (in Kraft seit 3. 5. 1960). Dies löst in London und noch stärker in Washington Misstrauen und Alarm aus im Hinblick auf ein mögliches von de Gaulle und Adenauer angestrebtes Sonderbündnis Paris – Bonn mit antiatlantischer Stoßrichtung. Dieses befürchtete »Komplott« soll die Präambel verhindern. Der Bundestag hat sie gegen den Willen Adenauers und de Gaulles mit massiver amerikanischer Unterstützung durchgesetzt.

19. August Die BRD tritt dem **Atomteststoppabkommen** trotz schwerer Bedenken Adenauers (»Wir sind Opfer der amerikanischen Entspannungspolitik«) bei. Die Bundesregierung erklärt, dass die von der DDR in Moskau geleistete Vertragsunterschrift (17.3. → 8. 8. 1963) keine Anerkennung der Eigenstaatlichkeit der DDR bedeute. Die Sowjetunion weist diesen Alleinvertretungsanspruch zurück, die Westmächte unterstützen ihn.
Der Vertrag über das Verbot von Kernwaffenversuchen in der Atmosphäre, im Weltraum und unter Wasser (Atomteststoppabkommen) war am 5. 8. 1963 in Moskau von den USA, von der Sowjetunion und von Großbritannien unterzeichnet worden. Er tritt am 10. 10. 1963 in Kraft. Mitglieder sind inzwischen ca. 120 Staaten, aber nicht China und Frankreich.

1964
15. – 17. Dez. Auf der NATO-Ratstagung kommt es zu deutsch-französischen Differenzen über die **Multilaterale Atomstreitmacht** (MLF), die Außenminister Schröder befürwortet. US-Präsident Kennedy und der britische Premier Macmillan hatten vom 18.–21. 12. 1962 in Nassau/ Bahamas vereinbart, eine Multilateral Nuclear Force (MLF) der NATO zur See mit Unterwasser-Polaris-Raketen zu schaffen. Frankreich lehnte die Teilnahme von vornherein ab, die BRD erstrebte sie.
Innerhalb der Regierungskoalition kommt es zu einer Kontroverse zwischen »Gaullisten« (CDU/CSU-Kreise um Adenauer und Strauß: »europäisches Europa«) und »Atlantikern« (vor allem Bundeskanzler Erhard und Außenminister Schröder: »atlantische Gemeinschaft«). Am 4. 2. 1965 fordert de Gaulle die Lösung der deutschen Frage im Rahmen eines »Europas vom Atlantik bis zum Ural«. Die MLF scheitert am britischen Widerstand, an innenpolitischen Rücksichtnahmen der USA, am europäischen Desinteresse und nicht zuletzt an deutschen Ungeschicklichkeiten. Ersatzweise wird die BRD ständiges Mitglied der Nuklearen Planungsgruppe der NATO (gegründet im Dezember 1966).

1966
29. Januar Der **Luxemburger Kompromiss** legt die EWG-Krise bei. Frankreich beteiligt sich seitdem wieder an den Ratssitzungen, da – unter prinzipieller Beibehaltung der Mehrheitsentscheidung – in der Praxis alle wichtigen Beschlüsse bis auf weiteres einstimmig zu fassen sind.

Frankreich hatte am 1. 7. 1965 die Arbeit im Ministerrat boykottiert (»Politik des leeren Stuhles«), um zu verhindern, dass beim Übergang zur nächsten Integrationsstufe ab 1966 das Mehrheitsvotum an die Stelle einstimmiger Beschlüsse tritt.

21. Dezember Den Status und das Aufenthaltsrecht der **französischen Truppen** in der BRD regelt eine Regierungsvereinbarung mit Frankreich.
De Gaulle hatte am 21. 2. 1966 angekündigt, Frankreich werde sich aus der militärischen Integration der NATO zurückziehen, doch Paktmitglied bleiben. Die NATO-Truppen wurden aus Frankreich abgezogen, die NATO-Kommandostellen nach Belgien verlegt.

1967
1. Juli **Europäische Gemeinschaft (EG)**: Die Exekutiven der EGKS, EWG und EURATOM/EAG fusionieren. – Der Vertrag zur Einsetzung eines gemeinsamen Rats und einer gemeinsamen Kommission der EG war am 8. 4. 1965 unterzeichnet worden.

1968
24. – 25. Juni **Signal von Reykjavík**: Die NATO-Ministerratstagung in Reykjavík schlägt allen interessierten Staaten Verhandlungen über die Möglichkeiten beiderseitiger und ausgewogener Truppenverminderungen in Mitteleuropa vor. Sie sollen zur Abrüstung bzw. Rüstungskontrolle beitragen und so eine stabile Kräfteparität verbürgen.
Die Sowjetunion reagiert zunächst abwartend auf die Idee der Mutual Balanced Force Reductions (MBFR). Breschnew bietet am 14. 5. 1971 in Tiflis an, Verhandlungen aufzunehmen (Signal von Tiflis). Vor den »militärischen« MBFR-Gesprächen in Wien seit 30. 10. 1973, an denen sich die BRD aktiv beteiligt, erhält jedoch die »politische« Konferenz über Sicherheit und Zusammenarbeit in Europa (KSZE) den Vorrang. (23.2. → 1. 8. 1975)

1969
17. Februar Die Bundesregierung legt erstmals das **Weißbuch** des Bundesverteidigungsministers vor. Es stellt die verteidigungspolitische Lage der BRD dar, erläutert den Verteidigungshaushalt und soll jährlich fortgeschrieben werden.

17.3. DDR: Auf dem Wege zur internationalen Anerkennung 1961–1971

1961
18. Dezember Die DDR beruft ihren Botschafter aus **Albanien** ab, ersetzt ihn durch einen Geschäftsträger und reduziert das diplomatische Personal. Begründet wird dieser unfreundliche Akt mit einer »Ver-

leumdungs- und Hetzkampagne«, welche die Volksrepublik Albanien in Zusammenarbeit mit der Volksrepublik China gegen das »sozialistische Lager« betreibe.

1962

24. Mai   Die DDR und der **Irak** vereinbaren, in Berlin und Bagdad Generalkonsulate zu errichten. Zur Aufnahme diplomatischer Beziehungen am 10. 5. 1969: → 8. 5.–10. 7. 1969.

1963

12. Januar   **Kuba** und die DDR nehmen volle diplomatische Beziehungen auf, indem sie bereits bestehende Missionen in den Rang von Botschaften erheben. – Die BRD bricht unter Berufung auf die Hallstein-Doktrin (12.2. → 8.–9. 12. 1955) die Beziehungen mit Kuba am 14. 1. 1963 ab.

8. August   Die DDR unterzeichnet in Moskau das **Atomteststoppabkommen**, das alle Kernwaffenversuche verbietet, unterirdische ausgenommen. (17.2. → 19. 8. 1963)

18. September Die **Visapflicht** entfällt zwischen der DDR und Ungarn bei Privatreisen. Dies wird auch mit der ČSSR am 30. 9. 1963, mit Polen am 7. 6. 1964, mit Rumänien am 15. 6. 1965 und mit der Sowjetunion am 16. 12. 1965 vereinbart.

28. Oktober   Die DDR vereinbart mit der Arabischen Republik Jemen **(Nordjemen)**, Generalkonsulate in Sanaa und Berlin zu errichten, am 12. 2. 1964 auch mit **Ceylon (Sri Lanka)**, die Handelsmission in Colombo in ein Generalkonsulat umzuwandeln.

1964

17. Mai   Die DDR schließt mit der neu gegründeten Vereinigten Republik von Tanganjika und Sansibar **(Tansania)** einen Vertrag über Freundschaft, gegenseitige Unterstützung und Erweiterung der Zusammenarbeit ab.

12. Juni   Während des Besuchs Ulbrichts in Moskau vereinbaren die Sowjetunion und die DDR einen **Vertrag über Freundschaft, Zusammenarbeit und gegenseitigen Beistand**. Dieses erste bilaterale Abkommen der DDR mit einem Mitglied des Warschauer Pakts bekennt sich zum »sozialistischen Internationalismus« und garantiert die Unantastbarkeit der Staatsgrenzen des »ersten Arbeiter- und Bauern-Staats in der Geschichte Deutschlands«. West-Berlin gilt als selbstständige politische Einheit. Nach dem Vertrag bestehen zwei »souveräne deutsche Staaten«. Nur sie können »durch gleichberechtigte Verhandlungen und eine Verständigung« ein friedliebendes einheitliches Deutschland neu schaffen.
Der Beistandspakt sollte Schröders Ostpolitik der »kleinen Schritte«, die DDR zu isolieren, einen Riegel vorschieben. Am 13. 6.

bekräftigt die Bundesregierung ihren Alleinvertretungsanspruch für ganz Deutschland.

1965

24. Februar – 2. März   »Freundschaftsbesuch« des Staatsratsvorsitzenden Ulbricht in **Ägypten**. Präsident Nasser hatte Ulbricht mit der Begründung eingeladen, dass die BRD Israel unterstütze, vor allem Militärhilfe leiste. Abgeschlossen werden Abkommen über wirtschaftliche, technische, wissenschaftliche und kulturelle Zusammenarbeit.
Hintergrund: Adenauer hatte sich am 14. 3. 1960 mit dem israelischen Ministerpräsidenten David Ben Gurion im New Yorker Hotel Waldorf-Astoria getroffen und geheime Kontakte vereinbart, die Finanzhilfen und Waffenlieferungen (u. a. Panzer) zur Folge hatten. Gegen die Aufnahme diplomatischer Beziehungen bestanden Vorbehalte: 1. wegen des Holocausts (NS-Judenvernichtung), der die deutsch-israelischen Beziehungen schwer belastet; 2. wegen der öffentlichen Meinung in beiden Staaten; 3. wegen Befürchtungen, dass die arabischen Staaten die DDR völkerrechtlich anerkennen. (17.1. → 12. 5. 1965)

15. September   **Syrien** und die DDR vereinbaren, Generalkonsulate in Damaskus (bisher Konsulat) und in Berlin zu errichten.

Konrad Adenauer und der israelische Ministerpräsident David Ben Gurion treffen sich heimlich im New Yorker Waldorf-Astoria-Hotel. → 24. Februar – 2. März 1965

1966

28. Februar   Die DDR beantragt die Aufnahme in die **UNO**. Der Antrag, der die internationale völkerrechtliche Anerkennung der DDR durchsetzen soll, scheitert bereits am Sicherheitsrat mangels einer Empfehlung an die UN-Vollversammlung.

16. März   Die ökonomische und wissenschaftlich-technische Zusammenarbeit zwischen der DDR und der Sowjetunion koordiniert künftig eine **Paritätische Regierungskommission**, z. B. bei den Wirtschaftsplänen, dem Schiff- und Maschinenbau. – Entsprechende paritätische Kommissionen vereinbart die DDR auch mit anderen sozialistischen Staaten.

6. Juli   Trotz Bedenken der DDR verabschiedet der Politische Beratende Ausschuss des Warschauer Pakts die programmatische **Bukarester Deklaration**. Sie fordert, ein »Klima der Entspannung« zu schaffen und die »Überreste des Kalten Krieges« zu beseitigen, damit der Frieden gefestigt und die Sicherheit in Europa gewährleistet werde. Dies setze allerdings voraus, dass die NATO, vor allem die USA und die BRD, von »imperialistischen« und »revanchistischen« Plänen Abstand nehmen, dass die in Europa bestehenden Grenzen einschließlich jener der DDR, Polens und der ČSSR unantastbar seien, dass die DDR völkerrechtlich anerkannt und das Münchner Abkommen (1938) ex tunc (von Anfang an) für ungültig erklärt werde. Im »konkreten Aktionsprogramm« wird u. a. vorgeschlagen, »gutnachbarliche Beziehungen« auf der Basis der »friedlichen Koexistenz« und der wirtschaftlichen, wissenschaftlichen, technischen und kulturellen Zusammenarbeit zwischen allen europäischen Staaten zu entwickeln, NATO und Warschauer Pakt gleichzeitig aufzulösen, »Teilmaßnahmen zur militärischen Entspannung« einzuleiten und eine gesamteuropäische Konferenz über Sicherheit und Zusammenarbeit einzuberufen. Zur späteren KSZE: 23.2. → 1. 8. 1975.

1967

15. März   Die DDR schließt mit **Polen** einen Vertrag über Freundschaft, Zusammenarbeit und gegenseitigen Beistand ab, am 17. 3. 1967 auch mit der **ČSSR**. Ähnliche bilaterale »Blockverträge« für die Dauer von 20 Jahren folgen mit **Ungarn** am 18. 5. 1967, mit **Bulgarien** am 7. 9. 1967 und später mit **Rumänien** am 12. 5. 1972.
Auf der **Warschauer Konferenz** der Außenminister vom 8.–10. 2. 1967 waren die Mitgliedstaaten des Warschauer Pakts auf die so genannte **Ulbricht-Doktrin** eingeschwenkt: Danach durfte kein sozialistischer Staat Botschafter mit Bonn austauschen, bevor die BRD nicht auf ihre »Alleinvertretungsanmaßung« verzichtet, ihre »Revanchepolitik« eingestellt und die bestehenden Grenzen anerkannt hatte.

Die bilateralen Beistandsverträge sollen die »neue Ostpolitik« der Großen Koalition blockieren, nachdem die BRD diplomatische Beziehungen mit dem »Außenseiter« Rumänien aufgenommen hatte (17.1. → 31.1.1967). So entstand ein neues regionales Bündnissystem mit dem »Eisernen Dreieck« Ost-Berlin/Warschau/Prag als Zentrum.

24. – 26. April   Die kommunistischen und Arbeiterparteien Europas verpflichten sich auf der **Konferenz in Karlsbad**, an der Albanien, Jugoslawien und Rumänien als »Außenseiter« nicht teilnehmen, zu einer »Aktionseinheit«: Sie fordern die Anerkennung der »realen Lage« und der bestehenden Grenzen in Europa, vor allem an Oder und Neiße sowie zwischen den beiden »souveränen und gleichberechtigten« deutschen Staaten, die Anerkennung der Ungültigkeit des Münchner Abkommens (1938) von Anfang an (ex tunc), den Verzicht der BRD auf ihre »Alleinvertretungsanmaßung« und auf Nuklearwaffen aller Art.

Damit waren nach den Mitgliedstaaten des Warschauer Pakts (→ 15.3.1967) auch die »Bruderparteien« auf den harten Kurs der SED eingeschworen und verpflichtet, die Ulbricht-Doktrin (Hallstein-Doktrin der DDR) zu vertreten.

1968

1. Juli   Die DDR unterzeichnet den **Atomwaffensperrvertrag** sofort.

Den Vertrag über die Nichtverbreitung von Kernwaffen (Non-Proliferation) schließen die drei etablierten Atom- und Verwahrstaaten USA, Großbritannien und Sowjetunion am gleichen Tage ab. Er tritt am 5.3.1970 in Kraft. Er verpflichtet die Vertragspartner (nicht jedoch Staatenneubildungen), Kernwaffen an Nichtkernwaffenstaaten weder zu transferieren noch ihnen bei ihrer Produktion zu helfen. – Erst durch die Beitritte Chinas am 9.3.1992 und Frankreichs am 3.8.1992 werden alle fünf Kernwaffenstaaten Vertragsparteien des Atomwaffensperrvertrags.

Zum Beitritt der BRD und ihren Vorbehalten: 23.2. → 28.11.1969.

21. August   **ČSSR-Krise**: Fünf verbündete Warschauer-Pakt-Staaten, darunter die DDR, intervenieren militärisch in der ČSSR und beenden so gewaltsam den Prager Reformkommunismus (»Sozialismus mit menschlichem Gesicht«). Der neugewählte Erste Sekretär der KP Alexander Dubček, der am 5.1.1968 den moskautreuen Antonin Novotny abgelöst hatte (Staatspräsident bis 22.3.1968), war trotz aller Warnungen Breschnews und Ulbrichts nicht von seinem Reformkurs abgerückt.

Gerechtfertigt wird der militärische Einmarsch mit der Breschnew-Doktrin: Danach sind die sozialistischen Staaten in Osteuropa dann beschränkt souverän, wenn Gefahr besteht, dass sie als sozialistische Staaten dem »Imperialismus« zum Opfer fallen. Die BRD habe die »konterrevolutionäre Verschwörung« angezettelt, um die ČSSR als Glied aus der »sozialistischen Gemeinschaft« herauszubrechen. Die bewaffnete ČSSR-Intervention, die wie ein Schock wirkt, wird zur Wegscheide der Ost- und Entspannungspolitik während der Großen Koalition in der BRD.

12. September Die DDR schließt mit der **Mongolischen Volksrepublik** einen zweiten Vertrag über Freundschaft, Zusammenarbeit und gegenseitigen Beistand ab. (12.2. → 25. 12. 1955)

1969

17. März Der Politische Beratende Ausschuss des Warschauer Pakts verabschiedet die **Budapester Deklaration**: Sie appelliert an alle europäischen Länder, eine gesamteuropäische Sicherheitskonferenz vorzubereiten und einzuberufen, macht sie aber nicht – wie bisher – von Vorbedingungen abhängig.
Hauptgründe für diese Wende der Westeuropapolitik der Sowjetunion und ihrer Verbündeten: 1. Der seit langem schwelende Konflikt mit der Volksrepublik China droht sich zu einem Grenzkrieg an der Mandschurei auszuweiten (militärische Zusammenstöße am 2. und 15. 3. am Ussuri) und legt es nahe, Entspannung statt Konfrontation im Westen zu suchen. 2. Nach der ČSSR-Intervention hatte die Sowjetunion wieder ihre unbestrittene Hegemonie in Osteuropa gesichert. 3. Das politische Klima soll verbessert werden, um die ökonomischen Beziehungen mit dem Westen zu intensivieren und 4. den territorialen Status quo seit dem Zweiten Weltkrieg vertraglich zu besiegeln.
Als Konsequenz aus der ČSSR-Krise beschließt die Budapester Konferenz, bestehende Organe des Warschauer Pakts zu reformieren und neue zu schaffen (Komitee der Verteidigungsminister, Militärrat, technisches Komitee der Vereinten Streitkräfte).

8. Mai – Erstmals wird die DDR von **nichtkommunistischen** Staaten völker-
10. Juli rechtlich anerkannt: von Kambodscha am 8. 5., vom Irak am 10. 5. (beschlossen 30. 4. 1969), vom Sudan am 3. 6. (beschlossen 27. 5. 1969), von Syrien am 5. 6., von Südvietnam am 20. 6., vom Südjemen und von Ägypten am 10. 7. 1969. – Nach diesem »Dammbruch« nehmen zahlreiche Entwicklungsländer diplomatische Beziehungen zur DDR auf: Kongo am 8. 1. 1970, Somalia am 8. 4. 1970, Zentralafrikanische Republik am 18. 4. 1970, Algerien am 20. 5. 1970, Malediven am 22. 5. 1970, Sri Lanka am 16. 6. 1970, Guinea am 9. 9. 1970 usw.
Zur Reaktion der Regierung der BRD auf diese »Anerkennungswelle«: 18. → 30. 5. 1969.

18. Deutsch-deutscher und Berlin-Konflikt im Übergang 1961–1969

1961

13. August   Zum Mauerbau in Berlin: 16.3. → 13. 8. 1961.
Die **Hinnahme des Mauerbaus** durch den jungen US-Präsidenten John F. Kennedy (seit 20. 1. 1961) führt langfristig zu einer Neuorientierung der Deutschland- und Ostpolitik – zuerst in der oppositionellen SPD um den West-Berliner Regierenden Bürgermeister Willy Brandt und seinen Pressesprecher Egon Bahr, der bereits am 15. 7. 1963 in Tutzing die Formel »Wandel durch Annäherung« prägt, dann durch den stellvertretenden Fraktionsvorsitzenden Helmut Schmidt, der auf dem Dortmunder Parteitag der SPD am 3. 6. 1966 über die »sich ändernden weltpolitischen Bedingungen« referiert.
Adenauer besucht Berlin aus Verlegenheit erst am 22. 8. und wird von der Bevölkerung kühl empfangen. Zu seiner »Arkanpolitik« (Burgfriedens- und Globke-Pläne): 17.1. → 6. 6. 1962.

7. September   Ost-Berlin wird als »Hauptstadt« zum **15. Bezirk** der DDR erklärt.
Die SPD hatte am 23. 8. 1961 ihre Organisation in Ost-Berlin aufgelöst. Die SED dagegen tritt ab 24. 11. 1962 in West-Berlin als eigenständige Partei auf, ab 15. 2. 1969 als Sozialistische Einheitspartei West-Berlins (SEW).

1962

17. August   Der 18-jährige Bauarbeiter Peter **Fechter** wird bei einem Fluchtversuch an der Mauer angeschossen. Er verblutet – bis seine Hilferufe verstummen. US-Soldaten schreiten nicht ein: »It's not our problem«. Die ohnmächtige Wut der West-Berliner entlädt sich in neuen Massendemonstrationen gegen die »Schandmauer«, die zu einer Realität des Status quo und der Koexistenz zwischen Ost und West geworden war.
Während der **Kubakrise** im Oktober 1962 reagiert US-Präsident Kennedy – anders als beim Mauerbau in Berlin – hart, entschlossen und kompromisslos; denn die Pläne Chruschtschows, auf Kuba Raketen zu stationieren, gelten als Bedrohung der westlichen Hemisphäre.

22. August   Die Sowjetunion hebt ihre **Kommandantur in Berlin** auf und erklärt damit den Viermächtestatus der Stadt für beendet. Ein NVA-Offizier wird am 23. 8. 1962 »Stadtkommandant für die Hauptstadt der DDR« mit Sitz in Berlin-Karlshorst.

Die Leiche des angeschossenen und verbluteten Peter Fechter wird abtransportiert. →
17. August 1962

1963

21. Juni   Die DDR richtet das **»Grenzgebiet** an der Staatsgrenze der DDR
zu West-Berlin« ein und lässt es durch einen 100 Meter breiten
»Schutzstreifen« sichern.
Am 26. 6. 1963 besucht US-Präsident Kennedy West-Berlin. Er bekennt sich zur Freiheit der Stadt (»Ich bin ein Berliner«) und wird
begeistert gefeiert.

17. Dezember   DDR-Staatssekretär Erich Wendt und der West-Berliner Senatsrat
Horst Korber unterzeichnen »ungeachtet der unterschiedlichen po-
litischen und rechtlichen Standpunkte« (salvatorische Klausel) das
1. Passierscheinabkommen. Es ermöglicht West-Berlinern erstmals
seit dem Mauerbau, ihre Verwandten vom 19. 12. 1963 – 5. 1. 1964 in
»Berlin (Ost)/Hauptstadt der DDR« zu besuchen. – Bundeskanzler
Erhard hatte seine Bedenken gegen das Abkommen, vor allem wegen des Berlin-Status, aus humanitären Gründen zurückgestellt.
Der Senat von Berlin betrachtet das Passierscheinabkommen als
Verwaltungsvereinbarung, der Ministerrat der DDR dagegen als
völkerrechtliche Übereinkunft.

Lange Schlange vor den Ausgabestellen für Passierscheine zu Weihnachten 1963. → 17. Dezember 1963

1964

9. September   **DDR-Rentner** dürfen jährlich einmal zum Verwandtenbesuch in die BRD oder nach West-Berlin reisen.

24. September   Trotz politischer und juristischer Meinungsunterschiede vereinbaren Wendt und Korber ein **2. Passierscheinabkommen** für die Dauer von einem Jahr. Es gestattet West-Berlinern, Ost-Berliner Verwandte in vier Perioden zu besuchen: vom 30. 10. – 12. 11. 1964, vom 19. 12. 1964 – 3. 1. 1965, vom 12. 4. – 25. 4. 1965, d. h. Ostern, vom 31. 5. – 13. 6. 1965, d. h. Pfingsten. Dringende Familienangelegenheiten bearbeitet die Passierscheinstelle für Härtefälle in West-Berlin ab 1. 10. bevorzugt.

1. Dezember   **Zwangsumtausch**: Alle Besucher der DDR und Ost-Berlins aus dem »nichtsozialistischen Ausland«, ausgenommen Rentner und Kinder, müssen ab sofort pro Tag und Person mindestens 3 DM-West im Verhältnis 1 : 1 in DM-Ost einwechseln. Daraufhin geht die Zahl der Besucher stark zurück.

1965

7. April   Während einer **Bundestagssitzung in West-Berlin** sperren die DDR-Behörden vorübergehend den Interzonenverkehr zu Lande und zu Wasser. Sie begründen dies mit Truppenmanövern. Düsenjäger donnern im Tiefflug über die Stadt.

25. November   Das **3. Passierscheinabkommen** sieht einen Besuchszeitraum in Ost-Berlin vom 18. 12. 1965 – 2. 1. 1966 vor.

1966

7. März   Das **4. Passierscheinabkommen** legt Besuchszeiten in Ost-Berlin vom 7. 4. – 20. 4. und vom 23. 5. – 5. 6. 1966 fest.
West-Berliner Senat und DDR-Vertreter können sich über weitere Passierscheinabkommen nicht einigen. Allerdings bleibt die Passierscheinstelle für dringende Familienangelegenheiten (Härtefälle) – von Unterbrechungen abgesehen – weiter tätig.

29. Juni   Die SED sagt den geplanten **Redneraustausch** ab, den sie mit der SPD vereinbart hatte. Als Vorwand dient das von allen Parteien im Bundestag am 23. 6. 1966 verabschiedete Gesetz über freies Geleit durch »befristete Freistellung von der deutschen Gerichtsbarkeit«. In Wirklichkeit hatte die SED eine Aufwertung erhofft, als sie der SPD eine »gesamtdeutsche Beratung« vorschlug. Als sie sich in dieser Erwartung getäuscht sieht, erklärt sie, das so genannte »Handschellengesetz« sei für sie unzumutbar.
Das am 18. 12. 1965 errichtete Staatssekretariat für gesamtdeutsche Fragen sollte Möglichkeiten direkter Beziehungen zur BRD er-

kunden. Es wird am 2. 2. 1967 in Staatssekretariat für westdeutsche Fragen umbenannt, am 7. 7. 1971 aufgelöst.

13. Dezember In seiner Regierungserklärung kündigt Bundeskanzler **Kiesinger** an, er sei bereit, **Kontakte** mit der DDR aufzunehmen und sie auch – erstmals – in das Angebot von Gewaltverzichtserklärungen einzubeziehen; doch bleibe der Alleinvertretungsanspruch aufrecht erhalten.

14. Dezember Pastor **Heinrich Albertz** (SPD) wird nach dem Rücktritt Willy Brandts – seit 1. 12. 1966 Vizekanzler und Außenminister der BRD in der Großen Koalition – zum Regierenden Bürgermeister von Berlin gewählt. Er stellt nach den Protesten und Zwischenfällen anlässlich des Schah-Besuchs (16.2. → 27. 5.–4. 6. 1967) am 26. 9. 1967 sein Amt zur Verfügung. Nachfolger: **Klaus Schütz** (SPD) ab 19. 10. 1967.

1967

10. Mai –   **Erster deutsch-deutscher Notenwechsel**: Der Vorsitzende des Mi-
28. September nisterrats Stoph fordert am 10. 5. von Bundeskanzler Kiesinger die völkerrechtliche Anerkennung der DDR. Von der SPD gedrängt, schlägt Kiesinger in seiner Antwort vom 13. 6. vor, »praktische Fragen des Zusammenlebens der Deutschen« zu regeln. Als Stoph jedoch am 18. 9. den Entwurf eines Abkommens über »normale« völkerrechtliche Beziehungen übermittelt, distanziert sich Kiesinger von diesem »Teilungsvertrag« und beendet den Schriftwechsel am 28. 9. 1967.
Damit hatte die Bundesregierung erstmals offiziell auf Noten aus Ost-Berlin geantwortet, doch scheitert der eingeleitete deutsch-deutsche Dialog an unüberbrückbaren Meinungsverschiedenheiten. – Zur Karlsbader Konferenz: 17.3. → 24.–26. 4. 1967.
Kiesinger hatte, von der SPD angeregt, am 12. 4. 1967 in einer Regierungserklärung einen Maßnahmenkatalog »zur Erleichterung der Lebensverhältnisse in ganz Deutschland« vorgelegt.

1968

6. April   In der neuen DDR-Verfassung heißt es: »Die Hauptstadt der DDR ist Berlin« (Art. 1 Abs. 2). Trotz der faktischen Eingliederung in den Staatsverband bestehen jedoch Sonderregelungen für Ost-Berlin fort. (16.4. → 6. 4. 1968 und 25. → 28. 6. 1979)

Februar/   Zum ersten Mal treten bei **Olympischen Spielen** (Grenoble vom
Oktober   6. 2.–18. 2. und Mexiko vom 12.–27. 10. 1968) zwei deutsche Mannschaften auf. Bislang hatte die BRD ihren Alleinvertretungsanspruch auch im Sport behaupten können.
Das Internationale Olympische Komitee (IOK) hatte bereits am 8. 10. 1965 den Antrag der DDR auf eine eigene Olympiamann-

schaft gebilligt und das Nationale Olympische Komitee (NOK) als Vollmitglied aufgenommen, ab 12. 10. 1968 auch protokollarisch mit eigener Fahne und Hymne.

11. März   Erster Bericht zur **Lage der Nation** im Bundestag: Kiesinger bekennt sich darin zum Recht der Deutschen auf Einheit und erklärt sich bereit, mit der DDR-Regierung über alle praktischen Fragen zu verhandeln, die das Zusammenleben der Menschen im geteilten Deutschland erleichtern.
Nach dem Beschluss des Bundestages vom 28. 6. 1967 hat der Bundeskanzler jedes Jahr vor dem Parlament einen Bericht zur Lage der Nation abzugeben.

11./12. Juni   Die DDR führt die **Pass- und Visapflicht** im Reise- und Transitverkehr zwischen der BRD und West-Berlin sowie eine Steuerausgleichsabgabe für den Transportverkehr ein. Die Bundesregierung beschließt am 17. 6., diese Gebühren zu erstatten.

1969

5. März   Die Bundesversammlung tritt zum vierten Mal in **West-Berlin** zusammen. Sie wählt Gustav Heinemann (SPD) gegen den Kandidaten der CDU/CSU Gerhard Schröder mit FDP-Unterstützung im dritten Wahlgang mit relativer Mehrheit zum **Bundespräsidenten**.
Sowjetunion und DDR hatten gegen die Wahl protestiert, die Anreise auf dem Landweg untersagt und Gegenmaßnahmen angedroht; sie konzentrieren sich auf vorübergehende Blockaden des Straßenverkehrs von und nach Berlin, die mit »Manövern« begründet werden.

30. Mai   **Modifizierte Hallstein-Doktrin**: In einer Grundsatzerklärung bezeichnet die Bundesregierung erneut jede Anerkennung der DDR als unfreundlichen Akt, der dem Recht des deutschen Volkes auf Selbstbestimmung zuwiderlaufe. Gegenmaßnahmen würden von Fall zu Fall von den jeweils gegebenen Umständen abhängen.
Die Beziehungen zu Kambodscha, das die DDR am 8. 5. anerkannt hatte, werden am 4. 6. 1969 »eingefroren«: Die Bundesregierung beruft ihren Botschafter ab und leistet nur noch vertraglich vereinbarte Entwicklungshilfe. – Am 2. 7. 1969 werden die Beziehungen zum Südjemen suspendiert.
Die BRD reagiert mit diesen Gegenmaßnahmen auf die »Anerkennungswelle« der DDR von seiten nichtkommunistischer Staaten. (17.3. → 8. 5.–10. 7. 1969)

19. Wirtschafts- und Sozialpolitik

19.1. BRD: Soziale Marktwirtschaft auf dem Prüfstand 1961–1969

1961

28. April   Das **Außenwirtschaftsgesetz** beendet die staatliche Devisenkontrolle seit 1945. Damit beginnt der freie Wirtschaftsverkehr mit dem Ausland bei Waren, Dienstleistungen, Kapital, Auslandswerten, Gold u. a.

1963

8. Januar   Das **Bundesurlaubsgesetz** bestimmt einheitlich, dass jedem Arbeitnehmer jährlich mindestens 18 Werktage bezahlten Urlaubs zustehen (seit 1974 auch Heimarbeitern).

30. April   Das **Unfallversicherungs-Neuregelungsgesetz** dynamisiert die Unfallrenten nach dem Vorbild des reformierten Rentenversicherungsrechts (14.1. → 1. 1. 1957). Unternehmen mit mehr als 20 Beschäftigten müssen Sicherheitsbeauftragte zur Unfallverhütung bestellen.

Träger der gesetzlichen Unfallversicherung sind die gewerblichen und landwirtschaftlichen Berufsgenossenschaften. Sie haben die Aufgabe, Arbeitsunfälle zu verhüten oder bei Unfällen die Verletzten bzw. Hinterbliebenen durch Rehabilitation, Berufsförderung, Krankenversorgung, Renten u. a. zu unterstützen. Mitglieds- und beitragspflichtig sind in diesen Körperschaften des öffentlichen Rechts alle Unternehmer kraft Gesetzes.

Schüler, Studierende und Kindergartenkinder sind ab 1. 4. 1971 gesetzlich unfallversichert.

1964

14. Februar   In Bonn konstituiert sich der **Sachverständigenrat** (Gesetz vom 14. 8. 1963). Er begutachtet jährlich die gesamtwirtschaftliche Entwicklung und gibt auch aus besonderen Anlässen Stellungnahmen ab. Anders als die Beiräte von Ministerien ist der Sachverständigenrat von der Bundesregierung unabhängig; die fünf Mitglieder (»Weisen«) beruft der Bundespräsident.

1965

8. April   Nach dem **Raumordnungsgesetz** ist das Bundesgebiet so zu entwickeln, dass natürliche Gegebenheiten ebenso wie wirtschaftliche, soziale und kulturelle Erfordernisse berücksichtigt werden. Natur, Landschaft und Erholungsgebiete sind zu schützen, zu pflegen und ggf. strukturell zu verbessern.

1967

14. Februar   **Erste konzertierte Aktion**: Angeregt von Wirtschaftsminister Schiller (SPD) treffen sich Vertreter des Staates, der Tarifparteien und der Wissenschaft erstmals zu einer Gesprächsrunde, um ihr Handeln in der Wirtschafts- und Sozialpolitik zu beraten und abzustimmen.

23. Februar   Erstes konjunkturpolitisches **Investitionsprogramm** des Bundes: Es finanziert nach Haushaltskürzungen vordringliche Investitionen vor allem im Verkehrs-, Post-, Bildungs- und Forschungswesen durch Kredite.

14. Juni   Das **Stabilitätsgesetz** tritt in Kraft. Dieses Gesetz zur Förderung der Stabilität und des Wachstums der Wirtschaft führt erstmals ein umfassendes konjunkturpolitisches Instrumentarium zur Globalsteuerung ein, die der Bundesregierung erleichtern soll, das gesamtwirtschaftliche Gleichgewicht im Rahmen der sozialen Marktwirtschaft nach vier Zielsetzungen zu konzertieren: Preisstabilität, hoher Beschäftigungsstand, Außenhandelsgleichgewicht, Wirtschaftswachstum (»Magisches Viereck«). Ein Konjunkturrat – konstituiert am 13. 7. 1967 – soll Wirtschafts- und Finanzpolitik zwischen Bund, Ländern und Gemeinden abstimmen und Empfehlungen über eine konjunkturgerechte Kreditaufnahme sowie für steuerliche Vergünstigungen bzw. ihren Abbau ausarbeiten. Die Bundesregierung legt künftig einen Jahreswirtschaftsbericht vor. Sie nimmt darin zur gesamtwirtschaftlichen Lage Stellung und gibt ihr wirtschafts- und finanzpolitisches Programm bekannt.

Konjunkturprogramme als staatliche Sofortprogramme und das Stabilitätsgesetz sollen die **erste Wirtschaftskrise** der BRD nach 1945 überwinden helfen. Das Wirtschaftswachstum stagnierte, private und öffentliche Investitionen gingen zurück, Konjunktureinbrüche, Preiserhöhungen und Steuerausfälle waren die Folge. Da trotz der Rezession wegen sinkender Nachfrage mehr produziert als verkauft und verbraucht wurde, waren Kapazitäten stillgelegt und Beschäftigte entlassen worden.

Während Ludwig Erhard, der »Vater des Wirtschaftswunders«, als Bundeskanzler noch eine prozyklische Konjunkturpolitik (Sparprogramme, Maßhalteappelle) betrieben hatte, orientierte sich die neue Regierung der Großen Koalition, vertreten vom Wirtschaftsminister Karl Schiller (SPD) und unterstützt vom Finanzminister Franz Josef Strauß (CSU), an einer antizyklischen Wirtschaftspolitik. Nach dem vom britischen Ökonomen John Maynard Keynes (1883 – 1946) entwickelten Grundsatz des »deficit spending« sollte der Staat die darniederliegende Konjunktur durch gezielte, mit Krediten finanzierte Ausgaben neu ankurbeln, um so Investitionen und Konsum zu fördern (»propensity to invest and to consume«).

Hatte Erhard noch auf die Selbstregulierung des Marktes vertraut und die Wirtschaftslenkung abgelehnt, so stützte sich Schiller auf das Konzept der Globalsteuerung, die das gestörte gesamtwirtschaftliche Gleichgewicht des Wirtschaftskreislaufs wieder herstellen sollte.

1968

1. Januar

Einführung der wettbewerbsneutralen **Mehrwertsteuer**: Nicht mehr der kumulative Bruttoumsatz jeder einzelnen Stufe des Wirtschaftsprozesses wird besteuert, sondern nur der auf jeder Stufe entstandene Nettowertzuwachs (Mehrwert). So wird die Umsatzsteuer in der EWG harmonisiert.

1. Januar

Die **Versicherungspflichtgrenze** wird in der Angestelltenversicherung aufgehoben: Alle Angestellten sind seitdem unabhängig von der Höhe ihres Einkommens versicherungspflichtig. Ab gewissen Einkommensgrenzen können sie zwischen gesetzlicher Renten- oder privater Lebensversicherung wählen.

15. Mai

Das **Kohlegesetz** soll den deutschen Steinkohlenbergbau konsolidieren: Es fördert die Unternehmenskonzentration und -rationalisierung und begünstigt neue Investitionen in Bergbaugebieten (z. B. durch Prämien), es führt ein Abfindungsgeld für Bergleute ein, und es reguliert die Förderkapazität. Ein Bundesbeauftragter wird eingesetzt, der die Absatzchancen für Kohle auf dem Energiemarkt analysiert.
Die am 27. 11. 1968 gegründete **Ruhrkohle AG** soll die Arbeitsplätze im Bergbau sichern und die Wettbewerbsfähigkeit der Kohle stärken. Bund, Nordrhein-Westfalen und die Industriegewerkschaft Bergbau und Energie haben auf die Leitung Einfluss.

1. Juli

Der **Gemeinsame Zolltarif** in der Europäischen Wirtschaftsgemeinschaft tritt in Kraft: Die Binnenzölle für gewerbliche Waren und für fast alle Agrarprodukte sind abgeschafft (Zollunion).

20. – 22. Nov.

Bonner Konferenz: Die von Bundesminister Schiller eingeladenen Notenbankpräsidenten und Fachminister der »Zehnergruppe« (Belgien, BRD, Großbritannien, Frankreich, Italien, Japan, Kanada, Niederlande, Schweden, USA) beraten über die internationale Währungskrise. Sie ist durch den Verfall des französischen Franc und Spekulationen über seine Abwertung bzw. durch Gerüchte über eine – von der Bundesregierung abgelehnte – Aufwertung der DM ausgelöst worden. Die Notenbankpräsidenten und Fachminister wollen durch eine »konzertierte Wirtschaftspolitik« wirksam zur internationalen Währungsstabilität als gemeinsamer Verantwortung aller Länder beitragen. Sie verständigen sich über Maßnahmen zur Bekämpfung von Währungsspekulationen und zur Stützung des Franc.

1969

12. Februar   Das **Reparationsschädengesetz** regelt die Abgeltung von Reparations-, Restitutions-, Zerstörungs- und Rückerstattungsschäden. Die auf natürliche Personen beschränkten Leistungen werden nach den Grundsätzen des Lastenausgleichs abgewickelt und rückwirkend ab 1. 1. 1953 mit vier Prozent verzinst.

12. Mai   Die **Finanzverfassungsreform** tritt in Kraft. Im Sinne des kooperativen Föderalismus und des gemeindlichen Selbstverwaltungsrechts teilen sich Bund und Länder die Einkommen- und Körperschaftsteuer je zur Hälfte; die Aufteilung der Umsatzsteuer regelt ein einfaches Bundesgesetz. Länder und Gemeinden können Investitionshilfen des Bundes erhalten, z. B. für Wohnungsbau, Stadt- oder Dorferneuerung, Verkehrs- und Konjunkturförderung.

Die nachfolgenden Durchführungsgesetze ordnen die Finanzen der Gemeinden neu, die an der Einkommensteuer beteiligt werden. Sie regeln auch die Finanzierung der Gemeinschaftsaufgaben von Bund und Ländern, d. h. die Förderung des Hochschulbaus, der regionalen Wirtschafts- und Agrarstruktur sowie des Küstenschutzes.

1. Juli   Das seit 1927 geltende Gesetz über Arbeitsvermittlung und Arbeitslosenversicherung wird durch das **Arbeitsförderungsgesetz** (AFG) ersetzt. Von der Erkenntnis ausgehend, dass der technische Fortschritt (Automation, Strukturwandel) immer höhere Anforderungen an den arbeitenden Menschen stellt, erweitert es den Aufgabenkatalog der Bundesanstalt für Arbeit in Nürnberg und ihrer Arbeitsämter: Ihnen obliegen neben der Arbeitsvermittlung und der Zahlung von Arbeitslosengeld bzw. -hilfe in Zeiten der Arbeitslosigkeit auch Berufsberatung, berufliche Bildung, Fortbildung, Forschung, Rehabilitation und Umschulung. – Das Gesetz wird wiederholt aktuellen arbeitsmarktpolitischen Erfordernissen angepasst.

19.2. DDR: Sozialistische Planwirtschaft im Umbruch 1961–1971

1963

26. Februar   Die SED beschließt, ein Büro zur Leitung der Parteiarbeit in der Industrie (ZK-Sekretär Günter Mittag) und in der Landwirtschaft (ZK-Sekretär Gerhard Grüneberg) zu bilden. Beide Sekretariate erhalten – bis zum Ende der DDR – uneingeschränkte, unkontrollierbare Vollmachten.

14. Mai   An die Stelle der Zentralen Kontrollkommission (3.2. → 30. 6. 1948) tritt die **Arbeiter-und-Bauern-Inspektion** (ABI), die dem Minis-

terrat und dem Zentralkomitee der SED untersteht. Sie arbeitet mit den Gewerkschaften und der FDJ zusammen, überwacht die Durchführung der SED- und staatlichen Beschlüsse und soll der Selbsterziehung der Arbeiter in Industrie, Landwirtschaft und Verkehrswesen dienen, z. B. durch Wettbewerbe, Rationalisierung und Materialeinsparung.

25. Juni

Der Ministerrat führt das **Neue Ökonomische System** der Planung und Leitung der Volkswirtschaft (NÖS) ein. Die Staatliche Plankommission entwirft den langfristigen Perspektivplan, der am 5. 7. 1961 beschlossene Volkswirtschaftsrat die Jahrespläne, die er mit den Vereinigungen Volkseigener Betriebe (VVB) als Konzernspitzen der Volkseigenen Betriebe (VEB) abstimmt. Durch diese Dezentralisierung soll das ökonomische System flexibler und leistungsfähiger gemacht werden, Qualität soll an die Stelle von quantitativen Kennziffern (Tonnenideologie) treten. Die VVB erhalten mehr Selbstverwaltung und -verantwortung, die einzelnen VEB größeren Entscheidungsspielraum, z. B. bei der Materialbeschaffung, Kreditaufnahme, Rechnungsführung, Preisgestaltung und Absatzförderung. Leistungsanreize sollen die »materielle Interessiertheit« fördern, vor allem durch Betriebsgewinne und Prämien. Selbstkosten, Preise, Gewinne, Kredite, Löhne und Prämien bilden das »System der ökonomischen Hebel«. Hauptziel des NÖS in den Jahren 1963–1967 ist die »Selbstregulierung« der Wirtschaft auf der Grundlage des Plans. – Denkanstöße waren von der sowjetischen Liberman-Diskussion zur Verbesserung der planwirtschaftlichen Effizienz ausgegangen.

1964

1. Januar

Die RGW-Staaten rechnen ihren multilateralen Handels- und Finanzverkehr über die am 22. 10. 1963 in Moskau gegründete **Internationale Bank für Wirtschaftliche Zusammenarbeit** (IBWZ) ab. Währungseinheit ist der Transfer-Rubel auf Goldbasis (»Rubel-Block«). – Vorher waren die Zahlungsbilanzen der RGW-Länder in der Regel bilateral über Clearingkonten ausgeglichen worden.

1965

3. Dezember

Die DDR schließt mit der **Sowjetunion** ein langfristiges Handelsabkommen (1966–1970) ab: Die Sowjetunion liefert vor allem Rohstoffe wie Erdöl, Eisenerz, Kohle und Holz, die DDR Maschinen und Ausrüstungen.
Erich Apel, Mitglied des ZK der SED, Vorsitzender der Staatlichen Plankommission und Inspirator der NÖS (→ 25. 6. 1963), begeht am gleichen Tage in Berlin Suizid, da er das Handelsabkommen, das die DDR benachteiligt und von der Sowjetunion wirtschaftlich abhängig macht, ablehnt. – Bereits durch das Warenaustausch-

abkommen vom 22. 3. 1963 war die DDR zum größten Außenhandelspartner der Sowjetunion geworden.

1966

14. Januar

Rezentralisierung als zweite Etappe des NÖS: Der Volkswirtschaftsrat wird aufgelöst; an seine Stelle treten wieder Industrieministerien als zentrale Organe des Ministerrats. Das indirekte Steuerungssystem des NÖS wird zwar nicht abgeschafft, doch gewinnen in diesem »Ökonomischen System des Sozialismus« (1967 – 1970) zunehmend zentrale Planungsinstanzen wieder die Oberhand, z. B. bei den strukturpolitischen Schwerpunktvorhaben in der Industrie und Forschung.

1967

27. Mai

Der neue **Perspektivplan 1966 – 1970** sieht vor, die industrielle Produktion und Arbeitsproduktivität beträchtlich zu steigern. Schwerpunkte sind die Petrochemie, die Elektronik/EDV, der Städtebau (vor allem neue Wohnzentren) und die Zusammenarbeit mit dem RGW.

In der Industrie entstehen Kombinate (Zusammenschlüsse von Einzel-, später auch Großbetrieben) und Kooperationsverbände, in der Landwirtschaft Kooperationsräte von Landwirtschaftlichen Produktionsgenossenschaften (LPG). Sie sollen die Produktion auf höchstem wissenschaftlich-technischen Niveau spezialisieren und automatisieren.

Wesentliche Zielsetzungen des Fünfjahrplans werden nicht erfüllt, vor allem in den beiden letzten Jahren. Als störanfällig erweisen sich die Rohstoffversorgung, die Energiewirtschaft und die Zuliefererindustrie, sodass es zu Produktionsausfällen, Versorgungsschwierigkeiten und zu Exportrückständen kommt. Die Möglichkeiten, Kohle durch Erdöl und Metalle durch Kunststoffe zu ersetzen und die EDV einzuführen, werden überschätzt.

28. August

Die **Fünftagewoche** wird eingeführt, der Mindesturlaub erhöht. Seit April 1966 war jede zweite Woche nur noch an fünf Tagen gearbeitet worden.

1970

14. Mai

Das **Landeskulturgesetz** regelt den Umwelt- und Landschaftsschutz. Es enthält Vorschriften zur Reinhaltung von Boden, Wasser und Luft; auch legt es Lärmgrenzwerte fest. – Entgegen diesen – auf dem Papier stehenden – Normen wird in der DDR ein rücksichtsloser Raubbau an Natur und Umwelt getrieben. Der heimische Braunkohlenabbau und die Braunkohlenkraftwerke tragen wesentlich zur Boden- und Luftverschmutzung bei.

20. Entwicklungspolitik und Weltwirtschaft 1961–1969/71

1961

9. Juni

Das **ERP-Entwicklungshilfegesetz** erweitert die Zweckbestimmung des Sondervermögens aus dem European Recovery Program (ERP): Waren seine Mittel zunächst zum Wiederaufbau, später zur Wirtschaftsförderung eingesetzt worden, so dienen sie künftig auch als Finanzierungshilfe für Entwicklungsländer. – Bei der Verabschiedung des Gesetzes am 5. 5. 1961 hatte Wirtschaftsminister Ludwig Erhard betont, öffentliche Mittel sollten als Kredite vor allem langfristig eingesetzt werden, als Zuschüsse dagegen für die unentgeltliche Technische Hilfe, sofern privater Kapitaleinsatz nicht ausreiche.

Entwicklungsländer kennzeichnet ein niedriger Lebensstandard der Bevölkerungsmehrheit bei extrem ungleicher Güterverteilung, eine niedrige Produktivität und hohe Arbeitslosigkeit bei rückständiger Wirtschafts- und Infrastruktur, eine ungenügende Lebensmittelversorgung und mangelhafte gesundheitliche Betreuung, ihnen fehlen Bildungs- und Ausbildungsmöglichkeiten und Fachkräfte, auch sind sie stark von Rohstoffexporten und damit schwankenden Weltmarktpreisen abhängig. Häufig werden die Entwicklungsländer als Dritte (d. h. südliche) Welt von der Ersten (d. h. westlichen) und Zweiten (d. h. östlichen) Welt unterschieden (Nord-Süd-Konflikt und -gefälle).

30. September

Die Umwandlung der Organization for European Economic Cooperation (OEEC) in die **Organization for Economic Cooperation and Development** (OECD) tritt – wie in Paris am 14. 12. 1960 beschlossen – in Kraft. Die OECD soll die Wirtschaftspolitik ihrer Mitgliedstaaten koordinieren, ihr Wirtschaftswachstum fördern und sich zusätzlich der Entwicklungshilfe widmen.

Oberstes Organ ist der Rat, der als Ministerrat durch die von den Regierungen entsandten Minister oder als Ständiger Rat durch die bei der OECD errichteten Delegationen repräsentiert wird. (7.1. → 31. 10. 1949)

Das Development Assistance Committee (DAC) koordiniert die Entwicklungspolitik der Mitglieder (u. a. Japan, Australien). Sie legen jährlich einen Bericht über ihre Entwicklungshilfe vor (DAC-Examen).

Die Bundesregierung hatte erstmals am 15. 1. 1952 beschlossen, sich mit 500 000 DM am »Erweiterten Beistandsprogramm der UNO« zur wirtschaftlichen Entwicklung von Ländern der Dritten Welt zu beteiligen.

24. November

Das **Bundesministerium für wirtschaftliche Zusammenarbeit** (BMZ) wird errichtet. Nach einem Erlass des Kanzlers vom

29. 1. 1962 obliegt ihm die Koordinierung der Entwicklungspolitik; die sachlichen Kompetenzen bleiben wie bisher beim Auswärtigen Amt und beim Wirtschafts- und Landwirtschaftsministerium. Erster Minister ist Walter Scheel (FDP). Seit 23. 12. 1964 ist das BMZ erstmals für die Grundsätze und Programme der Entwicklungspolitik sowie für die Technische Hilfe verantwortlich. Seit 15. 12. 1972 ist es für den Gesamtbereich der bi- und multilateralen Entwicklungspolitik zuständig.

1963

20. Juli

Jaunde I: Das Assoziierungsabkommen zwischen der EWG und afrikanischen Staaten/Madagaskar wird in Jaunde unterzeichnet (Jaunde II am 29. 7. 1969). Der Europäische Entwicklungsfonds dient als Hauptinstrument der finanziellen und technischen Zusammenarbeit.

23. Dezember

Das **Entwicklungshilfe-Steuergesetz** führt steuerliche Vergünstigungen für private Kapitalanlagen in Entwicklungsländern ein. – Der Bundestag novelliert das Gesetz – nun Entwicklungsländer-Steuergesetz geheißen – am 14. 11. 1974 und verlängert es 1979 unbefristet.

1968

9. November

Die BRD schließt sich dem vom UN-Sicherheitsrat am 29. 5. 1968 beschlossenen verschärften Embargo gegen **Südrhodesien** an. Sie hatte sich bereits am 18. 2. 1967 aus Solidarität mit der UNO, mit den Völkern Afrikas und mit Großbritannien am Teilembargo gegen Südrhodesien beteiligt.

1969

18. Juni

Das **Entwicklungshelfer-Gesetz** dient der rechtlichen, finanziellen und sozialen Absicherung der freiwilligen Entwicklungshelfer. Sie sind vom Wehr- und Wehrersatzdienst freigestellt und leisten – anders als die Entwicklungsexperten – ohne Erwerbsabsicht partnerschaftliche Dienste in Entwicklungsländern. Die spätere berufliche Wiedereingliederung in der BRD sollen Rückkehrhilfen erleichtern.
Entwicklungshelfer werden von den im Arbeitskreis »Lernen und Helfen in Übersee« zusammengeschlossenen Trägerorganisationen entsandt, vor allem von dem am 24. 6. 1963 gegründeten **Deutschen Entwicklungsdienst** (DED). Die Entwicklungshelfer – früher vornehmlich qualifizierte Facharbeiter, jetzt verstärkt Hochschul- und Fachhochschulabsolventen – bereitet die 1959 gegründete **Deutsche Stiftung für Internationale Entwicklung** (DSE) auf ihre Aufgaben vor; sie führt auch Seminare und Fortbildungskurse für Fach- und Führungskräfte im Bereich der Entwicklungspolitik durch. Der

Carl-Duisberg-Gesellschaft (CDG) obliegt die Fortbildung deutscher Nachwuchskräfte im Ausland und ausländischer Fach-, Führungskräfte und Praktikanten in der BRD. Das **Deutsche Institut für
Entwicklungspolitik** (DIE) bildet Hochschulabsolventen für Aufgaben in der Entwicklungspolitik aus.

21. BRD und DDR: Bildung und Familie 1961 – 1969/71

1964

4. Mai
Das **2. Jugendgesetz** der DDR über die Teilnahme der Jugend
am Kampf für den umfassenden Aufbau des Sozialismus will
Jugendliche allseitig »bei der Leitung der Volkswirtschaft und des
Staates, in Beruf und Schule sowie bei Körperkultur und Sport«
fördern.

4. Juni
Bund und Länder streben im Verwaltungsabkommen zur **Förderung
von Wissenschaft und Forschung** gemeinsam den Ausbau der Universitäten und Hochschulen an und teilen sich die Kosten des Zu-
schussbedarfes für Forschungseinrichtungen.

28. Oktober
Das **Hamburger Abkommen** der Bundesländer zur Vereinheitlichung auf dem Gebiet des Schulwesens setzt den Beginn des Schul-
jahres auf den 1. 8. fest. Es ermöglicht, die Ferientermine regional
zu staffeln, und führt einheitliche Bezeichnungen, Organisationsformen und Zeugnisnoten für die Schulen ein (Neufassung des
Düsseldorfer Abkommens vom 17. 2. 1955).

1965

25. Februar
Das Gesetz über das einheitliche sozialistische Bildungssystem
(Bildungsgesetz) will »allseitig und harmonisch entwickelte sozialistische Persönlichkeiten« heranbilden, wie sie der »umfassende
Aufbau des Sozialismus« erfordert. Bestandteile des durchlässigen
Bildungssystems sind: 1. die Vorschulerziehung in Kinderkrippen
(bis 3. Jahr) und Kindergärten (ab 3. Jahr); 2. die zehnklassige allgemein bildende Polytechnische Oberschule (POS) oder die allgemein bildenden Spezialschulen mit dem Ziel der Förderung beson-
derer Begabung in den Bereichen Sprachen, Mathematik, Natur-
wissenschaften, Musik und Sport; 3. die Berufsausbildung durch
berufliche Grund- und spezielle Facharbeiterausbildung; 4. die zur
Hochschulreife führenden Einrichtungen wie u. a. die Erweiterte
Oberschule (EOS) oder die Abiturklassen der Berufsausbildung,
z. B. in Betriebsakademien, Betriebs- und kommunalen Berufs-

Deutsches Turn- und Sportfest in Leipzig 1963: Abschlussveranstaltung im Zentralstadion. →
4. Mai 1964

Im »Beatles«-Fieber, 1964.

schulen; 5. die Ingenieur- und Fachschulen für wissenschaftlich-technische und ökonomische Fachkräfte; 6. die Universitäten und Hochschulen, die im Direkt-, Fern- und Abendstudium ausbilden; 7. die umfassende Aus- und Weiterbildung der Werktätigen.
Die sozialistische Allgemeinbildung ist Voraussetzung für die Spezialbildung, die Fachwissen und berufliches Können umfasst. Theorie und Praxis, Studium und Produktion sind miteinander zu kombinieren. Der polytechnische Unterricht dient dazu, die Schüler mit der Praxis der sozialistischen Produktion vertraut zu machen. Es gilt der Grundsatz der Einheit von Bildung und Erziehung. Schüler, Lehrlinge und Studenten sind »zur Liebe zur DDR und zum Stolz auf die Errungenschaften des Sozialismus zu erziehen«.

1966
1. April   Das **Familiengesetzbuch** (FGB) der DDR tritt in Kraft. Es geht von der vollen Gleichberechtigung von Mann und Frau aus, die sich als Ehepartner gegenseitig fördern, helfen und die Kinder im Geiste des Friedens und des Sozialismus erziehen sollen. Die unterhalts-

Flower-Power gegen das Establishment und gegen den Vietnamkrieg, 1967.

und vermögensrechtlichen Beziehungen orientieren sich an der Regel, dass beide Ehepartner berufstätig sind und sich gegenseitig kameradschaftlich in enger Gemeinschaft unterstützen. Die Ehe darf nur geschieden werden, wenn sie »ihren Sinn für die Ehegatten, die Kinder und damit auch für die Gesellschaft verloren« hat. Anders als in der BRD, wo Ehe und Familie als Privatsphäre gelten, stellt der Sozialismus an sie die Forderung, dass sie auch staatlichen und gesellschaftlichen Erwartungen zu dienen haben, z. B. bei der »sozialistischen Erziehung« der Kinder.

1969

12. Mai   Die Finanzverfassungsreform (19.1. → 12. 5. 1969) räumt dem **Bund durch Grundgesetzänderung** neue Kompetenzen im Bildungs- und Wissenschaftsbereich ein: die konkurrierende Gesetzgebung für die Regelung der Ausbildungsbeihilfen (Art. 74 Nr. 13 GG), die Rahmengesetzgebung über die allgemeinen Grundsätze des Hochschulwesens (Art. 75 Nr. 1a GG), die Mitwirkung im Rahmen der Bund-Länder-Gemeinschaftsaufgaben: Ausbau und Neubau von Hochschulen, Bildungsplanung, Förderung von Einrichtungen und Vorhaben der überregionalen Forschung (Art. 91a Abs. 1 Nr. 1; Art. 91 b GG) und die Möglichkeit, den Ländern für besonders bedeutsame Investitionen Finanzhilfen zu gewähren (Art. 104 a Abs. 4 GG).

Andere Bundeskompetenzen im Bildungsbereich: die außerschulische Berufsbildung (Recht der Wirtschaft und Arbeitsrecht nach Art. 74 Nr. 11 und 12 GG seit 23. 5. 1949), das Besoldungsrecht (Art. 74a seit 18. 3. 1971) und die Rechtsverhältnisse der im öffentlichen Dienst der Länder, der Gemeinden und anderer Körperschaften des öffentlichen Rechts stehenden Personen einschließlich Laufbahnen und Vorbereitungsdienst (Art. 75 Nr. 1 GG seit 18. 3. 1971).

Zuständig für die neu übertragenen Kompetenzen ist das Bundesministerium für Bildung und Wissenschaft seit 25. 6. 1970. Am 15. 12. 1972 wird von ihm das Bundesministerium für Forschung und Technologie abgezweigt.

14. August   Das **Berufsbildungsgesetz** regelt erstmals bundeseinheitlich die betriebliche Ausbildung sowie die Fortbildung und Umschulung im dualen System der beruflichen Bildung. Details schreiben die Rechtsverordnungen vor, z. B. in den Ausbildungsordnungen. Festgelegt werden Rechte und Pflichten der Ausbildenden und der Auszubildenden (bisher Lehrlinge) sowie die Vergütung und die Prüfungsanforderungen für die staatlich anerkannten Ausbildungsberufe. Das neugeschaffene Bundesinstitut für Berufsbildungsforschung in West-Berlin erforscht und entwickelt Projekte der Aus-, Grund-, Fach- und Weiterbildung.

19. August	Das Gesetz über die rechtliche Stellung der **nichtehelichen Kinder** (in Kraft am 1. 7. 1970) will die Diskriminierung der nicht ehelich geborenen Kinder beseitigen. Die natürliche Verwandtschaft zwischen Vater und Kind wird anerkannt und ein Erbrecht oder ein Geldanspruch des Kindes in Anlehnung an das gesetzliche Erbrecht begründet. Erweitert sind die Unterhaltsverpflichtungen und die Rechte der Kindsmutter gegen den -vater.
1. September	Das **Hochschulbauförderungsgesetz** regelt die Kooperation zwischen Bund und Ländern bei der Gemeinschaftsaufgabe »Ausbau und Neubau von wissenschaftlichen Hochschulen«. Der neugeschaffene Planungsausschuss entwickelt Rahmenpläne. Die Investitionsausgaben teilen sich Bund und Land je zur Hälfte. – Das Hochschulstatistikgesetz vom 31. 8. 1971 schafft die Voraussetzungen für die Erhebung, Aufbereitung und Speicherung von Daten.

KAPITEL V:

Die beiden deutschen Staaten im Wandel vom Ost-West-Konflikt zur Ost-West-Entspannung 1969/71 – 1982

20 Jahre antifaschistischer Schutzwall – aus der Sicht der SED.

22. Innenpolitik in der Ära Brandt/Schmidt und Honecker

22.1. BRD: Sozialliberale Regierung, Parteien und Wahlen 1969–1982

1969

5. März Gustav W. **Heinemann** (Justizminister) wird als Kandidat der SPD vor dem CDU/CSU-Kandidaten Gerhard Schröder (Verteidigungsminister) in West-Berlin (18. → 5. 3. 1969) mit FDP-Unterstützung im dritten Wahlgang (relative Mehrheit) zum Bundespräsidenten gewählt. Heinrich Lübke (CDU/CSU) hatte sich bereit erklärt, vorzeitig zum 30. 6. von seinem Amt als Bundespräsident zurückzutreten.

Heinemann nennt seine Wahl »ein Stück Machtwechsel«. Bei seinem Amtsantritt am 1. 7. 1969 fordert er nicht weniger, sondern mehr Demokratie. Er befürwortet eine Politik der innenpolitischen Reformen, des Friedens, der Abrüstung und der Verständigung mit den östlichen Nachbarn.

28. September **Wahlen zum 6. Bundestag**: Zwar bleibt die CDU/CSU stärkste Partei, doch überspringt die SPD erstmals die 40-Prozent-Hürde. Die FDP verliert Mandate, die NPD bleibt deutlich unter der 5-Prozent-Klausel.

SPD-Kanzlerkandidat Willy Brandt und der neue FDP-Vorsitzende Walter Scheel, der Erich Mende abgelöst und die Wende von der national- zur linksliberalen Orientierung eingeleitet hatte, vereinbaren eine **sozialliberale Regierungskoalition**.

21. Oktober Der Bundestag wählt **Willy Brandt** (SPD) mit den Stimmen der FDP (251 von 249 erforderlichen) zum Bundeskanzler. Damit steht erstmals seit 39 Jahren (Kabinett Hermann Müller 1928–

Tab. 10: Fünfte Bundesversammlung, 5. März 1969 in West-Berlin
Zahl der Mitglieder: 1 036
Absolute Mehrheit: 519 Stimmen

Kandidaten	Abgegebene Stimmen		
	1. Wahlgang	2. Wahlgang	3. Wahlgang
Gustav W. Heinemann (SPD)	514	511	512
Gerhard Schröder (CDU/CSU)	501	507	506
Enthaltungen	5	5	5
Ungültige Stimmen	3	0	0
Summe	1 023	1 023	1 023

Willy Brandt nach der Bundestagswahl am → 28. September 1969 vor Journalisten.

Tab. 11: Sechste Bundestagswahl, 28. September 1969
Zweitstimmen

	Anzahl	%	Sitze[1]
Wahlberechtigte	38 677 235		
Wähler	33 523 064	86,7	
Ungültige Stimmen	557 040	1,7	
Gültige Stimmen	32 966 024		
SPD	14 065 716	42,7	237 (13)
CDU	12 079 535	36,6	201 (8)
CSU	3 115 652	9,5	49
FDP	1 903 422	5,8	31 (1)
ADF	197 331	0,6	–
BP	49 694	0,2	–
Zentrum	15 933	0,0	–
EP	49 650	0,2	–
FSU	16 371	0,0	–
GPD	45 401	0,1	–
NPD	1 422 010	4,3	–
UAP	5 309	0,0	–
Abkürzungsverzeichnis s. S. 585			

1 Mit West-Berliner Sitzen (= Zahl in Klammern).

Quelle: Statistisches Bundesamt.

1930) und nach 20 Jahren ununterbrochener CDU/CSU-Herrschaft (1949 – 1969) wieder ein Sozialdemokrat an der Regierungsspitze. Nach Brandts Meinung hatte damit Hitler endgültig den Krieg verloren.

22. Oktober **Erstes Kabinett Brandt** aus einer SPD/FDP-Koalition. Parlamentarische Staatssekretäre werden eingeführt. Einige Ressorts sind aufgelöst (Vertriebenen-, Schatz-, Bundesratsministerium), zusammengelegt (Verkehrs- und Post-, Familien- und Gesundheitsministerium) oder umbenannt (Bundesministerium für innerdeutsche Beziehungen statt gesamtdeutsche Fragen).

Bundeskanzler	Willy Brandt (SPD)
Stellvertreter und Auswärtiges	Walter Scheel (FDP)
Inneres	Hans-Dietrich Genscher (FDP)
Justiz	Gerhard Jahn (SPD)
Finanzen	Alex Möller (SPD) bis 13. 5. 1971, Nachfolger Karl Schiller (SPD) bis 7. 7. 1972
Wirtschaft	Karl Schiller (SPD) bis 7. 7. 1972, Nachfolger Helmut Schmidt (SPD) für Wirtschaft und Finanzen
Ernährung, Landwirtschaft und Forsten	Josef Ertl (FDP)
Arbeit und Sozialordnung	Walter Arendt (SPD)
Verteidigung	Helmut Schmidt (SPD) bis 7. 7. 1972, Nachfolger Georg Leber (SPD)
Jugend, Familie und Gesundheit	Käte Strobel (SPD)
Verkehr und Post- und Fernmeldewesen	Georg Leber (SPD) bis 7. 7. 1972, Nachfolger Lauritz Lauritzen (SPD)
Städtebau	Lauritz Lauritzen (SPD)
Innerdeutsche Beziehungen	Egon Franke (SPD)
Bildung und Wissenschaft	Hans Leussink (parteilos) bis 15. 3. 1972, Nachfolger Klaus von Dohnanyi (SPD)
Wirtschaftliche Zusammenarbeit	Erhard Eppler (SPD)
Besondere Aufgaben	Horst Ehmke (SPD)

In seiner Regierungserklärung vom 28. 10. kündigt Brandt innere Reformen, »Kontinuität und Erneuerung«, »Fähigkeit zum Wandel« und »mehr Demokratie« an. Er bekennt sich zu NATO und EG, zur Einheit der deutschen Nation und zu ihrem Recht auf Selbstbestimmung. Eine völkerrechtliche Anerkennung der DDR komme nicht in Betracht; wenn auch zwei Staaten in Deutschland existieren, so seien sie füreinander doch nicht Ausland. Wirtschaftspolitisch gehe es um »Stabilität ohne Stagnation«, finanzpolitisch um »Solidität«. Innenpolitisch erhalten Reformen den Vorrang, vor allem in Bildung und Wissenschaft, im Ehe-, Straf- und Steuerrecht, in Verwaltung, Bundeswehr, Gesellschaft und Sozialpolitik. »Wir stehen nicht am Ende unserer Demokratie, wir fangen erst richtig an.« Als Leitsatz seiner Politik bezeichnet Brandt nach der Aussprache im Bundestag: »Keine Angst vor Experimenten.«

1971

13. Mai   Finanzminister Alex **Möller** (SPD) tritt wegen Etatstreitigkeiten (u. a. mit Verteidigungsminister Helmut Schmidt) zurück. Die bisher eigenständigen Ressorts Wirtschaft und Finanzen werden zusammengelegt und vom »Superminister« Karl Schiller (SPD) übernommen.

1972

27. April   Das **erste konstruktive Misstrauensvotum** (Art. 67 GG) gegen einen Bundeskanzler in der Geschichte der BRD, beantragt von der CDU/CSU-Opposition, scheitert knapp: Willy Brandt bleibt Regierungschef, da der vorgeschlagene CDU-Vorsitzende Rainer

Das Misstrauensvotum am → 27. April 1972 ist gescheitert: Abgeordnete der Koalitionsparteien gratulieren Bundeskanzler Willy Brandt.

Barzel statt der erforderlichen absoluten Mehrheit von 249 nur 247 Abgeordnetenstimmen erhält.
Die meisten SPD/FDP-Abgeordneten beteiligen sich nicht an der Abstimmung. Die FDP-Abgeordneten Knut von Kühlmann-Stumm und Gerhard Kienbaum stimmen für Barzel. Er erhält jedoch nicht alle 242 CDU/CSU-Stimmen, u. a. auch nicht die des Abgeordneten Julius Steiner, an den DM 50 000 aus Quellen des Ministeriums für Staatssicherheit der DDR bezahlt werden. Steiner (CDU) gibt später an, er habe Geld vom parlamentarischen Geschäftsführer Karl Wienand (SPD) erhalten, dem Vertrauten Herbert Wehners, Vorsitzender der SPD-Bundestagsfraktion.
Wegen Ablehnung der Ostverträge (→ 23. 1.), die zur Regierungskrise führen, war u. a. der SPD-Abgeordnete und Vorsitzende der Schlesischen Landsmannschaft Herbert Hupka am 29. 2. 1972 zur CDU übergewechselt, der FDP-Abgeordnete Wilhelm Helms am 23. 4. 1972 aus seiner Partei ausgetreten (seit 16. 9. 1972 in der CDU).
Schon am 28. 4. 1972 lehnt der Bundestag den Etat des Bundeskanzlers ab. Die Haushaltsberatungen werden daher auf unbestimmte Zeit ausgesetzt.

7. Juli   Wirtschafts- und Finanzminister Karl **Schiller** tritt zurück. Die Bundesregierung hatte gegen seinen Willen dirigistische Maßnahmen beschlossen, um Auslandskapital abzuwehren. Nachfolger wird Helmut **Schmidt** (SPD), dessen Ressort als Verteidigungsminister Georg Leber (SPD) übernimmt. – Karl Schiller tritt am 24. 9. 1972 aus der SPD aus.

22. September   Bundeskanzler Brandt stellt die **erste Vertrauensfrage** (Art. 68 GG) in der Geschichte der BRD: 233 Bundestagsabgeordnete sind für, 248 gegen ihn. Das Kabinett stimmt nicht mit ab, um vorgezogene Neuwahlen zu ermöglichen. Bundespräsident Heinemann schreibt sie nach Auflösung des Bundestages für den 19. 11. 1972 aus.
Die Neuwahlen sollen die perfekte Pattsituation zwischen Regierung und Opposition überwinden, da sie über je 248 Stimmen im Bundestag verfügen. Sie war spätestens am 16. 5. 1972 eingetreten, als der SPD-Abgeordnete Günther Müller aus seiner Partei ausgeschlossen wurde, denn er hatte die Münchner Wählerinitiative »Soziale Demokraten 72« gegründet.

19. November   Vorgezogene **Wahlen zum 7. Bundestag**: Die Koalitionsparteien SPD/FDP bauen ihre Mehrheit aus. Die SPD wird erstmals stärkste Partei vor der CDU/CSU. Der Wahlsieg gilt als persönlicher Erfolg Willy Brandts, der mit dem Slogan geworben hatte: »Deutsche, Ihr könnt stolz sein auf Euer Land.«

15. Dezember   Willy Brandt, am Vortag erneut zum Bundeskanzler gewählt (269 gegen 223 Stimmen), stellt sein **zweites Kabinett** vor:

Bundeskanzler	Willy Brandt (SPD)	
Stellvertreter und Auswärtiges	Walter Scheel (FDP)	
Inneres	Hans-Dietrich Genscher (FDP)	
Justiz	Gerhard Jahn (SPD)	
Finanzen	Helmut Schmidt (SPD)	
Wirtschaft	Hans Friderichs (FDP)	
Ernährung, Landwirtschaft und Forsten	Josef Ertl (FDP)	
Arbeit und Sozialordnung	Walter Arendt (SPD)	
Verteidigung	Georg Leber (SPD)	
Jugend, Familie und Gesundheit	Katharina Focke (SPD)	
Verkehr	Lauritz Lauritzen (SPD)	
Raumordnung, Bauwesen und Städtebau	Hans-Jochen Vogel (SPD)	
Innerdeutsche Beziehungen	Egon Franke (SPD)	
Forschung und Technologie, Post- und Fernmeldewesen	Horst Ehmke (SPD)	
Bildung und Wissenschaft	Klaus von Dohnanyi (SPD)	
Wirtschaftliche Zusammenarbeit	Erhard Eppler (SPD)	
Besondere Aufgaben beim Bundeskanzler	Egon Bahr (SPD)	
Besondere Aufgaben beim Stellvertreter des Bundeskanzlers	Werner Maihofer (FDP)	

Tab. 12: Siebte Bundestagswahl, 19. November 1972
Zweitstimmen

	Anzahl	%	Sitze[1]
Wahlberechtigte	41 446 302		
Wähler	37 761 589	91,1	
Ungültige Stimmen	301 839	0,8	
Gültige Stimmen	37 459 750		
SPD	17 175 169	45,8	242 (12)
CDU	13 190 837	35,2	186 (9)
CSU	3 615 183	9,7	48
FDP	3 129 982	8,4	42 (1)
DKP	113 891	0,3	–
EFP	24 057	0,1	–
FSU	3 166	0,0	–
NPD	207 465	0,6	–

Abkürzungsverzeichnis s. S. 585

1 Mit West-Berliner Sitzen (= Zahl in Klammern).
Quelle: Statistisches Bundesamt.

In seiner Regierungserklärung vom 18. 1. 1973 bekennt sich Brandt erneut zu »Kontinuität und Erneuerung« in der Politik, zur aktiven Friedenssicherung und zu gesellschaftlichen Reformen. Außenpolitisch stehe an erster Stelle das Ziel einer europäischen Union. Die Sicherheit verbürge die NATO, die zugleich Rückhalt der Ost- und Entspannungspolitik sei. Innenpolitisch hätten Bildung und Wissenschaft Vorrang bei den angestrebten Reformen.

1973

8. Mai   Die CDU/CSU-Bundestagsfraktion lehnt mehrheitlich (101 gegen 93 Stimmen) den Beitritt der BRD zur **UNO** ab (24. → 18. 9. 1973). Da ihn Rainer Barzel empfohlen hatte, verzichtet er tags darauf auf den Fraktionsvorsitz, den am 17. 5. Karl Carstens übernimmt. Barzel kandidiert auch nicht erneut für den Parteivorsitz; zum neuen CDU-Vorsitzenden wird am 12. 6. 1973 Helmut Kohl gewählt.

9. August   Das Gesetz über den **Zivildienst der Kriegsdienstverweigerer** (Neufassung des Ersatzdienstgesetzes vom 13. 1. 1960) stellt den Zivildienst rechtlich und materiell dem Wehrdienst in der Bundeswehr gleich. Ein Bundesamt für den Zivildienst wird am 1. 10. 1973 errichtet.

1974

6. Mai   Willy **Brandt** (SPD) tritt als Bundeskanzler zurück: Ursachen sind Amtsmüdigkeit, Regierungskrisen, zeitweilige Depressionen und Führungsschwäche, unmittelbare Anlässe sind sein Privatleben (Frauengeschichten, die ihm vor allem der SPD-Fraktionsvorsitzende Wehner verübelt) und der Spionagefall Guillaume, für den er die politische und persönliche Verantwortung übernimmt. Brandt bleibt aber SPD-Vorsitzender. – Sein persönlicher Referent Günter Guillaume war am 24. 4. 1974 als DDR-Spion verhaftet worden.

15. Mai   Die **Bundesversammlung** wählt in Bonn den FDP-Vorsitzenden Walter **Scheel** im ersten Wahlgang zum Bundespräsidenten vor dem CDU/CSU-Kandidaten Richard von Weizsäcker. Scheel tritt sein Amt am 1. 7. 1974 an.

Tab. 13: Sechste Bundesversammlung, 15. Mai 1974 in Bonn
    Zahl der Mitglieder: 1 036
    Absolute Mehrheit: 519 Stimmen

Kandidaten	Abgegebene Stimmen
	1. Wahlgang
Walter Scheel (FDP)	530
Richard von Weizsäcker (CDU/CSU)	498
Enthaltungen	5
Summe	1 033

Bundeskanzler Willy Brandt mit seinem persönlichen Referenten, dem – noch nicht enttarnten – Spion Günter Guillaume. → 6. Mai 1974

16. Mai   Der Bundestag wählt den Bundesminister der Finanzen **Helmut Schmidt** (SPD) zum neuen Bundeskanzler (267 gegen 225 Stimmen). Das **erste Kabinett Schmidt** setzt sich wie folgt zusammen:

Bundeskanzler	Helmut Schmidt (SPD)
Stellvertreter und Auswärtiges	Hans-Dietrich Genscher (FDP)
Inneres	Werner Maihofer (FDP)
Justiz	Hans-Jochen Vogel (SPD)
Finanzen	Hans Apel (SPD)
Wirtschaft	Hans Friderichs (FDP)
Ernährung, Landwirtschaft und Forsten	Josef Ertl (FDP)
Arbeit und Sozialordnung	Walter Arendt (SPD)
Verteidigung	Georg Leber (SPD)
Jugend, Familie und Gesundheit	Katharina Focke (SPD)
Verkehr und Post- und Fernmeldewesen	Kurt Gscheidle (SPD)
Raumordnung, Bauwesen und Städtebau	Karl Ravens (SPD)
Innerdeutsche Beziehungen	Egon Franke (SPD)
Forschung und Technologie	Hans Matthöfer (SPD)
Bildung und Wissenschaft	Helmut Rohde (SPD)
Wirtschaftliche Zusammenarbeit	Erhard Eppler (SPD) bis 8. 7. 1974, Nachfolger Egon Bahr (SPD)

In seiner Regierungserklärung vom 17. 5. 1974 führt Schmidt die Arbeitsschwerpunkte der erneuerten sozialliberalen Koalition auf. Nach den Leitworten »Kontinuität und Konzentration« will er die sozialliberale Politik fortsetzen, sich aber »in Realismus und Nüchternheit auf das Wesentliche, auf das, was jetzt notwendig ist«, konzentrieren.

8. Juli   Wegen nicht bewilligter Ressortanforderungen tritt Erhard **Eppler** (SPD) als Bundesminister zurück. Er hatte die Entwicklungspolitik stärker profilieren wollen. – Nachfolger: Egon Bahr (SPD).

1975

14. November   Der Mannheimer Parteitag der SPD verabschiedet den **ökonomisch-politischen Orientierungsrahmen** als Langzeitprogramm bis 1985. Es präzisiert auf der Basis des Godesberger Programms die Grundwerte des demokratischen Sozialismus, es analysiert gesellschaftliche Perspektiven, und es schlägt Reformen sowie Lösungsmöglichkeiten für Zukunftsprobleme vor (u. a. Frieden durch internationale Zusammenarbeit, paritätische Mitbestimmung, Lebensqualität, Humanisierung der Arbeitswelt).

1976

9. August   Das **Zivilschutzgesetz** reformiert Maßnahmen zum Schutz der Zivilbevölkerung (Gesetz vom 9. 10. 1957), u. a. für den Selbstschutz, den Schutzbau, den Katastrophenschutz, die Aufenthaltsregelung und die Gesundheitsvorsorge; ferner legt es die Aufgaben des Bundesamtes für den Zivilschutz fest.

3. Oktober   **Wahlen zum 8. Bundestag**: Die CDU/CSU wird wieder stärkste Partei, doch behauptet die sozialliberale Koalition knapp ihre Mehrheit.

19. November In **Wildbad Kreuth** beschließt die CSU-Landesgruppe, die Fraktionsgemeinschaft mit der CDU im Bundestag zu beenden. Am 12. 12. 1976 wird der Beschluss widerrufen. Die CDU hatte angekündigt, einen Landesverband in Bayern zu gründen. Eine paritätisch besetzte Kommission soll künftig die gemeinsame Strategie festlegen; die CSU darf im Bundestag eine von der CDU abweichende Meinung vertreten.

15. Dezember Der neue Bundestag wählt Helmut **Schmidt** (SPD) zum Bundeskanzler (250 gegen 243 Stimmen). Er stellt sein **zweites Kabinett** vor:

Bundeskanzler	Helmut Schmidt (SPD)
Stellvertreter und Auswärtiges	Hans-Dietrich Genscher (FDP)
Inneres	Werner Maihofer (FDP), ab 8. 6. 1978 Gerhart Rudolf Baum (FDP)
Justiz	Hans-Jochen Vogel (SPD)
Finanzen	Hans Apel (SPD), ab 16. 2. 1978 Hans Matthöfer (SPD)
Wirtschaft	Hans Friderichs (FDP), ab 7. 10. 1977 Otto Graf Lambsdorff (FDP)
Ernährung, Landwirtschaft und Forsten	Josef Ertl (FDP)
Arbeit und Sozialordnung	Herbert Ehrenberg (SPD)
Verteidigung	Georg Leber (SPD), ab 16. 2. 1978 Hans Apel (SPD)
Jugend, Familie und Gesundheit	Antje Huber (SPD)
Verkehr und Post- und Fernmeldewesen	Kurt Gscheidle (SPD)
Raumordnung, Bauwesen und Städtebau	Karl Ravens (SPD), ab 16. 2. 1978 Dieter Haack (SPD)
Innerdeutsche Beziehungen	Egon Franke (SPD)
Forschung und Technologie	Hans Matthöfer (SPD), ab 16. 2. 1978 Volker Hauff (SPD)

Tab. 14: Achte Bundestagswahl, 3. Oktober 1976
    Zweitstimmen

	Anzahl	%	Sitze[1]
Wahlberechtigte	42 058 015		
Wähler	38 165 753	90,7	
Ungültige Stimmen	343 253	0,9	
Gültige Stimmen	37 822 500		
SPD	16 099 019	42,6	224 (10)
CDU	14 367 302	38,0	201 (11)
CSU	4 027 499	10,6	53
FDP	2 995 085	7,9	40 (1)
AUD	22 202	0,1	–
AVP	4 723	0,0	–
C.B.V.	6 720	0,0	–
DKP	118 581	0,3	–
EAP	6 811	0,0	–
5 %-Block	2 940	0,0	–
GIM	4 759	0,0	–
KPD	22 714	0,1	–
KBW	20 018	0,1	–
NPD	122 661	0,3	–
UAP	765	0,0	–
VL	701	0,0	–
Abkürzungsverzeichnis s. S. 585			

1 Mit West-Berliner Sitzen (= Zahl in Klammern).
Quelle: Statistisches Bundesamt.

Bildung und Wissenschaft	Helmut Rohde (SPD), ab 16. 2. 1978 Jürgen Schmude (SPD)
Wirtschaftliche Zusammenarbeit	Marie Schlei (SPD), ab 16. 2. 1978 Rainer Offergeld (SPD)

In seiner Regierungserklärung vom 16. 12. 1976 legt Schmidt die Schwerpunkte seiner künftigen Regierungsarbeit fest.

1978

13. April   Das Bundesverfassungsgericht erklärt die Abschaffung der **Gewissensprüfung** bei Kriegsdienstverweigerern, wie sie das geänderte Wehrpflicht- und Zivildienstgesetz vom 13. 7. 1977 vorgesehen hatte, für verfassungswidrig. Daher bleibt es vorerst beim alten Anerkennungsverfahren. – Zur Neuregelung: 29.1. → 28. 2. 1983.

8. Juni   Gerhart Rudolf **Baum** (FDP), bisher Parlamentarischer Staatssekretär im Innenministerium, löst Werner Maihofer als Bundesinnenminister ab. Maihofer war wegen Fahndungspannen im Entführungsfall Schleyer (22.2. → 5. 9. 1977) sowie wegen des

umstrittenen Lauschangriffs auf den Atomwissenschaftler Klaus Traube, den der Verfassungsschutz wegen mutmaßlicher Kontakte zur Terrorszene observiert hatte, zurückgetreten.

23.–25. Okt. Die **CDU** wendet sich mit ihrem in Ludwigshafen einstimmig verabschiedeten **1. Grundsatzprogramm** als Volkspartei an alle Schichten und Gruppen. Sie bekennt sich zum christlichen Menschenbild, zur ethischen Grundlage der Politik, zu den Grundwerten Freiheit, Solidarität und Gerechtigkeit sowie zur sozialen Marktwirtschaft als wirtschafts- und gesellschaftspolitischem Programm für alle. Die Partei erstrebt Freiheit und Einheit für das gesamte deutsche Volk in einem geeinten Europa und betrachtet die deutsche Frage als offen.

1979

23. Mai Die Bundesversammlung wählt in Bonn (Beethovenhalle) den CDU/CSU-Kandidaten **Karl Carstens** gegen die SPD-Kandidatin Annemarie Renger im ersten Wahlgang zum Bundespräsidenten. Carstens tritt sein Amt am 1. 7. 1979 an.

10. Juni Zur ersten Europawahl: 23.2. → 7.–10. 6. 1979.

7. Oktober Den **Grünen** gelingt es in der BRD erstmals bei der Bürgerschaftswahl in Bremen, die Fünfprozentsperrklausel zu überwinden (6,5 Prozent der Zweitstimmen). – Bei der Landtagswahl am 16. 3. 1980 in Baden-Württemberg erzielen sie 5,3 Prozent der Zweitstimmen. – Bei den Bundestagswahlen am 5. 10. 1980 entfallen auf die Grünen nur 1,5 Prozent der Zweitstimmen.
Die Grünen setzen sich aus politisch heterogenen Gruppen zusammen. Sie wenden sich gegen den Bau von Kernkraftwerken, die Vergötzung des Wirtschaftswachstums und den Raubbau an der Natur. Alternativ fordern sie den Umweltschutz und die Einsparung von Energie und Ressourcen. Die erste Partei, die »Grüne Aktion

Tab. 15: Siebte Bundesversammlung, 23. Mai 1979 in Bonn
Zahl der Mitglieder: 1 036
Absolute Mehrheit: 519 Stimmen

Kandidaten	Abgegebene Stimmen
	1. Wahlgang
Karl Carstens (CDU/CSU)	528
Annemarie Renger (SPD)	431
Enthaltungen	72
Ungültige Stimmen	1
Summe	1 032

Zukunft« (GAZ), hatte der aus der CDU ausgetretene Bundestagsabgeordnete Herbert Gruhl am 13. 7. 1978 gegründet.

1980

5. Oktober   **Wahlen zum 9. Bundestag**: Die sozialliberale Koalition kann nach
einem personalisierten Wahlkampf, der sich auf die Spitzenkandidaten Helmut Schmidt und Franz Josef Strauß konzentriert, ihre
Mehrheit leicht ausbauen, da die FDP Stimmen gewinnt. Die Unionsparteien erleiden Verluste, bleiben aber stärkste Fraktion.
Am 2. 7. 1979 hatte die CDU/CSU-Bundestagsfraktion nach heftigen parteiinternen Auseinandersetzungen entschieden, dass der
bayerische Ministerpräsident Franz Josef Strauß (CSU) und nicht
der niedersächsische Ministerpräsident Ernst Albrecht (CDU)
Kanzlerkandidat der Union sein solle.

5. November   Der Bundestag wählt **Helmut Schmidt** (SPD) zum dritten Mal zum
Bundeskanzler (266 gegen 222 Stimmen, 2 Enthaltungen, 1 un-
gültige Stimme). Schmidts **drittes Kabinett** wird noch am gleichen
Tage ernannt.

Bundeskanzler	Helmut Schmidt (SPD)
Stellvertreter und Auswärtiges	Hans-Dietrich Genscher (FDP), ab 17. 9. 1982 Egon Franke (SPD) und Helmut Schmidt (SPD)
Inneres	Gerhart Rudolf Baum (FDP), ab 17. 9. 1982 Jürgen Schmude (SPD)
Justiz	Hans-Jochen Vogel (SPD) bis 21. 1. 1981, ab 28. 1. 1981 Jürgen Schmude (SPD)
Finanzen	Hans Matthöfer (SPD), ab 28. 4. 1982 Manfred Lahnstein (SPD)
Wirtschaft	Otto Graf Lambsdorff (FDP), ab 17. 9. 1982 Manfred Lahnstein (SPD)
Ernährung, Landwirtschaft und Forsten	Josef Ertl (FDP), ab 17. 9. 1982 Björn Engholm (SPD)
Arbeit und Sozialordnung	Herbert Ehrenberg (SPD), ab 28. 4. 1982 Heinz Westphal (SPD)
Verteidigung	Hans Apel (SPD)
Jugend, Familie und Gesund- heit	Antje Huber (SPD) bis 7. 4. 1982 (Rücktritt), ab 28. 4. 1982 Anke Fuchs (SPD)
Verkehr	Volker Hauff (SPD)
Post- und Fernmeldewesen	Kurt Gscheidle (SPD), ab 28. 4. 1982 Hans Matthöfer (SPD)

Tab. 16: Neunte Bundestagswahl, 5. Oktober 1980
Zweitstimmen

	Anzahl	%	Sitze[1]
Wahlberechtigte	43 231 741		
Wähler	38 292 176	88,6	
Ungültige Stimmen	353 115[2]	0,9	
Gültige Stimmen	37 938 981[2]		
SPD	16 260 677	42,9	228 (10)
CDU	12 989 200	34,2	185 (11)
CSU	3 908 459	10,3	52
FDP	4 030 999	10,6	54 (1)
Bürgerpartei	11 256	0,0	–
C.B.V.	3 946	0,0	–
DKP	71 600	0,2	–
GRÜNE	569 589	1,5	–
EAP	7 666	0,0	–
KBW	8 174	0,0	–
NPD	68 096	0,2	–
V	9 319	0,0	–
Abkürzungsverzeichnis s. S. 585			

1 Mit West-Berliner Sitzen (= Zahl in Klammern).
2 Unstimmigkeit: Summe der ungültigen und gültigen Zweitstimmen ist niedriger als die Zahl der Wähler: Differenz 80 Stimmen.
Quelle: Statistisches Bundesamt.

Raumordnung, Bauwesen und Städtebau	Dieter Haack (SPD)
Innerdeutsche Beziehungen	Egon Franke (SPD)
Forschung und Technologie	Andreas von Bülow (SPD)
Bildung und Wissenschaft	Jürgen Schmude (SPD), ab 28. 1. 1981 Björn Engholm (SPD)
Wirtschaftliche Zusammenarbeit	Rainer Offergeld (SPD)

Die Regierungserklärung vom 24. 11. 1980 steht unter dem Leitmotiv »Mut zur Zukunft«. Außenpolitisch bekennt sich Schmidt zu NATO, EG, Entspannungspolitik und Rüstungskontrolle, innenpolitisch zum »Mut zur Korrektur und schrittweisen Verbesserung«.

1982
5. Februar

Zum zweiten Male in der Geschichte der BRD stellt ein Bundeskanzler die **Vertrauensfrage** (→ 22. 9. 1972). Helmut Schmidt will so Klarheit über den weiteren politischen Kurs schaffen und deutlich machen, dass die sozialliberale Koalition trotz zeitweilig mangelnder Geschlossenheit regierungsfähig bleibe.

Wie erwartet spricht das Parlament dem Bundeskanzler mit allen Stimmen der SPD und FDP das Vertrauen aus, die Abgeordneten der CDU/CSU stimmen geschlossen dagegen. Nach Meinung der Opposition spiegelt das Vertrauensvotum eine Mehrheit vor, die Schmidt längst eingebüßt und nur durch Rücktrittsdrohungen erzwungen hat.

28. April   Durch eine **Kabinettsumbildung** beendigt Bundeskanzler Schmidt zahlreiche Spekulationen über Ministerentlassungen oder -berufungen. Die Veränderungen sind in der Kabinettsliste vom → 5. 11. 1980 dokumentiert.

9. September   In seiner Regierungserklärung zur **Lage der Nation** fordert Helmut Schmidt die Opposition auf, ein konstruktives Misstrauensvotum zu beantragen, falls sie ihn als Bundeskanzler stürzen wolle. Er klebe nicht an seinem Stuhl, denke aber auch nicht an Rücktritt.

Der umstrittene und heftig kritisierte Wirtschaftsminister Otto **Graf Lambsdorff** (FDP) legt Schmidt das »Konzept für eine Politik zur Überwindung der Wachstumsschwäche und zur Bekämpfung der Arbeitslosigkeit« vor. Er fordert darin eine an der Konjunktur orientierte Haushaltspolitik, Eingriffe in das soziale Netz (Abstriche beim Arbeitslosen- und Wohngeld sowie bei der Sozialhilfe; Einführung von Karenztagen bei der Lohnfortzahlung im Krankheitsfall, Selbstbeteiligung bei der Krankenversicherung u. a.), eine unternehmensfreundliche Politik (u. a. bei der Gewerbe- und Ver-

Die »Troika« bei Haushaltsberatungen kurz vor dem Ende der sozialliberalen Koalition: links SPD-Vorsitzender Willy Brandt, Mitte Bundeskanzler Helmut Schmidt und rechts SPD-Fraktionsvorsitzender Herbert Wehner. → 17. September 1982

mögensteuer, Investitionsanreize), eine Liberalisierung des Miet-
rechts und des Kündigungsschutzes. Nach Lambsdorff geht dieses
Konzept »über den konventionellen Rahmen der bisher als durch-
setzbar angesehenen Politik hinaus«. Für die SPD ist es das »Schei-
dungspapier«, für die FDP die »Vorwärtsstrategie zur Bekämpfung
der Arbeitslosigkeit«.

17. September   **Ende der sozialliberalen Koalition**: Bundeskanzler Schmidt kündigt
vor dem Bundestag das Regierungsbündnis auf, das sich in einer
Dauerkrise befindet. Die vier FDP-Minister Genscher, Lambsdorff,
Baum und Ertl treten zurück.
Schmidt bildet als Minderheitsregierung die erste rein sozialdemo-
kratische Regierung in der Geschichte der BRD: Das Auswärtige
Amt übernimmt zusätzlich er selbst, das Wirtschaftsministerium
Lahnstein, das Innenministerium Schmude und das Landwirtschafts-
ministerium Engholm.
Der Bundeskanzler schlägt den im Bundestag vertretenen Parteien
vor, Neuwahlen festzulegen und so die Regierungskrise beizulegen. –
Genscher und Kohl lehnen dieses Angebot ab. Die FDP befürwortet
mehrheitlich Koalitionsverhandlungen mit der CDU/CSU.

20. September   Beginn der **Koalitionsgespräche**: CDU, CSU und FDP vereinbaren,
Schmidt am 1. 10. durch ein konstruktives Misstrauensvotum zu
stürzen, Helmut Kohl zum Bundeskanzler zu wählen und am 6. 3.
1983 Bundestagsneuwahlen anzustreben.
Zuvor hatte sich der CSU-Vorstand wie auch der SPD-Parteirat
für Neuwahlen noch im Jahre 1982 ausgesprochen.

27. September   Die **FDP** beschließt nach ihrer Niederlage bei den hessischen
Landtagswahlen mehrheitlich, die Koalitionsverhandlungen mit der
CDU/CSU fortzusetzen.
Die hessische FDP, Koalitionspartner der SPD seit 1977, hatte auf
ihrem Sonderparteitag am 17. 6. 1982 in Darmstadt eine Koalitions-
aussage zugunsten der CDU verabschiedet und damit das gefähr-
dete sozialliberale Regierungsbündnis in Bonn stark belastet.
Bei den Landtagswahlen in Hessen am 26. 9. verfehlte die CDU
(Spitzenkandidat Alfred Dregger) die erwartete und vorausgesagte
absolute Mehrheit. Die seit 35 Jahren regierende SPD (Ministerpräsident Holger Börner) hielt sich überraschend gut. Die FDP
schied aus dem Landtag aus, die Grünen zogen in ihn ein.

28. September   CDU, CSU und FDP einigen sich auf das **Koalitionspapier**. Es sieht
u. a. vor, Sozialausgaben einzusparen, die Mehrwertsteuer zu erhöhen und eine rückzahlbare Zwangsanleihe für Besserverdienende
einzuführen.
Die Bundestagsfraktion der FDP billigt nach einer Zerreißprobe
mehrheitlich die Koalitionsvereinbarung und das konstruktive Misstrauensvotum; die CDU/CSU-Fraktion befürwortet es einstimmig.

22.2. BRD: Extremismus, Terrorismus und Staat 1969–1982

<u>1970</u>

14. Mai | Entstehung der **Rote Armee Fraktion (RAF)**: Während der Verbüßung seiner Zuchthausstrafe wegen Kaufhausbrandstiftung (16.2. → 2./3. 4. 1968) wird Andreas Baader gewaltsam aus dem »Zentralinstitut für soziale Fragen« in West-Berlin befreit. Diese Aktion, bei der Georg Linke als Institutsangestellter angeschossen wird, gilt als Geburtsstunde der RAF (Baader-Meinhof-Gruppe). Sie repräsentiert den radikalsten programmatischen Flügel des Terrorismus.

15. Juni | Tonbanderklärung Ulrike Meinhofs zur **»Gefangenenbefreiung«**: Um das »Proletariat« zu organisieren und »bewaffnete Auseinandersetzungen« durchzuführen, sei es erforderlich, die »Rote Armee« aufzubauen. Gewaltanwendung und Schusswaffengebrauch werden vorbehaltlos bejaht: »Wir sagen natürlich, die Bullen sind Schweine, wir sagen, der Typ in Uniform ist ein Schwein, das ist kein Mensch, und so haben wir uns mit ihm auseinander zu setzen. Das heißt, wir haben nicht mit ihm zu reden, und es ist falsch, überhaupt mit diesen Leuten zu reden, und natürlich kann geschossen werden.«
Andreas Baader, Gudrun Ensslin, Ulrike Meinhof, Horst Mahler u. a. lassen sich von Juni bis August 1970 in Jordanien von der militanten Palästinenserorganisation El Fatah militärisch ausbilden. Anschließend verübt die Gruppe zahlreiche Banküberfälle und Bombenanschläge in der BRD. Es gelten das »Primat der Praxis«, das »Konzept Stadtguerilla« und der »bewaffnete Kampf als höchste Form des Klassenkampfes« und des »antiimperialistischen Kampfes«.

<u>1972</u>

28. Januar | **»Extremistenbeschluss«**: Bundeskanzler Brandt und die Ministerpräsidenten der Länder vereinbaren, dass Bewerber für den öffentlichen Dienst und Beamte die Gewähr dafür bieten müssen, jederzeit für die freiheitlich-demokratische Grundordnung im Sinne des Grundgesetzes einzutreten. Jeder Einzelfall ist darauf zu prüfen, ob verfassungsfeindliche Aktivitäten vorliegen oder eine Mitgliedschaft in einer extremistischen Organisation Zweifel an der Verfassungstreue begründet.
Die Gegner des Beschlusses sprechen von »Berufsverboten«, die sie leidenschaftlich bekämpfen. Er gilt als innenpolitisch »repressives« Pendant zur sozialliberalen Ostpolitik. (→ 23. 1.)

1. Juni | Festnahme des Kerns der **RAF** (**1. Generation**): Andreas Baader, Holger Meins, Jan-Carl Raspe in Frankfurt a. M.; am 7. 6. 1972

Gudrun Ensslin in Hamburg und am 15. 6. 1972 Ulrike Meinhof in Hannover; am 9. 7. 1972 Klaus Jünschke und Irmgard Möller in Offenbach.

5. September Während der **XX. Olympischen Spiele** in München (eröffnet 26. 8.) überfällt ein Kommando der palästinensischen Terrororganisation »Schwarzer September« die israelische Mannschaft im olympischen Dorf. Bei dem Attentat werden elf israelische Sportler, ein Polizist und fünf der Terroristen getötet. Scharfschützen der Polizei verhindern auf dem Militärflughafen Fürstenfeldbruck, dass die Terroristen mit ihren Geiseln ausfliegen können.
Die drei überlebenden Attentäter werden am 29. 10. 1972 durch einen Überfall auf eine Lufthansa-Maschine freigepresst.

1974

9. November Trotz Zwangsernährung stirbt der RAF-Terrorist Holger **Meins** unter dem Druck des kollektiven Hungerstreiks in der Vollzugsanstalt Wittlich (Rheinland-Pfalz). Er hatte sich vor die Alternative gestellt gesehen, »entweder Schwein oder Mensch« zu sein: »Entweder Überleben um jeden Preis oder Kampf bis zum Tod. Entweder Problem oder Lösung. Dazwischen gibt es nichts.«
In vielen Städten kommt es zu Demonstrationen, Farbschmiereien, Brandanschlägen, Sachbeschädigungen und Gewalttaten. Die »Bewegung 2. Juni« erschießt den Berliner Kammergerichtspräsidenten Günter von Drenkmann am 10. 11. 1974 in seiner Wohnung bei einem Entführungsversuch.

20. Dezember Das erste **»Anti-Terror-Paketgesetz«** ermöglicht es, Verteidiger auszuschließen, die ihre Rechte nach der Strafprozessordnung missbrauchen. Verboten wird die Mehrfachverteidigung: Ein Anwalt darf nur noch einen Angeklagten verteidigen. Die Zahl der Wahlverteidiger ist auf drei zu beschränken. Gegen den Angeklagten kann dann in Abwesenheit verhandelt werden, wenn er sich vorsätzlich und schuldhaft in einen seine Verhandlungsfähigkeit ausschließenden Zustand versetzt hat.

1975

1. Januar Der neugestaltete **Allgemeine Teil des Strafgesetzbuchs** tritt zusammen mit dem **reformierten Strafverfahrensrecht** in Kraft. (16.2. → 9. 5. 1969)
Das 3. Strafrechtsreformgesetz vom 20. 5. 1970 hatte das **Demonstrationsstrafrecht** (Schutz des Gemeinschaftsfriedens) geändert, das 4. vom 23. 11. 1973 das **Sexualstrafrecht** (Straftaten gegen Ehe, Familie und Personenstand, z. B. Kuppelei, Zuhälterei, Pornographie, sexueller Missbrauch in Abhängigkeitsverhältnissen, Homosexualität zwischen erwachsenen Männern; neu sind Strafvorschriften gegen die Verherrlichung von Gewalt und die Aufstachelung

zum Rassenhass). Zum 5. Strafrechtsreformgesetz betreffend § 218 StGB: 28.1. → 18. 5. 1976.
Das **Strafvollzugsgesetz** vom 16. 3. 1976 regelt Rechte und Pflichten der Gefangenen und Vollzugsbehörden. Strafgefangenen soll es nach ihrer Entlassung erleichtert werden, sich in die Gesellschaft zu reintegrieren.

27. März   Die aus der West-Berliner Drogenszene entstandene »Bewegung 2. Juni« (16.2. → 27. 5. – 4. 6. 1967) entführt den Berliner CDU-Vorsitzenden Peter **Lorenz**. Er wird freigelassen, da – wie von den Entführern gefordert – fünf Terroristen in Begleitung des ehemaligen Berliner Bürgermeisters Heinrich Albertz in die Volksrepublik Jemen (Aden) ausgeflogen werden. – Die Freigepressten Verena Becker, Rolf Heißler, Gabriele Kröcher-Tiedemann, Rolf Pohle und Ingrid Siepmann kehren später in die BRD zurück.
             Die »**Bewegung 2. Juni**« (ursprünglich »Blues«) war in West-Berlin aus zwei Gruppen hervorgegangen: den »Tupamaros Westberlin«, einer militanten Abspaltung des »Zentralrats der umherschweifenden Haschrebellen«, und der »Schwarzen Hilfe«, die »Revolutionäre« durch »Knastarbeit« rekrutieren wollte. Teile der »Bewegung 2. Juni« schließen sich im Frühjahr 1980 der sehr straff organisierten und viel stärker ideologisierten RAF an.

24. April   RAF-Terroristen der 2. Generation (u. a. aus dem Heidelberger »Sozialistischen Patientenkollektiv«) überfallen die **deutsche Botschaft in Stockholm**, um ihre Gesinnungsgenossen aus den Gefängnissen freizupressen. Das Gebäude wird durch eine – offenbar unbeabsichtigte – Explosion zerstört, zwei Geiseln werden getötet.

1976
22. April   **14. Strafrechtsänderungsgesetz** gegen Gewalttaten: Wer sie befürwortet, sie androht, zu ihnen anleitet, sie belohnt, billigt oder vortäuscht und andere bedroht, wird bestraft.

9. Mai   Die nach internen Streitigkeiten von der RAF-Führungsspitze isolierte und gedemütigte Ulrike **Meinhof** (»ich halt das nicht aus«) begeht in der Justizvollzugsanstalt Stuttgart-Stammheim Suizid durch Erhängen. – Wegen der Gerüchte, sie sei ermordet bzw. vorher noch vergewaltigt worden, kommt es in den folgenden Tagen zu zahlreichen Anschlägen, Demonstrationen, Schmierereien und Flugblattaktionen.

18. August   **Anti-Terrorismus-Gesetz**: Das Gesetz zur Änderung des Strafgesetzbuches, der Strafprozessordnung, des Gerichtsverfassungsgesetzes, der Bundesrechtsanwaltsordnung und des Strafvollzugsgesetzes führt den neuen Straftatbestand »**terroristische Vereinigungen**« (§ 129 a StGB) ein. Es ermöglicht, den Verteidigerverkehr

mit bestimmten Beschuldigten zu überwachen, es erweitert die Er-
mittlungskompetenz des Generalbundesanwalts, und es sieht ein
Berufs- oder Vertretungsverbot für Rechtsanwälte vor, die ihre
Pflichten verletzen.
Das Bundesamt für Verfassungsschutz, das Bundeskriminalamt
(seit 1975 mit der Abteilung »Terrorismus«), der Bundesgrenzschutz (Spezialeinheit GSG 9) und die Polizei werden als Sicher-
heitsbehörden mit dem Schwerpunktprogramm »Innere Sicherheit«
verstärkt modernisiert und ausgebaut.

1977

27. Januar
Das **Europäische Übereinkommen** zur Bekämpfung des Terrorismus (in der BRD in Kraft am 4. 8. 1978) verstärkt die internationale Zusammenarbeit. Es schränkt vor allem die Möglichkeiten
ein, die Auslieferung mutmaßlicher Terroristen deshalb zu verweigern, weil es sich um politische oder politisch motivierte Straftäter
handele.

7. April
»RAF-Offensive«: Generalbundesanwalt Siegfried **Buback** und
zwei seiner Begleiter werden in Karlsruhe ermordet. Täter sind die
mit Haftbefehl gesuchten Terroristen Günter Sonnenberg, Christian
Klar und Knut Folkerts; sie zählen zur terroristischen Vereinigung
um den festgenommenen ehemaligen Rechtsanwalt Siegfried Haag.
Günter Sonnenberg und Verena Becker verhaftet die Polizei nach
einem Schusswechsel am 3. 5. 1977 verletzt in Singen.

30. Juli
Jürgen **Ponto**, Vorstandsvorsitzender der Dresdner Bank, wird in
seinem Wohnhaus in Oberursel bei einem gescheiterten Entfüh-
rungsversuch der RAF erschossen. An der Tat beteiligen sich
Christian Klar, Brigitte Mohnhaupt und die der Familie gut bekannte
Susanne Albrecht, die aus einem reichen, angesehenen Hamburger
Elternhaus kommt und »die dauernde Kaviar- und Lachsfresserei
satt« hatte.

5. September
Hanns Martin **Schleyer**, »Doppelpräsident« der Bundesvereinigung
der Deutschen Arbeitgeberverbände und des Bundesverbands der
Deutschen Industrie in Köln, wird von der RAF entführt. Im Ku-
gelhagel sterben sein Fahrer und drei Polizeibeamte.
Am 19. 10. 1977 wird Schleyer in Mülhausen/Frankreich im Kof-
ferraum eines PKW ermordet aufgefunden.

30. September
Nach dem **Kontaktsperregesetz** (Änderung des Einführungsgeset-
zes zum Gerichtsverfassungsgesetz) kann bei ernsthaften Gefah-
renlagen der Verkehr von Strafgefangenen untereinander und mit
der Außenwelt unterbunden werden. – »Linke« SPD-Abgeordnete
(Manfred Coppik) hatten das Gesetz abgelehnt.
Verfassungsbeschwerden gegen das Kontaktsperregesetz weist das
Bundesverfassungsgericht am 1. 8. 1978 zurück.

Der Tatort in Köln: Entführung Hanns Martin Schleyers am → 5. September 1977.

13. Oktober   Arabische Terroristen entführen auf dem Flug von Mallorca (Palma) nach Frankfurt a. M. die **Lufthansa-Maschine** »Landshut«, um elf RAF- und zwei türkische Terroristen freizupressen. Doch befreit die Spezialeinheit des Bundesgrenzschutzes GSG 9 die Geiseln am 18. 10. 1977 in Mogadischu/Somalia. Daraufhin begehen die zu lebenslanger Haft verurteilten RAF-Terroristen Baader, Raspe und Ensslin in Stuttgart-Stammheim Suizid; der Suizidversuch Irmgard Möllers misslingt.

1978

1. Januar   Das **Bundesdatenschutzgesetz** tritt in Kraft. Es verbietet öffentlichen und privaten Stellen, »personenbezogene Daten« missbräuchlich zu verwenden. Der einzelne Bürger bzw. Kunde kann Auskunft über ihn betreffende gespeicherte Daten und ggf. auch ihre Berichtigung, Sperrung oder Löschung verlangen. Als Kontrollinstanz dient u. a. der Bundesbeauftragte für den Datenschutz (seit Februar 1978).

16. Februar   Der Bundestag verabschiedet knapp die Gesetzesvorschläge der SPD/FDP-Koalition zur **Bekämpfung des Terrorismus**. Sie erleichtern, Wohnungen und Häuser zu durchsuchen, Kontrollstellen zu errichten, nach mutmaßlichen Terroristen zu fahnden (Identitätsfeststellung), Strafverteidiger auszuschließen bzw. ihren Verkehr mit Beschuldigten durch eine Trennscheibe zu überwachen. – Die

CDU/CSU hatte härtere Strafbestimmungen, die Sicherungsver-
wahrung terroristischer Ersttäter und die Kontrolle auch des mündlichen Verteidigerverkehrs gefordert.

Am 13. 4. weist der Bundestag in namentlicher Abstimmung mit
der absoluten Mehrheit der SPD/FDP-Stimmen den Einspruch

Bundesweite Suchaktion nach Terroristen: Fahndungsplakat der Polizei.

des Bundesrats gegen das Gesetz zurück; die vier »Abweichler« in der SPD (Manfred Coppik, Dieter Lattmann u. a.) stimmen diesmal – anders als am 16. 2. – für die Regierung (Gesetz zur Änderung der Strafprozessordnung vom 14. 4. 1978).

1979

17. Januar   Die Bundesregierung beschließt, ab 1. 4. auf die **Regelanfrage** bei Bewerbern im öffentlichen Dienst zu verzichten. Sie werden nur noch im Einzelfall vom Verfassungsschutz überprüft, sofern konkrete Anhaltspunkte für Zweifel an der Verfassungstreue vorliegen. Ausschlaggebend für die Einstellung ist die Probezeit. – Die meisten Landesregierungen schließen sich dieser Entscheidung an.

3. Juli   Der Bundestag hebt die **30-jährige Strafverjährungsfrist** für Mord auf. Damit können NS-Verbrechen auch nach dem 31. 12. 1979 strafverfolgt werden. (16.2. → 4. 8. 1969)

1980

26. September Auf dem **Münchner Oktoberfest** zündet Gundolf Köhler frühzeitig eine Sprengstoffbombe, die ihn und zwölf Besucher tötet; über 200 Menschen werden z. T. schwer verletzt. Verantwortlich für diesen bisher schwersten Terroranschlag ist vermutlich der Rechtsextremismus; der Attentäter hatte auch an »Übungen« der neofaschistischen »Wehrsportgruppe Hoffmann« teilgenommen. Die »Wehrsportgruppe Hoffmann« (WSG) war als bislang stärkste neonazistische und paramilitärische Organisation am 30. 1. 1980 verboten und aufgelöst worden.

1981

7. August   Das **19. Strafrechtsänderungsgesetz** hebt die mit Wirkung vom 1. 5. 1976 eingeführten »Gewaltparagraphen« 88 a und 130 a Strafgesetzbuch (verfassungsfeindliche Befürwortung von Straftaten und die Anleitung dazu) auf, da sie sich in der Praxis als weitgehend überflüssig erwiesen hatten. (→ 22. 4. 1976)

8. Dezember   Nach dem **20. Strafrechtsänderungsgesetz** können lebenslänglich Verurteilte bedingt entlassen werden, wenn sie mindestens 15 Jahre der lebenslangen Freiheitsstrafe verbüßt haben und dem Gericht eine positive gutachterliche Sozialprognose vorliegt.

1982

27. Januar   Das Bundesinnenministerium löst die militante **»Volkssozialistische Bewegung Deutschlands/Partei der Arbeit«** (VSBD/PdA) wegen neonazistischer Zielsetzungen auf. Der Vorsitzende Friedhelm Busse (vorher NPD) hatte von der »Herrschaft der Minderwertigen« in der BRD gesprochen und »Boden, Staat, Ehre und Arbeit« als neue Prinzipien gefordert.

Militanz und Terroranschläge der rechtsextremen und neonazistischen Szene nehmen zu und beginnen, jene der linksextremistischen Gruppen zu überflügeln.

22.3. DDR: SED-Politik und Verfassungsrevision im »entwickelten« Sozialismus 1971 – 1982

1971

3. Mai   **Sturz Ulbrichts**: Offiziell entbindet ihn das Zentralkomitee wunschgemäß aus »Altersgründen« von der Funktion des Ersten Sekretärs der SED. Hintergrund: Der Moskauer Führung um Breschnew war der alte Ulbricht wegen ideologischer und politischer Differenzen unbequem geworden; u. a. opponierte er gegen die sowjetische Außenpolitik, betonte die Eigenständigkeit des Sozialismus als Gesellschaftsformation und pries Errungenschaften »seiner« DDR. Neuer Erster Parteisekretär wird **Erich Honecker**; Ulbricht, der Vorsitzender des Staatsrats bleibt, wird ehrenhalber »Vorsitzender« der SED.

Ulbricht war bereits am 27. 4. 1971 im Politbüro der SED zurückgetreten. Er hatte den mit Breschnew vereinbarten Text seiner Rücktrittserklärung bestätigt und Honecker die Parteiführung überlassen.

Am 24. 6. 1971 wählt die Volkskammer Honecker auch zum Vorsitzenden des Nationalen Verteidigungsrats.

15. – 19. Juni   Der **VIII. Parteitag** markiert eine Zäsur in der Geschichte der SED. Sie betrachtet den Sozialismus wieder als Übergangsphase zum Kommunismus und distanziert sich damit von Ulbrichts These, der Sozialismus sei eine relativ selbstständige Gesellschaftsformation mit einer »Menschengemeinschaft«. Hauptaufgabe nach Honecker ist, »alles zu tun für das Wohl des Menschen, für das Glück des Volkes, für die Interessen der Arbeiterklasse und aller Werktätigen«. Daher solle das materielle und kulturelle »Lebensniveau« der Bevölkerung erhöht und die Produktion wissenschaftlich-technisch revolutioniert und rationalisiert werden. Die SED bekräftigt ihren Führungsanspruch bei der Gestaltung der »entwickelten sozialistischen Gesellschaft« und betont wieder auffällig die »Pionierrolle« der KPdSU als Vorbild.

Die deutsche Frage steht nicht mehr auf der Tagesordnung. In der DDR sei die »sozialistische deutsche Nation« entstanden, in der BRD gebe es weiterhin die alte bürgerliche Nation mit ihren Klassenwidersprüchen. Die Beziehungen zwischen beiden deutschen Staaten seien nach den Regeln des Völkerrechts und den Prinzipien der friedlichen Koexistenz zu gestalten. Mit ihrem »Friedens-

konzept« erklärt sich die SED bereit, zur Entspannung in Europa beizutragen.
Nach dem XXIV. Parteitag der KPdSU vom 30. 3.–9. 4. 1971 war der Sozialismus in eine neue Entwicklungsetappe eingetreten. Die KPdSU verabschiedete ein »Friedensprogramm« und kündigte an, die materiellen und kulturellen Bedürfnisse der Menschen umfassender zu befriedigen.

14. November   Nach offiziellen Angaben bestätigen die **Wahlen** zur 6. Volkskammer, zu den Bezirkstagen und zur Ost-Berliner Stadtverordnetenversammlung mit 99,85 Prozent der Stimmen die Einheitsliste der Nationalen Front (Wahlbeteiligung: 98,48 Prozent).
Am 26. 11. 1971 werden wiedergewählt: Ulbricht als Vorsitzender des Staatsrats, Honecker als Vorsitzender des Nationalen Verteidigungsrats und Stoph als Vorsitzender des Ministerrats (bestätigt am 29. 11.).

1973

1. August   **Tod Ulbrichts.** Er war nach seinem Sturz am → 3. 5. 1971 isoliert, diskriminiert und bespitzelt worden.
Am 3. 10. wählt die Volkskammer Stoph zum Vorsitzenden des Staatsrats, Sindermann zum Vorsitzenden des Ministerrats als Nachfolger Stophs.

1974

7. Oktober   **Verfassungsrevision** zum 25. Jahrestag der Staatsgründung. Die vorgeschriebene »Volksdiskussion« hatte nicht stattgefunden, auch war die Verfassungsänderung nicht angekündigt worden.
Die Verfassung des »**sozialistischen Staates der Arbeiter und Bauern**« dokumentiert den verfassungs- und deutschlandpolitischen Wandel: An die Stelle des bisherigen Bekenntnisses zur »deutschen Nation« und zur »schrittweisen Annäherung der beiden deutschen Staaten bis zu ihrer Vereinigung auf der Grundlage der Demokratie und des Sozialismus« (zweite Verfassung der DDR als »sozialistischer Staat deutscher Nation«: 16.4. → 6. 4. 1968) tritt die Unterscheidung zwischen »sozialistischer Nation« (Staat mit eigener Staatsangehörigkeit) und deutscher Nationalität (Volkszugehörigkeit) mit der Zielsetzung, die DDR von der BRD völkerrechtlich abzugrenzen (Honecker: »Zwei Nationen – zwei Staatsbürgerschaften – eine Nationalität«). Die Selbstbindung an die Sowjetunion (»für immer und unwiderruflich«) und an die »sozialistische Staatengemeinschaft« wird verstärkt betont und verfassungsrechtlich festgeschrieben (Art. 6 Abs. 2).
Die Amtszeit der Volkskammer, des Staatsrats und des Ministerrats wird von vier auf fünf Jahre verlängert. Verfassungsrechtlich verkörpert die – de facto weitgehend machtlose – Volkskammer

wieder die Einheit der zentralen Staatsgewalt. Dem Staatsrat obliegen vornehmlich repräsentative Aufgaben als kollektives Staatsoberhaupt; er verliert daher seine bisherigen Kompetenzen, die Volkskammer generell zu vertreten, ihre Tätigkeit und Gesetzgebung zu beeinflussen, Normen durch Erlasse zu setzen und die materielle Rechtsaufsicht auszuüben. Diese Rechte gehen weitgehend auf den Ministerrat über, teilweise auf das Präsidium der Volkskammer. Der Ministerrat – bisher oberstes Verwaltungsorgan – wird dadurch wieder Staatsregierung (Exekutive).

Entfallen sind die Artikel 104 und 105 alter Fassung über das Beschwerdeverfahren und die -ausschüsse. Dem Bürger steht nur noch ein Eingabenrecht zu (Art. 103), evtl. auch ein Schadenersatzanspruch gegen staatliche Organe.

1976

18. – 22. Mai Der **IX. Parteitag** der SED im neuen »Palast der Republik« (eröffnet am 23. 4. 1976) verabschiedet ein neues Parteiprogramm und -statut, ferner die Direktiven für den Fünfjahrplan bis 1980 (26.5. → 15. 12. 1976). Der vom Zentralkomitee wiedergewählte Honecker erhält den neuen Titel »Generalsekretär«.

Im einstimmig angenommenen **Programm** definiert sich die SED als »bewusster und organisierter Vortrupp der Arbeiterklasse und des werktätigen Volkes«. Sie will die »entwickelte sozialistische Gesellschaft« weiter gestalten und so grundlegende Voraussetzungen erfüllen, um sie allmählich in den Kommunismus überzuleiten. Während die »sozialistische Staatengemeinschaft« mit der Sowjetunion als »Hauptkraft« wachse und sich fortentwickle, verschärfe sich die allgemeine Krise des Imperialismus als »sterbender Kapitalismus«. Um das »Lebensniveau aller Werktätigen« schrittweise zu heben, seien hohe Leistungen erforderlich: in der sozialistischen Produktion und Arbeitsproduktivität, in der Wirtschafts- und Sozialpolitik, die eine Einheit bilden, beim Bau neuer Wohnungen u. a.

Der XXV. Parteitag der KPdSU vom 24. 2.–5. 3. 1976 hatte konstatiert, dass der Sozialismus auf Kosten des Imperialismus immer mehr erstarke.

18. August Der evangelische Pfarrer Oskar **Brüsewitz** verbrennt sich in Zeitz öffentlich, um gegen die Unterdrückung der Kirchen zu protestieren.

17. Oktober **Wahlen:** Die 7. Volkskammer, die Bezirkstage und die Ost-Berliner Stadtverordnetenversammlung werden nach offiziellen Angaben mit 99,86 Prozent der abgegebenen gültigen Stimmen (Wahlbeteiligung: 98,58 Prozent) nach der Einheitsliste der Nationalen Front gewählt.

Am 29. 10. wählt die Volkskammer SED-Generalsekretär Honecker zum neuen Staatsratsvorsitzenden und zum Vorsitzenden des Nationalen Verteidigungsrats, den bisherigen Ministerratsvorsitzenden Sindermann zum Volkskammerpräsidenten und den bisherigen Staatsratsvorsitzenden Stoph zum Vorsitzenden des Ministerrats (bestellt am 1. 11.).

16. November Zur Ausbürgerung Wolf **Biermanns**: 28.2. → 16. 11. 1976.

1978

7. Juli   Der Wehrdienstverweigerer Nico **Hübner**, der sich auf den entmilitarisierten Status Berlins berufen hatte, wird zu fünf Jahren Freiheitsentzug verurteilt.

1979

11. Oktober   Der Regimekritiker Rudolf **Bahro**, der Wehrdienstverweigerer Nico Hübner (→ 7. 7. 1978) u. a. werden aufgrund einer Amnestie zum 30. Jahrestag der DDR-Gründung aus der Haft entlassen und dürfen in die BRD ausreisen.
Der SED-Wirtschaftsfunktionär Bahro war am 23. 8. 1977 wegen seiner »Kritik des realexistierenden Sozialismus« (so der Untertitel seines in Köln erschienenen Buches »Die Alternative«) verhaftet und am 30. 6. 1978 wegen »antisozialistischer und subversiver Tätigkeit« zu acht Jahren Freiheitsentzug verurteilt worden.

1981

11. – 16. April **X. Parteitag** der SED, dem eine Überprüfung der Mitglieder vorausgegangen war. Honecker wird einstimmig als Generalsekretär wiedergewählt.»Hauptaufgabe« bleibt die Wirtschaft als das »entscheidende Kampffeld«. Erforderlich seien vor allem Fortschritte bei der Wissenschaftlich-Technischen Revolution (WTR), bei der Intensivierung, Rationalisierung und Qualitätsverbesserung der Produktion. Verabschiedet werden auch die Direktiven für den neuen Fünfjahrplan 1981 – 1985 und ein 10-Punkte-Programm als ökonomische Strategie für die Achtzigerjahre. (26.5. → 3. 12. 1981)

14. Juni   Bei den **Wahlen** zur 8. Volkskammer, zu den Bezirkstagen und zur Ost-Berliner Stadtverordnetenversammlung stimmen nach offiziellen Angaben 99,86 Prozent der Wähler bei einer Wahlbeteiligung von 99,21 Prozent für die Einheitsliste der Nationalen Front. Die Ost-Berliner Volkskammerabgeordneten werden erstmals direkt gewählt. (25. → 28. 6. 1979)
Am 25. 6. wählt die Volkskammer erneut Sindermann zum Volkskammerpräsidenten, Honecker zum Vorsitzenden des Staatsrats und des Nationalen Verteidigungsrats, Stoph zum Vorsitzenden des Ministerrats (bestellt am 26. 6.).

23. Außen- und Sicherheitspolitik in der Ära Brandt/Schmidt und Honecker

23.1. BRD: Die sozialliberale Ost- und Entspannungspolitik 1969 – 1982

1969

28. November | Die Bundesregierung unterzeichnet den **Atomwaffensperrvertrag**. (23.2. → 28. 11. 1969)

1970

22. Mai | Egon Bahr, Staatssekretär im Bundeskanzleramt, und Außenminister Andrej Gromyko schließen in Moskau ihren Meinungsaustausch über Fragen eines deutsch-sowjetischen Gewaltverzichts ab. Die Verhandlungsergebnisse sind in einer 10-Punkte-Absichtserklärung niedergelegt. Dieses vertrauliche **»Bahr-Papier«** veröffentlicht die BILD-Zeitung am 12. 6. 1970.

Bei den vorausgegangenen Sondierungen hatte der deutsche Botschafter in Moskau, Helmut Allardt, am Konzept des abstrakten Gewaltverzichts festgehalten, Gromyko dagegen auf der völkerrechtlichen Anerkennung des Status quo bestanden. Das »Bahr-Papier« geht von einem konkreten Gewaltverzicht aus und erleichtert so die Verständigung auf der Basis des territorialen Status quo. Er wird zwar politisch respektiert, aber völkerrechtlich nicht sanktioniert, da – so argumentiert Bahr gegenüber Gromyko – die alliierten Vorrechte und Vorbehalte fortbestehen.

12. August | **Moskauer Vertrag** zwischen der BRD und der Sowjetunion, unterzeichnet von Willy Brandt/Walter Scheel und Alexej Kossygin/Andrej Gromyko im Beisein Leonid Breschnews. Um den internationalen Frieden aufrechtzuerhalten, die Entspannung zu fördern und die Lage in Europa zu normalisieren, gehen beide Staaten vom geographischen Status quo aus. Erstmals stellt daher eine Bundesregierung die territorialen Veränderungen des Zweiten Weltkriegs nicht mehr infrage.

Gemäß den Zielen und Grundsätzen der UN-Charta verpflichten sich beide Staaten, ihre Streitfragen ausschließlich friedlich zu lösen und sich der Drohung mit Gewalt oder der Anwendung von Gewalt zu enthalten. Sie konkretisieren diesen Gewaltverzicht, indem sie versichern, keine Gebietsansprüche gegen »irgend jemand« zu erheben und heute und künftig die Grenzen aller europäischen Staaten als unverletzlich zu betrachten, darunter die Oder-Neiße-Linie als Westgrenze der Volksrepublik Polen und die Grenze zwischen der BRD und der DDR. Der Vertrag berührt nicht früher abgeschlossene zweiseitige und mehrseitige Verträge und bedarf der Ratifikation.

Bundeskanzler Willy Brandt im Gespräch in Moskau: von links Ministerpräsident Alexej Kossygin, Außenminister Andrej Gromyko, sowjetischer Botschafter in Bonn Semjon K. Zarapkin, Leiter der Europa-Abteilung III im sowjetischen Außenministerium Valentin Falin. → 12. August 1970

Die Bundesregierung übergibt den »Brief zur deutschen Einheit« als einseitige Option. Er stellt im Sinne des Wiedervereinigungsgebots fest, dass der Vertrag nicht dem Ziel widerspreche, »auf einen Zustand des Friedens in Europa hinzuwirken, in dem das deutsche Volk in freier Selbstbestimmung seine Einheit wiedererlangt«. Damit wird dokumentiert, dass die deutsche Frage offen und ungelöst ist.

Der Moskauer Vertrag leitet eine neue Ära des politischen **Modus vivendi** in den deutsch-sowjetischen Beziehungen seit 1955 ein. Er bildet das Kernstück der Entspannungs- und Friedenspolitik Brandts, die Adenauers Werk, die Integration der BRD in den Westen, durch eine Öffnung und Normalisierung nach Osten ergänzt. NATO- und EG-Mitgliedschaft sind Voraussetzungen dieser flankierenden Ostpolitik. – Brandt erhält als erster aktiver deutscher Politiker nach Gustav Stresemann den Friedensnobelpreis (1971).

7. Dezember **Warschauer Vertrag** zwischen der BRD und der Volksrepublik Polen über die Grundlagen der Normalisierung ihrer gegenseitigen Beziehungen, unterzeichnet von Willy Brandt/Walter Scheel und Józef Cyrankiewicz/Stefan Jedrychowski. Beide Staaten stellen fest, dass die »bestehende Grenzlinie«, deren Verlauf auf der Potsdamer Konferenz entlang Oder und Lausitzer Neiße »festgelegt« worden ist, die »westliche Staatsgrenze« Polens bildet. Sie bekräftigen die Unverletzlichkeit ihrer Grenzen jetzt und künftig und erklären, dass

Händedruck nach der Unterzeichnung des Warschauer Vertrags am → 7. Dezember 1970 zwischen Bundeskanzler Willy Brandt (links) und dem polnischen Ministerpräsidenten Józef Cyrankiewicz.

Willy Brandt gedenkt der Opfer des Warschauer Gettoaufstandes. → 7. Dezember 1970

sie gegeneinander keinerlei Gebietsansprüche erheben, auch nicht in Zukunft. Sie wollen weitere Initiativen ergreifen, um ihre Beziehungen zu entwickeln und ihre wirtschaftliche, wissenschaftliche, technische und kulturelle Zusammenarbeit im beiderseitigen Interesse zu erweitern. Der Vertrag enthält ferner – wie der Moskauer Vertrag – eine Gewaltverzichts-, eine Nichtberührungs- und eine Ratifikationsklausel. Das Junktim zwischen Gewaltverzicht und territorialem Status quo ist – anders als durch den »Brückensatz« in Art. 3 Moskauer Vertrag – nicht eindeutig verankert.

In einer separaten »Information über Maßnahmen zur Lösung humanitärer Probleme« sagt die polnische Regierung die Umsiedlung Deutscher (»einige Zehntausend Personen«) zu. Diese Familienzusammenführung organisiert vor allem das Rote Kreuz.

1971

3. September   Das **Viermächte-Berlin-Abkommen**, von dem die Bundesregierung die Ratifizierung der Ostverträge abhängig gemacht hat, wird unterzeichnet. (25. → 3. 9. 1971)

1972

17. Mai   Nach leidenschaftlichen innenpolitischen Auseinandersetzungen und nach dem gescheiterten Misstrauensvotum gegen Bundeskanzler Brandt (22.1. → 27. 4. 1972) billigt der Bundestag den **Moskauer und Warschauer Vertrag**. Die meisten CDU/CSU-Abgeordneten enthalten sich der Stimme.

Der Bundestag verabschiedet zugleich fast einstimmig einen von allen Fraktionen am 10. 5. 1972 eingebrachten interpretierenden Entschließungsantrag. Danach sind die Verträge wichtige Elemente eines **Modus vivendi** mit Nachbarn; sie nehmen eine friedensvertragliche Regelung für Deutschland nicht vorweg und schaffen auch keine Rechtsgrundlage für die heute bestehenden Grenzen; sie berühren nicht das Recht auf Selbstbestimmung und stehen auch nicht im Widerspruch zur friedlichen Wiederherstellung der deutschen Einheit im europäischen Rahmen.

3. Juni   Die **Ostverträge** (Moskauer Vertrag vom → 12. 8. 1970 und Warschauer Vertrag vom → 7. 12. 1970) treten nach Austausch der Ratifikationsurkunden zusammen mit dem **Viermächte-Berlin-Abkommen** (25. → 3. 9. 1971) in Kraft.

13. – 14. Sept.   Die BRD und die **Volksrepublik Polen** nehmen während des Besuchs des polnischen Außenministers Stefan Olszowski diplomatische Beziehungen auf.

11. Oktober   Die BRD und die **Volksrepublik China** vereinbaren beim Besuch Walter Scheels in Peking die Aufnahme diplomatischer Beziehungen. Die westdeutsche Botschaft in Peking wird am 1. 12. 1972 eröffnet.

Nach dem Zerwürfnis Mao Zedongs mit Moskau war die BRD im Handel mit der Volksrepublik China an die zweite Stelle nach Japan getreten. Vorteilhaft erwies sich auch, daß die BRD nach 1949 Nationalchina (Taiwan) nicht anerkannt, sondern ihr »Non-Commitment« gegenüber Peking und Taipeh erklärt hatte.

1973

18. September   Aufnahme der beiden deutschen Staaten in die **UNO**: 24. → 18. 9. 1973.

11. Dezember   Im **Prager Vertrag** über die gegenseitigen Beziehungen einigen sich die BRD und die ČSSR, das Münchner Abkommen vom 29. 9. 1938 als »nichtig« zu betrachten – offen bleibt, ob ab sofort (ex nunc) oder von Anfang an (ex tunc); daraus eventuell ableitbare nachteilige Rechtsfolgen für davon Betroffene (vor allem Sudetendeutsche) oder materielle Ansprüche werden ausgeschlossen. Beide Staaten vereinbaren einen Gewaltverzicht gemäß UN-Charta, sie bekräftigen die Unverletzlichkeit ihrer gemeinsamen Grenze jetzt und künftig und erheben gegeneinander keinerlei Gebietsansprüche. Auch wollen sie ihre »nachbarschaftliche Zusammenarbeit« im beiderseitigen Interesse ausbauen.

Zum Vertragswerk gehören der Briefwechsel über die Erstreckung von Artikeln auf West-Berlin, der Briefwechsel über humanitäre Fragen betreffend die Aussiedlung von Bürgern deutscher oder tschechischer bzw. slowakischer Nationalität durch das Rote Kreuz, der Brief der ČSSR-Regierung über die Verfolgungsverjährung strafbarer Handlungen 1938–1945 (ausgenommen Kriegsverbrechen und Verbrechen gegen die Menschlichkeit) sowie das Unterzeichnungsprotokoll.

Beide Staaten nehmen mit dem Vertragsabschluss diplomatische Beziehungen auf.

Der Vertrag tritt nach dem Austausch der Ratifikationsurkunden am 19. 7. 1974 in Kraft.

21. Dezember   Die BRD und die Volksrepubliken **Bulgarien** sowie **Ungarn** nehmen diplomatische Beziehungen auf. Sie bestehen damit zu allen osteuropäischen Staaten, ausgenommen Albanien als Sonderfall.

1975

1. August   Ende der **KSZE-Konferenz** und Unterzeichnung der Schlussakte in Helsinki. (23.2. → 1. 8. 1975)

9. Oktober   Die **deutsch-polnischen Vereinbarungen**, die Bundeskanzler Helmut Schmidt und Parteichef Edward Gierek am Rande der KSZE-Konferenz in Helsinki ausgehandelt hatten, werden in Warschau unterzeichnet. Die BRD zahlt eine Pauschale von 1,3 Milliarden DM, um wechselseitig alle Ansprüche und Kosten für Leistungen aus Renten- und Unfallversicherungen abzugelten; Polen verpflich-

tet sich, in den nächsten vier Jahren bis zu 125 000 Deutsche ausreisen zu lassen; ein Finanzkredit von 1 Milliarde DM (2,5 Prozent Jahreszins) soll die wirtschaftliche und technische Kooperation fördern.
Polen hatte Gegenleistungen für neue Ausreisebewilligungen verlangt, ursprünglich auch Entschädigungen für KZ-Opfer und Zwangsarbeiter. Durch eine Paketlösung konnte das **Aussiedler-Kredit-Versicherungs-Problem** als Ganzes geregelt werden.

1980

30. Juni –   **Dialog in Moskau** zwischen Bundeskanzler Schmidt und Parteichef
1. Juli   Breschnew: Über die Afghanistankrise und den NATO-Nachrüstungsbeschluss als Hauptstreitpunkte ist keine Einigung möglich, doch erklärt sich die Sowjetunion zu neuen Abrüstungsverhandlungen bereit. – Zu diesen INF-Gesprächen: 23.2. → 30. 11. 1981.

1981

20. November   Die Ruhrkohle/-gas AG und die Außenhandelsorganisation Sojuz-Gas-Export vereinbaren in Essen das **Erdgasgeschäft**. Es sieht langfristig umfangreiche Erdgaslieferungen aus Sibirien an die BRD vor. Am 13. 7. 1982 wird in Leningrad der Kreditrahmenvertrag für das Gas-Röhren-Geschäft abgeschlossen. US-Präsident Ronald Reagan hatte wegen des Kriegsrechts in Polen (seit 13. 12. 1981) zeitweise ein Embargo verhängt, das US-Firmen Lieferungen für den Pipelinebau verbot. Es wird am 22. 6. 1982 auch auf europäische Firmen ausgedehnt, die US-Lizenzen verwerten, jedoch am 13. 11. 1982 aufgehoben.

23.2. BRD: Europa- und Sicherheitspolitik
1969–1982

1969

28. November   Die neue sozialliberale Bundesregierung unterzeichnet den **Atomwaffensperrvertrag** (Nuklearer Nichtverbreitungsvertrag) in Moskau, Washington und London. Vorbehalte beziehen sich auf die Nichtanerkennung der DDR, die NATO-Mitgliedschaft, die europäische Einigung, die Freiheit von Forschung und Lehre für friedliche Zwecke der Kernenergie und die nukleare Abrüstung. Die Westmächte bekräftigen ihre Sicherheitsgarantie für die BRD – auch für den Fall einer sowjetischen Intervention aufgrund der UN-Feindstaatenartikel 53 und 107.
Die Bundesregierung war bereits während der Großen Koalition von den USA gedrängt worden, dem Atomwaffensperrvertrag

beizutreten. Bundeskanzler Kiesinger hatte vor einer »atomaren Komplizenschaft« der Nuklearmächte gewarnt, Adenauer sogar vor einem »Morgenthau-Plan im Quadrat«. Zum Atomwaffensperrvertrag vom 1. 7. 1968 und zum sofortigen Beitritt der DDR: 17.3. → 1. 7. 1968.

1. – 2. Dez.   Die EG-Staats- und Regierungschefs beschließen auf dem Gipfel in **Den Haag**, die Gemeinschaft beschleunigt auszubauen und so die Stagnation der Integrationsbestrebungen am »Ende der Übergangsperiode« zu überwinden. Sie wollen stufenweise die Wirtschafts- und Währungsunion verwirklichen, die Finanzbeiträge der Mitgliedstaaten allmählich durch Gemeinschaftseinnahmen ersetzen, die Haushaltsbefugnisse des Europäischen Parlaments stärken und Verhandlungen mit beitrittswilligen Staaten aufnehmen (Großbritannien, Irland, Dänemark und Norwegen). Der französische Staatspräsident de Gaulle, der am 28. 4. 1969 zurückgetreten war, hatte bislang die Aufnahme Großbritanniens in die EG mit seinem Veto blockiert, auch den zweiten Antrag auf Mitgliedschaft vom 10. 5. 1967.

1972

19. – 20. Okt.   Die Staats- und Regierungschefs der neun künftigen EG-Staaten vereinbaren auf ihrem Gipfel in **Paris**, die wirtschaftliche Integration zu vertiefen und eine europäische Union zu bilden.

1973

1. Januar   **Neunergemeinschaft**: Großbritannien, Dänemark und Irland werden EG-Mitgliedstaaten. Die Brüsseler Beitrittsverträge vom 22. 1. 1972 hatte auch die norwegische Regierung unterzeichnet, doch lehnte die norwegische Bevölkerung den Beitritt in einer Volksabstimmung vom 25. 9. 1972 ab. Dagegen stimmt die britische Bevölkerung am 5. 6. 1975 dafür, in der EG zu bleiben. Am 22. 7. 1972 war ein Freihandelsabkommen zwischen der EG und Österreich, Schweden, der Schweiz, Portugal und Island abgeschlossen worden. Es tritt am 1. 1. 1973 in Kraft.

18. September   Die Generalversammlung nimmt die BRD und die DDR durch Akklamation in die **Vereinten Nationen** (UNO) auf. Gemäß Grundvertrag vom 21. 12. 1972 (24. → 21. 12. 1972) hatten die beiden deutschen Staaten am 13./15. 6. 1973 ihre Mitgliedschaft beantragt. Der Sicherheitsrat befürwortete sie am 21./22. 6. einstimmig. – Damit sind die beiden deutschen Staaten in das weltweite Sicherheitssystem der UNO integriert. Die **UN-Charta**, seit dem 24. 10. 1945 in Kraft, verpflichtet alle Mitglieder der Weltorganisation, den Weltfrieden und die Sicherheit durch kollektiven Beistand zu erhalten, alle Streitfälle friedlich

zu schlichten und bei der Lösung wirtschaftlicher, sozialer, kultureller und humanitärer Probleme zusammenzuarbeiten.

Organe: Die Generalversammlung, in der jeder Mitgliedstaat eine Stimme hat, tritt jährlich einmal zusammen. Der Sicherheitsrat, dem die Hauptverantwortung für die Friedenssicherung obliegt, besteht aus fünf ständigen (USA, Großbritannien, Frankreich, Sowjetunion und China) und zehn nichtständigen Mitgliedern, die für jeweils zwei Jahre von der Generalversammlung mit Zweidrittelmehrheit gewählt werden. Der Internationale Gerichtshof in Den Haag dient als Schiedsstelle für Streitigkeiten zwischen Staaten.

Am 21. 10. 1976 wählt die Generalversammlung die BRD für zwei Jahre als nichtständiges Mitglied in den Sicherheitsrat.

1974

10. – 11. Dez. Die Staats- und Regierungschefs der EG beschließen in **Paris**, künftig als »**Europäischer Rat**« zu tagen, Mehrheitsentscheidungen des Rats zu tolerieren und das EG-Parlament direkt wählen zu lassen. – Der belgische Premier Leo Tindemans erarbeitet ein Konzept für die europäische Union, das er am 7. 1. 1976 vorlegt.

1975

1. August Nach zweijährigen Beratungen in Genf und Helsinki endet die **KSZE-Konferenz** mit der Unterzeichnung der Schlussakte durch Repräsentanten von 35 Staaten Europas (außer Albanien), der USA und Kanadas in Helsinki. Sie ist kein völkerrechtlicher Vertrag, der Rechte und Pflichten nach den Regeln des Völkerrechts begründet und daher auch nicht registrierbar im Sinne der UN-Charta. Als zwischenstaatliche Abmachung und Absichtserklärung strebt die KSZE-Schlussakte erstmals an, multilaterale Verhaltensregeln außerrechtlicher Art im Rahmen eines politisch-moralischen Verhaltenskodex in Europa über die Ost-West-Grenzen hinweg aufzustellen. Hauptziel ist, Kriege künftig regional-multilateral in Europa zu verhindern.

Die Schlussakte, die beide deutschen Staaten unterzeichnen, behandelt in fünf Kapiteln: .

1. »Fragen der Sicherheit in Europa« (**Korb I**). Zehn Prinzipien zur Regelung der Beziehungen zwischen den Teilnehmerstaaten: 1. Souveränität und Gleichheit, 2. Gewaltverzicht (Enthaltung von Androhung oder Anwendung von Gewalt), 3. Unverletzlichkeit der Grenzen, 4. territoriale Integrität, 5. friedliche Streitregelung, 6. Nichteinmischung in innere Angelegenheiten, 7. Achtung der Menschenrechte und Grundfreiheiten, 8. Gleichberechtigung und Selbstbestimmung der Völker, 9. Zusammenarbeit zwischen den Staaten, 10. Erfüllung völkerrechtlicher Verpflichtungen nach Treu und Glauben. – Als vertrauensbildende Maßnahmen gelten die Ankündigung militärischer

Erich Honecker (DDR) und Helmut Schmidt (BRD) auf dem KSZE-Gipfeltreffen in Helsinki: Dialog über Gräben mit Hindernissen. → 1. August 1975

Manöver und Truppenbewegungen sowie der Austausch von Beobachtern.
2. »Zusammenarbeit in den Bereichen der Wirtschaft, der Wissenschaft und der Technik sowie der Umwelt« (**Korb II**). Vorgesehen sind z. B. Kooperation, Informationen und gemeinsame Projekte in den genannten Bereichen.
3. »Fragen der Sicherheit und Zusammenarbeit im Mittelmeerraum«.
4. »Zusammenarbeit in humanitären und anderen Bereichen« (**Korb III**) mit den Leitzielen: Menschliche Kontakte aufgrund familiärer Beziehungen, Familienzusammenführung, Eheschließungen zwischen Bürgern verschiedener Staaten, Reisen aus persönlichen oder beruflichen Gründen, Tourismus, Jugendbewegung, Sportförderung, Informationsverbreitung, -zugang und -austausch, verbesserte Arbeitsbedingungen für Journalisten, Zusammenarbeit und Austausch im Kultur- und Bildungsbereich.
5. »Folgen der Konferenz« als Folgetreffen zur Überprüfung des multilateralen Entspannungsprozesses.
Unterschiedliche Auffassungen haben die Unterzeichnerstaaten darüber, wo die Schwerpunkte des KSZE-Prozesses liegen sollen. Der Sowjetunion geht es vor allem darum, den Status quo, den der

Zweite Weltkrieg geschaffen hatte, zu zementieren, den westlichen Staaten unter Führung der USA dagegen darum, die »Menschenrechte« zu verwirklichen und in Osteuropa durchzusetzen. Das **1. Folgetreffen** findet vom 4. 10. 1977–9. 3. 1978 in **Belgrad** statt. Es bestätigt trotz aller Meinungsunterschiede die Gültigkeit der Schlussakte als politisches Instrument, das dazu dienen solle, die Beziehungen zwischen Ost und West zu verbessern. Das **2. Folgetreffen** vom 11. 11. 1980–9. 9. 1983 in **Madrid** verabschiedet trotz belastender internationaler Konflikte (sowjetische Intervention in Afghanistan am 27. 12. 1979, Ausrufung des Kriegsrechts in Polen am 13. 12. 1981, Abschuss eines koreanischen Verkehrsflugzeugs am 1. 9. 1983) das Abschließende Dokument am 6. 9. 1983. Darin kommen die 35 Teilnehmerstaaten überein, neue Anstrengungen durch konkrete unilaterale, bilaterale und multilaterale Maßnahmen zu unternehmen, damit die Schlussakte »volle Wirksamkeit« erhält. Als folgenreich erweist sich der Beschluss, eine Konferenz über Vertrauens- und Sicherheitsbildende Maßnahmen und Abrüstung in Europa (KVAE) einzuberufen. Ihre erste Phase beginnt am 17. 1. 1984 in Stockholm.
Zum Stockholmer Dokument: 30.2. → 1. 1. 1987.
Zum **3. Folgetreffen** vom 4. 11. 1986–15. 1. 1989 in **Wien** und seinen Konsequenzen: 36.1. → 6. 3. 1989.
Zum **4. Folgetreffen** vom 24. 3. 1992–8. 7. 1992 in **Helsinki**: 39.1. → 24. 3. und 9./10. 7. 1992.
Zum **5. Folgetreffen** vom 10. 10.–2. 12. 1994 in **Budapest**: 39.1. → 5./6. 12. 1994.
Zwischen den Folgetreffen haben zahlreiche Expertentreffen und Sonderveranstaltungen zu Einzelfragen des KSZE-Prozesses stattgefunden. Er entwickelt eine – nicht von Anfang an voraussehbare – Eigendynamik.

1977

28. Oktober   Bundeskanzler Schmidt weist in seiner **Londoner Rede** darauf hin, dass die Sowjetunion seit 1974/1975 eurostrategisch »vorrüste« (vor allem mit SS-20-Raketen). Da nur das nuklearstrategische Gleichgewicht vertraglich festgeschrieben sei (SALT-I- und ABM-Abkommen), nähmen die »Disparitäten« bei nukleartaktischen und konventionellen Waffen zwischen Ost und West immer mehr zu – trotz der praktizierten Entspannungspolitik.
Der SALT-I (Strategic Arms Limitation Talks)- und der ABM (Anti Ballistic Missiles)-Vertrag zwischen den USA und der Sowjetunion vom 26. 5. 1972 hatten Obergrenzen global-bilateral für die nuklearstrategischen Waffen und Flugkörper-Abwehrraketen festgesetzt, schützten somit die europäischen NATO-Verbündeten nicht vor der sowjetischen nukleartaktischen Aufrüstung im Mit-

telstreckenbereich. – Damit wurde die seit dem Bericht Harmels vom 14. 12. 1967 offizielle Doppelstrategie der NATO, die das Prinzip der Abschreckung mit dem Prinzip der Entspannung verknüpfte, immer mehr infrage gestellt; denn der nach dem belgischen Außenminister benannte »Bericht des NATO-Rats über die künftigen Aufgaben der Allianz« ging davon aus, dass Sicherheits- und Entspannungspolitik »keinen Widerspruch, sondern eine gegenseitige Ergänzung« darstellten, und verwies insbesondere auf die ungelöste Deutschlandfrage.

1979

4. Januar

»**Vierergipfel**« der Regierungschefs der USA, Großbritanniens, Frankreichs und der BRD auf der Karibikinsel **Gouadeloupe**: US-Präsident Jimmy Carter (im Amt seit 20. 1. 1977) schlägt vor, in Europa als Alternative zum Bau der Neutronenbombe, von der er im April 1978 abgerückt war, neue Waffen als Gegengewicht zur sowjetischen »Vorrüstung« zu stationieren. Premierminister James Callaghan, Staatspräsident Valéry Giscard d'Estaing und Helmut Schmidt, der als erster Bundeskanzler zu einem Gipfeltreffen der westlichen Großmächte hinzugezogen wird, stimmen darin überein, dass man mit der sowjetischen Regierung zunächst über Abrüstung verhandeln müsse, bevor man aufrüste, um das gestörte eurostrategische Gleichgewicht wieder herzustellen. Damit ist die Idee des NATO-Doppelbeschlusses geboren. (→ 12. 12. 1979)

13. März

Das **Europäische Währungssystem** (EWS), vom Europäischen Rat am 5. 12. 1978 in Bremen beschlossen, tritt – verzögert durch deutsch-französische Differenzen wegen Agrarausgleichsleistungen – in Kraft. Es soll währungs- und preispolitische Stabilität verbürgen, die wirtschaftliche Kooperation innerhalb der EG fördern und die schrittweise Rückkehr zur Vollbeschäftigung erleichtern. Alle EG-Mitgliedstaaten, Großbritannien ausgenommen, bilden einen Währungsverbund mit festen Wechselkursen, bezogen auf die Verrechnungseinheit ECU (European Currency Unit). Sie sind durch einen Beistandsmechanismus gegen Schwankungen, soweit die Toleranzgrenzen von 2,25 Prozent über- bzw. unterschritten sind, abgesichert, z. B. durch gegenseitige kurzfristige Kreditgewährung für Stützungskäufe und ggf. Rückgriff auf die gemeinsame ECU-Währungsreserve beim Europäischen Fonds für währungspolitische Zusammenarbeit. In ihn hat jedes Land 20 Prozent seiner Gold- und Dollarbestände eingezahlt. – Das Pfund Sterling »floatet« wie bisher.

7. – 10. Juni

Erste Direktwahl zum **Europäischen Parlament** in den EG-Mitgliedstaaten. Die bereits im EWG-Vertrag vorgesehene Direktwahl hatte der EG-Rat am 20. 9. 1976 beschlossen. Ursprünglich war sie bereits 1978 geplant.

Tab. 17: Erste Europawahl, 10. Juni 1979 in der BRD
Hauptergebnisse

	Anzahl	%	Sitze
Wahlberechtigte	42 751 940		
Wähler	28 098 872	65,7	
Ungültige Stimmen	251 763	0,9	
Gültige Stimmen	27 847 109		78
SPD	11 370 045	40,8	34
CDU	10 883 085	39,1	32
CSU	2 817 120	10,1	8
FDP	1 662 621	6,0	4
GRÜNE	893 683	3,2	–
DKP	112 055	0,4	–
C.B.V.	45 311	0,2	–
EAP	31 822	0,1	–
Zentrum	31 367	0,1	–
Abkürzungsverzeichnis s. S. 585			

Quelle: Statistisches Bundesamt.

Die Parteien bilden sieben übernationale Fraktionen im neuge-wählten Europaparlament, das am 17. 7. 1979 zum ersten Mal tagt. Die stärkste Fraktion stellen die Sozialisten mit 113 Sitzen. Die Europäische Volkspartei (Christliche Demokraten) folgt mit 107 Sitzen an zweiter Stelle. Die Konservativen entsenden 64 Abgeordnete, die Kommunisten (vor allem aus Italien und Frankreich) 44 Abgeordnete, die Liberalen 40 Abgeordnete, die Progressiven Demokraten (Gaullisten) 22 Abgeordnete und die Unabhängigen 11 Abgeordnete. Fraktionslos sind 9 Abgeordnete.

12. Dezember **NATO-Doppelbeschluss**: Der NATO-Rat beschließt in Brüssel, moderne atomare Mittelstreckenraketen in Europa zu stationieren. Dieser Nachrüstungsbeschluss, der auf heftige Kritik der Staaten des Warschauer Pakts stößt, wird auf Initiative der BRD mit konkreten Angeboten an die Sowjetunion gekoppelt: bis 1983 über neue Rüstungskontrollen zu verhandeln und das gestörte eurostrategische Gleichgewicht durch Abrüstung wieder herzustellen.
Der Nachrüstungsbeschluss, die Intervention der Sowjetunion in Afghanistan am 27. 12. 1979 und die Irankrise verschärfen die Ost-West-Gegensätze. Sie drohen die Entspannungspolitik zu gefährden und einen neuen kalten Krieg heraufzubeschwören.

1981

1. Januar   **Zehnergemeinschaft**: Als zehnter Mitgliedstaat der EG wird **Griechenland** aufgenommen. – Das Abkommen über den Beitritt Griechenlands war am 28. 5. 1979 in Athen unterzeichnet worden.

Großkundgebung gegen den NATO-Nachrüstungsbeschluss im Bonner Hofgarten am →
10. Oktober 1981.

10. Oktober   Die heterogene **Friedensbewegung** protestiert im Bonner Hofgarten
mit knapp 300 000 Anhängern gegen den atomaren Rüstungswett-
lauf und die beabsichtigte Stationierung von Mittelstreckenraketen,
d. h. gegen den NATO-Nachrüstungsbeschluss vom → 12. 12. 1979.
Es ist die bisher größte Demonstration in der BRD. Hauptredner:
Schriftsteller Heinrich Böll, SPD-Präsidiumsmitglied Erhard Eppler, Pfarrer Heinrich Albertz u. a.

30. November   Auf Drängen der BRD beginnen in Genf die **Intermediate Nuclear
Forces (INF)**-Verhandlungen zwischen den USA und der Sowjetunion. Breschnew hatte zunächst abgelehnt, über die Begrenzung
von Mittelstreckenraketen in Europa (landgestützte SS-4, SS-5 und
vor allem mobile SS-20 mit drei unabhängig voneinander einsetz-
baren Sprengköpfen und verbesserter Zielgenauigkeit) zu verhandeln und allenfalls ein Moratorium, d. h. ein Einfrieren dieser
Waffen auf dem gegenwärtigen Stand, angeboten. Die USA favo-
risieren die Null-Lösung: Die Sowjetunion solle ihre Mittelstreckenraketen abbauen und die NATO dann auf die Nachrüstung
gemäß Doppelbeschluss vom → 12. 12. 1979 verzichten.
Vom konkreten Verhandlungsergebnis hängt es ab, ob und wie viele
Pershing-II-Raketen und Marschflugkörper (Cruise-Missiles) die
NATO in Westeuropa, vor allem in der BRD, stationiert. Marschflugkörper verfügen über ein elektronisches Navigationssystem, mit dem
die Flugbahn auch noch während des Fluges geändert werden kann.

1982

10. Juni   Die **NATO-Gipfelkonferenz** tagt erstmals in Bonn; Spanien nimmt als neu aufgenommenes 16. Mitglied teil. In ihrer »Bonner Erklärung« stimmen die Staats- und Regierungschefs darin überein, dass Sicherheit und Abrüstung gleichwertige Ziele der NATO-Politik seien, fordern aber »wirkliche«, d. h. effektive Entspannung. In der gegenüberliegenden Beueler Rheinaue findet gleichzeitig die bisher größte Kundgebung in der Geschichte der BRD statt: ca. 350 000 Teilnehmer, vor allem Jugendliche der heterogenen »Friedensbewegung«, demonstrieren für »Frieden und Abrüstung«. – Am 5. 6. 1982 waren ca. 100 000 CDU-Anhänger im Bonner Hofgarten für »Frieden und Freiheit« und für die Freundschaft mit den USA eingetreten.
US-Präsident Reagan hatte am 9. 6. vor dem Bundestag gesprochen (»Deutschland, wir stehen auf deiner Seite«). Er besucht am 11. 6. 1982 West-Berlin, wo es zu Straßenkrawallen kommt.

29. Juni   In Genf beginnen die **Strategic Arms Reduction Talks (START)**-Verhandlungen, die auf Vorschlag der USA die SALT-Verhandlungen mit der Sowjetunion fortsetzen sollen.
Das SALT (Strategic Arms Limitation Talks)-II-Abkommen war am 18. 6. 1979 in Wien von US-Präsident Carter und dem sowjetischen Staats- und Parteichef Breschnew unterzeichnet worden. Beide Vertragsparteien erklärten ihren Willen, sich praktisch an das Abkommen zu halten, obwohl es von den USA nicht ratifiziert wurde. Zu SALT I: → 28. 10. 1977.
Bei START geht es nicht nur um eine »Limitation«, d. h. Begrenzung, sondern auch um eine »Reduction«, d. h. Reduzierung strategisch-interkontinentaler Atomwaffen.

23.3. DDR: Internationale Anerkennung und Sicherheitspolitik 1971–1982

1972

1. Januar   Der **pass- und visumfreie Reiseverkehr** zwischen der DDR und der Volksrepublik Polen beginnt, am 15. 1. 1972 auch mit der ČSSR und am 2. 4. 1972 mit Rumänien.
Um Einkaufsfahrten über die Grenze zu erschweren, wird ab 30. 10. 1980 für Privatreisen zwischen der DDR und Polen eine von der Volkspolizei bestätigte Einladung des im anderen Staat lebenden Gastgebers gefordert. Masseneinkäufe im Grenzverkehr hatten dazu geführt, dass Versorgungsengpässe auftraten und deutsch-polnische Ressentiments entstanden.

3. Juni	Das **Viermächte-Berlin-Abkommen** tritt mit den ergänzenden innerdeutschen Vereinbarungen und den **Ostverträgen** der BRD in Kraft. (23.1. → 12. 8. und 7. 12. 1970; 25. → 3. 9. 1971)
20. Dezember	Die **Schweiz** beschließt, diplomatische Beziehungen mit der DDR aufzunehmen. Weitere neutrale Staaten folgen: Indonesien, Schweden, Österreich u. a. am 21. 12. 1972, Finnland am 7. 1. 1973.
27. Dezember	**Belgien** nimmt als erstes verbündetes Nachbarland der BRD diplomatische Beziehungen mit der DDR auf. Die Niederlande und Luxemburg folgen am 5. 1. 1973. Dänemark erkennt die DDR am 12. 1. 1973 an, Italien am 18. 1. 1973.

1973

8./9. Februar	**Großbritannien** und **Frankreich** nehmen diplomatische Beziehungen mit der DDR auf.
18. September	**Aufnahme in die UNO.** Die DDR tritt der UN-Charta sowie dem Statut des Internationalen Gerichtshofs in Den Haag bei. (23.2. und 24. → 18. 9. 1973) Die DDR ist ab 1. 1. 1980 zwei Jahre lang nichtständiges Mitglied im UN-Sicherheitsrat.

1974

14. März	Die beiden deutschen Staaten unterzeichnen das Protokoll über die Errichtung der **Ständigen Vertretungen** in Bonn und Ost-Berlin. Die Ständigen Vertretungen, die ihre Arbeit offiziell am 2. 5. 1974 aufnehmen, sind keine diplomatischen Missionen zwischen Völkerrechtssubjekten, sondern Vertretungen sui generis; denn es handelt sich um zwei Staaten in Deutschland, die füreinander kein Ausland sind. Zuständig für die Ständige Vertretung der DDR ist daher nicht das Auswärtige Amt, sondern das Bundeskanzleramt.
4. September	Die **USA** nehmen mit der DDR diplomatische Beziehungen auf. Sie ist damit von allen Großmächten völkerrechtlich anerkannt.

1975

20. Januar	Oskar Fischer löst Otto Winzer (gestorben am 3. 3. 1975) als **Außenminister** ab. Während der Amtszeit Winzers seit 25. 6. 1965 war es der DDR gelungen, ihre außenpolitische Isolierung – vor allem durch die Hallstein-Doktrin der BRD – zu überwinden.
1. August	Die DDR unterzeichnet in Helsinki die **Schlußakte der KSZE** (Konferenz über Sicherheit und Zusammenarbeit in Europa). Am Rande der Verhandlungen kommt es zu Gesprächen Helmut Schmidts mit Erich Honecker und Edward Gierek. (23.2. → 1. 8. 1975)
7. Oktober	Die DDR und die Sowjetunion schließen einen **zweiten Vertrag** über Freundschaft, Zusammenarbeit und gegenseitigen Beistand

ab. Er bindet die DDR an die »sozialistische Staatengemeinschaft« auf der Basis des »sozialistischen Internationalismus« sowie der »ewigen und unverbrüchlichen Freundschaft und der brüderlichen gegenseitigen Hilfe auf allen Gebieten«. Anders als im ersten Vertrag (17.3. → 12. 6. 1964) gilt die deutsche Frage als gelöst. Sie ist, da es keine einheitliche deutsche Nation gebe, nur noch ein Teilbereich des Normalisierungs- und Entspannungsprozesses zwischen Staaten unterschiedlicher Gesellschaftsordnung in Europa.

1977

24. März –
3. Oktober

Wie zuvor mit der Sowjetunion am → 7. 10. 1975 schließt die DDR **bilaterale Freundschaftsverträge** für die Dauer von 25 Jahren ab: mit **Ungarn** am 24. 3., mit **Polen** am 28. 5., mit **Bulgarien** am 14. 9. und mit der **ČSSR** am 3. 10. 1977. Sie enthalten die Breschnew-Doktrin analog der »Preßburger Formel«: Entsprechend dem Prinzip des sozialistischen Internationalismus sind Interventionen zulässig, wenn es darum geht, die »sozialistische Staatengemeinschaft« und ihre »sozialistischen Errungenschaften« zu schützen. (17.3. → 15. 3. 1967)

6. Mai

Die DDR vereinbart mit der **Mongolischen Volksrepublik** einen neuen Vertrag über Freundschaft und Zusammenarbeit, am 4. 12. 1977 erstmals auch mit der **Republik Vietnam**. (12.2.→ 25. 12. 1955 und 17.3. → 12. 9. 1968)

1979

19. Februar

Anlässlich des Besuchs Honeckers schließt die DDR einen Vertrag über Freundschaft und Zusammenarbeit mit der Volksrepublik **Angola** ab. Damit werden erstmals die bilateralen Freundschafts- und Kooperationsverträge auf Entwicklungsländer erstreckt, um sie an das »sozialistische Lager« zu binden.
Mit dieser Zielsetzung folgen weitere Kooperationsverträge: mit **Mosambik** am 24. 2. 1979, mit **Äthiopien** am 15. 11. 1979, mit der Volksdemokratischen Republik **Jemen** am 17. 11. 1979, mit **Kampuchea** am 18. 3. 1980 und mit **Kuba** am 31. 5. 1980.

7. Oktober

Während der Feierlichkeiten zum **30. Jahrestag** der DDR-Gründung kündigt Staats- und Parteichef Breschnew den einseitigen Abzug sowjetischer Truppen aus Mitteleuropa an. – Die ersten Einheiten der »Gruppe der Sowjetischen Streitkräfte in Deutschland« verlassen die DDR am 5. 12. 1979 kurz vor dem NATO-Nachrüstungsbeschluss.

1980

21. Juli

Die DDR beteiligt sich an den **Olympischen Sommerspielen** in Moskau und belegt hinter der Sowjetunion den zweiten Platz im inoffiziellen Medaillenspiegel.

Die Spiele waren von westlichen Staaten, u. a. den USA und der BRD, wegen des Einmarsches sowjetischer Truppen in Afghanistan am 27. 12. 1979 boykottiert worden.

26. November **Interventionspläne**: Honecker schlägt dem KPdSU-Generalsekretär Breschnew vor, »kollektive Hilfsmaßnahmen für die polnischen Freunde bei der Überwindung der Krise auszuarbeiten«. Sie seien heute »notwendig«, aber morgen vielleicht »verspätet« und sollten deshalb rasch auf einem Gipfeltreffen der Warschauer-Pakt-Staaten erörtert werden. – Es entscheidet sich in Moskau am 5. 12. 1980 mit Zustimmung der DDR gegen eine Intervention, da Polen als Alternative anbietet, das Kriegsrecht zu verhängen. – Es wird am 13. 12. 1981 von einem »Militärrat zur Nationalen Errettung« unter Führung des Generals und Parteichefs Wojciech Jaruzelski ausgerufen. Oppositionelle Politiker werden verhaftet oder interniert, so u. a. Arbeiter- und Gewerkschaftsführer Lech Wałęsa (freigelassen am 13. 11. 1982).

Hintergrund: Seit dem Danziger Abkommen zwischen der polnischen Regierung und den Streikkomitees vom 30. 8. 1980 hatte die SED der kommunistischen Arbeiterpartei Polens »Kapitulantentum« vorgeworfen, vor allem nach der Zulassung der Gewerkschaft »Solidarität«. Notfalls sollte auch vor »Blutvergießen« als »letztem Mittel« nicht zurückgeschreckt werden. Dabei favorisierte die SED eine militärische Intervention wie in der ČSSR. (17.3. → 21. 8. 1968)

1982

21. Mai Die DDR und **Afghanistan** unterzeichnen einen Vertrag über Freundschaft und Zusammenarbeit während des Besuchs Babrak Karmals (Generalsekretär der Demokratischen Volkspartei Afghanistans und Vorsitzender des Revolutionsrats) in Ost-Berlin. Weitere Kooperationsverträge folgen mit **Laos** am 22. 9. 1982 und mit **Nordkorea** am 12. 6. 1984.

24. Zwei Staaten, eine Nation in Deutschland 1969–1982

1969

17. Dezember Walter Ulbricht schlägt als DDR-Staatsratsvorsitzender dem Bundespräsidenten Gustav Heinemann vor, die Beziehungen zwischen beiden deutschen Staaten nach den allgemein anerkannten völkerrechtlichen Normen zu gestalten. Er legt den Entwurf eines »Vertrages über die Aufnahme **gleichberechtigter Beziehungen** zwischen

der DDR und der BRD« vor. Sie sollen auf den Prinzipien der souveränen Gleichheit, der territorialen Integrität und Unantastbarkeit der Staatsgrenzen, der Nichteinmischung in die inneren Angelegenheiten und des gegenseitigen Vorteils beruhen. – Heinemann leitet das Schreiben zuständigkeitshalber an die Bundesregierung weiter.

1970

19. März In **Erfurt** treffen sich zum **ersten Mal** die Regierungschefs beider deutscher Staaten zum Meinungsaustausch. Ministerratsvorsitzender Willi Stoph fordert die Aufnahme völkerrechtlicher Beziehungen zwischen der »sozialistischen« DDR und der »monopolkapitalistischen« BRD als voneinander unabhängigen souveränen Staaten; Bundeskanzler Willy Brandt, den die Erfurter Bevölkerung herzlich empfängt, besteht auf »besonderen innerdeutschen Beziehungen«, da die deutsche Nation fortbestehe.
Brandt hatte Stoph am 22. 1. 1970 Verhandlungen nach dem Grundsatz der Nichtdiskriminierung über den Austausch von Gewaltver-

Bundeskanzler Willy Brandt und Ministerpräsident Willi Stoph beim Gipfeltreffen in Erfurt.
→ 19. März 1970

Bundeskanzler Willy Brandt verabschiedet die DDR-Delegation am Bahnhof von Kassel. →
21. Mai 1970

zichtserklärungen sowie über praktische Fragen angeboten, die das
Zusammenleben der Menschen in Deutschland erleichtern könnten.

21. Mai   **Zweites deutsches Gipfeltreffen** zwischen Brandt und Stoph in
Kassel: Brandt stellt einen 20-Punkte-Katalog für eine vertragliche Regelung der besonderen Beziehungen »zwischen den beiden Staaten in Deutschland« vor und distanziert sich damit erneut
von Ulbrichts Vertragsentwurf vom → 17. 12. 1969.
Trotz der Absichtserklärung, den Meinungsaustausch nach einer
»Denkpause« (Stoph) fortzusetzen, erhalten die Verhandlungen der
BRD mit der Sowjetunion und mit Polen den Vorrang vor weiteren Verhandlungen mit der DDR. Zu Vereinbarungen zwischen
den beiden deutschen Staaten kommt es daher mittelbar erst auf
dem Umweg über die Ostverträge (23.1. → 12. 8. und 7. 12. 1970)
sowie unmittelbar über das Viermächte-Berlin-Abkommen. (25. →
3. 9. 1971)

1971
17. Dezember Das **Transitabkommen**, der erste Vertrag zwischen beiden deutschen Staaten, wird von den Staatssekretären Egon Bahr (BRD)
und Michael Kohl (DDR) unterzeichnet. Er regelt ergänzend zum
Viermächte-Berlin-Abkommen (25. → 3. 9. 1971) den zivilen Per-
sonen- und Güterdurchreiseverkehr (Transit) zwischen der BRD
und West-Berlin. Abgaben- und Gebührenpauschalen werden jähr-

lich von der BRD an die DDR abgeführt. Eine gemeinsame Kommission soll Meinungsverschiedenheiten beilegen, die sich bei der Anwendung und Auslegung des Abkommens ergeben, z. B. beim Missbrauch der Transitwege.

1972

26. Mai   Der **Verkehrsvertrag** zwischen der BRD und der DDR, von den Staatssekretären Egon Bahr und Michael Kohl unterzeichnet, regelt erstmals dauerhaft den gegenseitigen Wechsel- und Transitverkehr von Personen und Gütern auf Straßen, Schienen und Wasserwegen über Grenzübergangsstellen. Beide Staaten verpflichten sich, diesen Verkehr zwischen ihren Hoheitsgebieten und durch sie hindurch (Transit in dritte Länder) wie international üblich auf der Basis der Gegenseitigkeit und Nichtdiskriminierung in größtmöglichem Umfang zu gewährleisten, zu erleichtern und zweckmäßig zu gestalten. Eventuelle Meinungsverschiedenheiten soll eine gemeinsame Kommission schlichten.

Der Vertrag ermöglicht mehrmals jährlich Reisen von Bundesbürgern in die DDR auf Einladung von Verwandten oder Bekannten (bisher nur einmal jährlich zu Verwandten gestattet) sowie von Institutionen oder Organisationen aus kommerziellen, kulturellen, religiösen oder sportlichen Gründen. Erstmals sind auch Touristenreisen erlaubt. Die Pkw-Benutzung wird erleichtert, die Freigrenze für Geschenke erhöht. Erstmals können DDR-Bürger unabhängig von ihrem Alter in »dringenden Familienangelegenheiten« Verwandte in der BRD besuchen – dies war bisher nur Rentnern möglich.

3. Juni   Das **Viermächte-Berlin-Abkommen** (25. → 3. 9. 1971) und die **Ostverträge** der BRD (23.1. → 12. 8. und 7. 12. 1970) treten in Kraft.

Von der Berlin-Regelung hatte die Bundesregierung die Ratifizierung der Ostverträge abhängig gemacht.

21. Dezember   **Grundlagen-/Grundvertrag**: Unbeschadet unterschiedlicher Auffassungen kommen im Berliner Vertrag über die Grundlagen der Beziehungen die beiden deutschen Staaten überein, gutnachbarliche Beziehungen zueinander auf der Basis der Gleichberechtigung zu entwickeln. Die Parteien gehen von den Zielen und Prinzipien der UN-Charta aus, sie verzichten auf die Anwendung von Gewalt und Drohung mit Gewalt, sie bekräftigen die Unverletzlichkeit der zwischen ihnen bestehenden Grenze, und sie respektieren ihre Unabhängigkeit und Selbstständigkeit als Staaten. Sie richten »Ständige Vertretungen« ein, erklären ihre Bereitschaft, praktische und humanitäre Fragen zu regeln sowie die Sicherheit und Zusammenarbeit in Europa zu fördern.

Die Bundesregierung übergibt den »**Brief zur deutschen Einheit**« (23.1. → 12. 8. 1970) und betrachtet Staatsangehörigkeitsfragen als nicht geregelt.

Nach der Unterzeichnung des Grundlagenvertrags im Haus des Ministerrats der DDR in Ost-Berlin: links Bundesminister Egon Bahr, rechts Staatssekretär Michael Kohl. → 21. Dezember 1972

Zusatzprotokoll, Briefwechsel und Erklärungen zum Protokoll enthalten Nebenabreden: Einsetzung einer Kommission zur Grenzmarkierung; Erleichterungen der Familienzusammenführung, des Besuchs-, Reise- und nicht kommerziellen Warenverkehrs; Beantragung der Mitgliedschaft in der UNO; Verbesserungen der Arbeitsmöglichkeiten für Journalisten u. a.

Der Bundestag billigt den Grundlagenvertrag am 11. 5. 1973 und verabschiedet das Gesetz über den Beitritt zur UNO. (→ 18. 9. 1973)

Die Bayerische Staatsregierung ruft das Bundesverfassungsgericht in Karlsruhe an, das am 31. 7. 1973 entscheidet, der Grundlagenvertrag sei mit dem Grundgesetz vereinbar. Doch hält es an seiner Rechtsprechung fest, dass das Deutsche Reich völkerrechtlich fortbestehe und mit der BRD (teil)identisch sei. Es verpflichtet sie daher erneut, am verfassungsrechtlichen Wiedervereinigungsgebot festzuhalten, das es vom politischen Alleinvertretungsanspruch abgrenzt. Die DDR gilt daher als Teil Deutschlands und zählt zum Inland, nicht zum Ausland (»Inter-se-Beziehungen« auf staatsrechtlicher statt völkerrechtlicher Basis, z. B. mit Interzonenhandel und innerdeutscher Grenze).

SED-Chef Honecker hatte die BRD am 6. 1. 1972 als »imperialistisches Ausland« bezeichnet.

1973

18. September Die beiden deutschen Staaten werden in die **UNO** aufgenommen. Zur Antragstellung: → 21. 12. 1972 und 23.2. → 18. 9. 1973. Die Vier Mächte hatten am 9. 11. 1972 bestätigt, dass sie die Anträge der BRD und der DDR auf Mitgliedschaft in der UNO unterstützen, und klargestellt, dass diese Mitgliedschaft die alliierten Rechte, Verantwortlichkeiten und Vereinbarungen nicht berühre.

1974

24. April Günter **Guillaume**, DDR-Spion im Bundeskanzleramt und persönlicher Referent des Bundeskanzlers Brandt, wird verhaftet. Zum Rücktritt Brandts: 22.1. → 6. 5. 1974.

25. April Abkommen auf dem Gebiet des **Gesundheitswesens** zwischen beiden deutschen Staaten (in Kraft am 1. 1. 1976). Sie verpflichten sich zum medizinischen Informations- und Erfahrungsaustausch bei der Krankheits- und Drogenbekämpfung, zur ärztlichen Hilfe für Einreisende und zum Arzneimittelaustausch. Reisende aus dem anderen deutschen Staat haben Anspruch auf kostenfreie ambulante und stationäre Behandlung. Am gleichen Tage regeln die Finanzminister beider Staaten 1. den Transfer von Unterhalts- und Schadenersatzzahlungen; 2. den Transfer von Guthaben in besonderen Fällen, z. B. Überweisungen auf Gegenseitigkeit, vor allem aus Renten oder der Sozialhilfe.

2. Mai Die **Ständigen Vertretungen** in Bonn und Ost-Berlin nehmen ihre Arbeit auf. Akkreditiert werden am 20. 6. 1974 für die BRD Günter Gaus, für die DDR Michael Kohl (Nachfolger seit 28. 9. 1978: Ewald Moldt). (23.3. → 14. 3. 1974)

»Ständige Vertretungen« anstelle diplomatischer Botschaften. → 2. Mai 1974

12. Dezember Die **Swing-Regelung** vom 6. 12. 1968 wird verlängert, der Überziehungskredit jedoch begrenzt auf maximal 850 Millionen Rechnungseinheiten. – Als Gegenleistung sagt die DDR Verbesserungen im Besucher- und Reiseverkehr zu.

1975
1. August **KSZE-Schlussakte** in Helsinki, unterzeichnet von beiden deutschen Staaten. (23.2. → 1. 8. 1975)

1976
30. März Das **Postabkommen** regelt den Post- und Fernmeldeverkehr zwischen beiden deutschen Staaten, den Post- und Fernmeldetransit mit Drittstaaten sowie den Post- und Fernmeldeverkehr zwischen der BRD und West-Berlin einschließlich der Funkfrequenznutzung (in Kraft am 1. 7. 1976). Einzelheiten sind in drei dazugehörigen Verwaltungsabkommen über den Post-, den Fernmeldeverkehr und die Abrechnung der Transitleistungen festgelegt. Der Fernsprechverkehr wird modernisiert und seine Kapazität ausgeweitet, der Paket- und Päckchenverkehr wird verbessert.

1978
10. Januar Das Nachrichtenmagazin **Der Spiegel** muss sein Ost-Berliner Büro schließen. Es hatte ein Manifest oppositioneller Kommunisten in der SED veröffentlicht und wird daher beschuldigt, die DDR zu verleumden.
Wegen angeblicher »Diffamierung des Volkes und der Regierung« war der Fernsehkorrespondent Lothar Loewe am 22. 12. 1976 ausgewiesen worden. Die DDR hatte noch am 1. 6. 1976 ständigen Korrespondenten aus der BRD neue Arbeitserleichterungen eingeräumt.

16. November Die beiden deutschen Staaten vereinbaren eine neue Transitpauschale, den Bau der **Nordautobahn** Berlin–Hamburg (eröffnet 20. 11. 1982) und die Reparatur der Transitwasserstraßen nach West-Berlin, vor allem des Teltowkanals, unter Kostenbeteiligung der BRD.

29. November Die Leiter der gemeinsamen **Grenzkommission** (→ 21. 12. 1972) unterzeichnen in Bonn das Regierungsprotokoll über die »Überprüfung, Erneuerung und Ergänzung der Markierung der zwischen der DDR und der BRD bestehenden Grenze, die Grenzdokumentation und die Regelung sonstiger mit dem Grenzverlauf im Zusammenhang stehender Probleme« (z. B. Instandhaltung und Ausbau der Grenzgewässer, Schifffahrt, Fischerei, Schadensbekämpfung). Bis auf kleine Ausnahmen vor allem im Elbeabschnitt wird der Verlauf der gemeinsamen Grenze einvernehmlich festgestellt.

Die Grenzdokumentation enthält Grenzvermessungsunterlagen, Grenzbeschreibungen und ein Kartenwerk.

1979

21. Dezember   Die Regierungen beider deutscher Staaten schließen ein Abkommen über die fachliche und administrative Zusammenarbeit auf dem Gebiet des **Veterinärwesens** ab, z. B. über den Erfahrungsaustausch, über die Verhütung und Bekämpfung von Tierkrankheiten, über Tierhygiene u. a.

1980

30. April   **Verkehrsausbau**: Die beiden deutschen Staaten vereinbaren, eine direkte Autobahnverbindung zwischen Berlin und Herleshausen zu schaffen, den Mittellandkanal für Europaschiffe auszubaggern und den Eisenbahnverkehr zwischen Berlin und Helmstedt zweigleisig auszubauen.
Bereits am 31. 10. 1979 hatten die beiden deutschen Staaten ein Abkommen über die gegenseitige Befreiung von Kraftfahrzeugen von Steuern und Straßenbenutzungsgebühren abgeschlossen.

13. Oktober   Kurz nach der Bundestagswahl (22.1. → 5. 10. 1980) leitet die DDR einen **Kurswechsel** in ihrer Deutschlandpolitik ein: 1. erhöht sie ab sofort den Mindestumtausch für Westbesucher von 13 auf 25 DM pro Tag; 2. stellt Honecker in Gera Forderungen für Fortschritte in den deutsch-deutschen Beziehungen: Umwandlung der Ständigen Vertretungen in Botschaften, Anerkennung der DDR-Staatsbürgerschaft und des Elbe-Grenzverlaufs in der Strommitte, Schließung der Zentralen Erfassungsstelle in Salzgitter (gegründet am 24. 11. 1961 von den Landesjustizverwaltungen zur Registrierung und Aufklärung von Gewaltakten an der Zonengrenze). – Die Bundesregierung protestiert erfolglos gegen den erhöhten Zwangsumtausch. Die Zahl privater DDR-Reisen geht zurück.

1981

11. – 13. Dez.   **Innerdeutsches Gipfeltreffen**: Bundeskanzler Schmidt besucht Honecker auf dessen Einladung am Werbellin- und Döllnsee in der Schorfheide. Die »konstruktiven« Gespräche werden von den Ereignissen in Polen überschattet, vor allem wegen der Verhängung des Kriegsrechts am 13. 12. 1981. (23.3. → 26. 11. 1980)

1982

18. Juni   **Neue Swing-Regelung**: Der zinslose Überziehungskredit wird verlängert, aber reduziert, der nicht kommerzielle Zahlungsverkehr erhöht. Als Gegenleistung sichert die DDR »Republikflüchtlingen« vor dem 1. 1. 1981 Straffreiheit auf Transit- und DDR-Reisen zu. West-Berliner können Tagesbesuche in Ost-Berlin und in der DDR bis 2 Uhr nachts (bisher 0 Uhr) ausdehnen.

Helmut Schmidt (links) und Erich Honecker (rechts) beim winterlichen Spaziergang am Döllnsee. → 11.–13. Dezember 1981

25. Berlin-Regelung und Berlin-Politik 1971–1982

1971

31. Januar   Der seit 19 Jahren unterbrochene **direkte Telefonverkehr** zwischen West- und Ost-Berlin wird begrenzt wieder aufgenommen.

3. September   Im alten Kontrollratsgebäude unterzeichnen die drei Botschafter der Westmächte in der BRD und der sowjetische Botschafter in der DDR das **Viermächte-Berlin-Abkommen**. Es regelt nach langwierigen Verhandlungen seit 26. 3. 1970 die Berlin-Frage, ohne sie zu lösen.
Ungeachtet unterschiedlicher Rechtspositionen ermöglicht das Abkommen auf der Basis des Gewaltverzichts sowie alliierter Berlin-Rechte und -Verantwortlichkeiten »praktische Verbesserungen der Lage«. So wird der Transitverkehr von zivilen Personen und Gütern zwischen West-Berlin und der BRD erleichtert, damit er unbehindert in der »einfachsten und schnellsten Weise«

Die Botschafter unterzeichnen das Viermächte-Berlin-Abkommen. Von links: Jean Sauvagnargues (Frankreich), Roger Jackling (Großbritannien), Pjotr Abrassimow (Sowjetunion), Kenneth Rush (USA). → 3. September 1971

vor sich geht. West-Berlin ist zwar kein konstitutiver Teil der BRD, doch werden die »Bindungen« (DDR-Übersetzung: »Verbindungen«) zwischen ihnen aufrechterhalten und weiterentwickelt. Die BRD vertritt West-Berlin nach außen, vor allem im konsularischen Bereich; als Gegenleistung lassen die Westmächte ein sowjetisches Generalkonsulat ohne jede Sonderstellung in West-Berlin zu. Die Kommunikation zwischen West-Berlin sowie Ost-Berlin und der DDR wird verbessert, vor allem durch Besuchs- und Reisemöglichkeiten für West-Berliner. Die in den Anlagen vereinbarten konkreten Regelungen bedürfen teilweise noch innerdeutscher Durchführungsbestimmungen. (→ 17. 12. und 20. 12. 1971)

Das Berlin-Abkommen konsolidiert die »bestehende Lage«, die »nicht einseitig verändert wird«. Der Status quo in Berlin erhält damit eine weitgehende Bestandsgarantie, ermöglicht werden aber auch »praktische Verbesserungen der Lage«. Sie machen die Teilung der Stadt erträglicher, die Mauer durchlässiger, und sie tragen wesentlich dazu bei, dass auch in Zeiten neuer Ost-West-Konflikte nicht wieder Berlin-Krisen entstehen. Damit wird die Berlin-Frage entschärft und reguliert. Ihre endgültige Lösung ermöglicht erst die friedliche Wiederherstellung der deutschen Einheit im gesamteuropäischen Rahmen. (→ 37.)

Die Berlin-Regelung war nicht nur ein Signal, sondern auch ein Kernstück der Ost-West-Entspannung im globalen und deutsch-deutschen Rahmen. US-Präsident Richard Nixon hatte bereits nach seinem Amtsantritt (1969) die These vertreten, dass nach einer Ära der Konfrontation eine Ära der Verhandlungen bevorstehe. Hauptvertreter dieser Politik wurde sein Sicherheitsberater Henry Alfred Kissinger, später US-Außenminister (1973–1977).

Die Bundesregierung hatte die Ratifizierung der Ostverträge (23.1. → 12. 8. und 7. 12. 1970) von einem alliierten Berlin-Abkommen abhängig gemacht (Junktim) und damit wesentlich zum Erfolg der alliierten Verhandlungen beigetragen.

17. Dezember   Das **Transitabkommen** zwischen beiden deutschen Staaten regelt den zivilen Durchreiseverkehr zwischen der BRD und West-Berlin als ergänzende innerdeutsche Vereinbarung zum Viermächte-Berlin-Abkommen. (24. → 17. 12. 1971)

20. Dezember   Der Senat von West-Berlin und die DDR-Regierung vereinbaren Erleichterungen des **Reise- und Besucherverkehrs**. Auch regeln sie die Frage von Enklaven durch **Gebietsaustausch**.
Erstmals seit dem Mauerbau (16.3. → 13. 8. 1961) können damit West-Berliner wieder generell Ost-Berlin und die DDR besuchen.
Am 30. 8. 1972 wird die West-Berliner Exklave Steinstücken durch eine – bisher auf DDR-Gebiet liegende – Straße mit dem Bezirk Zehlendorf verbunden. (31. → 1. 7. 1988)

1972

3. Juni   Das **Viermächte-Berlin-Abkommen**, die ergänzenden innerdeutschen Vereinbarungen und die Ostverträge der BRD treten in Kraft. (→ 3. 9. 1971 und 23.1. → 12. 8. und 7. 12. 1970)

1977

2. Mai   Dietrich **Stobbe** (SPD) wird nach dem Rücktritt Klaus Schütz' zum Regierenden Bürgermeister von Berlin gewählt. Der SPD/FDP-Senat hatte sich im Amt behaupten können, obwohl die CDU aus den Wahlen zum Abgeordnetenhaus am 2. 3. 1975 als stärkste Partei hervorgegangen war. Sie gewinnt diese Wahlen erneut am 18. 3. 1979.

1979

28. Juni   Die **Ost-Berliner Volkskammerabgeordneten** werden künftig nicht mehr von der Stadtverordnetenversammlung delegiert, sondern nach dem geänderten DDR-Wahlgesetz von der Bevölkerung direkt gewählt.
Ursprünglich hatten die delegierten Vertreter Ost-Berlins in der Volkskammer nur beratende Stimme, doch wurde zwischen ihnen und den gewählten Abgeordneten der Volkskammer in den Siebzigerjahren nicht mehr unterschieden.
Bis 20. 9. 1976 hatten Normen der DDR in Ost-Berlin nur dann gegolten, wenn der Magistrat ihnen zugestimmt und dies in seinem Verordnungsblatt bekannt gemacht hatte.

1981

15. Januar   Dietrich **Stobbe** (SPD) tritt als Regierender Bürgermeister zurück. Er hatte mit seinem SPD/FDP-Senat keine tragfähige Mehrheit mehr, und zwar vor allem wegen der Finanz- und Bürgschaftsaffären um die Baufirma Dietrich Garski und wegen verschärfter Konflikte mit Hausbesetzern (»Instandbesetzern« leerstehender Häuser).
Das Abgeordnetenhaus wählt am 23. 1. 1981 den bisherigen Bundesjustizminister Hans-Jochen Vogel (SPD) zum Regierenden Bürgermeister.

10. Mai   Bei den vorgezogenen **Wahlen** zum Berliner Abgeordnetenhaus erhält die CDU einen Stimmenanteil von 48 Prozent. Auf die sozialliberale Regierungskoalition entfallen 43,9 Prozent der Stimmen (SPD: 38,3 Prozent, FDP: 5,6 Prozent). Der Alternativen Liste (AL) gelingt erstmals mit 7,2 Prozent der Stimmen der Sprung ins Parlament.

11. Juni   Richard **von Weizsäcker** wird mit FDP-Unterstützung vom Abgeordnetenhaus zum Regierenden Bürgermeister gewählt. Damit war die sozialliberale Regierungskoalition in Berlin beendet (»Kleiner

Hausinstandbesetzung im Zentrum des West-Berliner Bezirks Kreuzberg. → 15. Januar 1981

Machtwechsel«). Im März 1983 gehen CDU und FDP eine neue Koalition ein.

14. Juni **Erste Direktwahl** der Volkskammerabgeordneten in Ost-Berlin. Tags darauf protestieren die Westalliierten in einer Note an die sowjetische Regierung gegen diese »einseitige Entscheidung«, die den Ostsektor so behandele, als sei er Teil des DDR-Gebiets. Sie sehen darin nicht nur einen Widerspruch zum Berlin-Status, sondern auch zum Viermächteabkommen vom → 3. 9. 1971. Die drei westlichen Stadtkommandanten protestieren auch wiederholt gegen militärische Paraden im Ostsektor, da sie dem »entmilitarisierten Status« der Stadt widersprächen.

26. Ökonomie, Umwelt und soziale Sicherung

26.1. BRD: Wirtschaft, Energie und Finanzen 1969–1982

1969

24. Oktober **DM-Aufwertung** um 8,5 Prozent durch die sozialliberale Bundesregierung (Dollarparität: 3,66 statt 4 DM).
Brandt und Schiller hatten die Aufwertung gefordert, Kiesinger und Strauß während der Großen Koalition jedoch abgelehnt. Vorübergehend waren die Devisenbörsen geschlossen und die DM-Wechselkurse freigegeben worden (Floating), um Devisenspekulationen vorzubeugen.
Am 17. 12. 1971 wird die DM erneut aufgewertet. Ihr Wert steigt, bezogen auf den US-Dollar, um 13,8 Prozent (Gold: 4,6 Prozent).

1973

17. Februar und 9. Mai Die Bundesregierung verabschiedet zwei **Stabilitätsprogramme**. Sie sollen in der Phase der Hochkonjunktur die Inflation bekämpfen helfen: durch restriktive Haushaltspolitik, eine befristete zehnprozentige Stabilitätsabgabe, reduzierte steuerliche Abschreibungen u. a.
Rückschläge erleidet die Stabilitätspolitik durch den 1. Ölpreisschock und seine Folgen (weltweite Öl- und Wirtschaftskrise, fortschreitende Arbeitslosigkeit).

11. – 14. März **Freigabe des DM-Wechselkurses** zum US-Dollar (Floating) und DM-Aufwertung um 3 Prozent (am 29. 6. 1973 erneut um 5,5 Prozent). Feste Leitkurse innerhalb einer kleinen Bandbreite gegen-

über einigen europäischen Staaten (»Währungsschlange« seit 21. 3. 1972) werden beibehalten.
Hintergrund: Nach dem Zusammenbruch des Weltwährungssystems von Bretton Woods vom 23. 7. 1944, das auf dem Gold-Devisen-Standard, auf der Goldkonvertibilität des US-Dollars und festen Wechselkursen mit kleinen Schwankungen innerhalb einer Bandbreite beruht hatte, sollen die Voraussetzungen für eine neue stabilitätsgerechte Wirtschaftspolitik geschaffen werden.

3. August
Die **Kartellgesetznovelle** (Änderung des Gesetzes gegen Wettbewerbsbeschränkungen: 14.1. → 27. 7. 1957) hebt die Preisbindung der 2. Hand für Markenartikel auf. Sie verschärft die Missbrauchsaufsicht durch vorbeugende Fusionskontrolle und erleichtert die Kooperation zwischen kleineren und mittleren Unternehmen. – Gefördert wird die Verbraucheraufklärung (Arbeitsgemeinschaft der Verbraucher).

26. September
Nach dem **Energieprogramm** der Bundesregierung sollen der Erdölverbrauch zugunsten heimischer Energieträger wie Kohle und ihrer »Verstromung« gedrosselt, die Kernenergie ausgebaut und Energie durch rationellere Nutzung eingespart werden.

9. November
Das **Energiesicherungsgesetz** ermächtigt die Bundesregierung, zeitweilig Energie zu rationieren, Höchstpreise festzusetzen und die Benutzung von Motorfahrzeugen aller Art nach Zeit, Ort, Strecke, Geschwindigkeit und Benutzerkreis einzuschränken.
Hintergrund: Während des 4. israelisch-arabischen Krieges (Jom-Kippur-Krieg) hatten am 17. 10. 1973 arabische Länder beschlossen, ihre Erdöllieferungen an Industriestaaten zu drosseln oder ganz einzustellen (z. B. an die USA oder die Niederlande). Die **OPEC** (Organization of Petroleum Exporting Countries) erhöhte die Erdölpreise drastisch. Dieser **1. Ölpreisschock** löste eine tief greifende Energie- und neue Weltwirtschaftskrise mit »Stagflation« (Stagnation des Wirtschaftswachstums bei gleichzeitiger hoher Preissteigerungs- und Arbeitslosenrate) aus.

9. Dezember
Wegen der Weltwirtschafts- und Ölpreiskrise verabschiedet die Bundesregierung erste Maßnahmen zur **Belebung von Konjunktur und Investitionen**. Gefördert werden sollen vor allem die Auftrags-, die Beschäftigungs- und die Investitionsbereitschaft.

1975

1. Januar
Die **Einkommensteuerreform** tritt in Kraft. Sie entlastet vor allem untere und mittlere Einkommensschichten. Auch regelt sie das Kindergeld neu und schränkt die bisherige Sparförderung ein.
Das **(1.) Haushaltsstrukturgesetz** vom 8. 12. 1975 sieht Ausgabenkürzungen und Einnahmeverbesserungen zum Abbau des Haushaltsdefizits vor.

Erstes Sonntagsfahrverbot am 25. November 1973: Autobahn am Frankfurter Kreuz. →
9. November 1973

1976

22. Juli   Das **Energieeinsparungsgesetz** schreibt einen verbesserten Wärme-
          schutz in Gebäuden, vor allem für Neubauten, Heizungs- und Be-
          lüftungsanlagen vor. – Nach einer Novelle vom 20. 6. 1980 sind
          Heizkosten künftig nach Verbrauch abzurechnen.

29. Juli   Das **1.** Gesetz zur Bekämpfung der **Wirtschaftskriminalität** stellt
          Kredit- und Subventionsbetrug, Wucher und betrügerischen Bank-
          rott unter Strafe.
          Das neu errichtete Gewerbezentralregister soll gewerbebezogene
          Ordnungswidrigkeiten und Verwaltungsentscheidungen (Gesetz
          vom 13. 6. 1974) erfassen und es so erleichtern, nach unseriösen
          Firmen zu fahnden.

9. Dezember   Nach den **Allgemeinen Geschäftsbedingungen** sind Bestimmungen
          in vorformulierten Vertragsbedingungen (»Kleingedrucktes«) un-
          wirksam, wenn sie den Kunden bzw. Käufer entgegen den Geboten
          von Treu und Glauben unangemessen benachteiligen (General-
          klausel). Überraschende Klauseln werden nicht Vertragsbestand-
          teil. Individuelle Vertragsabreden haben Vorrang vor Allgemeinen

Geschäftsbedingungen. Zweifel bei ihrer Auslegung gehen zulasten des Verwenders.

1978

25. Juli Das **Erdölbevorratungsgesetz** trifft Vorsorge gegen eine neue Ölverknappungskrise. Dies ist Aufgabe des neu geschaffenen »Erdölbevorratungsverbandes«, der als öffentlich-rechtliche Körperschaft Pflichtvorräte für die Dauer von 65 Tagen anzulegen hat.

1979

13. März Das **Europäische Währungssystem** tritt in Kraft. (23.2. → 13. 3. 1979)

1980

30. Januar Mit dem Programm zur großtechnischen **Kohlevergasung und -verflüssigung** will die Bundesregierung die Abhängigkeit vom ausländischen Erdöl einschränken und die explosionsartig steigenden Energiekosten senken. Sie sind neben dem Tourismus und den Transaktionen von Ausländern (»Gastarbeiter«) die Hauptursache für die fortschreitend negative Zahlungsbilanz der BRD.
Die Bundesregierung zieht mit dem Programm Konsequenzen aus dem **2. Ölpreisschock**, der zwischen 1978 und 1980 erneut die Ölpreise explodieren lässt.

16. August Das **Steuerentlastungsgesetz 1981** senkt die Steuerbelastung in der Proportionalzone und in der gestaffelten Progressionszone. Es erhöht den Weihnachtsfreibetrag, die Sonderausgabenhöchstbeträge, das Kindergeld ab dem zweiten Kind und familienbezogene Leistungen.

1981

1. April Die Mineralöl- und die **Trinkbranntweinsteuer** werden erhöht. – Der Einspruch des Bundesrats vom 13. 3. 1981 aus konjunktur-, preis- und regionalpolitischen Gründen war vom Bundestag am 18. 3. 1981 mit absoluter Mehrheit zurückgewiesen worden.

26. Juni Das **Subventionsabbaugesetz** schränkt Subventionen und sonstige Vergünstigungen ein, und zwar vor allem in den Bereichen Gasöl, Verkehr, Sparförderung, Kreditwirtschaft, Wohngeld, Postablieferung, Nebentätigkeiten u. a.

22. Dezember Das **(2.) Haushaltsstrukturgesetz** soll als »Spargesetz« den Bundeshaushalt sanieren. Vorgesehen sind Fehlbelegungsausgleichszahlungen bei Sozialwohnungen, Zinsanhebungen für öffentliche Baudarlehen, verbesserte Abschreibungsmöglichkeiten zur Baubelebung und befristete Investitionszulagen, Einsparungen im öffentlichen Dienst und bei Sozialleistungen (z. B. beim Taschengeld für Heimbewohner in der Sozialhilfe).

1982

1. April   Um die hohe Neuverschuldung des Bundes einzudämmen, werden die indirekten Verbrauchsteuern für **Trinkbranntwein** und **Sekt** erhöht, ab 1. 6. 1982 auch für **Zigaretten**.

30. Juni   Nach monatelangen Zerreißproben einigt sich die vor dem Bruch stehende sozialliberale Koalition überraschend auf die Eckwerte für den **Haushalt 1983**. Wie von der FDP gefordert, wird die Nettokreditaufnahme auf 28,5 Milliarden DM begrenzt und – bisher ein sozialdemokratisches Tabu – mit Einsparungen im Sozialbereich begonnen (z. B. Selbstbeteiligungen bei Kuren und Krankenhausaufenthalten, Krankenversicherungsbeiträge der Rentner).
Anders als nach dem »Sommertheater '81« (am 20. 8. 1981 hatte Genscher für eine »Wende in der Politik« plädiert) und bei den Etatstreitigkeiten 1982 (Finanzierungslücken, Ergänzungsabgabe für Besserverdienende und ein Beschäftigungsprogramm) wird der Bruch der sozialliberalen Regierungskoalition nur kurz überbrückt.

26.2. BRD: Arbeit und Mitbestimmung 1969–1982

1970

1. Januar   Mit dem In-Kraft-Treten des **Lohnfortzahlungsgesetzes** sind Arbeiter mit Angestellten im Krankheitsfall gleichgestellt, d. h., sie erhalten den Lohn bzw. das Gehalt für die Dauer von sechs Wochen weiter.

1972

15. Januar   Das novellierte **Betriebsverfassungsgesetz** (9.1. → 11. 10. 1952) ergänzt die Mitbestimmungs- und Mitwirkungsrechte des Betriebsrats und der Jugendvertretung in den Bereichen Arbeitszeit und -platzgestaltung, Unfallverhütung, Werkswohnungen, Einstellung, Ein- bzw. Umgruppierung, Versetzung, Kündigung, Berufsbildung, Betriebsvereinbarungen u. a. In Angelegenheiten seines Arbeitsplatzes hat der einzelne Arbeitnehmer Anspruch auf Information, Anhörung und Erörterung sowie auf Einsicht in seine Personalakte. Die Rechte der Gewerkschaften und ihre Zusammenarbeit mit dem Betriebsrat werden ausgebaut.

1973

22./23. Nov.   Die Bundesregierung beschließt den **Anwerbestopp** für ausländische Arbeiter außerhalb der Europäischen Gemeinschaft (EG). Im Zeichen des 1. Ölpreisschocks, der nachlassenden Konjunktur und der steigenden Arbeitslosenzahlen soll so der Arbeitsmarkt entlastet werden.

Die BRD hatte seit 1955 vor allem aus mediterranen Staaten Arbeiter angeworben, um den Bedarf der expandierenden Wirtschaft nach Arbeitskräften zu befriedigen.

12. Dezember Nach dem **Arbeitssicherheitsgesetz** sind Arbeitgeber verpflichtet, Betriebsärzte und Sicherheitsfachkräfte einzustellen. Sie sind für den Arbeits- und Gesundheitsschutz und die Unfallverhütung zuständig. – Mit Erlass vom 15. 12. 1971 war in Dortmund die Bundesanstalt für Arbeitsschutz und Unfallforschung errichtet worden.

1974

1. April Das neue **Bundespersonalvertretungsgesetz** (9.1. → 5. 8. 1955) tritt in Kraft. Es erweitert die Beteiligungsrechte der Personalversammlung, des Personalrats und der Jugendvertretung. Die Arbeitsmöglichkeiten der Personalratsmitglieder, die Dienstfreistellung, Schulungsurlaub und verbesserten Kündigungsschutz erhalten, des Vertrauensmannes der Schwerbeschädigten und der Gewerkschaften sind verbessert.

24. April Das **Schwerbehindertengesetz** novelliert das bisherige Schwerbeschädigtenrecht: Wessen Erwerbsfähigkeit um wenigstens 50 Prozent gemindert ist, hat Anspruch auf bevorzugte Einstellung (Pflichtplätze bei privaten bzw. öffentlichen Arbeitgebern), auf erweiterten Kündigungsschutz und auf einen Zusatzurlaub. Gestärkt wird die Stellung des Vertrauensmannes der Schwerbeschädigten.
Das **Rehabilitations-Angleichungsgesetz** vom 7. 8. 1974 vereinheitlicht die medizinischen, beruflichen, sozialen und anderen Rehabilitationsleistungen der Sozial- und Krankenversicherung sowie der Kriegsopferversorgung. Es entsteht ein Netz bundesweiter Berufsförderungs- und Bildungswerke.

1976

1. Mai Die **Arbeitsstättenverordnung** vom 20. 3. 1975 tritt in Kraft. Sie soll zur Humanisierung des Arbeitslebens nach Erkenntnissen der Arbeitsmedizin und Ergonomie (menschengerechtere Gestaltung des Arbeitsbereichs) beitragen.
Bei der Bundesanstalt für Arbeitsschutz und Unfallforschung in Dortmund wird am 20. 6. 1980 das Bundeszentrum zur Humanisierung des Arbeitslebens errichtet (Arbeitsaufnahme: 1. 8. 1980).

1. Juli Das Gesetz über die **paritätische Mitbestimmung** der Arbeitnehmer vom 4. 5. 1976 tritt in Unternehmen mit eigener Rechtspersönlichkeit und mehr als 2 000 Beschäftigten (z. B. bei Aktiengesellschaften, Kommanditgesellschaften, Gesellschaften mit beschränkter Haftung, Konzernunternehmen) in Kraft.
Die Aufsichtsräte sind je zur Hälfte mit Eigentümer- und Arbeitnehmervertretern zu besetzen; bei Stimmengleichheit entscheidet der in der Regel von den Anteilseignern auf der Haupt- bzw. Ge-

sellschafterversammlung gewählte Aufsichtsratsvorsitzende durch Stichentscheid. Ein Teil der Arbeitnehmer-Aufsichtsratssitze, die durch Urwahl oder Wahlmänner bestellt werden, ist für Gewerkschaften reserviert, der Rest auf Arbeiter, Angestellte und leitende Angestellte entsprechend ihrem Anteil an der Belegschaft zu verteilen.

Den Vorstand wählt der Aufsichtsrat mit Zweidrittelmehrheit bzw. mit Stimmenmehrheit auf Vorschlag des ständigen Vermittlungsausschusses, notfalls mit der Zweitstimme des Aufsichtsratsvorsitzenden. Der Arbeitsdirektor, im Vorstand für Personal- und Sozialfragen zuständig, soll das Vertrauen der Arbeitnehmer genießen. – Die Montanmitbestimmung bleibt erhalten. (9.1. → 21. 5. 1951)

Am 1. 3. 1979 verwirft das Bundesverfassungsgericht Verfassungsbeschwerden der Arbeitgeber gegen das Gesetz.

1980

1. Januar   Das **Gerätesicherheitsgesetz** tritt für fast alle Maschinen und Werkzeuge in Betrieben sowie Geräte und Artikel in Medizin, Heim, Sport und Freizeit in Kraft. Es verbessert den Arbeits- und Unfallschutz und führt das Zeichen GS (»Geprüfte Sicherheit«) ein. Bußgeldtatbestände werden neu gefasst.

13. August   **Gleichbehandlung** von Männern und Frauen am Arbeitsplatz durch das EG-Anpassungsgesetz: Jedem Arbeitgeber wird verboten, einen Arbeitnehmer seines Geschlechts wegen zu benachteiligen oder zu maßregeln. Geschlechtsspezifische Stellenausschreibungen sind unzulässig. Es gilt der Grundsatz: »Gleicher Lohn für gleiche Leistung.«

16. August   Das **Asylverfahrenbeschleunigungsgesetz** soll die steigende Flut ungerechtfertigter Asylgesuche eindämmen und den Missbrauch des Asylrechts (Art. 16 Abs. 2 GG) einschränken. Asylbewerber sind zur Mitwirkung in Asylverfahren verpflichtet. Diese werden vereinfacht und beschleunigt.

1981

21. Mai   Nach dem Gesetz zur Änderung des **Montanmitbestimmungs-** und des **Mitbestimmungsergänzungsgesetzes** bleibt ein Montanunternehmen sechs Jahre weiter montanmitbestimmt, auch wenn am 1. 7. 1981 die Anwendungsvoraussetzungen entfallen, weil Bergbau, Eisen- und Stahlproduktion unter die 50-Prozent-Schwelle des Konzerngesamtumsatzes sinken. Walzwerk- und Gießerei-Erzeugnisse aus Eisen oder Stahl zählen fortan zum Montanbereich. – Die externen Aufsichtsratsmitglieder der Arbeitnehmer werden künftig – wie die internen der Belegschaft – von den Betriebsräten gewählt; die Gewerkschaften können sie vorschlagen, aber nicht mehr delegieren. Besteht ein Konzernbetriebsrat, so tritt er an die Stelle der Betriebsräte des Unternehmens. (9.1. → 21. 5. 1951) Die Mannesmann AG hatte angekündigt, sie werde aus betriebswirtschaftlichen Gründen die Hütten- an die Röhrenwerke verpachten. Die paritätische Montanmitbestimmung wäre daher künftig bei der Konzernspitze entfallen. Dagegen hatten vor allem die Gewerkschaften heftig protestiert.

1982

1. Januar

Die »**Operation '82**« soll den Anstieg der Sozialabgaben (vor allem für Arbeitslose) bremsen: 1. Das **Arbeitsförderungskonsolidierungsgesetz** verbessert die Einnahmen der Bundesanstalt für Arbeit und schreibt einschneidende Einsparungen bei ihren Ausgaben vor (u. a. bei Arbeitslosengeld bzw. Arbeitslosenhilfe, bei der beruflichen Bildung und der Rehabilitation Behinderter, bei der Arbeitsaufnahmeförderung). 2. Das Gesetz zur Bekämpfung der **illegalen Beschäftigung** schränkt die Leiharbeit ein, untersagt sie im Baugewerbe und verbietet, Ausländer illegal einzuschleusen und ohne Arbeitserlaubnis zu beschäftigen. Bußgelder sollen die Schwarzarbeit eindämmen. 3. In der **Rentenversicherung** sinkt der Beitrag um ein halbes Prozent auf 18 Prozent. Die gesetzlichen Renten werden wieder bruttolohnbezogen angepasst und im Dynamisierungsverbund erhöht.

3. Februar

Nach den **ausländerpolitischen Grundpositionen** der Bundesregierung ist die weitere Zuwanderung von Ausländern zu begrenzen. Ihre Rückkehrbereitschaft ist zu fördern und die Integration der aufenthaltsberechtigten Ausländer zu beschleunigen. Die BRD gilt nicht als Einwanderungsland.
Am 2. 12. 1981 hatte die Bundesregierung beschlossen, den Familiennachzug von Ausländern nur noch für Jugendliche bis zum 16. Lebensjahr zuzulassen, ansonsten jedoch zu unterbinden oder einzuschränken.
Am 1. 10. 1981 lebten in der BRD 4,63 Millionen Ausländer (7,7 Prozent der Gesamtbevölkerung), darunter 1,55 Millionen Türken. Im Zeichen der wirtschaftlichen Rezession verschärfen sich fremdenfeindliche Tendenzen in deutschen Bevölkerungsteilen.

3. Juni

Das **Beschäftigungsförderungsgesetz** subventioniert betriebliche Investitionen unter bestimmten Voraussetzungen mit einer zehnprozentigen Zulage. – Der Bundesrat hatte am 30. 4. abgelehnt, die vom Bundestag gegen die CDU/CSU-Stimmen beschlossene Investitionszulage durch eine Umsatzsteuererhöhung zu finanzieren.

1. August

Das **Asylverfahrensgesetz** tritt in Kraft. Es vereinheitlicht, verkürzt und beschleunigt den Instanzenweg im zuständigen Bundesamt für die Anerkennung ausländischer Flüchtlinge in Zirndorf und im Rechtsmittelverfahren. Die Verleitung zur missbräuchlichen Antragstellung auf Asyl wird als Straftatbestand neu eingeführt. Die Länder können die Asylbewerber unter sich nach Quoten verteilen und sollen sie in der Regel in Gemeinschaftsunterkünften einquartieren. Seit Mitte der Siebzigerjahre war der Zustrom von Asylbewerbern dramatisch angeschwollen. Sie kamen nicht mehr – wie vor dieser Zäsur – vornehmlich aus Europa (»Ostblockflüchtlinge«), sondern hauptsächlich aus Krisenländern der Dritten Welt, vor allem Afrikas und Asiens. Größtenteils waren sie nicht politisch Verfolgte nach Art. 16 GG, sondern aus Armut oder Hunger (»Wirtschaftsflüchtlinge«), wegen Bürgerkriegs oder innenpolitischer Unruhen aus ihren Heimatländern geflohen, oft mit Hilfe von bezahlten »Schleppern«.

26.3. BRD: Renten und soziale Sicherung 1969–1982

1971

1. Januar Das **2. Krankenversicherungsänderungsgesetz** tritt in Kraft. Es erhöht und dynamisiert die Pflichtversicherungsgrenze auf 75 Prozent der Beitragsbemessungsgrenze in der Rentenversicherung. Auch nicht pflichtversicherte Angestellte erhalten den Arbeitgeberanteil zum Krankenkassenbeitrag, sei es für die private, sei es für die befristet geöffnete gesetzliche Krankenversicherung. Neu eingeführt werden ärztliche Vorsorgeuntersuchungen zur Früherkennung von Krankheiten, z. B. Krebs.

1972

21. September Der Bundestag verabschiedet das **Rentenreformgesetz**: Es führt flexible Altersgrenzen ein, es erhöht die Kleinrenten, es öffnet die Rentenversicherung für Selbstständige und nicht berufstätige Frauen, und es zieht die Rentenanpassung um ein halbes Jahr vor. Beiträge können rückwirkend bis zum 1. 1. 1956 nachentrichtet werden. Betriebsrenten werden ab 22. 12. 1974 an die flexible Altersgrenze angepasst. Sie verfallen unter bestimmten Voraussetzungen nicht mehr bei Betriebswechsel und Konkursen.

1974

1. Januar Das Leistungsverbesserungsgesetz in der **gesetzlichen Krankenversicherung** vom 19. 12. 1973 tritt in Kraft. Es schafft die zeitlich begrenzte Krankenhauspflege (Aussteuerung) und die Krankenscheinprämie ab und gewährt Haushaltshilfe oder – bei Freistellung von der Arbeit – Krankengeld für die Betreuung von Kindern unter acht Jahren.

Behinderte sind seit 1. 7. 1975, Studierende seit 1. 10. 1975 in die gesetzliche Krankenversicherung einbezogen. Das Gesetz zur wirtschaftlichen Sicherung der Krankenhäuser vom 29. 6. 1972 und die Bundespflegesatzverordnung vom 25. 4. 1973 (in Kraft am 1. 1. 1974) sollen Defizite der Krankenhäuser durch sparsame Wirtschaftsführung abbauen oder verhindern.

18. Dezember   Das **2. Wohnraumkündigungsschutzgesetz** schützt – im Anschluss an das befristete 1. vom 25. 11. 1971 – Mieter vor Mietpreisforderungen, die über der ortsüblichen Vergleichsmiete liegen, sowie vor ungerechtfertigten oder willkürlichen Kündigungen (z. B. zwecks Mieterhöhung, nicht aber bei Eigenbedarf, Vertragsbruch oder bei dauernden wirtschaftlichen Nachteilen).

1976

1. Januar   Der **Allgemeine Teil des Sozialgesetzbuches**, in dem das Sozialrecht kodifiziert werden soll, tritt in Kraft. Es enthält einen Überblick über die Sozialleistungen und verpflichtet die Leistungsträger, Ratsuchenden, die sich an sie wenden, zu helfen oder sie an die zuständige Stelle weiterzuleiten.

Gemeinsame Vorschriften für die Sozialversicherung (Kranken-, Unfall- und Rentenversicherung mit Altershilfe für Landwirte) im Sozialgesetzbuch treten am 1. 7. 1977 in Kraft, die Vorschriften über das sozialrechtliche Verwaltungsverfahren am 1. 1. 1981.

1977

27. Juni   Zur Konsolidierung der defizitären **Rentenfinanzen** (Rezession, Arbeitslosigkeit, »Rentnerberg« u. a.) werden die Rentenversicherungsträger entlastet, z. B. durch Beiträge für Arbeitslose, bei den Leistungen in der Rehabilitation (»Kurunwesen«), bei der Anrechnung beitragsloser Zeiten und bei der Rentenanpassung. Als Mindestrücklage reicht künftig eine Monatsausgabe.

Das 21. Rentenanpassungsgesetz vom 25. 7. 1978 führt eine befristete Risikoabsicherungsklausel für den Fall ein, dass es zu einer erheblichen, unvorhersehbaren Verschlechterung der wirtschaftlichen Lage kommt.

27. Juni   Das **Krankenversicherungs-Kostendämpfungsgesetz** begrenzt die hohen Kostensteigerungen im Gesundheitswesen: 1. Alle ärztlichen Leistungen erfordern einen einheitlichen Bewertungsmaßstab (zur Vergleichbarkeit in Punkten), zahnärztlich-technische Leistungen einen Vertrag zwischen Kassenärztlichen Vereinigungen und der Zahntechniker-Innung; 2. es ändert das Leistungsrecht bei Kuren, Arzneimitteln, Familienhilfe u. a.; 3. die konzertierte Aktion im Gesundheitswesen soll gewährleisten, dass sich der Honoraranstieg und die Arzneimittelhöchstbeträge an der gesamtwirtschaftlichen Entwicklung orientieren; dazu dienen Wirtschaftlichkeitsprüfun-

gen, Preisvergleiche bei Arzneimitteln, Verträge zwischen Kassen und Kassenärztlichen Vereinigungen; 4. ambulante und stationäre Krankenversorgung sollen besser miteinander »verzahnt« werden; 5. die Beitrags- und Leistungsbemessungsgrenze beträgt 85 Prozent des Niveaus der Rentenversicherung.

1981

1. Januar Die **Prozesskostenhilfe** ersetzt das überkommene Armenrecht. Neu ist auch die kostenlose Beratungshilfe für Bürger, denen die Prozesskostenhilfe ohne Eigenbeteiligung zusteht.

27. Juli Durch das **Künstlersozialversicherungsgesetz** werden alle selbstständigen Künstler und Publizisten renten- und krankenversicherungspflichtig, soweit sie nicht schon versichert sind oder die Versicherungspflichtgrenze für Angestellte überschreiten. Die Beiträge bringen je zur Hälfte die Versicherten selbst und die öffentlich-rechtliche Künstlersozialkasse in Wilhelmshaven auf. Das Beitragsaufkommen, das sie verwaltet, besteht zu einem Drittel aus Bundeszuschüssen und zu zwei Dritteln aus Künstlersozialabgaben der Vermarkter, d. h. Verlagen und Galerien. Sie zahlt die Versicherungsbeiträge an die Bundesversicherungsanstalt für Angestellte und die frei wählbare gesetzliche oder private Krankenkasse.

1982

1. Januar In Kraft treten im Gesundheitswesen:
1. das **Krankenhaus-Kostendämpfungsgesetz.** Es soll die Bedarfsplanung, Betriebsführung und Finanzierbarkeit der Krankenhäuser verbessern, z. B. durch mit den Leistungsträgern vereinbarte Pflegesätze, paritätisch besetzte Prüfungsausschüsse und die konzertierte Aktion im Gesundheitswesen. Durch Aufhebung des »Halbierungserlasses« (seit 1942) sind psychisch und körperlich Kranke stationär versicherungsrechtlich gleichgestellt.
2. das **Kostendämpfungs-Ergänzungsgesetz.** Es soll die erneut stark angestiegenen Krankenkassenausgaben eindämmen, u. a. bei Entbindungen, Arzneien, Heil- und Hilfsmitteln, Zahnersatz, Taxifahrten und Kuren. Um den Preiswettbewerb zu fördern, gelten künftig Höchst- statt Festpreise.

19. Oktober Das Bundesverfassungsgericht erklärt das **Staatshaftungsgesetz** für verfassungswidrig, da die Gesetzgebungskompetenz im Wesentlichen den Ländern obliege.
Der Bundesrat hatte am 13. 3. 1981 dem gegen die Stimmen der CDU/CSU verabschiedeten Gesetz vom 26. 6. 1981 nicht zugestimmt; dennoch war es am 2. 7. verkündet worden und am 1. 1. 1982 in Kraft getreten. Es sollte die bisherige Verschuldens- durch Unrechtshaftung ersetzen, d. h., der geschädigte Bürger musste dem Staat nicht mehr schuldhaftes oder fahrlässiges Verhalten nach-

weisen, sondern der Staat haftete unmittelbar, wenn ein Beamter seine Sorgfaltspflicht verletzt oder eine technische Einrichtung (z. B. Verkehrsampel, Computer) versagt hatte.
Die Gesetze über die Entschädigung für Strafverfolgungsmaßnahmen vom 8. 3. 1971 sowie für Opfer von Gewalttaten vom 11. 5. 1976 hatten den Schadenersatz für Personen geregelt, die ohne Schuld Opfer staatlicher Strafmaßnahmen oder einer Straftat geworden waren.

26.4. BRD: Umwelt und Umweltpolitik 1969–1982

1971

30. März   Das **Fluglärmgesetz** schreibt für Flughäfen Schutzzonen vor. Dort dürfen keine Schulen und Krankenhäuser gebaut werden, wohl aber Wohnhäuser mit Schallschutz.

27. Juli   Das **Städtebauförderungsgesetz** erleichtert Gemeinden und Städten Sanierungs- und Entwicklungsmaßnahmen, z. B. in Altbaugebieten. Der Bund gewährt Finanzhilfen zur »Verbesserung der Lebensbedingungen«; auch fördert er den experimentellen Städtebau (z. B. verkehrsberuhigte Anlagen, Alten- und Behindertenwohnungen).

5. August   Nach dem **Benzinbleigesetz** ist der Bleigehalt im Benzin zu reduzieren. Dies senkt die Bleibelastung der Luft und dient dem Gesundheitsschutz.
Autofahrer mit Benzinmotor sind später verpflichtet, durch eine jährliche Abgassonderuntersuchung prüfen zu lassen, ob der Motor so eingestellt ist, dass die Schadstoffemission minimiert wird.

29. September   Das **Umweltprogramm** der Bundesregierung systematisiert die Umweltpolitik und plant sie langfristig. Es gelten 1. das Vorsorgeprinzip, das eine vorbeugende Umweltpolitik postuliert, die drohende Gefahren abwehrt und das Umweltbewußtsein schärft; 2. das Verursacherprinzip, wonach zunächst der Verursacher für Umweltschäden haftet; 3. das Kooperationsprinzip, nach dem umweltpolitische Lösungen in Zusammenarbeit mit staatlichen und gesellschaftlichen Kräften (z. B. Bürgerinitiativen) anzustreben sind.
Neben diese Grundprinzipien treten als Ergänzungsprinzipien: 1. das Gemeinlastprinzip, sofern der Verursacher nicht zu ermitteln ist; 2. das Prinzip der Nachhaltigkeit, das ökologische Ressourcen erhalten oder soweit wie möglich schonen soll; 3. das Rationalprinzip, das eine möglichst rationale, effektive Umweltpolitik fordert.

Weiße Schaumberge auf dem Main durch Chemikalien aus Industrieabwässern. → 29. September 1971

1972

12. April   Durch Verfassungsänderung erhält der Bund die konkurrierende Gesetzgebungskompetenz in **Umweltteilgebieten** wie Abfallbeseitigung, Luftreinhaltung und Lärmbekämpfung (Art. 74 Nr. 24 GG).

7. Juni   Nach dem **Abfallbeseitigungsgesetz** sind die Länder verpflichtet, Abfallbeseitigungspläne vorzulegen und Abfallbeseitigungsanlagen bereitzustellen. Wilde Müllkippen sollen in geordnete Deponien umgewandelt werden.

1974

15. März   Das **Bundesimmissionsschutzgesetz** kodifiziert Vorschriften gegen Schäden durch Luftverunreinigung, Geräusche, Erschütterungen, Licht, Wärme, Strahlen u. a. bei Menschen, Tieren, Pflanzen und Sachen. Es beruht auf dem Verursacherprinzip, d. h., die Kosten des Umweltschutzes hat zu tragen, wer die schädlichen Umwelteinwirkungen herbeiführt. Ordnungswidrigkeiten sind mit Geldbußen bis zu 100 000 DM, bei Straftaten mit Freiheitsstrafen bis zu zehn Jahren zu ahnden.

Der Prophylaxe gegen Umweltschäden dienen 1. anlagenbezogene Maßnahmen, z. B. Vorschriften für Feuerungs- und Chemischreinigungsanlagen; 2. produktbezogene Maßnahmen, z. B. gegen Schwefel in Heizöl bzw. Diesel, Blei in Benzin oder gegen Krebs erzeugende Stoffe; 3. gebietsbezogene Maßnahmen durch Aufstellung von Emissions- und Immissionskatastern, Luftreinhalte- und Smogverhinderungspläne.

Einzelheiten zum Schutz gegen umweltschädliche Einwirkungen und Belästigungen sind in den Durchführungsverordnungen geregelt. Sie betreffen u. a. Genehmigungsverfahren und Emissionserklärungen, Klein- und Großfeuerungsanlagen, Sicherheits- und Meldepflichten zur Vorsorge gegen und zur Abwehr von Störfällen, die Immissionsschutzbeauftragten in umweltgefährdenden Betrieben, Lärmbelästigungen durch Rasenmäher, Baumaschinen, Verkehr und Sportanlagen, Verbrennungsanlagen für Abfälle u. a.

25. Juli   Das **Umweltbundesamt** wird als erste zentrale nachgeordnete obere Bundesbehörde in West-Berlin errichtet. Es soll Umweltfragen erforschen und dokumentieren, über sie informieren, beraten und aufklären. – Die Sowjetunion protestiert gegen diese Verstärkung der Bundespräsenz in Berlin, da sie darin einen Verstoß gegen das Viermächte-Berlin-Abkommen sieht. (25. → 3. 9. 1971)

Das **Umweltstatistikgesetz** vom 15. 8. 1974 ermöglicht es, regelmäßig ökologische, wirtschaftliche und finanzielle Daten über Umweltbelastungen zu erheben.

1975
1. Januar   Das reformierte **Lebensmittelrecht** tritt in Kraft. Es verbessert die Marktstellung des Verbrauchers, es verschärft die Lebensmittelkontrollen, und es schützt ihn besser vor Gesundheitsrisiken bei chemischen Zusätzen und Rückständen. Dem Gesundheitsschutz wird Vorrang vor ökonomischen Überlegungen eingeräumt.

1975
2. Mai   Das **Bundeswaldgesetz** sichert und fördert die Erhaltung des Waldes für Naturhaushalt, Erholung und Forstwirtschaft. Zwischen den Interessen der Allgemeinheit und jenen der Waldbesitzer soll ein Ausgleich stattfinden.

20. August   Umweltschädliche Stoffe dürfen nach dem **Waschmittelgesetz** nur noch begrenzt in Wasch- und Reinigungsmitteln enthalten sein. Sie müssen sich umweltverträglich größtenteils im Wasser wieder abbauen lassen.

22. August   Die Bundesregierung beschließt Grundsätze über die Prüfung der **Umweltverträglichkeit** öffentlicher Maßnahmen. Danach ist die ge-

samte Bundesverwaltung gehalten, Umweltbeeinträchtigungen zu
vermeiden oder zu neutralisieren.

1976

23. August   Das **Wohnungsmodernisierungsgesetz** soll durch Zuschüsse und
Darlehen die Lebensqualität älterer Wohnungen verbessern, ihren
Gebrauchswert erhöhen und die Mieten stabilisieren. Es tritt als
»3. Säule« neben das 2. Wohnungsbaugesetz zur Neubauförderung
(14.1. → 27. 6. 1956) und das Städtebauförderungsgesetz zur Ge-
meindesanierung. (→ 27. 7. 1971)

13. September   Nach dem **Abwasserabgabengesetz** sind Unternehmen und Gemeinden bzw. Städte, die umweltschädliche Stoffe in Gewässer einleiten,
ab 1981 abgabepflichtig, sofern sie nicht Kläranlagen bauen. – Die
Auflagen werden schrittweise verschärft.

20. Dezember   Das **Bundesnaturschutzgesetz** enthält vor allem Rahmenvorschriften zur Landschaftspflege und -planung, zum Flächen-, Objekt-
und Arten- bzw. Biotopschutz sowie über Erholungsmöglichkei-
ten. – Zuständig sind die Naturschutzbehörden der Länder.

1979

23. August   Bund und Länder sind sich darin einig, dass eine sichere **Entsorgung
von Kernkraftwerken** ein Zwischenlager für atomaren Müll erfor-
dere.
Vorgesehen ist das nukleare Entsorgungszentrum in **Gorleben/**
Landkreis Lüchow-Dannenberg. Es soll geprüft werden, ob der
dortige Salzstock sich zur Endlagerung eignet. Gegen dieses Projekt
und den Bau neuer Kernkraftwerke richten sich zahlreiche
Demonstrationen und Proteste (»AKW – nee«).
In einer Großaktion am 4. 6. 1980 räumen Polizei und Bundesgrenzschutz den seit Mai von Atomkraftgegnern besetzten Bohrplatz bei
Gorleben, die sog.»Republik Freies Wendland«.

1980

1. Juli   Die **Straftaten gegen die Umwelt** aus den geltenden Umweltschutz-
gesetzen werden im Strafgesetzbuch erfasst, vereinheitlicht und
verschärft. Umweltkriminalität und Umweltgefährdung (z. B. die
Verunreinigung von Boden, Wasser und Luft, Lärmverursachung,
umweltgefährdende Abfälle, unerlaubter Umgang mit Kernbrenn-
stoffen und Chemikalien, Freisetzen von Giften) erhalten damit
einen neuen Stellenwert (§§ 324–330d StGB).
Am 17. 1. 1979 war erstmals in der BRD im westlichen Ruhrgebiet
großflächiger Smogalarm wegen zu hoher Schwefeldioxidluftwerte
ausgelöst worden.

16. September   Das **Chemikaliengesetz** regelt den Gesundheits-, Verbraucher-, Arbeits- und Umweltschutz bei Chemikalien. Gefährliche Stoffe, z. B. Gifte, sind zu melden, zu prüfen, entsprechend zu verpacken und zu kennzeichnen, notfalls zu verbieten. – Das Gesetz tritt im Wesentlichen am 1. 1. 1982 in Kraft; es ist ein Melde-, kein Zulassungsgesetz.

1981

28. Februar   Die bisher größte Protestdemonstration von Kernkraftgegnern findet in der Wilstermarsch statt. Sie richtet sich gegen den Bau des **Kernkraftwerks Brokdorf**.

28. Juli   Das **Betäubungsmittelgesetz** regelt die Erlaubnisverfahren und Kontrollen (u. a. durch die Bundesopiumstelle beim Bundesgesundheitsamt) bei Suchtstoffen und Rauschgiften. Es enthält ferner Strafvorschriften, die auch neue Straftatbestände betreffen, z. B. die Verherrlichung des Rauschgiftmissbrauchs und seine Finanzierung. Therapie geht vor Strafe: Wer als kleiner bis mittlerer Straftäter drogenabhängig ist und sich einer Therapie unterzieht, entgeht der Strafverfolgung bzw. -vollstreckung; wer Straftaten aufdecken oder verhindern hilft, kann als Kronzeuge seine Strafe mildern oder ihr entgehen.

26.5.   DDR: »Einheit« von Wirtschafts- und Sozialpolitik 1971–1982

1971

27. – 29. Juli   **Komplexprogramm** als internationale sozialistische Arbeitsteilung: Der RGW beschließt in Bukarest, die wirtschaftliche und wissenschaftlich-technische Zusammenarbeit zu vertiefen, die sozialistische ökonomische Integration der Mitgliedsländer weiterzuentwickeln und so das ökonomische Niveau der nationalen Wirtschaften etappenweise aneinander anzupassen. – Die Internationale Investitionsbank (IIB) finanziert ab 1. 1. 1971 Investitionsprojekte, aber auch Hilfeleistungen des RGW für Entwicklungsländer.
Die DDR beteiligt sich u. a. an folgenden Komplexen des RGW: Intersputnik (Kosmische Fernmeldeverbindungen), Interatominstrument (Kerntechnischer Gerätebau), Interatomenergo (Bau von Kernkraftwerken), Interelektro (Elektrotechnik), Intertextilmasch (Textilindustrie).

20. Dezember   Der **Fünfjahrplan 1971–1975** sieht ein Wachstum der industriellen Warenproduktion, der Arbeitsproduktivität und des Realeinkommens pro Kopf um über 100 Prozent vor. Die Wissenschaftlich-Technische Revolution (WTR) soll im Sinne des VIII. SED-Partei-

tags (22.3. → 15.–19. 6. 1971) dazu beitragen, das »materielle und kulturelle Lebensniveau des Volkes« zu erhöhen und die Produktion zu rationalisieren. Investitionsschwerpunkte sind u. a. die Energieproduktion und der Wohnungsbau. Wichtigster Energieträger ist die einheimische Braunkohle.
Vertieft wird die Zusammenarbeit im RGW durch »Gemeinschaftsprojekte« (z. B. Erdgas-, Erdölleitungen), gemeinsame Forschungsvorhaben und das Komplexprogramm. (→ 27.–29. 7. 1971)
Nach offiziellen Angaben werden die Kennziffern des Fünfjahrplans trotz der weltweiten Rohstoff- und Ölpreiskrise mit ihren außenwirtschaftlichen Belastungen erfüllt. Dazu tragen auch neue Wettbewerbsinitiativen (»Planmäßig produzieren – klug rationalisieren – uns allen zum Nutzen!«) bei. Nach ihren eigenen statistischen Angaben gehört die DDR zu den zehn größten Industriestaaten der Welt. Sie steht im Lebensstandard an der Spitze aller kommunistisch regierten Staaten.

1972

Februar

Abschluss der industriellen Sozialisierung: Betriebe mit Staatlicher Beteiligung (BSB), private Industrie- und Bauunternehmen werden in Volkseigentum umgewandelt bzw. gekauft. Damit sind über 99 Prozent der industriellen Bruttoproduktion sozialisiert.

28. April

SED, FDGB und Ministerrat beschließen **sozialpolitische Maßnahmen und Verbesserungen**, vor allem für Mieter von Neubauwohnungen, für berufstätige Mütter, kinderreiche Familien, junge Ehepaare und Rentner.
Wirtschafts- und Sozialpolitik sind voneinander abhängig, bilden eine »Einheit«, die sog. »Dialektik von Wirtschafts- und Sozialpolitik«.

1973

1. Januar

Das **Musterstatut** für kooperative Einrichtungen der Landwirtschaftlichen Produktionsgenossenschaften (LPG), der Volkseigenen Güter (VEG), der Gärtnerischen Produktionsgenossenschaften (GPG) und der sozialistischen Betriebe der Nahrungsgüterwirtschaft und des Handels tritt in Kraft.
Die spezialisierten, industriemäßig betriebenen »**Kooperativen Abteilungen Pflanzenproduktion**« (KAP) verbessern zugleich die Tierproduktion, z. B. durch Zwischengenossenschaftliche Einrichtungen (ZGE) der LPG oder Zwischenbetriebliche Einrichtungen (ZBE) mit VEG. Neue Maschinensysteme wie Großtraktoren, selbstfahrende Erntemaschinen als Mähdrescher und Feldhäcksler werden erprobt.
Im Rahmen der industriemäßigen Agrarproduktion entwickelt sich neben der horizontalen auch die vertikale Kooperation. Es entstehen vor- und nachgelagerte Produktionsstufen mit anderen

Neue Hochhäuser in Ost-Berlin an der Karl-Marx-Allee und Leninallee, enstanden von 1961 bis 1971. → 2. Oktober 1973

Volkswirtschaftszweigen, z. B. Agrarkombinate, die mit Betrieben der Verarbeitung, der Nahrungsgüterwirtschaft und des Binnenhandels verflochten sind.

Agrochemische Zentren (ACZ) für Dünger, Pflanzenschutzmittel u. a. dienen LPG und VEG als zwischenbetriebliche kooperative Einrichtungen zur »Chemisierung der Landwirtschaft«. Dabei werden auch Agrarflugzeuge eingesetzt.

2. Oktober   Die SED beschließt das **Wohnungsbauprogramm**. Es soll die Wohnungsfrage als soziales Problem bis 1990 lösen.

Am 6. 7. 1978 wird in Ost-Berlin die millionste Wohnung, am 9. 2. 1984 die zweimillionste Wohnung übergeben, die seit 1971 gebaut oder modernisiert worden ist.

Die billige und schnelle industrielle Plattenbauweise mit montierten Fertigteilen für »Wohnungssilos« erfolgt auf Kosten der bestehenden Bau- und Wohnsubstanz. Sie ist teilweise dem Verfall preisgegeben, sodass ganze Stadtteile, vor allem in Vororten, unbewohnbar werden.

1976

12. Februar   SED und Ministerrat korrigieren ihren Kurs im **Dienstleistungssektor**, da Versorgungsengpässe auftreten und Gewerbebetriebe

zunehmend schließen, u. a. aus Altersgründen. Private Einzelhandelsgeschäfte, Gaststätten und Handwerksbetriebe werden daher wieder gefördert. Sie erhalten finanzielle und steuerliche Erleichterungen. Neue Gewerbebetriebe, bisher nur sehr selten genehmigt, werden großzügig zugelassen. Nachwuchsförderung soll die drohende Überalterung im Dienstleistungssektor ausgleichen. Um die privaten und genossenschaftlichen Handwerksbetriebe verstärkt in die »sozialistische Gemeinschaftsarbeit« zu integrieren, werden sie seit 1980 in »Versorgungsgruppen« zusammengefasst, die Volkseigene Betriebe (VEB) leiten.

27. Mai   Im Sinne des IX. Parteitags (22.3. → 18.–22. 5. 1976) beschließen SED, FDGB und Ministerrat **Verbesserungen der Arbeits- und Lebensbedingungen** für berufstätige Mütter, für Schichtarbeiter und für Rentner. Die Grund- und Mindestlöhne werden angehoben. Der Erholungsurlaub wird verlängert, die 40-Stunden-Woche schrittweise eingeführt.

15. Dezember Nach dem **Fünfjahrplan 1976–1980** sind das Nationaleinkommen, die industrielle Arbeitsproduktivität und Warenproduktion um ca. 128–134 Prozent zu steigern. Vorrang erhalten das Wohnungsbauprogramm, die Arbeitsintensivierung und die Integration im RGW.
Durch neue Kombinate (»Trusts«), die an die Stelle der bis Ende 1979 aufgelösten Vereinigungen Volkseigener Betriebe (VVB) treten, sowie durch Komplexwettbewerbe bzw. Wettbewerbsprogramme von Industriebetrieben und Forschungseinrichtungen soll die Produktion »revolutioniert« werden, vor allem durch Mikroelektronik und Industrieroboter.
Der Fünfjahrplan wird nicht erfüllt. Hauptgründe sind mangelhafte Koordination und zunehmende Rohstoff- und Energieverknappung. Wegen der Preissteigerungen auf dem Weltmarkt seit dem Ölpreisschock (1973) nimmt die Verschuldung in konvertiblen Währungen bedrohlich zu. Die Außenhandelsbilanz ist defizitär, da mehr importiert als exportiert wird.

1978

1. Januar   An die Stelle des Gesetzbuchs der Arbeit (14.2. → 12. 4. 1961) tritt das neue **Arbeitsgesetzbuch** (AGB) der »entwickelten sozialistischen Gesellschaft«. Es kodifiziert einheitlich Rechte und Pflichten der Betriebe, der Werktätigen und der Gewerkschaften und setzt dabei voraus, dass ihre Interessen übereinstimmen. Wirtschafts- und Sozialpolitik bilden eine »Einheit«. Besondere Arbeitsleistungen werden über den Tariflohn hinaus im Rahmen von Prämien und »Von-Bis-Spannen« honoriert. Die Werktätigen beteiligen sich an der betrieblichen Planerstellung (Plandiskussion). In der Regel

endet das Arbeitsverhältnis durch Aufhebung bei gleichzeitiger Überleitung des Werktätigen in einen anderen Betrieb. Arbeitsstreitigkeiten entscheidet die Betriebsjustiz in erster Instanz durch Konfliktkommissionen aus Betriebsangehörigen. Die Sozialversicherung leitet der FDGB.

1. Januar Für die LPG-P (Pflanzenproduktion) und die LPG-T (Tierproduktion) treten neue **Musterstatuten und Musterbetriebsordnungen** in Kraft. Die letzten LPG-Typen I–III werden aufgelöst. (9.2. → 12. 7. 1952)
Kooperationsverbänden (KOV) und Agrar-Industrie-Vereinigungen (AIV) obliegt die Aufgabe, die industriemäßig betriebene Agrarproduktion konzernartig zu integrieren und zu lenken.
Die horizontale und vertikale Kooperation soll – nach Karl Marx – den Gegensatz zwischen Stadt und Land aufheben. Landwirtschaft und Industrie sind so miteinander zu verflechten, dass geschlossene technologische und organisatorische »Ketten« von der Erzeugung über die Verarbeitung bis zum Verkauf von Agrarprodukten entstehen (»Vereinigung von Industrie und Landwirtschaft«).

1979
1. Dezember Die **Mindestrenten**, die Renten für Mütter mit fünf und mehr Kindern sowie die Unterstützungssätze der Sozialfürsorge steigen.

1981
3. Dezember **Fünfjahrplan 1981–1985**: Das Nationaleinkommen, die industrielle Warenproduktion und die Arbeitsproduktivität sind erneut um ca. 128 bzw. 130 Prozent zu erhöhen. Vorrang erhalten die Elektrotechnik und Elektronik, die Chemie und der Maschinenbau; sie sind zu modernisieren und Roboter verstärkt einzusetzen. Rohstoffe und Energie sollen eingespart und durch einheimische Materialien und Energieträger (z. B. Braunkohle) ersetzt werden.
Der Zuwachs im Konsum- und Investitionsbereich ist niedrig kalkuliert, hoch dagegen die Steigerung des Exports. Er soll die galoppierende Auslandsverschuldung finanzieren und zugleich eindämmen. Wegen Versorgungsengpässen und daraus resultierenden steigenden Konsumgüterpreisen sinkt der reale Lebensstandard in der DDR. Dies führt zu Unzufriedenheit und Verstimmung in der Bevölkerung.

27. Entwicklungspolitik und Weltwirtschaft 1969–1982

1971

11. Februar   **Entwicklungspolitische Konzeption** der BRD: Die Bundesregierung stellt erstmals – gestützt auf das Strategiedokument der UNO für die zweite Entwicklungsdekade vom 24. 10. 1970 – Hauptziele, Grundsätze und Aktivitäten der Entwicklungspolitik vor. Die Konzeption soll alle zwei Jahre fortgeschrieben werden.
Nach der »Konzeption«, die deutlich die Handschrift des zuständigen Ministers Erhard Eppler (22. 10. 1969–8. 7. 1974) trägt, soll sich die Entwicklungshilfe an solchen Zielen orientieren, die sich die Enwicklungsländer selbst setzen (Hilfe zur Selbsthilfe), und soziale Komponenten unmittelbar berücksichtigen, z. B. die Lebensbedingungen verbessern oder Unterbeschäftigung bzw. Arbeitslosigkeit bekämpfen. Zwar dürfe Entwicklungshilfe nicht für vordergründige außenpolitische Interessen instrumentalisiert werden, doch könne sie langfristig durchaus dazu dienen, den Frieden zu sichern und »Handelspartner von morgen« zu gewinnen.
Nach den UN-Leitzielen, die die Bundesregierung akzeptiert, ohne sich zeitlich festzulegen, soll jedes Industrieland seine öffentliche Entwicklungshilfe auf mindestens 0,7 Prozent des Bruttosozialprodukts steigern.

1. Juli   Die Europäische Gemeinschaft (EG) führt **autonome Zollpräferenzen** für die Entwicklungsländer ein. Wenn sie industrielle Halb- und Fertigwaren im Rahmen bestimmter Höchstmengen (Plafonds) exportieren, genießen sie für die Dauer von zehn Jahren Zollfreiheit.
Internationale Rohstoffabkommen, denen die BRD beitritt, sollen die Preisschwankungen für Rohstoffe, die Entwicklungsländer vor allem exportieren, auf dem Weltmarkt eindämmen.

1973

18. September   Beitritt der beiden deutschen Staaten zur **UNO**. (23.2. und 24. → 18. 9. 1973)

1975

1. Januar   Die bundeseigene **Deutsche Gesellschaft für Technische Zusammenarbeit** (GTZ) entsteht aus der Bundesstelle für Entwicklungshilfe (BfE) und der Deutschen Förderungsgesellschaft für Entwicklungsländer (GAWI). Sie ist für die – größtenteils unentgeltliche – Technische Hilfe und Zusammenarbeit zuständig, sie entsendet Experten und stellt auch Sachausrüstungen für Projekte und Programme bereit.

28. Februar   Die EG-Mitgliedstaaten und 46 AKP-Staaten (Afrikas, der Karibik und des Pazifiks) unterzeichnen die Konvention von **Lomé/ Togo**, die am 1. 4. 1976 in Kraft tritt. Ihr ist bisher etwa die Hälfte der Entwicklungsländer beigetreten. Sie erhalten zollfreien Zugang zum EG-Markt, Zuschüsse und Darlehen aus dem erhöhten Europäischen Entwicklungsfonds (EEF) sowie Ausgleichszahlungen zur Stabilisierung der Ausfuhrerlöse für wichtige Rohstoffe (STABEX). – Lomé II wird als Nachfolgeabkommen am 31. 10. 1979 abgeschlossen.

9. Juni   **25 Thesen** zur Politik der Zusammenarbeit mit den Entwicklungsländern, verabschiedet von der Bundesregierung auf Schloss Gymnich. Hauptziele sind u. a.: Konzentration auf die ärmsten Entwicklungsländer (Least Developed Countries: LDC), bevorzugte Förderung des landwirtschaftlichen und ländlichen Sektors, Dreieckskooperation zwischen Industrie-, Ölexport- und Entwicklungsländern, Verflechtung von Außen-, Rohstoff-, Entwicklungs- und EG-Assoziierungspolitik.

9. Juni   **Kapitalhilfe** ist nach den Richtlinien für die bilaterale finanzielle Zusammenarbeit vorzugsweise solchen Entwicklungsländern zu gewähren, die erforderliche Investitionen weder aus eigener Kraft noch mit Fremdmitteln finanzieren können. Sie soll sie wirtschaftlich und sozial fördern, vor allem die Lebensbedingungen möglichst breiter Bevölkerungskreise verbessern.
Die Kredite vergibt zu unterschiedlichen Konditionen die am 5. 11. 1948 gegründete Kreditanstalt für Wiederaufbau.
Die vom Bund gegründete **Deutsche Gesellschaft für Wirtschaftliche Zusammenarbeit** (Entwicklungsgesellschaft DEG) fördert private Direktinvestitionen sowie partnerschaftlich finanzierte und geleitete Unternehmen in Entwicklungsländern. Die Hermes-Kreditversicherung in Hamburg haftet und bürgt im Auftrag des Bundes für Export- und gebundene Finanzkredite.

1978
16./17. Juli   **Weltwirtschaftsgipfel in Bonn**: Die Staats- und Regierungschefs der sieben wichtigsten westlichen Industrienationen (USA, BRD, Japan, Frankreich, Großbritannien, Italien und Kanada) vereinbaren, ihre Wirtschaftspolitik abzustimmen und so die weltweite Rezession zu bekämpfen. Die Bundesregierung verpflichtet sich, zusätzliche substanzielle Maßnahmen um bis zu einem Prozent des Bruttosozialprodukts vorzusehen, damit die Nachfrage gestärkt und eine höhere Wachstumsrate ohne Inflation erzielt wird.
Am 28. 7. 1978 verabschiedet die Bundesregierung als »Maßnahmenkatalog«: zusätzliche Bundesausgaben, steuerliche Erleichterungen, sozialpolitische Arbeitsmarktentlastungen (z. B. Mutter-

schaftsurlaub), die Anhebung des Umsatzsteuersatzes um ein Prozent u. a.

4. Oktober **Least Developed Countries** (LDC): Die Bundesregierung beschließt Grundsätze, nach denen Darlehen der wirtschaftlichen Zusammenarbeit an die am wenigsten entwickelten Länder in Zuschüsse umgewandelt werden können. Je nach Einzelfall werden diesen ärmsten Entwicklungsländern auf ihren Antrag Tilgungs- und Zinszahlungen für den Rest der Laufzeit erlassen. Sie erhalten keine Kredite mehr, sondern nur noch nicht rückzahlbare Zuschüsse als Finanzierungsbeiträge.

1979
30. Mai **17 Thesen** der Bundesregierung zur Entwicklungspolitik sollen die Gymnicher Thesen (→ 9. 6. 1975) fortentwickeln und ergänzen. Danach sind vorrangig die Mittel aufzustocken und in den ärmsten Entwicklungsländern einzusetzen, um den wirtschaftlichen und sozialen Fortschritt zu fördern und so langfristig der Friedenssicherung zu dienen. – Das Volumen der öffentlichen Entwicklungshilfe 1979 beträgt 0,44 Prozent des Bruttosozialprodukts.

1980
7. März Kooperationsabkommen zwischen der EG und der **ASEAN**-Gruppe. Es räumt die Meistbegünstigung nach GATT-Bestimmungen ein und baut die gegenseitigen Handels- und Kulturbeziehungen aus.
ASEAN (Association of South-East Asian Nations) war am 8. 8. 1967 in Bangkok von Indonesien, Malaysia, den Philippinen, Singapur und Thailand gegründet worden. Brunei wird am 1. 1. 1984 Mitglied.

1981
20./21. Juli Weltwirtschaftsgipfel in **Ottawa**: Die Staats- und Regierungschefs der USA, Kanadas, Japans, der BRD, Frankreichs, Großbritanniens und Italiens beschließen, die Arbeitslosigkeit und die Inflation zu bekämpfen, den Handelsprotektionismus einzudämmen und die Entwicklungshilfe zu verstärken.

1982
5. März **14-Punkte-Programm** zur Entwicklungspolitik, beschlossen von allen im Bundestag vertretenen Parteien. Danach sollen Länder bevorzugt werden, die am wenigsten entwickelt sind (Schwerpunkt Afrika), sich zu Demokratie und Menschenrechten bekennen sowie um eine eigene Energieversorgung bemüht sind.

28.   Familie und Jugend, Bildung und Kultur

28.1.   BRD und DDR: Reform des Familien- und Zivilrechts 1971–1982

1972

9. März   Die Volkskammer verabschiedet – zum ersten Mal in der Geschichte der DDR mit Gegenstimmen und Enthaltungen – das Gesetz über die **Unterbrechung der Schwangerschaft**. Danach kann die Frau selbst darüber entscheiden, ob sie eine Schwangerschaft austragen oder binnen zwölf Wochen nach der Empfängnis ärztlich abbrechen lassen möchte. Prophylaktisch werden ärztlich verordnete schwangerschaftsverhütende Mittel kostenlos an sozialversicherte Frauen abgegeben. – Die DDR will damit einen Beitrag zur Gleichstellung von Frau und Mann in Ausbildung und Beruf, in Ehe und Familie leisten.

31. Oktober   Die Stiftung »**Hilfswerk für behinderte Kinder**« wird gemäß Gesetz vom 17. 12. 1971 aus Mitteln des Contergan-Herstellers und der BRD errichtet. Sie fördert bevorzugt contergangeschädigte, aber auch alle anderen behinderten Kinder.
Das Schlaf- und Beruhigungsmittel Contergan hatte bei Erwachsenen Nervenschäden und beim Fötus schwangerer Frauen schwere Missbildungen hervorgerufen. Der Strafprozess gegen die Chemiefirma Grünenthal war am 18. 12. 1970 eingestellt worden. Die Herstellerfirma hatte sich verpflichtet, 100 Millionen DM für die missgebildeten Kinder bereitzustellen; denselben Betrag brachte die BRD in die Stiftung ein.

1974

28. Januar   **3. Jugendgesetz** der DDR: Nach dem Gesetz über die Teilnahme der Jugend an der Gestaltung der entwickelten sozialistischen Gesellschaft sollen sich Jugendliche, d. h. Bürger bis zum vollendeten 25. Lebensjahr, zu »sozialistischen Persönlichkeiten« entwickeln. Recht und »Ehrenpflicht« der Jugend ist der Schutz des Sozialismus. Bildung und Erziehung, Kultur und Sport, Arbeits- und Lebensbedingungen, Freizeit und Touristik Jugendlicher sowie ihre Teilnahme am politischen und gesellschaftlichen Leben sind in Zusammenarbeit mit der FDJ zu fördern. – Zum 1. und 2. Jugendgesetz: 10. → 8. 2. 1950 und 21. → 4. 5. 1964.

1975

1. Januar   Das **Heimgesetz** tritt in der BRD in Kraft. Es führt die Erlaubnispflicht für gewerbliche Träger ein und schützt die Benutzer von Alten- und Pflegeheimen durch eine weit reichende Heimaufsicht.

1. Januar   In der BRD wird das **Volljährigkeitsalter** herabgesetzt und der Familienlastenausgleich reformiert: Alle 18-jährigen sind fortan volljährig, unbeschränkt geschäftsfähig und ehemündig. Sie erhalten neben dem aktiven (seit 1. 8. 1970) nun auch das passive Wahlrecht. – Steuerfreies Kindergeld wird vom ersten Kind an unabhängig von Arbeitsplatz und Einkommen der Eltern gezahlt (gestaffelt nach Kinderzahl). Damit entfallen die steuerlichen Kinderfreibeträge, der Kindergeldzuschlag im öffentlichen Dienst und das bisherige Kindergeld. (10. → 13. 11. 1954)

1976
1. Januar   Das **Zivilgesetzbuch** (ZGB) und die neue **Zivilprozessordnung** (ZPO), nach »öffentlicher« Diskussion von der Volkskammer am 19. 6. 1975 verabschiedet, treten in Kraft. Sie ersetzen das Bürgerliche Gesetzbuch (BGB) nebst allen ausführenden Rechtsvorschriften. Das neue sozialistische Zivilrecht regelt die Beziehungen der Bürger untereinander (ausgenommen Familienrecht: 21. → 1. 4. 1966) und zu den Betrieben (ausgenommen Arbeitsrecht: 26.5. → 1. 1. 1978). Es verankert das »Prinzip der Einheit« von Rechten und Pflichten und geht davon aus, dass persönliche Interessen mit den gesellschaftlichen Erfordernissen übereinstimmen. Gegenseitige kameradschaftliche Hilfe und Zusammenarbeit sollen »sozialistische Verhaltensweisen« fördern.

18. Mai   Der **Schwangerschaftsabbruch** (§ 218 StGB) wird in der BRD neu geregelt: Er ist nur straffrei, wenn die Voraussetzungen der medizinischen, eugenischen, kriminologischen oder sozialen Indikation erfüllt sind und ihn der Arzt durchführt.
Das Inkrafttreten der **Fristenlösung** nach dem 5. Strafrechtsreformgesetz vom 18. 6. 1974 (straffreier Schwangerschaftsabbruch bis zum Ende des dritten Monats nach ärztlicher Beratung, danach nur bei medizinischer Indikation) hatte das Bundesverfassungsgericht am 25. 2. 1975 verhindert. Das Strafrechtsreform-Ergänzungsgesetz vom 28. 8. 1975 führte flankierende kostenlose Beratung und Hilfe in Fragen der Empfängnisregelung sowie der Sterilisation und des Schwangerschaftsabbruchs für Versicherte bzw. Sozialhilfeempfänger ein.

1977
1. Juli   In der BRD tritt die **Reform des Ehe- und Familienrechts** vom 14. 6. 1976 in Kraft. An die Stelle der vorherrschenden rollenfixierten »Hausfrauenehe« tritt die gleichberechtigte Funktionsteilung in Haushalt und Beruf nach freier Gestaltung der Ehepartner. Ehen werden nicht mehr nach dem Verschuldens-, sondern nach dem Zerrüttungsprinzip (vermutet nach dreijähriger Trennung von Tisch und Bett) geschieden.

Bei der Unterhaltsregelung für den sozial schwächeren Ehegatten (z. B. bei Kindererziehung, Alter, Krankheit, Ausbildung, Arbeitslosigkeit) sind Schuldgründe für das Scheitern der Ehe bedeutungslos. Beim obligatorischen Versorgungsausgleich werden die Werte der während der Zugewinngemeinschaft erworbenen Renten- und Versorgungsansprüche zwischen den Ehegatten aufgeteilt (»Rentensplitting«). Das neu geschaffene Familiengericht ist für die Scheidung und die Regelung der Scheidungsfolgen (Unterhalt, Sorgerecht, Hausrat) zuständig.

Nach dem Tode des anderen Elternteils hat der geschiedene Elternteil Anspruch auf Erziehungsrente aus der Rentenversicherung, sofern er mindestens eine Waise erzieht und weitere Voraussetzungen erfüllt.

Neu geordnet wird auch das Adoptionsrecht. Es verbessert die Chancen von Kindern, die nicht bei ihren leiblichen Eltern leben, in einer intakten Familie aufzuwachsen.

1979

25. Juni Das **Mutterschaftsurlaubsgesetz** ergänzt das Mutterschutzgesetz in der BRD: Die in einem Arbeitsverhältnis stehende Mutter ist

Jugendliche auf dem »Alstervergnügen« in Hamburg, 1979.

nach der Entbindung sechs Monate von der Arbeit freigestellt, beitragsfrei sozialversichert und erhält ein steuerfreies Mutterschaftsgeld. Das Kündigungsverbot wird von vier auf acht Monate erhöht.

1980
1. Januar

Das **Recht der elterlichen Sorge** löst in der BRD das Recht der »elterlichen Gewalt« ab. Demgemäß sollen die Eltern bei der partnerschaftlichen Erziehung »die wachsende Fähigkeit und das wachsende Bedürfnis des Kindes zu selbständigem verantwortungsbewusstem Handeln« beachten und auf »entwürdigende Erziehungsmaßnahmen« verzichten. Wenn sie sich über die Eignung und Neigung des Kindes hinwegsetzen und es dadurch nachhaltig schwer beeinträchtigen, kann das Vormundschaftsgericht intervenieren. Das Pflegekindverhältnis wird erstmals geschützt. – In Gerichtsverfahren über Angelegenheiten des elterlichen Sorgerechts sollen Kinder angehört, im Alter von über 14 Jahren müssen sie angehört werden, z. B. auch bei der Sorgerechtsregelung nach der Scheidung.

Nach dem Unterhaltsvorschussgesetz vom 23. 7. 1979 ist Kindern unter sechs Jahren, die bei einem alleinstehenden Elternteil wohnen, auf Antrag vom Jugendamt im Bedarfsfalle ein Unterhaltsvorschuss für maximal drei Jahre zu gewähren. Voraussetzung ist, dass der andere Elternteil keinen oder nur zeitweise Unterhalt leistet, z. B. bei Säumnis oder Zahlungsunfähigkeit.

1982
1. Januar

Das **Kindergeld** für das zweite und dritte Kind wird in der BRD leicht gekürzt, um den Bundeshaushalt zu entlasten.

28.2. BRD und DDR: Bildungsreform und Kulturpolitik 1970–1982

1970
13. Februar

Der »**Strukturplan** für das Bildungswesen«, den die Bildungskommission des **Deutschen Bildungsrats** vorlegt, fordert die horizontal gegliederte Stufenschule. Sie soll das traditionell vertikal gegliederte Schulwesen ablösen und mehr »Chancengleichheit« in der BRD verbürgen. Zwar legt sich die Bildungskommission nicht auf die integrierte Gesamtschule fest, die sie zu erproben vorgeschlagen hatte (1969), doch empfiehlt sie, das Schulwesen als einheitliches Ganzes bei gleichzeitig differenzierenden Bildungsgängen wie folgt neu zu organisieren: Elementarstufe (Vorschule), Primarstufe (1. –

4. Klasse), Sekundarstufe I (5.–9./10. Klasse) und Sekundarstufe II (11.–13. Klasse). Die Orientierungsstufe besteht aus dem 5. und 6. Schuljahr und soll sich an eine Grund- oder Sekundarschule anlehnen.

Der Deutsche Bildungsrat war am 15. 7. 1965 durch ein Verwaltungsabkommen zwischen Bund und Ländern geschaffen worden. Er bestand aus der Bildungskommission, deren Mitglieder die Bundesregierung und die Ministerpräsidentenkonferenz berufen hatten, und der Regierungskommission. Die Bildungskommission, die von bildungspolitischen Reformideen beeinflusst war (u. a. Georg Pichts »Bildungskatastrophe«, Ralf Dahrendorfs »Bildung als Bürgerrecht«), hatte die Aufgabe, Vorschläge zur Bildungsreform und -planung zu entwickeln.

Das Verwaltungsabkommen läuft am 31. 7. 1975 aus, da die Länder Bayern und Baden-Württemberg ablehnen, es zu verlängern.

1971

26. August   Das **Bundesausbildungsförderungsgesetz** (BAföG) regelt erstmals einheitlich die individuelle Ausbildungsförderung im Schul- und Hochschulbereich. Auf sie besteht ein Rechtsanspruch bei Neigung, Eignung und Leistung, soweit die Ausbildung nicht anderweitig finanziert werden kann. Damit soll die wirtschaftlich bedingte Ungleichheit der Bildungschancen u. a. bei Arbeiterkindern vermindert werden.

Voraussetzungen, Umfang und Verfahren der Förderung (z. B. Bedarfssätze, Elternfreibeträge, Kreis der Anspruchsberechtigten) werden mehrfach geändert, die Leistungen verstärkt auf Darlehen anstelle von Zuschüssen umgestellt. Bei guten Leistungen wird die Rückzahlung von Darlehen teilweise erlassen.

2. September   Nach dem **Graduiertenförderungsgesetz** der BRD können besonders qualifizierte Hochschulabsolventen für die Promotion oder für ein Aufbaustudium Stipendien erhalten. Sie sollen vor allem den wissenschaftlichen Nachwuchs fördern.

Das 1. Haushaltsstrukturgesetz (26.1. → 1. 1. 1975) stellt die Stipendien um: Aus Zuschüssen werden Darlehen.

1972

7. Juli   Neugestaltung der **gymnasialen Oberstufe** in der BRD: Die Schüler/innen werden in einem Pflichtbereich, der das sprachlich-literarisch-künstlerische, das gesellschaftswissenschaftliche, das mathematisch-naturwissenschaftliche Aufgabenfeld sowie Religionslehre und Sport umfasst, und in einem individuellen Wahlbereich, der neben den bisherigen auch neue Fächer zulässt, unterrichtet. Innerhalb der beiden Bereiche wird unter Auflösung der Klassen 11–13 nach Grundkursen und – zur Schwerpunktbildung – nach

Leistungskursen unterschieden. Bewertet wird in beiden, wie in der Abiturprüfung, nach einem Punktsystem (0–15) anstelle der Notenskala von 1–6. Diese Oberstufenreform soll die Studierfähigkeit verbessern bzw. den Weg in die Berufsausbildung oder -tätigkeit erleichtern.

1973

15. Juni   **Bildungsgesamtplan** bis 1985, verabschiedet von der Bund-Länder-Kommission für Bildungsplanung der BRD. Die Regierungschefs des Bundes und der Länder billigen den Rahmenplan am 20. 9., den Finanzrahmen am 30. 11. 1973.
Der Bildungsgesamtplan entwirft erstmals ein gesamtstaatlich abgestimmtes Konzept für die Reform des Bildungswesens. Er fordert den Ausbau des Elementarbereichs zur familienergänzenden Erziehung ab dem dritten Lebensjahr und kleinere Klassen vor allem in den Grundschulen. Die Klassen fünf und sechs des Sekundarbereichs I sollen zur Orientierungsstufe zusammengefasst werden, damit alle Schüler ein einheitliches Bildungsangebot erhalten – ohne sie vorzeitig auf Haupt-, Realschule oder Gymnasium festzulegen.
Bund und SPD-regierte Länder bekennen sich zur schulformunabhängigen Orientierungsstufe und zur integrierten Gesamtschule, die CDU/CSU-regierten Länder dagegen lassen die Organisationsform der Orientierungsstufe offen und wollen erst das Ergebnis der Versuchsprogramme für integrierte wie kooperative Gesamtschulen unter Fortentwicklung des gegliederten Schulwesens abwarten. Unterschiedlich wird auch die stufenbezogene Lehrerausbildung bewertet. – Die berufliche Bildung soll gleichberechtigt neben die allgemeine Bildung treten und vorrangig ausgebaut werden.
Im Tertiären (= Hochschul-) Bereich werden Gesamthochschulen, gerechtere Zulassungsbestimmungen sowie reformierte Studieninhalte mit Regelstudienzeiten gefordert. Nach der Schule soll sich in der Erwachsenenbildung jeder so weiterbilden können, wie es seinen Neigungen und Fähigkeiten entspricht.
Die Bund-Länder-Kommission für Bildungsplanung und – seit 1976 – Forschungsförderung war als neue »Gemeinschaftsaufgabe« durch ein unbefristetes Verwaltungsabkommen zwischen Bund und Ländern am 25. 6. 1970 errichtet worden.

1. Oktober   Die **Bundeswehrhochschulen** beginnen ihren Studienbetrieb in Hamburg und München. Sie regeln ihre akademischen Angelegenheiten selbstständig im Sinne des Hochschulrahmengesetzes vom → 26. 1. 1976.
Das in der Regel dreijährige berufsbezogene Studium soll Offiziere und Offiziersanwärter unter Einbeziehung von erziehungs- und gesellschaftswissenschaftlichen Anteilen zu einem staatlich aner-

kannten Hochschulabschluss (Diplom oder Graduierung) führen und sie befähigen, ihren Aufgaben in den hochmodernen technisierten Streitkräften nachzukommen.

1975

7. Oktober

Die Enquete-Kommission zur Überprüfung der **auswärtigen Kulturpolitik** legt ihr Konzept vor. Der Bundestag stimmt ihm am 7. 5. 1976 einmütig, die Bundesregierung am 21. 9. 1977 prinzipiell zu. Kulturpolitik wird als gleichrangiger Bereich der Außenpolitik neben Diplomatie und Wirtschaft betrachtet (Willy Brandt: »3. Säule«). Sie soll – ausgehend von der Einheit der deutschen Kultur und in Übereinstimmung mit den Zielen der Außenpolitik – ein wirklichkeitsnahes und selbstkritisches Bild der BRD vermitteln, zugleich auch der partnerschaftlichen Zusammenarbeit mit anderen Staaten dienen. Beteiligt sind Mittlerorganisationen, die ganz oder fast ganz staatlich finanziert werden (Deutscher Akademischer Austauschdienst, Humboldt-Stiftung, Goethe-Institut, Inter Nationes, Institut für Auslandsbeziehungen u. a.).

1976

26. Januar

Das **Hochschulrahmengesetz** (HRG) ist das erste länderübergreifende Hochschulgesetz in der BRD für Studium, Lehre und Studienreform. Es regelt die Zulassung zum Studium und die Personalstruktur neu, es empfiehlt als Leitziel der Hochschulreform die Gesamthochschule und eine stärkere berufliche Orientierung der Studiengänge.

Wie vom Bundesverfassungsgericht am 29. 5. 1973 entschieden, wird zwar die Gruppenuniversität als zulässig angesehen, nicht aber die strenge Drittelparität (Professoren – Mittelbau – Studierende); denn den Professoren müsse in Angelegenheiten der Forschung, der Lehre und der Berufung von Hochschullehrern ein ausschlaggebender Einfluss vorbehalten bleiben.

Die Rahmenbestimmungen bedürfen der Ausfüllung durch Landesgesetze. Als letztes tritt das Gesetz über die wissenschaftlichen Hochschulen des Landes Nordrhein-Westfalen am 1. 1. 1980 in Kraft.

24. August

Das **Fernunterrichtsschutzgesetz** (in Kraft am 1. 1. 1977) regelt die Zulassung von Fernlehrgängen, um ihre Qualität zu verbessern und unseriöse Geschäftspraktiken zu unterbinden.

Der Fernunterrichtsvertrag muss u. a. den Gegenstand, das Ziel, die Dauer, die Vergütung, die Widerrufs- und die Kündigungsmöglichkeiten des Lehrgangs bezeichnen. – Nach dem Staatsvertrag der Länder vom 16. 2. 1978 obliegt der Schutz der Fernunterrichtsteilnehmer/innen der Staatlichen Zentralstelle für Fernunterricht (ZFU) in Köln.

7. September Das **Ausbildungsplatzförderungsgesetz** (ein neues Berufsbildungsgesetz hatte der Bundesrat am 14. 5. 1976 abgelehnt) soll das Angebot von Ausbildungsplätzen in der BRD vergrößern. Die Bundesregierung wird daher ermächtigt, notfalls eine Berufsausbildungsabgabe von Betrieben zu erheben. Sie führt künftig eine amtliche Berufsbildungsstatistik und legt jährlich einen Berufsbildungsbericht vor.

Das neue Bundesinstitut für Berufsbildung in West-Berlin, institutionell hervorgegangen aus dem Bundesinstitut für Berufsbildungsforschung (21. → 14. 8. 1969) und dem Bundesausschuss für Berufsbildung, ist dafür zuständig, einheitliche Grundlagen für die Berufsbildung zu schaffen. Es entwirft die Ausbildungsordnungen, fördert die Bildungsforschung und den Bau von Berufsbildungsstätten, registriert die anerkannten Ausbildungsberufe usw.

16. November Der gesellschaftskritische Lyriker und Sänger Wolf **Biermann** wird während einer Tournee in der BRD trotz einer befristeten Aus-

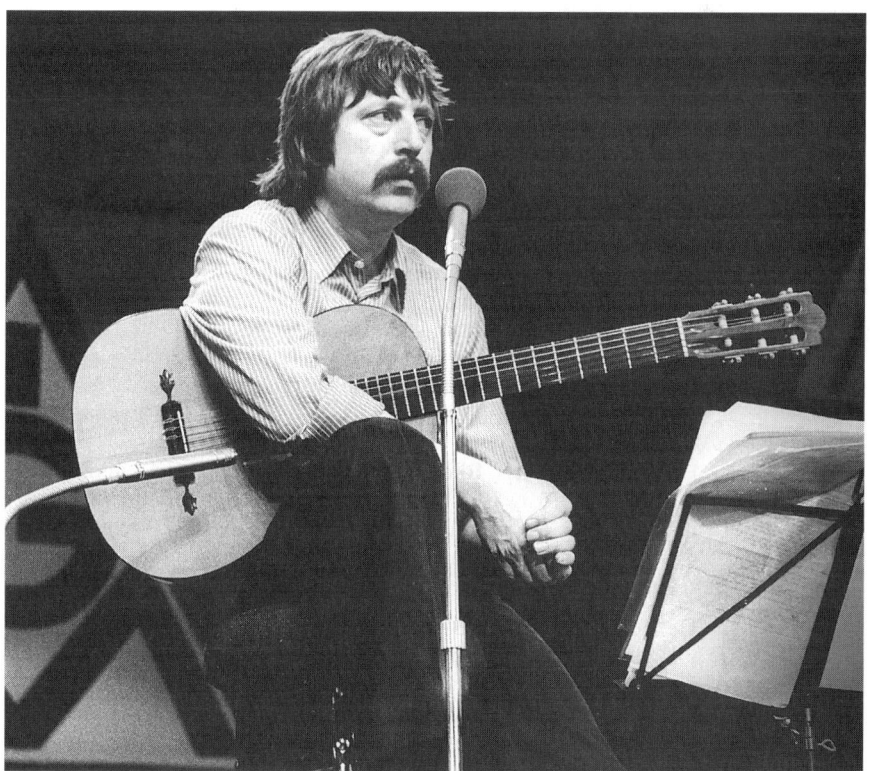

Wolf Biermann beim Auftritt am 13. November 1976 in Köln. → 16. November 1976

reiseerlaubnis von der DDR ausgebürgert. Begründung: Er habe bei seinem ersten öffentlichen Auftritt am 13. 11. 1976 in Köln feindlicher Propaganda Vorschub geleistet. (16.3. → 20. 2. 1967) Gegen die Ausbürgerung protestieren tags darauf als Erstunterzeichner Sarah Kirsch, Christa Wolf, Volker Braun, Franz Fühmann, Stephan Hermlin, Stefan Heym, Günter Kunert, Heiner Müller, Rolf Schneider, Jurek Becker u. a. Zahlreiche Schriftsteller schließen sich dem Protest in den folgenden Tagen an.

Robert Havemann wird vorübergehend unter Hausarrest gestellt. Der Schriftsteller Bernd Jentzsch kehrt der DDR den Rücken. Später folgen Sarah Kirsch, Jurek Becker, Günter Kunert, Erich Loest, Manfred Krug, Bettina Wegner u. a.

Bereits am 29. 10. 1976 war Reiner Kunze aus dem Schriftstellerverband ausgeschlossen worden, da er sein Buch »Die wunderbaren Jahre« in Frankfurt a. M. veröffentlicht hatte. Er lässt sich am 13. 4. 1977 in der BRD nieder.

1978

23. Februar   »**Mängelbericht**« der Bundesregierung über die strukturellen Probleme des föderativen Bildungssystems in der BRD. Da das Schul-bzw. Hochschulwesen der Länder beträchtliche Unterschiede aufweise, wird eine verfassungsrechtliche Neuordnung der Aufgabenverteilung durch mehr Bundeskompetenzen im Bildungsbereich verlangt. Ein Mindestmaß an Einheitlichkeit im Bildungs- und Beschäftigungswesen sei erforderlich, um Freizügigkeit, Mobilität und Chancengleichheit im Bundesgebiet zu gewährleisten.

1. September   »**Vormilitärische Ausbildung und Erziehung**« wird als neues Unterrichtsfach in den allgemein bildenden Polytechnischen Oberschulen (POS) für alle Jungen und Mädchen der Klassen 9 und 10 obligatorisch. Eingeführt wird in die Landes- und Zivilverteidigung, Lager für Jungen dienen der praktischen »Wehrausbildung«.

1979

18. Juni   Fortschreibung des **Bildungsgesamtplans** der Bund-Länder-Kommission (→ 15. 6. 1973): Die unterschiedlichen Standpunkte der Länder zur Gesamtschule als Regel-, d. h. Angebotsschule neben dem dreigliedrigen Schulsystem sollen toleriert und die Gesamtschulabschlüsse in allen Ländern anerkannt werden.

1. Juli   Der Staatsvertrag der Bundesländer über die Vergabe von **Studienplätzen** tritt in Kraft. Er beruht auf den Zulassungsvorschriften des Hochschulrahmengesetzes vom → 26. 1. 1976.

Im ersten Numerus-clausus-Urteil vom 18. 7. 1972 hatte das Bundesverfassungsgericht gefordert, die Studienplätze einheitlich zu ermitteln und nach vergleichbaren Kriterien zu vergeben (»erschöpfende Nutzung«). Durch Staatsvertrag der Länder war daher die Zentralstelle für die Vergabe von Studienplätzen (ZVS) in Dortmund als rechtsfähige Anstalt des öffentlichen Rechts errichtet worden. Im zweiten Numerus-clausus-Urteil vom 8. 2. 1977 hatte das Bundesverfassungsgericht den Abbau der Zulassungsbeschränkungen verlangt und ein neues Auswahlverfahren, das die bisherige Vergabe freier Studienplätze nach dem Bonus-Malus-System (Abiturdurchschnittsnoten) und Wartezeiten ersetzt.

1981

1. September   In der DDR wird die **vormilitärische Ausbildung** durch die Gesellschaft für Sport und Technik (GST) Pflichtfach in den Erweiterten Oberschulen (EOS) und Spezialschulen der Jungen (11. Klasse). Mädchen werden auf die Zivilverteidigung durch Sanitätskurse vorbereitet, können auf Wunsch aber auch am Ausbildungs- und Wehrsportprogramm für Jungen teilnehmen.

23. Dezember   Das **Berufsbildungsförderungsgesetz** ersetzt das Ausbildungsplatzförderungsgesetz vom → 7. 9. 1976; denn es war, da ihm der Bundesrat nicht zugestimmt hatte, vom Bundesverfassungsgericht am 10. 12. 1980 für nichtig erklärt worden. Präzisiert werden die Normen über das Bundesinstitut für Berufsbildung, über den Berufsbildungsbericht, über die Berufsbildungsstatistik und -planung. Die Klausel alter Fassung, wonach Ausbildungsplätze ggf. durch eine Abgabe zu finanzieren sind, ist gestrichen.

1982

28. Mai   Die Kultusministerkonferenz (KMK) beschließt in Bremerhaven, **Gesamtschulabschlüsse** auch künftig gegenseitig anzuerkennen. Die Bund-Länder-Kommission für Bildungsplanung hatte am 29. 3. 1982 vorerst darauf verzichtet, den Bildungsgesamtplan bis 1990 fortzuschreiben; denn man konnte sich über die finanziellen Eckdaten nicht einigen.

KAPITEL VI:

Deutschland in der Ära der Ost-West-Entspannung bis zum Vorabend der »Wende« in der DDR 1982–1989

Helmut Kohl und Erich Honecker bei dessen erster Staatsvisite in der BRD. 31. → 7.–11.
September 1987

29. Innenpolitik in der ersten Ära Kohl und am Ende der Ära Honecker

29.1. BRD: Christlichliberale Regierung, Wahlen, Parteien und Extremismus 1982–1989

<u>1982</u>

1. Oktober   Erstes erfolgreiches **konstruktives Misstrauensvotum** gegen einen Bundeskanzler: Der Bundestag stürzt Bundeskanzler Helmut Schmidt (SPD) und wählt Helmut **Kohl** (CDU) zu seinem Nachfolger als Regierungschef (495 abgegebene gültige Stimmen: Ja 256, Nein 235, Enthaltungen 4; Berliner Abgeordnete: Ja 11, Nein 10). Er wird noch am gleichen Tage vereidigt. Damit endet die sozialliberale Ära in der BRD (1969–1982).
In der Debatte vor der Abstimmung spricht Schmidt von einem Vertrauensbruch ohne Wählerauftrag. Er fordert erneut sofortige Neuwahlen und skizziert die Leitlinien seiner Politik in zwölf Punkten.

Helmut Schmidt gratuliert seinem Amtsnachfolger Helmut Kohl nach dem erfolgreichen konstruktiven Misstrauensvotum am → 1. Oktober 1982.

4. Oktober	Kohl bildet eine neue **christlichliberale Koalitionsregierung** aus CDU, CSU und FDP:

Bundeskanzler	Helmut Kohl (CDU)
Auswärtiges und Stellvertreter des Bundeskanzlers	Hans-Dietrich Genscher (FDP)
Inneres	Friedrich Zimmermann (CSU)
Justiz	Hans A. Engelhard (FDP)
Finanzen	Gerhard Stoltenberg (CDU)
Wirtschaft	Otto Graf Lambsdorff (FDP)
Ernährung, Landwirtschaft und Forsten	Josef Ertl (FDP)
Arbeit und Sozialordnung	Norbert Blüm (CDU)
Verteidigung	Manfred Wörner (CDU)
Jugend, Familie und Gesundheit	Heiner Geißler (CDU)
Verkehr	Werner Dollinger (CSU)
Post- und Fernmeldewesen	Christian Schwarz-Schilling (CDU)
Raumordnung, Bauwesen und Städtebau	Oscar Schneider (CSU)
Innerdeutsche Beziehungen	Rainer Barzel (CDU)
Forschung und Technologie	Heinz Riesenhuber (CDU)
Bildung und Wissenschaft	Dorothee Wilms (CDU)
Wirtschaftliche Zusammenarbeit	Jürgen Warnke (CSU)

Kohl fordert in seiner Regierungserklärung vom 13. 10. 1982 eine »geistig-moralische Wende«, eine »Politik der Erneuerung« und einen »historischen Neuanfang«. Die neue Regierungskoalition beginne ihre Arbeit »in der schwersten Wirtschaftskrise« mit dem Ziel, ein »Dringlichkeitsprogramm« zu verwirklichen: 1. neue Arbeitsplätze zu schaffen; 2. das soziale Netz zu sichern, u. a. durch eine »Atempause« in der Sozialpolitik; 3. die Ausländer zu integrieren oder ihre Rückreise zu erleichtern; 4. die Außen- und Sicherheitspolitik auf der Basis der NATO zu erneuern, vor allem mit den USA. Kohl bekräftigt den Termin für Bundestagsneuwahlen am 6. 3. 1983.

5. – 7. Nov.	**FDP-Parteitag in Berlin**: Der Koalitionswechsel zur CDU/CSU wird mehrheitlich gebilligt, jedoch die Art und Weise, wie er zustande kam, missbilligt. Genscher wird mit knapper Mehrheit erneut zum Parteivorsitzenden gewählt.

Prominente Mitglieder treten nach der Wiederwahl Genschers aus der FDP aus. Einige wechseln zur SPD über (u. a. Günter Verheugen, der bereits am 29. 9. als Generalsekretär zurückgetreten war, Ingrid Matthäus-Maier, Andreas von Schoeler), einige bleiben parteilos, andere gründen am 28. 11. 1982 die neue, aber erfolglose Partei »Liberale Demokraten« (u. a. William Borm).

11. und 16. November	Führende **RAF-Mitglieder** der 2. Generation werden festgenommen: am 11. 11. bei Frankfurt a. M. Brigitte Mohnhaupt und Adel-

heid Schulz, am 16. 11. bei Hamburg Christian Klar. Ihnen wird u. a. vorgeworfen, an der Ermordung Pontos und Schleyers beteiligt gewesen zu sein. (22.2. → 30. 7. und 5. 9. 1977)

14. November   Bundesdelegiertenkonferenz der **Grünen** in Hagen: Bei einem Einzug in den Bundestag soll die Zusammenarbeit mit etablierten Parteien geprüft werden. Zu verhindern seien die Großprojekte Frankfurter Startbahn West und Rhein-Main-Donau-Kanal, die allgemeine Gewässer- und Bodenvergiftung (z. B. Waldsterben) und die NATO-Nachrüstung.
Auf der Bundesdelegiertenversammlung am 13. 1. 1980 in Karlsruhe hatten sich Die Grünen als **Bundespartei** konstituiert. In ihr sammelten sich Bürgerinitiativen, Umweltschützer, Grüne, Bunte und Alternative Listen sowie bürgerliche und »linke« Gruppierungen.
Die Grünen vertreten die Grundwerte »ökologisch – sozial – basisdemokratisch – gewaltfrei«. Sie befürworten den Natur- und Umweltschutz, stellen deshalb stetiges Wirtschaftswachstum und die Ausbeutung natürlicher Ressourcen infrage, und sie lehnen die Atomenergie und die Militärblöcke ab.

17. Dezember   **Vertrauensfrage** Kohls als Bundeskanzler (Art. 68 GG) in der Absicht, die angekündigte Bundestagsneuwahl am 6. 3. 1983 zu ermöglichen. Er begründet dies damit, dass die neue »Koalition der Mitte« nur einen zeitlich und sachlich begrenzten Auftrag habe und ihr »Dringlichkeitsprogramm« erfüllt sei.
Verabredungsgemäß enthalten sich die meisten CDU/CSU- und FDP-Abgeordneten der Stimme, die SPD-Abgeordneten stimmen mit Nein (248 Nein-, 8 Jastimmen, 248 Enthaltungen). Kohl beantragt darauf beim Bundespräsidenten Carstens die Auflösung des Bundestags binnen 21 Tagen.
Drei Möglichkeiten für Neuwahlen waren diskutiert worden: der Rücktritt des Bundeskanzlers, die Vertrauensfrage oder die Verfassungsänderung (»Selbstauflösungsrecht« des Bundestags).

1983

6. Januar   Auf Vorschlag des Bundeskanzlers löst Bundespräsident Carstens den Bundestag auf (in Kraft am 7. 1.) und setzt **Neuwahlen** für den 6. 3. fest. Trotz vorgetragener Bedenken seien in der für die Geschichte der BRD einmaligen Situation Neuwahlen gerechtfertigt, zumal sich die Mehrheit des Parlaments keine Vorteile auf Kosten der Minderheit verschaffe. – Der Bundestag wird damit zum zweiten Male vorzeitig aufgelöst. (22.1. → 22. 9. 1972)
Das Bundesverfassungsgericht bestätigt am 16. 2. 1983, dass der Bundespräsident, gestützt auf die Einschätzungs- und Beurteilungskompetenz des Bundeskanzlers, nach pflichtgemäßem Ermessen legitimiert gewesen sei, den Bundestag vorzeitig aufzulösen; denn

wegen des Koalitionswechsels der FDP habe sich die Bundesregierung in einer politischen Ausnahmesituation befunden.

28. Februar   **Kriegsdienstverweigerungs-Neuordnungsgesetz**: Der Zivildienst wird von 16 auf 20 Monate verlängert; er dauert künftig um ein Drittel länger als der jeweilige Grundwehrdienst. An die Stelle der mündlichen Gewissensprüfung tritt die schriftliche Glaubwürdigkeitsprüfung: Die ungedienten Wehrpflichtigen haben persönlich schriftlich zu begründen, weshalb sie den Wehrdienst aus Gewissensgründen verweigern wollen. Sind die formalen Erfordernisse erfüllt und die angegebenen Motive für die Gewissensentscheidung glaubhaft, so entscheidet das Bundesamt für den Zivildienst positiv über den Antrag; sonst bleibt es wie für Soldaten bei der persönlichen Anhörung vor Prüfungsausschüssen für Kriegsdienstverweigerung bei den Kreiswehrersatzämtern. – Das Gesetz tritt am 1. 1. 1984 in Kraft.

6. März   **Vorgezogene Bundestagswahl**: Die CDU/CSU (Spitzenkandidat Bundeskanzler Kohl) verfehlt nur knapp die absolute Mehrheit (48,8 Prozent) und erzielt damit das zweitbeste Wahlergebnis in ihrer bisherigen Geschichte. Die SPD (Spitzenkandidat Vogel) er-

Tab. 18: Zehnte Bundestagswahl, 6. März 1983
Zweitstimmen

	Anzahl	%	Sitze[1]
Wahlberechtigte	44 088 935		
Wähler	39 279 529	89,1	
Ungültige Stimmen	338 841[2]	0,9	
Gültige Stimmen	38 940 687[2]		
SPD	14 865 807	38,2	202 (9)
CDU	14 857 680	38,2	202 (11)
CSU	4 140 865	10,6	53
FDP	2 706 942	7,0	35 (1)
GRÜNE	2 167 431	5,6	28 (1)
BWK	2 129	0,0	–
C.B.V.	10 994	0,0	–
DKP	64 986	0,2	–
EAP	14 966	0,0	–
KPD	3 431	0,0	–
NPD	91 095	0,2	–
ÖDP	11 028	0,0	–
USD	3 333	0,0	–
Abkürzungsverzeichnis s. S. 585			

1 Mit West-Berliner Sitzen (= Zahl in Klammern).
2 Differenz 1 Stimme zwischen abgegebenen Zweitstimmen und Zahl der Wähler.
Quelle: Statistisches Bundesamt.

Die neue Fraktion der Grünen sitzt im Bundestag zwischen SPD und CDU (links Hans-Jochen Vogel, rechts Rainer Barzel, Helmut Kohl, in der Mitte Petra Kelly,, Marieluise Beck-Oberdorf, hinten Otto Schily).

reicht 38,2 Prozent der abgegebenen Zweitstimmen, die FDP nach der Zerreißprobe des Koalitionswechsels 7 Prozent. Die Grünen sind erstmals im Parlament vertreten (5,6 Prozent).

Durch den Einzug der Grünen sind mehr als drei Fraktionen im Bundestag vertreten. Die Fundamentalisten unter den Grünen (»Fundis«) lehnen jede Einbindung in das bestehende politische System ab und wollen es verändern; die Realpolitiker (»Realos«) dagegen streben politische Verantwortung an, um »grüne« Zielsetzungen verwirklichen zu können; die SPD gilt dabei als potenzieller Koalitionspartner.

Der Wahlkampf hatte sich vorwiegend auf Sachthemen konzentriert, u. a. auf Wirtschafts- und Finanzfragen wegen der hohen Arbeitslosigkeit (2,5 Millionen = 10,4 Prozent) sowie die Sicherheitspolitik (»Raketen-Nachrüstung«). Bei Stammwählern der SPD, vor allem auch Arbeitern im Ruhrgebiet, erzielt die CDU beträchtliche Stimmengewinne.

29. März   Der 10. Bundestag konstituiert sich und wählt Helmut **Kohl** (CDU-Vorsitzender) zum **Bundeskanzler** (271 gegen 214 Stimmen, eine Enthaltung).

30. März   Kohl bildet sein **zweites Kabinett.** Strauß hatte auf ein Ministeramt verzichtet, doch erhielt die CSU auf Kosten der FDP ein weiteres Ministerium:

Bundeskanzler	Helmut Kohl (CDU)
Auswärtiges und Stellvertreter des Bundeskanzlers	Hans-Dietrich Genscher (FDP)
Inneres	Friedrich Zimmermann (CSU)
Justiz	Hans A. Engelhard (FDP)
Finanzen	Gerhard Stoltenberg (CDU)
Wirtschaft	Otto Graf Lambsdorff (FDP), ab 27. 6. 1984 Martin Bangemann (FDP)
Ernährung, Landwirtschaft und Forsten	Ignaz Kiechle (CSU)
Arbeit und Sozialordnung	Norbert Blüm (CDU)
Verteidigung	Manfred Wörner (CDU)
Jugend, Familie und Gesundheit, ab 6. 6. 1986 Jugend, Familie, Frauen und Gesundheit	Heiner Geißler (CDU), ab 26. 9. 1985 Rita Süssmuth (CDU)
Verkehr	Werner Dollinger (CSU)
Post- und Fernmeldewesen	Christian Schwarz-Schilling (CDU)
Raumordnung, Bauwesen und Städtebau	Oscar Schneider (CSU)
Innerdeutsche Beziehungen	Heinrich Windelen (CDU)
Forschung und Technologie	Heinz Riesenhuber (CDU)
Wirtschaftliche Zusammenarbeit	Jürgen Warnke (CSU)
Bildung und Wissenschaft	Dorothee Wilms (CDU)
Besondere Aufgaben und Chef des Bundeskanzleramts	Wolfgang Schäuble (CDU) ab 15. 11. 1984
Umwelt, Naturschutz und Reaktorsicherheit ab 6. 6. 1986	Walter Wallmann (CDU)

In seiner Regierungserklärung vom 4. 5. 1983 stellt Kohl ein »Programm der Erneuerung« mit sieben Leitgedanken vor. Auf das Bündnis und die Freundschaft mit dem Westen gestützt, will er die Verständigung mit dem Osten auf der Grundlage der geschlossenen Verträge (pacta sunt servanda) fortsetzen und die deutsche Einheit in Frieden erstreben. Die Massenarbeitslosigkeit soll abgebaut und die Leistungs- und Wandlungsfähigkeit der sozialen Marktwirtschaft dokumentiert werden.

24. November Die neonazistische »Aktionsfront Nationaler Sozialisten/Nationale Aktivisten« (**ANS/NA**) wird vom Innenministerium verboten und aufgelöst. Sie war am 15. 1. 1983 durch Vereinigung der ANS-Gruppe Hamburg, gegründet am 12. 12. 1977 von Michael Kühnen, und den »NA-Kameradschaften« Fulda und Frankfurt entstanden.

26./27. Nov. Die aus der CSU ausgetretenen Bundestagsabgeordneten Franz Handlos und Ekkehard Voigt gründen in München aus Opposition gegen Strauß die neue Partei »**Die Republikaner**« als »unabhängige, konservativ-liberale Volkspartei«. Hintergrund: 31. → 29. 6. 1983. Die Protestpartei vertritt zunehmend rechtsextreme Positionen, vor allem nach ihrer Spaltung am 16. 3. 1985 unter dem neuen Vorsitzenden Franz Schönhuber. Offizielle Abkürzung seit 2. 5. 1987: REP. – Nach spektakulären Anfangserfolgen brechen Flügel- und Machtkämpfe vor allem um den Parteivorsitz aus.

1984

1. Januar

Parteienfinanzierung: Nach dem geänderten und in Kraft getretenen Art. 21 Abs. 1 Satz 4 GG müssen Parteien nicht nur die Herkunft ihrer Mittel, sondern auch deren Verwendung und ihr Vermögen offen legen. Das novellierte Parteiengesetz erhöht die Wahlkampfkostenpauschale und erweitert die steuerliche Begünstigung von Parteibeiträgen und -spenden. Großspenden von über DM 20 000 pro Jahr müssen offenbart werden. Rechtswidrig erlangte Spenden sind abzuführen.

1. Februar

Zur Affäre Kießling: 30.2. → 1. 2. 1984.

23. Mai

Die Bundesversammlung wählt Richard von **Weizsäcker** (CDU/CSU) in der Bonner Beethovenhalle im ersten Wahlgang zum neuen **Bundespräsidenten**. Die Grünen hatten die unabhängige Kandidatin Luise Rinser nominiert. – Richard von Weizsäcker tritt sein Amt am 1. 7. 1984 an.

27. Juni

Otto Graf **Lambsdorff** (FDP) tritt als Wirtschaftsminister zurück, da wegen der **Flick-Spendenaffäre** ein Strafprozess gegen ihn bevorsteht. Nachfolger: Martin Bangemann (FDP).
Die Flick-Gruppe hatte 1975 Daimler-Benz-Aktien verkauft und den Erlös größtenteils reinvestiert, u. a. im US-Mischkonzern Grace. Die FDP-Wirtschaftsminister Hans Friderichs und danach Otto Graf Lambsdorff bescheinigten wie beantragt die gesetzlich vorgesehene Steuerbefreiung für die Wiederanlage, da sie »volkswirtschaftlich besonders förderungswürdig« sei. Beide und der frü-

Tab. 19: Achte Bundesversammlung, 23. Mai 1984 in Bonn
Zahl der Mitglieder: 1 040
Absolute Mehrheit: 521 Stimmen

Kandidaten	Abgegebene Stimmen
	1. Wahlgang
Richard von Weizsäcker (CDU/CSU)	832
Luise Rinser (parteilos)	68
Enthaltungen	117
Ungültige Stimmen	11
Summe	1 028

here Flick-Manager Eberhard von Brauchitsch wurden wegen Bestechung und Beihilfe zur Steuerhinterziehung angeklagt, da die steuerbefreienden Entscheidungen der Minister durch Spenden bzw. Zahlungen an sie beeinflusst worden sein sollten. Wegen nicht ausreichender Beweislage wird der Vorwurf der Bestechung bzw. Bestechlichkeit nicht weiter verfolgt, doch verurteilt das Bonner Landgericht am 16. 2. 1987 von Brauchitsch und die ehemaligen Minister Graf Lambsdorff und Friderichs wegen Steuerhinterziehung. Diese Urteile im Parteispendenprozess werden am 26. 10. bzw. 4. 11. 1987 rechtskräftig.

25. Oktober   Rainer **Barzel** (CDU) tritt als Bundestagspräsident zurück. Er hatte einen Beratervertrag mit einer Frankfurter Anwaltskanzlei abgeschlossen und war dadurch in Verdacht geraten, indirekt vom Flick-Konzern finanziert worden zu sein. Nachfolger am 5. 11. 1984 ist Philipp **Jenninger** (CDU/CSU), bisher Staatsminister im Bundeskanzleramt. Bundesminister für besondere Aufgaben und Chef des Bundeskanzleramts wird am 15. 11. Wolfgang **Schäuble** (CDU). Die Flick-Spendenaffäre (→ 27. 6. 1984) war zur Parteispendenaffäre geworden, da CDU, CSU, SPD und FDP ungesetzlich Spenden, meist über gemeinnützige Organisationen, eingeworben hatten (Brauchitsch: »Pflege der Bonner Landschaft«). Der Versuch scheiterte, Spender und Parteifunktionäre im Schnellverfahren gesetzlich zu amnestieren. Ein entsprechender Gesetzentwurf der CDU/CSU und FDP, Straffreiheit für Verstöße bei direkten oder indirekten Zuwendungen an Parteien zu gewähren, war am 15. 5. 1984 schriftlich zurückgezogen worden.

1985

25. Januar   Der Bundestag beschließt einstimmig, dass alle Entscheidungen des **Volksgerichtshofs** nichtig sind; denn es habe sich um ein »Terrorinstrument zur Durchsetzung der nationalsozialistischen Willkürherrschaft« gehandelt. Damit wird klargestellt, dass der am 24. 4. 1934 errichtete Volksgerichtshof Unrecht gesprochen hat.

5. Mai   Anlässlich des Kriegsendes in Europa vor 40 Jahren (1. → 8. 5. 1945) besucht US-Präsident **Reagan** in der BRD das ehemalige Konzentrationslager Bergen-Belsen und zusammen mit Bundeskanzler Kohl auf dessen ausdrücklichen Wunsch den Soldatenfriedhof in **Bitburg**/Eifel. In einer würdigen Zeremonie reichen sich die pensionierten Generale Johannes Steinhoff und Matthew Ridgeway zum Zeichen der Versöhnung die Hand.
Da öffentlich bekannt wird, dass in Bitburg SS-Angehörige begraben liegen, werden Reagan und Kohl heftig kritisiert; Reagan gerät in seine bisher schwerste innenpolitische Krise.

8. Mai   Am 40. Jahrestag der bedingungslosen Kapitulation hält Bundespräsident von **Weizsäcker** vor dem Bundestag eine weltweit beachtete **historische Rede**. Der 8. Mai sei für »Deutsche kein Tag zum Feiern«, aber dennoch »ein Tag der Befreiung«. Man dürfe im Ende des Krieges nicht die Ursache für »Flucht, Vertreibung und Unfreiheit« sehen, da der 8. 5. 1945 nicht vom 30. 1. 1933 (Hitlers Machtergreifung) getrennt werden dürfe. Das Ende eines Irrweges deutscher Geschichte habe zugleich den »Keim der Hoffnung auf eine bessere Zukunft« geborgen. »Es gab keine ›Stunde Null‹, aber wir hatten die Chance zu einem Neubeginn.« Es gehe nicht darum, Vergangenheit zu bewältigen, da sie sich nicht nachträglich ändern oder ungeschehen machen lasse. »Aber wer vor der Vergangenheit die Augen verschließt, wird blind für die Gegenwart.« Mit Blick auf die deutsche Teilung hofft Weizsäcker, der 8. Mai möge nicht das letzte Datum bleiben, das für alle Deutschen verbindlich sei.

13. Juni	Die sog. **Auschwitz-Lüge** wird unter Strafe gestellt, d. h. die Leugnung oder Verharmlosung des NS-Völkermords. Rechtsextremistische Schriften können eingezogen werden. Gegenstände mit NS-Kennzeichen (z. B. Hakenkreuze) zu verbreiten oder öffentlich zu verwenden oder zu diesem Zwecke herzustellen oder einzuführen, ist verboten. Wer verstorbene Opfer der nationalsozialistischen oder einer anderen Gewaltherrschaft beleidigt oder verunglimpft, soll auch ohne Strafantrag von Amts wegen verfolgt werden können.
18. Juli	Das **Demonstrationsstrafrecht** wird verschärft und auf Landfriedensbruch sowie auf Vermummte (Vermummungsverbot) und passiv Bewaffnete (Schutzwaffen) ausgedehnt. Danach macht sich strafbar, wer der Aufforderung, die Vermummung oder Bewaffnung abzulegen oder sich aus einer Menge zu entfernen, nicht nachkommt. Die Gegenstände, die der Bewaffnung oder Vermummung dienen, können eingezogen werden.
26. September	Rita **Süssmuth** (CDU) wird Nachfolgerin Heiner Geißlers (CDU) als Bundesministerin für Jugend, Familie und Gesundheit, ab 6. 6. 1986 für Jugend, Familie, Frauen und Gesundheit.

1986

6. Juni	Walter **Wallmann** (CDU), bisher Oberbürgermeister von Frankfurt a. M., wird erster Bundesminister für Umwelt, Naturschutz und Reaktorsicherheit. – Rita Süssmuth erhält zugleich die Federführung für Frauenfragen. (→ 26. 9. 1985)
9. Juli	RAF-Terroristen der 3. Generation ermorden bei München das Siemens-Vorstandsmitglied Karl Heinz **Beckurts** sowie seinen Fahrer mit einer ferngezündeten Sprengladung am Straßenrand.
14. Juli	Das Bundesverfassungsgericht entscheidet, 1. dass **Parteispenden** pro Jahr nur noch bis maximal DM 100 000 steuerlich absetzbar

sind statt – wie bisher – nach bestimmten Prozentsätzen des Einkommens oder der Umsätze; 2. dass die vier **parteinahen Stiftungen** (Konrad-Adenauer-Stiftung, Friedrich-Ebert-Stiftung, Friedrich-Naumann-Stiftung, Hanns-Seidel-Stiftung) weiterhin Globalzuschüsse für die politische Bildungsarbeit aus dem Bundeshaushalt erhalten dürfen.

10. Oktober	Gerold von **Braunmühl**, Politischer Direktor des Auswärtigen Amts, wird vor seinem Haus in Bonn-Ippendorf von einem RAF-Kommando ermordet. Es begründet das Attentat damit, dass er eine »zentrale Figur in der Formierung der westeuropäischen Politik« sei.
19. Dezember	Das **Terrorismusbekämpfungsgesetz** ergänzt und verschärft die Katalogstraftaten nach § 129a StGB vor allem für Rädelsführer und Hintermänner terroristischer Vereinigungen. Die Kompetenzen der Oberlandesgerichte und des Generalbundesanwalts bei der Strafverfolgung werden erweitert. Auch die Anleitung zu Straftaten und die Zerstörung wichtiger Arbeitsmittel werden bestraft. Das Gesetz tritt am 1. 1. 1987 in Kraft.

1987

25. Januar	**Elfte Bundestagswahl**: Die CDU/CSU erzielt ihr bisher schlechtestes Ergebnis (44,3 Prozent) seit 1949 (31 Prozent), doch verbucht die FDP Zugewinne (9,1 Prozent), sodass sich die christlichliberale Regierungskoalition behauptet. Die SPD (Spitzenkandidat Johannes Rau) erleidet Einbußen (37 Prozent), der Anteil der Grünen steigt auf 8,3 Prozent.
11. März	Der 11. Bundestag wählt Helmut **Kohl** zum **Bundeskanzler** (253 gegen 225 Stimmen, 3 ungültige Stimmen, 6 Enthaltungen).
12. März	Das **dritte Kabinett Kohl** wird vereidigt. Es setzt sich wie folgt zusammen:

Bundeskanzler	Helmut Kohl (CDU)
Auswärtiges und Stellvertreter des Bundeskanzlers	Hans-Dietrich Genscher (FDP)
Inneres	Friedrich Zimmermann (CSU), ab 21. 4. 1989 Wolfgang Schäuble (CDU)
Justiz	Hans A. Engelhard (FDP)
Finanzen	Gerhard Stoltenberg (CDU), ab 21. 4. 1989 Theodor Waigel (CSU)
Wirtschaft	Martin Bangemann (FDP), ab 9. 12. 1988 Helmut Haussmann (FDP)
Ernährung, Landwirtschaft und Forsten	Ignaz Kiechle (CSU)

Tab. 20: Elfte Bundestagswahl, 25. Januar 1987
Zweitstimmen

	Anzahl	%	Sitze[1]
Wahlberechtigte	45 327 982		
Wähler	38 225 294	84,3	
Ungültige Stimmen	357 975	0,9	
Gültige Stimmen	37 867 319		
SPD	14 025 763	37,0	193 (7)
CDU	13 045 745	34,5	185 (11)
CSU	3 715 827	9,8	49
FDP	3 440 911	9,1	48 (2)
GRÜNE	3 126 256	8,3	44 (2)
ASD	1 834	0,0	–
BP	26 367	0,1	–
C.B.V.	5 282	0,0	–
Zentrum	19 035	0,1	–
Mündige Bürger	24 630	0,1	–
Frauen	62 904	0,2	–
FAP	405	0,0	–
MLPD	13 422	0,0	–
NPD	227 054	0,6	–
ÖDP	109 152	0,3	–
Patrioten	22 732	0,1	–
Abkürzungsverzeichnis s. S. 585			

1 Mit West-Berliner Sitzen (= Zahl in Klammern).
Quelle: Statistisches Bundesamt.

Arbeit und Sozialordnung	Norbert Blüm (CDU)
Verteidigung	Manfred Wörner (CDU), ab 18. 5. 1988 Rupert Scholz (CDU), ab 21. 4. 1989 Gerhard Stoltenberg (CDU)
Jugend, Familie, Frauen und Gesundheit	Rita Süssmuth (CDU) bis 25. 11. 1988, ab 9. 12. 1988 Ursula Lehr (CDU)
Verkehr	Jürgen Warnke (CSU), ab 21. 4. 1989 Friedrich Zimmermann (CSU)
Post- und Fernmeldewesen, ab 1. 7. 1989 Post und Telekommunikation	Christian Schwarz-Schilling (CDU)
Raumordnung, Bauwesen und Städtebau	Oscar Schneider (CSU), ab 21. 4. 1989 Gerda Hasselfeldt (CSU)
Innerdeutsche Beziehungen	Dorothee Wilms (CDU)
Forschung und Technologie	Heinz Riesenhuber (CDU)

Bildung und Wissenschaft	Jürgen W. Möllemann (FDP)
Wirtschaftliche Zusammen-	Hans Klein (CSU), ab 21. 4. 1989
arbeit	Jürgen Warnke (CSU)
Umwelt, Naturschutz und	Walter Wallmann (CDU) bis
Reaktorsicherheit	22. 4. 1987, ab 7. 5. 1987 Klaus
	Töpfer (CDU)
Besondere Aufgaben	Wolfgang Schäuble (CDU), ab
	21. 4. 1989 Hans Klein (CSU)
	und Rudolf Seiters (CDU)
	Sabine Bergmann-Pohl (CDU)
	ab 3. 10. 1990
	Günther Krause (CDU)
	ab 3. 10. 1990
	Lothar de Maizière (CDU)
	ab 3. 10. 1990 bis 19. 12. 1990
	Rainer Ortleb (FDP)
	ab 3. 10. 1990
	Hansjoachim Walther (DSU)
	ab 3. 10. 1990

In seiner Regierungserklärung vom 18. 3. 1987 (Motto: »Die Schöpfung bewahren – Die Zukunft gewinnen«) setzt sich Kohl fünf »zentrale Ziele«: 1. das Wertebewusstsein zu schärfen; 2. die soziale Marktwirtschaft zu entfalten; 3. die Umwelt zu schützen; 4. Einheit und Freiheit für alle Deutschen zu erstreben; 5. dem Frieden, der Sicherheit und der Freiheit zu dienen und eine »realistische Entspannungspolitik« zu betreiben.

3. April　　Der **Medienstaatsvertrag** der Länder wird in Bonn unterzeichnet. Er besiegelt das duale System von öffentlich-rechtlichen und privaten Rundfunk- und Fernsehanstalten. Die neuen Medien profitieren von modernen Kommunikationstechniken, wie u. a. Breitbandkabel, Satellitenübertragung und terrestrischen Frequenzen.

23. April　　Nach der Landtagswahl vom 5. 4. wird Walter **Wallmann** zum ersten CDU-Ministerpräsidenten in Hessen gewählt. Damit endet dort die 42-jährige SPD-Herrschaft. Sie hatte sich seit 12. 12. 1985 auf die erste rotgrüne Koalition (Ministerpräsident Holger Börner) in einem Bundesland gestützt, die am 9. 2. 1987 mit der Entlassung des Stellvertretenden Ministerpräsidenten und Umweltministers Joschka Fischer (Grüne) zerbrochen war.
Am 7. 5. 1987 wird Klaus **Töpfer** Nachfolger Wallmanns als Bundesminister für Umwelt, Naturschutz und Reaktorsicherheit.

25. Mai　　Stichtag der **Volkszählung**: Sie findet mit Auskunftspflicht zum vierten Male als Vollerhebung in der BRD statt und soll Daten über Bevölkerungszahlen, Gebäude, Wohnungen und Arbeitsstätten liefern. Datenschutz und Persönlichkeitsrechte werden so weit wie möglich beachtet.

Das Bundesverfassungsgericht hatte am 15. 12. 1983 Teile des Gesetzes über eine Volks-, Berufs-, Wohnungs- und Arbeitsstättenzählung vom 25. 3. 1982 für verfassungswidrig erklärt.

2. November   An der **Startbahn West** des Frankfurter Flughafens, gegen die sich zahlreiche Demonstrationen richten, werden zwei Polizeibeamte aus dem Hinterhalt erschossen.

1988

8. Mai   Die SPD erzielt in **Schleswig-Holstein** ihr bisher bestes Ergebnis bei Landtagswahlen in der BRD: 54,8 Prozent der Stimmen gegenüber 45,2 Prozent bei der Landtagswahl am 13. 9. 1987. Die CDU fällt von 42,6 Prozent auf 33,3 Prozent der Stimmen zurück, die FDP von 5,2 Prozent auf 4,4 Prozent und scheidet damit aus dem Landtag aus.

Hintergrund »**Waterkantgate**«: Am Vorabend der Landtagswahl vom 13. 9. 1987 hatte der »Spiegel« berichtet, Medienreferent Reiner Pfeiffer habe im Auftrag des CDU-Ministerpräsidenten Uwe Barschel den SPD-Oppositionsführer Björn Engholm der Steuerhinterziehung verdächtigt, sein Privatleben bespitzelt, ihm Homosexualität unterstellt und eine Abhöraffäre vortäuschen wollen. Barschel hatte sich auf seiner »Ehrenwort-Pressekonferenz« vom 18. 9. dafür verbürgt, dass diese Vorwürfe »erstunken und erlogen« seien. Als Täter jedoch offenkundig entlarvt, übernahm Barschel am 25. 9. die »politische Verantwortung« und trat am 2. 10. als Ministerpräsident zurück.

In einem Genfer Hotel wird Barschel am 11. 10. 1987 tot aufgefunden – die Umstände sind bis heute nicht aufgeklärt. Diese Barschel-Pfeiffer-Affäre stürzt die CDU in Schleswig-Holstein in eine schwere personelle Krise und erschüttert die Glaubwürdigkeit von Politikern schlechthin.

Sehr spät räumt Engholm ein, dass er von dem Skandal früher erfahren habe, als bisher von ihm zugegeben und auch vor einem Untersuchungsausschuss versichert. Er tritt daher am 3. 5. 1993 als Ministerpräsident und SPD-Vorsitzender zurück. (38.1. → 21. 1. 1993)

20. September   Ein RAF-Kommando verübt in Bonn auf Hans **Tietmeyer**, Staatssekretär im Finanzministerium, einen Anschlag, der scheitert.

11. November   Philipp **Jenninger** (CDU/CSU) tritt wegen seiner umstrittenen und missverständlichen Gedenkrede, die er am 10. 11. zum 50. Jahrestag des antisemitischen Pogroms (»Reichskristallnacht«) gehalten hat, vom Amt des Bundestagspräsidenten zurück. – Als Nachfolgerin wird am 25. 11. 1988 Rita **Süssmuth** (CDU/CSU) gewählt.

9. Dezember   Ursula **Lehr** (CDU) wird Ministerin für Jugend, Familie, Frauen und Gesundheit als Nachfolgerin Süssmuths (→ 11. 11. 1988), Hel-

mut **Haussmann** (FDP) Wirtschaftsminister, da Martin **Bangemann** als EG-Kommissar nach Brüssel wechselt. – Zum Nachfolger Bangemanns als FDP-Vorsitzender (seit 23. 2. 1985 anstelle Genschers) war am 7./8. 10. 1988 Otto Graf **Lambsdorff** gewählt worden.

1989

13. April   Bundeskanzler Kohl gibt eine umfangreiche **Kabinettsumbildung** bekannt, die am 21. 4. vollzogen wird.
Die Veränderungen sind in der Kabinettsliste vom → 12. 3. 1987 dokumentiert.

23. Mai   Die Bundesversammlung in Bonn (Beethovenhalle) wählt Richard von **Weizsäcker** zum zweiten Male zum Bundespräsidenten. Er tritt sein Amt am 1. 7. 1989 an.

9. Juni   Die **Sicherheitsgesetze** (Artikelgesetz zur inneren Sicherheit) werden durch Maßnahmen zur wirksameren Bekämpfung von Straf- und Gewalttaten (z. B. bei Menschenraub, Geiselnahme, Waffendiebstahl) sowie von Ausschreitungen bei Demonstrationen (Vermummung und Passivbewaffnung bei öffentlichen Versammlungen unter freiem Himmel) verschärft und durch eine zunächst befristete – später verlängerte – Kronzeugenregelung ergänzt. Mögliche Strafmilderungen für »Kronzeugen« sollen die Terrorszene aufbrechen helfen.

18. Juni   Zur dritten Europawahl: 30.1. → 15.–18. 6. 1989.

30. November   Der Vorstandssprecher der Deutschen Bank, Alfred **Herrhausen**, fällt in Bad Homburg einem Sprengstoffanschlag der RAF zum Opfer.
Ein vergleichbarer Zündmechanismus, ausgelöst durch eine Lichtschranke, wird am 27. 7. 1990 bei einem Bombenanschlag auf den Staatssekretär im Innenministerium, Hans **Neusel**, verwendet. Er wird leicht verletzt.

Tab. 21: Neunte Bundesversammlung, 23. Mai 1989 in Bonn
Zahl der Mitglieder: 1 038
Absolute Mehrheit: 520 Stimmen

Kandidat	Abgegebene Stimmen
	1. Wahlgang
Richard von Weizsäcker (CDU/CSU)	881
Neinstimmen	108
Enthaltungen	30
Ungültige Stimmen	3
Summe	1 022

29.2. DDR: Innenpolitische Destabilisierung trotz scheinbarer Stabilisierung der SED-Herrschaft 1982–1989

1982

25. März   Das **Wehrdienstgesetz** regelt die vormilitärische Ausbildung Jugendlicher und die Einbeziehung von Frauen in die allgemeine Wehrpflicht im Verteidigungsfall. Der Wehrdienst, der als Recht und »Ehrenpflicht« gilt, wird in der NVA oder in den Grenztruppen geleistet. Der Grundwehrdienst dauert wie bisher 18 Monate. – Das gleichzeitig verabschiedete Gesetz über die Staatsgrenze ersetzt die bisher internen Anweisungen für den Schusswaffengebrauch. Das Wehrpflichtgesetz (16.3. → 24. 1. 1962) und die Grenzordnung treten außer Kraft.

1983

6. Oktober   Staats- und Parteichef Honecker kündigt an, dass die **Selbstschussanlagen** (Todesautomaten) entlang der innerdeutschen Grenze vollständig abgebaut werden. Die Demontage ist am 30. 11. 1984 beendet.

1986

17. – 21. April   **XI. Parteitag der SED:** Er bestätigt die bisherige Führungsspitze mit Honecker als Generalsekretär des ZK und das Politbüro mit vier neuen Vollmitgliedern (Hans-Joachim Böhme, Werner Eber-

Der sowjetische Generalsekretär Michail Gorbatschow als Gast beim XI. Parteitag der SED.
→ 17.–21. April 1986

lein, Heinz Keßler, Siegfried Lorenz). Die Direktive für den neuen Fünfjahrplan 1986–1990 wird verabschiedet. (32.3. → 27. 11. 1986)

Trotz des Machtmonopols der SED, die sich auf die Nomenklaturkader, d. h. hauptamtliche Funktionäre in Partei, Staat, Wirtschaft und Kultur stützt, erklärt Honecker, es bestehe ein »unerschütterliches Vertrauensverhältnis zwischen Partei und Volk«.

Als Gast unterbreitet der sowjetische Parteichef Gorbatschow einen Vorschlag zur konventionellen Abrüstung. Sein Hinweis auf Selbstkritik wird ignoriert.

8. Juni   **Wahlen** zur 9. Volkskammer, zu den 14 Bezirkstagen und zur Ost-Berliner Stadtverordnetenversammlung: Nach amtlichen Angaben stimmen 99,94 Prozent aller Wähler bei einer Wahlbeteiligung von 99,74 Prozent für die Einheitsliste der Nationalen Front.

Am 16. 6. wird Honecker erneut zum Vorsitzenden des Staatsrats und des Nationalen Verteidigungsrats gewählt. Stellvertreter im Staatsrat sind: Willi Stoph (SED), Horst Sindermann (SED), Egon Krenz (SED), Günter Mittag (SED), Gerald Götting (CDU), Ernst Mecklenburg (DBD), Heinrich Homann (NDPD) und Manfred Gerlach (LDPD).

Der neue Ministerrat vom 17. 6. 1986 besteht aus dem Vorsitzenden Willi Stoph (SED), den ersten Stellvertretern Werner Krolikowski (SED) und Alfred Neumann (SED), den Stellvertretern Manfred Flegel (NDPD), Hans-Joachim Heusinger (LDPD), Günther Kleiber (SED), Wolfgang Rauchfuß (SED), Hans Reichelt (DBD), Gerhard Schürer (SED), Rudolph Schulze (CDU), Horst Sölle (SED), Herbert Weiz (SED) und den Fachministern.

1987

6. – 9. Juni   Die Volkspolizei schreitet gegen Jugendliche ein, die vom Brandenburger Tor aus Rockkonzerte vor dem Reichstag in West-Berlin mithören wollen. Trotz staatlicher Repressalien kommt es daraufhin zu **Demonstrationen** gegen die SED und die Mauer. Westliche Journalisten werden tätlich angegriffen und bewerten dies am 7. 7. 1987 als »bislang einmaligen Verstoß gegen die Schlussakte von Helsinki«. (23.2. → 1. 8. 1975)

Am 19. 6. 1988 führt ein Rockkonzert vor dem Reichstagsgebäude erneut zu Konflikten zwischen Jugendlichen und Polizei in Ost-Berlin.

1988

17. Januar   Demonstranten aus unabhängigen **Umwelt-, Friedens- und Menschenrechtsgruppen** wollen sich in Ost-Berlin der offiziellen SED-Kampfkundgebung zum Gedenken an die Ermordung Rosa Luxemburgs und Karl Liebknechts (15. 1. 1919) anschließen; sie wer-

Gottesdienst für die am → 17. Januar 1988 verhafteten DDR-Bürger in der Ost-Berliner Gethsemane-Kirche.

den deshalb festgenommen und später z.T. in die BRD abgeschoben. Dazu gehören u. a. der Liedermacher Stephan Krawczyk und seine Frau Freya Klier am 2. 2., Vera Wollenberger als Begründerin einer Kirchengruppe am 9. 2. 1988.
Bereits am 25. 11. 1987 waren in der Umweltbibliothek der evangelischen Zionskirche in Ost-Berlin mehrere Gemeindemitglieder verhaftet, jedoch in den nächsten Tagen wieder freigelassen worden.
Die evangelische Kirche befürwortet am 14. 3. 1988 gesellschaftliche Verhältnisse, »unter denen Menschen gerne leben können und Anträge auf Entlassung aus der Staatsbürgerschaft nicht mehr stellen wollen«.
Da die Kirchengemeinden den heterogenen Umwelt-, Friedens- und Menschenrechtsgruppen staatsfreie »Nischen« gewähren und sich so zu Kristallisationszentren der **Opposition** entwickeln, spielen sie während der friedlichen Revolution 1989/90 eine herausragende Rolle. Dies erklärt auch den hohen Anteil von Pfarrern in der Bürgerrechtsbewegung.

19. November   Mit der Monatszeitschrift »**Sputnik**«, die Stalin als Gehilfen Hitlers bezeichnet hatte, wird in der DDR erstmals ein sowjetisches Druckerzeugnis verboten. Begründung: Die Zeitschrift festige nicht die deutsch-sowjetische Freundschaft und bringe »verzerrende Bei-

träge zur Geschichte«. Die SED signalisiert damit, dass sie Gorbatschows Reformideen »Glasnost« und »Perestroika« ablehnt.
Wegen ihres Protestes gegen die wiederholte Zensur evangelischer Kirchenzeitungen waren am 10. 10. 1988 Demonstranten in Ost-Berlin vorläufig festgenommen und westliche Journalisten behelligt worden.
Das erstarrte SED-Regime reagiert auf die innere Opposition (vor allem in den evangelischen Gemeinden) verstärkt mit Repressalien, z. B. Zensur, Verboten, Festnahmen, Ermittlungsverfahren, Haftstrafen und rücksichtslosem Einsatz des Ministeriums für Staatssicherheit (Stasi).

1989

1. Januar

Eine Verordnung regelt ab sofort Dienst-, Privat- und »ständige Ausreisen« in das »**Ausland**«. Antragsberechtigte, deren Kreis beschränkt ist, haben ein Beschwerderecht gegen die Ablehnung von Reiseanträgen.
Ergänzende Reisebestimmungen für Verwandtenbesuche im Westen treten am 1. 4. 1989 in Kraft.

15. Januar

In **Leipzig** finden anlässlich des 70. Jahrestags der Ermordung Rosa Luxemburgs und Karl Liebknechts »Gegendemonstrationen« für Meinungs-, Versammlungs- und Pressefreiheit sowie für das Recht auf Ausreise statt.
Unter der Losung »Schwerter zu Pflugscharen« hatten in Leipzig bereits in den frühen Achtzigerjahren »Montagsgebete für Frieden und Menschenrechte« stattgefunden. 1988 kam es zu ersten offenen Protesten gegen die Umweltverschmutzung (Pleiße-Gedenk-Umzug) und das Verbot der Zeitschrift »Sputnik«. (→ 19. 11. 1988)
Die **Bürgerrechtsbewegung**, aus der Sicht der DDR-Staatssicherheit »innere, feindliche, oppositionelle und andere negative Kräfte in personellen Zusammenschlüssen«, hatte ihren »territorialen Schwerpunkt« zunächst in Ost-Berlin. Sie breitet sich in den Achtzigerjahren auf »weitere Schwerpunkte« aus, vor allem auf Leipzig, Karl-Marx-Stadt (Chemnitz), Dresden, Halle, Gera und Erfurt. Vordenker sind u. a. Robert Havemann und Rudolf Bahro. Einflüsse gehen auch von Gorbatschows Reformpolitik in der Sowjetunion seit 1985, von der »Solidarność-Bewegung« in Polen und oppositionellen Gruppen in der Tschechoslowakei (Charta 77) und Ungarn aus. Hauptziel der Bürgerrechtler ist die Reform des »real existierenden Sozialismus«, vor allem die Kritik seiner Missstände, oder der »Dritte Weg« als Alternative zwischen Ost und West im Sinne eines »demokratischen Sozialismus«.

30. Außen- und Sicherheitspolitik

30.1. BRD: Europa und Verbündete 1982–1989

1982

18. Mai   Die EG fasst erstmals einen weitreichenden **Mehrheitsbeschluss**: Sie setzt gegen die Stimmen Großbritanniens, Dänemarks und Griechenlands die neuen Agrarpreise für das kommende Jahr fest. Damit ist der Luxemburger Kompromiss (17.2. → 29. 1. 1966) überholt.

Am 25. 1. 1983 einigt sich die EG auf eine gemeinsame Fischereipolitik. Sie tritt als drittes gemeinsames Politikfeld neben die Agrar- und Handelspolitik.

1983

17. – 19. Juni   Die »Feierliche Deklaration zur **Europäischen Union**« wird als Absichtserklärung vom Europäischen Rat in Stuttgart unter dem Vorsitz der BRD verabschiedet. – Doch endet schon die nächste Ratstagung vom 4.–6. 12. 1983 in Athen ergebnislos, erstmals sogar ohne Kommuniqué oder Schlusserklärung. Hauptstreitpunkte sind Agrar-, Finanzierungs- und Strukturfondsfragen.

Landwirte protestieren auf dem Bonner Münsterplatz (1. April 1987) gegen die Agrarpreisvorschläge der EG-Kommission. → 18. Mai 1982

Am 21. 3. 1983 war durch Wechselkursänderungen das Europäische Währungssystem neu geordnet und damit die Währungskrise in der EG gebannt worden.

1984

14. Februar Das Europäische Parlament billigt mit großer Mehrheit den »Entwurf eines Vertrags zur Gründung der **Europäischen Union**«. Diese Reformvorschläge, von einem Ausschuss unter Altiero Spinelli ausgearbeitet, sollen die Grundlage für eine europäische Verfassung bilden.

14. – 17. Juni **Zweite Direktwahl** zum Europäischen Parlament in zehn Ländern. Gegenüber der ersten Direktwahl (23.2. → 7.–10. 6. 1979) ergeben sich für die BRD am 17. 6. folgende Änderungen: Der Stimmenanteil der SPD sinkt von 40,8 Prozent auf 37,4 Prozent, der CDU von 39,1 Prozent auf 37,5 Prozent, der CSU von 10,1 Prozent auf 8,5 Prozent und der FDP von 6 Prozent auf 4,8 Prozent, die somit an der Fünfprozentklausel scheitert. Die Grünen dagegen sind erstmals im Parlament vertreten, da ihr Stimmenanteil von 3,2 Prozent auf 8,2 Prozent steigt. – Die Wahlbeteiligung geht von 65,7 Prozent auf 56,8 Prozent zurück.

Tab. 22: Zweite Europawahl, 17. Juni 1984 in der BRD
Hauptergebnisse

	Anzahl	%	Sitze
Wahlberechtigte	44 465 989		
Wähler	25 238 754	56,8	
Ungültige Stimmen	387 383	1,5	
Gültige Stimmen	24 851 371		78
CDU	9 308 411	37,5	32
SPD	9 296 417	37,4	32
CSU	2 109 130	8,5	7
GRÜNE	2 025 972	8,2	7
FDP	1 192 624	4,8	–
Frieden	313 108	1,3	–
NPD	198 633	0,8	–
Frauen	94 463	0,4	–
Zentrum	93 921	0,4	–
ÖDP	77 026	0,3	–
Mündige Bürger	52 753	0,2	–
EFP	34 500	0,1	–
EAP	30 874	0,1	–
BP	23 539	0,1	–
Abkürzungsverzeichnis s. S. 585			

Quelle: Statistisches Bundesamt.

25./26. Juni   Der Europäische Rat überwindet in **Fontainebleau** die Stagnation in der EG durch Kompromisse, indem er sich über den britischen Beitrag, die landwirtschaftliche Überproduktion und den Umweltschutz (Luftverschmutzung) einigt. Die Grenzkontrollen sollen eingeschränkt werden.

Aufgrund des Gipfels vereinbart die BRD mit ihren Nachbarstaaten Dänemark, Niederlande, Belgien, Luxemburg, Frankreich und Österreich den allmählichen Abbau der Grenzkontrollen. Kennzeichen ist die grüne Scheibe: Einfache Sichtkontrollen ohne Wartezeiten werden bei Fahrzeugen die Regel, Stichproben außerhalb der Fahrspur die Ausnahme.

1985

17. Juli   In Paris beschließen auf deutsch-französische Initiative 17 europäische Staaten das **EUREKA-Projekt.** Es verstärkt die Kooperation in der zivilen hochtechnologischen Forschung, vor allem in der Mikroelektronik und Materialforschung, in der Informations- und Produktionstechnik sowie beim Umweltschutz.

Auf einer zweiten Ministerkonferenz am 5./6. 11. 1985 in Hannover werden Ziele, Strukturen und Verfahren des Projekts festgelegt.

1986

1. Januar   **Zwölfergemeinschaft**: **Spanien** und **Portugal** treten der EG bei, die damit aus zwölf Mitgliedstaaten besteht. Binnen einer Übergangsphase von maximal zehn Jahren sollen die Volkswirtschaften beider Länder voll in die EG integriert sein.

Die Verträge zur Süderweiterung auf die Iberische Halbinsel waren am 12. 6. 1985 unterzeichnet worden.

1987

1. Juli   Die **Einheitliche Europäische Akte** (EEA), auf die sich der Europäische Rat am 2./3. 12. 1985 in Luxemburg geeinigt hatte, tritt in Kraft.

Der EG-Binnenmarkt wird schrittweise bis 31. 12. 1992 als Zieldatum vollendet. Der Rat verzichtet bei Beschlüssen vor Vollendung des freien Personen-, Waren-, Dienstleistungs- und Kapitalverkehrs auf Einstimmigkeit; in den meisten Bereichen genügt eine qualifizierte Mehrheitsentscheidung. Als Endzweck wird die Europäische Union erstrebt. Das Parlament erhält zwei neue Befugnisse in verschiedenen Rechtsetzungsverfahren: 1. die Mitwirkung an Entscheidungen des Rats, dem allerdings das letzte Wort vorbehalten bleibt; 2. die Mitentscheidung, die sich auf den Beitritt neuer Mitglieder zur EG und auf den Abschluss künftiger Assoziierungsverträge beschränkt. Diese neuen Rechte sind ein Meilenstein auf dem Wege zu legislativen Befugnissen. Die seit 27. 10. 1970 praktizierte »Europäische Politische Zusammenarbeit« (EPZ) wird erstmals völkerrechtlich verankert und soll zur europäischen Außenpolitik erweitert werden. Forschung, Technologie und Umweltschutz werden erstmals in den EWG-Vertrag aufgenommen und damit Bestandteil des Gemeinschaftsrechts. Nach dem Ratifizierungsgesetz der BRD vom 19. 12. 1986 hat die Bundesregierung den Bundesrat über alle EG-Vorhaben, die für die Länder von Interesse sind, vorab zu unterrichten und ihm Gelegenheit zur Stellungnahme zu geben. Vertreter der Länder sind ggf. an den Verhandlungen zu beteiligen. Damit werden erstmals Informations- und Beteiligungsrechte der Bundesländer im Rahmen des EG-Rechtsetzungsverfahrens gesetzlich geregelt.

12./13. Nov. Auf dem **50. deutsch-französischen Jubiläumsgipfel** im Karlsruher Schloss vereinbaren beide Staaten, ihre Sicherheitsgemeinschaft zu intensivieren, in Rüstungs- und Rüstungskontrollfragen verstärkt zusammenzuarbeiten und eine gemeinsame Brigade als Heeresgroßverband zu planen.

Der beschlossene gemeinsame Sicherheits- und Verteidigungsrat sowie der Wirtschafts- und Finanzrat werden in Protokollen zum 25. Jahrestag des Élysée-Vertrages am 22. 1. 1988 vereinbart. (17.2. → 22. 1. 1963)

1988

11./12. Febr. **Eigenmittelbeschluss**: Der Europäische Rat einigt sich in Brüssel auf eine Reform der Finanzierungs-, Agrar- und Strukturpolitik im Sinne des Delors-Pakets. Damit wird die EG-Finanzierungskrise beigelegt.

Bis 1970 war die EG ausschließlich aus Beiträgen der Mitgliedstaaten finanziert worden. Seit 1. 1. 1971 führten sie die Agrarabschöpfungen und Zolleinnahmen (seit 1975 vollständig) an die EG-Kasse ab, seit 1979 prozentuale Anteile des Mehrwertsteueraufkommens. Als vierte Einnahmequelle treten nunmehr jährlich errechnete Anteile des Bruttosozialprodukts der EG-Länder hinzu.

1989

15.–18. Juni **Dritte Direktwahl** des Europäischen Parlaments der zwölf EG-Staaten.

30.2. BRD: Sicherheit, Abrüstung und Ostpolitik 1982–1989

1983

16. – 18. Jan. Der sowjetische Außenminister Andrej **Gromyko** besucht Bonn nach dem Regierungswechsel, um den Stand der bilateralen Beziehungen und Abrüstungsfragen zu erörtern.

Tab. 23: Dritte Europawahl, 18. Juni 1989 in der BRD
Hauptergebnisse

	Anzahl	%	Sitze
Wahlberechtigte	45 773 179		
Wähler	28 508 598	62,3	
Ungültige Stimmen	301 908	1,1	
Gültige Stimmen	28 206 690		78
SPD	10 525 728	37,3	30
CDU	8 332 846	29,5	24
GRÜNE	2 382 102	8,4	7
CSU	2 326 277	8,2	7
REP	2 008 629	7,1	6
FDP	1 576 715	5,6	4
DVU	444 921	1,6	–
ÖDP	184 309	0,7	–
BP	71 991	0,3	–
DKP	57 704	0,2	–
ÖKO-Union	55 463	0,2	–
CM	43 580	0,2	–
Zentrum	41 190	0,1	–
Mündige Bürger	32 246	0,1	–
Liga	30 879	0,1	–
Bewusstsein	20 868	0,1	–
FAP	19 151	0,1	–
Patrioten	12 907	0,0	–
HP	10 885	0,0	–
ARB	10 377	0,0	–
MLPD	10 134	0,0	–
BSA	7 788	0,0	–
Abkürzungsverzeichnis s. S. 585			

Quelle: Statistisches Bundesamt.

Am 10. 11. 1982 war der sowjetische Staats- und Parteichef Breschnew gestorben. Nachfolger seit 12. 11. 1982 ist als Parteichef Jurij Andropow.

21. Februar   **B-Waffen-Vertrag**: Die BRD ratifiziert das Übereinkommen über das Verbot der Entwicklung, Herstellung und Lagerung bakteriologischer (biologischer) Waffen und von Toxinwaffen sowie über die Vernichtung solcher Waffen vom 10. 4. 1972 (in Kraft seit 26. 3. 1975). Schutzmaßnahmen gegen B-Waffen sind zugelassen, z. B. Schutzmasken und Schutzkleidung.

22. November   Der Bundestag billigt die **Stationierung neuer US-Mittelstreckenraketen** und verwirklicht damit den NATO-Nachrüstungsbeschluss (286 gegen 225 namentliche Stimmen bei einer Enthaltung). (23. 2. → 12. 12. 1979)

Während der Bundestagsrede von Bundeskanzler Helmut Kohl zur NATO-Nachrüstung demonstrieren die Grünen mit Kriegsbildern. → 22. November 1983

An einer Demonstration gegen die Stationierung amerikanischer Mittelstreckenraketen nehmen auch Bundeswehrsoldaten trotz Verbots in Uniform teil. → 22. November 1983

Die Sowjetunion bricht darauf am 23. 11. die **INF**-Verhandlungen in Genf ab, am 8. 12. 1983 auch die **START**-Verhandlungen (23.2. → 30. 11. 1981 und 29. 6. 1982). Die MBFR-Verhandlungen in Wien werden am 15. 12. 1983 auf unbestimmte Zeit vertagt, jedoch am 16. 3. 1984 wiederaufgenommen.

Nachrüstungsgegner, vor allem Anhänger der »Friedensbewegung« und von Bürgerinitiativen, hatten in Großdemonstrationen und mit »Menschenketten« gegen die bevorstehende Nachrüstung protestiert, in Bonn auch noch während der Stationierungsdebatte am 21./ 22. 11. 1983.

1984

1. Februar   »**Generalsaffäre**«: Bundeskanzler Kohl lehnt ein Rücktrittsangebot des Verteidigungsministers Wörner ab und rehabilitiert General Kießling uneingeschränkt.

Wörner hatte General Günter Kießling, stellvertretender NATO-Oberbefehlshaber Europa, wegen angeblicher Homosexualität und des damit verbundenen »Sicherheitsrisikos« in den einstweiligen Ruhestand versetzt. Nachträglich stellte sich heraus, dass die »Affäre Kießling« auf Gerüchten und fehlerhaften Recherchen beruht hatte.

1986

22. Juli   Die BRD und die Sowjetunion unterzeichnen in Moskau ein **Wissenschaftsabkommen**. West-Berlin wird durch die Frank-Falin-Formel einbezogen.

11. Dezember   Die 16 NATO-Staaten befürworten in ihrer **Brüsseler Erklärung** die konventionelle Rüstungskontrolle vom Atlantik bis zum Ural. Ziel ist ein nachprüfbares stabiles Gleichgewicht konventioneller Waffen durch Abrüstung und Vertrauensbildung.

Die NATO hatte bereits am 30. 5. 1986 auf deutsch-französische Initiativen in Halifax (Kanada) »konventionelle Stabilität« gefordert. Die Warschauer-Pakt-Staaten erklärten sich am 11. 6. 1986 in Budapest auf Vorschlag Gorbatschows bereit, die Land- und Luftstreitkräfte um ca. eine Million Soldaten zu verringern.

1987

1. Januar   Das **Stockholmer Dokument** der Konferenz über Vertrauens- und Sicherheitsbildende Maßnahmen und Abrüstung in Europa (**KVAE**) tritt in Kraft.

Diese erste multilaterale Rüstungskontrollvereinbarung in Europa seit der KSZE vom 1. 8. 1975 soll vom Atlantik bis zum Ural bewaffnete Konflikte verhindern, soweit sie durch Missverständnisse und Fehleinschätzungen entstehen könnten. Daher müssen Manöver ab bestimmten Truppenstärken rechtzeitig angekündigt (notifiziert) und Manöverbeobachter eingeladen werden. Erstmals sind

Inspektionen vereinbart, die ermöglichen, an Ort und Stelle zu überprüfen, ob die Verpflichtungen tatsächlich eingehalten werden.
Die **KVAE** war am 17. 1. 1984 in Stockholm aufgrund des »Abschließenden Dokuments« des 2. KSZE-Folgetreffens in Madrid
(11. 11. 1980–9. 9. 1983) eröffnet worden; an ihr hatten 33 Staaten
Europas sowie die USA und Kanada teilgenommen. (23.2. →
1. 8. 1975)

26. August   Die BRD verzichtet auf eine Modernisierung ihrer **Pershing-Ia-
Raketen**, deren Atomsprengköpfe sich in US-Gewahrsam befinden. Bundeskanzler Kohl trägt damit zu einem erfolgreichen Abschluss der INF-Verhandlungen bei, denn die Sowjetunion hatte
gefordert, dass diese 72 deutschen Raketen in die Abrüstungsge-
spräche einbezogen werden müssten. (→ 8. 12. 1987)

2. Oktober   Aufnahme diplomatischer Beziehungen zwischen **Albanien** und
der BRD. Durch albanische Wiedergutmachungsforderungen für
Kriegsfolgeschäden war der Austausch von Botschaftern verzögert
worden.
Als erster westlicher Außenminister besucht Hans-Dietrich Genscher Albanien am 23. 10. 1987.

8. Dezember   **Doppel-Null-Lösung:** Auf ihrem 3. Gipfeltreffen in Washington
vereinbaren US-Präsident Reagan und der sowjetische Generalsekretär Gorbatschow den **INF-Vertrag:** Alle in Europa statio-
nierten landgestützten amerikanischen und sowjetischen nuklearen Mittelstreckenraketen bzw. Flugkörper kürzerer und längerer
Reichweite (zwischen 500 und 5500 km) sind zu registrieren und
innerhalb von drei Jahren abzubauen und zu vernichten. Der gegenseitigen Überwachung (Verifikation) dienen Inspektionen von
Raketenbasen, -lagern und -fabriken vor Ort. Der Vertrag tritt am
1. 6. 1988 in Kraft.
Erstmals kommt es zu einer echten Abrüstung, da eine ganze Gat-
tung von Atomwaffen verschrottet wird – statt sie zu begrenzen.
Dies ist eine Zäsur im Ost-West-Verhältnis.
Mit dem Stationierungsländer-Übereinkommen vom 11. 12. 1987
(Gesetz vom 29. 4. 1988) schafft die BRD die vertragliche Voraussetzung für sowjetische Inspektionen von amerikanischen INF-Ba-
sen im Bundesgebiet.
Hintergrund: Die USA und die Sowjetunion hatten am 12. 3. 1985
in Genf die am 23. 11. 1983 abgebrochenen INF-Verhandlungen
fortgesetzt. Das 1. Treffen Reagans mit Gorbatschow am 19./21.
11. 1985 in Genf brachte keine nennenswerten Ergebnisse. Beim
2. Gipfeltreffen am 11./12. 10. 1986 in Reykjavík (Island) bestand
Gorbatschow trotz Annäherung der Standpunkte auf einem Junktim zwischen einem Abrüstungsvertrag und einem Verzicht von
Tests im Rahmen des SDI-Projekts (Paketlösung). Reagan und
Gorbatschow waren sich jedoch darin einig, dass am ABM-Ver-

trag vom 26. 5. 1972 festgehalten werden solle; er verbietet zwar, weltraum-, luft-, see- oder mobile landgestützte Raketenabwehrsysteme zu entwickeln, zu erproben und aufzustellen, doch sind Forschungsarbeiten erlaubt.

Präsident Reagan hatte das SDI (Strategic Defense Initiative)-Forschungsprogramm für das weltraumgestützte nicht nukleare Raketenabwehrsystem am 23. 3. 1983 verkündet.

1988

1. Juli   Als erster Deutscher wird Manfred **Wörner** (CDU) NATO-Generalsekretär. – Nachfolger als Verteidigungsminister war am 18. 5. 1988 Rupert Scholz (CDU) geworden.

Der Übergang des Bündnisses von der Konfrontation des Kalten Krieges zur neuen Zusammenarbeit zwischen Ost und West vollzieht sich unter maßgeblicher Mitwirkung Wörners. Er stirbt am 13. 8. 1994.

24.–27. Okt.   Bundeskanzler Kohl und der sowjetische Staats- und Parteichef Gorbatschow erklären in **Moskau** ihre Bereitschaft, die »Zeit des Eises« durch ein freundlicheres Klima in den zwischenstaatlichen Beziehungen abzulösen. Hauptziele sind ein verbesserter Dialog und eine gute Nachbarschaft. Unterzeichnet werden Abkommen zum Umwelt- und Strahlenschutz, über die Raumfahrt, die Kernenergie und die Landwirtschaft unter Einbeziehung von Berlin. Die deutsche Teilung spricht Kohl »mit großem Ernst« an.

30.3. DDR: Außenpolitik und Verbündete 1982–1989

1982

9./10. März   Jassir **Arafat**, Vorsitzender des Exekutivkomitees der PLO (Palestine Liberation Organization), wird protokollarisch wie ein Staatsoberhaupt in Ost-Berlin empfangen, die Vertretung der PLO in eine Botschaft umgewandelt.

1983

4./5. Januar   Der Politische Beratende Ausschuss des Warschauer Pakts schlägt in Prag ein Abkommen über militärischen Gewaltverzicht mit der NATO und den Verzicht auf die Stationierung neuer **Mittelstreckenraketen** vor.

Am 4. 2. 1983 unterstützt Honecker die schwedische Initiative zur Schaffung einer »von nuklearen Gefechtsfeldwaffen freien Zone« in Mitteleuropa.

Da der Bundestag am 22. 11. 1983 der Stationierung amerikanischer Mittelstreckenflugkörper in der BRD zustimmt, kündigt der sow-

jetische Generalsekretär Andropow die Stationierung »operativ-taktischer« Raketen in der DDR und ČSSR an, die Seestationierung strategischer Raketen vor der US-Küste und die Aufhebung des von Breschnew am 16. 3. 1982 verfügten Stationierungsmoratoriums für Mittelstreckenraketen im europäischen Teil der Sowjetunion.
Zu den INF- und START-Verhandlungen: 30.2. → 22. 11. 1983.

29. Juni – 2. Juli	Der UN-Generalsekretär Javier **Peréz de Cuéllar** besucht die DDR.

Nach ihrer internationalen Anerkennung ist die DDR bestrebt, die Beziehungen zu neutralen Staaten auszubauen, vor allem mit Österreich, Schweden und Finnland durch Staatsbesuche.

1984

22. Januar	Sechs DDR-Bürger, die in der **US-Botschaft** um Asyl gebeten hatten, dürfen ausreisen, am 24. 1. auch jene Bürger, die sich in der Ständigen Vertretung der BRD aufhalten.
10. Mai	Die DDR sagt – wie zuvor die Sowjetunion am 8. 5. – die Teilnahme an den XXIII. **Olympischen Sommerspielen** in Los Angeles ab. Begründung: Die »Sicherheit« für Teilnehmer aus den sozialistischen Staaten sei nicht gewährleistet. – Zum Boykott der Sommerspiele in Moskau: 23.3. → 21. 7. 1980.
12. Juni	Nach einem Staatsbesuch Kim Il Sungs in der DDR wird ein bilateraler Freundschafts- und Kooperationsvertrag mit **Nordkorea** abgeschlossen. Die Volkskammer bestätigt den Vertrag am 15. 6. 1984.
6. Oktober	Das »Neue Deutschland« druckt einen Beitrag Honeckers aus der »Prawda« zum **35. Jahrestag** der DDR-Gründung nach, worin es heißt: »Die Vereinigung von Sozialismus und Kapitalismus ist ebenso unmöglich wie die von Feuer und Wasser.« Die Beziehungen zur BRD könnten nur auf der »Basis der Koexistenz« beruhen. Außenminister Fischer erklärt am gleichen Tage vor der UNO, eine Wiedervereinigung zwischen beiden deutschen Staaten sei ausgeschlossen, da sich das »Volk der DDR« unwiderruflich für den Sozialismus entschieden habe.

1985

26. April	Der **Warschauer Vertrag** wird in der polnischen Hauptstadt um 20 Jahre verlängert. Er gilt danach automatisch für weitere zehn Jahre, sofern nicht gekündigt wird. (7.3. → 14. 5. 1955)

1987

28. Januar	Das SED-Zentralorgan »Neues Deutschland« veröffentlicht **Gorbatschows Rede** über »Die Umgestaltung und die Kaderpolitik« in der Zusammenfassung der sowjetischen Nachrichtenagentur TASS – doch ohne die Kritik an seinen Vorgängern.

Michail S. Gorbatschow, seit 11. 3. 1985 Generalsekretär der KPdSU, seit 1. 10. 1988 auch Staatsoberhaupt, hatte mit seiner Forderung nach **Glasnost** (Transparenz) und **Perestroika** (Umgestaltung) eine neue Ära in der Sowjetunion eingeleitet. Die alten stalinistischen Führungskader (Nomenklatura) in Partei, Staat und Wirtschaft werden großenteils abgelöst, tradierte bürokratische Zwangsstrukturen beseitigt und politische Reformen eingeleitet. Mit den USA setzt Gorbatschow die Entspannungspolitik in der Absicht fort, die Rüstungsausgaben zu drosseln und das Wirtschaftswachstum zu fördern.

Kurt Hager, Chefideologe der SED und Mitglied des Politbüros, distanziert sich am 8. 4. 1987 öffentlich von Gorbatschows Reformen: »Würden Sie, nebenbei gesagt, wenn Ihr Nachbar seine Wohnung neu tapeziert, sich verpflichtet fühlen, Ihre Wohnung ebenfalls neu zu tapezieren?« Das SED-Motto »Von der Sowjetunion lernen, heißt siegen lernen« gilt offensichtlich nicht mehr.

10. Dezember Die diplomatischen Beziehungen der DDR mit **Albanien** werden wieder auf Botschafterebene gehoben. Zur bisherigen Vertretung durch einen Geschäftsträger: 17.3. → 18. 12. 1961.

1988

15. August Die **Europäische Gemeinschaft** (EG) und die DDR nehmen diplomatische Beziehungen auf.
Am 25. 6. 1988 hatte der Rat für gegenseitige Wirtschaftshilfe (RGW) offizielle Beziehungen mit der EG vereinbart. Sie beschränken sich auf den Austausch von Informationen im Rahmen des Gemeinsamen Ausschusses.

1989

22. Mai Die DDR und die Volksrepublik Polen klären den Verlauf der **Oder-Neiße-Grenze** in der Oderbucht durch Abgrenzung der Seegebiete.

8. Juni Die Volkskammer erklärt die »**Vorgänge in Peking**« einstimmig zur inneren Angelegenheit der Volksrepublik China, die »Ordnung und Sicherheit« wieder hergestellt habe. – Sympathie für das Massaker auf dem »Platz des Himmlischen Friedens« hatten bereits am 5. 6. 1989 die staatliche Nachrichtenagentur ADN (»konterrevolutionärer Aufruhr«) und das »Neue Deutschland« signalisiert, danach »Kronprinz« Egon Krenz. Der chinesische Außenminister bedankt sich am 12. 6. 1989 für den »Internationalismus« der DDR. Hintergrund: Nach dem Tode Mao Zedongs am 9. 9. 1976 war es zu Macht- und Richtungskämpfen in der Kommunistischen Partei Chinas (KPCh) gekommen, die am 6. 10. 1976 zum Sturz der radikalen Maoisten (»Viererbande«) und langfristig auch zur Ausschaltung der gemäßigten Maoisten unter dem Parteivorsitzenden

Hua Guofeng führten. Im Dezember 1978 vollzog der rehabilitierte und wieder zur Macht aufgestiegene **Deng Xiaoping** die Wende: Er förderte das Wirtschaftswachstum durch ökonomische Liberalisierung und außenwirtschaftliche Öffnung, doch blieben die »Mao-Zedong-Ideen« und die Diktatur der KPCh unangetastet. Die Diskriminierung und Unzufriedenheit der Intellektuellen trotz des ökonomischen Aufschwungs führte nach dem Tode des ehemaligen Parteigeneralsekretärs Hu Yaobang am 15. 4. 1989 zu studentischen Protesten, die unter Beteiligung der Stadtbevölkerung vor allem in Peking in eine Demokratiebewegung einmündeten. Die KPCh ließ zunächst den Ausnahmezustand verhängen und schlug schließlich vom 2.–4. 6. 1989 die Studenten- und Demokratiebewegung blutig durch Armeeeinheiten nieder (»**Chinesische Lösung**«).

31. Deutsch-deutsche Sonderbeziehungen und Berlin 1982–1989

1983

28. April   **Honecker** sagt seinen geplanten Besuch in der BRD ab. Er begründet dies auch mit Streitigkeiten wegen zweier Todesfälle im Transitverkehr und westdeutschen Kommentaren dazu.
Bei Verhören durch DDR-Grenzbeamte waren zwei Bundesbürger gestorben: am 10. 4. 1983 Rudolf Burkert offensichtlich an Herzversagen, am 26. 4. 1983 Heinz Moldenhauer an einem Herzinfarkt.

29. Juni   Die BRD bürgt für einen **Milliardenkredit**, den die DDR bei westdeutschen Banken aufnimmt. »Eingefädelt« hat ihn der bayerische Ministerpräsident Strauß (CSU), der nach einer Privatreise durch die ČSSR und Polen von Honecker am 24. 7. 1983 am Werbellinsee empfangen wird. Diese von Strauß bisher heftig bekämpfte, nun aber von ihm selbst initiierte und unterstützte Deutschlandpolitik löst schwere Konflikte in der CDU/CSU aus. – Aus der CSU ausgetretene Politiker gründen später aus Protest die Partei »Die Republikaner«. (29.1. → 26./27. 11. 1983)
Zugeständnisse der DDR: Sie hebt am 27. 9. 1983 den Zwangsumtausch bei Reisen von Jugendlichen bis 14 Jahren auf und gibt eine Verordnung über Familienzusammenführung und Eheschließung zwischen DDR-Bürgern und »Ausländern« vom 15. 9. bekannt. Auch beginnt sie mit dem Abbau von Selbstschussanlagen an der innerdeutschen Grenze.

6. Oktober   Zum Abbau der »**Todesautomaten**« an der innerdeutschen Grenze: 29.2. → 6. 10. 1983.

15. November Im neuen **Postabkommen** verpflichtet sich die DDR, Postsendungen schneller zu befördern, ihre Verlustquote zu verringern, Geschenksendungen zu erleichtern und den Fernsprech- und Fernschreibverkehr auszubauen. Als Gegenleistung zahlt die BRD eine erhöhte Pauschale. (24. → 30. 3. 1976)

1984

9. Januar Die Deutsche Reichsbahn der DDR übergibt den Betrieb der **S-Bahn** in West-Berlin vereinbarungsgemäß unentgeltlich an den Senat. Betriebsführer wird die Berliner Verkehrs-Gesellschaft (BVG).
Die S-Bahn war unrentabel geworden, da die West-Berliner sie nach dem Mauerbau (13. 8. 1961) boykottiert hatten. Nach Streiks vom 17.–25. 9. 1980 legte die Deutsche Reichsbahn die Hälfte des West-Berliner S-Bahn-Netzes still; sie drohte damit, den Betrieb ganz einzustellen.

9. Februar Richard von **Weizsäcker** (CDU) tritt als Regierender Bürgermeister wegen seiner Kandidatur für das Amt des Bundespräsidenten (29.1. → 23. 5. 1984) zurück. Sein Nachfolger wird Eberhard **Diepgen** (CDU).
Nach den Wahlen zum Abgeordnetenhaus am 10. 3. 1985 bleibt Diepgen Regierungschef der CDU/FDP-Koalition. Der Senat wird nach Parteispenden- und Bestechungsaffären (»Antes-Skandal«) am 17. 4. 1986 umgebildet. Einen Misstrauensantrag der Opposition (SPD, Alternative Liste) gegen Diepgen lehnt das Abgeordnetenhaus am 24. 4. 1986 ab.

13. Februar Während der **Beisetzungsfeierlichkeiten** für den am 9. 2. verstorbenen Jurij Andropow treffen in Moskau Bundeskanzler Kohl und Außenminister Genscher mit Honecker zusammen. Sie sind sich darin einig, dass der Dialog zwischen Ost und West wichtig und fortzusetzen sei.
Zum Nachfolger Andropows als Generalsekretär des ZK der KPdSU (12. 11. 1982–9. 2. 1984) wird am 13. 2. 1984 Konstantin Tschernenko gewählt, am 11. 4. 1984 auch zum Staatsoberhaupt.

27. Juni Die **Ständige Vertretung** der BRD in Ost-Berlin wird bis 31. 7. für den Besucherverkehr gesperrt, da sich in ihr DDR-Bürger aufhalten, die ihre Ausreise erzwingen wollen.

1. August Neue **Reiseerleichterungen**: Der Mindestumtausch für Rentner, die in die DDR oder nach Ost-Berlin reisen, wird ermäßigt, die mögliche Aufenthaltsdauer für Westdeutsche und West-Berliner in der DDR verlängert. DDR-Rentner dürfen bis zu 60 Tagen nicht nur Verwandte, sondern künftig auch Bekannte in der BRD besuchen. Im grenznahen Verkehr sind Mehrfachberechtigungsscheine erlaubt.

2. August	**Presseschelte**: Die »Prawda«, das Zentralorgan der KPdSU, kritisiert die deutsch-deutschen Sonderbeziehungen. Die BRD tarne ihren »Revanchismus« mit gesamtdeutschen Parolen und mische sich »in die souveränen Angelegenheiten« der DDR ein, um die »Grundlagen der sozialistischen Ordnung« schrittweise zu unterhöhlen. Der Artikel beruft sich auf den neuen Kredit, den die Deutsche Bank der DDR am 25. 7. in Höhe von 950 Millionen DM gewährt und den die BRD mit der Zielsetzung »politischer Zinsen« garantiert habe. Die Ostblockpresse, ausgenommen die ungarische, hatte bereits vorher die Westpolitik der DDR versteckt angegriffen.
4. September	Ewald Moldt, Ständiger Vertreter der DDR, sagt in Bonn den vorgesehenen **Besuch Honeckers** ab; er wird auf unbestimmte Zeit vertagt. »Stil und öffentliche Auseinandersetzung« über den Besuch seien in der BRD »äußerst unwürdig und abträglich« gewesen, er denke vor allem an Dregger. Alfred Dregger, Fraktionsvorsitzender der CDU/CSU im Bundestag, hatte in einem Interview vom 23. 8. 1984 erklärt: »Unsere Zukunft hängt nicht davon ab, dass Herr Honecker uns die Ehre seines Besuches erweist.«

1985

15. Januar	Die letzten DDR-Bürger, die in die bundesdeutsche Botschaft in **Prag** geflüchtet waren, kehren freiwillig in die DDR zurück. Sie hatten die Zusage erhalten, dass sie straffrei bleiben und dass ihre Ausreiseanträge geprüft werden.
12. März	Während der Trauerfeierlichkeiten für den am 10. 3. 1985 verstorbenen sowjetischen Staats- und Parteichef Konstantin **Tschernenko** treffen sich in Moskau Honecker und Kohl. Nachfolger war als KPdSU-Generalsekretär am 11. 3. Michail Gorbatschow geworden.
5. Juli	Vereinbarungen über den **innerdeutschen Handel** 1986–1990 (vor allem mit Kohle- und Mineralölprodukten) und den nicht kommerziellen Zahlungsverkehr. Der zinslose Überziehungskredit (Swing) wird von bisher 600 auf 850 Millionen Verrechnungseinheiten erhöht.
19. August	Hans-Joachim **Tiedge**, im Kölner Verfassungsschutzamt Gruppenleiter in der Spionageabwehr, wechselt in die DDR über. Der neue Chef des Bundesnachrichtendienstes Heribert Hellenbroich wird am 29. 8. von seinem Posten abgelöst; denn als Präsident des Bundesamtes für Verfassungsschutz hatte er den verschuldeten, oft Alkohol trinkenden Tiedge im Amt belassen. Als Agenten flüchten rechtzeitig in die DDR: Sonja Lüneburg, Sekretärin des Wirtschaftsministers Bangemann, Ursula Richter, Angestellte beim Bund der Vertriebenen, Kanzleramtssekretärin

Herta-Astrid Willner und ihr Ehemann. Margarete Höke, Sekretärin im Bundespräsidialamt, wird am 24. 8. festgenommen.

1986

19. – 22. Febr.   Als bislang höchster DDR-Repräsentant besucht auf Einladung der SPD-Bundestagsfraktion Volkskammerpräsident Horst **Sindermann** die BRD. Er führt u. a. Gespräche mit Bundeskanzler Kohl, Bundestagspräsident Jenninger und SPD-Kanzlerkandidat Rau.

25. April   **Erste deutsch-deutsche Städtepartnerschaft** zwischen Eisenhüttenstadt und Saarlouis. Sie wird am 19. 9. 1986 vertraglich besiegelt.

6. Mai   Nach Verhandlungen von über zwölf Jahren schließen die beiden deutschen Staaten das **Kulturabkommen** ab. Sie vereinbaren darin, im Rahmen ihrer Möglichkeiten und auf der Grundlage des beiderseitigen Interesses, in den Bereichen Kultur, Kunst, Bildung und Wissenschaft zusammenzuarbeiten. Einbezogen sind Film, Literatur, Denkmalpflege, Museen, Verlage, Archive, Rundfunk und Fernsehen, Sport und Jugendaustausch. Das Abkommen gilt auch für West-Berlin.

1. Oktober   Der Zustrom von **Asylbewerbern**, die über den Flughafen Schönefeld nach West-Berlin weiterreisen, wird eingedämmt. Ausländer müssen daher im Transitverkehr mit der DDR über ein Anschlussvisum verfügen.

Staatssekretär Hans-Otto Bräutigam (links) und der stellvertretende DDR-Außenminister Kurt Nier nach der Unterzeichnung des deutsch-deutschen Kulturabkommens am → 6. Mai 1986.

1987

25. März   An Manövern des Warschauer Pakts in der DDR können erstmals **Bundeswehroffiziere** als Beobachter nach der KVAE-Akte (30.2. → 1. 1. 1987) teilnehmen.

26. August   Besucher aus der DDR erhalten in der BRD künftig pro Person und Jahr einmal DM 100 als **Begrüßungsgeld** (bisher zweimal DM 30).

27. August   Die Grundwertekommission der SPD und die Akademie für Gesellschaftswissenschaften beim ZK der SED veröffentlichen ihr **Grundsatzpapier** über den Streit der Ideologien und die gemeinsame Sicherheit. Aus dem friedlichen Wettbewerb der beiden Gesellschaftssysteme und der Friedenssicherung ergebe sich die Notwendigkeit einer Kultur des politischen Streits und des Dialogs. »Beide Seiten müssen sich auf einen langen Zeitraum einrichten, während dessen sie nebeneinander bestehen und miteinander auskommen müssen. Keine Seite darf der anderen die Existenzberechtigung absprechen. Unsere Hoffnung kann sich nicht darauf richten, dass ein System das andere abschafft. Sie richtet sich darauf, dass beide Systeme reformfähig sind und der Wettbewerb der Systeme den Willen zur Reform auf beiden Seiten stärkt. Koexistenz und gemeinsame Sicherheit gelten also ohne zeitliche Begrenzung.«

7. – 11. Sept.   Auf Einladung des Bundeskanzlers Kohl besucht der Staatsratsvorsitzende der DDR und Generalsekretär der SED Erich **Honecker** die BRD. Der höchste DDR-Repräsentant wird bei seiner er-

Bundeskanzler Kohl empfängt Erich Honecker mit allen militärischen und protokollarischen Ehren in Bonn. → 7.–11. September 1987

sten Staatsvisite mit allen protokollarischen Ehren, u. a. mit DDR-Hymne und DDR-Flagge, empfangen.

Zwar ändern die zahlreichen Gespräche mit Honecker nichts an den prinzipiellen Meinungsverschiedenheiten der beiden deutschen Staaten, vor allem zur nationalen Frage, doch wirken sich die unmittelbaren Kontakte positiv auf Reiseverkehr, Tourismus, Jugendaustausch, Einfuhrbestimmungen, Städtepartnerschaften, Sport u. a. aus.

Drei Abkommen zwischen den beiden deutschen Staaten werden am 8. 9. 1987 unterzeichnet: 1. über den Informationsaustausch in den Bereichen Gewässerschutz, Luftreinhaltung, Natur- und Waldschutz, Abfallwirtschaft sowie über grenzüberschreitende Umweltbelastungen, z. B. an Werra und Elbe; 2. über den Strahlenschutz zur gegenseitigen Information über kerntechnische Anlagen sowie über erhöhte Werte der Radioaktivität; 3. über die Zusammenarbeit auf den Gebieten der Wissenschaft und Technik. Als konkrete Kooperationsprojekte sind die AIDS-Forschung, die Rauchgasentschwefelung, die Biotechnologie und die Bausubstanzerhaltung vorgesehen.

21. Oktober Erstmals seit der Teilung der Stadt treffen der West-Berliner Regierende Bürgermeister und der Ost-Berliner Oberbürgermeister zusammen: Eberhard Diepgen und Erhard Krack begegnen sich in der Marienkirche anlässlich der Feierlichkeiten zum **750-jährigen Jubiläum** der Gründung Berlins.

Anlässlich des Stadtjubiläums hatte u. a. US-Präsident Reagan am 12. 6. 1987 Berlin besucht und Gorbatschow aufgefordert, die Mauer niederzureißen.

1988
1. Juli Der Senat von West-Berlin und der Ministerrat der DDR vollziehen einen Gebietsaustausch in **Berlin**; er war bereits am 31. 3. 1988 vereinbart worden. Damit sind alle Enklaven beseitigt. Der Gebietsaustausch wird durch Flächenausgleich kompensiert oder durch Zahlungen des Senats an die DDR finanziert.

Die beiden deutschen Staaten verabreden am 14. 9. 1988 Verbesserungen im **Transitverkehr** zwischen West-Berlin und dem Bundesgebiet sowie eine Erhöhung der Transitpauschale ab 1990.

1989
2. Februar Franz **Bertele** wird als neuer Leiter der Ständigen Vertretung der BRD in Ost-Berlin akkreditiert. Er ist damit Nachfolger von Hans-Otto Bräutigam, Leiter der Ständigen Vertretung vom 24. 5. 1982–9. 1. 1989.

Am 21. 6. 1988 hatte Horst Neubauer als Leiter der Ständigen Vertretung der DDR in Bonn Ewald Moldt abgelöst.

32. Wirtschaft und soziale Sicherung, Umwelt und Entwicklung

32.1. BRD: Finanzen, Arbeit und Versicherungen 1982–1989

1982

27. Oktober   Die neue christlichliberale Regierung Kohl/Genscher beschließt: 1. wegen sinkender Steuereinnahmen, wegfallender Ausgleichszahlungen beim Kindergeld (»Kindergeldmilliarde«), Mehrausgaben wegen steigender Arbeitslosigkeit und wegen der Kosten für die Kernreaktoren in Kalkar und Schmehausen den Entwurf eines zweiten **Nachtragshaushalts 1982**; 2. aus Zeitgründen eine Ergänzungsvorlage zum **Haushaltsentwurf 1983** der sozialliberalen Koalition; 3. den Entwurf eines **Haushaltsbegleitgesetzes 1983** zur »Wiederbelebung der Wirtschaft und Beschäftigung und zur Entlastung des Bundeshaushaltes«.
Neben Einsparungen bei den Haushaltsausgaben sind u. a. folgende finanzpolitische Maßnahmen vorgesehen: 1. Die Umsatzsteuer steigt ab 1. 7. 1983 von 13 bzw. 6,5 Prozent auf 14 bzw. 7 Prozent. 2. Eine befristete, unverzinsliche und rückzahlbare Investitionshilfeabgabe wird bei Besserverdienenden zur Förderung des Wohnungsbaus eingeführt; diese Zwangsanleihe erklärt das Bundesverfassungsgericht jedoch am 6. 11. 1984 für verfassungswidrig. 3. Die Mittel für die Gemeinschaftsaufgaben von Bund und Ländern werden aufgestockt. 4. Steuersenkungen bzw. steuerliche Anreize sollen die Wirtschaft entlasten und fördern. – Der neue Haushalt tritt fristgerecht am 1. 1. 1983 in Kraft.

4. November   Das **10. Buch des Sozialgesetzbuches** regelt die Zusammenarbeit der Leistungsträger und ihre Beziehungen zu Dritten. Korrigiert werden Härtefälle des 2. Haushaltsstrukturgesetzes (26.1. → 22. 12. 1981) bezüglich des Taschengeldes für Heimbewohner, der Sozialversicherungsfreiheit für Teilzeitbeschäftigte, der Kosten für heimuntergebrachte behinderte Kinder, des Blindengeldes u. a.

1983

1. Januar   In der **Renten- und Arbeitslosenversicherung** treten Änderungen in Kraft: 1. Die Rentenerhöhung bei den Sozialleistungen wird um ein halbes Jahr auf den 1. 7. 1983 verschoben (»Atempause«). 2. Die Rentenversicherungsbeiträge werden bruttolohnbezogen von 18 auf 18,5 Prozent bereits zum 1. 9. 1983 erhöht, die Arbeitslosenversicherungsbeiträge am 1. 1. 1983 von 4 auf 4,6 Prozent. 3. Die Beiträge der Bundesanstalt für Arbeit zur Rentenversicherung richten sich nach der Lohnersatzleistung. 4. Die Leistungen an Arbeitslose orientieren sich stärker an den Beitragsleistungen zur Arbeitslosenversicherung. 5. Einschränkungen gibt es auch bei der beruflichen Rehabilitation sowie bei der Aufstiegsfortbildung, die nur noch gefördert wird, soweit sie arbeitsmarktpolitisch gerechtfertigt erscheint.

1. Januar   Der **Grunderwerbsteuersatz** wird von 7 Prozent auf 2 Prozent gesenkt. Stark eingeschränkt sind die Möglichkeiten einer Steuerbefreiung. Daher bleiben die Steuereinnahmen konstant.

1. Januar   Das Gesetz zur Erhöhung des Angebots an **Mietwohnungen** bietet für Kapitalanleger finanzielle Anreize, den Mietwohnungsbau neu zu beleben und so die Lage auf dem Wohnungsmarkt zu verbessern.
Zulässig sind ab sofort Staffelmietvereinbarungen, die den stufenweisen Anstieg der Miete bis zu zehn Jahren im Voraus regeln, ferner Zeitmietverträge bis zu fünf Jahren ohne Fortsetzungsanspruch, wenn erhebliche Baumaßnahmen oder künftiger Eigenbedarf des Wohnungseigentümers zu erwarten sind. Weist der Vermieter drei höhere Mietabschlüsse für vergleichbare Wohnungen nach, so kann er die Miete an die Vergleichsmiete anpassen, sie in drei Jahren jedoch höchstens um 30 Prozent erhöhen. Möglichst viele Gemeinden sollen Mietspiegel aufstellen, d. h. aktualisierte, öffentlich bekannt gegebene Übersichten über die erzielten Mieten für freifinanzierten Wohnraum. Der Mieter muss Modernisierungsmaßnahmen dulden, der Vermieter Mietkautionen verzinsen. Der gesetzliche Kündigungsschutz für Mieter bleibt erhalten; ausgenommen sind Wohnungen in Studenten- oder Jugendwohnheimen.
Bereits die sozialliberale Regierung hatte geplant, das Mietrecht unter dem Einfluss der FDP zu liberalisieren. Vorgesehen waren Zeitmietverträge, Staffelmieten und Mieterhöhungsverfahren nach der Vergleichsmiete unter erschwerten Auflagen. Der Bundesrat hatte jedoch am 8. 10. 1982 Einspruch gegen dieses Mietrechtsänderungsgesetz 1982 eingelegt, da es seines Erachtens nicht weit genug ging, um den freifinanzierten Wohnungsbau im erforderlichen Umfang zu fördern.

1. Januar   In der gesetzlichen **Krankenversicherung** müssen sich Versicherte ab sofort an Krankenhaus- und Kurkosten geringfügig beteiligen und Bagatellarzneimittel (ab 1. 4. 1983) voll bezahlen. Die Rezeptgebühr steigt. Es gibt jedoch viele Ausnahmen und Befreiungsmöglichkeiten. Die »Luxusmedizin« ist einzudämmen. Gefälligkeitsatteste u. ä. können mit Geldbußen geahndet werden. Bei begründeten Zweifeln darf der Arbeitgeber fordern, daß der Vertrauensärztliche Dienst Krankschreibungen überprüft. Der neue Krankenversicherungsbeitrag der Rentner wird festgelegt und zeitlich prozentual gestaffelt.

Die meisten Änderungen hatte bereits die sozialliberale Regierung beschlossen. Sie waren nach dem christlichliberalen Regierungswechsel modifiziert und zum Teil erweitert worden.

28. November Das **Rückkehrhilfegesetz** bietet ausländischen Arbeitnehmern unter bestimmten Voraussetzungen (z. B. bei Arbeitslosigkeit infolge Betriebsstillegung oder Konkurs, ferner bei Kurzarbeit) befristete finanzielle Anreize, die BRD dauerhaft zu verlassen. Damit soll der Arbeitsmarkt entlastet werden.

22. Dezember Das **Steuerentlastungsgesetz** stärkt die Wettbewerbsfähigkeit mittelständischer Unternehmen, z. B. bei Abschreibungen und Vermögensteuern. Steuerliche Vergünstigungen werden eingeschränkt, z. B. bei Verlustzuweisungen und Bauherrenmodellen.

1984

1. Januar **Altersrente** wird ab sofort schon nach fünf statt bisher 15 Versicherungsjahren gewährt. Rente wegen verminderter Erwerbsfähigkeit kann beanspruchen, wer in den letzten fünf Versicherungsjahren mindestens drei Jahre versicherungspflichtig war.

1. Januar Die **Vermögensbildung** für Arbeitnehmer wird ergänzt: Unter bestimmten Voraussetzungen sind jährlich DM 936 statt bisher DM 624 steuerbegünstigt. (14.1. → 12. 7. 1961)

1. Mai Nach dem **Vorruhestandsgesetz** können Arbeitnehmer vom vollendeten 58. Lebensjahr an (Jahrgänge 1926–1930) mit dem Arbeitgeber durch Einzelvertrag vereinbaren, dass sie aus dem Betrieb ausscheiden und dann bis zum Beginn des Altersruhegeldes ein Vorruhestandsgeld beanspruchen. Es beträgt mindestens 65 Prozent des Bruttolohns. Für ihre Aufwendungen erhalten Arbeitgeber Zuschüsse der Bundesanstalt für Arbeit, wenn sie für den ausscheidenden Arbeitnehmer einen Arbeitslosen oder über den betrieblichen Bedarf hinaus einen Auszubildenden neu einstellen.

1985

26. April Nach dem **Beschäftigungsförderungsgesetz** können vorübergehend befristete Arbeitsverträge abgeschlossen und so zusätzliche Beschäftigungsmöglichkeiten zur Bekämpfung der Arbeitslosigkeit geschaffen werden. Die Regelung gilt nicht für Kettenarbeitsverträge mit Unterbrechungen.

1986

1. Januar **1. Stufe der Steuerreform**: Sie entlastet vor allem Steuerpflichtige in den unteren Einkommensbereichen.

1. Januar In der **Hinterbliebenenversorgung** werden Witwen und Witwer unter gleichen Voraussetzungen gleich behandelt. Die gesetzliche Rentenversicherung beträgt 60 Prozent der Versichertenrente des verstorbenen Ehegatten, jedoch in der Regel bis zur Höhe dyna-

misierter Freibeträge je nach Einzelfall. – Der Grund für die Neuregelung: Das Bundesverfassungsgericht hatte am 12. 3. 1975 entschieden, daß Mann und Frau in der Hinterbliebenenversorgung
gleichgestellt werden müßten.

Eingeführt wird auch die **Erziehungsjahrrente**: Der erziehende Elternteil erhält ein Pflichtversicherungsjahr rentenbegründend und
rentensteigernd angerechnet, und zwar rückwirkend bis zum Jahrgang 1921. Bei älteren Müttern (»Trümmerfrauen-Babyjahr-Rente«)
ist der Beginn der Leistungen zeitlich gestaffelt. Der Mehrbetrag
wird nicht von anderen Sozialleistungen abgezogen.

1. Januar   **Erziehungsgeld** und **Erziehungsurlaub** werden eingeführt. (33. →
1. 1. 1986)

1. Mai   **Widerruf von Haustürgeschäften**: Kunden, die außerhalb von Ge-
schäftsräumen (z. B. auf einer Kaffeefahrt, in ihrer eigenen Wohnung, am Arbeitsplatz, in Verkehrsmitteln) Verträge abschließen,
können sich ab sofort binnen einer Woche von dieser Willenser-
klärung lösen. Ausgenommen sind Bagatellgeschäfte bis zu einem
Entgelt von DM 80, Versicherungsverträge und telefonische Ver-
tragsabschlüsse. Im Katalogversandhandel wird den Kunden anstelle des Widerrufsrechts ein gleichwertiges Rückgaberecht eingeräumt.

Mehr als 100 000 Metallarbeiter demonstrieren am 28. Mai 1984 auf der Bonner Hofgarten-
wiese für die 35-Stunden-Woche. → 15. Mai 1986

15. Mai	Der **Streikparagraph 116** im Arbeitsförderungsgesetz wird geändert: Danach erhalten vom Arbeitskampf mittelbar betroffene Arbeitnehmer außerhalb des fachlichen Tarifgebiets Arbeitslosen- und Kurzarbeitergeld bei Arbeitsausfall, nicht dagegen im umkämpften Tarifgebiet bei Stellvertreterarbeitskämpfen, z. B. für die 35-Stunden-Woche. Über die Anwendung des § 116 entscheidet ein Neutralitätsaussschuss aus Vertretern der Tarifparteien unter dem Vorsitz des Präsidenten der Bundesanstalt für Arbeit.
	Gegen diese Änderung des § 116 (Gesetz zur Sicherung der Neutralität der Bundesanstalt für Arbeit bei Arbeitskämpfen) hatten die Gewerkschaften und die SPD heftig protestiert.
1. August	Das 2. Gesetz zur Bekämpfung der **Wirtschaftskriminalität** tritt in Kraft. Es schafft neue Straftatbestände gegen den Computerbetrug (z. B. Datenfälschung, Datenausspähen, Datenveränderung und Computersabotage), gegen Kapitalanlagebetrügereien, »Schneeballsysteme«, gegen Wirtschaftsspionage sowie gegen Fälschung und Missbrauch von Scheckvordrucken und Kreditkarten.

1987

1. Januar	Die **Nutzungswertbesteuerung** selbstgenutzten Wohnungseigentums entfällt. Nach dem neuen § 10 e Einkommensteuergesetz (EStG) werden selbstgenutzte Wohnungen steuerlich gefördert.
6. Januar	Das novellierte **Asylverfahrensgesetz** (26.2. → 1. 8. 1982) soll den Missbrauch des Asylrechts weiter einschränken und das Anerkennungsverfahren beschleunigen, u. a. bei selbstgeschaffenen Nachfluchtgründen oder dreimonatigem Aufenthalt in einem Drittstaat. Ohne gültiges Visum dürfen Fluggesellschaften Asylbewerber nicht mehr in die BRD befördern.
1. Juli	Das **Baugesetzbuch**, das Städtebauförderungs- und Bundesbaugesetz vereint, tritt in Kraft (26.4. → 27. 7. 1971). Es stärkt die Planungshoheit der Gemeinden und verkürzt das Baugenehmigungsverfahren.

1988

1. Januar	**2. Stufe der Steuerreform**: Sie senkt die Steuerlast vor allem in den mittleren Einkommensbereichen ab.

1989

1. Januar	Die **zehnprozentige Quellensteuer** auf Zinseinkünfte und Lebensversicherungserträge sowie eine Erdgas- bzw. Flüssiggassteuer treten in Kraft. Die Mineralölsteuer wird erhöht, ab 1. 5. 1989 auch die Tabaksteuer.
	Die Quellensteuer wird ab 1. 7. 1989 – ein halbes Jahr nach ihrer Einführung – wieder aufgehoben.

1. Januar   Die Strukturreform im **Gesundheitswesen** soll ab sofort die Aus-
                gaben in der gesetzlichen Krankenversicherung eindämmen, z.
                B. durch Leistungskürzungen und höhere Selbstbeteiligung der
                Patienten. Eingeführt werden als Maßnahmen für wirtschaftli-
                ches Verhalten: Stichprobenkontrollen bei Verordnungen und Ab-
                rechnungen von Ärzten, bei Medikamenten Festbeträge, die für
                Kostentransparenz und Preiswettbewerb sorgen sollen, Preisver-
                gleichslisten bei Krankenhäusern und Beitragsrückerstattungen als
                Modellversuch bei Krankenkassen. Die Rentnerbeiträge zur Kran-
                kenversicherung steigen. Pflegebedürftige erhalten erstmals Leis-
                tungen: Wer sie betreut, kann sich jährlich vier Wochen lang von
                einer bezahlten Ersatzkraft vertreten lassen und monatlich Pflege-
                geld erhalten, soweit nicht Pflegestunden durch eine Fachkraft in
                Anspruch genommen werden.

21. Februar   Landwirte können eine **Produktionsaufgaberente** erhalten, wenn
                sie nach dem 58. Lebensjahr bestimmte Beitragszeiten in der Al-
                tershilfe nachweisen und ihren Betrieb stilllegen oder strukturver-
                bessernd übergeben. Dieser Vorruhestand der Landwirte soll den
                Agrarmarkt entlasten, die Agrarstruktur modernisieren helfen und
                die landwirtschaftliche Überproduktion in der EG begrenzen. (→
                1. 5. 1984)

1. Juli   **Poststrukturreform**: Die betrieblichen Aufgaben der Deutschen
                Bundespost als bundeseigene Verwaltung werden vom Postdienst
                (»Gelbe Post«), von der Postbank und von der Telekom wahr-
                genommen. Diese drei selbstständigen öffentlichen Dienstleistungs-
                unternehmen verfügen über einen Vorstand und einen Aufsichtsrat
                nach kaufmännischen Gesichtspunkten. Hoheitliche Aufgaben und
                Rechtsaufsicht obliegen dem umbenannten Bundesministerium für
                Post und Telekommunikation. Fernmeldenetz und Telefondienst
                bleiben im Monopol, nicht jedoch die sonstigen Kommunikations-
                dienste, so z. B. der Endgerätemarkt.

1990
1. Januar   **3. Stufe der Steuerreform** (→ 1. 1. 1986 und 1. 1. 1988): Sie beseitigt
                den sog.»Mittelstands- bzw. Facharbeiterbauch« der Einkommens-
                besteuerung in der Progressionszone. Der neue linear und sanft an-
                steigende Reformtarif der Grenzsteuersätze verhindert, dass künf-
                tig Mehrverdienst überproportional steuerlich belastet wird. Der
                Anreiz zur beruflichen Leistung und die Motivation zur Ein-
                kommenssteigerung sind damit viel höher als beim alten Tarif von
                1985, der Mehreinnahmen mit zusätzlichen Steuern belegt hatte.
                Steuerlich entlastet werden auch **Familien** durch Kinderfreibeträge
                (ab 1. 1. 1990 je Kind DM 3 024 pro Jahr, ab 1. 1. 1992 DM 4 104),
                durch das Kindergeld bzw. Kindergeldzuschläge und andere Steu-
                ererleichterungen.

32.2. BRD: Umwelt und Dritte Welt 1982–1989

1985

2. – 4. Mai   Der Weltwirtschaftsgipfel (USA, Frankreich, Großbritannien, Japan, Italien, Kanada, BRD und EG-Kommission) tagt zum zweiten Mal in **Bonn** (27. → 16./17. 7. 1978). Als Hauptthemen stehen auf der Tagesordnung: freier Welthandel, Arbeitslosigkeit, Inflation, Wirtschaftswachstum, grenzüberschreitender Umweltschutz u. a.

1986

1. März   Die neue Technische Anleitung zur Reinhaltung der Luft (**TA Luft**) tritt in Kraft. Sie betrifft alle Industrieanlagen, die Schadstoffe ausstoßen. In den Anforderungen ist sie umso schärfer, je größer das Risikopotenzial ist. Altanlagen müssen innerhalb bestimmter Fristen nachgerüstet werden – diese Fristen sind umso kürzer, je höher der Schadstoffausstoß und je gefährlicher die Emission ist.

19. März   Nach den neuen »Grundlinien« der Bundesregierung ist die **Entwicklungspolitik** Teil weltweiter, auf Frieden, Ausgleich und Stabilität gerichteter Politik. Die Zuwendung zu den ärmsten Ländern Afrikas, Asiens und Lateinamerikas sei nicht nur Gebot christlicher Nächstenliebe und mitmenschlicher Solidarität, sondern liege auch im Eigeninteresse der exportorientierten BRD. Entwicklungspolitik soll Selbsthilfeprozesse fördern, gewachsene Strukturen der Dritten Welt berücksichtigen und den Protektionismus abbauen helfen.

1. Mai   Das am 8. 12. 1984 unterzeichnete **Lomé-III**-Abkommen zwischen der EG und 66 AKP-Staaten tritt mit einer Laufzeit bis 1990 in Kraft. Alle AKP-Erzeugnisse, Agrarprodukte ausgenommen, haben freien Zugang zum EG-Markt, d. h., sie sind von Zöllen und Mengenbeschränkungen befreit. Die EG verzichtet auf Gegenpräferenzen. Geregelt wird auch die finanzielle und technische Zusammenarbeit. Die Europäische Investitionsbank (EIB) vergibt zinsgünstige Kredite, der Europäische Entwicklungsfonds (EEF) größtenteils Zuschüsse und teilweise Sonderdarlehen. Ausgleichszahlungen sollen Exporterlöse stabilisieren: STABEX bei tropischen Landwirtschafts-, SYSMIN bei Bergbauprodukten. Privatinvestitionen in AKP-Ländern werden geschützt und gefördert.

5. Juni   Bundeskanzler Kohl ordnet durch Organisationserlass die Bildung eines neuen Ministeriums für **Umwelt, Naturschutz und Reaktorsicherheit** an. – Erster Bundesumweltminister wird am 6. 6. Walter Wallmann (CDU).

15. September Das **Pflanzenschutzgesetz** soll vor allem Gefahren abwehren, die durch Pflanzenschutzmittel für Mensch, Tier und Natur entstehen können. Neben vollständigen und eingeschränkten Anwendungsverboten gibt es auch Anwendungsbeschränkungen für bestimmte Wirkstoffe, insbesondere in Wasser- und Heilquellenschutzgebieten. Pflanzenschutzmittel werden durch die Biologische Bundesanstalt im Einvernehmen mit dem Bundesgesundheitsamt und dem Umweltbundesamt zugelassen. Hersteller, Vertriebsunternehmer und Importeure müssen melden, welche Jahresmengen an Pflanzenschutzmittelwirkstoffen sie absetzen. Wer Schadorganismen verbreitet und geschützte Pflanzen gefährdet, wird bestraft.

1. November Das neue **Abfallgesetz** tritt in Kraft. Danach müssen Abfälle vermieden und wieder verwertet (recycelt) werden, bevor sie, sofern sie unvermeidbar sind, umweltfreundlich entsorgt werden. Damit ist das Ende der Wegwerfgesellschaft eingeleitet, denn Abfallvermeidung und -verwertung erhalten Vorrang vor der Abfallbeseitigung.
Nach § 14 Abfallgesetz tritt zuerst die Altölverordnung am 1. 11. 1987 in Kraft. Die Verordnung über die Rücknahme und Pfanderhebung von Getränkeverpackungen aus Kunststoffen folgt am 20. 12. 1988.

19. Dezember Das **Strahlenschutzvorsorgegesetz** schafft die Voraussetzungen dafür, eine Zentralstelle für die Überwachung der Radioaktiviät in der Umwelt zu errichten. Schutzmaßnahmen bei radioaktiven Belastungen, u. a. im grenzüberschreitenden Verkehr, sind bundesweit zu koordinieren und zu treffen, z. B. bei Lebens-, Futter- und Arzneimitteln.
Hintergrund: Im Atomkraftwerk der ukrainischen Stadt **Tschernobyl** hatte sich am 26. 4. 1986 die bislang größte Reaktorkatastrophe in der Geschichte der friedlichen Nutzung der Kernenergie ereignet. Auch in der BRD (vor allem im Süden und in Berlin) waren erhöhte Werte radioaktiver Strahlung gemessen und Importe strahlenbelasteter Nahrungsmittel vorübergehend verboten worden.

1987

1. Januar Das geänderte **Tierschutzgesetz** tritt in Kraft. Es beschränkt Tierversuche auf das unerlässliche Maß, regelt das Schlachtrecht neu und verschärft die Verbote bei Tierhaltung, Tierhandel und Tiertransport. Qualzüchtungen sind verboten. Tierversuche müssen beantragt und wissenschaftlich begründet werden.

1. Januar Das geänderte **Wasserhaushaltsgesetz** verschärft ab sofort die Gewässerbewirtschaftung. Die Wasserbelastung durch Schadstoffe ist weiter zu senken und das Grundwasser vor allem für die Trinkwasserversorgung zu schützen (Gewässerökologie). Gefährliche

Stoffe müssen durch moderne technische Verfahren reduziert werden, wenn sie in Gewässer oder öffentliche Abwasseranlagen eingeleitet werden.

17. August   Die Industriegemeinschaft Aerosole verpflichtet sich freiwillig, zum Schutze der Ozonschicht **Fluorchlorkohlenwasserstoffe** bei Sprays schrittweise zu verringern und als Treibgase ab 1. 1. 1990 nur noch bei Arzneimitteln zu verwenden.
Internationale Abkommen zum Schutze der Ozonschicht, die ultraviolette Strahlen aus dem Weltall abschirmt, werden am 22. 3. 1985 in Wien und am 16. 9. 1987 in Montreal unterzeichnet. Mit Gesetzen vom 26. 9. und 9. 11. 1988 ratifiziert die BRD das Wiener Übereinkommen und das konkretisierende Montrealer Protokoll.

15. – 21. Nov.   Bundeskanzler Kohl besucht erstmals amtlich **Afrika**, u. a. als erster westlicher Regierungschef das sozialistische Mosambik. Gesprächsthemen sind vor allem die wirtschaftliche und politische Zusammenarbeit und die Rassentrennungspolitik zwischen weißer und schwarzer Bevölkerung in der Republik Südafrika (Apartheid).

1988

1. Februar   **Verbleites Normalbenzin** ist ab sofort in der BRD verboten. Erlaubt sind nur noch drei Ottokraftstoffe: bleifreies Normalbenzin, bleifreies Super und verbleites Super.
Auf Initiative der Bundesregierung hatte der EG-Umweltministerrat am 21. 7. 1987 beschlossen, die Abgasnormen zu verschärfen und das schadstoffarme Katalysatorauto schrittweise einzuführen.

27.–29. Sept.   Auf ihrer Jahresversammlung beraten der **Internationale Währungsfonds** (IWF) und die **Weltbankgruppe** in West-Berlin erstmals auf deutschem Boden über die Welthandels- und Entwicklungspolitik. Armut und Schuldenlast der Dritten Welt stehen im Vordergrund des Meinungsaustausches.
Die BRD hatte 24 Least Developed Countries (LDC) die Schulden aus der Entwicklungshilfe erlassen. Sie erhalten nur noch Zuschüsse.

1989

1. Januar   Es werden nur noch Neuwagen mit **Abgasentgiftung** (Katalysator) zugelassen. Für Autos mit mehr als zwei Litern Hubraum hatte dies schon ab 1. 1. 1988 gegolten.

10. Februar   Die Bundesregierung verbietet, gesundheitsschädigende Stoffe mit Polychloridbiphenylen (**PCB**) und Polychlorterphenylen (**PCT**) herzustellen, in den Verkehr zu bringen und zu verwenden. Die Verbote bei Kondensatoren und Transformatoren treten zeitlich gestaffelt in Kraft.

32.3. DDR: Verschleierter Wirtschaftskollaps und Staatsbankrott 1982–1989

1982

8.–10. Juni Die Ratstagung des Rats für gegenseitige Wirtschaftshilfe (**RGW**) in **Budapest** beschließt ein Programm zur Koordinierung der Volkswirtschaftspläne 1986–1990.

Entgegen den Wachstumsvorgaben gerät die rezentralisierte Kommandowirtschaft der DDR in den Achtzigerjahren immer mehr in Stagnation und schließlich in Krisen. Zwar hatte der von Honecker seit dem VIII. SED-Parteitag (22.3. → 15.–19. 6. 1971) erstrebte »Wohlfahrtssozialismus« den allgemeinen Lebensstandard gehoben, jedoch insbesondere mit Hilfe westlicher Kredite; denn es war mehr verbraucht als produziert, mehr importiert als exportiert worden.

Die wirtschafts- und sozialpolitischen Verbesserungen, wie Lohn- und Rentenerhöhungen, Arbeitszeitverkürzungen, Mietpreissenkungen und Wohnungsbauprogramm, mussten zunehmend durch Preisstopps für Massenkonsumgüter und Dienstleistungen sowie – daraus folgend – Subventionen aus der Staatskasse finanziert werden. Dieses verzerrte Preis-Leistungs-Verhältnis beschleunigte die Inflation und die Staatsverschuldung, vor allem in konvertierbarer Währung.

1983

10.–11. März Auf einem Seminar des ZK der SED in Leipzig fordert Günter **Mittag**, der für Wirtschaft zuständige »allmächtige« ZK-Sekretär, von den Generaldirektoren der Kombinate, die Versorgung der Bevölkerung zu verbessern, z. B. mit industriellen Konsumgütern. Die Kombinate müssen sich verpflichten, ihre Arbeitsproduktivität zu steigern und die Produktionsauflagen überplanmäßig zu erfüllen.

Der seit 1985 drohende Staatsbankrott und die damit zusammenhängende Zahlungsunfähigkeit werden von Mittag verschleiert und verzögert, vor allem durch neue Kreditaufnahmen. Der aufgeblähte Verwaltungs- und Planungsapparat frisiert Produktionsdaten, verordnet Wirtschaftswachstum und verleugnet volkswirtschaftliche Disproportionen administrativ. Das ökonomische System zur »weiteren Vervollkommnung der Leitung, Planung und wirtschaftlichen Rechnungsführung« erweckt so den Anschein, reibungslos zu funktionieren.

1984

9. Februar Im Rahmen des Wohnungsbauprogramms (26.5. → 2. 10. 1973) sind **zwei Millionen Wohnungen** in Plattenbauweise fertiggestellt. – Für dringende Reparaturmaßnahmen an der bestehenden Bausubstanz fehlen die Mittel.

17. Mai   Maßnahmen zur Verbesserung der Arbeits- und Lebensbedingungen für **Familien** mit drei und mehr Kindern werden beschlossen, am 22. 5. ferner Rentenerhöhungen und die Erhöhung der Mindestrente.

6. Oktober   Die **Sowjetunion** und die DDR vereinbaren ein Programm der Zusammenarbeit in Wissenschaft, Technik und Produktion bis ins Jahr 2000.

1985

18. Dezember   Die Mitgliedsländer des RGW beschließen in Moskau das Komplexprogramm des wissenschaftlich-technischen Fortschritts bis zum **Jahre 2000** als »neue, höhere Etappe ihrer Entwicklung und Zusammenarbeit«. Die Intensivierung und Innovation der Produktion werden vor allem für die Bereiche Elektronisierung, Automatisierung, Kernenergetik, für neue Werkstoffe und Technologien und die Biotechnologie vereinbart.

Tatsächlich funktioniert die RGW-Kooperation nur im formalen und bürokratischen Bereich. Ansonsten klaffen Anspruch und Wirklichkeit weit auseinander, u. a. bei Liefermengen und -fristen oder bei den überhöhten Verrechnungspreisen für Rohstoffe und Energie zugunsten der Sowjetunion (Transfer-Rubel). Die Quantität ersetzt die Qualität bei den getauschten Produkten.

1986

27. November   Die Volkskammer beschließt nach der Direktive des XI. SED-Parteitags (29.2. → 17.–21. 4. 1986) den **Fünfjahrplan 1986–1990**. Er soll das produzierte Nationaleinkommen und die industrielle Nettoproduktion beträchtlich erhöhen. Die qualitativen und effektiven Faktoren des Wirtschaftswachstums sind zu fördern, vor allem durch Schlüsseltechnologien wie Mikroelektronik, Automatisierung und Roboter. Erstrebt wird, die Leistung zu steigern und gleichzeitig Rohstoffe, Energie und Materialien einzusparen. Kernstück der Sozialpolitik bleibt das Wohnungsbauprogramm.

Die Zielsetzungen des unrealistischen Plans werden nicht erfüllt: Das Wirtschaftswachstum schrumpft, da die Arbeitsproduktivität in der DDR nur ca. 50 Prozent der westlichen beträgt und die Arbeitslosigkeit verschleiert wird. Die forcierte »Computerisierung« führt nicht zur erhofften Senkung der Produktionskosten und des Materialverbrauchs; denn sie muss durch Staatszuschüsse gestützt werden, während die Mittel fehlen, ineffektive, stark verschlissene Ausrüstungen zu ersetzen oder zu reparieren. Wachsende Auslandsverpflichtungen, vor allem dem RGW, der Sowjetunion und westlichen Kreditgebern gegenüber, chronischer Devisenmangel, erhöhte Rohstoff- und Energiepreise sowie steigende Technologie- und Rüstungsausgaben belasten den Staatshaushalt zusätzlich.

Schulden und ihre Zinsen müssen durch neue Schulden bezahlt werden. Um diesen Teufelskreis zu durchbrechen, sollen die Importe gedrosselt und »qualitative Wirtschaftsfaktoren« zugunsten des Exports gefördert werden.

Anstelle der geplanten Exportüberschüsse treten jedoch seit 1985 zunehmend Importüberschüsse, die die Zahlungsbilanz weiter belasten. Da sich die Geldeinnahmen der Bevölkerung erhöhen, besteht ein beträchtlicher Kaufkraftüberhang. Er hätte bei den bestehenden Versorgungs- und Lieferengpässen nur durch eine radikale Senkung des Lebensstandards der Bevölkerung oder durch neue Importe gegen neue Devisenschulden abgeschöpft werden können.

1987

18. Dezember   Der von der Volkskammer verabschiedete **Volkswirtschaftsplan und Staatshaushalt** für 1988 erhöht die vorgesehenen Investitionen um 8,3 Prozent.

Durch diesen neuen Investitionsschub sollen dringend benötigte Exportüberschüsse erwirtschaftet werden. Doch muss die DDR wegen unterdurchschnittlicher Ernten 1988 und 1989 unerwartet Getreide einführen, um die Bevölkerung zu versorgen. Die Folgen: Die Investitionen stagnieren, statt zu steigen, die Importüberschüsse wachsen, der reale private Konsum sinkt, der innerdeutsche Handel wird rückläufig. Preissteigerungen, Versorgungs- und Lieferengpässe bedrohen fast alle Wirtschaftszweige.

Die mit staatlichen Zwangsmitteln verschleierte Perspektivlosigkeit der Planwirtschaft veranlasst trotz administrativer Repressalien immer mehr Bürger, die Ausreise aus der DDR und die Übersiedlung in die BRD zu beantragen.

33. BRD und DDR: Familie und Bildung 1982–1989

1983

1. Januar   In der BRD wird das **Kindergeld** ab dem zweiten Kind nach Einkommensgrenzen gekürzt und gestaffelt. Für das erste Kind bleibt es einkommensunabhängig (28.1. → 1. 1. 1982). Pro Kind wird anstelle steuerlich absetzbarer Kinderbetreuungskosten ein Steuerfreibetrag eingeführt.

1. Januar   Der neue Bundeshaushalt stellt das **Studenten-BAföG** ab Winter-Semester 1983/84 auf Volldarlehen um. Das zinslose Darlehen orientiert sich an den Einkommensverhältnissen, ebenso die Dar-

Jugendliche in Berlin: Punks in Berlin-Kreuzberg (1982).

lehensrückzahlung nach Ende der Förderungshöchstdauer. Bei erfolgreichem Studienabschluss oder vorzeitiger Tilgung werden die Darlehen teilweise erlassen.

Das **Schüler-BAföG** gilt ab dem Schuljahr 1983/84 nur noch für Schüler weiter, die eine zumutbare Ausbildungsstätte von der Wohnung ihrer Eltern aus nicht erreichen können oder Abendschulen und Kollegs besuchen (zweiter Bildungsweg) oder aus besonders einkommensschwachen Familien stammen und schon vorher gefördert worden sind (Härtefälle).

1984

13. Juli

Das Gesetz zur Errichtung einer Bundesstiftung »**Mutter und Kind – Schutz des ungeborenen Lebens**« will werdenden Müttern, die sich in einer Konfliktsituation oder Notlage befinden, durch finanzielle Hilfen erleichtern, ihr Kind auszutragen. Die rechtsfähige öffentliche Stiftung verteilt die Mittel, auf die kein Rechtsanspruch besteht, an Einrichtungen in den Ländern vor allem für die Erstausstattung, Betreuung und Wohnung des Kindes sowie die Weiterführung des Haushalts. Beratung tritt ergänzend hinzu.

Hausinstandbesetzung in Berlin-Wilmersdorf (1983).

1985

13. Februar   Die **Semper-Oper**, die am 13./14. 2. 1945 bei der Bombardierung Dresdens zerstört worden war, wird glanzvoll wieder eröffnet.

25. Februar   Der **Jugendschutz in der Öffentlichkeit** der BRD wird neu geregelt. Berücksichtigt sind Gefährdungen nicht nur durch Alkohol, Tabak und Schriften, sondern auch durch Tonbildträger (Videokassetten) und Spielautomaten. Bestraft wird, wer Jugendlichen Schriften zugänglich macht, die zum Rassenhass aufstacheln oder unmenschliche Gewalttätigkeiten schildern.

14. November   Das **Hochschulrahmengesetz** (28. 2. → 26. 1. 1976) wird unter Verzicht auf die Gesamthochschule als Leitziel novelliert. Es ändert die Personalstruktur für den wissenschaftlichen Nachwuchs, stärkt die Stellung der Professoren und erweitert den Gestaltungsspielraum der Hochschulen u. a. bezüglich Studienreform, Drittmittelforschung, Hochschulleitung und Entscheidungsstrukturen. Für besonders befähigte Studierende können gesonderte Lehrveranstaltungen angeboten werden.

1986

1. Januar   In der BRD wird das **Erziehungsgeld** (zunächst zehn Monate lang) für alle Mütter und Väter, die ihr neugeborenes Kind selbst betreuen, eingeführt, ab 1. 1. 1988 für das gesamte erste Lebensjahr (»**Babyjahr**«). Sie erhalten es in den ersten sechs Lebensmonaten des Neugeborenen einkommensunabhängig, danach gestaffelt einkommensabhängig. Anspruch auf **Erziehungsurlaub** mit Kündigungsschutz haben Mütter oder Väter, die vor der Geburt ihres selbstbetreuten Kindes erwerbstätig waren; Ehegatten können sich dabei einmal abwechseln.
Erziehungsgeld und Erziehungsurlaub lösen das bisherige Mutterschaftsgeld und den Mutterschaftsurlaub ab. Der bisherige reine Mutterschutz hatte nur für die erwerbstätige Mutter gegolten. (28.1. → 25. 6. 1979)
Ab 1. 7. 1989 bzw. 1. 7. 1990 werden Erziehungsgeld und Erziehungsurlaub für Neugeborene auf 15 bzw. 18 Monate verlängert.

1. April   Das neue **Scheidungsfolgenrecht** in der BRD tritt in Kraft (28.1. → 1. 7. 1977). Der Ehegattenunterhalt orientiert sich an mehr Einzelfallgerechtigkeit als bisher. So können Unterhaltsansprüche herabgesetzt oder befristet und bei grober Unbilligkeit versagt werden, wenn der Unterhaltsempfänger sich mutwillig über einschneidende Vermögensnachteile des zum Unterhalt Verpflichteten hinwegsetzt, ein »offensichtlich schwerwiegendes, eindeutig bei ihm liegendes Fehlverhalten« gegen den Verpflichteten zeigt u. a. Die Regelscheidung nach fünfjährigem Getrenntleben entfällt.

Ab 1. 1. 1987 wird auch der Versorgungsausgleich verbessert. Die Möglichkeiten des Splittings werden erweitert. Frühere Entscheidungen über den Versorgungsausgleich können befristet mit den neu eingeführten Ausgleichsformen abgeändert werden.

6. Mai   Das deutsch-deutsche **Kulturabkommen** wird unterzeichnet. (31.→ 6. 5. 1986)

1988

11. April   Die Kultusministerkonferenz (KMK) beschließt die **Neugestaltung des Abiturs** (Gymnasiale Oberstufe in der Sekundarstufe II), die ab 1. 8. 1989 gilt. Sie regelt die gegenseitige Anerkennung von Schulabschlüssen, verstärkt die gemeinsame Grundbildung und schränkt die bisherige Wahlfreiheit der Fächer ein. (28.2. → 7. 7. 1972)

26. Oktober   Erstmals in der Geschichte der BRD legt in Hamburg ein **Lehrerstreik** große Teile des Schulunterrichts lahm. Der Streik soll kürzere Arbeitszeiten und Neueinstellungen von Lehrern bzw. Lehrerinnen durchsetzen helfen.

1989

10. März   Bund und Länder vereinbaren nach Art. 91b GG, die **Ausbildungskapazitäten** in den am meisten belasteten Studiengängen zu erweitern und so Zulassungsbeschränkungen vorzubeugen. Dazu gehören vor allem Betriebswirtschaftslehre, Informatik, Elektrotechnik und Maschinenbau.

12. Juni   Volksbildungsministerin Margot **Honecker** fordert bei der Eröffnung des 9. Pädagogischen Kongresses der DDR, Bildung und Erziehung müssten sich stärker am Sozialismus orientieren.»Noch ist nicht Zeit, die Hände in den Schoß zu legen, unsere Zeit ist eine kämpferische Zeit, sie braucht eine Jugend, die kämpfen kann, die den Sozialismus stärken hilft, die für ihn eintritt, die ihn verteidigt mit Wort und Tat und, wenn nötig, mit der Waffe in der Hand.«

KAPITEL VII:

Von der friedlichen Revolution in der DDR zur staatlichen Einheit Deutschlands am Ende des Kalten Krieges 1989–1990

Nach der Öffnung der Mauer in der Bornholmer Straße. 34.2. → 9. November 1989

34. »Wir sind das Volk«: Die friedliche Revolution vor und nach dem 40. Jahrestag der DDR-Gründung

34.1. DDR: »Wir wollen raus«: Massenflucht und politischer Wandel als Vorläufer der »Wende« 1989

<u>1989</u>

19. Januar   Partei- und Staatschef Honecker versichert, die **Mauer** werde »so lange bleiben, wie die Bedingungen nicht geändert werden, die zu ihrer Errichtung geführt haben. Sie wird in 50 und auch in 100 Jahren noch bestehen bleiben, wenn die dazu vorhandenen Gründe noch nicht beseitigt sind.« (16.3. → 13. 8. 1961)
Nach Zwischenfällen an der Mauer – am 5. 2. 1989 wird der 20-jährige Chris Gueffroy bei einem Fluchtversuch erschossen, sein gleichaltriger Begleiter Christian Gaudian schwer verletzt – sagen die Bundesminister Helmut Haussmann und Oscar Schneider den von ihnen geplanten Besuch der Leipziger Messe ab. Im Gegenzug sagen auch zwei DDR-Minister ihre Besuche in der BRD ab.
Am 4. 4. 1989 wird heimlich der Schießbefehl an der Mauer aufgehoben.

2. Mai   Ungarn kündigt die Demontage des **Eisernen Vorhangs** an der Grenze zu Österreich an und beginnt mit dem Abbau der Grenzbefestigungen.
In **Ungarn** war die kommunistische Partei (Ministerpräsident Miklós Németh) selbst zum Motor tief greifender Veränderungen geworden – statt sie zu behindern. Sie verzichtete auf ihre in der Verfassung festgeschriebene Führungsrolle. Auch schuf sie die Voraussetzungen für ein Mehrparteiensystem, indem sie demokratische Rechte und Freiheiten zuließ. Im am 12. 4. 1989 aufgelösten und neu gebildeten Politbüro der Partei waren »Reformer« verstärkt vertreten.

27. Juni   **Loch im Eisernen Vorhang**: Der ungarische Außenminister Gyula Horn und sein österreichischer Kollege Alois Mock zerschneiden bei Sopron in einem symbolischen Akt den Stacheldrahtzaun an der gemeinsamen Grenze. Beseitigt werden nur die Grenzsperren. Die Grenzkontrollen bleiben.
Damit ist für DDR-Bürger, die ausreisen wollen, die innerdeutsche Grenze erstmals auf dem Umweg über Ungarn »durchlässig« geworden. Dies löst einen verstärkten Urlauber- und Flüchtlingsstrom nach Ungarn aus.

7. Juli   **Ende der Breschnew-Doktrin**: Der Warschauer Pakt widerruft im Schlusskommuniqué von Bukarest die völkerrechtliche These von der beschränkten Souveränität der sozialistischen Staaten. (17.3. → 21. 8. 1968)

Folgenreiche Aktion zweier Außenminister an der ungarisch-österreichischen Grenze (links Mock, rechts Horn). → 27. Juni 1989

Da die Sowjetunion auf ihr Interventionsrecht verzichtet hatte, waren in den osteuropäischen Staaten schrittweise und friedlich politische Veränderungen möglich geworden. Während die Rote Armee in der DDR am 17. 6. 1953, in Ungarn am 4. 11. 1956 und in der ČSSR am 21. 8. 1968 noch militärisch interveniert hatte, um den Führungsanspruch und das Herrschaftsmonopol der moskautreuen Kommunisten gewaltsam zu sichern, ließ es die neue Sowjetführung unter Gorbatschow zu, dass sich in Ungarn, in Polen und schließlich auch in der DDR und ČSSR ein friedlicher Machtwechsel vollzog.

Juli/August In den Urlaubsmonaten reisen DDR-Bürger (Ende der Schulferien am 3. 9. 1989) nach **Ungarn, Polen** und in die **ČSSR** mit der Absicht, auf Umwegen in den Westen zu flüchten. Viele solcher »Urlauber« suchen Zuflucht in den Botschaften der BRD in Budapest, Warschau, Prag und z.T. auch in anderen Hauptstädten.

Waren es früher nur einzelne oder Kleingruppen gewesen, die ihre Ausreise erzwingen wollten, so strömen nun Hunderte in die bundesdeutschen Vertretungen. Diese Massenflucht sprengt die Aufnahmekapazitäten und wirft unlösbare Versorgungs- und Hygieneprobleme auf.

Das DDR-Außenministerium spricht am 7. 8. 1989 von einer »groben Einmischung« in innere Angelegenheiten und wirft den Missionen der BRD vor, sich Obhutsrechte für DDR-Bürger anzumaßen.

8. August   Die Ständige Vertretung der BRD in **Ost-Berlin** stellt vorüberge-
                 hend den Publikumsverkehr ein. In ihr hatten 130 DDR-Bürger, die
                 ihre Ausreise durchsetzen wollen, Zuflucht gefunden.
                 Kanzleramtsminister Rudolf Seiters appelliert am 9. 8. 1989 vor der
                 Bundespressekonferenz an ausreisewillige DDR-Bürger, nicht in
                 Missionen der BRD zu flüchten; denn bis Ende Juli 1989 hätten
                 46 343 Personen legal ausreisen können.

13. August   Die Botschaft der BRD in **Budapest** wird wegen des Ansturms von
                 ca. 180 ausreisewilligen DDR-Bürgern geschlossen.
                 Ungarn hatte mit dem Bau von Lagern (u. a. Auffang- und Zelt-
                 lagern) für DDR-Flüchtlinge begonnen und die beiden deutschen
                 Staaten gedrängt, das Problem bilateral zu regeln. Verzichtet wor-
                 den war auf die anfängliche Praxis der ungarischen Grenzbehörden,
                 die Personalpapiere aufgegriffener DDR-Flüchtlinge abzustempeln
                 (»Stempelpraxis«), aber auch auf Pläne, ihnen Asyl zu gewähren.

19. August   **Größte Massenflucht** seit dem Mauerbau: Hunderte von DDR-
                 Bürgern nutzen das »Paneuropäische Picknick« bei Sopron zur
                 Flucht über die »grüne« ungarisch-österreichische Grenze. Sie wer-
                 den von der bundesdeutschen Botschaft in Wien betreut und nach
                 Bayern weitergeleitet.

22. August   Auch die bundesdeutsche Botschaft in **Prag** muss wegen Überfül-
                 lung schließen. Trotzdem strömen zufluchtsuchende DDR-Bürger
                 weiter in die Botschaft, indem sie über den Zaun in den Garten
                 des Palais Lobkowicz klettern.
                 Am Vortag hatten trotz Verbots ca. 3 000 Prager auf dem Wenzels-
                 platz gegen den militärischen Einmarsch der Warschauer-Pakt-Staa-
                 ten am 21. 8. 1968 (17.3. → 21. 8. 1968) protestiert. Die Polizei war
                 hart gegen Demonstranten vorgegangen.

24. August   Ungarn duldet die Ausreise von DDR-Bürgern aus der bundesdeut-
                 schen Botschaft in Budapest nach Österreich als einmalige **huma-
                 nitäre Aktion** mit Rotkreuz-Papieren.
                 Österreich hebt am 31. 8. 1989 die Visumpflicht zeitweilig für DDR-
                 Bürger auf. Es erleichtert ihnen damit die Durchreise, soweit sie
                 noch keinen bundesdeutschen Pass, der ihnen zustand, erworben
                 hatten.

8. September   Die restlichen DDR-Bürger verlassen – wie zuvor bereits einige von
                 ihnen – die Ständige Vertretung der BRD in **Ost-Berlin** freiwillig.
                 Der bevollmächtigte Rechtsanwalt Wolfgang Vogel hatte ihnen na-
                 mens der DDR-Regierung Straffreiheit und juristische Hilfe, nicht
                 aber die Ausreise versprochen.

10. September   Außenminister **Horn** entscheidet nach Rücksprache mit Regie-
                 rungschef Németh, dass die in Ungarn wartenden DDR-Bürger
                 das Land frei verlassen können. Die reformkommunistische Regie-
                 rung beruft sich dabei auf die Prinzipien der Menschenrechte und

auf humanitäre Zielsetzungen: An der österreichisch-ungarischen Grenze habe sich eine »alarmierende« Situation entwickelt und die Gespräche zwischen den beiden deutschen Staaten zur Lösung des Flüchtlingsproblems seien gescheitert.

Diese Grenzöffnung trägt wesentlich zur »Wende« in der DDR bei und begründet ein deutsch-ungarisches Sonderverhältnis: »Dass die Ungarn damals die Grenzen geöffnet haben, werden wir ihnen nie vergessen« (Bundespräsident Herzog am 10. 9. 1994 in Budapest).

11. September **Ungarn** öffnet um 0 Uhr auf Anweisung des Innenministers István Horváth seine **Westgrenze** für alle DDR-Bürger. Es suspendiert damit vorübergehend Vorschriften des bilateralen Abkommens mit der DDR über den visafreien grenzüberschreitenden Verkehr vom 20. 6. 1969; dieses verbietet die Ausreise von Angehörigen des jeweils anderen Staates in westliche Länder ohne gültige Dokumente.

Die Massenflucht schwillt lawinenartig an: Binnen drei Tagen fliehen ca. 15 000, bis Monatsende ca. 30 000 DDR-Bürger nach Österreich und von dort in die BRD. Proteste der DDR gegen die »Nacht- und Nebelaktion«, gegen den »organisierten Menschenhandel« und gegen »Völkerrechtsverletzungen« werden von Ungarn

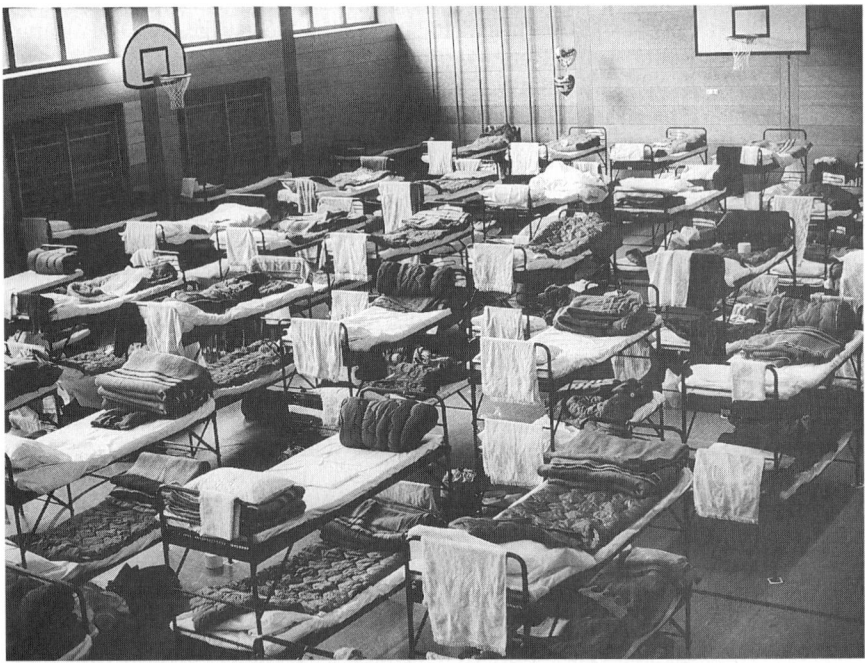

Turnhalle in Passau zur Aufnahme von DDR-Flüchtlingen. → 11. September 1989

zurückgewiesen: Einzelne Punkte des bilateralen Reiseabkommens hätten zeitweilig aufgehoben werden müssen, da sich die Umstände der zu erfüllenden Verpflichtungen grundlegend geändert hätten (Clausula rebus sic stantibus).

12. September Der größte Teil der DDR-Bürger, die sich in der bundesdeutschen Botschaft in **Prag** aufhalten, kehrt in die DDR zurück; denn sie erhalten Straffreiheit und anwaltliche Betreuung bei ihren Ausreiseanträgen zugesichert. Ab- und Zugänge halten sich jedoch die Waage, da in den nächsten Tagen DDR-Bürger erneut Zuflucht in der Botschaft suchen.
Am 26. 9. verlassen weitere DDR-Bürger die Botschaft, weil ihnen Rechtsanwalt Wolfgang Vogel die Ausreise in den Westen binnen sechs Monaten nach Rückkehr in die DDR zusagt; doch lehnen die meisten dieses Angebot ab, da sie direkt in die BRD ausreisen wollen.

19. September Als vierte Mission muss die Botschaft der BRD in **Warschau** den Publikumsverkehr wegen des Zustroms ausreisewilliger DDR-Bürger vorläufig einstellen. Die nicht kommunistische Regierung Mazowiecki sagt zu, dass die Flüchtlinge nicht in die DDR abgeschoben werden.
In Polen war die seit 1980 bestehende oppositionelle Gewerkschaft »Solidarność« am 17. 4. 1989 legalisiert worden. Sie hatte mit der kommunistischen Regierung am Runden Tisch politische und wirtschaftliche Reformen aushandeln können. Bei den freien Parlamentswahlen am 4. 6. 1989 und den folgenden Stichwahlen erlitt die regierende kommunistische »Polnische Vereinigte Arbeiterpartei« eine vernichtende Niederlage. Tadeusz Mazowiecki, Kandidat des siegreichen »Bürgerkomitees Solidarność«, wurde am 24. 8. 1989 vom Sejm (Parlament) zum ersten nicht kommunistischen Regierungschef eines Warschauer-Pakt-Staates gewählt; im Kabinett besetzten jedoch noch Kommunisten Schlüsselressorts wie Inneres und Verteidigung. In seiner Regierungserklärung vom 12. 9. 1989 kündigte Mazowiecki an, die Marktwirtschaft einzuführen, die Verfassung zu reformieren und zur polnisch-deutschen Aussöhnung beizutragen. (23.3. → 26. 11. 1980)

30. September Im völlig überfüllten **Prager Palais Lobkowicz** teilt Außenminister **Genscher** mit, dass die »Landsleute« ausreisen dürfen – für ihn »der bewegendste Augenblick« seiner politischen Arbeit. In der Warschauer Botschaft verkündet der Staatssekretär im Auswärtigen Amt Jürgen Sudhoff die Ausreiseerlaubnis.
Offiziell werden die Flüchtlinge mit Sonderzügen über DDR-Gebiet in die BRD »ausgewiesen«. Sie gelten aus humanitären Gründen als abgeschoben, da die Zustände in den bundesdeutschen Botschaften unhaltbar geworden seien, u. a. aus hygienischen und medizinischen Gründen.

Die bundesdeutsche Botschaft in Prag (Palais Lobkowicz). → 30. September 1989

Die Ausreiseerlaubnis war das Ergebnis umfangreicher diplomatischer Verhandlungen u. a. mit den Außenministern Eduard Schewardnadse (UdSSR), Oskar Fischer (DDR), Jaromir Johanes (ČSSR) und Krzysztof Skubiszewski (Polen) in New York am Rande der UN-Vollversammlung.

1. Oktober   **Erste Ausreisewelle** aus Prag (ca. 6 000 Flüchtlinge) und Warschau (ca. 800 Flüchtlinge) mit Sonderzügen über DDR-Gebiet. Ausreisewillige Bürger versuchen dort auf die Züge aufzuspringen.

Nach Ansicht der Ost-Berliner Nachrichtenagentur ADN haben die Flüchtlinge »durch ihr Verhalten die moralischen Werte mit Füßen getreten und sich selbst aus unserer Gesellschaft ausgegrenzt. Man sollte ihnen deshalb keine Träne nachweinen.« – Diese Bewertung hatte Honecker persönlich eingefügt.

4. Oktober   **Zweite Ausreisewelle** aus Prag und Warschau über DDR-Gebiet via Dresden. Die verriegelten Sonderzüge verspäten sich, da zur Ausreise entschlossene DDR-Bewohner Gleise und Bahnhöfe entlang der Fahrtstrecke besetzt hatten. Sie versuchten die durchfahrenden Züge zu stürmen.

Die Prager Polizei hatte den Flüchtlingsstrom nicht unterbinden können. Daher waren DDR-Bürger erneut massenhaft auf das westdeutsche Botschaftsgelände vorgedrungen. Sie erhielten am 3. 10. die Ausreiseerlaubnis. Zugleich wurde der pass- und visafreie Reiseverkehr in die ČSSR für DDR-Bürger mit sofortiger Wirkung suspendiert und die Grenze geschlossen (wieder aufgehoben am 1. 11. 1989).

17. Oktober   Neue DDR-Flüchtlinge in der **Warschauer Botschaft** werden mit Sondermaschinen der polnischen Fluggesellschaft LOT in die BRD ausgeflogen. Weitere Sonderflüge folgen am 20. 10. 1989.

3. November   **Dritte Ausreisewelle**: Aufgrund eines Beschlusses der DDR-Regierung können DDR-Bürger die Grenze zur ČSSR und von dort zur BRD ohne weitere Formalitäten mit ihrem Personalausweis überqueren. Es setzt eine neue Massenflucht von DDR-Bürgern über die ČSSR in die BRD ein.

Die kommunistische Führung in Prag, die sich mit dem SED-Regime solidarisiert und Bonn »Verantwortungslosigkeit« vorgeworfen hatte, war mittlerweile selbst unter den Druck der eigenen Bevölkerung geraten. Nach Massendemonstrationen, die sich trotz massiver Polizeieinsätze nicht verhindern lassen, tritt am 24. 11. 1989 KP-Chef Miloš Jakeš mit dem gesamten ZK-Sekretariat zurück. Damit ist der Weg für Reformen und freie Wahlen geebnet.

Auch der Flüchtlingsstrom über **Ungarn** und Österreich hält an. Am 8. 10. 1989 hatte sich die kommunistische »Ungarische Sozialistische Arbeiterpartei« aufgelöst und als neu konstituierte »Ungarische Sozialistische Partei« das Statut einer nicht kommunistischen Volkspartei gegeben – ein in der Geschichte des Kommunismus bislang einmaliger Vorgang. Am 23. 10. 1989 – Jahrestag des früher als Konterrevolution angeprangerten Volksaufstandes von 1956 – war anstelle der Volksrepublik die »Republik Ungarn« ausgerufen worden und damit das Ende des kommunistischen Staates.

34.2. DDR: »Wir bleiben hier«: Massendemonstrationen und Reformbestrebungen bis zum Fall der Mauer 1989

1989

7. Mai

Bei den **Kommunalwahlen** stimmen nach amtlichen Angaben 98,85 Prozent der Wähler (Wahlbeteiligung: 98,77 Prozent) für die Einheitsliste der Nationalen Front. (»Neues Deutschland« am 8. 5. 1989: »Eindrucksvolles Bekenntnis zu unserer Politik des Friedens und des Sozialismus«.)

Mitglieder von Oppositionsgruppen hatten jedoch versteckt die Stimmenauszählung beobachtet und Widersprüche zwischen den verkündeten und den tatsächlichen Wahlergebnissen festgestellt, teilweise bis zu zehn Prozent.

Anzeigen und Einsprüche wegen Wahlfälschung werden in den folgenden Tagen als »feindliche« Aktivitäten zurückgewiesen, Protestdemonstrationen unterbunden, u. a. durch »Personenkontrollmaßnahmen«, »Zuführungen« und Verhaftungen.

Das DDR-Außenministerium erklärt am 2. 6. 1989, das Wahlergebnis sei korrekt. Wahlleiter Egon Krenz (SED) bestreitet alle Wahlmanipulationen und -fälschungen. Sie lassen sich erst nach der »Wende« nachweisen.

14. August

Nach langem Urlaub tritt **Honecker** erstmals wieder öffentlich auf, ohne sich über die Staatskrise zu äußern: »Den Sozialismus in seinem Lauf hält weder Ochs noch Esel auf.«

Am 15. 8. muss sich Honecker einer Gallenblasenoperation unterziehen. Er wird von Günter Mittag vertreten und kehrt erst am 24. 9. 1989 aus dem Genesungsurlaub zurück.

4. September

Erste Montagsdemonstration in Leipzig nach den Schulferien vor der Nikolaikirche im Anschluss an das traditionelle Friedensgebet. Etwa 1 000 Bürger fordern »Reisefreiheit statt Massenflucht« und »Stasi raus«.

Seitdem finden wöchentlich die Montagsdemonstrationen statt. Sie werden von Sicherheitskräften observiert, behindert und teilweise aufgelöst. Dennoch weiten sie sich zu Großdemonstrationen auf dem Leipziger Ring aus, erstmals am 25. 9. 1989.

5. September

In einem vorab im »Neuen Deutschland« veröffentlichten Artikel bezeichnet **Honecker** die DDR zum 40-jährigen Bestehen als einen

Staat mit einem »funktionierenden, effektiven sozialistischen Gesellschaftssystem, das sich mit den von ihm verwirklichten Menschenrechten auch an den Herausforderungen der Neunzigerjahre bewähren« werde.

9./10. Sept. In Grünheide bei Ost-Berlin unterzeichnen im Hause der Witwe Robert Havemanns Mitglieder der Friedensbewegung (Bärbel Bohley, Rolf Henrich, Jens Reich u. a.) den Gründungsaufruf **Aufbruch 89 – Neues Forum**. Es ist die erste landesweite Oppositionsbewegung außerhalb der evangelischen Kirche. Das NF will eine »politische Plattform für die ganze DDR« mit den Zielen sein, einen »demokratischen Dialog« über Reformen zu eröffnen und an der »Umgestaltung« der Gesellschaft mitzuwirken: »Die Zeit ist reif.«
Am 19. 9. beantragt das Neue Forum seine Zulassung als politische Vereinigung und legt Unterschriftslisten vor. Das Innenministerium lehnt am 21. 9. 1989 ab: zunächst mit der Begründung, das Neue Forum sei »staatsfeindlich« und »illegal«, später mit dem Argument, es bestehe »keine gesellschaftliche Notwendigkeit«. Legalisiert wird das Neue Forum am 8. 11. 1989.

12. September Gründungsaufruf der Bürgerbewegung **Demokratie Jetzt** (DJ), unterzeichnet von Wolfgang Ullmann, Konrad Weiß, Ulrike Poppe u. a. Da die Ära des Staatssozialismus zu Ende gehe, bedürfe er einer friedlichen und demokratischen Umgestaltung, denn die SED-Führung sei zum Umdenken nicht bereit. Die Oppositionsgruppe, vor allem aus kirchlichen Kreisen, will keine Partei sein. Sie legt ein Thesenpapier vor und veröffentlicht am 14. 9. ein »Flugblatt für die Demokratie«.

20. September Manfred **Gerlach**, Vorsitzender der LDPD und einer der Stellvertreter des Staatsratsvorsitzenden Honecker, fordert als erster führender DDR-Politiker Reformen; denn »Kinder der Revolution, hier erzogen und politisch gebildet«, begännen zu resignieren und zu flüchten.
Das SED-Zentralorgan »Neues Deutschland« vom 19. 9. 1989 hatte die Massenflucht so kommentiert: »Der von Kräften der Bundesrepublik organisierte und stabsmäßig geplante Menschenhandel dient allein der revanchistischen, großdeutschen Politik einer Wiederherstellung des ›Großdeutschen Reiches in den Grenzen von 1937‹, der Revision der Ergebnisse des 2. Weltkrieges und der Nachkriegsentwicklung. Es ist der Versuch, das 40-jährige sozialistische Aufbauwerk der Bürger der DDR zu diskreditieren.«

1./2. Oktober In Ost-Berlin entsteht die neue Oppositionsgruppe **Demokratischer Aufbruch** mit sozialen und ökologischen Zielsetzungen (»Dritter Weg«). Der DA konstituiert sich landesweit am 30. 10. vorläufig, am 16./17. 12. 1989 endgültig als erste oppositionelle Partei. Sie fordert die deutsche Einheit und eine sozial-ökologische Marktwirt-

Militärisches Zeremoniell zum 40. Jahrestag der DDR-Gründung. → 7. Oktober 1989

schaft. Hauptrepräsentanten: Rechtsanwalt Wolfgang Schnur und die Theologen Rainer Eppelmann, Edelbert Richter, Ehrhart Neubert und Friedrich Schorlemmer (später SPD).

2. Oktober Bislang größte **Leipziger Montagsdemonstration** nach dem Friedensgebet in der Nikolaikirche. Anstelle der Forderungen nach Ausreise (»Wir wollen raus«) überwiegen Forderungen nach Meinungsfreiheit und Reformen mit dem Ruf: »Wir bleiben hier«.
Die Sicherheitskräfte gehen gegen die »Unruhestifter« teilweise brutal vor. Bei der gewaltsamen Auflösung werden erstmals auch Betriebskampfgruppen eingesetzt.

6. Oktober Am Vorabend der Staatsfeierlichkeiten erklärt **Honecker** in Anwesenheit Gorbatschows:»40 Jahre DDR – das waren 40 Jahre heroische Arbeit, 40 Jahre erfolgreicher Kampf für den Aufstieg unserer sozialistischen Republik, für das Wohl des Volkes. Das wird auch weiter so sein.« Die Gründung der DDR charakterisiert Honecker als »Wendepunkt in der Geschichte des deutschen Volkes«.

7. Oktober Der 40. Jahrestag der **DDR-Gründung** (6.3. → 7. 10. 1949) wird mit Militärparaden und Aufmärschen gefeiert. Der sowjetische Partei- und Staatschef Gorbatschow betont als Gast die Notwendigkeit von Reformen, auch vor der Presse. Er äußert beiläufig:»Wer zu spät kommt, den bestraft das Leben.«
Während der offiziellen Feierlichkeiten kommt es in vielen Städten zu spontanen Protesten gegen das SED-Regime. Diese Kundgebungen werden behindert oder aufgelöst, viele Demonstranten verletzt oder verhaftet. Die Polizei, die von »Randalierern«, »Rädelsführern« und »kriminellen Elementen« im Zusammenspiel mit westlichen Medien spricht, beschlagnahmt oder vernichtet Fotos

Gorbatschow als Gast Honeckers während der Feierlichkeiten zum → 7. Oktober 1989.

und Materialien von Journalisten. Sie sollen über die Ausschreitungen nicht berichten können. Westlichen Besuchern wurde zuvor auch oft die Einreise von West- nach Ost-Berlin verweigert.

7. Oktober   Im märkischen Dorf Schwante (Kreis Oranienburg) konstituiert sich im evangelischen Gemeindehaus die **Sozialdemokratische Partei in der DDR (SDP)**. Sie strebt eine »konsequente Demokratisierung von Staat und Gesellschaft« mit der Zielsetzung an, eine »ökologisch orientierte soziale Demokratie« zu verwirklichen. Geschäftsführer wird Ibrahim Böhme.

Eine Initiativgruppe mit den evangelischen Theologen Martin Gutzeit und Markus Meckel hatte bereits am 24. 7. 1989 zur Parteigründung aufgerufen.

9. Oktober   Während in verschiedenen Städten – wie an den Vortagen auch – Tausende gegen das SED-Regime demonstrieren, spitzt sich die Lage in **Leipzig** dramatisch zu. Dort kommt es im Anschluss an Montagsgebete in mehreren Kirchen zur größten Protestkundgebung seit dem 17. 6. 1953. Mit den Rufen »Wir sind das Volk«, »Keine Gewalt«, »Wir bleiben hier«, »Neues Forum zulassen«, »Freiheit, freie Wahlen«, »Lasst die Gefangenen frei« fordern ca. 75 000 Bürger politische Reformen.

Die um Leipzig zusammengezogenen Polizei- und Militäreinheiten sowie die mobilisierten Betriebskampfgruppen greifen nicht ein. Sie ziehen sich zurück, da die SED-Führung vor Gewaltanwendung zurückschreckt. Damit ist die Gefahr eines drohenden Bürgerkriegs vorerst gebannt. In einem öffentlich verbreiteten Appell hatten drei Sekretäre der SED-Bezirksleitung Leipzig, der Chefdirigent des Gewandhausorchesters Kurt Masur, Pfarrer Peter Zimmermann und der Kabarettist Bernd-Lutz Lange zum »friedlichen Dialog« aufgerufen (»Leipziger Sechs«).

Am 11. 10. 1989 kündigt die SED-Führung unter dem Druck von Massenflucht und Massendemonstrationen »Vorschläge für einen attraktiven Sozialismus« an.

16. Oktober   Nach den Friedensgebeten versammeln sich in der »**Heldenstadt Leipzig**« 100 000 – 120 000 Bürger zur bisher größten Montagsdemonstration. Erneut halten sich die Sicherheitskräfte zurück.

Honecker soll den Waffeneinsatz angeordnet und ein Panzerregiment nach Leipzig verlegt haben. Blutkonserven waren gehortet und Krankenhäuser und Lazarette für die Pflege von Verwundeten vorbereitet worden.

Umstritten ist, weshalb es nicht zur »chinesischen Lösung« kommt. Es gibt drei unbelegte Hauptthesen: 1. dass Honecker und Mielke letztlich davor zurückgeschreckt hätten, ein Blutbad anzurichten; 2. dass Krenz – so nach dessen eigenen Angaben – interveniert und die Einsatzbefehle widerrufen haben soll; 3. dass die sowjetische Staats- und Armeeführung Zurückhaltung geübt oder gar Ableh-

Bisher größte Montagsdemonstration in Leipzig am → 16. Oktober 1989: Menschenmassen am Ring.

nung signalisiert habe. Damit war die Entscheidung endgültig gefallen: für eine friedliche und gegen eine blutige Revolution.

17. Oktober **Sturz Honeckers**: Das Politbüro der SED setzt auf Antrag Willi Stophs – wie mit Krenz u. a. vereinbart – als Punkt 1 die »Ablösung von Honecker und die Wahl von Krenz als Generalsekretär« neu auf die Tagesordnung. Der völlig isolierte und offensichtlich überraschte Honecker stimmt zu. Er sagt zu, tags darauf zurückzutreten. – Später spricht Honecker von einer »Verschwörung«.

18. Oktober Das ZK der SED entlässt Erich **Honecker** als Generalsekretär und Politbüromitglied. Er tritt offiziell nach 18-jähriger Herrschaft aus »gesundheitlichen Gründen« zurück und gibt auch seine Ämter als Vorsitzender des Staatsrats und des Nationalen Verteidigungsrats auf. Zugleich verlieren ihren Sitz im Politbüro und ihre Funktionen auch die bisherigen ZK-Sekretäre für Wirtschaft, Günter Mittag, und für Agitation und Propaganda, Joachim Herrmann. Zum Nachfolger Honeckers als Generalsekretär des ZK wird einmütig Egon **Krenz** gewählt. Das ZK schlägt gleichzeitig der Volkskammer vor, ihn zum Vorsitzenden des Staatsrats und des Nationalen Verteidigungsrats zu wählen.

In einer von den Medien übertragenen Rede bekennt Krenz, dass die SED in den letzten Monaten die reale Lage verkannt und versäumt habe, die nötigen Schlussfolgerungen zu ziehen. Nun sei die »**Wende**« eingeleitet. Doch stehe der »Sozialismus auf deutschem Boden« nicht zur Disposition.

Unter dem Druck anhaltender Massenproteste und der Massenflucht von DDR-Bürgern über Ungarn, die ČSSR und Polen war der Sturz des kranken und starrsinnigen Honecker wiederholt erwartet worden. Die von Krenz angekündigte »Wende« war jedoch von Anfang an unglaubwürdig: 1. galt der über die FDJ aufgestiegene Funktionär als Honeckers »Kronprinz«; 2. hatte er als Wahlleiter die Wahlfälschungen bei den Kommunalwahlen vom → 7. 5. 1989 geduldet und gedeckt; 3. hatte er die »chinesische Lösung«, d. h. die blutige Niederschlagung der Studenten- und Demokratiebewegung durch Einheiten der Armee in Peking (30. 3. → 8. 6. 1989), gerechtfertigt und die DDR dort am 1. 10. 1989, dem 40. Jahrestag der VR China, vertreten; 4. fielen die brutalen Polizeieinsätze gegen Demonstranten in seinen Kompetenzbereich als ZK-Sekretär. Der öffentliche Unmut macht sich in Parolen Luft wie z. B.: »Demokratie unbekrenzt«; »Keine Lizenz für Egon Krenz«; »unbekrenzte Freiheit«; »Keinen Ego(n)ismus«; »Krenzmann«.

24. Oktober In offener Abstimmung wählt die Volkskammer Egon **Krenz** (SED) zum Vorsitzenden des Staatsrats und anschließend zum Vorsitzenden des Nationalen Verteidigungsrats – erstmals in der Geschichte der DDR mit einigen Gegenstimmen und Enthaltungen. Wie

zuvor Honecker ist damit auch Krenz nicht nur Partei-, sondern zugleich auch Staatschef.

Gegen den Führungsanspruch der SED, die neue Ämterhäufung und Übergriffe der Polizei am 7./8. 10. 1989 richten sich zahlreiche Protestkundgebungen. Sie fordern demokratische Reformen, vor allem freie Wahlen, Reise-, Presse- und Meinungsfreiheit. Der Stil öffentlicher politischer Auseinandersetzungen beginnt sich zu wandeln: SED-Politiker demonstrieren Reform-, Diskussions- und Dialogbereitschaft, Medien berichten teilweise kritisch und unzensiert, das DDR-Fernsehen strahlt politische Live-Sendungen aus (zum ersten Mal am 19. 10. 1989).

27. Oktober   Eine geheime **ökonomische Analyse** für das ZK der SED (Generalsekretär Egon Krenz) kommt zu dem Schluss, dass die sozialistische Planwirtschaft zusammenzubrechen und die DDR zahlungsunfähig zu werden drohe. Daher sei eine »grundsätzliche Änderung der Wirtschaftspolitik der DDR verbunden mit einer Wirtschaftsreform« erforderlich, aber auch eine intensive Zusammenarbeit mit der BRD und anderen »kapitalistischen« Ländern.

27. Oktober   Der Staatsrat erlässt eine umfassende **Amnestie** für Demonstranten (Straftaten gegen die staatliche und öffentliche Ordnung) und Flüchtlinge (Straftaten des ungesetzlichen Grenzübertritts bzw. Versuchs dazu). Ausgenommen bleiben Personen, die Gewalt angewendet oder zu Gewalttätigkeiten aufgefordert haben. Ermittlungsverfahren sind einzustellen, bereits Inhaftierte zu entlassen.

28. Oktober   Die älteste Oppositionsgruppe Initiative Frieden und Menschenrechte (**IFM**), gegründet 1985/86 in Berlin, konstituiert sich als landesweite Organisation.
Diese erste unabhängige Initiativgruppe war seit 1985 heftig verfolgt worden. Doch hatte die Staatssicherheit nicht verhindern können, dass sie Aufrufe zur Reform der DDR verbreitete (z. B. am 11. 3. 1989).

30. Oktober   Hunderttausende demonstrieren erneut gegen das SED-Regime. Sie fordern Reformen, vor allem in **Leipzig** nach den traditionellen Montagsgebeten. Die Nachrichtensendung des Fernsehens »Aktuelle Kamera« wird reformiert, »Der schwarze Kanal« des SED-Chef-Kommentators Karl-Eduard von Schnitzler (er hatte Demonstranten als »Schreihälse ohne Kopf« charakterisiert) nach fast 30 Jahren vom Programm abgesetzt.
Nach Dresdner Vorbild entstehen in verschiedenen Städten öffentliche Gesprächsforen, vor denen sich Politiker kritischen Fragen von Bürgern stellen.

2. November   Von ihren Ämtern treten zurück oder werden entbunden: der Vorsitzende des FDGB Harry **Tisch**; die Vorsitzenden der Blockparteien CDU und NDPD Gerald **Götting** und Heinrich **Homann**;

Massendemonstration am → 4. November 1989 in Ost-Berlin.

Margot Honecker als Volksbildungsministerin; die SED-Bezirkssekretäre in Suhl (Hans Albrecht) und Gera (Herbert Ziegenhahn). Tags darauf kündigt Krenz öffentlich den Rücktritt der fünf SED-Politbüromitglieder Hermann Axen, Kurt Hager, Erich Mielke, Erich Mückenberger und Alfred Neumann an. Auch stellt er ein vom Politbüro gebilligtes »Aktionsprogramm« für Reformen in Politik, Wirtschaft und Gesellschaft vor.

Obwohl in den folgenden Wochen immer mehr Altfunktionäre der politischen Führungsgarde (Nomenklatura) ausgetauscht und ersetzt werden, kann die SED ihr Herrschaftsmonopol vorerst aufrechterhalten.

4. November	**Bisher größte Massendemonstration** in der Geschichte der DDR: Etwa 600 000 Menschen versammeln sich friedlich in Ost-Berlin zu einer von Oppositionsgruppen und Künstlern organisierten, polizeilich genehmigten Großkundgebung. Sie fordern sofortige politische Reformen, u. a. auf Transparenten: »Blumen statt Krenze«; »Das Volk sind wir – gehen sollt ihr«; »Alle Macht dem Volke – nicht der SED«; »Gegen Panzer und Betonköpfe«; »Keine Kosmetik, sondern Reformen«; »Reisepass für jedermann, den Laufpass für die SED«; »Mode 89: Wendejacken«; »Jetzt geht es nicht nur um Bananen, sondern um die Wurst«; »Demokratie – jetzt oder nie«; »Krenz Xiao Ping? Nein danke!«; »Rechtssicherheit spart Staats-

sicherheit«. Niemand fordert, sei es auch nur andeutungsweise, die deutsche Einheit.

Das Fernsehen überträgt die Abschlussveranstaltung auf dem Alexanderplatz direkt und unangekündigt. Es sprechen u. a. die Schriftsteller Stefan Heym (»Es ist, als habe einer die Fenster aufgestoßen«), Christoph Hein (»Von Bürokratie, Demagogie, Bespitzelung, Machtmissbrauch und auch Verbrechen ist diese Gesellschaft gekennzeichnet«), Christa Wolf (»Stell dir vor, es ist Sozialismus, und keiner geht weg«) und die Schauspielerin Steffi Spira (»Aus Wandlitz machen wir ein Altersheim«). Auf Vorbehalte stoßen Redner wie der LDPD-Vorsitzende Manfred Gerlach als »Wendehals«, der frühere stellvertretende Minister für Staatssicherheit (Spionagechef) Markus Wolf (SED) und vor allem der Berliner SED-Generalsekretär Günter Schabowski, der mehrfach ausgepfiffen wird.

Zur gleichen Zeit wie in Ost-Berlin finden in anderen Städten Großkundgebungen gegen die SED statt.

6. November Der mehrfach angekündigte Regierungsentwurf eines neuen **Reisegesetzes** wird nebst Durchführungsverordnung veröffentlicht. Danach kann jeder DDR-Bürger für maximal 30 Tage pro Jahr ins »Ausland« reisen, sofern er dies beantragt hat und die Genehmigung dazu erhält.

Die restriktiven bürokratischen Vorschriften geraten sofort ins Kreuzfeuer öffentlicher Kritik. Sie lösen neue Protestkundgebungen aus. Auf der Leipziger Montagsdemonstration rufen Tausende: »Zu spät«.

Der zuständige Volkskammerausschuss verwirft die Vorlage schon tags darauf als »unzureichend«.

7. November Wie wiederholt öffentlich gefordert, tritt der Ministerrat unter seinem Vorsitzenden Willi **Stoph** (SED) geschlossen zurück. Bis zur Wahl einer neuen Regierung bleibt er geschäftsführend im Amt.

8. November Das **Politbüro der SED** tritt unter dem Zwang pausenloser Massenproteste und unzufriedener Mitglieder (»Wir sind die Partei«; »Für eine Parteiführung, die auf das Volk hört«) geschlossen zurück und dankt damit ab – ein ungewöhnlicher Vorgang.

Das ZK bestätigt Egon Krenz erneut einmütig als Generalsekretär. Es wählt mit Gegenstimmen ein verkleinertes »reformiertes« Politbüro. Ihm gehört neu der bisherige Erste Sekretär der Bezirksleitung Dresden, Hans Modrow, als umstrittener »Reformer« an. Er wird auch für das vakante Amt des Regierungschefs vorgeschlagen.

Nachdem Ungarn seine Westgrenze geöffnet (34.1. → 11. 9. 1989) und dieser Dammbruch immer wieder neue Fluchtwellen ausgelöst hatte (»Wir wollen raus«), sah sich die SED-Führung außerstande, diese »Volksabstimmung mit den Füßen« zu verhindern – dies war zwar seit dem 13. 8. 1961 mit dem Bau der Mauer gelungen, nun aber endgültig misslungen. Doch stellte dieser Massenexodus das erstarrte SED-Regime weniger infrage als vielmehr und letztendlich der permanente Massenprotest mehrheitlich bleibewilliger Bürger (»**Wir bleiben hier**«). Sie demonstrierten für politische Veränderungen und Reformen, indem sie ihre Unzufriedenheit auf die Straße trugen. Ihnen ging es primär um vorenthaltene demokratische Freiheiten und Rechte. Sie übten ständig Druck auf die in sich zerstrittene, reformunfähige SED-Führungsspitze aus. Diese scheute offenbar davor zurück, die geplante »chinesische Lösung«, d. h. die blutige Niederschlagung der Protestbewegung, und damit den Bürgerkrieg zu wagen. So sah sich das handlungsunfähige SED-Politbüro zunächst in die Defensive gedrängt, dann zum Rückzug und zuletzt zur **Abdankung** gezwungen.

9. November **Öffnung der Mauer**: Auf einer vom Fernsehen direkt übertragenen, zunächst langweiligen Pressekonferenz verliest SED-Politbüromitglied Schabowski um 18.57 Uhr auf eine Frage zur neuen Ausreiseregelung beiläufig den Entwurf für eine Presseerklärung über einen Beschluss, den ihm ein Bote des SED-Chefs Krenz kurz vorher zugesteckt hatte: »Privatreisen nach dem Ausland können ohne Vorliegen von Voraussetzungen (Reiseanlässe und Verwandtschaftsverhältnisse) beantragt werden. Die Genehmigungen werden kurzfristig erteilt.« Visa für ständige Ausreisen, die über alle Grenzübergangsstellen der DDR zur BRD bzw. zu West-Berlin erfolgen könnten, seien unverzüglich zu erteilen. – Auf eine Nach-

Jubel am Brandenburger Tor: Die Mauer ist geöffnet. → 9. November 1989

frage erklärt Schabowski in Unkenntnis über die Tragweite seiner Antwort, das trete nach seiner Kenntnis »sofort, unverzüglich« in Kraft. – Geplant gewesen ist dies tatsächlich erst später und nur auf Antrag.

Die sensationelle Meldung löst eine **Kettenreaktion** aus: In Windeseile verbreiten sich Gerüchte, die Grenzübergänge seien geöffnet, obwohl davon keine Rede gewesen ist. An den abends üblicherweise menschenleeren Kontrollstellen entlang der Mauer wimmelt es binnen kurzer Zeit von Ost-Berlinern. Sie wollen eine Probe aufs Exempel machen. Der Bundestag in Bonn unterbricht seine laufende Beratung über das Vereinsförderungsgesetz und stimmt die Nationalhymne an.

Die Grenzwachen sind überrascht, ratlos und überfordert. Weisungsgemäß lassen sie zunächst nur DDR-Bürger mit Ausweisen passieren, die sie abstempeln und entwerten, damit sie nicht wieder zurückkehren können. Doch wird der Ansturm so massiv, dass sie auf Formalitäten und zuletzt auf jede Kontrolle verzichten.

Um 23.14 Uhr öffnen sich die Schlagbäume, zunächst am Übergang Bornholmer Straße. Nach 28 Jahren ist damit die Mauer faktisch gefallen.

Der symbolträchtige 9. November, an dem 1918 in Berlin der Sozialdemokrat Philipp Scheidemann die Republik ausgerufen hatte (er wurde der erste Ministerpräsident der Weimarer Republik), ist historisch in zweifacher Hinsicht belastet: durch Hitlers Putschversuch in München 1923 (»Marsch zur Feldherrnhalle«) und das Reichsjudenpogrom 1938 (»Reichskristallnacht«). Es ist daher problematisch, den 9. 11. zum »Tag der Deutschen« zu erklären und ihn zu feiern.

10. November   Nachdem die DDR am Vortag die Grenzübergänge zur BRD und zu West-Berlin gegen Mitternacht geöffnet hatte, drängen Hunderttausende an die Grenze. In die Mauer werden Breschen geschlagen, um den Übergang zu beschleunigen. Es kommt zu **überschwänglichen Freudenkundgebungen** – viele singen, tanzen, jubeln. Fremde Menschen umarmen sich, manche weinen. Der Regierende Bürgermeister von Berlin, Walter Momper (SPD), der seine Antrittsrede als Bundesratspräsident in Bonn am 10. 11. hält, trifft die Stimmungslage: »Gestern Nacht war das deutsche Volk das glücklichste Volk auf der Welt.«

11./12. Nov.   Nach Öffnung der Grenzübergänge besuchen über das Wochenende etwa **drei Millionen DDR-Bürger** die BRD und West-Berlin. Viele reisen ständig aus (Übersiedler). Obwohl mit dem Abbruch der Mauer begonnen worden war, um neue Grenzübergänge zu eröffnen, entstehen kilometerlange Staus und Rückstaus. Der Verkehr in West-Berlin und in den grenznahen Gebieten bricht zusammen. Zu Verzögerungen kommt es bei der Auszahlung des

Besucher aus der DDR in West-Berlin. Begehrt sind vor allem Südfrüchte und Gemüse.
→ 11./12. November 1989

Begrüßungsgeldes von DM 100 pro Person. Vorübergehend ent-
stehen auch Versorgungsengpässe bei Konsumgütern, die DDR-
Bürger lange hatten entbehren müssen (z.B. Südfrüchte). Die
Preise ziehen daher an.

35.   DDR und BRD: Von der Vertragsgemeinschaft zur Einheit

35.1.   DDR: »Wir sind ein Volk«: Die Entscheidung für die deutsche Einheit als 2. Wende 1989/1990

1989

13. November   **Wende in der Volkskammer**: Der bisherige Volkskammerpräsident
Horst Sindermann (SED) tritt zurück. Zum Nachfolger wählen die
Abgeordneten – erstmals in geheimer Abstimmung – den Vor-
sitzenden der Demokratischen Bauernpartei Deutschlands (DBD),

Günther Maleuda. Er hatte sich im zweiten Wahlgang gegen den ursprünglich favorisierten Kandidaten, den Vorsitzenden der LDPD und »Reformpolitiker« Manfred Gerlach, durchsetzen können.

Nach der einstimmigen Abberufung des amtierenden Ministerrats, dessen Mitglieder Willi Stoph und Erich Mielke (»Ich liebe doch alle Menschen . . .« – Gelächter) sich zu rechtfertigen versuchen, wählt die Volkskammer den von der SED nominierten »Reformkommunisten« Hans Modrow (Dresden) öffentlich mit einer Gegenstimme zum neuen Vorsitzenden des Ministerrats. Am gleichen Tage hebt die DDR mit sofortiger Wirkung die Sperrzonen entlang der Berliner Mauer, der innerdeutschen Grenze und in den Küstengewässern auf.

17. November In der Volkskammer stellt der neue Ministerpräsident Modrow (SED) seine »Regierung des Friedens und des Sozialismus« vor. In der **Regierungserklärung** kündigt er u. a. einschneidende Reformen des politischen Systems, der Wirtschaft, des Bildungswesens und der Verwaltung an. »Grundanliegen ist eine neue sozialistische Gesellschaft, in der die Bürger ihre Hoffnungen und ihre Selbstbestimmung verwirklichen können.« Die beiden deutschen Staaten sollten ihre »Verantwortungsgemeinschaft« mit dem Ziel »qualifizierter guter Nachbarschaft« und »kooperativer Koexistenz« zu einer »**Vertragsgemeinschaft**« ausbauen, die weit über die bisherigen Vereinbarungen hinausgeht. Spekulationen über eine Wiedervereinigung erteilt Modrow – wie auch bereits vorher – eine klare Absage.

Auf Antrag ihrer Fraktionen werden frühere Spitzenpolitiker der Blockparteien von ihren Funktionen als Mitglieder des Staatsrats abberufen und die Mandate ehemals führender SED-Abgeordneter suspendiert.

18. November Die Volkskammer bestätigt en bloc in öffentlicher Abstimmung das **Kabinett Modrow**. Der SED bleiben die Schlüsselressorts vorbehalten. Stellvertreter Modrows wird u. a. der seit 10. 11. 1989 amtierende neue CDU-Vorsitzende Lothar de Maizière, zugleich Minister für Kirchenfragen. Das bisherige Ministerium für Staatssicherheit (MfS bzw. Stasi) heißt nun Amt für Nationale Sicherheit (Nasi).

Kabinett Modrow

Vorsitzender des Ministerrats	Hans Modrow (SED*)
Stellvertretende Vorsitzende und zugleich Minister:	
Wirtschaft	Christa Luft (SED*)
Kirchenfragen	Lothar de Maizière (CDU), Rücktritt am 25. 1., geschäftsführend bis 9. 2. 1990
Örtliche Staatsorgane	Peter Moreth (LDPD)

Mitglieder des Ministerrats:

Staatliche Plankommission	Gerhard Schürer (SED*), ab 11. 1. 1990 Hans-Joachim Lauck (SED*)
Auswärtige Angelegenheiten	Oskar Fischer (SED*)
Außenwirtschaft	Gerhard Beil (SED*)
Maschinenbau	Karl Grünheid (SED*)
Schwerindustrie	Kurt Singhuber (SED*)
Gesundheits- und Sozialwesen	Klaus Thielmann (SED*)
Handel und Versorgung	Manfred Flegel (NDPD)
Umweltschutz und Wasserwirtschaft	Hans Reichelt (DBD), ab 11. 1. 1990 Peter Diederich (DBD)
Justiz	Hans-Joachim Heusinger (LDPD), ab 11. 1. 1990 Kurt Wünsche (LDPD)
Nationale Verteidigung	Theodor Hoffmann (SED*)
Kultur	Dietmar Keller (SED*)
Innere Angelegenheiten	Lothar Ahrendt (SED*)
Amt für Nationale Sicherheit	Wolfgang Schwanitz (SED*), Entlassung am 11. 1. 1990
Verkehrswesen	Heinrich Scholz (SED*)
Finanzen und Preise	Uta Nickel (SED*), Rücktritt am 22. 1. 1990
Post- und Fernmeldewesen	Klaus Wolf (CDU), Rücktritt am 25. 1., geschäftsführend bis 9. 2. 1990
Leichtindustrie	Gunter Halm (NDPD)
Regierungssprecher und Leiter des Presseamtes	Wolfgang Meyer (SED*)
Bildung	Hans-Heinz Emons (SED*)
Arbeit und Löhne	Hannelore Mensch (SED*)
Wissenschaft und Technik	Peter-Klaus Budig (LDPD)
Tourismus	Bruno Benthien (LDPD)
Bauwesen und Wohnungswirtschaft	Gerhard Baumgärtel (CDU), Rücktritt am 25. 1., geschäftsführend bis 9. 2. 1990
Land-, Forst- und Nahrungsgüterwirtschaft	Hans Watzek (DBD)
Generalstaatsanwalt ab 11. 1. 1990	Hans-Jürgen Joseph (SED*)
Minister ohne Geschäftsbereich ab 5. 2. 1990	Tatjana Böhm (UFV)
	Rainer Eppelmann (DA)
	Sebastian Pflugbeil (NF)
	Mathias Platzeck (Grüne Partei)

* SED ab 16./17. 12. 1989 SED-PDS, ab 4. 2. 1990 PDS

Gerd Poppe (IFM)
Walter Romberg (SPD)
Klaus Schlüter (Grüne Liga)
Wolfgang Ullmann (DJ)

23. November Die SED schließt Günter **Mittag**, der für die Wirtschaftsmisere der DDR verantwortlich gemacht wird (32.3. → 10.–11. 3. 1983 und 27. 11. 1986), als Parteimitglied aus und leitet Ausschlussverfahren gegen den früheren Partei- und Staatschef **Honecker** sowie ehemalige Bezirkssekretäre ein. Beschlossen wird, Walter Janka (11.2. → 7.–9. 3. 1957) und am 29. 11. Lex Ende (6.4. → 24. 8. 1950), Rudolf Herrnstadt (6.4. → 23. 1. 1954) und Robert Havemann (28.2. → 16. 11. 1976) zu rehabilitieren.

Der Ministerrat verschärft die Zollkontrollen, um zu verhindern, dass nicht in der DDR lebende und arbeitende Ausländer bestimmte, vor allem subventionierte Waren aufkaufen und z.T. weiterverkaufen. Sie dürfen seit dem 24. 11. nur gegen Vorlage des Personalausweises erworben und nicht oder nur beschränkt ausgeführt werden. – Dagegen protestiert die polnische Regierung am 26. 11. 1989.

24. November In Ost-Berlin konstituiert sich die **Grüne Partei**. Sie will »ökologisch, feministisch, gewaltfrei« sein und betrachtet sich als Ableger der weltweiten, vor allem europäischen Bewegung der Grünen.
Am 26. 11. 1989 wird in Ost-Berlin die **Grüne Liga** als neue ökologische Partei gegründet.

26. November Namhafte Intellektuelle und Reformer treten mit dem Aufruf »**Für unser Land**« dafür ein, die Eigenständigkeit der DDR zu bewahren. Sie soll die »sozialistische Alternative zur Bundesrepublik« sein. Sonst drohe »ein Ausverkauf unserer materiellen und moralischen Werte«, und die DDR werde über kurz oder lang durch die BRD »vereinnahmt«.
Der Appell wird von Stefan Heym am 28. 11. in Ost-Berlin vorgestellt. Dem Aufruf schließen sich auch Staatschef Krenz, Ministerpräsident Modrow und Spitzenpolitiker anderer Parteien an.

Ende November Erste öffentliche Forderungen nach **Wiedervereinigung**, u. a. in Plauen am 25. 11., z.T. auch in Leipzig am 27. 11. (»Deutschland – einig Vaterland«) und erneut am 4. 12. 1989. Doch dominieren bei den tonangebenden Leipziger Montagsdemonstrationen nach wie vor Forderungen nach demokratischen Reformen sowie verstärkt Proteste gegen den Führungsanspruch der SED, ihren Amtsmissbrauch und ihre Korruption, die die Medien enthüllen.
Am 23. 11. hatte sich die CDU der DDR zur »Einheit der Nation« bekannt und deshalb eine deutsch-deutsche Konföderation befürwortet.

28. November Letzte Sitzung des »**Demokratischen Blocks**«. Aus ihm scheiden

nacheinander als Blockparteien aus: die CDU am 4. 12., LDPD und DBD am 5. 12., die NDPD am 7. 12. 1989.
Noch auf ihrem letzten Parteitag vom 14.–16. 10. 1987 hatte die CDU vorbehaltlos die SED als Hegemonialpartei akzeptiert und sich ihr kritiklos angepasst – wie auch stets die anderen Blockparteien.

1. Dezember Auf Antrag aller zehn Fraktionen beschließt die Volkskammer, den in der Verfassung verankerten **Führungsanspruch der SED** zu streichen. Art. 1 Abs. 1 lautet jetzt: »Die DDR ist ein sozialistischer Staat der Arbeiter und Bauern. Sie ist die politische Organisation der Werktätigen in Stadt und Land.« Unmittelbar danach ist gestrichen worden: »unter Führung der Arbeiterklasse und ihrer marxistisch-leninistischen Partei«. (22.3. → 7. 10. 1974)
Die Volkskammer debattiert offen über Amtsmissbrauch, Korruption, Privilegien und Bereicherungen der ehemals führenden Altfunktionäre der SED: über ihre Landsitze, Ferienhäuser und Sonderjagdgebiete, über die Prominentensiedlung Wandlitz, die »Kommerzielle Koordinierung« u. a.
Die Beteiligung der DDR an der militärischen Intervention des Warschauer Pakts gegen den Prager Reformkommunismus (17.3. → 21. 8. 1968) wird »aufrichtig« bedauert.

3. Dezember Unter dem Druck anhaltender Massendemonstrationen, vor allem der eigenen Parteimitglieder, treten das ZK und das **neu gewählte Politbüro der SED** mit **Egon Krenz** als Generalsekretär geschlossen zurück (34.2. → 8. 11. 1989). Die damit führungslose Staatspartei wird vorübergehend von einem Arbeitsausschuss geleitet, dem »Reformpolitiker« angehören, z. B. Gregor Gysi, Wolfgang Berghofer und Markus Wolf.
Zuvor hatte das ZK Erich Honecker, Erich Mielke, Alexander Schalck-Golodkowski, Horst Sindermann, Willi Stoph, Harry Tisch u. a. förmlich aus der SED ausgeschlossen. Dies hatten zahlreiche Delegiertenkonferenzen gefordert; denn die alte Führungsriege der SED war durch Enthüllungen über ihr Luxusleben (vor allem in der abgesperrten Prominentensiedlung Wandlitz), ihre Privilegien und ihren Amtsmissbrauch endgültig diskreditiert worden.
Ehemals führende SED-Funktionäre, u. a. Günter Mittag und Harry Tisch, werden wegen des Verdachts wirtschaftlicher Straftaten verhaftet. Gefahndet wird nach dem untergetauchten früheren Staatssekretär im Außenhandelsministerium Schalck-Golodkowski, dem für die Abteilung »Kommerzielle Koordinierung« zuständigen Chefdevisenbeschaffer. Er stellt sich am 6. 12. in West-Berlin und kommt vorübergehend in Untersuchungshaft.
In den folgenden Tagen schreitet der Machtverfall der SED rapide voran. Leitende Mitarbeiter des Amtes für Nationale Sicherheit treten zurück, ferner der Generalstaatsanwalt Günter Wendland

und sein erster Stellvertreter Karl-Heinrich Borchert. Ihnen wird vorgeworfen, Ermittlungsverfahren wegen Amtsmissbrauchs und Korruption verschleppt zu haben. Auch beginnt die Entwaffnung der »Kampfgruppen der Arbeiterklasse«. (7.3. → 1. 7. 1953)

6. Dezember Nach seinem Rücktritt als SED-Generalsekretär am → 3. 12. verzichtet Egon **Krenz** – wie öffentlich vielfach gefordert – auch auf den Vorsitz im Staatsrat und im Nationalen Verteidigungsrat, der sich faktisch auflöst. Der stellvertretende Staatsratsvorsitzende und Vorsitzende der LDPD, Manfred Gerlach, wird beauftragt, die Geschäfte des amtierenden Staatsoberhauptes wahrzunehmen.
Mit Wirkung vom gleichen Tage beschließt der Staatsrat eine weitreichende Amnestie für Strafgefangene.

7. Dezember Erstmals tritt unter Moderation von Kirchenvertretern der **Runde Tisch** zusammen. An diesem Organ zur Beratung und Kontrolle der Regierung beteiligen sich je zur Hälfte Vertreter der »alten Kräfte« und der neuen bzw. oppositionellen Parteien und Gruppen. Hauptergebnisse: Eine neue Verfassung soll erarbeitet und das Amt für Nationale Sicherheit soll aufgelöst werden. Als Termin für die erste freie Volkskammerwahl ist der 6. 5. 1990 vorgesehen.
Den »Runden Tisch« hatten zuerst die oppositionellen Bürgerbewegungen gefordert, dann Repräsentanten der evangelischen und katholischen Kirche, zuletzt auch SED-Führungsgremien.

Der »Runde Tisch« ist – eckig. → 7. Dezember 1989

8./9. Dez. Der vorgezogene **außerordentliche Parteitag der SED** (1. Session) will einen radikalen Bruch mit allen Erscheinungsformen des Stalinismus vollziehen. Er entschuldigt sich beim Volk dafür, dass die ehemalige SED-Führung die DDR in diese »existenzgefährdende Krise« gestürzt habe. Erstrebt wird ein dritter Weg zwischen »stalinistischem Pseudosozialismus und der Herrschaft des Profits«.
Zum neuen Vorsitzenden wählen die Delegierten den Rechtsanwalt Gregor **Gysi**, zu seinen Stellvertretern Ministerpräsident Hans Modrow und Dresdens Oberbürgermeister Wolfgang Berghofer. An die Stelle des ZK und des Politbüros treten der Vorstand und das Präsidium.
Die Generalstaatsanwaltschaft leitet am 8. 12. gegen die ehemaligen SED-Spitzenfunktionäre Hermann Axen, Erich Honecker, Günther Kleiber, Werner Krolikowski, Erich Mielke und Willi Stoph Ermittlungen wegen des Verdachts des Amtsmissbrauchs und der Korruption ein, ferner gegen den früheren CDU-Vorsitzenden Gerald Götting.

15./16. Dez. Die **CDU** stellt ihren **Sonderparteitag** in Ost-Berlin unter das Motto »Erneuerung und Zukunft«. Sie distanziert sich vom »Sozialismus«, übernimmt als ehemalige Blockpartei aber Mitverantwortung für die Krise der DDR. Nach ihrer neuen Satzung strebt die CDU als »Volkspartei mit christlichem Profil« die »Einheit der deutschen Nation« und die soziale Marktwirtschaft in ökologischer Verantwortung an. Der bestätigte, seit 10. 11. 1989 amtierende Parteivorsitzende Lothar de Maizière befürwortet – anders als der anwesende CSU-Generalsekretär Erwin Huber – die Anerkennung der Oder-Neiße-Grenze.
Die Bürgerbewegung Demokratie Jetzt (34.2. → 12. 9. 1989) hatte am 14. 12. 1989 einen Dreistufenplan zur deutschen Einheit vorgelegt.
Der Zentralvorstand der LDPD bekennt sich am 19. 12. 1989 zur deutschen Einheit und »sozialgerechten Marktwirtschaft«.

16./17. Dez. Der **außerordentliche Parteitag der SED** (2. Session) setzt seine unterbrochenen Beratungen über die Existenzkrise der Partei und ihre Reform fort. Um ein Zeichen für den Neubeginn zu setzen, beschließen die Delegierten, den bisherigen Parteinamen mit dem Zusatz »Partei des Demokratischen Sozialismus« zu ergänzen (**SED-PDS**).
Das bisherige Zentralorgan »Neues Deutschland« erscheint erstmals am 18. 12. 1989 mit dem Untertitel »Sozialistische Tageszeitung«. Sie verzichtet auch auf das Motto, das aus dem Kommunistischen Manifest von Karl Marx und Friedrich Engels stammt: »Proletarier aller Länder, vereinigt euch!«

Dezember **Beginnende 2. Wende**: Auf Massendemonstrationen werden zunehmend Meinungsverschiedenheiten zwischen Gegnern und Anhängern der **deutschen Einheit** ausgetragen. Damit vollzieht sich allmählich ein Gesinnungswandel: Haben sich die Protestkundgebungen bislang fast ausschließlich gegen den Führungsanspruch der SED gerichtet und politische Reformen oder Freiheiten angestrebt, so werden nun verstärkt Forderungen nach Vereinigung der beiden deutschen Staaten laut, erstmals offensichtlich in Plauen im Vogtland. Kirchen-, Friedens-, Umwelt- und Bürgergruppen, darunter viele Intellektuelle, die für die Eigenständigkeit und die Souveränität der DDR eintreten, ziehen sich enttäuscht von den Kundgebungen zurück. Oft werden sie von Befürwortern der Wiedervereinigung »ausgepfiffen«.

Den Auftakt zu diesem Abstieg der Bürgerrechtsbewegung hatte bereits der 9. 11. 1989 markiert: Nachdem wichtige Freiheitsrechte und die Grenzöffnung erkämpft worden waren, hatten die basisdemokratischen Reformgruppen den Zenit ihres Einflusses zugleich überschritten.

Diese 2. Wende der friedlichen Revolution dokumentieren vor allem die traditionellen Montagsdemonstrationen in Leipzig: Seit 4. und 11. 12. 1989 übertönen in einer spannungsgeladenen Atmosphäre die Rufe »**Wir sind ein Volk**« und »**Deutschland, einig Vaterland**« immer häufiger die Parolen für eine »**souveräne DDR**« (»Wir lassen uns nicht BRDigen«; »Kein Ausverkauf der DDR«; »Wider Vereinigung«). Am 18. 12. findet ein Schweigemarsch für die Opfer des Stalinismus statt.

22. Dezember Hermann **Kant** tritt als Präsident des Schriftstellerverbandes mit der Begründung zurück, er könne den auf ihm lastenden psychischen und physischen Druck nicht länger ertragen. – Kant hatte den Verband als Nachfolger Anna Seghers' seit 1978 geleitet und von SED-Kritikern »gesäubert«. Zwar war ihm noch am 7. 12. 1989 fast einhellig das Vertrauen ausgesprochen worden, doch verstummten nicht die Vorwürfe, er sei ein »Wendehals«.
Zum neuen Vorsitzenden wird am 3. 3. 1990 der Lyriker Rainer Kirsch gewählt.

1990

8. Januar Die erste Leipziger Montagsdemonstration im neuen Jahr bekennt sich mehrheitlich zur **deutschen Einheit**: mit schwarz-rot-goldenen Fahnen ohne DDR-Emblem, mit Sprechchören und Transparenten; sie richten sich auch gegen die SED-PDS und ihre neuen Repräsentanten Modrow und Gysi.
Die Montagsdemonstrationen am 15. 1., 22. 1., 29. 1. und 5. 2. bekunden mit zunehmenden Mehrheiten erneut den Willen zur Vereinigung der beiden deutschen Staaten, u. a. mit der ersten Strophe des Deutschlandliedes »Deutschland, Deutschland über alles« am 12. 2. Diese Trendwende zur deutschen Einheit, verbunden mit An-

ti-SED-PDS-Parolen, dokumentieren Massenkundgebungen auch in anderen DDR-Städten.

11./12. Jan.   **Volkskammertagung**: Unter dem Druck öffentlicher Proteste und aller Oppositionsgruppen rückt Modrow nach zwei Ultimaten des Runden Tisches vorerst von seinen Plänen ab, einen Verfassungsschutz und einen Nachrichtendienst zu schaffen. Der Regierung war wiederholt vorgeworfen worden, dass sie die am 14. 12. 1989 beschlossene Auflösung des Amtes für Nationale Sicherheit verschleppe, um es unter neuem Namen zu restaurieren, und Überbrückungsgelder für ehemalige Stasi-Mitarbeiter zahle.

Die Volkskammer verabschiedet u. a. das neue Reisegesetz, das den Bürgern Reisefreiheit einräumt und den Erwerb von Devisen regelt (in Kraft am 1. 2. 1990), ferner eine Verfassungsänderung, die Unternehmen mit ausländischer Beteiligung zulässt.

Abberufen werden der Minister für Nationale Sicherheit Wolfgang Schwanitz (SED-PDS), der Vorsitzende der Staatlichen Plankommission Gerhard Schürer (SED-PDS), der Minister für Umweltschutz und Wasserwirtschaft Hans Reichelt (DBD) und Justizminister Hans-Joachim Heusinger (LDPD). Auf Wunsch der SED-PDS-Fraktion scheiden die Abgeordneten Egon Krenz, Werner Eberlein, Heinz Keßler, Günter Schabowski, Gerhard Schürer u. a. ehemals prominente Altfunktionäre der SED aus der Volkskammer aus.

12.–14. Jan.   Die **Sozialdemokratische Partei der DDR** (SDP) beschließt auf ihrer ersten Landesdelegiertenkonferenz in Ost-Berlin, sich ab sofort SPD zu nennen und das politische Ziel der deutschen Einheit anzustreben. – Der als Gast anwesende SPD-Parteivorsitzende Hans-Jochen Vogel aus der BRD sichert der umbenannten Partei jede gewünschte Hilfe zu.

Der Gemeinsame Ausschuss aus beiden Parteien konstituiert sich am 4. 2. 1990 in Ost-Berlin. Die Delegierten befürworten eine rasche deutsch-deutsche Wirtschafts- und Währungsunion.

15. Januar   Während der Runde Tisch in Anwesenheit Modrows über die Auflösung des Amtes für Nationale Sicherheit berät, stürmen Demonstranten die ehemalige **Stasi-Zentrale** in Berlin-Lichtenberg, Normannenstraße, und verwüsten sie teilweise. Damit entlädt sich eruptiv – wie zuvor bei ähnlichen Aktionen gegen ehemalige Bezirksverwaltungen – der aufgestaute Zorn der Bevölkerung gegen den früheren Unterdrückungs- und Bespitzelungsapparat, z.T. auch gegen die Übergangsregierung Modrow; denn sie hatte hauptamtliche Stasi-Mitarbeiter nur zögernd entlassen und mit Überbrückungsgeldern bzw. Pensionen ausgestattet.

Das Neue Forum hatte landesweit dazu aufgerufen, gegen die »Restaurationspolitik der SED-PDS und ihres Sicherheitsapparates« zu protestieren. Zunehmend beteiligen sich auch Arbeiter an den Kundgebungen; daher kommt es zu Warnstreiks in vielen Städten gegen den Machtanspruch der SED-PDS.

15. Januar **Ende des SED-Medienmonopols**: In Erfurt erscheint die erste unabhängige Tageszeitung »Thüringer Allgemeine«. Sie ist aus der SED-Bezirkszeitung »Das Volk« hervorgegangen.

20. Januar Liberale, christliche und konservative Oppositionsgruppen beschließen in Leipzig, die **Deutsche Soziale Union** (DSU) als Partei zu gründen. Vorsitzender: Pfarrer Hans-Wilhelm Ebeling. Sie befürwortet eine schnelle deutsche Wiedervereinigung und wird von der bayerischen CSU unterstützt.

Auf dem ersten (konstituierenden) Parteitag in Leipzig am 18. 2. 1990 wird die deutsche Einheit »sofort« nach freien Wahlen durch Übernahme des Grundgesetzes und der Rechtsordnung der BRD gefordert. Gäste: Finanzminister und CSU-Vorsitzender Theo Waigel, Innenminister Wolfgang Schäuble (CDU).

20./21. Jan. Der Vorstand der SED-PDS entscheidet mehrheitlich, die von Krisen geschüttelte Partei nicht aufzulösen, sondern als radikal reformierte »**Partei des Demokratischen Sozialismus**« (PDS) fortzuführen. Sie verzichtet daher auf ihren alten Namen, aber auch auf das bisherige Parteiabzeichen: zwei ineinandergreifende Hände als Symbol der Vereinigung von SPD und KPD. (2.2. → 21./22. 4. 1946)

Die Partei schließt zugleich ehemals führende SED-Funktionäre wie Egon Krenz, Kurt Hager, Joachim Herrmann, Heinz Keßler, Erich Mückenberger, Günter Schabowski, Gerhard Schürer u. a. als Mitglieder aus. Doch erklären auch einflussreiche »Reformer« des Bezirks Dresden ihren Parteiaustritt, z. B. der stellvertretende Parteivorsitzende Wolfgang Berghofer. Mittlerweile hatte die ehemalige Staatspartei etwa die Hälfte ihrer Mitglieder (vor der Wende: 2 324 995 Mitglieder und Kandidaten) verloren.

Die Änderung des Parteinamens (PDS) beschließt der Vorstand endgültig am 4. 2. 1990. »Unsere Partei ist nicht mehr die SED.« Um den »Bruch mit der Vergangenheit« zu dokumentieren, werden neue Mitgliedskarten ausgegeben.

25. Januar Da die Planwirtschaft vor dem Kollaps steht, beschließt die Regierung Modrow, für Handel, Handwerk und Dienstleistungen die **volle Gewerbefreiheit** einzuführen. Geregelt wird auch die Beteiligung von Ausländern an staatseigenen Betrieben (in der Regel bis zu 49 Prozent am Stammkapital, in Ausnahmefällen auch darüber) und die Bildung von Gemeinschaftsunternehmen (Joint Ventures).

Die CDU zieht ihre drei Minister (de Maizière, Baumgärtel, Wolf) aus dem Kabinett Modrow zurück. Sie will so oppositionellen Gruppen und Parteien erleichtern, sich über Verhandlungen an der Übergangsregierung zu beteiligen.

28. Januar **Entschärfte Regierungskrise**: Modrow vereinbart mit den Repräsentanten des Runden Tisches ein Vierpunkteprogramm: 1. Die Volks-

kammerwahl wird vom 6. 5. auf den 18. 3. 1990 vorverlegt. 2. Die Kommunalwahlen folgen wie geplant am 6. 5. 1990. 3. Bis zur Volkskammerwahl entsenden alle oppositionellen, d. h. nicht im Kabinett vertretenen Gruppierungen des Runden Tisches je einen Minister ohne Geschäftsbereich in die neue »Regierung der nationalen Verantwortung« (Allparteienregierung ab 5. 2.). 4. Künftig nimmt ein ständiger Regierungsvertreter im Ministerrang an den Beratungen des Runden Tisches teil.

Tags darauf stellt Modrow das Vierpunkteprogramm der Volkskammer vor. In seiner Rede (»Offenbarungseid«) beschreibt er ungeschminkt die desolate Lage, in der sich Staat, Regierung, Gesellschaft und Wirtschaft der DDR befinden.

4. Februar Die **FDP** in der DDR konstituiert sich in Ost-Berlin aus liberalen Gruppen. Vorsitzender: Bruno Menzel. Gäste der FDP aus der BRD: Vorsitzender Graf Lambsdorff, Außenminister Genscher und Fraktionsvorsitzender Mischnick.

Am 9. 2. 1990 beschließt die LDPD in Dresden, sich Liberal-Demokratische Partei (LDP) zu nennen. Sie tritt für eine baldige deutsche Einheit im europäischen Rahmen ein. Vorsitzender als Nachfolger des nicht mehr kandidierenden Manfred Gerlach ist Rainer Ortleb.

5. Februar In Anwesenheit von Bundeskanzler Kohl (CDU) verabreden die Parteivorsitzenden de Maizière (CDU), Ebeling (DSU) und Schnur (DA) im West-Berliner Gästehaus der Bundesregierung, das Wahlbündnis »**Allianz für Deutschland**« zur Volkskammerwahl am 18. 3. zu bilden. Alle drei bürgerlichen Parteien bleiben jedoch politisch selbstständig und stellen ihre eigenen Kandidaten auf. Hauptziele sind: die Wiedererrichtung der ehemaligen DDR-Länder, die deutsche Einheit und als Vorstufe dazu die Währungs- und Wirtschaftsunion mit der BRD. Bundeskanzler Kohl sichert zu, dass die West-CDU und er selbst das Wahlbündnis unterstützen werden.

Die Volkskammer bestätigt die mit dem Runden Tisch am → 28. 1. vereinbarte »Regierung der nationalen Verantwortung«. Die acht neuen Minister ohne Geschäftsbereich sind in der Kabinettsliste vom → 18. 11. 1989 aufgeführt.

Beschlossen wird auch die uneingeschränkte Meinungs-, Informations- und Medienfreiheit. Fortan ist jede Zensur verboten. Rundfunk, Fernsehen und die Nachrichtenagentur ADN unterstehen nicht mehr der Regierung.

Als erste bundesdeutsche Publikation erscheint am 26. 2. 1990 die alternative Tageszeitung »taz« mit einer DDR-Ausgabe. Seit 5. 3. 1990 überschwemmen westdeutsche Medien den DDR-Markt. Sie gelten dort zunächst als attraktiver und glaubwürdiger als »Ost-Medien«.

7. Februar Die oppositionellen Bürgerrechtsbewegungen Neues Forum (NF), Demokratie Jetzt (DJ) und Initiative Frieden und Menschenrechte (IFM) gründen in Ost-Berlin das **Bündnis 90**. Die Listenverbindung befürwortet die stufenweise, vorsichtige Annäherung der beiden deutschen Staaten. Sie tritt für sozialverträgliche und ökologisch verantwortungsbewußte Wirtschaftsreformen ein und verzichtet bei den Volkskammerwahlen am 18. 3. bewusst auf Unterstützung oder Partner aus der BRD.

Das Neue Forum hatte sich am 27./28. 1. 1990 als politische Vereinigung (»Bürgerbewegung mit politischem Programm«) definiert, es jedoch abgelehnt, sich als politische Partei zu etablieren. Befürworter und Gegner der deutschen Einheit hielten sich etwa die Waage. Als Ableger des Neuen Forums konstituierte sich die **Deutsche Forumpartei** (DFP). Sie versteht sich als »Volkspartei der politischen Mitte«.

12. Februar	Die drei liberalen Parteien LDP (vorher LDPD), FDP und Deutsche Forumpartei (DFP) bilden mit Unterstützung der FDP aus der BRD (Gäste: Graf Lambsdorff und Mischnick) den **Bund Freier Demokraten** (BFD) als Listenverbindung. Das Wahlbündnis heißt auch Die Liberalen. (→ 4. 2. und 7. 2. 1990)
	Hauptziele sind die deutsche Einheit und die soziale und ökologisch orientierte Marktwirtschaft auf der Basis des Privateigentums.
14. Februar	**Grüne Partei** (GP) und **Unabhängiger Frauenverband** (UFV, offizieller Gründungskongress am 17. 2. 1990) schließen ein Wahlbündnis. Hauptforderungen sind: die Gleichberechtigung der Geschlechter, soziale Bestandsgarantien und Sicherheiten sowie die deutsche Vereinigung als schrittweiser Reformprozess.
	Auf der gemeinsamen Liste kandidieren auch Vertreter der Grünen Liga. In ihr hatten sich Umwelt- und Naturschutzgruppen zu einem Aktionsbündnis vereinigt.
22.–25. Febr.	**Einheit in Stufen**: Der 1. DDR-Landesparteitag der **SPD** in Leipzig verabschiedet ein Wahlprogramm mit den Absichtserklärungen, Deutschland in drei Stufen (Sozialunion – Währungsunion – Wirtschaftsunion) zu vereinigen und die Einheit durch eine neue gesamtdeutsche Verfassung über Art. 146 GG mit einer Volksabstimmung zu besiegeln. Darüber soll alsbald verhandelt werden. Beschlossen wird ein »Rat zur deutschen Einheit«, dem Willy Brandt vorsitzt.
	Die Delegierten wählen den bisherigen Geschäftsführer Ibrahim Böhme zum Parteivorsitzenden und Spitzenkandidaten für die Volkskammerwahl, Willy Brandt zum Ehrenvorsitzenden.
	Der designierte SPD-Kanzlerkandidat Oskar Lafontaine warnt in seiner Rede vor einer forcierten deutschen Vereinigung und kritisiert heftig die Deutschlandpolitik der Bonner Regierung.
24.–25. Febr.	**Einheit unter Vorbehalten**: Der 1. Parteitag der **PDS** in Ost-Berlin beschließt das Wahlprogramm. Es tritt für demokratische Freiheiten und soziale Sicherheiten ein und befürwortet schrittweise die Vereinigung der beiden deutschen Staaten unter zwei Voraussetzun-

gen: dass die Gleichberechtigung der DDR gewährleistet ist und ihr sozialer Standard erhalten bleibt.

Ministerratsvorsitzender Modrow, der Rückzugsabsichten zu erkennen gegeben hatte, wird Spitzenkandidat für die Volkskammerwahl und zum Ehrenvorsitzenden gewählt.

Auf der Abschlusskundgebung im Ost-Berliner Lustgarten demonstrieren ca. 50 000 PDS-Anhänger für die Souveränität der DDR, gegen ihre »BRDigung« und gegen den »Sozialabbau«.

Am 25. 2. 1990 bilden die heterogenen sozialistischen und ökologischen Gruppen »Vereinigte Linke« (gegründet am 2. 10. 1989) und die marxistische, aber von der SED–PDS abgegrenzte Partei »Die Nelken« (gegründet am 13. 1. 1990) das »Aktionsbündnis Vereinigte Linke« (AVL) als Listenverbindung. Am 28. 2. 1990 entsteht aus linken und grünen Jugendgruppen die »Alternative Jugendliste« (AJL).

1. März　　**Einheit durch Beitritt:** Bundeskanzler Kohl und die Vorsitzenden der DDR-Parteien **CDU, DA und DSU** veröffentlichen in Bonn den Wahlaufruf und das Sofortprogramm der »Allianz für Deutschland« zur Volkskammerwahl. Danach soll die DDR der BRD nach Art. 23 GG beitreten.

Der Runde Tisch hatte am 19. 2. 1990 den Beitritt der DDR nach Art. 23 GG verworfen und ein entmilitarisiertes Deutschland vorgeschlagen.

5. März　　Der Runde Tisch verabschiedet einstimmig eine **Sozialcharta** als Verhandlungsgrundlage für die deutsch-deutsche Wirtschafts- und Währungsunion. Danach sind u. a. als soziale Sicherheiten festzuschreiben: das Recht auf Arbeit, Wohnen und Bildung, die Demokratisierung und Humanisierung des Arbeitslebens, die Gleichstellung von Mann und Frau, die Fristenregelung beim Schwangerschaftsabbruch, die staatlich finanzierte Kinderbetreuung, die kontrollierte Mietpreisbindung, die Fürsorge für Ältere und Behinderte.

Die Volkskammer billigt die Sozialcharta am 7. 3. 1990 auf ihrer letzten Sitzung vor der ersten freien Volkskammerwahl mit großer Mehrheit.

12. März　　Auf seiner **letzten Sitzung** spricht sich der **Runde Tisch** (»Schule der Demokratie«) erneut gegen die Übertragung des Grundgesetzes durch Beitritt der DDR aus. Der Einigungsprozess solle das Selbstbestimmungsrecht der Bürger und die Gleichberechtigung beider deutscher Staaten wahren.

Billigend nimmt der Runde Tisch zur Kenntnis, dass der Apparat der Staatssicherheit zu 96 Prozent aufgelöst und nicht mehr einsatzfähig sei. – Am 8. 3. 1990 hatte der Ministerrat die »Inoffiziellen Mitarbeiter« (IM) der ehemaligen Stasi von ihren Pflichten, u. a. ihrer Schweigepflicht, entbunden.

12. März   **Letzte Montagsdemonstration in Leipzig.** An ihr nehmen nur noch 30 000–50 000 Menschen teil, darunter viele Besucher der Leipziger Messe.
Die traditionellen Kundgebungen hatten sich überlebt, denn die oppositionellen Bürgerrechtsgruppen waren als Initiatoren ausgeschieden und die ursprünglichen Zielsetzungen – politische Reformen und freie Wahlen – erkämpft worden. Zuletzt als Foren für Wahlkampfreden instrumentalisiert, büßten die Demonstrationen in Leipzig und anderen Städten schnell ihre Bedeutung ein, die sie während der Aufbruchstimmung in der DDR hatten. Wer als Redner für eine rasche Wiedervereinigung eintrat, erhielt Beifall, wer gegen sie opponierte, wurde gestört oder niedergebrüllt – so in Leipzig am 5. 3. 1990.

14. März   Nahe der Bezirksstadt Neubrandenburg (Fünfeichen) wird erstmals ein **Massengrab** mit Opfern der sowjetischen Geheimpolizei NKWD entdeckt. Weitere Massengräber werden später u. a. bei Bautzen, Buchenwald, Frankfurt a. d. O., Hohenschönhausen, Sachsenhausen und Torgau gefunden.
Das NKWD hatte 1945–1950, u. a. in ehemaligen KZ-Lagern, nicht nur Nationalsozialisten und Kriegsverbrecher interniert, sondern u. a. auch Wehrmachtsangehörige, Antikommunisten, »Kapitalisten« und »Werwolf-Verdächtige«. Tausende von Häftlingen kamen durch Hunger, Krankheiten, Misshandlungen und Willkürakte um. Diese Lager, bei denen es sich teilweise um ehemalige nationalsozialistische Konzentrationslager handelte, waren ein Tabu im SED-Staat gewesen. Zeitzeugen hatten daher bis zur »Wende« schweigen müssen.

18. März   **Erste freie Volkskammerwahl.** Entgegen den Wahlprognosen geht bei einer Wahlbeteiligung von 93,38 Prozent die »**Allianz für Deutschland**« (→ 5. 2. 1990) überraschend als Sieger hervor: Die CDU erhält 40,82 Prozent, die DSU 6,31 Prozent und der DA 0,92 Prozent der Stimmen. Die vor der Wahl favorisierte SPD erzielt 21,88 Prozent, die PDS 16,40 Prozent und die Liberalen bekommen 5,28 Prozent der Stimmen. Es ziehen auch Splitterparteien in das Parlament ein, da die 400 (bisher 500) Volkskammerabgeordneten in freier, allgemeiner, gleicher, direkter und geheimer Wahl nach dem Verhältniswahlrecht (Hare-Niemeyer-Verfahren) ohne Sperrklausel bestellt werden. Das Bündnis 90, in dem sich die Hauptinitiatoren der friedlichen Revolution zusammengeschlossen hatten, erzielt nur 2,91 Prozent der Stimmen und ist damit bedeutungslos geworden.
Im Wahlergebnis spiegelt sich der **Stimmungsumschwung von der 1. zur 2. Wende**: die Zustimmung einer fast absoluten Mehrheit der Wähler/innen zu einer raschen Währungsunion und Vereinigung der DDR mit der BRD.

Tab. 24: Volkskammerwahl in der DDR, 18. März 1990
Hauptergebnisse

	Anzahl	%	Sitze
Wahlberechtigte	12 426 443		
Wähler	11 604 418	93,38	
Gültige Stimmen	11 541 155	99,45	
CDU	4 710 598	40,82	163
SPD	2 525 534	21,88	88
PDS	1 892 381	16,40	66
DSU	727 730	6,31	25
BFD	608 935	5,28	21
Bündnis 90	336 074	2,91	12
DBD	251 226	2,18	9
GRÜNE – UFV	226 932	1,97	8
DA	106 146	0,92	4
NDPD	44 292	0,38	2
DFD	38 192	0,33	1
AVL	20 342	0,18	1
AJL	14 616	0,13	–
Christliche Liga	10 691	0,09	–
KPD	8 819	0,08	–
Sonstige	–	–	–

Abkürzungsverzeichnis s. S. 585

35.2. Die deutsch-deutsche Vertragsgemeinschaft und ihre Ausgestaltung 1989/1990

1989

8. November   Bundeskanzler Kohl berichtet im Bundestag über die **Lage der Nation**. Die Massenflucht aus der DDR führe der ganzen Welt vor Augen, »dass die Teilung unseres Vaterlandes widernatürlich ist, dass Mauer und Stacheldraht auf Dauer keinen Bestand haben können«. Die Bundesregierung halte unverändert an ihrer Zielsetzung fest, die Einheit und Freiheit Deutschlands in freier Selbstbestimmung zu vollenden. Nach Kohls Einschätzung ist eine rasche Wiedervereinigung nicht zu erwarten.»Bewahren wir, so schwer uns – und vor allem auch unseren Landsleuten in der DDR – dies fallen mag, die beharrliche Geduld, auf den Weg evolutionärer Veränderung zu setzen, an dessen Ende die volle Achtung der Menschenrechte und die freie Selbstbestimmung für alle Deutschen stehen müssen.« Diese Auffassung, dass die deutsche Einheit lange auf sich warten lassen werde, ist Opinio communis in der Bundesregierung. Demgegenüber hatten Oppositionspolitiker das

Streben nach Wiedervereinigung ganz oder weitgehend aufgegeben, aus den Augen verloren oder als »Lebenslüge« (Willy Brandt) der BRD charakterisiert.

Nach dem Fall der Mauer, einen Tag nach seinem Bericht über die Lage der Nation im geteilten Deutschland, setzt Kohl als einer der ersten die Wiedervereinigung auf die Tagesordnung der Politik. (→ 28. 11. 1989)

20. November Kanzleramtsminister Rudolf Seiters sondiert erstmals in Ost-Berlin, welche Möglichkeiten bestehen, die angebotene deutsch-deutsche **Vertragsgemeinschaft** (35.1. → 17. 11. 1989) auszugestalten. Er konferiert mit SED-Chef Krenz, Ministerpräsident Modrow u. a., tags darauf auch mit Kirchen- und Oppositionsvertretern.

28. November Bundeskanzler Kohl legt dem Bundestag während der Haushaltsdebatte ein **Zehnpunkteprogramm zur schrittweisen Überwindung der Teilung Deutschlands und Europas** vor: 1. Sofortige konkrete Hilfe für die DDR, u. a. für einen zeitweiligen Devisenfonds, sofern der Mindestumtausch bei Reisen für Bundesbürger entfalle; 2. Fortsetzung der bisherigen Zusammenarbeit mit der DDR, vor allem in humanitären Bereichen; 3. Angebot einer umfassend ausgeweiteten Zusammenarbeit, sofern die DDR einen grundlegenden und unumkehrbaren Wandel vollziehe, z. B. die Planwirtschaft abbaue und marktwirtschaftliche Bedingungen schaffe; 4. Ausgestaltung der von Ministerpräsident Modrow in seiner Regierungserklärung (35.1. → 17. 11. 1989) vorgeschlagenen Vertragsgemeinschaft; 5. darüber hinaus konföderative Strukturen zwischen beiden Staaten als Übergangsstadium zu einer bundesstaatlichen Ordnung in Deutschland; stufenweise seien nach freien Wahlen gemeinsame Institutionen der Regierungen, von Fachausschüssen und der Parlamente vorstellbar; 6. Verknüpfung der innerdeutschen Beziehungen mit der gesamteuropäischen Entwicklung und dem West-Ost-Verhältnis; 7. Abschluss eines Handels- und Kooperationsabkommens zwischen der DDR und der EG als Vorstufe einer Assoziierung; 8. Fortsetzung des KSZE-Prozesses, der »ein Herzstück dieser gesamteuropäischen Architektur« sei; 9. weitreichende Abrüstung und Rüstungskontrolle zur Überwindung der Trennung Europas und Teilung Deutschlands; 10. Ziel sei die **Wiedervereinigung**, d. h. die »Wiedergewinnung der staatlichen Einheit Deutschlands«.

Den nicht mit ihnen abgestimmten Plan Kohls begrüßen CDU/CSU und FDP mit lebhaftem Beifall, Abgeordnete der SPD mit Beifall; doch rückt die SPD bereits tags darauf von ihm teilweise ab, da sie eine Garantie der Oder-Neiße-Grenze vermisst. Bei der Billigung des Plans im Bundestag am 1. 12. 1989 enthält sich die SPD der Stimme, die Grünen lehnen ab.

In der **DDR** findet Kohls Stufenplan ein zwiespältiges Echo: Nach der DDR-Regierung geht er »an den Realitäten vorbei« und führt zu »Irritationen«. CDU-Ost und NDPD begrüßen ihn vorsichtig, SDP und DA lehnen ihn als verfrüht ab.

Das vorher nicht informierte **Ausland** reagiert verstimmt (Frankreich), reserviert (USA) oder ablehnend (Sowjetunion). Gorbatschow teilt Außenminister Genscher am 4. 12. 1989 in Moskau mit, dass die Sowjetunion jede künstlich forcierte Wiedervereinigung verurteile.

5. Dezember   **Reisefreiheit ab 1. 1. 1990**: Ministerpräsident Hans Modrow und der Chef des Bundeskanzleramtes Rudolf Seiters vereinbaren in Ost-Berlin, dass Bundesbürger und West-Berliner ab 1. 1. 1990 ohne Visum und Zwangsumtausch die DDR und Ost-Berlin besuchen dürfen. Reisende aus der DDR können aus einem befristeten, gemeinsam finanzierten Devisenfonds Reisezahlungsmittel zum gestützten Wechselkurs günstig erwerben; dafür entfällt das bisherige Begrüßungsgeld. Einfuhrverbote der DDR werden aufgehoben.

Damit herrscht erstmals seit 1945 volle Freizügigkeit im gesamtdeutschen Reiseverkehr.

19./20. Dez.   Bundeskanzler Kohl besucht **Dresden**, wo er stürmisch gefeiert wird, u. a. mit Rufen wie »Deutschland – einig Vaterland«.

Hauptergebnisse der Verhandlungen mit Ministerpräsident Modrow (SED): 1. Zusammenarbeit über die geplante Vertragsge-

Bundeskanzler Helmut Kohl wird in Dresden umjubelt. → 19./20. Dezember 1989

meinschaft hinaus, vor allem in den Bereichen Wirtschaft, Ökologie, Verkehr und Kommunikation; 2. Öffnung des Brandenburger
Tors für Fußgänger: 37. → 22. 12. 1989; 3. Amnestie für politische
Gefangene möglichst vor Weihnachten; 4. Reiseerleichterungen
für Bundesbürger und West-Berliner: Wegfall der Visumpflicht
und des Zwangsumtausches bereits ab 24. 12. 1989; 5. Umtausch-
kurs von 1 DM : 3 DDR-Mark ab 1. 1. 1990. (→ 5. 12. 1989)
Am zweiten Tag führt Kohl Gespräche vor allem mit Vertretern
von Kirchen und Oppositionsgruppen.
Über Weihnachten besuchen über eine Million Bundesbürger
visumfrei die DDR.

31. Dezember   In seiner **Neujahrsansprache** stellt Bundeskanzler Kohl – wie in
seinem Zehnpunkteprogramm vom → 28. 11. – die deutsche Einheit
in den Gesamtrahmen der europäischen Einigungsbestrebungen.
»Deutschland ist unser Vaterland, Europa unsere Zukunft.« Die
EG dürfe nicht »an der Elbe enden«.
In der DDR hatten die Vorsitzenden von Staatsrat, Ministerrat und
Volkskammer, Gerlach, Modrow und Maleuda, in einer gemeinsamen Neujahrsbotschaft 1989 als »das Jahr der friedlichen Revolution« gewürdigt. Stabilität und Regierbarkeit der DDR seien »eine
deutsche Notwendigkeit und ein europäisches Anliegen . . .«.
Tausende von Deutschen feiern Silvester am Brandenburger Tor.
(37. → 31. 12./1. 1. 1989/90)

1990

1. Februar   DDR-Ministerpräsident Modrow (SED-PDS) stellt sein Konzept
»Deutschland, einig Vaterland« als **Vierstufenplan** für die Vereinigung der beiden deutschen Staaten vor. Als Schritte zu diesem Ziel
nennt er: 1. Zusammenarbeit und Nachbarschaft im Rahmen der
Vertragsgemeinschaft; 2. Bildung einer Konföderation mit gemeinsamen Organen; 3. Übertragung von Souveränitätsrechten an Kon-
föderationsorgane und 4. Schaffung einer einheitlichen Deutschen
Föderation oder eines Deutschen Bundes durch Wahlen. Voraussetzungen für diese Lösung der deutschen Frage in freier Selbstbestimmung seien: die Wahrung der Interessen und Rechte der Vier
Mächte und aller europäischen Staaten sowie die militärische Neutralität von DDR und BRD auf dem Wege zur Föderation.
Die DDR-Regierung und mit ihr die SED-PDS hatten bisher zwar
eine Vertragsgemeinschaft der beiden deutschen Staaten befürwortet, ihre Vereinigung jedoch strikt abgelehnt. Mit seinem deutschlandpolitischen Gesinnungswandel trägt Modrow der Trendwende
in der DDR Rechnung, aber auch Vorstellungen des sowjetischen
Staats- und Parteichefs Gorbatschow; er hatte ihm am 30. 1. 1990
bei einem Kurzbesuch in Moskau signalisiert, dass die Sowjetunion
die deutsche Einheit prinzipiell nicht in Zweifel ziehe.

In der DDR distanziert sich die Gruppe »Vereinigte Linke« (VL) am 2. 2. 1990 von Modrows Plan, tags darauf auch die SED-PDS, denn er überschreite die »Grenzen linker Politik«.

Bundeskanzler Kohl und die Parteien in der BRD, die Grünen ausgenommen, begrüßen Modrows Vierstufenplan als Bekenntnis zur deutschen Einheit auf der Grundlage freier Selbstbestimmung, sie verwerfen jedoch die geforderte Neutralität.

7. Februar Die Bundesregierung beschließt den koordinierenden Kabinettsausschuss »**Deutsche Einheit**« (Vorsitz Bundeskanzler Kohl). Sie erklärt sich bereit, mit der DDR sofort über eine »Währungsunion mit Wirtschaftsreform« zu verhandeln. Dieses Angebot begründet sie mit der tiefgreifenden Wirtschafts- und Versorgungskrise in der DDR sowie dem anhaltenden Zustrom von Übersiedlern (1989: 343 854 Personen).

Experten (u. a. Bundesbankpräsident Karl Otto Pöhl) hatten zuvor gewarnt, eine Währungsunion mit der DDR zu überstürzen.

13./14. Febr. Während seines **Besuchs in Bonn** vereinbart Ministerpräsident Modrow (PDS), den 17 Regierungsmitglieder begleiten, mit Bundeskanzler Kohl (CDU) die Einsetzung einer gemeinsamen Kommission zur Vorbereitung der angebotenen Währungsunion mit Wirtschaftsreform. Nicht verständigen können sich die beiden Regierungschefs über eine Soforthilfe Bonns von 10–15 Milliarden DM als »Solidarbeitrag« zur wirtschaftlichen Stabilisierung der DDR sowie über die Zugehörigkeit eines geeinten Deutschlands zu Militärbündnissen; einig sind sie sich jedoch darüber, dass es zur deutschen Einheit kommen werde, dass diesbezüglich mit den Siegermächten bald zu verhandeln sei und dass die Menschen in der DDR bleiben statt aus ihr flüchten sollten.

Die Soforthilfe als »Lastenausgleich« Bonns war von der DDR-Wirtschaftsministerin Christa Luft am 5. 2. 1990 gefordert und vom Runden Tisch am 12. 2. nachdrücklich angemahnt worden. Über die Ablehnung zeigt sich die DDR-Delegation verstimmt.

27. März Die SPD-Volkskammerfraktion nimmt das Angebot der »Allianz für Deutschland« an, **Koalitionsgespräche** zu führen, und zwar – entgegen ihrer ursprünglichen Absicht – ggf. auch mit der DSU. Die drei liberalen Parteien hatten bereits am 22. 3. ihre Koalitionsbereitschaft signalisiert.

Die **LDP** benennt sich ab sofort um in Bund Freier Demokraten – Die Liberalen (BFD). Ihm tritt am 28. 3. die **NDPD** korporativ bei. Am 14. 3. 1990 war der Vorsitzende und Spitzenkandidat des Demokratischen Aufbruchs, Wolfgang Schnur, wegen seiner – zunächst von ihm bestrittenen – früheren Zusammenarbeit mit dem MfS (Stasi) zurückgetreten und tags darauf als Parteimitglied ausgeschlossen worden. Nachfolger ist Rainer Eppelmann (zunächst amtierend, ab 22. 4. 1990 endgültig).

Am 2. 4. 1990 legt auch der Partei- und Fraktionsvorsitzende der SPD, Ibrahim Böhme, seine Parteiämter wegen der Vorwürfe nieder, er sei Stasi-Informant gewesen. Nachfolger als Fraktionschef wird am 3. 4. Richard Schröder, als Parteivorsitzender am 9. 6. 1990 Wolfgang Thierse.

3. April   Der frühere SED- und Staatschef **Honecker** lässt sich aus »gesundheitlichen« Gründen in das sowjetische Militärhospital Beelitz (Bezirk Potsdam) einliefern.

Gegen Honecker u. a. ehemals führende SED-Politiker waren verschiedene Ermittlungsverfahren eingeleitet worden. Er wurde zwar am 29. 1. 1990 nach seiner Entlassung aus der Berliner Charité verhaftet, doch tags darauf wegen »Haftunfähigkeit« wieder freigelassen. Er fand in einem evangelischen Pfarrheim in Lobethal bei Bernau Unterkunft.

5. April   Im Ost-Berliner »Palast der Republik« konstituiert sich die **erste frei gewählte Volkskammer**. Die Tagung wird erstmals in der Geschichte der DDR mit einem Gottesdienst eingeläutet.

Das Parlament wählt im zweiten Wahlgang mit 214 Stimmen (erforderliche absolute Mehrheit: 201 Stimmen) die Ärztin Sabine **Bergmann-Pohl** (CDU) zur Präsidentin. Sie übt vorübergehend auch das Amt des Staatsoberhaupts aus.

Auf Antrag der stärksten Fraktion wird Lothar **de Maizière** (CDU) formell mit der Regierungsbildung beauftragt.

Protestdemonstration am → 5. April 1990 in Ost-Berlin gegen einen Umtauschsatz der DDR-Mark im Verhältnis von 2:1 zur DM.

Die Volkskammer ändert die Verfassung: Sie schafft den Staatsrat ab, streicht u. a. die Präambel und die Klauseln, wonach die DDR ein »sozialistischer Staat der Arbeiter und Bauern« ist und die »entwickelte sozialistische Gesellschaft« gestaltet. Eingesetzt wird ein Untersuchungsausschuss, der prüfen soll, ob Abgeordnete ehemalige Mitarbeiter des MfS gewesen sind. Dies hatten landesweit Massendemonstrationen gefordert.

Am gleichen Tage protestieren Hunderttausende gegen den von der westdeutschen Bundesbank am 30. 3. vorgeschlagenen Währungsumtausch im Verhältnis von zwei DDR-Mark zu einer DM.

12. April

Nach langwierigen Verhandlungen wird der **Koalitionsvertrag** zwischen den Allianzparteien (CDU, DSU, DA), der SPD und den Liberalen unterzeichnet. Die Große Koalition ist sich u. a. darin einig, Deutschland zügig nach Art. 23 GG durch den Beitritt der DDR zur BRD zu vereinigen.

Die Volkskammer wählt mit 265 gegen 108 Stimmen bei neun Enthaltungen den CDU-Vorsitzenden Lothar **de Maizière zum Ministerpräsidenten**. Sie bestätigt danach en bloc auch sein Kabinett der Großen Koalition.

Kabinett de Maizière

Ministerpräsident	Lothar de Maizière (CDU)
Amt des Ministerpräsidenten	Klaus Reichenbach (CDU)
Stellvertreter des Ministerpräsidenten und Innere Angelegenheiten	Peter-Michael Diestel (DSU, ab 30. 6. 1990 parteilos, ab 3. 8. 1990 CDU)
Auswärtige Angelegenheiten	Markus Meckel (SPD), Rücktritt am 20. 8. 1990, ab 22. 8. 1990 Lothar de Maizière (CDU)
Regionale und Kommunale Angelegenheiten	Manfred Preiß (Die Liberalen), Austritt am 24. 7. 1990, bleibt in Amt
Wirtschaft	Gerhard Pohl (CDU), Entlassung am 16. 8. 1990*
Finanzen	Walter Romberg (SPD), Entlassung am 16. 8. 1990*
Handel und Tourismus	Sybille Reider (SPD), Rücktritt am 20. 8. 1990*
Justiz	Kurt Wünsche (Die Liberalen, ab 3. 7. parteilos), Entlassung am 16. 8. 1990*
Ernährung, Land- und Forstwirtschaft	Peter Pollack (parteilos), Entlassung am 16. 8. 1990*
Arbeit und Soziales	Regine Hildebrandt (SPD), Rücktritt am 20. 8. 1990, ab 22. 8.

	Jürgen Kleditzsch (CDU) beauftragt mit der Wahrnehmung der Geschäfte
Abrüstung und Verteidigung	Rainer Eppelmann (DA)
Jugend und Sport	Cordula Schubert (CDU)
Familie und Frauen	Christa Schmidt (CDU)
Gesundheitswesen	Jürgen Kleditzsch (CDU)
Verkehr	Horst Gibtner (CDU)
Umwelt, Naturschutz, Energie und Reaktorsicherheit	Karl-Hermann Steinberg (CDU)
Post- und Fernmeldewesen	Emil Schnell (SPD), Rücktritt am 20. 8. 1990*
Bauwesen, Städtebau und Wohnungswirtschaft	Axel Viehweger (Die Liberalen), Austritt am 24. 7. 1990, bleibt im Amt bis 28. 9. 1990
Forschung und Technologie	Frank Terpe (SPD), Rücktritt am 20. 8. 1990, ab 22. 8. 1990 Hans-Joachim Meyer (parteilos) mit der Wahrnehmung der Geschäfte beauftragt
Bildung und Wissenschaft	Hans-Joachim Meyer (parteilos)
Kultur	Herbert Schirmer (CDU)
Medienpolitik	Gottfried Müller (CDU)
Wirtschaftliche Zusammenarbeit	Hans-Wilhelm Ebeling (DSU, ab 2. 7. 1990 parteilos)

* Anschließend sind mit der Wahrnehmung der Geschäfte Staatssekretäre beauftragt worden.

Das Parlament bekräftigt mit überwältigender Mehrheit die Unverletzlichkeit der Oder-Neiße-Grenze. Es bekennt sich zur Mitverantwortung der DDR-Bürger am Holocaust und zur Mitschuld der DDR an der Niederschlagung des »Prager Frühlings«. (17.3. → 21. 8. 1968)

19. April   In seiner **Regierungserklärung** vor der Volkskammer fordert Ministerpräsident de Maizière (CDU) einen »zutiefst demokratischen Neuanfang«. Aus dem Ruf »Wir sind das Volk« sei der Ruf »Wir sind ein Volk« erwachsen. Dies bedeute Demokratie und Einigung Deutschlands: »So schnell wie möglich, aber so gut wie nötig.« Doch könne die Teilung »tatsächlich nur durch Teilen aufgehoben werden« – Gemeinsamkeit und Solidarität seien daher geboten. Mit einem Währungsumtausch von 1:1 sollen die Grundlagen für die Wirtschafts-, Währungs- und Sozialunion mit der BRD in einer ökologischen und sozialen Marktwirtschaft gelegt werden. Anzustreben sei ein gesamteuropäisches Sicherheitssystem mit immer weniger militärischen Funktionen.

In der Volkskammer schließen sich die Abgeordneten der CDU und des Demokratischen Aufbruchs (DA) zur Fraktionsgemeinschaft CDU/DA zusammen.

35.3. Die Währungs-, Wirtschafts- und Sozialunion 1990

<u>1990</u>

20. März — Die Bundesregierung beschließt, der DDR eine **Wirtschafts-, Währungs- und Sozialunion** vorzuschlagen. Sie soll bis zum Sommer 1990 verwirklicht und gleichzeitig das Notaufnahmeverfahren abgeschafft werden.
Tags darauf beraten in Bonn de Maizière, Ebeling und Eppelmann als Vorsitzende der »Allianz für Deutschland« mit Bundeskanzler Kohl und Finanzminister Waigel über die Regierungsbildung in der DDR nach der Volkskammerwahl. (35.1. → 18. 3. 1990)

17. – 21. April — Eine Bürgerbefragung entscheidet mit Dreiviertelmehrheit, dass Karl-Marx-Stadt wieder **Chemnitz** heißen soll. – Die Stadtverordnetenversammlung bestätigt die Rückbenennung mit Wirkung vom 1. 6. 1990.

23. April — Die Bundesregierung einigt sich auf die **Wechselkurse** für die Währungs-, Wirtschafts- und Sozialunion mit der DDR. Danach ist ein Tauschverhältnis von 1:1 bei Löhnen, Gehältern und umgestellten Renten und bei Bargeld bzw. Guthaben bis zum Höchstbetrag von 4 000 Ost-Mark pro Kopf vorgesehen. Bei darüber hinausgehenden Beträgen und Schulden von Betrieben soll ein Kurs von 2:1 gelten. Diesen Wechselkurs von Ost-Mark zu DM hatte die Bundesbank generell vorgeschlagen.
Bundeskanzler Kohl und Ministerpräsident de Maizière vereinbaren am 24. 4. in Bonn, die Wirtschafts-, Währungs- und Sozialunion zum 1. 7. 1990 zu realisieren. Jedoch kritisiert die DDR-Regierung am 25. 4. öffentlich, dass der vorgeschlagene Höchstbetrag von 4 000 Ost-Mark für den 1:1-Umtausch zu niedrig sei.

27. April — In Ost-Berlin beginnen neben den laufenden Expertengesprächen die **Regierungsverhandlungen** über die Wirtschafts-, Währungs- und Sozialunion. Delegationsleiter sind Hans Tietmeyer, stellvertretender Bundesbankpräsident, und Günther Krause, parlamentarischer Staatssekretär beim DDR-Ministerpräsidenten.
In einer Regierungserklärung versichert Kanzleramtsminister Rudolf Seiters, die »erheblichen Belastungen« durch die deutsche Einheit seien »durchaus verkraftbar«. Sie könnten durch das Wirtschaftswachstum anstelle von Steuererhöhungen finanziert werden. Dem widerspricht die SPD.

Karl-Marx-Stadt wird in Chemnitz rückbenannt. → 17.–21. April 1990

2. Mai   Die beiden deutschen Regierungen vereinbaren **Umtauschkurse,**
                die im Staatsvertrag vom → 18. 5. festgelegt werden.
                Die Bundesregierung unterrichtet den Bundestagsausschuss »Deut-
                sche Einheit« auf seiner konstituierenden Sitzung am 11. 5. über die
                geplante Währungs-, Wirtschafts- und Sozialunion.
                Bis zum erfolgreichen Abschluss der Verhandlungen am 17. 5.
                kommt es in der DDR zu Demonstrationen, Warnstreiks, Straßen-

und Grenzblockaden, da negative Auswirkungen des Staatsvertrags vor allem in sozialen Bereichen befürchtet werden. Die unzufriedene SPD der DDR hatte bereits am 7. 5. damit gedroht, die Koalitionsfrage in der Regierung zu stellen.

6. Mai **Erste freie Kommunalwahlen** für Kreistage, Stadtverordnetenversammlungen und Stadtbezirksversammlungen in der DDR. Mit der Volkskammerwahl (35.1. → 18. 3. 1990) verglichen, bleibt die CDU stärkste Partei. Sie erleidet aber, wie auch die anderen größeren Parteien, mit regionalen Abweichungen Verluste.

10. Mai Die Kultusministerkonferenz der BRD erkennt Schulabschlüsse an, die in der DDR zum **Hochschulzugang** berechtigen. Bei Numerusclausus-Fächern erhalten Abiturienten aus der DDR eine Sonderquote.

16. Mai Bundeskanzler Kohl und die Regierungschefs der Bundesländer beschließen den Fonds »**Deutsche Einheit**«. Er soll, mit 115 Milliarden DM ausgestattet, die Währungs-, Wirtschafts- und Sozialunion mit der DDR finanzieren.

18. Mai Die Finanzminister Theo Waigel (BRD) und Walter Romberg (DDR) unterzeichnen in Bonn den Vertrag über die **Schaffung einer Währungs-, Wirtschafts- und Sozialunion** (Staatsvertrag). Er soll ein

Die Finanzminister Waigel (rechts) und Romberg (links) bei der Unterzeichnung des Staatsvertrags in Bonn am → 18. Mai 1990. Im Hintergrund de Maizière (links) und Bundeskanzler Kohl (rechts).

erster bedeutsamer Schritt zur staatlichen Einheit nach Art. 23 GG im Rahmen der europäischen Einigung sein.

Die **Währungsunion** beginnt am 1. 7. 1990 mit der Einführung der DM in der DDR unter der alleinigen geldpolitischen Verantwortung der Deutschen Bundesbank. Wiederkehrende Zahlungen (Löhne und Gehälter, Renten, Mieten und Pachten, Stipendien) werden im Verhältnis 1:1 umgestellt, ebenso Guthaben natürlicher Personen gestaffelt je nach Lebensalter bis zu festgesetzten Höchstgrenzen: für Kinder 2 000 Mark, für 15–59-jährige 4 000 Mark, für Ältere 6 000 Mark. Alle anderen Forderungen und Verbindlichkeiten sind im Verhältnis 2:1 umzutauschen.

Basis der **Wirtschaftsunion** ist die Soziale Marktwirtschaft mit Privateigentum, Leistungswettbewerb, freier Preisbildung und voller Freizügigkeit von Arbeit, Kapital, Gütern und Dienstleistungen. Die DDR schafft die dafür erforderlichen wirtschafts- und finanzpolitischen Rahmenbedingungen. Der innerdeutsche Handel wird künftig in DM abgewickelt. Beim Außenwirtschaftsverkehr, der nach den Grundsätzen des freien Welthandels (GATT) zu gestalten ist, genießen bestehende Verpflichtungen der DDR gegenüber den RGW-Ländern Vertrauensschutz.

Zeitweise wird in der DDR die strukturelle Anpassung der Unternehmen an die neuen Marktbedingungen gefördert. Für die Landwirtschaft führt die DDR ein Preisstützungs- und Außenschutzsystem gemäß EG-Marktordnung ein. Übergangslösungen für andere sensible Bereiche sind anwendbar.

Eine Umweltunion wird angestrebt. Die DDR übernimmt möglichst schnell die in der BRD geltenden Sicherheits- und Umweltschutzanforderungen sowie das bundesdeutsche Umweltrecht.

Die **Sozialunion**, die mit der Währungs- und Wirtschaftsunion eine Einheit bildet, beruht auf der schrittweisen Einführung der bundesdeutschen Arbeitsrechtsordnung, Sozialversicherung und Sozialhilfe in der DDR.

Haushalt, Finanzen, Steuern, Zölle und Finanzverwaltung der DDR sind dem Recht der BRD anzupassen. Das volkseigene Vermögen ist vorrangig dafür zu nutzen, die Wirtschaft zu reformieren und den Haushalt zu sanieren. Im Rahmen der Haushaltshilfe erhält die DDR 1990/91 zweckgebundene Finanzzuweisungen und eine Anschubfinanzierung für die Renten- und Arbeitslosenversicherung.

Einem Gemeinsamen Regierungsausschuss obliegt die Durchführung des Vertrags und die Beilegung von Streitigkeiten; sofern dies auf dem Verhandlungswege nicht gelingt, entscheidet ein Schiedsgericht.

Der Vertrag, der im Bedarfsfalle geändert, ergänzt oder überprüft werden kann, berührt nicht die mit dritten Staaten abgeschlossenen Verträge und bedarf der Ratifizierung.

Im Gemeinsamen Protokoll werden allgemeine Leitsätze für die Wirtschafts- und Sozialunion, besondere für einzelne Rechtsgebiete wie Rechtspflege, Wirtschaftsrecht, Baurecht, Arbeits- und Sozialrecht vereinbart.

Anlagen: I: »Bestimmungen über die Währungsunion und über die Währungsumstellung«; II: »Von der DDR in Kraft zu setzende Rechtsvorschriften«; III: »Von der DDR aufzuhebende oder zu ändernde Rechtsvorschriften«; IV: »Von der DDR neu zu erlassende Rechtsvorschriften«; V: »Von der Bundesrepublik Deutschland zu ändernde Rechtsvorschriften«; VI: »Regelungen, die in der DDR im weiteren Verlauf anzustreben sind«; VII: »Grundsätze für die Übermittlung personenbezogener Informationen zur Durchführung des Vertrages«; VIII: »Allgemeine Verfahrensvorschriften für das Schiedsgericht« und IX: »Möglichkeiten des Eigentumserwerbs privater Investoren an Grund und Boden sowie an Produktionsmitteln zur Förderung gewerblicher arbeitsplatzschaffender Investitionen in der DDR«.

Für Bundeskanzler Kohl ist die Unterzeichnung des Vertrags die »Geburtsstunde eines freien und einigen Deutschlands«. Für Ministerpräsident de Maizière beginnt »die tatsächliche Verwirklichung der Einheit Deutschlands« mit einem »Kompromiss«.

23. Mai   41 Jahre nach der Verkündung des Grundgesetzes tagen in Bonn **erstmals gemeinsam Ausschüsse** von Bundestag und Volkskammer: Die Ausschüsse »Deutsche Einheit« beraten über den Staatsvertrag vom → 18. 5. 1990.

Auf ihrer ersten gemeinsamen Sitzung in Berlin am 30. 4. 1990 hatten die Präsidien von Bundestag und Volkskammer beschlossen, je einen besonderen Parlamentsausschuss einzusetzen, der federführend den deutschen Einigungsprozess begleiten und mitgestalten sollte.

6. – 18. Juni   Nach Hinweisen von Bürgern und ehemaligen Stasi-Mitarbeitern werden u. a. folgende **RAF-Aussteiger** verhaftet: Susanne Albrecht am 6. 6. in Ost-Berlin, Inge Viett am 12. 6. in Magdeburg, Monika Helbing und Ekkehard Freiherr von Seckendorff-Gudent am 14. 6. in Frankfurt a.d.O., Werner Lotze am 14. 6. in Senftenberg, Sigrid Sternebeck am 15. 6. in Schwedt, Silke Maier-Witt und Henning Beer am 18. 6. in Neubrandenburg. Sie hatten ein unauffälliges Leben in der DDR geführt und unterhielten auch Kontakte mit dem damaligen MfS, das ihnen bei der Einbürgerung, Wohnungs- und Arbeitssuche behilflich war. – Gegen Honecker und Mielke werden deshalb am 21. 6. in Karlsruhe Ermittlungsverfahren wegen Strafvereitelung eingeleitet. – Zur deutsch-deutschen Fahndungsunion: → 20. 6. 1990.

15. Juni   Die beiden deutschen Regierungen veröffentlichen eine Gemeinsame Erklärung zur **Regelung offener Vermögensfragen**. Danach

sind Enteignungen auf besatzungsrechtlicher bzw. -hoheitlicher Basis (1945–1949) nicht mehr rückgängig zu machen. Die Regierungen der Sowjetunion und der DDR sehen keine Möglichkeit für eine Revision. Die Regierung der BRD nimmt dies zur Kenntnis mit dem Vorbehalt, dass später »über etwaige staatliche Ausgleichsleistungen« entschieden werden könne.

Ansonsten ist enteignetes Grundvermögen in der DDR grundsätzlich den ehemaligen Eigentümern oder ihren Erben zurückzugeben. Soweit ein Anspruch auf Rückübertragung besteht, kann alternativ Entschädigung gewählt werden.

17. Juni	Volkskammer und Bundestag gedenken in Ost-Berlin erstmals gemeinsam des »**Tages der deutschen Einheit**« und der Opfer des Volksaufstandes vom 17. 6. 1953. (6.4. → 17. 6. 1953)

Im Anschluss an die Feierstunde tagt die Volkskammer. Überraschend beantragt die DSU, die Tagesordnung zu erweitern und zu beschließen, dass die DDR mit sofortiger Wirkung nach Art. 23 GG der BRD beitrete. Der Antrag wird beraten und nach Warnungen vor einem überstürzten Beitritt zur BRD an den Ausschuss »Deutsche Einheit« überwiesen.

Anschließend streicht die Volkskammer mit der erforderlichen Zweidrittelmehrheit die letzten sozialistischen »Verfassungsgrundsätze«. Sie konstituiert die DDR als »freiheitlichen, demokratischen, sozialen und ökologischen Rechtsstaat«.

Verabschiedet wird auch das Treuhandgesetz zur Privatisierung und Reorganisation des volkseigenen Vermögens nach den Grundsätzen der sozialen Marktwirtschaft.

20. Juni	Auf ihrer zweiten gemeinsamen Sitzung einigen sich die beiden Parlamentsausschüsse »Deutsche Einheit« auf eine gleichlautende Resolution zur Endgültigkeit der **Oder-Neiße-Grenze**. Ihre Anerkennung gilt als Voraussetzung dafür, dass die Nachbarstaaten der deutschen Einheit zustimmen.

Der Staatsvertrag wird um Artikel erweitert, die dem Schutz der DDR-Wirtschaft und ihrer Wettbewerbsfähigkeit dienen sollen. Darüber hinaus wird der rechtliche Rahmen für eine Fahndungsunion geschaffen.

21. Juni	In Ost-Berlin und in Bonn verabschieden Volkskammer und Bundestag zeitgleich den **Staatsvertrag** vom → 18. 5. 1990 sowie eine vorher abgestimmte gleichlautende Entschließung zur Endgültigkeit der **Oder-Neiße-Grenze** mit überwältigenden Mehrheiten.

In der Volkskammer (302 gegen 82 namentliche Stimmen bei einer Enthaltung) lehnen PDS und Bündnis 90/Grüne den Staatsvertrag ab; denn er stülpe das System der BRD über die DDR, ohne deren Bürgern die Chance einer gleichberechtigten Mitwirkung einzuräumen. PDS-Vorsitzender Gysi hatte den Vertrag bereits am 18. 5. 1990 als »Unterwerfung« bezeichnet.

Die Volkskammer beschließt mit Mehrheit am 21., 22., 28. und 29. 6. zugleich die für die Rechtsangleichung an die BRD erforderlichen Gesetze, u. a. ein Mantelgesetz.

Im Bundestag (444 gegen 60 namentliche Stimmen) sind die meisten Abgeordneten der Grünen und einige SPD-Abgeordnete gegen den Staatsvertrag. SPD-Kanzlerkandidat Oskar Lafontaine hatte empfohlen, ihn im Bundestag abzulehnen und im Bundesrat passieren zu lassen, doch stieß dieser Vorschlag mehrheitlich auf innerparteiliche Ablehnung.

22. Juni Auch der **Bundesrat** billigt den Staatsvertrag; gegen ihn stimmen nur das Saarland und Niedersachsen. Doch verabschieden die SPD-geführten Länder, die erstmals seit 1956 eine Mehrheit haben, eine Entschließung, in der sie die Bundesregierung hart kritisieren und damit Bedenken des Kanzlerkandidaten Lafontaine gegen den Vertrag artikulieren.

25. Juni Der Vorstand der Demokratischen Bauernpartei Deutschlands (DBD) entscheidet sich mehrheitlich für eine **Fusion** mit der CDU. Dem stimmt der Vorstand der CDU der DDR am 26. 6. zu. Der DBD-Vorsitzende Günther Maleuda tritt zum 30. 6. 1990 zurück.

Ende August löst sich die Partei auf. Mitglieder wechseln nicht nur zur CDU über, sondern auch zur SPD und zu den Liberalen, viele bleiben parteilos.

1. Juli Der **Staatsvertrag** vom → 18. 5. tritt in Kraft. Damit führt die DDR die DM anstelle der DDR-Mark ein (**Währungsunion**). Sie schafft die Voraussetzungen für die Soziale Marktwirtschaft (**Wirtschaftsunion**) und die Übernahme der bundesdeutschen Sozialversicherung (Renten-, Kranken-, Arbeitslosen-, Unfallversicherung), Sozialhilfe und Arbeitsrechtsordnung (Koalitionsfreiheit, Tarifautonomie, Streikrecht, Betriebsverfassung, Kündigungsschutz, Mitbestimmung, Entgeltfortzahlung im Krankheitsfall) im Rahmen der **Sozialunion**.

Das Umweltrahmengesetz der DDR gleicht in Ansätzen Vorschriften für den Natur-, Emissions- und Strahlenschutz, die Wasser- und Abfallwirtschaft sowie das Chemikalien- und Atomrecht an den Standard der BRD an (**Umweltunion**).

Das staatliche Außenhandelsmonopol der DDR wird beseitigt und das bundesdeutsche Steuer- und Zollrecht installiert.

Die Anstalt zur treuhänderischen Verwaltung des Volkseigentums (**Treuhandanstalt**) soll die volkseigenen Betriebe, die bisher Abgaben an den Staat abzuführen hatten, sanieren, privatisieren oder stillegen und die volkseigenen Güter und Wälder übernehmen.

Mit dem In-Kraft-Treten des Staatsvertrages sind die **Personenkontrollen** an der innerdeutschen Grenze aufgehoben. So entsteht Freizügigkeit in den beiden deutschen Staaten. Gleichzeitig wird in der BRD das **Notaufnahmeverfahren** für Übersiedler eingestellt,

Währungsumtausch in der DDR am → 1. Juli 1990.

d. h., die DDR-Bürger müssen sich vor einem Umzug eigenverantwortlich um Wohnung und Arbeit kümmern. Sie erhalten auch kein Eingliederungsgeld mehr, seit dem 19. 5. 1990 auch keine Fremdrente.

Das Aufnahmeverfahren für **Aussiedler** aus osteuropäischen Staaten ist neu geregelt: Es wird ab 1. 7. 1990 vor der Einreise geprüft, ob die Voraussetzungen des Vertriebenenstatus (z. B. deutsche Staats- oder Volkszugehörigkeit) vorliegen. Für die Eingliederungsleistungen ist ein Aufnahmebescheid erforderlich.

Mit dem Staatsvertrag tritt zwischen der DDR und der EG zugleich eine **Zollunion** in Kraft. (36.2. → 1. 7. 1990)

35.4. Staatliche Einheit durch Beitritt der DDR zur BRD 1990

1990

2. Juli

Nach dem Vollzug der Wirtschafts-, Währungs- und Sozialunion tritt die DDR-Regierung dafür ein, **gesamtdeutsche Wahlen** am 2. 12. und **Landtagswahlen** am 14. 10. 1990 durchzuführen.

Die DSU ist nach den Parteiaustritten ihrer umstrittenen Minister Peter-Michael Diestel (Innenressort) und Hans-Wilhelm Ebeling (Entwicklungshilfe) nicht mehr in der DDR-Koalitionsregierung vertreten. Am 3. 7. scheidet der kritisierte Justizminister Kurt Wünsche aus dem BFD aus. Die drei parteilosen Minister bleiben im Kabinett de Maizière; Diestel wird am 3. 8. 1990 CDU-Mitglied. (35.2. → 12. 4. 1990)

6. Juli

In Ost-Berlin beginnen die Verhandlungen über den **Einigungsvertrag** (2. Staatsvertrag) zum Beitritt der DDR nach Art. 23 GG. Innenminister Wolfgang Schäuble und Günther Krause, parlamentarischer Staatssekretär beim DDR-Ministerpräsidenten, einigen sich als Delegationsleiter auf einen vorläufigen Themenkatalog.

Offen bleiben der Termin des Beitritts vor oder nach gesamtdeutschen Wahlen und die Sperrklauseln im einheitlichen oder zweigeteilten Wahlgebiet. Wegen dieser Streitfragen kommt es innerhalb der DDR-Regierungskoalition zu heftigen Kontroversen. Sie verschärfen sich in den folgenden Wochen.

20. Juli

Erstmals schwören Rekruten der **Nationalen Volksarmee** (NVA) einen neuen Fahneneid. Er verpflichtet sie nicht mehr dazu, den Sozialismus zu verteidigen. Künftig nimmt die NVA auch nicht an Manövern des Warschauer Pakts teil.

Bundesverteidigungsminister Gerhard Stoltenberg (CDU) und der Minister für Abrüstung und Verteidigung Rainer Eppelmann (DA) hatten am 28. 5. 1990 offizielle Beziehungen zwischen Bundeswehr und NVA aufgenommen.

22. Juli	Die Volkskammer verabschiedet das verfassungsändernde **Ländereinführungsgesetz**. Es wandelt die bisher zentralistische DDR in einen föderativen Staat mit fünf restituierten Ländern um: Mecklenburg-Vorpommern, Sachsen-Anhalt, Brandenburg, Sachsen und Thüringen. Sie waren durch das »Demokratisierungsgesetz« (6.4. → 23. 7. 1952) aufgelöst worden und sollen am 14. 10. 1990, an dem Landtagswahlen stattfinden, wiederhergestellt werden und an die Stelle der bisherigen Bezirke treten.

Die Ländergrenzen folgen weitgehend dem historischen Verlauf. Bei Gebietskorrekturen sind Bürgerbefragungen vorgesehen. Ost-Berlin erhält ebenfalls Landesbefugnisse.

24. Juli   Die **Liberalen** treten aus der Regierungskoalition des Ministerpräsidenten de Maizière aus, ziehen jedoch ihre zwei Minister (Preiß und Viehweger) aus dem Kabinett nicht zurück.

Vorausgegangen waren Koalitionsstreitigkeiten: Während die CDU den Beitritt der DDR nach der gesamtdeutschen Wahl am 2. 12. 1990 und getrennte Sperrklauseln für diese Wahl in beiden deutschen Staaten befürwortete, forderten Liberale und SPD einen Beitritt vor der gesamtdeutschen Wahl und ein einheitliches Wahlgebiet und Wahlrecht.

26. Juli   Die Ausschüsse »Deutsche Einheit« des Bundestags und der Volkskammer einigen sich während ihrer gemeinsamen Sitzung in Bonn auf **gesamtdeutsche Wahlen am 2. 12. 1990** in einem einheitlichen Wahlgebiet mit einheitlichem Wahlrecht. Tags darauf beschließt daher die SPD, aus dem Kabinett de Maizière nicht auszuscheiden.

3. August   Schäuble und Krause unterzeichnen den **ersten gesamtdeutschen Wahlvertrag**, auf den sich Bonn und Ost-Berlin geeinigt haben. Er erstreckt den Geltungsbereich des Bundeswahlrechts auf die Länder der DDR. Er sieht eine auf das gesamtdeutsche Wahlgebiet bezogene einheitliche fünfprozentige Sperrklausel vor und erhöht die Zahl der Mitglieder des Bundestags von 518 auf 656. Berlin wird als ein Land behandelt. Zugelassen sind Listenverbindungen nicht miteinander konkurrierender Parteien (Huckepackverfahren).

Ministerpräsident de Maizière schlägt wegen der Wirtschafts- und Regierungskrise in der DDR überraschend vor, die ersten gesamtdeutschen Wahlen vom 2. 12. auf den 14. 10. vorzuverlegen und zeitgleich den Beitritt der DDR zur BRD zu vollziehen. Dieser Plan war mit Bundeskanzler Kohl, den de Maizière im Urlaub am Wolfgangsee besucht hatte, abgestimmt und von ihm auch begrüßt worden.

5. August   In Ost-Berlin wird die Listenvereinigung **Linke Liste/PDS** gegründet. Die Grüne Partei und das Bündnis 90 in der DDR schließen sich mit den Grünen in der BRD zur Listenverbindung **Bündnis 90/Grüne** zusammen.

Am Vortag hatte in Ost-Berlin der Demokratische Aufbruch (DA) die Fusion mit der CDU (DDR) beschlossen. Es bestand bereits eine Fraktionsgemeinschaft. (35.2. → 19. 4. 1990)

8./9. August   Getrennte **Sondersitzungen** der Volkskammer und des Bundestags. Die Volkskammer lehnt den von der DSU bereits am 17. 6. eingebrachten Antrag ab, den Beitritt der DDR zum Geltungsbereich des Grundgesetzes nach Art. 23 sofort zu erklären (35.3. → 17. 6. 1990), aber auch den Antrag der SPD, den Beitritt bis spätestens 15. 9. 1990 zu erklären. Dagegen billigt sie mit knapper Mehrheit folgenden Antrag von CDU/DA: »Die Verfassungsorgane der Bundesrepublik werden gebeten, die Möglichkeit zu eröffnen, die Wahlen zum gesamtdeutschen Parlament in Verbindung mit dem Beitritt der DDR zur Bundesrepublik am 14. 10. 1990 durchzuführen.« Damit überlässt die Volkskammer dem Bundestag, über dieses Junktim von Beitritts- und Wahltermin zu entscheiden.

In den frühen Morgenstunden des 9. 8. scheitert in der Volkskammer der Wahlvertrag vom → 3. 8.: Wegen der Nachtsitzung hatten sich die Reihen der Regierungsfraktionen bereits gelichtet, sodass die erforderliche Zweidrittelmehrheit bei der Abstimmung knapp verfehlt wird. – Der Bundestag setzt daher die weitere Beratung des Wahlvertrags von der Tagesordnung ab.

Im Bundestag findet der von der CDU/CSU und FDP favorisierte Plan, am 14. 10. gesamtdeutsche Wahlen in Verbindung mit dem gleichzeitigen Beitritt der DDR abzuhalten, ebenfalls nicht die für Verfassungsänderungen erforderliche Zweidrittelmehrheit, denn die SPD lehnt ab, vorgezogenen Wahlen zuzustimmen. Sie befürwortet zwar, die DDR solle der BRD möglichst bald nach Art. 23 GG beitreten, doch müsse es bei der vereinbarten gesamtdeutschen Wahl am 2. 12. 1990 bleiben. – Dieser Termin wird daher endgültig festgelegt.

11./12. August   Gründung der **ersten gesamtdeutschen Partei FDP** – Die Liberalen. Der Bund Freier Demokraten (BFD), die FDP und die Deutsche Forumpartei (DFP) aus der DDR, die bereits in der Volkskammer eine gemeinsame Fraktion bilden, vereinigen sich auf dem gemeinsamen Parteitag in Hannover mit der FDP der BRD. Parteivorsitzender: Graf Lambsdorff.

15. August   **Kabinettsumbildung**: Ministerpräsident de Maizière (CDU) kündigt an, er werde wegen der anhaltenden Wirtschaftskrise und der damit zusammenhängenden Meinungsverschiedenheiten die Minister Walter Romberg/SPD (Finanzen), Peter Pollack/parteilos (Ernährung, Land- und Forstwirtschaft) und Gerhard Pohl/CDU (Wirtschaft) am morgigen Tag entlassen, ferner wegen seiner umstrittenen Vergangenheit den parteilosen Justizminister Kurt Wünsche. Die Ressorts werden nicht neu besetzt, sondern von Staatssekretären verwaltet. – Zur Kabinettsliste: 35.2. → 12. 4. 1990.

Einheimische Produkte lassen sich nach der Einführung der DM-West zeitweilig in der DDR nicht mehr verkaufen. → 15. August 1990

Der Regierungschef macht die entlassenen Minister (Wünsche ausgenommen) für die Wirtschaftsmisere der DDR verantwortlich, u. a. für die Struktur- und Existenzkrise der Landwirtschaft; denn importierte »westliche« Agrarprodukte beherrschen weitgehend den inländischen Markt. Wiederholt hatten daher Bauern gegen die Agrarpolitik protestiert.

20. August   **Ende der Großen Koalition**: Die SPD zieht nach einer Fraktionssitzung am 19. 8. ihre restlichen Minister und ihre parlamentarischen Staatssekretäre aus der Regierung de Maizière zurück. Den Anstoß dazu hatte die verfassungsrechtlich umstrittene Kabinettsumbildung vom → 15. 8. gegeben.

Der SPD-Fraktionschef Richard Schröder tritt am 21. 8. wegen parteiinterner Konflikte über den Beitrittstermin nach Art. 23 GG zurück. Nachfolger wird der SPD-Vorsitzende Wolfgang Thierse.

Das Minderheitskabinett de Maizière verfügt nun nicht mehr über die erforderliche verfassungsändernde Zweidrittelmehrheit zur Verabschiedung des Einigungsvertrags. Die Liberalen (21 Mandate) waren bereits am → 24. 7. aus der Regierungskoalition ausgeschieden, nicht jedoch ihre Minister aus dem Kabinett.

22. August   Die Volkskammer verabschiedet in namentlicher Abstimmung den **Wahlvertrag**, der im ersten Anlauf gescheitert war. (→ 8./9. 8. 1990)

Die Gegenstimmen stammen von PDS und Bündnis 90/Grüne, die vor allem die fünfprozentige Sperrklausel für das gesamtdeutsche Wahlgebiet ablehnen.

Am 23. 8. verabschiedet der Bundestag den gesamtdeutschen Wahlvertrag gegen die Stimmen der Grünen. Am 24. 8. 1990 billigt ihn auch der Bundesrat mit großer Mehrheit.

22. August   Drei bundesdeutsche Großkonzerne, das Rheinisch-Westfälische Elektrizitätswerk (RWE), Preußen Elektra und Bayernwerk, übernehmen die **Stromversorgung** der DDR mit Zustimmung des Energieministeriums und der Treuhandanstalt.

Nach kurzer Amtszeit war am 20. 8. Reiner Gohlke als Präsident der Treuhandanstalt wegen Differenzen mit dem Verwaltungsrat zurückgetreten. Dessen bisheriger Vorsitzender, Detlev Karsten Rohwedder, wird neuer Treuhandchef. (35.3. → 17. 6. und 1. 7. 1990)

23. August   **Beitritt zum 3. 10. 1990**: Die am Vortag von Ministerpräsident de Maizière (CDU) beantragte und um 21.00 Uhr einberufene Sondersitzung der Volkskammer (»Fahrplan zur Herstellung der deutschen Einheit«) zieht sich bis in die frühen Morgenstunden hin. Sie verabschiedet mit der erforderlichen Zweidrittelmehrheit folgen-

Die Volkskammer hat den Beitritt der DDR zur BRD mit Wirkung vom 3. Oktober 1990 beschlossen. → 23. August 1990

den gemeinsamen Kompromissantrag der Fraktionen von CDU/
DA, DSU, FDP und SPD:»Die Volkskammer erklärt den Beitritt
der DDR zum Geltungsbereich des Grundgesetzes der Bundesrepublik Deutschland gemäß Art. 23 des GG mit Wirkung vom
3. 10. 1990. Sie geht dabei davon aus, dass die Beratungen zum Einigungsvertrag zu diesem Termin abgeschlossen sind, die 2+4-Ver-
handlungen einen Stand erreicht haben, der die außen- und sicherheitspolitischen Bedingungen der deutschen Einheit regelt, die
Länderbildung soweit vorbereitet ist, dass die Wahl in den Länderparlamenten am 14. 10. 1990 durchgeführt werden kann.« Parla-
mentspräsidentin Sabine Bergmann-Pohl teilt um 2.47 Uhr das
»wirklich historische« Abstimmungsergebnis mit: 294 Ja-, 62 Neinstimmen und sieben Enthaltungen bei 363 anwesenden Abgeordneten von insgesamt 400. Damit ist die »quälende Diskussion« (de
Maizière) um den **Tag der deutschen Einheit** beendet.
Zuvor waren folgende mögliche Beitrittstermine gemäß Art. 23 GG
diskutiert und abgelehnt worden: mit sofortiger Wirkung (DSU-
Antrag), mit Wirkung zum 14. 10. 1990 (aus der CDU-Fraktion),
mit Wirkung zum 15. 9. 1990 (SPD-Antrag), zum schnellstmögli-
chen Zeitpunkt (Antrag Bündnis 90/Grüne).
Bundeskanzler Kohl erklärt im Bundestag:»Der heutige Tag ist
ein Tag der Freude für alle Deutschen.« SPD-Kanzlerkandidat Lafontaine begrüßt den Volkskammerbeschluss, fordert jedoch dazu auf,
die »Einheitlichkeit der Lebensverhältnisse« für die Menschen in ganz
Deutschland herzustellen.

24. August   Die dritte Verhandlungsrunde zum **Einigungsvertrag** ist abgeschlossen. Strittig bleiben vor allem die Bereiche Schwangerschaftsabbruch, Stasi-Akten, Länderfinanzen, Eigentumsfragen, Partei-
vermögen, Stimmenzahl im Bundesrat, Treuhandanstalt, soziale
Sicherheit u. a.
Die Volkskammer verabschiedet 1. das Gesetz über die Sicherung
und Nutzung der personenbezogenen Daten des ehemaligen Ministeriums für Staatssicherheit bzw. des Amtes für Nationale Sicherheit und lehnt damit ab, sie dem Bundesarchiv in Koblenz zu übergeben (in einem fast einstimmigen Beschluss vom 30. 8. bekräftigen
die Volkskammerabgeordneten, dass dieses Gesetz »unverzicht-
barer Bestandteil« des Einigungsvertrages als »Fortgeltungsrecht
der DDR« werden müsse.); 2. den Mehrheitsbeschluss, wonach im
Einigungsvertrag das »Tatortprinzip für die rechtliche Bewertung
beim Schwangerschaftsabbruch festzuschreiben« ist.
In Spitzengesprächen mit den Parteivorsitzenden von CSU, FDP
und SPD sowie den Regierungschefs der Länder kann Bundeskanzler Kohl in den kontroversen Fragen des Einigungsvertrags
Kompromisse erzielen. Daher beginnt am 30. 8. die vierte und letzte
Verhandlungsrunde.

29. August   Die Volkskammerfraktion der Demokratischen Bauernpartei
              Deutschlands (DBD) und des Demokratischen Frauenbundes
              Deutschlands (DFD) löst sich auf. Von den zehn Abgeordne-
              ten schließen sich vier der CDU-, drei der SPD-, zwei der FDP-
              Fraktion an, der frühere Vorsitzende Maleuda bleibt fraktionslos.
              (35.3. → 25. 6. 1990)

31. August   Der um 2.08 Uhr paraphierte Vertrag über die Herstellung der Ein-
              heit Deutschlands (**Einigungsvertrag**) wird vormittags vom Bun-
              deskabinett in Bonn und vom Ministerrat in Ost-Berlin geneh-
              migt und um 13.15 Uhr im Ost-Berliner Kronprinzenpalais von den
              Verhandlungsführern Innenminister Wolfgang Schäuble und dem
              parlamentarischen Staatssekretär beim DDR-Ministerpräsidenten
              Günther Krause unterzeichnet.
              Der **letzte deutsch-deutsche Vertrag** besteht aus einer Präambel,
              45 Artikeln, drei Alagen sowie einem Protokoll mit Klarstellungen
              zu den Artikeln und Anlagen.
              Nach der **Präambel** wollen die Menschen in beiden Teilen Deutsch-
              lands in Frieden und Freiheit in einem rechtsstaatlichen, demokra-
              tischen und sozialen Bundesstaat leben und durch die deutsche
              Einheit zur Einigung Europas und zum Aufbau einer europäischen
              Friedensordnung beitragen. Die Unverletzlichkeit der Grenzen und

Unterzeichnung des Einigungsvertrags am 31. August 1990. Links Wolfgang Schäuble, rechts
Günther Krause, in der Mitte DDR-Ministerpräsident Lothar de Maizière.

der territorialen Integrität und Souveränität aller Staaten in Europa in ihren Grenzen gilt als Voraussetzung für den Frieden und ein vertrauensvolles Zusammenleben.

Mit dem Beitritt der DDR zum Geltungsbereich des Grundgesetzes gemäß Art. 23 GG am 3. 10. 1990 werden die fünf Länder **Brandenburg, Mecklenburg-Vorpommern, Sachsen, Sachsen-Anhalt** und **Thüringen** Länder der BRD. Der 3. 10. wird anstelle des 17. 6. gesetzlicher Feiertag als Tag der Deutschen Einheit.

Berlin, das durch Vereinigung von West- und Ost-Berlin ein Land bildet, ist Deutschlands Hauptstadt. Nach Herstellung der deutschen Einheit entscheiden die gesetzgebenden Bundesorgane über den Sitz von Parlament und Regierung. (38.4. → 20. 6. 1991)

Das Grundgesetz tritt grundsätzlich, soweit nichts anderes bestimmt ist, mit dem 3. 10. 1990 in den fünf neuen Bundesländern und in Ost-Berlin in Kraft. Jedoch sind bis zum 31. 12. 1992 bzw. längstens bis zum 31. 12. 1995 Übergangsfristen vorgesehen.

Beitrittsbedingte Änderungen des Grundgesetzes: 1. Die Präambel wird angepasst. Danach haben die Deutschen in den alten und neuen Bundesländern die Einheit und Freiheit Deutschlands vollendet; dazu hatte die alte Fassung, die von einer »Übergangszeit« spricht, das gesamte deutsche Volk in freier Selbstbestimmung aufgefordert. 2. Art. 23, der vorsieht, dass andere Teile Deutschlands dem Geltungsbereich des Grundgesetzes beitreten können, ist aufgehoben. 3. Ergänzt ist die Stimmenzahl im Bundesrat nach Art. 51 Abs. 2: Länder mit mehr als sieben Millionen Einwohnern erhalten sechs Stimmen. 4. Die Bestimmungen über alte Verbindlichkeiten nach Art. 135 a gelten auch für die DDR und ihre Rechtsträger. 5. Anpassungsbedingte Abweichungen vom Grundgesetz sind nach dem neuen Art. 143 bis zum 31. 12. 1992 bzw. längstens bis zum 31. 12. 1995 zulässig, doch wird auf nicht mehr rückgängig zu machende Eingriffe in das Eigentum gemäß der Gemeinsamen Erklärung zur Regelung offener Vermögensfragen (35.3. → 15. 6. 1990) hingewiesen. 6. Art. 146 wird neu gefasst. Das Grundgesetz gilt nach Vollendung der Einheit und Freiheit Deutschlands nicht mehr als Provisorium. Es verliert seine Gültigkeit, wenn eine Verfassung in Kraft tritt, die von dem deutschen Volke in freier Selbstbestimmung (z. B. einer Volksabstimmung) beschlossen worden ist. Künftige Verfassungsänderungen werden empfohlen.

In dem Beitrittsgebiet gelten ab 3. 10. 1990 auch die **EG-Verträge** nebst den dazugehörenden Rechtsakten, soweit nicht Ausnahmen zugelassen sind, sowie die **völkerrechtlichen Verträge** der BRD. Völkerrecht der DDR ist mit deren Vertragspartnern zu erörtern und zu klären, ob es fortgilt, angepasst wird oder erlischt.

Weitere Bestimmungen betreffen die Bereiche Finanzverfassung, Rechtsangleichung, öffentliche Verwaltung und Rechtspflege, öffentliches Vermögen und Schulden, Arbeit, Soziales, Familie, Frauen, Gesundheitswesen und Umweltschutz, Kultur, Bildung, Wissenschaft und Sport.

Die Volkskammer entsendet 144 voll stimmberechtigte Abgeordnete in den Bundestag. Die neuen Länder sind übergangsweise beratend im Bundesrat vertreten.

Anlage I enthält besondere Bestimmungen zur Überleitung von Bundesrecht nach Geschäftsbereichen der einzelnen Bundesministerien in Kapiteln: welches Bundesrecht von der Geltung im Bundesgebiet ausgenommen ist, welches Bundesrecht aufgehoben, geändert oder ergänzt wird und welches Bundesrecht mit welchen Maßgaben in Kraft tritt.

Anlage II führt besondere Bestimmungen für fortgeltendes Recht der DDR nach Geschäftsbereichen der Bundesministerien in Kapiteln auf: welches Recht der DDR in Kraft bleibt, welche Rechtsvorschriften aufgehoben, geändert oder ergänzt werden und welches Recht mit welchen Maßgaben weiter gilt.

Erst in der Nacht zuvor kommt es zu einer Einigung in zwei Streitpunkten:

1. Der **Schwangerschaftsabbruch** wird unterschiedlich nach dem Tatortprinzip für eine Übergangszeit geregelt: Die Indikationslösung der §§ 218 ff. StGB gilt in den alten Bundesländern, die Fristenlösung nach DDR-Recht (28.1. → 9. 3. 1972) in den neuen Bundesländern, wo eine Deutsche binnen zwölf Wochen nach

Demonstration vor der ehemaligen Bezirksverwaltung für Staatssicherheit in Leipzig im September 1990.

Schwangerschaftsbeginn durch einen ärztlichen Eingriff abtreiben lassen kann. Der gesamtdeutsche Gesetzgeber soll bis spätestens zum 31. 12. 1992 eine verfassungskonforme Regelung verabschieden; solange dies misslingt, bleibt die bisherige Fristenlösung im ehemaligen DDR-Gebiet in Kraft.
2. Die Akten des ehemaligen Ministeriums für Staatssicherheit (**Stasi-Akten**) werden im ehemaligen DDR-Gebiet gelagert und archiviert. Die Behandlung dieser Akten ist ergänzend in einer Zusatzvereinbarung vom 18. 9. 1990 geregelt.
Anlage III ist mit der Gemeinsamen Erklärung der beiden deutschen Regierungen zur Regelung offener Vermögensfragen (35.3. → 15. 6. 1990) identisch. Das DDR-Gesetz zur Regelung offener Vermögensfragen enthält als Bestandteil des Einigungsvertrags Rahmenvorschriften zur Rückübertragung bzw. Entschädigung von Vermögenswerten nach – **nicht vor** – Gründung der DDR.

20. September Der **Einigungsvertrag** wird mit den erforderlichen Zweidrittelmehrheiten verabschiedet: In der Volkskammer (299 gegen 80 Stimmen, 1 Enthaltung) sind die Fraktionen von PDS und Bündnis 90/Grüne gegen den Vertrag, im Bundestag (440 gegen 47 Stimmen, 3 Enthaltungen) kommen die Gegenstimmen aus der Fraktion der Grünen und 13 aus der CDU/CSU-Fraktion. Am 21. 9. 1990 billigt der Bundesrat den Vertrag einstimmig.

27. September Nach getrennten Parteitagen am Vortag vereinigen sich die SPD in der BRD und in der DDR zur **gesamtdeutschen SPD**. Der erste gemeinsame Parteitag in Berlin verabschiedet das neue Organisationsstatut und besiegelt mit einem Manifest die Wiederherstellung der Einheit 44 Jahre nach der Zwangsvereinigung der SPD mit der KPD zur SED (2. 2. → 21./22. 4. 1946). Zum ersten gesamtdeutschen Vorsitzenden wird Hans-Jochen Vogel gewählt, tags darauf der saarländische Ministerpräsident Oskar Lafontaine fast einmütig als Kanzlerkandidat bestätigt.

29. September Das Bundesverfassungsgericht erklärt den **Wahlvertrag** vom → 3. 8. 1990 teilweise für verfassungswidrig; denn er verstoße gegen den Grundsatz der Wahlgleichheit. Die einheitliche fünfprozentige Sperrklausel benachteilige unter den besonderen Umständen der gesamtdeutschen Wahl Parteien und andere politische Vereinigungen aus der DDR; ihnen müsse zusätzlich die Möglichkeit für Listenverbindungen als Ausgleich eingeräumt werden.
Geklagt hatten neben den Republikanern und den Grünen auch die Linke Liste/PDS, und zwar gegen die fünfprozentige Sperrklausel und das »Huckepackverfahren«, wonach Landeslisten verschiedener Parteien, die in keinem Land – ausgenommen Berlin – nebeneinander Listenvorschläge einreichen, verbunden werden können.
Am 18. 9. 1990 hatte das Bundesverfassungsgericht die Klage von acht Abgeordneten der CDU-Bundestagsfraktion gegen den Eini-

Der Tag der Deutschen Einheit vor dem Reichstag. → 3. Oktober 1990

gungsvertrag als offensichtlich unbegründet zurückgewiesen. Sie hatten vor allem verhindern wollen, dass die Oder-Neiße-Grenze völkerrechtlich endgültig festgeschrieben und damit anerkannt werde.

30. September Der **Freie Deutsche Gewerkschaftsbund** (FDGB) löst sich als Dachverband endgültig selbst auf. Der Vorstand hatte dies bereits am 9. 5. 1990 beschlossen, am 14. 9. auch ein außerordentlicher Kongress. Die einzelnen Mitgliedgewerkschaften vereinigen sich größtenteils mit ihren westdeutschen Partnerorganisationen.

1./2. Oktober Auf dem Vereinigungsparteitag in Hamburg schließen sich die CDU in der BRD und in der DDR zur **gesamtdeutschen CDU** zusammen. Zum Vorsitzenden wird Bundeskanzler Helmut Kohl fast einstimmig gewählt, zu seinem einzigen Stellvertreter Ministerpräsident Lothar de Maizière.

2. Oktober **Festakt** der DDR-Regierung am Vorabend der deutschen Einheit mit Ludwig van Beethovens 9. Symphonie. Zuvor hatte die Volkskammer letztmals getagt.
Die diplomatischen Beziehungen der DDR mit 135 Staaten und »Befreiungsorganisationen« enden. Die Ständigen Vertretungen in Ost-Berlin und Bonn werden geschlossen.
Die Nationale Volksarmee (NVA) löst sich offiziell auf.

3. Oktober **Tag der Deutschen Einheit**: Der Beitritt der DDR zum Geltungsbereich des Grundgesetzes nach Art. 23 wird wirksam. Damit endet die Existenz der DDR. Nach 45 Jahren (1945–1990) ist die staatliche Einheit Deutschlands wieder hergestellt.
Vor dem Reichstagsgebäude in Berlin feiern Hunderttausende die Vereinigung: Um Mitternacht wird die Bundesflagge gehisst, die Freiheitsglocke geläutet, die Nationalhymne gesungen und ein Feuerwerk gezündet. Ähnliche Freudenfeste finden in vielen anderen Städten Deutschlands statt.

36. Internationale und sicherheitspolitische Rahmenbedingungen der deutschen Einheit

36.1. Weltpolitische Veränderungen am Ende des Kalten Krieges 1989–1990

1989

15. Februar Der sowjetische Truppenabzug aus **Afghanistan** ist termingerecht abgeschlossen. Dies trägt wesentlich zur Ost-West-Entspannung bei. Am 27. 12. 1979 hatte die Sowjetunion in Afghanistan militärisch interveniert, um den durch einen Staatsstreich an die Macht gekommenen Präsidenten Babrak Karmal zu stützen. Internationale Proteste und verlustreiche Kämpfe im eskalierenden Bürgerkrieg mit den Mujahedin veranlassten Gorbatschow am 8. 2. 1988, den sowjetischen Truppenabzug anzukündigen. Er wurde vertraglich durch Vermittlung der UNO am 14. 4. 1988 besiegelt und begann am 15. 5. 1988.

6. März   In Wien beginnen die Verhandlungen über Konventionelle Streitkräfte in Europa **(VKSE)** und zugleich Verhandlungen über Vertrauens- und Sicherheitsbildende Maßnahmen **(VSBM)** zwischen den 35 KSZE-Teilnehmerstaaten (16 NATO-, 7 Warschauer-Pakt-, 12 neutrale und nicht gebundene Staaten). Diese Verhandlungen waren im Schlussdokument der 3. KSZE-Folgekonferenz in Wien am 15. 1. 1989 vereinbart worden. Einvernehmlich hatten zuvor am 2. 2. 1989 die geographisch auf Mitteleuropa beschränkten MBFR-Verhandlungen seit 1973 geendet.

Bereits am 10. 1. 1989 waren zwischen NATO und Warschauer Pakt erfolgreich Gespräche über ein Mandat für Verhandlungen über konventionelle Stabilität in ganz Europa vom Atlantik bis zum Ural abgeschlossen worden. Dabei hatten sich die Warschauer-Pakt-Staaten der westlichen Konzeption angenähert, dass ein konventionelles Kräftegleichgewicht in Europa erst noch mit dem Ziel gleicher Obergrenzen auf niedrigerem Niveau für die meisten Waffengattungen ausgehandelt werden müsse, um vor allem Überraschungsangriffe und raumgreifende Offensiven zu verhindern. Zur Haltung der NATO: 30.2. → 11. 12. 1986.

29./30. Mai   Die **NATO-Gipfelkonferenz in Brüssel** verabschiedet ein umfassendes Abrüstungskonzept, das nukleare Kurzstreckenraketen mit einbezieht. Aufgegriffen werden auch Vorschläge des US-Präsidenten Bush für konventionelle Abrüstung und gegenseitige Aufklärungsflüge (»Offener Himmel«). Die Allianz tritt für die Einheit Deutschlands, Berlins und Europas ein. – Bundeskanzler Kohl erklärt anschließend, die feste Verankerung der BRD im Westen sei »unwiderruflich« und »Teil unserer Staatsräson«.

1990

19. März –
11. April   Die Bonner Konferenz über Wirtschaftliche Zusammenarbeit in Europa **(KWZE)**, die aus Delegierten der 35 KSZE-Staaten besteht, einigt sich auf ein »historisches« Abschlussdokument. Es befürwortet marktgestützte Volkswirtschaften mit Gewerbefreiheit und Privateigentum, und es bekennt sich zum demokratischen Pluralismus mit den Attributen Mehrparteiensystem, Rechtsstaatlichkeit, Menschenrechte u. a.

5. – 29. Juni   Auf dem 2. Treffen der Konferenz über die **Menschliche Dimension der KSZE** in Kopenhagen (das 1. Treffen hatte vom 30. 5. – 23. 6. 1989 in Paris stattgefunden) verabschieden die Teilnehmerstaaten

das **Kopenhagener Dokument**. Danach sind Demokratie (u. a. freie, geheime und allgemeine Wahlen), Menschenrechte und Rechtsstaatlichkeit (u. a. die Unabhängigkeit der Justiz und die Trennung von Staat und Parteien) die Grundbedingung für Frieden und Sicherheit.

5./6. Juli

Der **NATO-Gipfel** in London berät über die »Transformation der Militärbündnisse«: Die bisher gültige Doktrin der »flexible response« soll aufgegeben werden und der Einsatz von Atomwaffen nur als »letzter Ausweg« offen bleiben. Das Bündnis will niemals und unter keinen Umständen als erstes Gewalt anwenden und schlägt den Staaten Europas eine vertrauensvolle Sicherheitspartnerschaft vor: Gewaltverzicht, Dialog, Ausgleich und Kooperation. Der Beschluss gilt als Botschaft an die Sowjetunion, die ausgestreckte »Hand zur Freundschaft« zu ergreifen. – Die Außenministertagung der NATO hatte zuvor am 7./8. 6. 1990 die »Botschaft von Turnberry« verabschiedet.

Bereits der **EG-Gipfel in Dublin** vom 25./26. 6. 1990, der den Übergang zur politischen Union beschließt, hatte der Sowjetunion die prinzipielle Bereitschaft signalisiert, Gorbatschows Reformpolitik mit Krediten und Hilfsprogrammen zu unterstützen.

Auch der **Weltwirtschaftsgipfel** der sieben führenden westlichen Industriestaaten in **Houston/Texas** vom 9.–11. 7. 1990 befürwortet technische Übergangshilfen für die Marktwirtschaft der Sowjetunion. Er stellt jedem einzelnen Land frei, jetzt bereits »weitreichende finanzielle Kredite zu gewähren«.

Die Konferenzen sind Stationen auf dem Weg zur deutschen Einheit und erleichtern die Verhandlungen Kohls mit Gorbatschow (36.2. → 15./16. 7. 1990). Die Bundesregierung hatte sich zur bilateralen Hilfe an die Sowjetunion über den bereits zugesagten 5-Milliarden-DM-Kredit hinaus bereit erklärt und angekündigt, die Grundwehrdienstdauer in der Bundeswehr von 15 auf 12 Monate zu senken (Gesetz vom 26. 11. 1990).

Die Sowjetunion hatte zunächst die Neutralität des vereinten Deutschlands gefordert, dann seine Doppelmitgliedschaft in NATO und Warschauer Pakt für eine Übergangszeit vorgeschlagen und erst zuletzt seine Mitgliedschaft in der NATO akzeptiert.

30. August

Vor dem Plenum der Wiener Verhandlungen über Konventionelle Streitkräfte in Europa **(VKSE)** erklären Außenminister Genscher für die BRD und Ministerpräsident de Maizière für die DDR bindend, dass eine gesamtdeutsche Armee binnen drei bis vier Jahren auf 370 000 Soldaten reduziert wird, d. h. um ca. 45 Prozent des Bestands. Dies entspricht den Vereinbarungen Kohls mit Gorbatschow. (36.2. → 15./16. 7. 1990)

Bereits am 22. 8. 1990 hatten die beiden deutschen Staaten in Genf ihren Verzicht auf die Herstellung und den Besitz von ABC-Waffen erneuert, und zwar zugleich für das künftig vereinte Deutschland. (36.2. → 12. 9. 1990)

24. September Die DDR scheidet aus dem **Warschauer Pakt** aus. Minister Rainer Eppelmann und der Pakt-Oberkommandierende Pjotr Ljuschew unterzeichnen in Ost-Berlin das Protokoll über die Herauslösung der NVA aus der Struktur des Bündnisses mit Wirkung zum 3. 10. 1990.

17. November Die VSBM-Verhandlungen in Wien enden mit der Verabschiedung des **Wiener Dokuments 90** (WD 90), das am 1. 1. 1991 in Kraft tritt. Darin werden die in Stockholm (30.2. → 1. 1. 1987) vereinbarten vertrauens- und sicherheitsbildenden Maßnahmen ergänzt und weiterentwickelt: durch jährlichen Austausch militärischer Informationen zwischen den KSZE-Teilnehmerstaaten, durch Konsultation und Zusammenarbeit bei ungewöhnlichen militärischen Aktivitäten, durch militärische Kontakte, Besuche, Beobachter und Ankündigungen. Der Einhaltung und Verifikation dienen Inspektionen, Überprüfungen und direkte Kommunikationsnetze.

19. – 21. Nov. **Gipfeltreffen der 34 KSZE-Staaten in Paris.** Es besiegelt definitiv das Ende des Kalten Krieges.
Zum Auftakt unterzeichnen am 19. 11. die 16 NATO- und die 6 Warschauer-Pakt-Staaten den erst kurz zuvor in Wien bei den VKSE (→ 6. 3. 1989) ausgehandelten Vertrag über die Reduzierung der konventionellen Streitkräfte in Europa vom Atlantik bis zum Ural (**KSE-Vertrag**). Er ist seit 1945 das erste umfassende Abrüstungsabkommen: Die fünf Hauptwaffenkategorien konventioneller Land- und Luftstreitkräfte in Europa (Kampfpanzer, Artillerie, gepanzerte Kampffahrzeuge, Kampfflugzeuge und Kampfhubschrauber) werden genau definiert und erstmals verbindlich nach Obergrenzen festgeschrieben, um Disparitäten militärischer Rüstung zu beseitigen oder ihre Konzentration in Zonen zu verhindern. Kein einzelner Vertragsstaat darf mehr als ca. ein Drittel der begrenzten konventionellen Waffen im Anwendungsgebiet besitzen; dies ist numerisch binnen 40 Monaten nach In-Kraft-Treten des Vertrags durch Verschrottung oder Konversion (Umbau zu friedlicher Nutzung) sicherzustellen. Strenge Verifikations- und Inspektionsregeln sollen gewährleisten, dass die Vertragsbestimmungen eingehalten werden. – Abrüstungspolitische Überhangfälle sind vor allem die BRD – denn sie hatte die vertragserfassten NVA-Waffenbestände übernommen – und die Sowjetunion; sie konnte allerdings militärisches Gerät hinter den Ural verlegen und so aus der Anwendungszone entfernen.
In einer **Zusatzerklärung** vom 19. 11. vereinbaren die Vertragsstaaten, dass sie für die Dauer der Folgeverhandlungen den »festgelegten friedensmäßigen Gesamtpersonalumfang ihrer konventionellen Streitkräfte gemäß dem Mandat im Anwendungsgebiet

nicht erhöhen werden«, denn sie hatten sich über die ursprünglich beabsichtigte Reduzierung ihrer Truppenstärken nicht einigen können. Einseitig verpflichtet sich nur die BRD, wie bereits vorher am → 30. 8. 1990 und im 2+4-Vertrag (36.2. → 12. 9. 1990), ihre Streitkräfte binnen drei bis vier Jahren auf eine Personalstärke von 370 000 Mann zu Land, Luft und See zu verringern.

Am Rande des KSZE-Gipfels verabschieden die 22 NATO- und Warschauer-Pakt-Staaten am 19. 11. eine **Gemeinsame Erklärung**, in der sie ihre Verpflichtungen zum Nichtangriff bekräftigen. Sie versichern, dass sie in dem »anbrechenden neuen Zeitalter europäischer Beziehungen nicht mehr Gegner sind, sondern neue Partnerschaften aufbauen und einander die Hand zur Freundschaft reichen wollen«.

Am 21. 11. 1990 verkünden die Staats- und Regierungschefs der 34 KSZE-Staaten feierlich die **Charta von Paris für ein neues Europa**. Danach ist das »Zeitalter der Konfrontation und der Teilung Europas« zu Ende gegangen, und ein »neues Zeitalter der Demokratie, des Friedens und der Einheit« hat begonnen. Menschenrechte, Demokratie als einzige Regierungsform, Rechtsstaatlichkeit, individuelle und wirtschaftliche Freiheit, soziale Gerechtigkeit und Verantwortung sowie freundschaftliche Beziehungen werden als Leitziele uneingeschränkt anerkannt. Die Herstellung der staatlichen Einheit Deutschlands gilt als »bedeutsamer Beitrag« zu einer Friedensordnung für ein geeintes demokratisches Europa. Um die neue Qualität der Beziehungen zu unterstreichen, erhält der KSZE-Prozess erstmals eine feste Organisationsstruktur: durch regelmäßige Konsultationen und Institutionen in Prag, Wien, Warschau und Den Haag.

36.2. Die außenpolitische Absicherung und die äußeren Aspekte des deutschen Einigungsprozesses 1989–1990

1989

12. – 15. Juni   **Staatsbesuch Gorbatschows** in Bonn: Der Generalsekretär der KPdSU und Vorsitzende des Obersten Sowjets und Bundeskanzler Kohl stellen die deutsch-sowjetischen Beziehungen auf ein neues Fundament. Sie werden im Sinne der Verständigung, des Vertrauens und der Partnerschaft mit dem Ziel ausgebaut, ein Verhältnis guter Nachbarschaft zu begründen und so den Weg für eine Versöhnung der Völker zu ebnen. Von diesem Geist durchdrungen ist das **Bonner Dokument**, eine von Kohl und Gorbatschow am 13. 6. unterzeichnete »Gemeinsame Erklärung«. Sie bekennt sich zu Menschenwürde, Selbstbestimmungsrecht, Abrüstung, Abrüs-

Michail Gorbatschow und seine Ehefrau Raissa auf der Treppe vor dem Alten Rathaus in Bonn. → 12.–15. Juni 1989

tungskontrolle, Völkerrecht, Minderheitenschutz, Menschenrechten u. a. »Krieg darf kein Mittel der Politik mehr sein.« Die beiderseitigen Vertrags- und Bündnisverpflichtungen, also auch die Einbindung der BRD in NATO und EG, werden respektiert.

Elf Verträge und Abkommen, die West-Berlin mit einbeziehen und die Zusammenarbeit konkretisieren, werden am 14. 6. 1989 abgeschlossen: 1. über Jugendaustausch, 2. über einen Schüler- und Lehreraustausch, 3. über die Förderung der Fortbildung von Fachkräften auf den Gebieten des Arbeitsschutzes und der beruflichen Rehabilitierung Behinderter, 4. über die Zusammenarbeit beim Kampf gegen den Missbrauch von Suchtstoffen und psychotropen Stoffen und deren unerlaubten Verkehr, 5. über eine vertiefte Zusammenarbeit in der Aus- und Weiterbildung von Fach- und Führungskräften der Wirtschaft, 6. über die Erweiterung der Zusammenarbeit in den Bereichen von Wissenschaft und Hochschulen, 7. über die Errichtung und die Tätigkeit von Kulturzentren, 8. über die Förderung und den gegenseitigen Schutz von Kapitalanlagen, 9. über die Einrichtung einer direkten Nachrichtenverbindung zwischen dem Bundeskanzleramt in Bonn und dem Kreml in Moskau (»Heißer Draht«), 10. über die frühzeitige Benachrichtigung bei einem nuklearen Unfall und den Informationsaustausch über Kernanlagen, 11. über die Übergabe des Stadtarchivs von Reval-Tallin/Tallinn und die Archive der Hansestädte Bremen, Hamburg und Lübeck.

9. – 14. Nov.   **Polenreise Kohls**: Es werden elf Abkommen über den Jugendaustausch, die Zusammenarbeit in den Bereichen Wissenschaft, Technik, Gesundheitswesen, Umweltschutz, Landwirtschaft, Kultur, Rechtshilfeverkehr, Außenpolitik u. a. unterzeichnet. Kohl und Ministerpräsident Tadeusz Mazowiecki vereinbaren am 14. 11. eine umfangreiche »Gemeinsame Erklärung« als »Kursbuch« der deutsch-polnischen Zusammenarbeit und Verständigung. Darin ist auch festgeschrieben, dass Personen und Gruppen deutscher bzw. polnischer Abstammung ihre kulturelle Identität wahren und entfalten können. – Mazowiecki spricht anschließend davon, dass es jetzt »keine Grenzfrage« mehr gebe, Kohl von einem »Durchbruch« in den bilateralen Beziehungen.
Der Bundestag hatte am 8. 11. 1989 eine Resolution zur Oder-Neiße-Grenze verabschiedet. Darin wird dem polnischen Volk versichert, »dass sein Recht, in sicheren Grenzen zu leben, von uns Deutschen weder jetzt noch in Zukunft durch Gebietsansprüche in Frage gestellt wird«.

8./9. Dez.   Auf dem **EG-Gipfel in Straßburg** erkennen die Staats- und Regierungschefs in einer Grundsatzerklärung zum Wandel in Mittel- und Osteuropa prinzipiell das Recht der Deutschen auf Einheit an. Es wird ein Zustand des Friedens in Europa angestrebt, in dem das deutsche Volk seine Einheit in freier Selbstbestimmung wieder erlangt. Dieser Einigungsprozess müsse sich demokratisch und friedlich vollziehen: unter Wahrung bestehender Verträge, aber auch im Kontext von Dialog, Ost-West-Zusammenarbeit und europäischer Integration.

14./15. Dez.   Die **NATO-Außenminister** begrüßen in **Brüssel** die Wiederherstellung der Freizügigkeit in Deutschland, vor allem die Öffnung der Mauer (34.2. → 9. 11. 1989). Damit hätten sich die Chancen verbessert, die Teilung Europas und Deutschlands, insbesondere auch Berlins, zu überwinden und die Zusammenarbeit zwischen der BRD und der DDR zu intensivieren. Das Votum für das Recht der Deutschen auf Einheit entspricht den Verlautbarungen des EG-Gipfels in Straßburg am → 8./9. 12. 1989. – Verabschiedet werden zugleich Grundelemente des von US-Präsident Bush vorgeschlagenen Konzepts »Offener Himmel«; er soll Beobachtungsflüge über fremden Hoheitsgebieten zur Kontrolle militärischer Aktivitäten ermöglichen und so zur Vertrauensbildung und Transparenz beitragen. (39.1. → 24. 3. 1992)

1990

2. Januar Václav **Havel** besucht als neuer Präsident der ČSSR (seit 20. 4. 1990: **ČSFR**) auf seiner ersten Auslandsreise die beiden deutschen Staaten: zunächst Ost-Berlin, wo er Gespräche mit dem amtierenden Staatsratsvorsitzenden Gerlach und mit Ministerpräsident Modrow führt, dann München, wo er mit Bundespräsident von Weizsäcker, Bundeskanzler Kohl und Außenminister Genscher zusammentrifft.

In der ČSSR hatte sich, auch unter dem Einfluss der »Wende« in der DDR, ein tiefgreifender politischer Wandel vollzogen. Nachdem die Polizei am 17. 11. 1989 eine Studentendemonstration in Prag niedergeknüppelt hatte, war das Land nicht mehr zur Ruhe gekommen: Pausenlose Massenkundgebungen, bei denen sich die Polizei zurückhielt, zwangen am 24. 11. 1989 KP-Chef Miloš Jakeš und die Parteispitze zum Rücktritt. Am 10. 12. 1989 legte Gustav Husák (KPČ) sein Amt als Staatspräsident nieder, nachdem er eine vorwiegend aus nicht kommunistischen Ministern bestehende Koalitionsregierung vereidigt hatte. Zu seinem Nachfolger wählte die Bundesversammlung am 29. 12. 1989 den Schriftsteller und Bürgerrechtler Havel, Sprecher des »Bürgerforum«, in dem sich heterogene oppositionelle Gruppen zusammengeschlossen hatten. Neuer Parlamentspräsident war seit 28. 12. 1989 die Symbolgestalt des Prager Reformkommunismus (17.3. → 21. 8. 1968), Alexander Dubček, der ebenso wie Havel lange Zeit als »Staatsfeind« gegolten hatte und verfemt war.

10./11. Febr. **Weichenstellung in Moskau**: Bundeskanzler Kohl reist in Begleitung von Außenminister Genscher zu einem Blitzbesuch nach Moskau. Sie erhalten vom sowjetischen Staats- und Parteichef Gorbatschow die Zusage, dass es Angelegenheit der Deutschen selbst sei, eigenverantwortlich über Formen, Termine, Weg, Tempo und Bedingungen ihrer nationalen Einheit zu entscheiden. Die Sowjetunion werde dies respektieren.

Kohl spricht von einem »historischen Ergebnis«: Es liege nun »an uns Deutschen« in der BRD und DDR, diesen »gemeinsamen Weg mit Augenmaß und Entschlossenheit« zu gehen.

Vor dem Bundestag versichert Kohl am 15. 2., mit dieser Grundsatzentscheidung in Moskau sei das Ziel, die »Einheit aller Deutschen in Freiheit« zu verwirklichen, noch nie so nahe gewesen wie jetzt. Er habe mit Gorbatschow auch darin übereingestimmt, dass der deutsche Einigungsprozess »in einen stabilen europäischen Rahmen eingebettet bleiben« und die berechtigten Sicherheitsbedürfnisse aller europäischen Länder, vor allem auch der Sowjetunion und ihrer Nachbarstaaten, respektieren müsse. Unter diesen Prämissen sei von ihm die heikelste Frage angesprochen worden: dass ein künftiges geeintes Deutschland weder neutralisiert noch entmilitarisiert werden dürfe, sondern im westlichen Bündnis verankert bleiben solle, allerdings ohne Einheiten und Einrichtungen auf dem jetzigen DDR-Gebiet.

13. Februar   **2+4-Formel**: Wegen der sich überstürzenden Veränderungen in der DDR und der sich daraus ergebenden deutschlandpolitischen Konsequenzen stimmen in Ottawa/Kanada die Außenminister der zwei deutschen Staaten und die Außenminister der Vier Mächte (USA, Sowjetunion, Großbritannien, Frankreich) darin überein, auf 2+4-Konferenzen die »äußeren Aspekte der Herstellung der deutschen Einheit« sowie Sicherheitsfragen der Nachbarn zu erörtern. Damit steht die deutsche Frage wieder auf der Tagesordnung der internationalen Politik.

Die Idee der Sechserkonferenz war im State Department entstanden. Großbritannien und Frankreich hatten zunächst reserviert bis skeptisch auf den sich anbahnenden deutschen Vereinigungsprozess reagiert und eine Viermächtekonferenz favorisiert. Der enge amerikanisch-deutsche »Schulterschluss« veranlasste zunächst die Briten, einzulenken, und schließlich auch die Franzosen.

Die Vereinbarung kommt am Rande der »Open-Skies«-Außenministerkonferenz der NATO und des Warschauer Paktes in Ottawa zustande. Sie hatte dort vom 11.–14. 2. über vertrauensbildende Maßnahmen und über Obergrenzen der amerikanischen und sowjetischen militärischen Präsenz in Mitteleuropa verhandelt. – Die 2. Runde der Verhandlungen über den »Offenen Himmel« findet vom 23. 4.–10. 5. 1990 in Budapest statt. (39.1. → 24. 3. 1992)

24./25. Febr.   Bundeskanzler Kohl trifft mit **US-Präsident Bush** in Camp David zusammen. Sie bekräftigen Grundüberzeugungen der gemeinsamen Partnerschaft auf dem Weg zur deutschen Einheit. Das vereinte Deutschland solle NATO-Mitglied bleiben, doch seien die berechtigten Sicherheitsinteressen aller Staaten, vor allem der Sowjetunion und Polens, zu respektieren.

2. März   Ministerpräsident Modrow (PDS) setzt sich in Schreiben an Bundeskanzler Kohl und den sowjetischen Staats- und Parteichef Gorbatschow dafür ein, die nach 1945 in der DDR »entstandene Eigentumsordnung nicht in Frage zu stellen.« Er bittet die Sowjetunion, sie solle als Siegermacht mit ihren Rechten für Deutschland als Ganzes und mit ihrem internationalen Einfluss dafür eintreten, dass das **sozialistische Eigentum** in der DDR unangetastet bleibt. Der Wortlaut der zwei Schreiben wird am 7. 3. 1990 veröffentlicht. Bundeskanzler Kohl distanziert sich von dieser Initiative Modrows als ungewöhnlichem, nicht legitimiertem Versuch, alternative Wahlentscheidungen der Bürger zu unterwandern.

17. März   Auf ihrer **Prager Konferenz** stimmen die Außenminister des Warschauer Pakts (DDR-Vertreter: Oskar Fischer) darin überein, dass die Vereinigung von BRD und DDR das Recht und die Angelegenheit des deutschen Volkes sei; sie müsse jedoch in den europäischen Einigungsprozess eingebettet sein. Ungarn, Polen und die ČSSR halten es für möglich, dass das geeinte Deutschland Mitglied der NATO werde; die Sowjetunion dagegen besteht auf einem neutralen Status.

Gorbatschow hatte nach seiner Vereidigung als erster Präsident der Sowjetunion am 15. 3. 1990 – er war einen Tag vorher vom Kongress der Volksdeputierten mit umfassenden Vollmachten gewählt worden – die NATO-Zugehörigkeit des vereinten Deutschland für inakzeptabel erklärt und einen Friedensvertrag über die Ergebnisse des Zweiten Weltkriegs gefordert. Auch sei es an der Zeit, darüber nachzudenken, wie das bisherige Blocksystem zwischen Ost und West durch ein System kollektiver Sicherheit ersetzt werden könne.

28. April   Der **EG-Sondergipfel in Dublin** über die deutsche Einheit und ihre Folgen für Europa billigt die beabsichtigte Vereinigung Deutschlands vorbehaltlos. Er sieht darin einen »positiven Faktor in der Entwicklung Europas im Allgemeinen und der Gemeinschaft im Besonderen«. Seitdem sind deutsche und europäische Einigung miteinander verzahnt und zum Junktim gemeinschaftlicher Politik geworden. »Wir freuen uns, dass die Vereinigung Deutschlands unter einem europäischen Dach stattfindet.«

EG-Sondergipfel in Dublin. → 28. April 1990

Die DDR soll nach den Plänen der Kommission und des Gipfels, die das Europäische Parlament unterstützt, phasenweise in die EG eingegliedert werden – ohne Änderung der Römischen Verträge. Die BRD sagt zu, Kommission und EG-Mitgliedstaaten über den deutschen Einigungsprozess zu informieren und zu konsultieren. Die Kommission soll Übergangsregelungen vorschlagen.

Der Sondergipfel war vom EG-Kommissionspräsidenten Jacques Delors angeregt worden, denn die deutsche Frage hatte eine unerwartete Dynamik entfaltet. Auch galt es, Bedenken zu zerstreuen, die Veränderungen in Deutschland könnten den europäischen Einigungsprozess gefährden oder verzögern – vor allem in Großbritannien (Premierministerin Thatcher), teilweise auch in Frankreich (Präsident Mitterrand). Diese Besorgnisse zerstreute u. a. die deutsch-französische Initiative Kohls und Mitterrands vom 18./ 19. 4. 1990, die politische Union zu beschleunigen.

5. Mai   **Auftakt der 2+4-Außenministertreffen** der zwei deutschen Staaten (Hans-Dietrich Genscher und Markus Meckel) und der Vier Mächte (USA: James A. Baker, Großbritannien: Douglas Hurd, Frankreich: Roland Dumas, Sowjetunion: Eduard Schewardnadse) in Bonn über die äußeren Aspekte der deutschen Einheit. Die Teilnehmer stecken die Tagesordnung für die 2+4-Gespräche ab

Erste 2+4-Gesprächsrunde in Bonn: von links Markus Meckel (DDR), Hans-Dietrich Genscher (BRD), Eduard Schewardnadse (Sowjetunion), James A. Baker (USA), Roland Dumas (Frankreich) und Douglas Hurd (Großbritannien) hinter dem Auswärtigen Amt in Bonn. → 5. Mai 1990

und erkennen das Recht der Deutschen auf rasche Vereinigung an. Schewardnadse schlägt überraschend vor, die inneren Aspekte des Einigungsprozesses von den völkerrechtlich-äußeren abzukoppeln, statt sie zeitlich parallel zu regeln; auch sei die Bündniszugehörigkeit des vereinten Deutschlands zur NATO unannehmbar. – Bundeskanzler Kohl dagegen erklärt am 8. 5. 1990, die inneren und äußeren Gesichtspunkte müssten gleichzeitig geregelt werden.

Das sowjetische Außenministerium hatte sich bereits am 14. 3. 1990 scharf dagegen ausgesprochen, die DDR nach Art. 23 GG an die BRD »anzuschließen« – dies bedeute letztlich »die Usurpation eines deutschen Staates durch den anderen«.

Zur Vorbereitung und Koordinierung vorausgegangen waren Expertenrunden aller sechs Teilnehmerstaaten auf Beamtenebene am 14. 3. 1990 in Bonn und am 30. 4. 1990 in Ost-Berlin. Die NATO-Außenminister hatten sich am 3. 5. 1990 in Brüssel getroffen.

8./9. Mai   Die DDR und die EG schließen ein **Handels- und Kooperationsabkommen** mit einer Laufzeit von zehn Jahren ab. Es ist jedoch schon am 1. 7. 1990 überholt, da mit der deutschen Währungs- und Wirtschaftsunion de facto eine Zollunion zwischen der DDR und der EG entsteht (für Agrarprodukte ab 1. 8. 1990).

Am 7. 5. hatten die EG-Mitgliedstaaten die Visumpflicht für Deutsche aus der DDR aufgehoben.

19. Juni   Frankreich, die Beneluxstaaten und die BRD unterzeichnen die Zusatzvereinbarung zum **Schengener Abkommen**. Sie ist der erste völkerrechtliche Vertrag, der in Erwartung der deutschen Einheit abgeschlossen wird, denn die polizeilichen Ausgleichsmaßnahmen und das gemeinsame Fahndungs- und Informationssystem zur Vermeidung von Sicherheitsrisiken gelten ab 1992 auch für das Gebiet der ehemaligen DDR.

Im luxemburgischen Schengen hatten am 14. 6. 1985 die Vertragsstaaten vereinbart, an ihren Grenzen die Personenkontrollen abzubauen und die Warenkontrollen zu vereinfachen, sobald die Voraussetzungen hierfür vorliegen. Zum In-Kraft-Treten: 39.2. → 26. 3. 1995.

22. Juni   **Zweite Runde der 2+4-Gespräche** der Außenminister in Ost-Berlin. Die Westmächte stimmen mit der BRD und der DDR darin überein, dass die deutsche Einheit mit der Wiederherstellung der vollen deutschen Souveränität einhergehen müsse. Die Sowjetunion schlägt dagegen den etappenweisen Rückzug der Siegermächte aus dem vereinten Deutschland und die Vertagung des Problems seiner Souveränität um fünf Jahre vor; so lange sollen die bestehenden Militärbündnisse aufrechterhalten bleiben. Außenminister Genscher betont, »dass das vereinigte Deutschland nicht singularisiert oder diskriminiert« werden solle.

Vor Konferenzbeginn war in Anwesenheit der Außenminister der westalliierte Kontrollpunkt Checkpoint Charlie, der nach dem Mauerbau seit dem 22. 8. 1961 als Sektorenübergang für Westalliierte, Ausländer und Diplomaten gedient hatte, aufgelöst worden. (37. → 22. 6. 1990)

1. Juli

Die **1. Stufe der Europäischen Wirtschafts- und Währungsunion** tritt in Kraft. Damit verbunden sind engere und regelmäßige Konsultationen in Finanzfragen, vor allem bezüglich einer gemeinsamen Konjunktur-, Haushalts- und Wechselkurspolitik. Hauptziel ist es, das Wirtschaftsgefälle in der EG abzubauen.

Mit der deutschen Währungs-, Wirtschafts- und Sozialunion (35.3. → 1. 7. 1990) tritt zugleich zwischen der DDR und der EG eine Zollunion in Kraft. Sie wird am 1. 8. auch auf den Agrarsektor ausgeweitet mit der Folge, dass in der DDR die bislang geschützte Landwirtschaft in eine Absatzkrise und in Zahlungsschwierigkeiten gerät, denn ihre Produkte entsprechen oft nicht dem EG-Standard. Viele Bauern demonstrieren gegen die DDR-Regierung. Sie machen sie für den weitgehenden Zusammenbruch des Marktes für einheimische Produkte verantwortlich. (35.4. → 15. 8. 1990)

15./16. Juli

In den Verhandlungen mit **Präsident Gorbatschow** in Moskau und dessen kaukasischer Heimat erzielt Bundeskanzler Kohl einen **historischen Durchbruch** bei der außenpolitischen Absicherung des deutschen Einigungsprozesses.

Helmut Kohl (links) und Michail Gorbatschow (rechts) am 16. Juli 1990 in Stawropol im Kaukasus. → 15./16. Juli 1990

Auf seiner Pressekonferenz am 17. 7. in Bonn fasst Kohl die Haupt-ergebnisse in zehn Punkten zusammen: 1. Das vereinte Deutsch-land besteht aus der BRD, der DDR und ganz Berlin. 2. Mit der Vereinigung Deutschlands erlöschen die alliierten Rechte in Bezug auf Deutschland als Ganzes und Berlin. 3. Das souveräne Deutsch-land entscheidet frei und selbst über seine Bündniszugehörigkeit, darunter zur NATO. 4. Ein Vertrag zwischen Deutschland und der Sowjetunion soll den Abzug der Roten Armee bis spätestens 1994 aus der ehemaligen DDR regeln. 5. Während dieser Übergangs-frist werden keine Strukturen der NATO auf ehemaliges DDR-Gebiet ausgedehnt. 6. Nicht integrierte Verbände der Bundeswehr (territoriale Verteidigung) können jedoch nach der deutschen Ein-heit dort stationiert werden. 7. Westalliierte Truppen verbleiben in Berlin für die Dauer der Anwesenheit sowjetischer Truppen in der jetzigen DDR. 8. Nach deren Abzug können dort der NATO angegliederte Truppen stationiert werden, jedoch keine ausländi-schen Truppen und keine Atomwaffen. 9. Die gesamtdeutschen Streitkräfte werden auf 370 000 Mann reduziert (Stand Mitte 1990: Bundeswehr 495 000, NVA ca. 135 000 Soldaten). 10. Das geeinte Deutschland verzichtet auf die Herstellung, den Besitz und den Einsatz von ABC-Waffen und bleibt Mitglied des Nichtverbrei-tungs-(Atomwaffensperr-)vertrags.

17. Juli   Die Ergebnisse der **dritten Runde der 2+4-Serie** in Paris präjudi-zieren drei Vorentscheidungen: die identische Entschließung des Bundestages und der Volkskammer zur Endgültigkeit der Oder-Neiße-Grenze (35.3. → 21. 6. 1990), die NATO-Gipfelkonferenz in London (36.1. → 5./6. 7. 1990) und Kohls Vereinbarungen mit Gorbatschow und Schewardnadse vom → 15./16. 7. 1990.
Im Beisein des zu den Beratungen hinzugezogenen polnischen Au-ßenministers Krzysztof Skubiszewski kann Einvernehmen über die deutsch-polnische Grenzfrage erzielt werden: Danach besteht das künftige Deutschland aus der BRD, der DDR und Berlin; un-mittelbar nach der Herstellung der deutschen Souveränität soll ein bilaterales Abkommen zwischen Polen und Deutschland die Oder-Neiße-Grenze bestätigen (39.3. → 14. 11. 1990). An Stelle eines Friedensvertrages oder einer friedensvertragsähnlichen Regelung ist ein abschließendes völkerrechtliches Dokument vorgesehen, das alle noch offenen Fragen klärt, die mit der deutschen Einheit zu-sammenhängen.

12. September   Vor Beginn des 2+4-Außenministertreffens am gleichen Tage eini-gen sich sowjetische und deutsche Unterhändler unter Zeitdruck nach einem Verhandlungsmarathon auf **vier bilaterale Abkommen**. Von ihnen hatte die Sowjetregierung den erfolgreichen Abschluss der 2+4-Gespräche abhängig gemacht. Zu den späteren Abkom-men: 39.3. → 12. 10. und 9. 11. 1990.

Pressekonferenz der Außenminister (für die DDR Ministerpräsident de Maizière) am →
12. September 1990 im Moskauer Hotel Oktjabrskaja nach dem Abschluss der 2+4-Gespräche.

Der Vertrag über gute Nachbarschaft, Partnerschaft und Zusammenarbeit wird am 13. 9. in Moskau am 35. Jahrestag der Aufnahme diplomatischer Beziehungen paraphiert.

12. September **2+4-Abschlussdokument**: In Moskau unterzeichnen die Außenminister Genscher (BRD), de Maizière (DDR), Baker (USA), Schewardnadse (Sowjetunion), Hurd (Großbritannien) und Dumas (Frankreich) den »Vertrag über die abschließende Regelung in Bezug auf Deutschland«. Er hat den Stellenwert eines Ersatz-Friedensvertrags.

Die **Präambel** verweist auf die Rechte und Verantwortlichkeiten der Vier Mächte für Berlin und Deutschland als Ganzes und würdigt die historischen Veränderungen in Europa. Sie beruft sich auf die UN-Charta und die KSZE-Schlussakte, erkennt das Selbstbestimmungsrecht des deutschen Volkes an und bekräftigt die Bereitschaft zu Rüstungskontrolle, Abrüstung und Vertrauensbildung.

Die **Außengrenzen** des vereinten Deutschlands entsprechen endgültig den Grenzen der BRD und der DDR. Das vereinte Deutschland wird keinerlei Gebietsansprüche erheben, auch nicht künftig, und die bestehende Grenze mit Polen in einem völkerrechtlich verbindlichen Vertrag bestätigen. Verfassungsrechtliche Bestimmungen dürfen diesen Prinzipien nicht widersprechen. Die Vier Mächte nehmen entsprechende Verpflichtungen und Erklärungen der beiden deutschen Staaten förmlich entgegen. (39.3. → 14. 11. 1990)

Von deutschem Boden wird nur **Frieden** ausgehen. Die beiden deutschen Staaten bekräftigen ihren Verzicht auf ABC-Waffen und ihre Verpflichtung, die gesamtdeutschen Streitkräfte auf 370 000 Mann zu reduzieren. (36. 1. → 30. 8. 1990)

Die **sowjetischen Truppen** ziehen vom Gebiet der DDR und aus Ost-Berlin bis zum 31. 12. 1994 ab. Ausländische Streitkräfte und Atomwaffen oder Atomwaffenträger dürfen dort weder stationiert noch dorthin »verlegt« werden; gemäß Protokollnotiz entscheidet darüber die gesamtdeutsche Regierung in einer »vernünftigen und verantwortungsbewussten Weise«, z. B. über westliche Manöverbeteiligung.

Die Vier Mächte beenden ihre Rechte und Verantwortlichkeiten in Bezug auf Berlin und Deutschland als Ganzes. Das vereinte Deutschland hat »demgemäß **volle Souveränität** über seine inneren und äußeren Angelegenheiten« und auch **freie Bündniswahl**. Es kann daher NATO-Mitglied bleiben.

Der Vertrag bedarf der Ratifikation, u. a. durch das vereinte Deutschland. (→ 1. 10. 1990 und 39.1. → 15. 3. 1991)

Anlässlich der Vertragsunterzeichnung teilen Bundesaußenminister Genscher und der amtierende DDR-Außenminister de Maizière in einem **Gemeinsamen Brief** mit, dass 1. die Enteignungen in der SBZ und in Ost-Berlin zwischen 1945 und 1949 gemäß der Erklärung zur Regelung offener Vermögensfragen (35.3. → 15. 6. 1990) nicht mehr rückgängig zu machen sind; 2. Denkmäler auf deutschem Boden geachtet und geschützt, Kriegsgräber erhalten und gepflegt werden; 3. verfassungsfeindliche Parteien und Vereinigungen, die sich gegen die freiheitlich-demokratische Grundordnung richten, verboten werden können; 4. völkerrechtliche Verträge der DDR gemäß Einigungsvertrag »Vertrauensschutz« genießen und mit den jeweiligen Vertragspartnern zu »erörtern« sind.

Bundeskanzler Kohl würdigt den 12. 9. 1990 als ein »weiteres Schlüsseldatum auf dem Wege zur deutschen Einheit«. Sie vollziehe sich im Einvernehmen mit allen Verbündeten, Nachbarn und Europäern. »Dies ist die erste Einigung eines Landes in der modernen Geschichte, die ohne Krieg, ohne Leid und ohne Auseinandersetzungen erfolgt, die neue Verbitterungen schaffen.«

Der sowjetische Außenminister Schewardnadse, der wesentlich zum Verhandlungserfolg beigetragen hat, spricht von einem »Schlussstrich« unter die Ergebnisse des Zweiten Weltkriegs und von einer »neuen Zeitrechnung«.

1. Oktober   **2+4-Suspendierungserklärung**: Wie schon am → 12. 9. 1990 verabredet, erklären die Vier Mächte in New York, dass sie ihre alliierten Vorbehaltsrechte und Verantwortlichkeiten vom 3. 10. 1990 bis zum In-Kraft-Treten des 2+4-Abschlussdokuments aussetzen und damit dem vereinten Deutschland vorab faktisch die volle Souveränität zubilligen. Die BRD und die DDR nehmen diese Erklärung zwei Tage vor ihrer Vereinigung zur Kenntnis.

3. Oktober   Mit der deutschen Einheit treten auf dem Gebiet der ehemaligen DDR ca. 80 Prozent des **EG-Rechts** automatisch in Kraft. Ansonsten gelten Übergangsregelungen. Sie betreffen vor allem die Sektoren Landwirtschaft, Lebensmittel, Pharmazie, Chemie und Umwelt (ausgenommen Atomkraftwerke).

Wegen des unerwartet schnell verlaufenden deutschen Einigungsprozesses hatte die EG-Kommission in Brüssel am 21. 8. 1990 ein Maßnahmenpaket zur beschleunigten Integration der DDR in die EG verabschiedet und um die dafür erforderlichen Sondervollmachten außerhalb des regulären Gesetzgebungsverfahrens gebeten. Europäisches Parlament und Ministerrat stimmten im Eilverfahren vom 11.–13. 9. 1990 zu: Sie ermächtigten die Bundesregierung und die Kommission, eigenverantwortlich Übergangsregelungen zu erlassen, jedoch zeitlich befristet und mit der Auflage, das Parlament ständig beim Überleitungsprozess zu informieren und zu konsultieren.

3. Oktober   Die Vier Mächte übermitteln **Grußbotschaften und Glückwünsche** zum Tag der Deutschen Einheit. US-Präsident George Bush nennt Deutschland »Partner in der Führung«; der Tag sei »auch für die Welt von großer Bedeutung«. Der sowjetische Präsident Michail Gorbatschow weist darauf hin, dass sich die Vereinigung Deutschlands einvernehmlich mit den Nachbarn und den anderen Staaten und Völkern vollzogen habe und ohne »tiefgreifende demokratische Veränderungen im Innern unserer Länder« unvorstellbar sei. Der französische Staatspräsident François Mitterrand spricht von der »großen Stunde Ihrer nationalen Einheit«. Premierministerin Margaret Thatcher ist davon überzeugt, dass das vereinte Deutschland in Europa »eine äußerst wichtige Rolle spielen« werde.

Bundeskanzler Kohl richtet eine Botschaft an alle Regierungen der Welt, mit denen das vereinte Deutschland diplomatische Beziehungen unterhält. Er versichert darin, dass von deutschem Boden nur Frieden ausgehen werde.

Das internationale Medienecho auf die deutsche Einheit ist größtenteils positiv. Es ist von der Erwartung geprägt, dass Deutschland ein verantwortungsbewusster, dem Frieden und Europa verpflichteter Staat bleiben werde. Kritische und besorgte Stimmen melden sich aus Israel, wo der NS-Judenvernichtung gedacht wird und die deutsche Vereinigung »gemischte Gefühle« weckt.

37. Die Wiederherstellung der Einheit Berlins als »kleine Wiedervereinigung« 1989–1990

1989

29. Januar   Bei den Wahlen zum **Berliner Abgeordnetenhaus** verliert die christlichliberale Regierungskoalition unter Eberhard Diepgen (CDU) ihre Mehrheit. Die FDP scheitert an der Fünfprozenthürde, der Stimmanteil der CDU geht unerwartet stark zurück. Dem stehen Zugewinne bei der SPD und der Alternativen Liste (AL) gegenüber. Aufsehen erregt der Erfolg der Republikaner; denn sie erzielen in einem auf die Ausländerproblematik konzentrierten Wahlkampf 7,5 Prozent der Wählerstimmen.

16. März   Walter **Momper** (SPD) wird als neuer Regierender Bürgermeister vereidigt. Sein rot-grüner Senat besteht aus fünf Männern und acht Frauen, darunter drei von der Alternativen Liste (AL). Es ist in der deutschen Geschichte die erste Regierung, der mehr Frauen als Männer angehören.

29. Oktober   In Ost-Berlin beginnen auf Einladung des Oberbürgermeisters Erhard Krack (SED) **Sonntagsgespräche**, die dem kritischen Dialog zwischen Politikern und Bürgern dienen sollen. Erstmals wird vor dem Roten Rathaus öffentlich der Toten an der Mauer gedacht und gefordert, die Mauer zu beseitigen. (34.2. → 30. 10. 1989)

4. November   Die Abschlusskundgebung einer **Massendemonstration** auf dem Ost-Berliner Alexanderplatz sprengt mit etwa 700 000 Teilnehmern alle bisherigen Dimensionen. (34. 2. → 4. 11. 1989)

10. November   West-Berlin erlebt nach der **Grenzöffnung** (34.2. → 9. 11. 1989) einen Massenansturm von Menschen aus dem Ostsektor und der DDR. Sie werden freudig begrüßt. Die Einkaufsstraßen, vor allem der Kurfürstendamm, sind übervölkert und zugeparkt. Vor den Geschäften und Kaufhäusern sowie vor den Auszahlungsstellen des Begrüßungsgeldes bilden sich lange Warteschlangen.
Abends findet eine Kundgebung vor dem Schöneberger Rathaus statt. Es sprechen Bundeskanzler Kohl, der seinen Staatsbesuch in Polen unterbrochen hatte (36.2. → 9.–14. 11. 1989), Außenminister Genscher (FDP), der Regierende Bürgermeister Momper (SPD) und der SPD-Ehrenvorsitzende Brandt (». . . zusammenwächst, was zusammengehört«).

27. November   Der Regierende Bürgermeister Walter Momper (SPD) und sein Senat fordern, dass die Bürger West-Berlins das Recht erhalten sollten, ihre Vertreter direkt in den Bundestag und in das Europäische Parlament zu wählen mit der Folge, dass sie voll stimmberechtigt werden. (→ 23. 5. 1990)

Berlin nach der Maueröffnung am → 10. November 1989: Kundgebung vor dem Rathaus Schöneberg (links Brandt, Mitte Momper, rechts Kohl).

5. Dezember   Der Regierende Bürgermeister Walter Momper (SPD) und der Ost-Berliner Oberbürgermeister Erhard Krack (SED) erörtern erstmals offiziell Fragen der kommunalpolitischen **Zusammenarbeit** nach der Grenzöffnung.
Am 12. 12. 1989 vereinbaren Momper und DDR-Ministerpräsident Modrow (SED) im Beisein von Krack, einen gemeinsamen provisorischen Regionalausschuss einzusetzen; er soll die Entwicklungsmöglichkeiten Berlins als Stätte internationaler Begegnungen im Zeichen der Ost-West-Veränderungen fördern. Der Ausschuss konstituiert sich am 22. 12. 1989.

22. Dezember   Das **Brandenburger Tor**, Wahrzeichen Berlins und 28 Jahre lang Symbol der geteilten Stadt, wird für Fußgänger wieder geöffnet. Beim feierlichen Akt, der weltweite Beachtung findet, sprechen Bundeskanzler Kohl (eine der »glücklichsten Stunden meines Lebens«), Ministerpräsident Modrow, der Regierende Bürgermeister Momper und der Ost-Berliner Oberbürgermeister Krack.
Wie ebenfalls vereinbart (35.2. → 19./20. 12. 1989), werden in der DDR alle politischen Häftlinge aus der BRD und West-Berlin freigelassen.

1989/90

31. Dez./1. Jan.   Im ungeteilten Berlin feiern Hunderttausende überschwenglich **Silvester**, darunter viele Gäste aus dem In- und Ausland. Am Brandenburger Tor trüben Unfälle und Verletzungen die Festtagsfreude; die Quadriga (Vierergespann der Victoria) wird beschädigt.

1990

6. März   Der Regierende Bürgermeister Walter Momper und der neue Oberbürgermeister von Ost-Berlin, Christian Hartenhauer (PDS), treffen sich erstmals und verabreden gemeinsame **Verwaltungseinrichtungen**: eine Leitstelle für »Verwaltungskooperation« in West-Berlin und eine Leitstelle für »Rechtsangleichung« in Ost-Berlin. Nach den Kommunalwahlen am → 6. 5. soll die begonnene Kooperation intensiviert werden.

Die Stadtverordnetenversammlung hatte am 23. 2. 1990 Hartenhauer zum neuen Oberbürgermeister Ost-Berlins gewählt. Zuvor war sein Vorgänger Erhard Krack (PDS), der die politische Verantwortung für Wahlfälschungen bei den Kommunalwahlen am 7. 5. 1989 übernommen hatte, zurückgetreten. (34.2. → 7. 5. 1989)

6. Mai   Bei den **ersten freien Kommunalwahlen** in der DDR erhält in Ost-Berlin die SPD mit 34,04 Prozent die meisten Stimmen. Danach folgen die PDS mit 30,04 Prozent, die CDU mit 17,68 Prozent und das Bündnis 90 mit 9,67 Prozent. (35.3. → 6. 5. 1990)

Am 26. 5. einigen sich SPD und CDU in Ost-Berlin auf eine Koalition. Die Stadtverordnetenversammlung wählt am 30. 5. Tino Schwierzina (SPD) zum Oberbürgermeister und die dem Magistrat angehörenden Stadträte.

23. Mai   Der Bundestag beschließt ohne Diskussion das **Direktwahlrecht** für die West-Berliner bei den Bundestagswahlen. Die Berliner Abgeordneten haben künftig volles Stimmrecht.

Am 24. 4. 1990 hatten die drei Westmächte auf ihre Vorbehalte zum Wahlrecht der West-Berliner verzichtet und damit einer Direktwahl der Berliner Bundestagsabgeordneten zugestimmt.

8. Juni   In einer von den Botschaftern unterzeichneten Note an Bundeskanzler Kohl erklären die USA, Großbritannien und Frankreich, dass sie ihre **alliierten Vorbehalte** gegen die direkten Wahlen zum Bundestag in Berlin und gegen das volle Stimmrecht der Vertreter Berlins im Bundestag und im Bundesrat aufheben.

Die Berliner Bundestagsabgeordneten waren bisher aufgrund dieser Vorbehalte vom 12. 5. 1949 (8. → 14. 5. 1949) entsprechend den Fraktionsstärken vom Abgeordnetenhaus delegiert worden. Sie hatten nur beratendes Stimmrecht im Bundestag.

12. Juni   Magistrat und Senat von Berlin treten erstmals seit der Teilung der Stadt (5. → 30. 11. 1948) zu einer **gemeinsamen Sitzung** zusammen.

Oberbürgermeister Schwierzina (Ost-Berlin) und der Regierende Bürgermeister Momper (West-Berlin) erklären ihre Absicht, die Einheit der Stadt zügig wieder herzustellen und die praktische Zusammenarbeit zu intensivieren.

Tags darauf wird mit dem Abriss der Mauer und Grenzanlagen in der Stadt und in ihrem Umland begonnen. Reste sollen als Mahnmal erhalten bleiben.

14. Juni   Das Abgeordnetenhaus billigt das novellierte Bundeswahlgesetz zur **Direktwahl** der West-Berliner Bundestagsabgeordneten. (→ 23. 5. 1990)

Erstmals sind die Vertreter Berlins in Bonn bei der Verabschiedung des Staatsvertrages im Bundestag am 21. 6. und im Bundesrat am 22. 6. voll stimmberechtigt. (35.3. → 21. 6. und 22. 6. 1990)

22. Juni   Sechs Monate nach Öffnung des Brandenburger Tores (→ 22. 12. 1989) wird der Grenzübergang **Allied Checkpoint Charlie**, das Symbol des Viermächtestatus von Berlin, abgebaut. (36.2. → 22. 6. 1990)

11. Juli   Die Stadtverordnetenversammlung beschließt eine **Verfassung von Berlin**, die ihre Geltung auf Ost-Berlin beschränkt. Diese vorläufige Verfassung vom 23. 7. 1990, deren Basis das Ländereinführungsgesetz (35.4. → 22. 7. 1990) ist, tritt mit einer Gesamtberliner Verfassung außer Kraft.

In Anwesenheit der Außenminister der 2+4-Verhandlungen wird der alliierte Checkpoint Charlie aufgehoben. Am Rednerpult Hans-Dietrich Genscher. → 22. Juni 1990

Am 31. 8. schafft das Abgeordnetenhaus die Voraussetzungen dafür, dass am 2. 12. 1990 Gesamtberliner Wahlen stattfinden können.

18. September West-Berliner Senat und Ost-Berliner Magistrat vereinbaren, die Stadt vom 3. 10. bis zur Bildung einer Gesamtberliner Exekutive nach den Wahlen vom 2. 12. 1990 gemeinsam zu regieren.

28. September Das **1. Mantelgesetz** vereinheitlicht das Berliner Landesrecht. Danach ist das am 25. 9. 1990 geltende West-Berliner Landesrecht auf Ost-Berlin – von aufgeführten Ausnahmen abgesehen – zu erstrecken. Damit wird weitgehende Rechtseinheit in beiden Teilen der Stadt mit Wirkung vom 3. 10. 1990 geschaffen.

3. Oktober Um 0 Uhr ist Berlin **wiedervereinigt** – eine Stadt, ein Land und zugleich Hauptstadt des vereinten Deutschlands. Nach dem Einigungsvertrag (35.4. → 31. 8. 1990) entscheiden über den Sitz von Parlament und Regierung die gesamtdeutschen gesetzgebenden Körperschaften später. (38.4. → 20. 6. 1991)

Das Besatzungsstatut von Berlin ist mit Tagesbeginn erloschen. Dies hatten die Stadtkommandanten Raimond Haddock (USA), Robert Corbett (Großbritannien) und François Cann (Frankreich) am 2. 10. nach ihrer letzten Sitzung dem Regierenden Bürgermeister Momper (SPD) mitgeteilt.

KAPITEL VIII

Deutschland auf dem Wege zur inneren Einheit im gesamteuropäischen Bezugsrahmen 1990–1998

Fremdenfeindlichkeit in Deutschland: Tatort Mölln. 38.1. → 22./23. 11. 1992

38. Regierungssystem und Innenpolitik in der zweiten Ära Kohl

38.1. Innenpolitik und Rechtssicherheit 1990 – 1998

1990

4. Oktober

Der **erste gesamtdeutsche Bundestag** konstituiert sich im Berliner Reichstagsgebäude mit 663 Abgeordneten, davon sind 144 von der Volkskammer am 28. 9. 1990 delegiert worden. Die fünf neuen, am Vortag ernannten Bundesminister ohne Geschäftsbereich (Lothar de Maizière, Sabine Bergmann-Pohl, Günther Krause/alle CDU, Rainer Ortleb/FDP und Hansjoachim Walther / DSU) werden vereidigt.

Bundeskanzler Kohl gibt die erste Regierungserklärung der **ersten gesamtdeutschen Bundesregierung** ab. Er erinnert an die Opfer der SED-Diktatur, dankt Ungarn für die Grenzöffnung (34.1. → 11. 9. 1989) und Gorbatschow für seine Reformpolitik. Hauptaufgabe der nächsten Jahre sei, Deutschland auch wirtschaftlich, sozial und kulturell zu vereinen.

9. November

Der **erste gesamtdeutsche Bundesrat** konstituiert sich am ersten Jahrestag der Maueröffnung in Berlin. Vertreten sind alle 16 Länder, darunter erstmals die fünf neuen Bundesländer. Der Bundesrat, der letztmals 1959 in Berlin getagt hatte, wählt turnusgemäß Hamburgs Bürgermeister Henning Voscherau (SPD) zum Bundesratspräsidenten.

2. Dezember

Erste freie gesamtdeutsche Parlamentswahl seit 1933: Die Wahl zum 12. Bundestag gewinnt die bisherige christlichliberale Regierungskoalition unter Helmut Kohl und Hans-Dietrich Genscher mit 54,8 Prozent der Zweitstimmen (CDU 36,7 Prozent, CSU 7,1 Prozent und FDP 11 Prozent) hoch vor der SPD (33,5 Prozent); ihr Spitzenkandidat Oskar Lafontaine (saarländischer Ministerpräsident) hatte die Finanzierung der deutschen Einheit zum Wahlkampfthema gemacht. Die Grünen scheitern mit 4,8 Prozent im Wahlgebiet West an der Fünfprozenthürde (bundesweit 3,8 Prozent). Im Wahlgebiet Ost (ehemalige DDR) erreichen das Bündnis 90/Grüne 6 Prozent (bundesweit 1,2 Prozent) und die PDS 11,1 Prozent der Zweitstimmen (bundesweit 2,4 Prozent); aufgrund der separaten Fünfprozentsperrklausel im geänderten Bundeswahlgesetz sind sie daher im Bundestag vertreten. (35.4. → 3. 8. 1990 und 29. 9. 1990, 38.3. → 5. 10. 1990)

20. Dezember

Der 12. Bundestag, das **erste frei gewählte gesamtdeutsche Parlament seit 1933**, konstituiert sich im Berliner Reichstagsgebäude. Rita Süssmuth (CDU) wird als Bundestagspräsidentin wiederge-

Tab. 25: Zwölfte Bundestagswahl, 2. Dezember 1990
Zweitstimmen

	Anzahl	%	Sitze
Wahlberechtigte	60 436 560		
Wähler	46 995 915	77,8	
Ungültige Stimmen	540 143	1,1	
Gültige Stimmen	46 455 772		
CDU	17 055 116	36,7	268
SPD	15 545 366	33,5	239
FDP	5 123 233	11,0	79
CSU	3 302 980	7,1	51
GRÜNE	1 788 200	3,8	–
PDS	1 129 578	2,4	17
DSU	89 008	0,2	–
B 90/GRÜNE	559 207	1,2	8
BP	31 315	0,1	–
DDD	1 009	0,0	–
BSA	826	0,0	–
Liga	39 640	0,1	–
CM	36 446	0,1	–
ÖKO-Union	4 661	0,0	–
DIE GRAUEN	385 910	0,8	–
Mündige Bürger	492	0,0	–
REP	987 269	2,1	–
Frauen	12 077	0,0	–
KPD	1 630	0,0	–
NPD	145 776	0,3	–
ÖDP	205 206	0,4	–
Patrioten	4 687	0,0	–
SpAD	1 610	0,0	–
VAA	4 530	0,0	–
Abkürzungsverzeichnis s. S. 585			

Quelle: Statistisches Bundesamt.

wählt. PDS/Linke Liste (17 Mandate) und Bündnis 90/Grüne (8 Mandate) erhalten wegen zu geringer Abgeordnetenzahl vorerst den Gruppen- anstelle des Fraktionsstatus.
Am 16. 7. 1991 lehnt das Bundesverfassungsgericht den Antrag ab, der Gruppe PDS/Linke Liste den Fraktionsstatus zuzuerkennen. Sie hat allerdings Anspruch darauf, den Fachausschüssen mit Rede-, Antrags- und Stimmrecht anzugehören und Gesetzesinitiativen nicht nur einzubringen, sondern auch zu verlangen.

1991

1. Januar   Das Gesetz zur Neuregelung des **Ausländerrechts** vom 9. 7. 1990 tritt in Kraft. Es soll die Integration der dauerhaft im Bundesgebiet

lebenden Ausländer fördern und die Einbürgerung der hier gebo-
renen und aufgewachsenen zweiten Generation sowie der lange
hier wohnenden Elterngeneration erleichtern. Die BRD gilt nicht
als Einwanderungsland. Daher bleibt der begrenzte Zuzug von
Ausländern aus Nicht-EG-Staaten im Sinne des Anwerbestopps
(26.2. → 22./23. 11. 1973) aufrechterhalten. Unter dem Oberbegriff
Aufenthaltsgenehmigung werden vier verschiedene Aufenthalts-
rechte zusammengefasst: Aufenthaltserlaubnis, -berechtigung, -be-
willigung und -befugnis.
Nach dem Ausländerzentralregister beim Bundesverwaltungsamt
in Köln leben Ende 1992 ca. 6,5 Millionen Ausländer in der BRD
mit einem Bevölkerungsanteil von acht Prozent. Die größte Aus-
ländergruppe stellen türkische Staatsangehörige mit ca. 1,8 Millionen Türken und Kurden.

17. Januar   Der Bundestag wählt Helmut **Kohl** (CDU) mit 378 gegen 257
Stimmen und 9 Enthaltungen zum **ersten gesamtdeutschen Bundeskanzler** (Mehrheit der Mitglieder 332). – Die FDP hatte ursprünglich die Kanzlerwahl von einem Niedrigsteuergebiet in der
ehemaligen DDR abhängig gemacht.

18. Januar   Kohl stellt seine **vierte christlichliberale Regierungskoalition** vor:

Bundeskanzler	Helmut Kohl (CDU)
Stellvertreter	Hans-Dietrich Genscher (FDP), ab 18. 5. 1992 Jürgen W. Mölle-mann (FDP), ab 21. 1. 1993 Klaus Kinkel (FDP)
Auswärtiges	Hans-Dietrich Genscher (FDP), ab 18. 5. 1992 Klaus Kinkel (FDP)
Inneres	Wolfgang Schäuble (CDU), ab 26. 11. 1991 Rudolf Seiters (CDU), ab 7. 7. 1993 Manfred Kanther (CDU)
Justiz	Klaus Kinkel (Aufnahme in die FDP am 16. 1. 1991 beantragt), ab 18. 5. 1992 Sabine Leutheusser-Schnarrenberger (FDP)
Finanzen	Theo Waigel (CSU)
Wirtschaft	Jürgen W. Möllemann (FDP), ab 21. 1. 1993 Günter Rexrodt (FDP)
Ernährung, Landwirtschaft und Forsten	Ignaz Kiechle (CSU), ab 21. 1. 1993 Jochen Borchert (CDU)
Arbeit und Sozialordnung	Norbert Blüm (CDU)
Verteidigung	Gerhard Stoltenberg (CDU), ab 1. 4. 1992 Volker Rühe (CDU)

Familie und Senioren	Hannelore Rönsch (CDU)
Frauen und Jugend	Angela Merkel (CDU)
Gesundheit	Gerda Hasselfeldt (CSU), ab 6. 5. 1992 Horst Seehofer (CSU)
Verkehr	Günther Krause (CDU), ab 13. 5. 1993 Matthias Wissmann (CDU)
Umwelt, Naturschutz und Reaktorsicherheit	Klaus Töpfer (CDU)
Post und Telekommunikation	Christian Schwarz-Schilling (CDU) bis 17. 12. 1992, ab 21. 1. 1993 Wolfgang Bötsch (CSU)
Raumordnung, Bauwesen und Städtebau	Irmgard Adam-Schwaetzer (FDP), ab 27. 9. 1991 Irmgard Schwaetzer (Namensänderung)
Forschung und Technologie	Heinz Riesenhuber (CDU), ab 21. 1. 1993 Matthias Wissmann (CDU), ab 13. 5. 1993 Paul Krüger (CDU)
Bildung und Wissenschaft	Rainer Ortleb (FDP), ab 4. 2. 1994 Karl-Hans Laermann (FDP)
Wirtschaftliche Zusammenarbeit (ab 22. 1. 1993: Wirtschaftliche Zusammenarbeit und Entwicklung)	Carl-Dieter Spranger (CSU)
Besondere Aufgaben	Rudolf Seiters (CDU), ab 26. 11. 1991 Friedrich Bohl (CDU)

In seiner Regierungserklärung vom 30. 1. 1991 nennt Kohl drei Hauptziele: 1. ganz Deutschland geistig, kulturell, wirtschaftlich und sozial zusammenzuführen und so gleiche Lebensverhältnisse für die Menschen zu schaffen; 2. in Europa eine dauerhafte und gerechte Friedensordnung aufzubauen; 3. an einer Weltfriedensordnung mitzuarbeiten, die sich auf die Herrschaft des Rechts gründet. Der Ausbau der Infrastruktur und Wirtschaft in den neuen Bundesländern durch öffentliche und private Investitionen sei vorrangig und besonders zu fördern. – Mit den Alliierten im Golfkrieg und Israel erklärt sich Kohl solidarisch. (39.1. → 17. 1 – 28. 2. 1991)

20. September   In **Hoyerswerda** (Sachsen) greifen Rechtsextremisten ein Ausländerheim an. Etwa 30 Menschen werden verletzt.

1992

1. April   Der **Bundesgrenzschutz** wird ab sofort neu organisiert, sein Aufgabenbereich erweitert. Neben die neuen Funktionen der Bahnpolizei und des Schutzes des zivilen Luftverkehrs treten vor allem

grenzpolizeiliche Aufgaben an den Ostgrenzen, denn Polen und Tschechien sind zu Zentren der illegalen Einreise nach Mittel- und Westeuropa und der Schleuserkriminalität geworden.

April/Mai **Ministerwechsel**: Am 1.4. 1992 wird der bisherige CDU-Generalsekretär Volker Rühe zum Verteidigungsminister ernannt und damit Nachfolger Gerhard Stoltenbergs (CDU); dieser war am 31.3. 1992 wegen einer vom Haushaltsausschuss nicht genehmigten Lieferung von Panzern des Typs Leopard an die Türkei zurückgetreten.

Außenminister Hans-Dietrich Genscher (FDP) kündigt am 27.4. 1992 überraschend seinen Rücktritt zum 18.5. 1992 an. Nachfolger wird der bisherige Justizminister Klaus Kinkel (FDP). Er setzt sich gegen die zunächst für das Amt nominierte Bauministerin Irmgard Schwaetzer in einer Kampfabstimmung durch.

Weitere personelle Veränderungen, die Sabine Leutheusser-Schnarrenberger (FDP), Gerda Hasselfeldt (CSU), Horst Seehofer (CSU) und Jürgen W. Möllemann (FDP) betreffen, sind in der Kabinettsliste vom → 18.1. 1991 dokumentiert.

1. Juli Das **Asylverfahrens-Neuregelungsgesetz** vom 26.6. 1992 tritt in Kraft. Es soll das Asylverfahren verkürzen, den Missbrauch des Asylrechts eindämmen und ermöglichen, abgelehnte Asylbewerber ggf. schneller abzuschieben. Daher sind alle Asylbewerber anfangs in Gemeinschaftsunterkünften der Länder aufzunehmen (Erstaufnahme-Sammellager). Sie werden erkennungsdienstlich behandelt (automatisches Fingerabdrucksystem), um zu verhindern, dass sie Mehrfachanträge stellen und Sozialleistungen widerrechtlich beziehen können.

Dem Bundesamt für die Anerkennung ausländischer Flüchtlinge und seinen Außenstellen obliegt die alleinige Antragsbearbeitung und -entscheidung. In Gerichtsverfahren, die verkürzt und präkludiert (z.B. wegen versäumter oder verspäteter Geltendmachung eines Rechts) werden, entscheidet der Einzelrichter. Berufung ist nur noch auf Annahme durch die Obergerichte zulässig. (26.2. → 1.8. 1982 und 32.1. → 6.1. 1987)

CDU/CSU, FDP und SPD hatten sich fraktionsübergreifend darauf geeinigt, das Asylverfahren unterhalb der Schwelle einer Grundgesetzänderung zu beschleunigen, da der Zustrom von Flüchtlingen aus Ost- und Südosteuropa (z.B. Jugoslawien) sprunghaft angestiegen war.

22.–25. August **Fremdenfeindliche Ausschreitungen:** In Rostock kommt es nachts zu den bisher schwersten Gewalttaten gegen Ausländer in Deutschland. Am 24.8. zünden rechtsextreme Jugendliche, die in Rostock zusammenströmen und randalieren, unter dem Beifall erwachsener Sympathisanten und ungehindert von der Polizei einen Wohnblock an, in dem vor allem Vietnamesen leben.

Die Gewalttätigkeiten erregen weltweit Entsetzen und lösen neue Krawalle gegen Ausländer und Asylbewerber aus.

8. November In Berlin demonstrieren ca. 350 000 Demokraten aus allen Schichten gegen **Ausländerhass und Fremdenfeindlichkeit** sowie für Toleranz und Menschenwürde. Vertreten sind Anhänger von Regierungs- und Oppositionsparteien, Mitglieder von Kirchen, Gewerkschaften, Verbänden und Bürgerinitiativen. Bundespräsident von Weizsäcker wird bei seiner Rede von randalierenden linken »Autonomen« gestört und mit Eiern beworfen.

Am 10. 12. 1992 debattiert der Bundestag über den politischen Extremismus und verurteilt erneut einmütig – wie bereits am 8. 10. 1992 – Fremdenhass, Ausländerfeindlichkeit und Antisemitismus.

In vielen Städten – z. B. am 13. 12. 1992 in Hamburg – bekunden Hunderttausende ihre Solidarität mit den Ausländern durch »Lichterketten«.

22./23. November In **Mölln** werden nachts Brandanschläge auf von Türken bewohnte Häuser verübt, drei Bewohnerinnen sterben. Als Straftäter gelten zwei Rechtsextremisten. Spontan kommt es zu Kundgebungen gegen Ausländerfeindlichkeit, vor allem mit »Lichterketten« aus Fackeln, Kerzen und Lampen.

Demonstration gegen Rassismus und Ausländerfeindlichkeit in Bonn am 14. November 1992. → 8. November 1992

Rechtsextremismus in Deutschland: Ausländerfeindliche Parolen.

1993

21. Januar   **Kabinettsumbildung und Affären**: Günter Rexrodt (FDP) löst Wirtschaftsminister Jürgen W. Möllemann (FDP) ab, der am 3. 1. 1993 wegen der »Briefbogenaffäre« – er hatte für das Produkt eines Verwandten auf Behördenpapier geworben – zurückgetreten war. Jochen Borchert (CDU) ersetzt Ignaz Kiechle (CSU), Matthias Wissmann (CDU) Heinz Riesenhuber (CDU) und Wolfgang Bötsch (CSU) Christian Schwarz-Schilling (CDU), der am 14. 12. 1992 wegen der Haltung der Bundesregierung zum Bosnien-Krieg zurückgetreten war.

Nach mehreren Affären (Umzugskosten, Haushaltshilfe, Autobahnraststätten) stürzt am 6. 5. 1993 Verkehrsminister Günther Krause (CDU). Das Ressort übernimmt am 13. 5. 1993 Matthias Wissmann (CDU), dessen Nachfolger als Minister für Forschung und Technologie Paul Krüger (CDU) wird.

Die Veränderungen dokumentiert die Liste des vierten Kabinetts Kohl vom → 18. 1. 1991.

Affären, die Politikverdrossenheit fördern, belasten nicht nur die Bundes-, sondern auch die Landespolitik: Am 3. 5. 1993 tritt der schleswig-holsteinische Ministerpräsident und SPD-Vorsitzende Björn Engholm von seinen Ämtern zurück, da er früher von den

Machenschaften Barschels und Pfeiffers (29.1. → 8. 5. 1988) erfahren hatte, als er vor einem parlamentarischen Untersuchungsausschuss zugegeben hatte. Am 27. 5. 1993 zwingt die »Amigo-Affäre« (Zuwendungen aus der Industrie) den bayerischen Ministerpräsidenten Max Streibl (CSU) zum Rücktritt.

15./16. Mai   Die Grünen und das Bündnis 90 vereinigen sich in Leipzig zur neuen Partei **Bündnis 90/Die Grünen**. Sie will drittstärkste politische Kraft in der Bundesrepublik werden und die Wirtschaft ökologisch umgestalten. Die Bereitschaft zur Übernahme von Regierungsverantwortung wird bekundet. Vorstandssprecher: Marianne Birthler (Bündnis 90) und Ludger Volmer (Grüne).

29. Mai   Ausländerfeindlicher Brandanschlag auf ein von Türken bewohntes Haus in **Solingen**. Fünf Türkinnen verbrennen in den Flammen. Als mutmaßliche Täter werden Jugendliche festgenommen.
Über die Pfingstfeiertage und danach kommt es in Solingen und anderen Städten zu Krawallen, Protesten und Demonstrationen. Bei dem größten Teil der Bevölkerung löst die bislang schwerste fremdenfeindliche Gewalttat Entsetzen aus. Die deutsch-türkischen Beziehungen werden schwer belastet.

27. Juni   **Antiterroraktion mit Pannen:** Bei einem wenig koordinierten Polizeieinsatz gegen mutmaßliche RAF-Terroristen auf dem Bahnhof in Bad Kleinen (Mecklenburg) werden Birgit Hogefeld und irrtümlich auch ein eingeschleuster V-Mann, der flüchten sollte, festgenommen; Wolfgang Grams dagegen versucht zu entkommen und erschießt dabei einen GSG-9-Beamten.
Selbst von einer tödlichen Kugel getroffen, bleibt zunächst ungeklärt und widersprüchlich, ob Grams aus nächster Nähe »hingerichtet« wurde, ob er sich beim Sturz auf die Bahngleise versehentlich in den Kopf schoss oder ob Selbstmord vorliegt.
Innenminister Rudolf Seiters (CDU) tritt am 4. 7. 1993 zurück und übernimmt damit die Verantwortung für Pannen, Koordinations- und Informationsmängel. Nachfolger ab 7. 7. ist Manfred Kanther (CDU).
Wegen seiner widersprüchlichen Informationspolitik wird am 6. 7. Generalbundesanwalt Alexander von Stahl in den einstweiligen Ruhestand entlassen. Aus dem heftig kritisierten Bundeskriminalamt versetzt wird u. a. Vizechef Gerhard Köhler, da Amtschef Hans-Ludwig Zachert während der Aktion zur Kur war.
Verschiedene Gutachten entlasten die Polizei, da sie die Schlussfolgerung ziehen, Grams sei höchstwahrscheinlich tödlichen Verletzungen erlegen, die er sich selbst zugefügt habe. Zweifelsfrei konnten die Todesursachen jedoch nicht rekonstruiert werden.

1. November   Das **Asylbewerberleistungsgesetz** vom 30. 6. 1993 tritt in Kraft. Danach erhalten Asylbewerber und geduldete Ausländer keine

Sozialhilfe mehr, sondern für ihren »notwendigen Bedarf« Grund-
und Sachleistungen für Ernährung, Unterkunft, Heizung, Klei-
dung, Körperpflege, Haushaltsgüter sowie zusätzlich ein Taschengeld; außerhalb der Sammelunterkünfte können sie Wertgut-
scheine oder entsprechende Geldleistungen bekommen. Bei
Krankheit, Schwangerschaft und Geburt wird die erforderliche
medizinische Betreuung gewährt. Die Leistungsberechtigten sind
verpflichtet, in Sammelunterkünften Tätigkeiten der Selbstversorgung zu erledigen und für gemeinnützige Arbeiten gegen
eine Aufwandsentschädigung zur Verfügung zu stehen. Die Aufnahme einer Erwerbstätigkeit ist innerhalb von drei Tagen zu
melden.

26. November Das Innenministerium verbietet die straff geführte marxistisch-leni-
nistische **Arbeiterpartei Kurdistans** (PKK) und ihre Nebenorgani-
sationen in der BRD. Sie treten für einen autonomen kurdischen
Staat ein, bekämpfen deshalb die Türkei und hatten Gewaltaktio-
nen gegen türkische Einrichtungen im In- und Ausland gesteuert.
Noch vor dem Verbot war Deutschland von PKK-Führer Abdullah
Öcalan (Damaskus) als »Kriegsfeind Nr. 2« nach der Türkei eingestuft worden.
Rund zehn Millionen Kurden, etwa die Hälfte von ihnen, leben in
der Osttürkei. Als Volk ohne Staat mit eigener indoeuropäischer
Sprache siedeln die Kurden vor allem im gebirgigen Grenzgebiet
zwischen Türkei, Irak und Iran (»Kurdistan«).

1994

23. Mai   Die Bundesversammlung wählt im Berliner Reichstagsgebäude
den neuen **Bundespräsidenten**. Der Unionskandidat und bisherige
Präsident des Bundesverfassungsgerichts Roman **Herzog** erhält im

Tab. 26: Zehnte Bundesversammlung, 23. Mai 1994 in Berlin
Mitglieder 1 324, davon CDU/CSU 619; SPD 502; FDP 112; DIE GRÜNEN 44;
PDS 33; REP 8; Sonstige 6.

Kandidaten	Abgegebene Stimmen		
	1. Wahlgang	2. Wahlgang	3. Wahlgang
Roman Herzog (CDU/CSU)	604	622	696
Johannes Rau (SPD)	505	559	605
Hildegard Hamm-Brücher (FDP)	132	126	–
Jens Reich (B 90/GRÜNE)	62	–	–
Hans Hirzel (REP)	12	11	11
Ungültige Stimmen	2	1	1
Enthaltungen	2	–	7
Summe	1 319	1 319	1 320

3. Wahlgang die absolute Mehrheit der Stimmen (mindestens 663) vor dem SPD-Kandidaten Johannes Rau, Ministerpräsident Nordrhein-Westfalens.

Die SPD zeigt sich enttäuscht darüber, dass Rau weniger Stimmen als erhofft aus den Reihen der Regierungskoalition erhält, nachdem die FDP Hildegard Hamm-Brücher nach zwei Wahlgängen als Kandidatin zurückgezogen hatte. – Herzog tritt sein Amt am 1. 7. 1994 als erster gesamtdeutsch gewählter Bundespräsident an. Ursprünglich war der sächsische Innenminister Steffen Heitmann (CDU) von Bundeskanzler Kohl für das Amt des Bundespräsidenten als Wunschkandidat, der die Integration der neuen und alten Bundesländer symbolisieren sollte, vorgeschlagen worden. Heitmann, am 3. 10. 1993 einstimmig vom CDU-Bundesvorstand nominiert, hatte jedoch auf seine Kandidatur am 25. 11. 1993 wegen zunehmender Kritik an seinen politischen Überzeugungen verzichtet.

16. Oktober   **Wahlen zum 13. Bundestag.** Die christlichliberale Regierungskoalition behauptet denkbar knapp ihre Mehrheit (zehn Sitze). Die Union erzielt mit 41,5 Prozent der Zweitstimmen ihr bisher schlechtestes Bundestagswahlergebnis seit 1949 (31 Prozent). Nach einer Serie von sieben schweren Niederlagen hintereinander bei Landtagswahlen und der Europawahl (39.2. → 12. 6. 1994) überwindet die FDP (Spitzenkandidat Klaus Kinkel, seit 11. 6. 1993 Parteivorsitzender) erstmals wieder die Fünfprozenthürde (6,9 Prozent).

Die Opposition geht gestärkt aus der Wahl hervor. Die SPD verbucht – verglichen mit dem → 2. 12. 1990 – die stärksten Stimmengewinne aller Parteien (36,4 Prozent statt 33,5 Prozent), scheitert aber seit 1983 zum vierten Male mit ihrer erklärten Zielsetzung, Kohl als Bundeskanzler abzulösen. Ihr neuer Spitzenkandidat, der rheinland-pfälzische Ministerpräsident Rudolf Scharping, war nach dem Rücktritt Engholms erstmals in der modernen Parteiengeschichte durch eine Mitgliederbefragung am 13. 6. 1993 (»Tag der Ortsvereine«) mehrheitlich zum Parteivorsitzenden gekürt und am 25. 6. 1993 in Essen bestätigt worden.

Das Bündnis 90/Die Grünen wird drittstärkste Bundestagsfraktion mit einem Anteil von 7,3 Prozent der Zweitstimmen. Es hat damit seine Zielsetzung erreicht, drittstärkste politische Kraft in Deutschland zu werden. (→ 15./16. 5. 1993)

Die PDS erzielt bundesweit 4,4 Prozent der Zweitstimmen, die jedoch trotz der Fünfprozentklausel zählen; denn Gregor Gysi, Stefan Heym, Christa Luft und Manfred Müller werden in Ost-Berlin direkt gewählt (erforderlich: drei Direktmandate).

Wegen der 16 Überhangmandate werden anstelle von 656 insgesamt 672 Abgeordnete in den Bundestag gewählt. Überhangmandate entstehen, wenn eine Partei in einem Land nach den Erststimmen mehr Direktmandate gewonnen hat, als ihr Bundestagsmandate

Tab. 27: 13. Bundestagswahl, 16. Oktober 1994
Zweitstimmen

	Anzahl	%	Sitze
Wahlberechtigte	60 452 009		
Wähler	47 737 999	79,0	
Ungültige Stimmen	632 825	1,3	
Gültige Stimmen	47 105 174		
CDU	16 089 960	34,2	244
SPD	17 140 354	36,4	252
FDP	3 258 407	6,9	47
CSU	3 427 196	7,3	50
B 90/Die GRÜNEN	3 424 315	7,3	49
PDS	2 066 176	4,4	30
REP	875 239	1,9	–
APD	21 533	0,0	–
BP	42 491	0,1	–
Solidarität	8 103	0,0	–
BSA	1 285	0,0	–
Liga	5 195	0,0	–
CM	19 887	0,0	–
ZENTRUM	3 757	0,0	–
GRAUE	238 642	0,5	–
NATURGESETZ	73 193	0,2	–
MLPD	10 038	0,0	–
Die Tierschutzpartei	71 643	0,2	–
ÖDP	183 715	0,4	–
PBC	65 651	0,1	–
PASS	15 040	0,0	–
STATT Partei	63 354	0,1	–
Abkürzungsverzeichnis s. S. 585			

Quelle: Statistisches Bundesamt.

nach den Zweitstimmen zustehen (Sitzverteilung bei der Verhältniswahl nach dem Hare-Niemeyer-System seit 1987 anstelle des Höchstzahlverfahrens nach Victor d'Hondt). Die Überhangmandate stützen die Regierungsfähigkeit der christlichliberalen Koalition, da zwölf auf die CDU, vier auf die SPD entfallen.

10. November Die **13. Legislaturperiode** des Bundestages, der sich im Berliner Reichstagsgebäude konstituiert, eröffnet als Alterspräsident der 81-jährige parteilose Schriftsteller Stefan Heym; er hatte als PDS-Kandidat das Direktmandat im Ost-Berliner Wahlkreis Prenzlauer Berg gewonnen.
Bei der Präsidiumswahl kooperieren die Unionsparteien erstmals mit dem Bündnis 90/Die Grünen gegen die SPD. Erwartungsgemäß wiedergewählt als Bundestagspräsidentin wird Rita Süssmuth

(CDU). Jede Fraktion stellt je einen Stellvertreterposten, darunter erstmals mit Unionsstimmen die Fraktion der Grünen (Antje Vollmer).

15. November Der Bundestag wählt in Bonn Helmut **Kohl** (CDU) zum fünften Male zum **Bundeskanzler**. Er erhält mit 338 Ja- und 333 Neinstimmen nur eine Stimme mehr als zur Kanzlerwahl erforderlich – wie Helmut Schmidt (SPD) am 15. 12. 1976 (250 von 249 erforderlichen Stimmen). Konrad Adenauer (CDU) hatte am 15. 9. 1949 nur mit seiner eigenen Stimme die erforderliche absolute Mehrheit erreicht (202 Stimmen). (6.2. → 15. 9. 1949 und 22.1. → 15. 12. 1976)

17. November Bundeskanzler Kohl stellt sein **fünftes Kabinett** vor:

Bundeskanzler	Helmut Kohl (CDU)
Stellvertreter	Klaus Kinkel (FDP)
Auswärtiges	Klaus Kinkel (FDP)
Inneres	Manfred Kanther (CDU)
Justiz	Sabine Leutheusser-Schnarrenberger (FDP), ab 17. 1. 1996 Edzard Schmidt-Jortzig (FDP)
Finanzen	Theo Waigel (CSU)
Wirtschaft	Günter Rexrodt (FDP)
Ernährung, Landwirtschaft und Forsten	Jochen Borchert (CDU)
Arbeit und Sozialordnung	Norbert Blüm (CDU)
Verteidigung	Volker Rühe (CDU)
Familie, Senioren, Frauen und Jugend	Claudia Nolte (CDU)
Gesundheit	Horst Seehofer (CSU)
Verkehr	Matthias Wissmann (CDU)
Umwelt, Naturschutz und Reaktorsicherheit	Angela Merkel (CDU)
Post und Telekommunikation	Wolfgang Bötsch (CSU) bis 31. 12. 1997
Raumordnung, Bauwesen und Städtebau	Klaus Töpfer (CDU), ab 15. 1. 1998 Eduard Oswald (CSU)
Bildung, Wissenschaft, Forschung und Technologie	Jürgen Rüttgers (CDU)
Wirtschaftliche Zusammenarbeit und Entwicklung	Carl-Dieter Spranger (CSU)
Besondere Aufgaben	Friedrich Bohl (CDU)

In seiner Regierungserklärung vom 23. 11. 1994 fordert Kohl ein »Bündnis für die Zukunft«. Er schlägt deshalb u. a. Gespräche zwischen Wirtschafts- und Gewerkschaftsführern für eine neue »Beschäftigungsinitiative« vor, die zusätzliche Arbeitsplätze schaffen soll, und befürwortet, Staat und Gesellschaft zu erneuern. Die teil-

weise bereits verwirklichte »innere Einheit« Deutschlands sei auszugestalten. »Jetzt gilt es, alle Kräfte anzuspannen, ganz Deutschland fit zu machen für das nächste, das 21. Jahrhundert.«

1. Dezember   Das **Verbrechensbekämpfungsgesetz** vom 28. 10. 1994 tritt in Kraft.
Danach kann der Bundesnachrichtendienst (BND) bei der Über-
wachung des internationalen Fernmeldeverkehrs Erkenntnisse über
die organisierte Kriminalität (u. a. bei Waffen- und Drogenschmug-
gel, Terrorismus, Geldfälschung und Geldwäsche) an die Straf-
verfolgungsbehörden weitergeben; die Möglichkeiten der Post- und
Telefonkontrolle zur Erkennung schwerwiegender Gefahren sind
daher erweitert. Die Strafverfahren bei klarer Beweislage werden
beschleunigt, die Strafen verschärft oder ergänzt, z. B. bei Schutz-
gelderpressern, Schlepperbanden, Drogendealern und Rechtsextremisten (»Auschwitzlüge«, NS-Symbolen, Volksverhetzung u. a.),
bei unerlaubtem Betäubungsmittelverkehr. Ein zentrales staats-
anwaltschaftliches Verfahrensregister ist zur besseren Information
über Ermittlungs- und Strafverfahren einzurichten. Die Kronzeugenregelung wird befristet im Bereich der organisierten Kriminalität eingeführt.

1995

26. Januar   Der Bundestag gedenkt des 50. Jahrestags der Befreiung des **KZ
Auschwitz-Birkenau** in Polen durch Soldaten der Roten Armee am
27. 1. 1945. → 3. 1. 1996
Bundestagspräsidentin Rita Süssmuth betont, dieses Vernichtungs-
und Konzentrationslager sei zum »Inbegriff des unfasslichen Mas-
senmords am jüdischen Volk« geworden. »Das Verbrechen von
Auschwitz ist mit nichts vergleichbar. Es lässt sich nicht begreifen,
nicht bewältigen.« Bundeskanzler Kohl (CDU) nennt die Massen-
morde in Auschwitz das »dunkelste und schrecklichste Kapitel in
der deutschen Geschichte«.
Auf deutschem Boden waren u. a. die Konzentrationslager Buchenwald am 11. 4, Bergen-Belsen am 15. 4, Sachsenhausen, Ravens-
brück und Flossenbürg am 22./23. 4, Dachau am 29. 4, Neuen-
gamme am 30. 4. 1945 befreit worden. In der SBZ wurden ehemalige KZ wie z. B. Buchenwald oder Sachsenhausen als sowjetische
Internierungslager für Nationalsozialisten, aber auch für politisch
Unerwünschte und Unschuldige weiterverwendet. (35.1. → 14. 3.
1990)

24. Februar   Bundesinnenminister Manfred Kanther (CDU) verbietet die neonazistische **Freiheitliche Deutsche Arbeiterpartei** (FAP), Innen-
senator Hartmuth Wrocklage (SPD) die Hamburger **Nationale
Liste** (NL).
Nach Auffassung des Bundesverfassungsgerichts handelt es sich bei
der FAP und NL, die am 14. 8. 1993 beim »Rudolf-Heß-Gedenk-

marsch« in Fulda hervorgetreten waren, nicht um Parteien, denn sie wirkten nicht ernsthaft an der politischen Willensbildung des Volkes mit. Als verfassungsfeindliche Vereine können sie von der Exekutive verboten werden.

28. April   Sondersitzung von Bundestag und Bundesrat zum Kriegsende vor 50 Jahren mit dem polnischen Außenminister **Bartoszewski** als Hauptredner. (39.3. → 28. 4 1995)

8. Mai   In Berlin findet ein schlichter Staatsakt zum **50. Jahrestag des Kriegsendes** statt. Bundespräsident Roman Herzog erinnert zu Beginn daran, dass Deutschland den »furchtbarsten Krieg« entfesselt hatte, der Millionen Menschen das Leben kostete, und zuletzt die »furchtbarste Niederlage« erlebte. Die Streitfrage, ob der 8. Mai 1945 für die Deutschen ein Tag der Niederlage oder ein Tag der Befreiung gewesen sei, hält Herzog für »nicht sehr fruchtbar«. Er bewertet ihn nachträglich vor allem als einen Tag, »an dem ein Tor in die Zukunft aufgestoßen« worden war.

Als Vertreter der ehemaligen Anti-Hitler-Koalition sprechen der Ministerpräsident der Russischen Föderation, Viktor S. Tschernomyrdin, der britische Premier John Major, US-Vizepräsident Al Gore und der scheidende französische Präsident François Mitterrand. In einer seiner letzten Reden, auf die er größten Wert gelegt hatte, würdigt Mitterrand die Nachkriegsentwicklung: »Der Feind von gestern ist der Freund von heute.«

16. November   Erstmals in der Geschichte der SPD wird auf dem Mannheimer Parteitag ein kandidierender Parteivorsitzender abgelöst. Die Delegierten wählen in einer Kampfabstimmung den erst am Wahltag überraschend kandidierenden saarländischen Ministerpräsidenten **Oskar Lafontaine** zum neuen Parteichef und stürzen damit den bisherigen Amtsinhaber Rudolf Scharping. Dieser Führungswechsel soll einen Neuanfang nach Streitigkeiten an der Führungsspitze markieren. Scharping wird zu einem der stellvertretenden Parteivorsitzenden gewählt und bleibt Fraktionsvorsitzender der SPD im Bundestag.

1996

1. Januar   Das **Wehrrechtsänderungsgesetz** verkürzt den Grundwehrdienst von 12 auf künftig 10 Monate, den Zivildienst für anerkannte Kriegsdienstverweigerer von 15 auf 13 Monate. Auf den zehnmonatigen Wehrdienst folgt eine zweimonatige Verfügungsbereitschaft, zu der die Wehrpflichtigen jederzeit herangezogen werden können.

Am 26. 11. 1997 billigt der Bundestag die Ausrüstung der Bundeswehr mit dem Jagdflugzeug **Eurofighter**, an dessen Bau Firmen in Großbritannien, Deutschland, Italien und Spanien beteiligt sind. Es ist das teuerste Rüstungsprojekt der BRD.

3. Januar   Bundespräsident Herzog erklärt den 27. Januar zum Gedenktag für die **Opfer des Nationalsozialismus**. Der Tag, an dem im Jahre 1945 das Konzentrationslager Auschwitz befreit worden war (→ 26. 1. 1995), soll der Erinnerung an die NS-Verbrechen dienen und zur Wachsamkeit mahnen.

Am 1. 6. 1995 hatte sich das Präsidium des Bundestags mit den Fraktions- und Gruppenvorsitzenden darauf verständigt, dass der **27. Januar** Gedenktag für die Opfer der nationalsozialistischen Gewaltherrschaft und des Völkermords sein sollte.

1997

26. April   In seiner »**Berliner Rede**« im wiedererbauten Hotel Adlon beklagt Bundespräsident Herzog den »Verlust wirtschaftlicher Dynamik, die Erstarrung der Gesellschaft, eine unglaubliche mentale Depression«. Damit der Aufbruch ins 21. Jahrhundert gelinge, seien Reformen nötig. So müssten Lohnnebenkosten und Subventionen reduziert, Bildungs-, Gesundheits-, Renten- und Steuersystem reformiert werden. »Glauben wir wieder an uns selber. Die besten Jahre liegen noch vor uns.«

13. August   Das Gesetz zur **Bekämpfung der Korruption** verschärft die bisherigen Strafvorschriften und führt neue ein: u. a. Drittbegünstigungen,

»Durch Deutschland muss ein Ruck gehen.« Bundespräsident Roman Herzog fordert am → 26. 4. 1997 im Berliner Hotel Adlon zu grundlegenden gesellschaftlichen Reformen auf.

die nicht Amtsträgern direkt zugute kommen, sondern ihnen Nahestehenden; das sog. »Anfüttern«, das der vorbereitenden »Klimapflege« bei Bestechungen dient; »wettbewerbsbeschränkende Absprachen bei Ausschreibungen«, die als Straftaten gegen den freien Wettbewerb gelten. Illegale Zuwendungen verfallen künftig, sodass die Straftäter von ihnen nicht mehr profitieren.

Das Zweite Nebentätigkeitsbegrenzungsgesetz vom 9. 9. 1997 soll aktiven und passiven Bestechungen bei Beamten/Soldaten vorbeugen, u. a. durch Anzeige- und Auskunftspflichten bei Nebentätigkeiten sowie Mitarbeit in Selbsthilfeeinrichtungen. Die Ausübung eines »Zweitberufs« kann wegen übermäßiger zeitlicher Beanspruchung untersagt werden.

1998

4. Mai

Der **Große Lauschangriff** erweitert das gesetzliche Instrumentarium zur effektiveren Bekämpfung der organisierten Kriminalität unter Berücksichtigung der Verhältnismäßigkeit. Möglich ist nach Änderung des Art. 13 GG (38.2. → 1. 4 1998) erstmals die elektronische Überwachung von Wohnräumen, jedoch gelten Einschränkungen bei allen Personengruppen mit Zeugnisverweigerungsrecht. Im Vermittlungsverfahren hatte die SPD, unterstützt von prominenten FDP-Abgeordneten, durchgesetzt, dass die vorgesehenen Abhörverbote bei Geistlichen, Strafverteidigern und Abgeordneten durch Beweiserhebungsverbote im Wesentlichen auch auf Rechtsanwälte/Notare/Wirtschaftsprüfer/Steuerberater, auf Ärzte/Zahnärzte/Apotheker/Hebammen sowie auf Journalisten ausgedehnt werden. Zuständig für die Anordnung von Überwachungsmaßnahmen und die Verwertbarkeit des Materials sind die Staatsschutzkammern der Landgerichte.

Justizministerin Sabine Leutheusser-Schnarrenberger (FDP) war am 14. 12. 1995 von ihrem Amt zurückgetreten, da die Mehrzahl befragter FDP-Mitglieder dem Großen Lauschangriff zugestimmt hatte (Beteiligung: 42 Prozent, Pro: 63,6 Prozent, Contra: 35,7 Prozent, Enthaltungen: 0,7 Prozent). Nachfolger als Justizminister ab 17. 1. 1996: Edzard Schmidt-Jortzig (FDP).

Ergänzt werden die Strafvorschriften gegen **Geldwäsche** (40.1. → 29. 11. 1993): Sie erleichtern den Informationsaustausch zwischen Strafverfolgungs- und Finanzbehörden, verbessern die Kontrollmöglichkeiten beim grenzüberschreitenden Bargeldschmuggel und beziehen Lebens- und Unfallversicherungen in den Regelungsbereich mit ein.

1. September

Ab sofort ist der **Bundesgrenzschutz** befugt, überall in Deutschland Züge, Bahnhöfe und Flugplätze nach »grenzpolizeilicher Lagebeurteilung« zu kontrollieren. Die Identität von Personen kann festgestellt, das Gepäck darf »in Augenschein« genommen werden. Durchsuchungen, Festnahmen und erkennungsdienstliche Behandlungen sind jedoch nur zulässig, soweit konkrete Verdachtsmomente vorliegen. – Bislang war der Bundesgrenzschutz nur berechtigt, Reisende und ihr Gepäck innerhalb der 30-km-Zone des Grenzgebiets zu kontrollieren.

1. September   Bundeseinheitlich werden gesetzlich alle **NS-Urteile** aufgehoben, die aus politischen, militärischen, rassischen, religiösen oder weltanschaulichen Gründen gefällt worden sind. Die Opfer der NS-Justiz, u. a. Deserteure, Homosexuelle und Zwangssterilisierte, werden damit formalrechtlich rehabilitiert, erhalten mit dieser Wiedergutmachung aber keinen Entschädigungsanspruch.

38.2. Verfassungsrecht und Verfassungswandel 1990 – 1998

1992

14. Juli   Die Änderung des Art. 87d GG ermöglicht es verfassungsrechtlich, die **Luftverkehrsverwaltung** (Flugsicherung), die in bundeseigener Verwaltung geführt wird, an Gesellschaften mit privatrechtlichen Organisationsformen zu übertragen.

6. Dezember   **Asylkompromiss**: Nach einem Verhandlungsmarathon in Bonn einigen sich CDU, CSU, FDP und SPD auf ein interfraktionelles Positionspapier zur Neuregelung des Asylgrundrechts. Sie soll den Schutz tatsächlich politisch Verfolgter gewährleisten und den Missbrauch des Art. 16 Abs. 2 Satz 2 GG soweit wie möglich verhindern.
Anders als CSU und CDU hatten zunächst die FDP und am längsten die SPD abgelehnt, das Asylgrundrecht zu ändern. Ein Gesinnungswandel vollzog sich, als der Zustrom von Asylbewerbern trotz aller bisherigen gesetzgeberischen Verfahrensverkürzungen (38.1. → 1. 7. 1992) wie nie zuvor anschwoll, statt abzunehmen. Bei einer Anerkennungsquote von ca. 4,5 Prozent beantragen 1992 insgesamt 438 191 Ausländer politisches Asyl (zum Vergleich 1985: 73 832, 1988: 103 076, 1990: 193 063, 1991: 256 112), sodass es immer schwieriger wird, sie angemessen zu betreuen, unterzubringen und zu versorgen. Im Vergleich entfallen damit auf die BRD ca. 78 Prozent aller Asylbewerber in der EG oder 63 Prozent in den EG- und EFTA-Staaten. (→ 1. 7. 1993)

21. Dezember   **Grundgesetzänderungen zur Verwirklichung eines vereinten Europa**: Der durch den Einigungsvertrag aufgehobene Beitrittsartikel 23 GG (35.4. → 31. 8. 1990) wird durch den neuen Europaartikel 23 GG ersetzt. Dadurch steht der europäische Integrationsprozess symbolisch in der Kontinuität der deutschen Einigung, die er politisch in der Europäischen Union ergänzen und fortsetzen soll.

Der neu eingefügte Art. 23 GG schafft die verfassungsrechtlichen Voraussetzungen für die Ratifikation des Vertrags von Maastricht (39.2. → 7. 2. 1992). Nach den Substanzsicherungs- und Integrations-Öffnungsklauseln hat sich die EU nach demokratischen, rechtsstaatlichen, sozialen und föderativen Grundsätzen zu entwickeln, das Subsidiaritätsprinzip zu achten und einen vergleichbaren Grundrechtsschutz wie das GG zu gewährleisten. Die Mitwirkungsrechte der Länder und des Bundesrats werden im Verhältnis zu Bundestag und Bundesregierung festgelegt und beträchtlich erweitert. Die Bundesregierung hat den Bundestag und den Bundesrat umfassend und schnellstmöglich zu unterrichten.

Ergänzende Verfassungsänderungen u. a.: 1. Die Länder können mit Zustimmung der Bundesregierung Hoheitsrechte auf grenznachbarschaftliche Einrichtungen übertragen (neuer Art. 24 Abs. 1a GG). 2. EU-Ausländer sind bei Kreis- und Gemeindewahlen wahlberechtigt und wählbar (erweiterter Art. 28 Abs. 1 GG). 3. Der Bundestag bestellt einen Ausschuss für die Angelegenheiten der EU (neuer Art. 45 GG). 4. Durch den Bundesrat wirken die Länder auch in Angelegenheiten der EU mit (erweiterter Art. 50 GG). 5. Der Bundesrat kann eine Europakammer für Angelegenheiten der EU bilden (neuer Art. 52 Abs. 3a GG). 6. Aufgaben und Befugnisse der Bundesbank können einer Europäischen Zentralbank übertragen werden, die unabhängig und vorrangig dem Ziel der Sicherung der Preisstabilität verpflichtet ist (erweiterter Art. 88 GG).

1993

12. März   **Zwei Ausführungsgesetze** über die Zusammenarbeit von Bundesregierung und Bundestag sowie über die Zusammenarbeit von Bund und Ländern in Angelegenheiten der Europäischen Union regeln die Mitwirkung des Bundestags an der Willensbildung des Bundes nach Art. 23 Abs. 3 GG (Stellungnahmen des Bundestags zu Rechtsetzungsakten der EU) sowie des Bundesrats nach Art. 23 Abs. 6 GG. (Wahrnehmung der Rechte, die der BRD als Mitglied der EU zustehen, durch einen vom Bundesrat benannten Vertreter der Länder, wenn im Kern deren ausschließliche Gesetzgebungsbefugnisse betroffen sind.)

1. Juli   Die **Reform des Asylgrundrechts** und das angepasste **Asylverfahrensgesetz** treten in Kraft. Der Bundestag hatte die Verfassungsänderung und das neue Asylverfahrensgesetz am 26. 5. 1993 verabschiedet, während das Parlaments- und Regierungsviertel in Bonn durch Demonstrationen und Blockaden in eine Art Belagerungszustand versetzt worden war.

Der neu eingefügte Art. 16a GG gewährleistet gemäß Abs. 1 nach wie vor, dass politisch Verfolgte Asyl genießen (= alte Fassung des Art. 16 Abs. 2 Satz 2 GG). Verbürgt bleibt damit das weltweit bislang einzigartige, einklagbare Individualgrundrecht des politisch verfolgten Ausländers auf Asyl in der BRD.

Neu ist jedoch, dass sich Personen, die aus **sicheren Drittstaaten** einreisen, nicht mehr auf das Asylrecht berufen können (Art. 16a Abs. 2 GG). Als verfolgungssichere Drittstaaten gelten alle EU-Mitgliedstaaten, Finnland, Norwegen, Österreich, Polen, Schweden, die Schweiz und Tschechien. Wer folglich auf dem Landwege an den Grenzen zur BRD Asyl beantragt, wird zurückgewiesen. Aufenthaltsbeendende Maßnahmen, z. B. bei illegaler Einreise, können unabhängig von einem eingelegten Rechtsbehelf vollzogen werden, sodass kein vorläufiges Bleiberecht besteht. Wer vom Asylverfahren ausgeschlossen ist, kann vom Ausland aus dagegen klagen.

Bei Einreise aus einem **sicheren Herkunftsland** wird angenommen, dass dort weder politische Verfolgung noch unmenschliche oder erniedrigende Behandlung zu befürchten sind (Art. 16a Abs. 3 GG). Nach dem Asylverfahrensgesetz gelten als sichere Herkunftsländer (Nichtverfolgerstaaten) Bulgarien, Gambia, Ghana, Polen, Rumänien, Senegal, Slowakei, Tschechien und Ungarn. Wer aus diesen Staaten per Flugzeug oder Schiff einreist, dessen Asylantrag wird generell als »offensichtlich unbegründet« eingestuft, es sei denn, es werden Tatsachen vorgetragen, die die Annahme begründen, dass politische Verfolgung vorliegt. In der Regel ist das Asylverfahren drastisch verkürzt. So entscheidet auf Flughäfen im Transitbereich (»Niemandsland«) eine Außenstelle des Zirndorfer Bundesamtes binnen zwei Tagen über den Asylantrag, im Falle eines Einspruchs gegen den ablehnenden Bescheid das zuständige Verwaltungsgericht binnen zwei Wochen (Flughafenregelung).

Die BRD kann sich europäischen Vereinbarungen über die Zuständigkeit für Asylverfahren und die gegenseitige Anerkennung von Asylentscheidungen anschließen (Art. 16a Abs. 5 GG). Sie strebt damit eine europäische Harmonisierung des Asylrechts an und ermöglicht die Ratifikation des Dubliner Asylrechtsübereinkommens vom 15. 6. 1990. Es schafft klare Zuständigkeiten für die Prüfung eines in einem EU-Mitgliedstaat gestellten Asylantrags und tritt in der BRD am 7. 7. 1994 in Kraft.

Über die Asylanträge entscheiden direkt neu geschaffene Außenstellen des Zirndorfer Bundesamtes für die Anerkennung ausländischer Flüchtlinge, über die Einsprüche Verwaltungsrichter möglichst vor Ort. Als »offensichtlich unbegründet« gelten auch widersprüchliche, mehrfache oder gefälschte bzw. verfälschte Asylanträge, als »unbeachtlich« Anträge, wenn der Asylbewerber offensichtlich in einem Drittstaat vor Verfolgung sicher war. Abgelehnte Asylbewerber können abgeschoben werden, sofern sie nicht Abschiebeschutz (»kleines Asyl«) erhalten oder aus humanitären Gründen vorübergehend geduldet werden. (38.1. → 1. 11. 1993, 39.3. → 24. 9. 1992 und 7. 5. 1993)

Kriegs- und Bürgerkriegsflüchtlinge, die auf einen Asylantrag verzichten, erhalten einen eigenständigen Status, eine befristete Aufenthaltsbefugnis nach dem Ausländergesetz (38.1. → 1. 1. 1991) und den vollen Sozialhilfesatz.

28. Oktober Die **Gemeinsame Verfassungskommission** (GVK), deren 64 Mitglieder je zur Hälfte Bundestag und Bundesrat bzw. Landesregierungen gewählt bzw. entsandt hatten, verabschiedet einstimmig ihren Abschlussbericht. Sie hatte seit 16. 1. 1992 gemäß Art. 5 des Einigungsvertrages (35.4. → 31. 8. 1990) über Änderungen oder Ergänzungen des Grundgesetzes beraten. Sie hängen nicht nur mit der Wiederherstellung der staatlichen Einheit Deutschlands zusammen, sondern zusätzlich auch mit der Entwicklung der EG zur Europäischen Union. (→ 21. 12. 1992)

Nach den Kommissionsempfehlungen ist das Grundgesetz behutsam punktuell zu überarbeiten. Die SPD-Minderheit, die von ihrer ursprünglichen Zielsetzung abgerückt war, das Grundgesetz zu revidieren und darüber einen Volksentscheid herbeizuführen (Art. 146 GG), hatte sich mit der CDU/CSU-Mehrheit auf Kompromisslinien geeinigt.

20. Dezember Die verfassungsrechtlichen Grundlagen für die Privatisierung der **Eisenbahnen** des Bundes werden geschaffen. Die Mehrheitsanteile verbleiben beim Bund. Er hat zu gewährleisten, dass dem Wohl der Allgemeinheit, vor allem den Verkehrsbedürfnissen, Rechnung getragen wird.

Geändert sind die Art. 73, 74, 80 und 87 GG, neu die Art. 87e GG (Verwaltung der Eisenbahnen des Bundes), 106a GG (Steueranteil der Länder zur Finanzierung des öffentlichen Personennahverkehrs) und 143a GG (Umwandlung der Bundeseisenbahnen in Wirtschaftsunternehmen). Zur Bahnstrukturreform: 40.1. → 1. 1. 1994.

1994

30. August Die Neuordnung und Privatisierung des **Postwesens** und der **Telekommunikation** werden verfassungsrechtlich ermöglicht. Der Bund hat flächendeckend angemessene und ausreichende Dienstleistungen zu gewährleisten. Hoheitsaufgaben obliegen der bundeseigenen Verwaltung. Dienstleistungen sind als privatwirtschaftliche Tätigkeiten zu erbringen. Die bei der Deutschen Bundespost tätigen Bundesbeamten werden unter Wahrung ihrer Rechtsstellung bei den neuen privaten Unternehmen beschäftigt, die Dienstherrenbefugnisse ausüben.

Geändert sind die Art. 73, 80 und 87 GG, neu die Art. 87f GG (Verwaltung) und 143b GG (Umwandlung der Deutschen Bundespost). Zur Postreform II: 40.1. → 1. 1. 1995.

15. November   Die von der Gemeinsamen Verfassungskommission (GVK) vorgeschlagenen **Grundgesetzänderungen**, die zu heftigen Kontroversen zwischen Bundestag, Bundesrat und Vermittlungsausschuss geführt hatten, treten in Kraft. Es handelt sich vor allem um folgende Verfassungsartikel:

Erweiterter Art. 3 GG: Der Staat hat die tatsächliche Durchsetzung der Gleichberechtigung von Männern und Frauen zu fördern und auf die Beseitigung bestehender Nachteile hinzuwirken (Abs. 2). Verboten wird, Behinderte zu benachteiligen (Abs. 3).

Eingefügter Art. 20a GG: Der Staat hat die natürlichen Lebensgrundlagen zu schützen, auch in Verantwortung für die künftigen Generationen. Damit wird der Umweltschutz zum Staatsziel.

Erweiterter Art. 28 Abs. 2 GG: Die finanzielle Eigenverantwortung bei der kommunalen Selbstverwaltung wird gewährleistet.

Neuer Art. 29 Abs. 8 GG: Die Länderneugliederung wird erleichtert. Die Länder können sie durch Staatsvertrag regeln. Er bedarf der Zustimmung des Bundestags und der Bestätigung durch Volksentscheid in jedem beteiligten Land bzw. Landesteil.

Nach dem neuen Art. 118a GG kann die Neugliederung der Länder Berlin und Brandenburg abweichend von Art. 29 GG erfolgen. (38.4. → 27. 4 1995)

Geänderte Art. 72, 74 und 75 GG: Die Kompetenz des Bundes betreffend die konkurrierende Gesetzgebung und die Rahmengesetzgebung wird durch eine Erforderlichkeitsklausel (»Herstellung gleichwertiger Lebensverhältnisse im Bundesgebiet oder die Wahrung der Rechts- und Wirtschaftseinheit im gesamtstaatlichen Interesse«) eingeschränkt. Der Bund behält unter dieser Voraussetzung die konkurrierende Gesetzgebungskompetenz (neu u.a. für die Staatshaftung, die künstliche Befruchtung beim Menschen, die gentechnische Veränderung von Erbinformationen, für die Transplantation von Organen und Geweben) sowie die Rahmengesetzgebung, die nur noch in Ausnahmefällen Vollregelungen enthalten darf. – Bei Meinungsverschiedenheiten darüber, ob die Erforderlichkeitsklausel erfüllt ist, entscheidet das Bundesverfassungsgericht (eingefügter Art. 93 Abs. 1 Nr. 2a GG).

Geänderte Art. 76, 77 und 80 GG: Die Beratungsfristen für Stellungnahmen des Bundesrats oder der Bundesregierung zu Gesetzesvorlagen können ggf. von sechs auf neun Wochen verlängert werden. Der Bundesrat hat bei Zustimmungsgesetzen in angemessener Frist Beschluss zu fassen. Er kann der Bundesregierung Vorlagen für den Erlass zustimmungspflichtiger Rechtsverordnungen zuleiten und hat insoweit ein neues Initiativrecht.

Geänderter Art. 87 Abs. 2 GG: Soziale Versicherungsträger bleiben landesunmittelbare Körperschaften des öffentlichen Rechts, wenn sich ihr Zuständigkeitsbereich nicht über mehr als drei Länder erstreckt und das aufsichtführende Land bestimmt ist.

Der neue Art. 125a GG regelt die Fortgeltung von Bundesrecht, das auf dem Gebiet der konkurrierenden Gesetzgebung und der Rahmengesetzgebung vor dem 15. 11. 1994 erlassen worden ist.

1995
11. November   Die Änderung des Art. 106 GG sichert die bisherige Lastenverteilung zwischen Bund und Ländern im Zusammenhang mit dem neuen **Familienleistungsausgleich** (42. → 1. 1. 1996) dauerhaft ab.

1997
25. Oktober   Die geänderten Art. 28 und 106 GG ermöglichen verfassungsrechtlich die Beteiligung der Gemeinden am **Umsatzsteueraufkommen**. Damit werden ihre Steuerausfälle durch die Gewerbesteuerreform (40.1. → 1. 1. 1998) ausgeglichen.

1998
1. April   Der ergänzte Art. 13 GG (Unverletzlichkeit der Wohnung) schafft die verfassungsrechtlichen Voraussetzungen zur akustischen **Wohnraumüberwachung** bei besonders schweren Straftaten oder bei dringenden Gefahren für die öffentliche Sicherheit (Großer Lauschangriff: 38.1. → 4. 5. 1998). Technische Mittel zur Überwachung von Wohnungen dürfen nur befristet und aufgrund richterlicher Anordnung eingesetzt werden. Die Bundesregierung ist verpflichtet, darüber dem Bundestag jährlich zu berichten; die parlamentarische Kontrolle übt ein von ihm gewähltes Gremium aus.

38.3. Ehemalige DDR und neue Bundesländer 1990 – 1998

1990
5. Oktober   Der gesamtdeutsche Bundestag, der erstmals im Bonner »Wasserwerksgebäude« tagt, verabschiedet den 2+4-Vertrag (36.2. → 12. 9. 1990) und das geänderte **Bundeswahlgesetz**. Es führt anstelle der bundeseinheitlichen die separate Fünfprozentsperrklausel jeweils für die alten bzw. die neuen Bundesländer ein. Zugelassen sind auch Listenvereinigungen für Parteien und andere politische Gruppen aus der ehemaligen DDR.
Am 17. 10. 1990 und 25. 10. 1990 erleichtert das Bundesverfassungsgericht erneut kleineren Parteien, über Listenverbindungen an der Bundestagswahl am 2. 12. 1990 teilzunehmen. (38.1. → 2. 12. 1990)

14. Oktober   Das **Ländereinführungsgesetz** (35.4. → 22. 7. 1990) tritt in Kraft, gleichzeitig finden die **Landtagswahlen** in den fünf neuen Bundesländern statt. Die CDU erhält die meisten Stimmen in Mecklenburg-Vorpommern (38,3 Prozent), in Sachsen-Anhalt (39 Prozent)

und in Thüringen (45,4 Prozent), in Sachsen die absolute Mehrheit (53,8 Prozent) mit ihrem Kandidaten Kurt Biedenkopf. Die SPD setzt sich mehrheitlich in Brandenburg mit Manfred Stolpe (38,3 Prozent) gegen den CDU-Kandidaten Peter-Michael Diestel (29,4 Prozent) durch. Die DSU scheitert an der Fünfprozentklausel. Der Stimmenanteil der PDS liegt zwischen 9,7 Prozent in Thüringen und 15,7 Prozent in Mecklenburg-Vorpommern.

17. November Das NOK der ehemaligen DDR löst sich auf und vereinigt sich mit dem West-NOK zum **Nationalen Olympischen Komitee für Deutschland.** Präsident ist Willi Daume (bisher West-NOK), sein Stellvertreter Joachim Weiskopf (bisher Ost-NOK).

1. Dezember Gegen Erich **Honecker**, ehemals Staats- und Parteichef der DDR, wird Haftbefehl erlassen; denn nach neu entdeckten Akten soll er persönlich für den Schießbefehl an der Berliner Mauer und an der innerdeutschen Grenze verantwortlich sein. Der 78-jährige befindet sich in Beelitz in sowjetischer Obhut (35.2. → 3. 4 1990). Er wird am 3. 12. 1990 wegen angeblicher akuter Herzbeschwerden auf die Intensivstation eingeliefert und vorerst nicht den Berliner Justizbehörden überstellt. – Ermittlungen laufen zeitgleich gegen den ehemaligen DDR-Devisenbeschaffer Schalck-Golodkowski wegen Geld-, Waffen- und Warenschmuggels.

19. Dezember Der ehemalige DDR-Ministerpräsident Lothar **de Maizière** wird auf seinen Wunsch wegen der gegen ihn erhobenen Vorwürfe, er sei Inoffizieller Mitarbeiter des MfS gewesen, als Bundesminister für besondere Aufgaben (seit 3. 10. 1990) entlassen. Bundeskanzler Kohl gibt zugleich eine Ehrenerkärung für ihn ab und spricht sich für eine rückhaltlose Aufklärung der Verdächtigungen aus. Bis dahin ruhen alle Parteiämter de Maizières als CDU-Landesvorsitzender in Brandenburg und als stellvertretender CDU-Bundesvorsitzender.
Nach dem von Schäuble am 22. 2. 1991 vorgelegten Abschlussbericht über die Ermittlungen konnten die Vorwürfe gegen de Maizière, er sei Inoffizieller Mitarbeiter der Stasi unter dem Decknamen »Czerni« gewesen, nicht völlig entkräftet werden; doch habe er keine Verpflichtungserklärung unterzeichnet, auch weder Geld noch sonstige Vergünstigungen erhalten.
Am 15. 10. 1991 verabschiedet sich de Maizière endgültig von der Politik, indem er auch sein Bundestagsmandat zurückgibt.

1991

24. Februar Der Bund der Evangelischen Kirchen in der früheren DDR (»Kirche im Sozialismus«) löst sich in Berlin auf und vereinigt sich mit der **Evangelischen Kirche in Deutschland** (EKD). Sie wird damit wieder Dachorganisation aller Protestanten im vereinten Deutschland. (16.3. → 10. 6. 1969)

13. März	Der frühere DDR-Staats- und SED-Chef Erich **Honecker** wird aus dem sowjetischen Militärhospital Beelitz bei Potsdam (35.2. → 3. 4 1990) nach Moskau ausgeflogen. Die Sowjetregierung rechtfertigt die »technische Verletzung« der deutschen Souveränität mit »humanitären Gründen« und medizinischen Notwendigkeiten, da sich Honeckers Gesundheitszustand »akut verschlechtert« habe und er operiert werden solle. – Die vorher kurzfristig informierte Bundesregierung protestiert beim sowjetischen Botschafter in Bonn. Zum Haftbefehl: → 1. 12. 1990.
30. Juni	Das **Bundeswehrkommando Ost** in Strausberg, das am 3. 10. 1990 zur Integration der aufgelösten NVA in die Bundeswehr errichtet worden war, wird aufgelöst. Damit ist die Übergangsphase, aus zwei Armeen in einem Staat einheitliche Streitkräfte zu schaffen, organisatorisch weitgehend abgeschlossen.
21./22. September	Die ostdeutschen Bürgerrechtsbewegungen Demokratie Jetzt, Initiative Frieden und Menschenrechte und Teile des Neuen Forum schließen sich in Potsdam zur gesamtdeutschen Partei **Bündnis 90** zusammen. Es will eine offene, wählbare politische Vereinigung und zugleich oppositionelle Bürgerbewegung sein.
11. Dezember	Der im sowjetischen Exil lebende Erich **Honecker** flüchtet in die Moskauer Botschaft Chiles; denn zunächst hatte die russische Regierung, dann das russische Parlament beschlossen, ihn nach Deutschland auszuweisen. Die chilenische Regierung gewährt Honecker und seiner Frau Margot in der exterritorialen Residenz des Botschafters Clodomiro Almeyda Asyl als »Gast«. Die BRD fordert die Auslieferung Honeckers. Nordkorea erklärt sich aus »humanitären Gründen« bereit, ihn aufzunehmen.
20. Dezember	Mit dem **Stasi-Unterlagen-Gesetz** (StUG) wird die Bundesoberbehörde des Beauftragten für die Unterlagen des Staatssicherheitsdienstes der ehemaligen DDR mit Sitz in Berlin errichtet. Dem fachlich nicht weisungsgebundenen Bundesbeauftragten Joachim Gauck obliegen als Aufgaben: 1. die Stasi-Akten zu erfassen, sie archivalisch zu bewerten, zu ordnen, zu erschließen und zu verwalten; 2. Aktenauskünfte zu erteilen, Betroffenen Akteneinsicht zu gewähren und ggf. Unterlagen herauszugeben; 3. Forschung und politische Bildung bei der Aufarbeitung der Stasi-Aktivitäten zu unterstützen und zu beraten; 4. Dokumentationszentren und Ausstellungen einzurichten und zu unterhalten. Mit dem Gesetz werden Forderungen der letzten DDR-Volkskammer (35.4. → 24. 8. 1990) erfüllt.

1992

| 29. Juli | Erich **Honecker** kehrt von Moskau unter Druck nach Deutschland zurück. Chile hatte ihm in der Botschaft das Gastrecht entzogen, sodass ihm die Auslieferung drohte. |

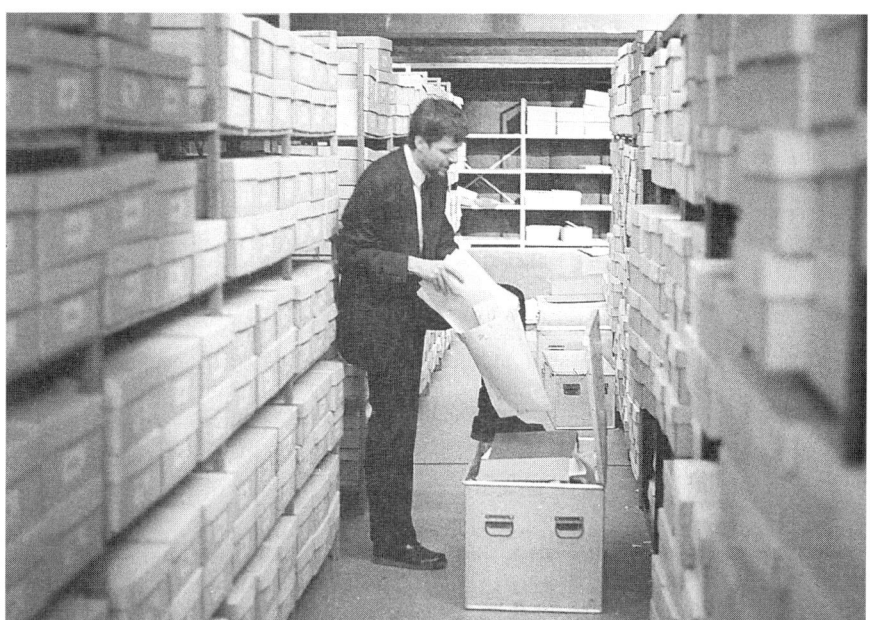

Erblast Stasi-Akten. → 20. Dezember 1991

Das am 12. 11. 1992 in Berlin eröffnete Strafverfahren wegen der Todesschüsse an Mauer und innerdeutscher Grenze wird am 12. 1. 1993 wegen Honeckers Leberkrebsleiden eingestellt. Zuvor waren bereits die Verfahren gegen den früheren DDR-Ministerratsvorsitzenden Willi Stoph (78) und den ehemaligen Stasi-Chef Erich Mielke (84), der sich auch wegen Mordes an zwei Polizisten am 9. 8. 1931 verantworten musste, abgetrennt worden; denn sie galten als nicht oder nur begrenzt verhandlungsfähig. Von den restlichen Angeklagten werden der ehemalige DDR-Verteidigungsminister Heinz Keßler (72) und sein Stellvertreter Fritz Streletz (66) sowie der frühere SED-Sekretär im Bezirk Suhl, Hans Albrecht (73), am 16. 9. 1993 zu mehrjährigen Haftstrafen verurteilt.

Auf freien Fuß gesetzt, reist Honecker am 13. 1. 1993 zu seiner Tochter nach Chile aus. Er stirbt am 29. 5. 1994 im Alter von 81 Jahren in der Hauptstadt Santiago de Chile an Krebs.

3. November   Der Bundesgerichtshof (BGH) entscheidet, dass die Verurteilung ehemaliger DDR-Grenzsoldaten wegen der **Todesschüsse** auf Flüchtlinge rechtmäßig ist. Sie seien ein »Menschenrechtsverstoß schwerster Art« gewesen und auch nicht durch das DDR-Grenzgesetz zu rechtfertigen, da kein staatliches Recht »in einem unerträglichen Widerspruch zur Gerechtigkeit« stehen dürfe.

Das höchste deutsche Strafgericht weist damit die Revision der beiden Angeklagten im zweiten »Mauerschützenprozess« zurück. Es betont aber, dass das Berliner Landgericht als Vorinstanz am 5. 2. 1992 zu Recht nur Bewährungsstrafen verhängt habe; denn die indoktrinierten Grenzsoldaten seien gewissermaßen auch »Opfer« der Ausnahmesituation an der Mauer und an der innerdeutschen Grenze gewesen.

1993
26. März

Nach dem **Verjährungsgesetz** ruht die Verfolgungsverjährung bei Straftaten, die während der SED-Herrschaft begangen, aber aus politischen oder rechtsstaatlich inakzeptablen Gründen nicht verfolgt worden sind, für die Zeit vom 11. 10. 1949 bis zum 2. 10. 1990. – Damit sollen einigungsbedingte Schwierigkeiten der Strafverfolgung, die mit dem Personalmangel und dem Neuaufbau bei Justiz und Polizei zusammenhängen, kompensiert werden.

1994
17. Juni

Der Bundestag verabschiedet am 41. Jahrestag des Volksaufstands in der DDR (6.4. → 17. 6. 1953) eine Entschließung zum Abschlussbericht der **Enquete-Kommission**. Sie war eingesetzt worden, um die Geschichte und die Folgen der SED-Diktatur in Deutschland aufzuarbeiten. Die DDR wird – gestützt auf die umfangreichen Dokumentationen und die Ergebnisse der Kommission, die Rainer Eppelmann (CDU) geleitet hat – von Anfang an als totalitäre Diktatur eingestuft. Dieser Schlussfolgerung widerspricht nur die PDS; doch entschuldigt sich der Abgeordnete Dietmar Keller, ehemals DDR-Kulturminister, ausdrücklich bei den Opfern des SED-Unrechtsstaats.

31. August

Termingerechter Abzug der restlichen **russischen Truppen** aus Deutschland: 39.3. → 31. 8. 1994. – Zur Verabschiedung der **Westalliierten** in Berlin: 39.1. → 8. 9. 1994.

1995
3. Februar

Armee der Einheit: Die Truppenteile der Bundeswehr in den neuen Bundesländern werden in die NATO eingegliedert. Zugleich wird die integrierte NATO-Luftverteidigung auf ganz Deutschland ausgedehnt.
Mit Wirkung vom 1. 1. 1995 waren die Land-, Luft- und Marinestreitkräfte in den neuen Bundesländern der NATO assigniert (zugeordnet, aber noch nicht unterstellt) worden.

1997
17. Juli –
6. August

Das **Oderhochwasser** erreicht das Land Brandenburg und überflutet nach Deichbrüchen vor allem Landstriche südlich von Frankfurt/O., z. B. die Ziltendorfer Niederung. Am größten zivilen Kata-

Nur eine kurze Verschnaufpause: Bundeswehrsoldaten leisten tatkräftige Hilfe beim Jahrhunderthochwasser in der Oder-Region vom → 17. Juli – 6. August 1997.

stropheneinsatz in Deutschland seit 1945 beteiligen sich auch die Bundeswehr, der Bundesgrenzschutz und das Technische Hilfswerk. Größere Schäden als in Deutschland richtet das Hochwasser, das Hilfs- und Spendenbereitschaft in den alten Bundesländern auslöst, im benachbarten Tschechien und Polen an.

38.4. Berlin als Hauptstadt und das Berlin-Bonn-Problem 1990 – 1998

1990

9. November   Erstmals seit 1959 tagt der **Bundesrat in Berlin**, und erstmals seit der Münchner Ministerpräsidentenkonferenz (4. → 6–7. 6. 1947) sind alle deutschen Länder vertreten, darunter die fünf neuen Bundesländer der ehemaligen DDR.

15. November   Ende des **rotgrünen Senats**: Die Alternative Liste (AL) kündigt nach der Räumung besetzter Häuser und damit zusammenhängender Polizeieinsätze die Koalition mit der Regierung Momper (SPD)

auf. – Die Entscheidung kurz vor den Wahlen am 2. 12. 1990 wird nachträglich bedauert, der Misstrauensantrag zurückgenommen.

2. Dezember Bei den ersten **Gesamtberliner Wahlen** zum Abgeordnetenhaus seit 1946 wird die CDU stärkste Partei vor der SPD. Hauptergebnisse nach gültigen Zweitstimmen: CDU 40,4 Prozent, SPD 30,4 Prozent, PDS 9,2 Prozent, FDP 7,1 Prozent, Grüne/AL 5 Prozent, Bündnis 90/Grüne 4,4 Prozent, Republikaner 3,1 Prozent. Wie bei der gleichzeitig stattfindenden Bundestagswahl gilt die Fünfprozentsperrklausel separat jeweils im West- und Ost-Teil Berlins. – Rechnerisch ist damit eine Große Koalition aus CDU und SPD zur Regierungsbildung erforderlich.

10. Dezember Das **2. Mantelgesetz** führt Normen zur weiteren Vereinheitlichung des Berliner Landesrechts nebst Änderungen ein. Es tritt am 20. 12. 1990 in Kraft. (37. → 28. 9. 1990)

1991

11. Januar Das am → 2. 12. 1990 frei gewählte **Gesamtberliner Abgeordnetenhaus** konstituiert sich in der Nikolaikirche. Es vollendet die staatsrechtliche Einheit der Stadt, indem es die im Westteil seit 1. 10. 1950 angewandte Verfassung auf ganz Berlin erstreckt (8. → 1. 10. 1950). Damit enden zugleich die Legislaturperioden des bisherigen West-Berliner Abgeordnetenhauses (37. → 29. 1. 1989) und der Ost-Berliner Stadtverordnetenversammlung (37. → 6. 5. 1990). Erstmals seit 1948 hat damit ganz Berlin wieder eine Verfassung und ein gemeinsames Parlament. Es wählt mehrheitlich Hanna-Renate Laurien (CDU) zur Präsidentin.

24. Januar **Große Senatskoalition**: Wahlsieger Eberhard Diepgen (CDU) wird zum ersten Regierenden Bürgermeister Gesamt-Berlins gewählt; er war 1984 – 1989 bereits Regierungschef im Westteil der Stadt. Gemäß der Koalitionsvereinbarung vom 23. 1. 1991 bildet Diepgen einen Großen Senat aus CDU-, SPD- und parteilosen Mitgliedern.

23. April In einem Spitzengespräch in Bonn einigen sich die Repräsentanten der Verfassungsorgane und die Vorsitzenden der Bundestags-fraktionen auf ein Abstimmungsverfahren über den künftigen **Parlaments- und Regierungssitz.** Darüber sollen Bundestag und Bundesrat am 20. bzw. 21. 6. 1991 entscheiden.
Bundeskanzler Kohl plädiert erstmals öffentlich für den endgültigen Umzug vom Rhein an die Spree, jedoch mit einer behutsamen Übergangsfrist von 10 – 15 Jahren; für Bonn müssten sachgerechte Ausgleichslösungen gefunden werden. Sein Votum für Berlin gibt Kohl als Abgeordneter und nicht als Kanzler ab.

20. Juni **Berlin-Beschluss**: Nach langen öffentlichen Auseinandersetzungen und einer leidenschaftlichen ganztägigen Plenardebatte entscheidet sich der Bundestag mit knapper Mehrheit für Berlin als künftigen Parlaments- und Regierungssitz.

Der von prominenten Abgeordneten der SPD (Willy Brandt, Hans-Jochen Vogel, Wolfgang Thierse), der FDP (Burkhard Hirsch, Hermann Otto Solms, Rainer Ortleb), der CDU/CSU (Günther Krause, Wolfgang Schäuble, Oscar Schneider) und des Bündnis 90/Grüne (Wolfgang Ullmann) eingebrachte Berlin-Antrag »Vollendung der Einheit Deutschlands« wird mit 338 gegen 320 namentlichen Stimmen angenommen.

Danach ist Berlin Sitz des Bundestages. Die Bundesregierung soll an einem Konzept zur Realisierung dieses Beschlusses mitarbeiten und den »Kernbereich der Regierungsfunktionen« in Berlin ansiedeln. Angestrebt wird eine »faire Arbeitsteilung« zwischen beiden Städten, indem Bonn als »Verwaltungszentrum der BRD« der größte Teil der Arbeitsplätze erhalten bleibt. Für den Verlust des Parlamentssitzes und von Regierungsfunktionen soll die Region Bonn durch Ausgleichsmaßnahmen entschädigt werden. Der Bundestag geht davon aus, dass der Bundespräsident nach Berlin umzieht, und legt dem Bundesrat nahe, seinen Sitz aus föderalen Gründen in Bonn zu belassen.

Die Abstimmung für Bonn bzw. für Berlin verläuft quer durch die Bundestagsparteien hindurch:

Tab. 28: Abstimmung über den Parlaments- und Regierungssitz, 20. Juni 1991

Mitglieder des Bundestages	Abstimmung		
	für Bonn	für Berlin	in % für Berlin
Abgeordnete der CDU	124	146	54,1
Abgeordnete der CSU	40	8	16,7
Abgeordnete der SPD	126	110	46,6
Abgeordnete der FDP	26	53	67,1
Abgeordnete der PDS/Linke Liste	1	17	94,5
Abgeordnete des Bündnis 90/GRÜNE	2	4	66,7
Abgeordnete fraktionslos	1	–	–
Von 658 Abgeordneten[1]	320	338	51,4
davon aus den alten Bundesländern	291	214	42,4
davon aus den neuen Bundesländern mit Berlin	29	124	81,1
darunter Bundeskanzler und Bundesminister	5	13	72,2

1 Anwesend 660 Abgeordnete, die ihre Stimmen abgeben, darunter 1 ungültige Stimme und 1 Enthaltung.

26. Juni   Die Bundesregierung setzt den **Arbeitsstab Berlin/Bonn** auf Staatssekretärebene ein. Er soll alle Maßnahmen vorbereiten und koordinieren, die mit der Umsetzung des Bundestagsbeschlusses vom → 20. 6. 1991 zusammenhängen. (→ 11. 12. 1991)

5. Juli   **Bonn-Beschluss unter Vorbehalten**: Der Bundesrat entscheidet sich mit 38 von 68 Stimmen für Bonn als Sitz. Er behält sich jedoch vor, diesen Beschluss »im Lichte der noch zu gewinnenden Erfahrungen sowie der tatsächlichen Entwicklung der föderativen Struktur in späteren Jahren« zu überprüfen. Diesen Antrag hatten die Länder Nordrhein-Westfalen, Bremen, Rheinland-Pfalz, Saarland und Schleswig-Holstein eingebracht, die Ministerpräsidenten Johannes Rau (SPD), Björn Engholm (SPD) und andere begründet und schließlich auch die Länder Baden-Württemberg, Brandenburg, Berlin und Sachsen-Anhalt gebilligt.

Den Gegenantrag der Länder Bayern und Niedersachsen, den Sitz des Bundesrates vorerst in Bonn zu behalten, aber langfristig nach Berlin zu verlegen, hatten die Ministerpräsidenten Max Streibl (CSU), Gerhard Schröder (SPD), Kurt Biedenkopf (CDU), Hans Eichel (SPD) und andere befürwortet.

11. Dezember   **Kombinationsmodell**: Die Bundesregierung beschließt, neben dem Bundeskanzleramt und dem Bundespresseamt folgende Ressorts nach Berlin zu verlagern, aber Teilbereiche in Bonn zu belassen: 1. Auswärtiges Amt, Ministerien 2. des Innern, 3. der Justiz, 4. der Finanzen, 5. der Wirtschaft, 6. für Arbeit und Sozialordnung, 7. für Familie, Senioren, Frauen und Jugend*, 8. für Verkehr, 9. für Raumordnung, Bauwesen und Städtebau. In Bonn verbleiben, erhalten aber in Berlin einen zweiten Dienstsitz: Ministerien 1. für Ernährung, Landwirtschaft und Forsten, 2. der Verteidigung, 3. für Gesundheit, 4. für Umwelt, Naturschutz und Reaktorsicherheit, 5. für Bildung, Wissenschaft, Forschung und Technologie*, 6. für Post und Telekommunikation, 7. für wirtschaftliche Zusammenarbeit und Entwicklung. Bei dieser vertikalen Aufteilung verbleiben ca. zwei Drittel der Arbeitsplätze in Bonn.

                 * zunächst getrennte, seit 17. 11. 1994 zusammengelegte Ressorts.

<u>1992</u>

3. Juni   Die Bundesregierung legt ihre Gesamtkonzeption zum **Berlin-Umzug** vor. Danach ist Berlin bei der Herstellung der Funktionsfähigkeit als Hauptstadt Deutschlands zu unterstützen und eine faire Arbeitsteilung zwischen Berlin und Bonn zu gewährleisten. Auch sind Einrichtungen des Bundes nach Bonn zu verlagern und Strukturhilfen für die Region Bonn zu gewähren. Ausgleichen will die Regierung »verlagerungsbedingte Belastungen« in dienst- und arbeitsrechtlichen Bereichen, damit die Funktionsfähigkeit der Verfassungsorgane sichergestellt bleibt.

25. August   Die Bundesregierung schließt mit dem Senat von Berlin und der Regierung von Brandenburg den **Hauptstadtvertrag** ab. Er regelt Einzelheiten der künftigen Zusammenarbeit und soll Berlins Funktionsfähigkeit als Sitz von Bundestag und Regierung gewährleisten.

Ein gemeinsamer Ausschuss stimmt die Bauleitpläne ab, so am Spreebogen und auf der Spreeinsel.

Das geänderte Gesetz über die Bundesbauverwaltung vom 11. 3. 1993 überträgt Bauvorhaben der Verfassungsorgane des Bundes und der obersten Bundesbehörden im Bereich Spreebogen in Berlin auf eine bundeseigene privatrechtliche Gesellschaft.

1993

12. Oktober   Die Bundesregierung beschließt, bis zum **Jahre 2000** nach Berlin umzuziehen. Zug um Zug sind einzelne Ministerien bereits früher je nach Fertigstellung von Gebäuden und Wohnungen nach Berlin zu verlagern.

Bundespräsident von Weizsäcker verlegt am 31. 1. 1994 seinen ersten Amtssitz und zugleich auch seinen privaten Wohnsitz nach Berlin. Er war bereits in einem Memorandum an die Fraktionsvorsitzenden im Bundestag vom 24. 2. 1991 für Berlin als Parlaments- und Regierungssitz eingetreten.

1994

26. April   Das **Berlin/Bonn-Gesetz**, das der Bundestag aufgrund einer interfraktionellen Initiative von CDU/CSU, SPD und FDP am 10. 3. 1994 verabschiedet hat, schafft die rechtlichen Voraussetzungen zur Umsetzung des Berlin-Beschlusses vom → 20. 6. 1991. Die Einzelheiten des Umzugs von Parlament und Regierung an die Spree zwischen 1998 und 2000 nach dem Kombinationsmodell vom → 11. 12. 1991 werden geregelt. Die Gesamtkosten einschließlich der Ausgleichsmaßnahmen für die Region Bonn sind auf 20 Milliarden DM begrenzt. Davon entfallen 16 Milliarden DM auf die eigentlichen Umzugskosten.

In der Bundesstadt Bonn sind fünf Politikbereiche zu erhalten und zu fördern: 1. Bildung, Wissenschaft, Forschung, Technologie, Telekommunikation; 2. Umwelt, Gesundheit; 3. Ernährung, Landwirtschaft; 4. Entwicklungspolitik, nationale und internationale Einrichtungen; 5. Verteidigung.

Als Bundeseinrichtungen werden u. a. nach Bonn verlagert: Bundesrechnungshof, Bundesversicherungsamt, Bundesaufsichtsamt für das Kreditwesen bzw. für das Versicherungswesen, Bundeskartellamt, Bundesgesundheitsamt, die Zentralstelle Postbank bzw. des Eisenbahn-Bundesamtes. Der Bund sagt zu, sich zu bemühen, dass weitere Institutionen, darunter internationale, nach Bonn ziehen.

Der »Informationstechnische Verbund Berlin-Bonn« (IVBB) in der Bundesverwaltung ist beauftragt, nach dem Umzug des Parlaments und nach der Aufteilung der Regierungsfunktionen die räumliche Distanz zwischen Berlin und Bonn überbrücken zu helfen, z. B. durch elektronischen Austausch von Dokumenten (Elektronische Post).

Letzte gemeinsame Parade der westlichen Alliierten in Berlin am 8. Juni 1994. → 8. September 1994

8. September   Zur feierlichen Verabschiedung der westalliierten und danach der russischen **Truppen** am 31. 8. 1994 in Berlin: 39.1. → 8. 9. 1994 und 39.3. → 31. 8. 1994.
Den Rechtsstatus der verbündeten Streitkräfte in Berlin und in den neuen Bundesländern nach dem 31. 12. 1994 regelt ein ratifizierter Notenwechsel vom 12. 9. 1994 zum NATO-Truppenstatut vom 19. 6. 1951.

1995
1. Januar   Der **Bonn-Vertrag** vom 29. 6. 1994 tritt in Kraft. Die Region Bonn (Bundesstadt Bonn, Rhein-Sieg-Kreis, Kreis Ahrweiler) erhält vom Bund Ausgleichsmaßnahmen für den Verlust des Sitzes von Parlament und Regierung in Höhe von 2,81 Milliarden DM als abschließende finanzielle Kompensation bis zum Jahre 2004. Die bestehenden Hauptstadtvereinbarungen zugunsten der Stadt Bonn bleiben unberührt.
Im Schwerpunktbereich Wissenschaftsstandort ist u.a. vorgesehen, in Bonn die Stiftung »Center of Advanced European Studies and Research« (CAESAR) für projektgebundene Grundlagenforschung zu errichten, ferner eine Fachhochschule Rhein-Sieg. An die Universität Bonn anzubinden sind ein »Zentrum für Europäische Integrationsforschung« (ZEI) und ein »Nord-Süd-Zentrum für Entwicklungsforschung« (ZEF).
In Kraft tritt zugleich der **Hauptstadtfinanzierungsvertrag** zwischen dem Bund und dem Land Berlin vom 30. 6. 1994. Bis zum 31. 12. 2004 erhält Berlin einen abschließenden Gesamtbetrag von 1,3 Mil-

liarden DM, vor allem zur Finanzierung der Verkehrsinfrastruktur (U- und S-Bahn, Straßentunnel).

27. April   Der Regierende Bürgermeister Diepgen (CDU) und Ministerpräsident Stolpe (SPD) unterzeichnen den Staatsvertrag über die Vereinigung Berlins und Brandenburgs zum neuen **Bundesland Berlin-Brandenburg** (Hauptstadt: Potsdam). Es ist die erste geplante Länderfusion seit der deutschen Einheit. Zur Bildung des Landes Baden-Württemberg: 6.2. → 4. 5. 1951.
Für die Ratifikation des Neugliederungsvertrags ist eine Zweidrittelmehrheit im brandenburgischen Landtag und im Berliner Abgeordnetenhaus erforderlich. Endgültig entscheiden die Stimmberechtigten beider Länder am 5. 5. 1996 darüber, ob und wann die Fusion vollzogen wird. – Zum neuen Art. 118 a GG: 38.2. → 15. 11. 1994.
Am 22. 6. 1995 billigen die Parlamente die Länderfusion mit Zweidrittelmehrheit: das Berliner Abgeordnetenhaus mit 188 gegen 43 Stimmen bei 2 Enthaltungen, der Brandenburger Landtag mit 64 gegen 24 Stimmen. Die Neinstimmen stammen größtenteils von Abgeordneten der PDS.

4. Mai   Der Senat der Universität Bonn beschließt einstimmig bei einer Enthaltung, das »Zentrum für Europäische Integrationsforschung« (**ZEI**) und das »Nord-Süd-Zentrum für Entwicklungsforschung« (**ZEF**) als neue zentrale wissenschaftliche Einrichtungen zu gründen.
Die neuen Forschungszentren und das geplante **CAESAR** (→ 1. 1. 1995), das von einer unabhängigen Stiftung getragen wird, sollen dazu beitragen, Bonn zu einem international attraktiven, interdisziplinären Standort für Wissenschaft und Forschung auszubauen.

22. Oktober   Die schwarzrote Senatskoalition muss bei den Wahlen zum **Berliner Abgeordnetenhaus** Stimmenverluste hinnehmen: Die CDU erhält 37,4 Prozent (1990: 40,4 Prozent), die SPD 23,6 Prozent (1990: 30,4 Prozent) der Zweitstimmen. Dramatisch sind die Einbußen der FDP, die auf 2,5 Prozent des Stimmenanteils schrumpft (1990: 7,1 Prozent); Bundeswirtschaftsminister Günter Rexrodt tritt daher als Berliner FDP-Vorsitzender zurück. Einen deutlichen Zuwachs erzielen die Grünen mit 13,2 Prozent (1990: 9,3 Prozent). Die PDS wird drittstärkste Partei in Berlin mit 14,6 Prozent (1990: 9,2 Prozent), vor allem wegen hoher Stimmengewinne im Ostteil.
Nach langwierigen Verhandlungen bilden CDU und SPD, die gezögert hatte, wieder eine große Koalition; sie führt wie bisher der Regierende Bürgermeister Eberhard Diepgen (CDU). Zuvor waren im Abgeordnetenhaus Misstrauensanträge erwartungsgemäß gescheitert, die PDS und Grüne gegen Diepgen und zwei CDU-Senatoren eingebracht hatten.

1996

5. Mai — Die geplante Fusion der Bundesländer **Berlin und Brandenburg** scheitert am Wählervotum. In Berlin entscheiden sich bei einer Beteiligung von 57,8 Prozent der Abstimmungsberechtigten 53,4 Prozent **für**, in Brandenburg bei einer Beteiligung von 66,6 Prozent jedoch 62,7 Prozent der Abstimmungsberechtigten **gegen** den Zusammenschluss der beiden Länder. Berlins Regierender Bürgermeister Diepgen (CDU) und Brandenburgs Ministerpräsident Stolpe (SPD) hatten die Länderehe ebenso favorisiert wie die beiden Parlamente (→ 27. 4. 1995). Damit erleiden alle Bestrebungen zur Neugliederung von Bundesländern einen Rückschlag.

Als einzige der im Berliner Abgeordnetenhaus und im Brandenburger Landtag vertretenen Parteien hatte die PDS die Fusion abgelehnt. Den Volksentscheid bewertet sie daher als ihren bisher größten politischen Erfolg, zumal auch in Ost-Berlin die Neinstimmen mit 54,7 Prozent überwogen hatten (West-Berlin: 58,7 Prozent Jastimmen).

1. Juli — **United Nations Volunteers** (UNV), die UN-Freiwilligenorganisation, zieht von Genf nach Bonn. Die Bundesstadt wird damit UN-Sitz.

Als Ausgleich für den Umzug von Parlament und Regierung nach Berlin sollten in Bonn nationale, internationale und supranationale Einrichtungen neu angesiedelt werden, u. a. der Entwicklungspolitik. Das deutsche Angebot, die Kosten für die Verlegung von UN-Organisationen zu übernehmen und ihnen ein geeignetes Domizil mietfrei zur Verfügung zu stellen, hatte zunächst den Teilerfolg, dass UNV, eine Unterabteilung des UN-Entwicklungshilfeprogramms (UNDP) in New York, von Genf an den Rhein umzog. UNV ist für humanitäre, technische und Rehabilitationshilfen in Entwicklungsländern zuständig.

Sitz der UNV ist das denkmalgeschützte Haus Carstanjen, das am 20. 6. 1996 förmlich an UN-Generalsekretär Boutros Boutros-Ghali übergeben worden war. In die Liegenschaft ziehen später weitere **UN-Organisationen** ein: Das Sekretariat der Klimarahmenkonvention (UNFCCC) gemäß Beschluss der ersten Vertragsstaatenkonferenz in Berlin (41. → 28.3–7.4. 1995), das Informationszentrum der UN (UNIC), das Sekretariat der Bonner Konvention zur Erhaltung wandernder wildlebender Tierarten (CMS) und zuletzt am 1. 2. 1999 das Sekretariat zur Bekämpfung der Wüstenbildung (UNCCD).

27. September — Der **Bundesrat** revidiert seinen Beschluss vom → 5. 7.1991: 13 von 16 Ländern stimmen dafür, den Sitz des Bundesrates nach Berlin zu verlegen und dort zeitgleich die Arbeit mit Bundestag und Bundesregierung aufzunehmen. Der Bundesrat unterhält in Bonn eine Außenstelle und will dazu beitragen, dass die Bundesstadt ein

Das traditionsreiche Haus Carstanjen – 1892 in der Rheinaue erbaut – wird am 20. Juni 1996 Sitz der ersten UN-Behörde in Bonn. → 1. 7. 1996

neues politisches und institutionelles Profil als »Brücke zwischen Berlin und Brüssel, zwischen Nord und Süd und als Standort für Kultur, Wissenschaft und Forschung« erhält.

Den Umzug beantragt und begründet hatte vor allem der bayerische Ministerpräsident Edmund Stoiber (CSU), damals zugleich Präsident des Bundesrates. Der von Nordrhein-Westfalen (Ministerpräsident Johannes Rau, SPD) und Rheinland-Pfalz (Ministerpräsident Kurt Beck, SPD) eingebrachte und begründete Gegenantrag, am Beschluss vom → 5. 7. 1991 festzuhalten, wurde vom Saarland (Ministerpräsident Oskar Lafontaine, SPD) unterstützt.

1998

26. März

Das Berliner Abgeordnetenhaus beschließt mit der erforderlichen Zweidrittelmehrheit die **Bezirks- und Verwaltungsreform**. Danach werden die derzeit 23 Stadtbezirke durch Zusammenlegung auf zwölf verringert. Der Senat besteht künftig aus dem Regierenden Bürgermeister und bis zu acht Senatoren, die Mindestzahl der Mitglieder des Abgeordnetenhauses sinkt auf 130.

Die jahrelang umstrittene Reform setzt die große Senatskoalition aus CDU und SPD gegen die Stimmen der oppositionellen PDS und Grünen durch. Ziel ist »eine bürgerfreundliche, effiziente und kostengünstige Verwaltung« (Diepgen).

39. Deutsche Außen- und Sicherheitspolitik nach der Einheit

39.1. Bündnis- und Sicherheitspolitik: Deutschland in der Verantwortung 1990 – 1998

1990

19. November   Im Rahmen des Vertrags über Konventionelle Streitkräfte in Europa (**KSE**) hat Deutschland fast gleichauf mit der Sowjetunion bzw. Russland und weitab vor allen anderen Vertragsstaaten die **zweithöchste Verpflichtung**, Waffen zu reduzieren (36.1. → 19.– 21. 11. 1990). Da sich die Sowjetunion in Nachfolgestaaten auflöst, mit denen Rechte und Pflichten neu aufzuteilen sind (Vertragsgruppe Ost), tritt der KSE-Vertrag erst am 9. 11. 1992 endgültig in Kraft.

Als erster Vertragsstaat, der etwa 11 000 Hauptwaffensysteme zu zerstören hat, beginnt Deutschland bereits am 3. 8. 1992 mit der Verschrottung. Die Reduzierungsphase endet am 16. 11. 1995. (→ 23. 5. 1995)

1991

17. Januar – 28. Februar   **Golfkrieg um Kuwait**: Kampfflugzeuge der multinationalen Streitmacht aus den Staaten USA, Großbritannien, Saudi-Arabien und Kuwait beginnen mit High-Tech-Bombardements im Irak und im besetzten Kuwait, da der irakische Präsident Saddam Hussein ein UN-Ultimatum bis zum 15. 1. 1991 ignoriert hatte. Die »Operation Wüstensturm«, die entgegen Berichten der von der Militärzensur abhängigen Medien auch schwere Opfer unter der Zivilbevölkerung fordert, wird vom Irak mit Raketenangriffen u. a. auf Israel beantwortet. Am 24. 2. eröffnen die alliierten Truppen nach Trommelfeuer und Flächenbombardements die Bodenoffensive. Sie endet binnen kurzem mit einer vernichtenden Niederlage Saddam Husseins. Er akzeptiert daher am 27. 2. bedingungslos alle zwölf bisherigen UN-Resolutionen. US-Präsident Bush verfügt daraufhin am 28. 2. die vorläufige Einstellung der alliierten Kampfhandlungen. Der Waffenstillstand tritt am 12. 4. 1991 in Kraft.

Hintergrund: Irakische Truppen hatten am 2. 8. 1990 das benachbarte ölreiche Emirat Kuwait überfallen. Es wurde am 8. 8. 1990 annektiert, am 28. 8. zur 19. Provinz des Irak erklärt. Da internationale Proteste, ein UN-Handelsembargo und die Entsendung von US-Truppen nach Saudi-Arabien den Konflikt nicht entschärften, verabschiedete der UN-Sicherheitsrat am 29. 11. 1990 zum ersten Male seit dem Koreakrieg (7.3. → 29. 8. 1950) mehrheitlich ein Ultimatum, das den Irak unter Androhung »aller notwendigen Mittel« – also auch Gewalt – aufforderte, das besetzte

Kuwait bis spätestens zum 15. 1. 1991 zu räumen (zwölfte UN-Resolution Nr. 678).
Deutschland verlegt Soldaten in die verbündete Türkei, die militärisch als bedroht gilt, und beteiligt sich beträchtlich an den Kriegskosten. Ausländische Politiker und Kommentatoren, vor allem in den USA, Großbritannien und in Israel, kritisieren die deutsche Zurückhaltung im Golfkrieg, die Friedensdemonstrationen in den deutschen Städten und frühere Rüstungsexporte deutscher Firmen in den Irak. Innenpolitisch gerät die Bundesregierung ebenfalls unter Druck, da sich vor allem in der jüngeren Generation eine Antikriegsstimmung breit macht und die Zahl der Wehrdienstverweigerer sprunghaft ansteigt.
Alles in allem beläuft sich der direkte und indirekte deutsche Solidarbeitrag im Golfkrieg auf über **18 Milliarden DM.** Bundeskanzler Kohl begründet mit diesen unvorhersehbar hohen Kosten, die zusätzlich zu den finanziellen Belastungen der deutschen Einheit aufzubringen waren, neue Steuererhöhungen. (40.1. → 1. 7. 1991)

15. März Der **2+4-Vertrag** (36.2. → 12. 9. 1990) tritt in Kraft: Die Sowjetunion hinterlegt als letzter Vertragsstaat die Ratifikationsurkunde bei der gesamtdeutschen Regierung. Damit ist die Vereinigung Deutschlands völkerrechtlich abgesichert.
Der Vertrag war vom Bundestag am 5. 10. 1990 verabschiedet und vom Bundespräsidenten am 13. 10. 1990 verkündet worden. Die US-Regierung hatte die Ratifikationsurkunde am 16. 10. 1990, die britische am 16. 11. 1990 und die französische am 17. 1. 1991 hinterlegt.

31. Juli Die USA und die Sowjetunion verpflichten sich im **START-I-Vertrag**, ihre strategischen Nuklearwaffen (Reichweite mehr als 5 500 km) um ca. ein Drittel des Bestands zu reduzieren. Ein ausgefeiltes flankierendes Verifikationssystem soll gewährleisten, dass die Obergrenzen und Verbote kontrollierbar bleiben. (23.2. → 29. 6. 1982)
Nach Auflösung der Sowjetunion übernehmen im Lissaboner Zusatzprotokoll vom 23. 5. 1992 Russland, Belarus (Weißrussland), Kasachstan und die Ukraine die START-I-Vertragsverpflichtungen. Zum In-Kraft-Treten am 5. 12. 1994: → 5./6. 12. 1994.
Am 3. 1. 1993 unterzeichnen die Präsidenten Bush und Jelzin den **START-II-Vertrag.** Er schreibt vor, dass binnen zehn Jahren nach seinem In-Kraft-Treten die beiderseitigen strategischen Atomwaffenarsenale um ca. zwei Drittel ihres derzeitigen Bestands zu reduzieren sind, vor allem ballistische Interkontinentalraketen und Interkontinentalwaffen mit Mehrfachsprengköpfen.
Wie andere westliche Staaten leistet Deutschland finanzielle und technologische **Abrüstungshilfe**, damit GUS-Staaten, die über Massenvernichtungswaffen verfügen, ihre Abrüstungsverpflichtungen

fristgerecht erfüllen können. Ein bilaterales Regierungsabkommen sowie ein Projektabkommen mit Russland werden am 16. 12. 1992 unterzeichnet. Ein Regierungsabkommen mit der Ukraine vom 10. 6. 1993 regelt die Zusammenarbeit bei der Beseitigung von Nuklearwaffen, ein Projektabkommen vom 13. 10. 1994 ermöglicht die Erprobung umweltverträglicher Technologien zur Zerstörung von Raketenstartsilos.

Der US-Senat hat START II am 26. 1. 1996 ratifiziert. Nach langer Blockade stimmt die russische Duma am 14. 4. 2000 zu. Der neue russische Präsident Wladimir Putin unterzeichnet am 4. 5. 2000 das Gesetz über die Ratifizierung des START-II-Vertrags.

7./8. November

Auf der **NATO-Gipfelkonferenz in Rom** wird der Ost-West-Konflikt endgültig für beendet erklärt und ein »Neues Strategisches Konzept« beschlossen. Da keine massive Bedrohung mehr besteht, tritt an die Stelle der atomaren Abschreckung eine neue flexible Strategie. Sie fußt auf drei Pfeilern: Verteidigungsfähigkeit, Dialog und – neu – Zusammenarbeit.

Hintergrund: Die Militärstruktur des Warschauer Pakts war am 1. 4. 1991 aufgelöst worden und mit ihr das Oberkommando, der Generalstab und alle gemeinsamen Kommandostrukturen. Dies hat-ten die Außen- und Verteidigungsminister der sechs Mitgliedstaaten (Sowjetunion, Polen, CSFR, Ungarn, Bulgarien und Rumänien) am 25. 2. 1991 in Budapest vereinbart. Die zunächst noch fortbestehende politische Organisation des Pakts war am 1. 7. 1991 in Prag aufgehoben worden.

20. Dezember

Der **Nordatlantische Kooperationsrat** (NAKR) konstituiert sich. Er dient – wie soeben in Rom am → 7./8. 11. 1991 angeboten – der sicherheits- und militärpolitischen Zusammenarbeit zwischen der NATO und den Ländern des ehemaligen Warschauer Pakts sowie den GUS-Staaten in einer Übergangsphase. Die 38 Mitglieder (16 NATO- und 22 Partnerstaaten) tagen regelmäßig auf verschiedenen Ebenen und kooperieren in unterschiedlichen Bereichen der Sicherheits- und Verteidigungspolitik.

1992

4. März

Mit dem **Wiener Dokument 92** (WD 92) sind die Verhandlungen über Vertrauens- und Sicherheitsbildende Maßnahmen (VSBM) im Rahmen der KSZE vorläufig abgeschlossen. Einbezogen werden auch die Nachfolgestaaten der ehemaligen Sowjetunion und des ehemaligen Jugoslawien.

Die jetzt 53 KSZE-Teilnehmerstaaten bauen die Transparenz im militärischen Sektor weiter aus: jährlich durch einen Informationsaustausch (u. a. über Streitkräfte, Militärhaushalt, Waffensysteme und ihre Planung) sowie ein Implementierungstreffen, durch die Ankündigung notifizierungspflichtiger Manöver und die Einladung von Beobachtern dazu, durch Inspektionen am Friedensstandort und auf Militärflugplätzen, durch den Ausbau der direkten Kommunikation zwischen den Hauptstädten u. a. m. Zum Wiener Dokument 90: 36.1. → 17. 11. 1990.

24. März Am Rande der Eröffnung des 4. KSZE-Folgetreffens in Helsinki (24. 3–8. 7. 1992) wird der Vertrag über den **Offenen Himmel** (Open Skies) unterzeichnet. Er schafft die Voraussetzungen dafür, dass die Territorien Europas, Russlands und Nordamerikas großräumig durch gegenseitige Inspektion aus der Luft beobachtet werden können – von Wladiwostok bis Vancouver. Mit diesem kooperativen Sicherheitsabkommen beschreiten die ursprünglich 25 Vertragsstaaten der NATO und des ehemaligen Warschauer Pakts neue Wege des multilateralen Austausches von vertrauens- und sicherheitsbildenden Informationen, z. B. durch Beobachtungsflugzeuge und Luftaufnahmen mit Lagebildern.

Deutschland ratifiziert den Vertrag am 3. 12. 1993. Er kann erst dann in Kraft treten, wenn ihn Russland, Belarus und die Ukraine ebenfalls ratifiziert haben.

9./10. Juli Im Anschluss an das 4. KSZE-Folgetreffen findet das KSZE-Gipfeltreffen in Helsinki statt. Es beschließt das Wiener **Forum für Sicherheitskooperation** (FSK), das der vorausschauenden Konfliktverhütung im KSZE-Raum zwischen Vancouver und Wladiwostok dient.

Der Besondere Ausschuss des FSK einigt sich nach wesentlicher deutscher Vorarbeit am 25. 11. 1993 1. auf ein Programm für militärische Kontakte und Zusammenarbeit; 2. auf Prinzipien zur Regelung des Transfers konventioneller Waffen; 3. auf stabilisierende Maßnahmen für örtlich begrenzte Krisensituationen und 4. auf einen Informationsaustausch über Verteidigungsplanungen. – Die Vereinbarungen zu 1. und 4. werden Bestandteil des Wiener Dokuments 1994 **(WD 94)**, das der Besondere Ausschuss des FSK als Weiterentwicklung des WD 92 vom → 4. 3. 1992 rechtzeitig zum KSZE-Gipfel in Budapest vom → 5./6. 12. 1994 annimmt.

10. Juli Am Rande des KSZE-Gipfels in Helsinki wird das **KSE Ia-Abkommen** (»Abschließende Akte der Verhandlungen über Personalstärken der konventionellen Streitkräfte in Europa«) abgeschlossen. Darin verpflichten sich die KSE-Staaten zum ersten Male in der Geschichte der Rüstungskontrolle, nationale Truppenobergrenzen nach vereinbarten personellen Höchstquoten einzuhalten.

Die von Deutschland im 2+4-Vertrag (36.2. → 12. 9. 1990) eingegangene einseitige Verpflichtung, die Streitkräfte auf 370 000 Mann zu reduzieren, ist damit in ein multilaterales Abrüstungsabkommen eingebettet worden. Das betroffene deutsche Kontingent hat die Höchststärke von 345 000 Soldaten. – Am 1. 1. 1995 beträgt der Ist-Bestand 291 340 Mann.

1993

13. Januar   Das **Chemiewaffen-Übereinkommen** (CWÜ), das unter maßgeblichem Einfluss Deutschlands zustande gekommen ist, verbietet weltweit und umfassend, chemische Waffen (C-Waffen) zu entwickeln, herzustellen, zu lagern und einzusetzen. Soweit vorhanden, sind sie zu melden und binnen zehn Jahren einschließlich der Produktionsanlagen zu vernichten.

Das Abkommen tritt am 29. 4. 1997 in Kraft. Ratifiziert haben es alle EU- und NATO-Staaten. Deutschland hatte sich bereits als Mitglied der WEU (7.1. → 19–23. 10. 1954) verpflichtet, auf die Herstellung von ABC-Waffen zu verzichten, und dies im 2+4-Vertrag (36.2. → 12. 9. 1990) bekräftigt.

Der neu gegründeten Organisation für das Verbot chemischer Waffen (OVCW) in Den Haag obliegt die Aufgabe, die Einhaltung des Vertrags zu überwachen, vor allem durch Verifikationsmaßnahmen.

2. April   **AWACS-Einsatz:** Die Bundesregierung beschließt, deutsche Soldaten an der Überwachung des UN-Flugverbots über Bosnien-Herzegowina zu beteiligen. Es handelt sich um den ersten Einsatz deutscher Soldaten seit 1945. Die Bundesregierung hatte zwar bereits am 15. 7. 1992 entschieden, die Marine am UN-Embargo gegen Serbien und Montenegro in der Adria zu beteiligen, doch ging es hierbei um reine Kontrollaufgaben.

Das Bundesverfassungsgericht lehnt am 8. 4. 1993 Eilanträge von SPD und FDP ab, eine einstweilige Anordnung zu erlassen, da sonst ein »Vertrauensverlust bei den Bündnispartnern und allen europäischen Nachbarn unvermeidlich wäre«. Zur Entscheidung in der Hauptsache: → 12. 7. 1994.

21. April   **Somalia-Blauhelmeinsatz:** Die Bundesregierung beschließt, die UN-Operation Somalia (UNOSOM II) zu unterstützen und ein Nachschub- und Transportbataillon der Bundeswehr zu entsenden. Der Bundestag billigt den »Blauhelmeinsatz« mehrheitlich am 2. 7. 1993.

Deutschland hatte bereits seit August 1992 humanitäre Hilfe zur Linderung der Hungersnot in Somalia geleistet. Dort herrscht seit dem Sturz des Diktators Mohammed Siad Barre am 26. 1. 1991 Bürgerkrieg.

Vom Einsatzort Belet Uen (Zentralsomalia) aus übernimmt die Bundeswehr Versorgungs-, Unterstützungs- und Transportaufgaben, auch vor Ort für die Bevölkerung. Als die indische Brigade ausbleibt, die in der Region Belet Uen hätte eingesetzt und unterstützt werden sollen, entscheidet die Bundesregierung am 20. 12. 1993, das Bundeswehrlager in dem ostafrikanischen Land aufzulösen. Die letzten deutschen Soldaten ziehen am 28. 2. 1994 ab.

1994

10./11. Januar   Der **NATO-Gipfel in Brüssel** verabschiedet das Programm »Partnerschaft für den Frieden«. Es bietet vor allem den mittel- und ost-

europäischen Reformstaaten, die in die NATO drängen (Osterweiterung), eine militärische und sicherheitspolitische Zusammenarbeit mit der langfristigen Perspektive eines späteren Beitritts an. Auch werden die Streitkräfte- und Kommandostrukturen
reorganisiert, u. a. durch »Combined Joint Task Forces« (CJTF) als
mobile, teilstreitkraftübergreifende Hauptquartiere.
Das Programm »Partnerschaft für den Frieden« öffnet die NATO
vorsichtig nach Osten. Neben Rahmendokumenten werden darüber
hinaus konkret ausgestaltete individuelle Partnerschaftsprogramme
vereinbart: am 5. 7. 1994 mit Polen, am 22. 8. mit Schweden, am
14. 9. mit Rumänien, am 12. 10. mit Finnland, am 15. 11. mit Ungarn, am 24. 11. mit der Slowakei, am 25. 11. mit Tschechien, am
28. 11. mit Bulgarien, am 30. 11. 1994 mit Litauen, am 25. 1. 1995 mit
Albanien, am 8. 2. mit Lettland, am 1. 3. mit Estland und am 31. 5.
1995 mit Russland.
Der russische Außenminister Andrej Kosyrew hatte zwar bereits
am 22. 6. 1994 das Rahmendokument akzeptiert, er unterzeichnet
aber das individuelle Umsetzungsprogramm aus Protest gegen die
geplante Osterweiterung der NATO erst am 31. 5. 1995 in Noord-
wijk. Die erste Übung im NATO-Programm »Partnerschaft für den
Frieden« findet vom 12.–16. 9. 1994 bei Posen statt.

12. Juli
Out-of-Area-Urteil: Das Bundesverfassungsgericht entscheidet,
dass humanitäre und/oder militärische Einsätze der Bundeswehr
auch außerhalb des NATO-Gebiets zulässig sind; doch muss die
Bundesregierung in der Regel vorab die »konstitutive Zustimmung« des Bundestags mit einfacher Mehrheit einholen. Es weist
damit Klagen von SPD und FDP gegen die deutsche Beteiligung an
UN-Aktionen ab, stellt aber auch klar, dass es dem Parlament vorbehalten bleiben müsse, Out-of-Area-Einsätze zuvor (in Ausnah-
mesituationen nachträglich) zu genehmigen.
Am 22. 7. 1994 billigt der Bundestag mit überwältigender Mehrheit
in einer Sondersitzung die Bundeswehreinsätze, die dazu beitragen sollen, das UN-Embargo in der Adria gegen Rest-Jugoslawien
und das UN-Flugverbot über Bosnien-Herzegowina durchzusetzen.
(→ 2. 4 1993)

8. September
In Berlin werden die **Truppen der Westalliierten** feierlich als
Freunde verabschiedet. Als Gäste begrüßen Bundeskanzler Kohl
und Bürgermeister Diepgen den französischen Staatspräsidenten
François Mitterrand, den britischen Premier John Major und US-
Außenminister Warren Christopher. Zu ihren Ehren findet am
Brandenburger Tor erstmals im vereinten Berlin der Große Zap-
fenstreich als höchstes Zeremoniell der Bundeswehr statt.
Die russischen Truppen waren getrennt und nicht – wie von ihnen
gewünscht – gemeinsam mit den westalliierten Soldaten verab-
schiedet worden (39.3. → 31. 8. 1994).

5./6.
Dezember

Das **KSZE-Gipfeltreffen in Budapest** im Anschluss an das 5. Folgetreffen (10. 10–2. 12. 1994) wird von Meinungsverschiedenheiten zwischen den 53 Teilnehmerstaaten überschattet. Russland lehnt die Osterweiterung der NATO ab und beteiligt sich vorerst nicht an der NATO-Initiative »Partnerschaft für den Frieden«. Eine Erklärung zum Bosnien-Krieg, für die sich Bundeskanzler Kohl einsetzt, kommt nicht zustande, da die von der bosnischen Delegation geforderte Verurteilung der Serben vor allem von Russland blockiert wird.

Am 5. 12. 1994 tauschen am Rande der Konferenz die USA, Russland, Weissrussland, Kasachstan und die Ukraine die Ratifikationsurkunden zum START-I-Vertrag aus. Er tritt damit in Kraft. (→ 31. 7. 1991)

Mit Wirkung vom 1. 1. 1995 nennt sich die KSZE um in »Organisation für Sicherheit und Zusammenarbeit in Europa« **(OSZE)**. Politische Gremien: Gipfeltreffen (OSZE-Staats- und Regierungschefs) und Ministerrat (OSZE-Außenminister), dessen Vertretungsorgan politischer Beamter/Direktoren als Hoher Rat die Beschlüsse ausführt. Die in Wien versammelten nationalen Delegationschefs/Botschafter tagen künftig als Ständiger Rat (bisher Ständiger Ausschuss) und befassen sich auch mit der »Menschlichen Dimension« von Konflikten (Menschenrechten, Demokratie und Rechtsstaatlichkeit). Zur Exekutive gehören u. a. das Generalsekretariat (Wien), das Amt des Hohen Kommissars für nationale Minderheiten (Den Haag), das Büro für demokratische Institutionen und Menschenrechte (Warschau) und das Amt des Beauftragten für die Freiheit der Medien (Wien). – Die Parlamentarische Versammlung tagt seit 1992 jährlich einmal an wechselnden Orten.

Als politisch verbindliche Dokumente treten zum 1. 1. 1995 die Vereinbarungen über den »Weltweiten Austausch militärischer Informationen« sowie – auf deutsch-französische Anregung – der »Verhaltenskodex zu politischen und militärischen Aspekten der Sicherheit« in Kraft. Der Gipfel verabschiedet ferner ein Votum für die unbefristete und unkonditionierte Verlängerung des NVV. (→ 11. 5. 1995)

1995

20./21. März

Auf Initiative des französischen Ministerpräsidenten Edouard Balladur und mit Unterstützung der EU vereinbaren die OSZE-Mitgliedstaaten in Paris einen **Stabilitätspakt** für Europa. Er soll als Instrument vorbeugender Diplomatie gute Nachbarschaft insbesondere zwischen mittel- und osteuropäischen Staaten verbürgen und dazu beitragen, Konflikte friedlich beizulegen statt auszutragen.

Im Rahmen des Stabilitätspakts, der über 100 konkrete Abkommen bzw. Vereinbarungen zusammenfasst, werden Nachbarschaftsstreitigkeiten vor allem zwischen mittel- und osteuropäischen Staaten

entschärft. Durch »regionale Gesprächstische« (Round-table) ist es
z. B. gelungen, den grenzüberschreitenden Verkehr im Baltikum
zu erleichtern, den Minderheitenschutz zu fördern (vor allem der
ungarischen Minderheit in der Slowakei und der russischen in den
baltischen Staaten) und demokratische Strukturen in Ostmittel-
europa zu stärken.

6.–8. Mai Weltweit finden Gedenkveranstaltungen zum **Ende des Zweiten
Weltkriegs** vor 50 Jahren statt, vor allem in Europa. Im Zeichen der
Aussöhnung überwiegen Feiern, die der Erinnerung und Besinnung
dienen: an die Millionen Toten und Opfer des Krieges, an die Befreiung von der nationalsozialistischen Gewaltherrschaft und an den
politischen Neuanfang in Deutschland.
In einer Verlautbarung vom 5. 5. 1995 hatte Bundeskanzler Kohl
erklärt, »dass die Befreiung von der Hitler-Barbarei notwendig war,
um in Deutschland einen freiheitlichen Rechtsstaat und in Europa
Frieden und Versöhnung zwischen den Völkern zu ermöglichen«.
Der 8. 5. mahne dazu, »auf eine Friedensordnung in Europa hinzuwirken, die sich auf eine uneingeschränkte Achtung der persönlichen Menschenrechte und auf das Völkerrecht gründet«.

11. Mai Die Überprüfungskonferenz der 178 Unterzeichnerstaaten in New
York beschließt im Konsensverfahren (without a vote), den **Nuklearen Nichtverbreitungsvertrag** (Atomwaffensperrvertrag) vom
1. 7. 1968 unbefristet und unkonditioniert zu verlängern. (17.3. →
1. 7. 1968 und 23.2. → 28. 11. 1969)
Nach Art. X Abs. 2 des NVV hatte 25 Jahre nach dem In-Kraft-
Treten (5. 3. 1970) eine Konferenz darüber zu entscheiden, ob der
Vertrag unbefristet oder befristet oder um mehrere bestimmte Fristen verlängert wird. Die BRD hatte sich wiederholt für die unbefristete Verlängerung ausgesprochen und sich um den Beitritt noch
außenstehender Länder, vor allem Israels, Indiens und Pakistans,
bemüht. Erleichtert wird die unbefristete Verlängerung durch die
Zusage der Atommächte, den Nichtatomwaffenstaaten den Zugang
zur friedlichen Nutzung der Kernenergie offen zu halten, die Uni-
versalität des Vertrags anzustreben, bevorzugt im Nahen Osten, und
das Ziel einer völligen atomaren Abrüstung einschließlich des Verbots von Atomwaffentests weiterzuverfolgen. – Nordkorea, das am
12. 3. 1993 seinen Austritt erklärt hatte, bleibt Mitglied des NVV.

23. Mai Deutschland beendet die bisher größte **Waffenvernichtungsaktion**
in seiner Geschichte. Im Rahmen der Zerstörung von angriffsfähi-
gen schweren Waffensystemen gemäß KSE-Vertrag vom → 19. 11.
1990 werden im Beisein der Minister Rühe und Kinkel die beiden
letzten Kampfpanzer aus NVA-Beständen mit dem Schneidbrenner
in Charlottenhof (Nähe Görlitz) verschrottet. Damit hat Deutschland seine Reduzierungspflichten nach dem KSE-Vertrag erfüllt:
ein halbes Jahr früher als vertraglich gefordert (Frist: 16. 11. 1995).

30. Juni	Auf Antrag der Bundesregierung billigt der Bundestag mehrheitlich (386 Ja-, 258 Neinstimmen, 11 Enthaltungen) den **Bosnieneinsatz** der Bundeswehr im früheren Jugoslawien. Rund 1 500 Soldaten sollen von Kroatien aus die multinationale Schnelle Eingreiftruppe (Rapid Reaction Force) zum Schutze der UN-Blauhelme unterstützen, u. a. durch Tornado-Kampfflugzeuge und medizinische Versorgung.
6. Dezember	Der Bundestag stimmt mit überwältigender Mehrheit (543 Ja-, 107 Neinstimmen, 6 Enthaltungen) der Entsendung von etwa 4 000 Bundeswehrsoldaten als Teil der rund 60 000 Mann starken internationalen Friedenstruppe (**IFOR**) für **Bosnien-Herzegowina** zu. Das deutsche Kontingent, an der kroatischen Adriaküste stationiert, übernimmt vor allem Logistik-, Pionier-, Sanitäts-, Transport- und Versorgungsaufgaben.

Hintergrund: Unter massivem Druck des US-Präsidenten Clinton und seines Vermittlers Richard C. Holbrooke hatten die Präsidenten Alija Izetbegović (Bosnien-Herzegowina), Slobodan Milošević (Serbien) und Franjo Tudjman (Kroatien) nach vier Jahren Bürgerkrieg am 21. 11. 1995 das Friedensabkommen von Dayton (Ohio) paraphiert, das am 14. 12. 1995 in Paris unterzeichnet wird. Danach besteht Bosnien-Herzegowina formal als einheitlicher, unabhängiger und völkerrechtlich anerkannter Staat in seinen gegenwärtigen Grenzen fort: mit einer Zentralregierung, einem Unter- und Oberhaus als Parlament, einer dreiköpfigen Präsidentschaft, einem Verfassungsgericht und einer einheitlichen Währung. Hauptstadt bleibt Sarajevo. Der Staat gliedert sich in zwei weitgehend selbstständige Teilrepubliken: die muslimisch-kroatische Föderation, die 51 Prozent des Territoriums umfasst, und der Serbischen Republik, die 49 Prozent des Gebiets erhält. Alle Bürger sollen sich auf dem Staatsterritorium frei niederlassen und die Flüchtlinge in ihre Heimat zurückkehren dürfen; die Verbände sind zu entmilitarisieren und die Kriegsgefangenen freizulassen. Die 60 000 Mann starke IFOR-Truppe soll den Frieden absichern; sie untersteht, vom russischen Kontingent abgesehen, dem NATO-Oberbefehl.

1996

2./3. Dezember	Die Staats- und Regierungschefs der OSZE-Teilnehmerstaaten verabschieden auf ihrem **Gipfel in Lissabon** ein gemeinsames und umfassendes Sicherheitsmodell für Europa im 21. Jahrhundert. Die Rüstungskontrollen, einschließlich Abrüstung sowie Vertrauens- und Sicherheitsbildender Maßnahmen, sollen weiterentwickelt und im Rahmen des Forums für Sicherheitskooperation (→ 9./10. 7. 1992) zu einem Netz von Rüstungskontrollmaßnahmen verknüpft werden.
13. Dezember	Der Bundestag stimmt mehrheitlich dem Antrag der Bundesregierung zu, befristet ca. 3 000 Bundeswehrsoldaten zur neuen inter-

Soldaten des deutschen Kontingents der Friedenstruppe SFOR vor einem zerschossenen Hochhaus in der Innenstadt von Sarajewo. → 13. Dezember 1996

nationalen Friedenstruppe **SFOR** (Stabilization Force) nach **Bosnien-Herzegowina** zu entsenden (499 Ja-, 93 Neinstimmen, 21 Enthaltungen). Anders als bisher (→ 30. 6. 1995 und 6. 12. 1995) operiert die Bundeswehr nicht mehr von Kroatien aus, sondern direkt im Krisengebiet Bosnien-Herzegowina. Das deutsche Kontingent unter dem Oberbefehl der NATO soll den Friedensprozess überwachen und den Wiederaufbau absichern helfen.

In der Nacht zuvor hatte der UN-Sicherheitsrat einstimmig beschlossen, die neue SFOR-Friedenstruppe als IFOR-Folgemission in Bosnien-Herzegowina zu stationieren. Von SPD-Abgeordneten war angekündigt worden, die Abstimmung im Bundestag ohne dieses UN-Mandat zu boykottieren.

Am 19. 6. 1998 verlängert der Bundestag die SFOR-Mission der Bundeswehr unbefristet mit überwältigender Mehrheit, darunter mit den Stimmen der meisten Grünen.

1997

27. Mai   Auf dem Sondergipfel in Paris wird die **Grundakte** über gegenseitige Beziehungen, Zusammenarbeit und Sicherheit zwischen der NATO und Russland unterzeichnet. Sie verpflichten sich, eine

stabile Partnerschaft aufzubauen, den Frieden und die Sicherheit im euro-atlantischen Raum zu stärken, auf die Androhung oder Anwendung von Gewalt gegeneinander zu verzichten sowie die Souveränität, Unabhängigkeit und territoriale Unversehrtheit aller Staaten zu achten. Von diesen Grundsätzen ausgehend, wird ein Ständiger Gemeinsamer NATO-Russland-Rat geschaffen, der den Mechanismus der euro-atlantischen Sicherheitsstruktur besiegeln soll: für Konsultationen, Zusammenarbeit und – in größtmöglichem Umfang – auch für gemeinsames Entscheiden und Handeln bezüglich Sicherheitsfragen von beiderseitigem Interesse. Das Vetorecht wird ausgeschlossen, daher können sich weder NATO noch Russland bei Entscheidungen oder Handlungen im Ständigen Rat blockieren. – Am 9. 7. 1997 schließt die NATO auch mit der Ukraine eine Partnerschaftscharta ab.

30. Mai

Im portugiesischen Sintra wird der **Euro-Atlantische Partnerschaftsrat** (EAPR) gegründet. Ihm gehören die NATO-Staaten an, alle Länder, mit denen eine militärische Zusammenarbeit im Rahmen der »Partnerschaft für den Frieden« (→ 10./11. 1. 1994) besteht, darunter alle Staaten des ehemaligen Warschauer Pakts, alle Nachfolgestaaten der Sowjetunion und weitere Staaten, die OSZE-Mitglieder sind. Der EAPR dient als Forum der sicherheitspolitischen Konsultation und Kooperation im gesamten euro-atlantischen Raum und soll zum Modell einer zukunftsweisenden Sicherheitsarchitektur werden.

3./4. Dezember

In Ottawa unterzeichnen 121 Staaten, darunter Deutschland, das Übereinkommen zur weltweiten Ächtung von **Antipersonenminen**. Es verbietet, Antipersonenminen einzusetzen, zu lagern, herzustellen oder weiterzugeben, und verpflichtet die Vertragsstaaten, ihre Bestände fristgerecht zu vernichten. Ein strenges Verifikationsregime soll sicherstellen, dass die Vertragsbestimmungen eingehalten werden.
Der Vertrag tritt am 1. 3. 1999 in Kraft. Deutschland hatte ihn am 23. 7. 1998 ratifiziert. Die letzten Antipersonenminen (APM) der Bundeswehr waren Ende 1997 zerstört worden.

39.2. Europapolitik: Deutschland in der Europäischen Gemeinschaft/Union 1990 – 1998

1990

14./15. Dezember

Der **EG-Gipfel in Rom** verabschiedet ein humanitäres Hilfsprogramm für die Sowjetunion und beschließt, die Wirtschafts- und Währungsunion sowie die politische Union zu realisieren. Der neue britische Premier John Major – seine Vorgängerin Margaret Thatcher hatte am 22. 11. 1990 ihren Rücktritt nach internen Streitigkeiten der Konservativen Partei erklärt – äußert Vorbehalte gegen Pläne, eine Europäische Zentralbank zu errichten und weitere Souveränitätsrechte der Mitgliedstaaten an die EG/EU abzugeben.

1991

9.–11. Dezember

Der Europäische Rat beschließt **in Maastricht** (Niederlande), die EG zur politischen Union (EU) weiterzuentwickeln. Es handelt sich um die bisher weitestreichende Änderung und Ergänzung der Römischen Verträge (12.1. → 25. 3. 1957). Die Reform forcieren vor allem der französische Staatspräsident Mitterrand und Bundeskanzler Kohl; der britische Premier Major lehnt – wie bereits seine Vorgängerin Thatcher – weitergehende Souveränitätsverzichte ab und setzt Sonderregelungen durch. Zur Vertragsunterzeichnung: → 7. 2. 1992.

Am 16. 12. 1991 werden in Brüssel die Assoziierungsabkommen mit Polen, Ungarn und der ČSFR unterzeichnet (Europaabkommen). Sie gehen von der Perspektive aus, dass diese postkommunistischen Reformstaaten langfristig Vollmitglieder der EG werden.

1992

7. Februar

Maastrichter Vertrag: Die Außen- und Finanzminister der zwölf EG-Staaten unterzeichnen in Maastricht (→ 9.–11. 12. 1991) den Vertrag über die Europäische Union (EU). Er ist als Mantelvertrag angelegt. Nach der Präambel, wonach die europäische Integration auf eine »neue Stufe« gehoben wird, folgen nacheinander: Gemeinsame Bestimmungen (Titel I), Bestimmungen zur Änderung des EWG-Vertrags (Titel II), des EGKS-Vertrags (Titel III) und des EURATOM = EAG-Vertrags (Titel IV), Bestimmungen über die Gemeinsame Außen- und Sicherheitspolitik (Titel V), über die Zusammenarbeit in den Bereichen Justiz und Inneres (Titel VI) sowie die Schlussbestimmungen (Titel VII). Ergänzend sind 17 Protokolle zu unterschiedlichen Materien und 33 Erklärungen in der Schlussakte. Hauptentscheidungen:
1. Säule der EU ist die **Wirtschafts- und Währungsunion** (WWU). Ihre erste Phase hatte am 1. 7. 1990 mit dem liberalisierten Kapitalverkehr und der verstärkt koordinierten Wirtschafts- und Währungspolitik der EG-Staaten begonnen; ihre zweite Phase beginnt am 1. 1. 1994 und endet frühestens am 31. 12. 1996, spätestens am 31. 12. 1998, und zwar mit der Zielsetzung, dass die EU-Staaten strenge Auflagen bezüglich Preisstabilität, Zinsniveau, Haushaltsdisziplin und Wechselkursmechanismen erfüllen; die dritte und letzte Phase beginnt frühestens zum 1. 1. 1997, spätestens zum 1. 1. 1999 für jene EU-Staaten, die die Konvergenzkriterien erfüllen und anstelle ihrer nationalen Währung die neue Europawährung einführen. Über sie wacht die unabhängige Europäische Zentralbank

(EZB), deren Aufbau das Europäische Währungsinstitut (EWI) in der zweiten Phase vorbereitet.
2. Säule der EU: Die bisherige Europäische Politische Zusammenarbeit (EPZ) wird schrittweise zur intergouvernementalen **Gemeinsamen Außen- und Sicherheitspolitik** (GASP) weiterentwickelt und die Westeuropäische Union (WEU) als verteidigungspolitische Komponente ausgebaut – als Brücke zwischen NATO und EU.
3. Säule: In der **Innen- und Rechtspolitik** steht die Zusammenarbeit in Angelegenheiten von gemeinsamem Interesse im Vordergrund: Asyl-, Einwanderungs- und Visapolitik, Bekämpfung des Terrorismus, des Drogenhandels, der Geldwäsche und der organisierten Kriminalität, Aufbau eines Europäischen Polizeiamts (EUROPOL).
In einem Protokoll und Abkommen über die **Sozialpolitik** vereinbaren elf Staaten, zum Schutze von Arbeitnehmern »auf dem durch die Sozialcharta von 1989 vorgezeichneten Weg« weiterzugehen. Großbritannien macht von der Möglichkeit des »opting out« Gebrauch und erhält insoweit einen Sonderstatus.
Das **Europäische Parlament** (EP) erhält neue, aber weniger Kompetenzen als von deutscher Seite vorgeschlagen. Seiner Zustimmung bedürfen u. a. Beitritts- und Assoziierungsverträge, die Ernennung der Kommission und ihres Präsidenten, deren Amtszeit der Wahlperiode anzupassen ist. Das neue Mitentscheidungsverfahren stellt das EP bei Rechtssetzungsakten nur in den Bereichen Binnenmarkt, Bildung, Forschung, Kultur, Gesundheits-, Verbraucher- und Umweltschutz sowie in Teilbereichen von Verkehr, Telekommunikation und Energie mit dem Rat gleich; es kann diesbezüglich jetzt zwar wirksam Veto einlegen, verfügt aber wie bisher über kein Initiativrecht.
Der neu geschaffene **Ausschuss der Regionen** besteht aus Vertretern regionaler und lokaler Gebietskörperschaften. Er bildet neben der ersten, d. h. gemeinschaftlichen, und der zweiten, d. h. einzelstaatlichen, die dritte, d. h. »substaatlich«-regionale Ebene. Der von den deutschen Bundesländern geforderte Ausschuss hat beratende Funktionen: bei der EG-Strukturpolitik, bei der Arbeitsweise des Agrar-, des Regional- und des Sozialfonds sowie des Kohäsionsfonds, der den »ärmeren« Staaten die Beteiligung an der WWU erleichtern soll.
Die **Unionsbürgerschaft** wird eingeführt. Sie berechtigt jeden Unionsbürger in jedem Mitgliedstaat, dessen Staatsangehörigkeit er nicht besitzt, das aktive und passive Wahlrecht bei Kommunal- und Europawahlen nach dem Wohnsitzprinzip wahrzunehmen. Das EP ernennt einen unabhängigen Bürgerbeauftragten (Ombudsmann), der für Beschwerden über Missstände in der Verwaltung zuständig ist. Das Petitionsrecht wird sanktioniert und ausgebaut.

Das neu verankerte **Subsidiaritätsprinzip** grenzt die Aktionsfelder zwischen EU und Mitgliedstaaten ab. Danach kümmert sich die Gemeinschaft um öffentliche Aufgaben, für die sie nicht ausschließlich zuständig ist, nur dann, wenn die Mitgliedstaaten selbst sie nicht ausreichend lösen können. Sie sollen möglichst bürgernah auf »unteren« Ebenen (Gemeinden, Regionen und Ländern) geregelt werden, damit die viel gescholtene »EU-Bürokratie« nicht ausufert. Sie darf nur so viel entscheiden wie nötig, aber so wenig wie möglich.

2. Mai

Der Vertrag über den **Europäischen Wirtschaftsraum** (EWR) wird in Porto (Portugal) unterzeichnet. Die zwölf EG- und die sieben EFTA-Staaten (Finnland, Island, Liechtenstein, Norwegen, Österreich, Schweden, Schweiz) vereinbaren darin, zum 1. 1. 1993 den weltgrößten integrierten Markt mit ca. 40 Prozent des Welthandels zu bilden. Grundlage ist weitgehend EG-Recht: Zwar entsteht keine Zollunion wie in der EG, doch gelten auch für die EFTA-Staaten die »Vier Grundfreiheiten« des freien Verkehrs von Personen, Waren, Kapital und Dienstleistungen. Ausgenommen sind die Landwirtschaft und Warenimporte aus Drittländern. Eine engere Zusammenarbeit ist u. a. in den Bereichen Wissenschaft, Bildung, Umwelt, Währungs- und Sozialpolitik vorgesehen. – Auf den EWR hatten sich EG und EFTA nach langwierigen Verhandlungen am 22. 10. 1991 in Luxemburg geeinigt.

Die Schweizer lehnen in einem Referendum am 6. 12. 1992 den EWR-Beitritt knapp ab (50,3 Prozent Nein-, 49,7 Prozent Jastimmen); vor allem die deutschsprachigen Kantone stimmen geschlossen gegen den EWR, ausgenommen Basel-Stadt und Basel-Land. Der EWR-Vertrag, nach dem Ausscheiden der Schweiz modifiziert, tritt daher erst zum → 1. 1. 1994 in Kraft.

11./12. Dezember

Der **EG-Gipfel in Edinburgh** regelt die Sitzverteilung im Europäischen Parlament (EP) neu: Die Gesamtzahl der Abgeordneten steigt nach demographischen Quoten von 518 auf 567. Das vereinte Deutschland erhält 18 Mandate mehr: 99 statt 81. Bis zur nächsten Direktwahl am → 12. 6. 1994 sind die fünf neuen Bundesländer wie bisher durch 18 Beobachter ohne Rede- und Stimmrecht vertreten. Parlamentssitz bleibt Straßburg während der zwölf Plenarsitzungswochen im Jahr, die Ausschüsse tagen in Brüssel. Diese provisorische Lösung wird damit zur endgültigen.

Da die Dänen am 2. 6. 1992 in einem Referendum den Maastrichter Vertrag mit 50,7 Prozent gegen 49,3 Prozent der abgegebenen Stimmen (Wahlbeteiligung 82,3 Prozent) ablehnen, wird Dänemark in Edinburgh ein Sonderstatus eingeräumt, damit eine zweite Volksabstimmung stattfinden kann. Sie fällt am 18. 5. 1993 positiv aus: 56,8 Prozent Jastimmen bei einer Wahlbeteiligung von 86,6 Prozent der Wählerinnen und Wähler.

In einem Referendum am 20. 9. 1992 hatten sich die Franzosen mit 51,05 Prozent gegen 48,95 Prozent der abgegebenen Stimmen für die Ratifizierung des Maastrichter Vertrags entschieden.

1993

1. Januar   Der **Europäische Binnenmarkt** tritt in Kraft. Damit entsteht in der EG ein gemeinsamer Markt ohne Binnengrenzen mit »Vier Freiheiten«: 1. freier **Personenverkehr** für ca. 345 Millionen Einwohner: Einreise-, Aufenthalts- und Niederlassungsfreiheit, freie Arbeitsplatzwahl, Anerkennung von Prüfungszeugnissen und Diplomen; Personenkontrollen an den Binnengrenzen sind vorerst aus Sicherheitsgründen nicht abgeschafft (→ 26. 3. 1995); die Kontrollen an den Außengrenzen werden verstärkt; 2. freier **Warenverkehr**: in der Regel keine Grenzkontrollen; der gewerbliche Reiseverkehr ist von dem privaten nach Indikativmengen (z. B. bei Alkoholika, Tabakwaren) abzugrenzen, das öffentliche Auftragswesen zu liberalisieren; Steuern und technische Normen sind zu harmonisieren; 3. in der Regel freier **Kapital- und Zahlungsverkehr**: Gemeinsamer Markt für Geldanlagen und Finanztransaktionen, keine Devisenkontrollen, offener Wertpapierhandel; 4. in der Regel freier **Dienstleistungsverkehr**: Transport- und Kommunikationsmärkte sind zu liberalisieren, Finanzleistungen von Banken, Versicherungen u. a. zu harmonisieren.

Zum 1. 1. 1993 hat die EG ca. 95 Prozent der erforderlichen gesetzgeberischen Maßnahmen verabschiedet, die Mitgliedstaaten haben davon ca. 80 Prozent in nationales Recht umgesetzt. Daher tritt der Binnenmarkt mit unterschiedlichen einzelstaatlichen Übergangsfristen in Kraft.

29. Oktober   Der **EG-Sondergipfel in Brüssel** entscheidet sich für Frankfurt a.M. als Sitz des Europäischen Währungsinstituts ab 1. 1. 1994. Es ist der Vorläufer der später geplanten Europäischen Zentralbank. Weitere Institutionen kommen u. a. nach Den Haag (EUROPOL), nach Kopenhagen (Umweltschutz), nach Madrid (Harmonisierung für den Binnenmarkt), nach Lissabon (Drogenbeobachtung), nach Turin (Berufsbildung) und nach London (Arzneimittel).

1. November   **Entstehung der EU**: Der Maastrichter Vertrag vom → 7. 2. 1992 tritt in Kraft. Damit wird aus der bisherigen Europäischen Gemeinschaft (EG) die Europäische Union (EU).

Deutschland hatte am 13. 10. 1993 als letzter Mitgliedstaat die Ratifikationsurkunde hinterlegt. Zwar war der Maastrichter Vertrag vom Bundestag bereits am 2. 12. 1992 mit 543 gegen 16 Stimmen bei 8 Enthaltungen verabschiedet worden, vom Bundesrat am 18. 12. 1992 einstimmig mit den dazugehörenden Grundgesetzänderungen (38.2. → 21. 12. 1992), doch hatten Verfassungsbeschwerden die Ratifizierung verzögert.

Das Bundesverfassungsgericht entschied am 12. 10. 1993, dass der Maastrichter Vertrag verfassungskonform sei. Doch begründe er noch keinen Bundesstaat, sondern einen Staatenverbund; seine demokratische Legitimation und weitere Integration bedürfe vorrangig der Mitwirkung der nationalen Parlamente. Insofern unterwerfe sich die BRD keinem »Automatismus«, z. B. bei der dritten Stufe der Wirtschafts- und Währungsunion.

5. November   Belgien, Deutschland und Frankreich stellen in Straßburg das **Eurokorps** in Dienst. Es soll die Kerntruppe künftiger europäischer Streitkräfte werden. – Die seit 1. 4. 1991 einsatzbereite deutsch-französische Brigade war dem Korps als dessen Grundstock zugeordnet worden.

1994
1. Januar   Die Bestimmungen des **Europäischen Wirtschaftsraums** (EWR) treten in Kraft. Er bildet mit 18 Staaten vom Nordkap bis Sizilien und vom Atlantik bis zur Oder den weltgrößten Markt für freien Waren-, Dienstleistungs- und Kapitalverkehr mit ca. 375 Millionen Verbrauchern; sie genießen Freizügigkeit und können ihren Arbeitsplatz frei wählen. Mitglieder sind die zwölf EG-Staaten und sechs EFTA-Staaten. Die Schweiz als siebter EFTA-Staat wird bis auf weiteres zu einer »Insel« im EWR. (→ 2. 5. 1992)
Am 1. 1. 1994 beginnt die zweite Stufe der Wirtschafts- und Währungsunion (WWU) in der EU. Das Europäische Währungsinstitut (EWI) als Vorläufer der späteren Europäischen Zentralbank (EZB) wird in Frankfurt a. M. errichtet. (→ 7. 2. 1992)

12. Juni   Die **vierte Direktwahl** zum Europäischen Parlament gewinnt in Deutschland die CDU/CSU mit 38,8 Prozent der abgegebenen Stimmen. Die SPD erleidet mit 32,2 Prozent Verluste gegenüber 37,3 Prozent der Stimmen am 18. 6. 1989. Die Grünen erzielen einen Zuwachs von 8,4 Prozent auf 10,1 Prozent der Stimmen. FDP, PDS und Republikaner scheitern an der Fünfprozenthürde. (30.1. → 15.–18. 6. 1989)
In den Ländern der EU finden die Europawahlen vom 9.–12. 6. 1994 statt.

28. November   In einem Referendum lehnen 52,2 Prozent der abstimmenden **Norweger** (Wahlbeteiligung: 88,6 Prozent) den Beitritt zur EU ab. Von ursprünglich fünf Beitrittskandidaten können damit drei EU-Mitglieder werden: Finnland, Österreich und Schweden.
Folgende EFTA-Staaten hatten ihre Aufnahme beantragt: Österreich am 17. 7. 1989, Schweden am 1. 7. 1991, Finnland am 18. 3. 1992, die Schweiz am 20. 5. 1992 und Norwegen am 25. 11. 1992. Nachdem die Schweiz als Beitrittskandidat ausgeschieden war (zum Referendum am 6. 12. 1992: EWR-Vertrag vom → 2. 5. 1992), be-

Tab. 29: Vierte Europawahl, 12. Juni 1994 in der BRD
Hauptergebnisse

	Anzahl	%	Sitze
Wahlberechtigte	60 473 927		
Wähler	36 295 529	60,0	
Ungültige Stimmen	884 115	2,4	
Gültige Stimmen	35 411 414		99
SPD	11 389 697	32,2	40
CDU	11 346 073	32,0	39
GRÜNE	3 563 268	10,1	12
CSU	2 393 374	6,8	8
PDS	1 670 316	4,7	–
FDP	1 442 857	4,1	–
REP	1 387 070	3,9	–
BfB	385 676	1,1	–
GRAUE	275 866	0,8	–
ÖDP	273 776	0,8	–
APD	231 265	0,7	–
STATT Partei	168 738	0,5	–
PASS	127 104	0,4	–
BP	110 778	0,3	–
Forum	107 615	0,3	–
PBC	93 210	0,3	–
Naturgesetz	92 031	0,3	–
DSU	80 618	0,2	–
NPD	77 227	0,2	–
CM	66 766	0,2	–
LIGA	40 115	0,1	–
Autonome	37 672	0,1	–
Solidarität	23 851	0,1	–
PEAD	12 992	0,0	–
BSA	10 678	0,0	–
Familie	2 781	0,0	–

Abkürzungsverzeichnis s. S. 585

Quelle: Statistisches Bundesamt.

gannen die Beitrittsverhandlungen am 1. 2. 1993 mit Österreich, Schweden und Finnland, am 5./6. 4. 1993 mit Norwegen. Sie konnten am 27. 3. 1994 abgeschlossen werden, nachdem folgende Hauptstreitpunkte weitgehend beigelegt worden waren: Sperrminorität bei Mehrheitsentscheidungen im EU-Ministerrat, Subvention der arktischen und alpinen Landwirtschaft in Skandinavien und Österreich, Fischereiquoten, Schwerlasttransit über die Alpen, Nettoeinzahlungen Österreichs, Norwegens und Schwedens.
Die Wählerinnen und Wähler billigen in Referenden den EU-Beitritt mehrheitlich in Österreich am 12. 6. 1994 mit 66,39 Prozent,

in Finnland am 16. 10. 1994 mit 57 Prozent und in Schweden am
13. 11. 1994 mit 52,2 Prozent der abgegebenen Stimmen.

1995

1. Januar   EU-Erweiterung: **Finnland, Österreich und Schweden** treten der
EU bei. Damit wird aus der bisherigen 12er- eine 15er-Union.
Spanien hatte auf das angedrohte Veto gegen die EU-Erweiterung
verzichtet, da ein Kompromiss im Fischereistreit erzielt werden
konnte. Danach erhalten spanische und portugiesische Fischer bereits ab 1996 Zugang zu den EU-Fanggründen, statt – wie ursprünglich vereinbart – erst ab 2002.
Auf ihrem EU-Gipfel in Essen vom 9./10. 12. 1994 hatten die Staats-
und Regierungschefs prinzipiell den Beitritt der osteuropäischen
Reformstaaten befürwortet. Sie legten sich bei der beabsichtigten
Osterweiterung aber weder auf einen Zeitplan fest, noch machten
sie Polen, Ungarn, Tschechien, der Slowakei, Bulgarien oder Rumänien konkrete Zusagen.

18. Januar   Das Europäische Parlament bestätigt in Straßburg nach Anhö-
rungen den designierten Kommissionspräsidenten Jacques **Santer**
(Christdemokrat, bisher Regierungschef in Luxemburg) und seine

Öffnung nach Osten? EU-Gipfel in Essen am 9./10. Dezember 1994. → 1. Januar 1995

Kommission. Parlamentspräsident Klaus Hänsch/SPD (Vorgänger: Egon Klepsch/CDU) bewertet es als demokratischen Fortschritt, dass die Kommission erstmals parlamentarisch legitimiert wird. Santer (Vorgänger: Jacques Delors, französischer Sozialist) und seine Kommission nehmen ihre Arbeit am 25. 1. 1995 in Brüssel auf.

26. März   Das **Schengener Abkommen** tritt in Deutschland, Frankreich, den Beneluxstaaten, Spanien und Portugal in Kraft. Zeitgleich mit dem Wegfall der Grenz-, Flugzeug- und Zugkontrollen wird das Schengener Informationssystem (SIS) in Straßburg, das Fahndungsdaten speichert, in Betrieb genommen. Die Kontrollen an den Außengrenzen werden zugleich verschärft.

Das Übereinkommen vom 19. 6. 1990 zur Durchführung des Schengener Abkommens vom 14. 6. 1985 zwischen Frankreich, den Beneluxstaaten und der Bundesrepublik Deutschland (36.2. → 19. 6. 1990) betrifft den schrittweisen Abbau der Kontrollen an den gemeinsamen Grenzen und sollte ursprünglich viel früher in Kraft treten. Dies scheiterte jedoch an technischen und organisatorischen Schwierigkeiten, grenzüberschreitende Informationen zur Bekämpfung der organisierten Kriminalität, der Geldwäsche, des Schmuggels u. a. auszutauschen. – Am 25. 6. 1991 waren Spanien und Portugal dem Abkommen beigetreten.

27./ 28.   Auf der Außenministerkonferenz in Barcelona vereinbaren die 15
November   EU-Mitgliedstaaten und zwölf südliche sowie östliche Anrainerstaaten eine **Euro-mediterrane Partnerschaft.** Sie soll, damit Europa nicht von seinen Nachbarstaaten am Mittelmeer abgeschottet bleibt, eine Region des gemeinsamen »Wohlstands und der Stabilität« schaffen, Demokratie, Rechtsstaatlichkeit und Frieden (vor allem im Nahen Osten) fördern. Bis zum Jahre 2010 ist eine Freihandelszone geplant.

1996

27. März   Die EU-Kommission verbietet die Ausfuhr von **britischem Rindfleisch,** da die britische Regierung am 20. 3. 1996 erstmals nicht mehr ausgeschlossen hatte, dass der »Rinderwahnsinn« (BSE) durch den Verzehr von Fleisch auf Menschen übertragen werden könne. Deutschland hatte bereits am 23. 3. 1996 ein Importverbot verhängt.

Bovine Spongiforme Encephalopathie (BSE) beim Rind und die möglicherweise mit ihr in Zusammenhang stehende ähnliche Creutzfeldt-Jakob-Krankheit beim Menschen degenerieren das Gehirn und verlaufen tödlich. Die zur Zeit unheilbare Creutzfeldt-Jakob-Krankheit hat in der Regel eine Inkubationszeit von 6 – 40 Jahren.

Auf Drängen Großbritanniens hebt die EU das Exportverbot am 1. 8. 1999 auf. Bund und Länder entscheiden mehrheitlich am 30. 11. 1999, die Einfuhr von britischem Rindfleisch in Deutschland erst

Das gelieferte Rindfleisch stammt aus Beständen in Schleswig - Holstein

in denen **kein BSE** festgestellt wurde!

Die Herkunft entscheidet: Mehr und mehr Kunden bestehen aus Angst vor der BSE-Seuche auf einheimischem Rindfleisch. → 27. 3. 1996

dann wieder zuzulassen, wenn es für Verbraucher erkennbar mit einem Herkunftsvermerk versehen ist. Daher wird ab 1. 1. 2000 eine nationale Datenbank zur obligatorischen Rindfleischetikettierung aufgebaut.

13./14.
Dezember

Der EU-Gipfel in Dublin verständigt sich auf den von Bundesfinanzminister Waigel vorgeschlagenen **Stabilitätspakt** als Voraussetzung für die gemeinsame Währung Euro. Danach darf das jährliche Haushaltsdefizit drei Prozent des Bruttoinlandsprodukts (Neuverschuldungsmarke) in der dritten Stufe der WWU nicht überschreiten. Dieses Maastrichter Stabilitätskriterium und ein ausgefeiltes Sanktionssystem gelten auch bei einer Rezession um bis zu 0,75 Prozent jährlich; schrumpft die Wirtschaftsleistung jedoch um 0,75 bis zwei Prozent im Jahr, so entscheiden die EU-Finanzminister mit qualifizierter Mehrheit darüber, ob Sanktionen aufgrund »außergewöhnlicher Umstände« (z. B. Naturkatastrophen) auszusetzen sind – so in der Regel bei einer jährlichen Rezession von mehr als zwei Prozent. Unverzinsliche, aber rückzahlbare Stabilitätseinlagen können bei dauerhaften Verstößen in Strafgelder umgewandelt werden (→ 16./17. 6. 1997). Ein Frühwarnsystem soll die Schuldenentwicklung überwachen und ihr vorbeugen helfen, z. B. durch Abmahnungen.

Auf ihrem Gipfel in Madrid am 15./16. 12. 1995 hatten sich die Staats- und Regierungschefs darauf geeinigt, die künftige europäische Währung »Euro« zu nennen und sich auf den Zeitplan für ihre Einführung festgelegt. Die neuen Geldscheine werden in Dublin der Öffentlichkeit vorgestellt.

1997

16./17. Juni

Der EU-Gipfel (Europäischer Rat) in **Amsterdam** verabschiedet den Stabilitätspakt (→ 13./14. 12. 1996). Frankreichs neue sozialistische Regierung hatte ihn zeitweilig mit der Forderung nach einem ergänzenden Beschäftigungspakt in Frage gestellt; denn angesichts der Massenarbeitslosigkeit gebühre der Geldstabilität in der EU kein Vorrang vor der Arbeitsmarktpolitik. Mit dem Stabilitätspakt wird daher eine ergänzende Resolution zu Beschäftigung und Wachstum mit der Zielsetzung gebilligt, die Wirtschaftspolitik zwischen den EU-Staaten stärker zu koordinieren und damit Wachstum und Beschäftigung zu fördern. Allerdings bleibt die Wirtschaftspolitik in einzelstaatlicher Verantwortung, und es werden auch keine nationalen Mittel für eine aktive europäische Beschäftigungsförderung bereitgestellt. Schließlich verständigen sich die 15 Staats- und Regierungschefs auf das Vertragswerk zur Reform der Verträge. Dieser Amsterdamer Vertrag (AV) wird am → 2. 10. 1997 unterzeichnet.

2. Oktober   Die EU-Außenminister unterzeichnen den **Amsterdamer Vertrag** (→ 16./17. 6. 1997) als Mantelvertrag. Er novelliert den Vertrag über die EU (→ 7. 12. 1992) und damit zusammenhängende Rechtsakte, er vereinfacht das Vertragsrecht, z. B. durch Streichungen, und er enthält redaktionelle und vertragstechnische Klauseln. Zum Vertragswerk gehören 13 Protokolle und 59 Erklärungen.

Politikfelder der bislang intergouvernementalen **3. Säule** (Innen- und Rechtspolitik) werden in das Gemeinschaftsrecht der 1. Säule (WWU) integriert: Visa, Asyl, Einwanderung, Kontrolle der Außengrenzen, Schengener Abkommen (→ 26. 3. 1995), Datenschutz u. a. Die Bestimmungen über die polizeiliche und justizielle Zusammenarbeit in Strafsachen und im Zollwesen bleiben nach wie vor Teil der 3. intergouvernementalen Säule; doch wird die Zusammenarbeit in diesen Bereichen ausgebaut, z. B. durch das Europäische Polizeiamt (Europol) in Den Haag, das vor allem den Terrorismus, den Menschen- und Drogenhandel, die organisierte Kriminalität u. a. bekämpfen soll.

Die Gemeinsame Außen- und Sicherheitspolitik (GASP) der **2. Säule** wird effizienter gestaltet, die institutionelle Verflechtung mit der WEU als integralem Bestandteil der EU verbessert. Fragen der GASP schließen humanitäre und friedenserhaltende Aufgaben

Gemeinsame Anstrengungen für Europa beim EU-Gipfel in Amsterdam vom → 16.–17. Juni 1997.

sowie Kampfeinsätze bei Krisen nebst friedensschaffenden Maßnahmen ein. Der Generalsekretär des Rats nimmt das neue Amt eines »Hohen Vertreters für die Gemeinsame Außen- und Sicherheitspolitik« (»Mr. GASP«) wahr. Beschlüsse fasst der Rat einstimmig, gemeinsame Aktionen oder gemeinsame Standpunkte auf der Grundlage einer gemeinsamen Strategie sind mit qualifizierter Mehrheit zu verabschieden.

Die EU will eine engere **Union der Völker** und **Bürger Europas** schaffen: Sie bekennt sich daher zu Freiheit, Demokratie, Rechtsstaatlichkeit, Menschenrechten und anderen gemeinsamen Grundrechten. Sanktionen gegen einen Mitgliedstaat, der diese Grundrechte schwer und anhaltend missachtet oder verletzt, sind erstmals möglich. Diskriminierungen aus Gründen des Geschlechts, der Rasse, der Ethnik, der Religion, der Weltanschauung, der Behinderung, des Alters oder der Sexualität sind verboten, die Gleichstellung von Männern und Frauen, Verbraucher- und Gesundheitsschutz, multikulturelle Vielfalt, Sport, Umwelt u. a. sollen gefördert werden. Die bürgernahe Anwendung der Grundsätze der Subsidiarität und der Verhältnismäßigkeit regelt ein Protokoll.

Im Gemeinschaftsrecht verankert werden sozial- und beschäftigungspolitische Komponenten. Integriert ist das »**Sozialprotokoll**«, das – anders als im Maastrichter Vertrag – künftig einen Minimalstandard für alle EU-Mitgliedstaaten setzen soll. Das neu eingefügte Beschäftigungskapitel enthält begrenzte Rahmenrichtlinien für die Koordinierung der Beschäftigungs- und Arbeitsmarktpolitik sowie ihre Umsetzung in den Mitgliedstaaten.

Das **Europäische Parlament** (EP), dessen Mitgliederzahl auf 700 Sitze begrenzt wird, ist an Rechtsetzungsverfahren künftig dreifach beteiligt: durch Zustimmung oder Mitentscheidung oder Anhörung. Beschließt der Rat mit qualifizierter Mehrheit, hat das EP ein Mitentscheidungsrecht, darunter in 23 neuen Anwendungsfällen. Die Ernennung des Kommissionspräsidenten, der ein stärkeres Führungsprofil erhält, erfordert die Zustimmung des EP. Ihm obliegt das Recht, nach Anhörung der Kommission und mit Zustimmung des Rates ein Statut zu erlassen, das die Rechte und Pflichten der Abgeordneten festlegt. Sanktionen bei Verletzung von Grundrechten bedürfen ebenfalls der Zustimmung des EP.

Die einzelstaatlichen Parlamente in der EU erhalten bessere Möglichkeiten, sich über Vorgänge ihres Interesses zu unterrichten und sich dazu zu äußern. Ihnen sind daher die Konsultationsdokumente der Kommission und ihre Vorschläge für Gesetzgebungsakte zuzuleiten. Die Konferenz der Europa-Ausschüsse der nationalen Parlamente kann ihr zweckmäßig erscheinende Beiträge leisten, u. a. für Gesetzgebungstätigkeiten der EU.

Die auf deutsch-französische Initiative eingeführte **Flexibilitätsklausel** ermöglicht integrationswilligeren Mitgliedstaaten, untereinander und auf einzelnen Politikfeldern verstärkt zusammenzuarbeiten und so zur Avantgarde einer vertieften Integration in der EU zu werden. Damit wird verhindert, dass integrationsunwillige Mitgliedstaaten die verstärkte Zusammenarbeit innerhalb der EU lähmen oder gar blockieren.

Der Vertrag von Amsterdam (AV) ist nach der Einheitlichen Europäischen Akte (30.1. → 1. 7. 1987) und dem Maastrichter Vertrag (39.2. → 7. 2. 1992) das **dritte** große Reformpaket des europäischen Einigungswerks (Maastricht II).

Der Amsterdamer Vertrag tritt am 1. 5. 1999 in Kraft. Deutschland hatte ihm als erstes Land der EU mit Gesetz vom 8. 4. 1998 zugestimmt.

11. November In einem Grundsatzurteil erklärt der Europäische Gerichtshof (EuGH) die Einführung einer **Frauenquote** im öffentlichen Dienst europaweit für zulässig. Allerdings dürften Frauen bei gleicher Qualifikation nur dann bevorzugt werden, wenn alle männlichen und weiblichen Bewerber einzeln objektiv beurteilt und Männer nicht von vornherein benachteiligt würden.

Ein Lehrer hatte gegen die beamtenrechtliche Quotenregelung im Bundesland Nordrhein-Westfalen geklagt, wonach Kandidatinnen bei gleicher Eignung, Befähigung und Leistung bevorzugt zu befördern seien, wenn im betroffenen Amtsbereich weniger Frauen als Männer beschäftigt sind.

20./21. November Der EU-Arbeitsmarktgipfel in Luxemburg beschließt Leitlinien für die einzelstaatliche **Beschäftigungspolitik.** Danach müssen die Mitgliedstaaten jährlich »nationale Aktionspläne« vorlegen und über Fortschritte bei der Bekämpfung der Arbeitslosigkeit berichten, vor allem der Jugend- und Langzeitarbeitslosigkeit.

12./13. Dezember **EU-Osterweiterung:** Auf ihrem Gipfeltreffen in Luxemburg beschließt die EU, mit Estland, Polen, Slowenien, Tschechien, Ungarn und Zypern bilaterale Beitrittsverhandlungen aufzunehmen. Bulgarien, Lettland, Litauen, die Slowakei und Rumänien gehören zur zweiten Gruppe von Staaten, die längerfristig als Anwärter für die Mitgliedschaft gelten.

Die Türkei bricht den Dialog mit der EU ab, da sie nicht zu den berücksichtigten Beitrittskandidaten zählt. Darüber enttäuscht, lehnt sie es trotz Einladung ab, an der vorgesehenen Europa-Konferenz der EU-Staaten mit den elf Bewerberländern der ersten und zweiten Gruppe teilzunehmen.

Die erste Europa-Konferenz endet am 12. 3. 1998 in London ohne Beteiligung der Türkei. Das Forum, das jährlich einmal tagt, bekennt sich zur Vertiefung der europäischen Zusammenarbeit und setzt eine Expertengruppe zur Bekämpfung der internationalen organisierten Kriminalität ein.

<u>1998</u>

2./3. Mai   Die Staats- und Regierungschefs beschließen in Brüssel, den **Euro** in elf von 15 EU- Mitgliedstaaten zum 1. 1. 1999 einzuführen: in Belgien, Deutschland, Finnland, Frankreich, Irland, Italien, in Luxemburg, den Niederlanden, in Österreich, Portugal und Spanien. An der Europäischen Währungsunion (EWU) nehmen als Pre-Ins noch nicht teil: Dänemark, Großbritannien und Schweden, die sich vorbehalten hatten, später zu entscheiden, ob und wann sie dem »Euroland« beitreten, ferner Griechenland, das die Eintrittsbedingungen nicht erfüllt hatte.

Streitigkeiten darüber, wer die von politischen Weisungen unabhängige Europäische Zentralbank (EZB) in Frankfurt a. M. leiten solle, überschatten den EU-Gipfel, der wiederholt zu scheitern droht. Frankreichs Staatspräsident Jacques Chirac setzt durch, dass der nominierte Niederländer Wim Duisenberg, bereits Chef des EWI, erster Präsident der EZB werden, aber vor Ablauf seiner achtjährigen Amtszeit – vermutlich zum 1. 7. 2002 – vom französischen Nationalbankgouverneur Jean-Claude Trichet abgelöst werden solle. Duisenberg betont, dass er seine volle Amtszeit nicht ableisten wolle, aber nur freiwillig und nicht unter Druck vorzeitig zurücktreten werde.

Um sich für den Euro zu qualifizieren, mussten die EU-Staaten die Maastrichter Konvergenzkriterien im Referenzjahr 1997 erfüllen: 1. **Preisstabilität**: Die Inflationsrate darf nicht höher sein als 1,5 Prozent über dem Durchschnittswert der drei preisstabilsten Mitgliedstaaten. 2. **Haushaltsdisziplin und Schuldenstopp**: Das jährliche Defizit aller öffentlichen Kassen darf drei Prozent des Bruttoinlandsprodukts (BIP) nicht überschreiten; die bestehende Staatsverschuldung soll unter 60 Prozent des BIP als Referenzwert liegen. Belgien und Italien, mit 122,2 Prozent und 121,6 Prozent hochverschuldet, sagen zu, ihre Staatsschulden langfristig abzubauen. 3. **Währungsstabilität**: Wechselkursschwankungen müssen sich seit mindestens zwei Jahren innerhalb der Bandbreite des Europäischen Währungssystems (23.2. → 13. 3. 1979) bewegt haben. 4. **Kapitalmarkt**: Der langfristige Nominalzins darf nicht mehr als zwei Prozent über dem Durchschnitt der drei preisstabilsten Länder liegen.

Deutschland hatte 1997 die Maastricht-Kriterien erfüllt: bei der Inflationsrate mit 1,4 Prozent (Referenzwert: 2,7 Prozent), beim langfristigen Zinssatz mit 5,6 Prozent (Referenzwert: 7,8 Prozent), beim Staatsdefizit mit 2,7 Prozent des BIP (Referenzwert: drei Prozent), die Kriterien jedoch bei der Staatsverschuldung mit 61,3 Prozent des BIP knapp verfehlt (Referenzwert: 60,0 Prozent).

Der Bundestag hatte am 23. 4. 1998 mit der überwältigenden Mehrheit von 93 Prozent der abgegebenen Stimmen die Einführung der neuen europäischen Währung zum 1. 1. 1999 gebilligt. Die rechtlichen Voraussetzungen dafür schafft das Euro-Einführungsgesetz vom 9. 6. 1998.

39.3. Ostpolitik: Deutschland als Nachbar und Partner 1990 – 1998

1990

9. Oktober	Bundesfinanzminister Theo Waigel und der sowjetische Botschafter Wladislaw P. Terechow unterzeichnen den **Überleitungsvertrag**. Mit diesem ersten völkerrechtlichen Abkommen zwischen dem vereinten Deutschland und der Sowjetunion werden ca. zwölf Milliarden DM zur Finanzierung des befristeten Aufenthalts der sowjetischen Truppen und ihres planmäßigen Abzugs bis spätestens Ende 1994 aus der ehemaligen DDR und Ost-Berlin bereitgestellt: für den zivilen Wohnungsbau im europäischen Teil der Sowjetunion (7,8 Milliarden DM), für einen Überleitungsfonds (drei Milliarden DM), für Transportkosten (eine Milliarde DM), für Umschulungen und Ausbildung (200 Millionen DM), für den sowjetischen Anteil der Aufenthaltskosten ein zinsloser fünfjähriger Kredit (drei Milliarden DM). Für Finanzrahmen und Kredit entstehen Kosten von ca. 13,5 Milliarden DM. – Die Sowjetisch-Deutsche Aktiengesellschaft Wismut wird zum 1. 1. 1991 liquidiert.
12. Oktober	**Stationierungsvertrag**: Außenminister Genscher und der sowjetische Botschafter Terechow unterschreiben in Bonn den Vertrag über die Bedingungen des befristeten Aufenthalts und die Modalitäten des planmäßigen Abzugs der sowjetischen Truppen aus dem Gebiet der BRD. Danach kehren die sowjetischen Streitkräfte in den fünf neuen Bundesländern und in Berlin (ca. 380 000 Mann) zusammen mit ihren Familienangehörigen bis Ende 1994 in ihre Heimat zurück. Sie ziehen in ganzen Einheiten mit ihrer Ausrüstung ab. Militärische Übungen dürfen nicht mehr außerhalb der sowjetischen Liegenschaften und nur noch unterhalb der Divisionsstärke stattfinden. Geregelt werden die Nutzung des Luftraums, der Liegenschaften und der Verkehrseinrichtungen; andere Details betreffen das Gesundheits-, Post- und Fernmeldewesen, den Umweltschutz, Zoll- und Steuervergünstigungen, Gerichtsbarkeit, Rechts- und Verwaltungshilfe sowie die Beschäftigungsverhältnisse. Eine gemischte deutsch-sowjetische Kommission legt eventuelle Meinungsverschiedenheiten bei. – Der Vertrag tritt am 6. 5. 1991 in Kraft.
9. November	**Deutsch-sowjetischer Partnerschaftsvertrag**: Präsident Gorbatschow und Bundeskanzler Kohl vereinbaren in Bonn am ersten Jahrestag der Maueröffnung den Vertrag über gute Nachbarschaft, Partner-

schaft und Zusammenarbeit. Dieser 20 Jahre gültige »Generalvertrag« beendet die »Epoche der Konfrontation« (Gorbatschow) und leitet eine neue Ära in den bilateralen Beziehungen ein.

Die Vertragspartner achten die territoriale Integrität aller Staaten in Europa, haben keine Gebietsansprüche gegen irgendjemand, auch nicht künftig, und betrachten die Grenzen aller Staaten in Europa als unverletzlich. Sie enthalten sich der Androhung oder Anwendung von Gewalt im Sinne der UN-Charta und KSZE-Schlussakte, sie lösen ihre Streitigkeiten ausschließlich friedlich und verpflichten sich zum »Nichtangriff«, d. h., sie werden »niemals und unter keinen Umständen als erste Streitkräfte gegeneinander oder gegen dritte Staaten einsetzen«. Streitkräfte und Rüstungen sollen reduziert, die KSZE-Ziele unterstützt, gestärkt und weiterentwickelt werden. Konsultationen auf höchster und Ministerebene dienen dazu, die bilateralen Beziehungen zu vertiefen und internationale Streitfragen abzuklären, ggf. auch im Konfliktfall. Die deutsch-sowjetische Zusammenarbeit ist zu intensivieren und auszugestalten, vor allem in den Bereichen Wirtschaft, Industrie, Wissenschaft, Technik, Umweltschutz, Kultur, zwischenmenschliche und Gruppenkontakte, Medien, Rechtshilfe, Denkmal- und Kriegsgräberpflege und internationale Beziehungen. Die nationale, sprachliche und kulturelle Identität der Sowjetbürger deutscher Abstammung ist zu erhalten. Verschollene oder unrechtmäßig verbrachte Kunstschätze sind an den Eigentümer oder seinen Rechtsnachfolger zurückzugeben. Die auf deutschem Boden errichteten sowjetischen Denkmäler und Kriegsgräber sind zu schützen. Der Vertrag enthält abschließend eine Nichtberührungs- und eine Ratifikationsklausel. – Er tritt am 5. 7. 1991 in Kraft.

Am gleichen Tag werden unterzeichnet: der Vertrag über die Entwicklung einer umfassenden Zusammenarbeit auf dem Gebiet der Wirtschaft, Industrie, Wissenschaft und Technik (in Kraft am 26. 7. 1991) sowie das Abkommen über die Zusammenarbeit auf dem Gebiet des Arbeits- und Sozialwesens (in Kraft am 9. 11. 1990).

14. November   Die Außenminister Deutschlands und Polens, Hans-Dietrich Genscher und Krzysztof Skubiszewski, unterzeichnen in Warschau ein **Grenzabkommen**. Wie im 2+4-Vertrag vereinbart (36.2. → 12. 9. 1990), bestätigen die Vertragsparteien die zwischen ihnen bestehende Grenze an Oder und Lausitzer Neiße. Sie erklären, dass diese Grenze jetzt und künftig unverletzlich ist, dass sie gegeneinander keinerlei Gebietsansprüche haben und auch in Zukunft nicht erheben werden. Damit ist die Oder-Neiße-Grenze völkerrechtlich definitiv anerkannt.

Der Vertrag, der am 16. 1. 1992 in Kraft tritt, nimmt Bezug auf bilaterale Abkommen Polens mit der DDR (Görlitzer Vertrag vom 6. 7. 1950 nebst Rechtsakt vom 27. 1. 1951: 7.2. → 6. 7. 1950; Vertrag

vom 22. 5. 1989 über die Oder-Bucht: 30.3. → 22. 5. 1989) und mit
der BRD (Warschauer Vertrag vom 7. 12. 1970 : 23.1. → 7. 12. 1970).

7. Dezember **»Russlandhilfe«**: Während die Perestroika Gorbatschows in politische Turbulenzen und Versorgungskrisen gerät, beginnt der Ab-
transport der Berliner Nahrungsmittelreserve (Notvorräte) nach
Moskau mit zunächst sowjetischen, später auch deutschen Flug-
zeugen.
Kohl und Gorbatschow hatten die Schirmherrschaft über die
»Russlandhilfe« übernommen. Karitative Einrichtungen und private Initiativen organisieren die bisher größte Hilfsaktion in der
Geschichte der BRD. Die umfangreichen Lebensmittel- und sonstigen Versorgungslieferungen werden aus privaten Spenden finanziert, teilweise auch gesammelt.
Eduard Schewardnadse tritt am 20. 12. 1990 als sowjetischer Außenminister zurück; er begründet dies mit der drohenden Gefahr
einer »Diktatur« und Angriffen der Militärs und »reaktionärer
Kreise«. Damit verliert Gorbatschow, der seine Präsidialrechte
ausbauen kann, seinen wichtigsten Vertrauten und den Architek-
ten der außenpolitischen Perestroika.

1991

17. Juni Deutschland und **Polen** schließen in Bonn den Vertrag über gute
Nachbarschaft und freundschaftliche Zusammenarbeit ab. Oberstes Ziel ihrer Politik ist es, den Frieden zu wahren und Krieg zu
verhindern. Sie achten gegenseitig ihre souveräne Gleichheit, ihre
territoriale Integrität, ihre Grenzen und ihre Unabhängigkeit. Regelmäßige Konsultationen, auch der Regierungschefs, sollen die bilateralen Beziehungen fördern. Die BRD unterstützt die »Perspektive eines Beitritts« Polens zur EG und den Aufbau einer sozialen
Marktwirtschaft. Minderheiten können nach internationalen Stan-
dards »ihre ethnische, kulturelle, sprachliche und religiöse Identität« frei entfalten. Eine freundschaftliche Zusammenarbeit wird
in vielen Bereichen vereinbart: Wirtschaft, Technik, Wissenschaft,
Finanz- und Kreditfragen, Bildung, Kultur, Fremden- bzw. Reiseverkehr, Medien, persönliche Begegnungen, Rückführung von
Kulturgütern, Gräberpflege, Rechtshilfe u. a. m.
Im Briefwechsel über die Minderheitenprobleme stellt die polnische Regierung klar, dass es ihr derzeit nicht möglich sei, offizielle
topographische Bezeichnungen in den traditionellen Siedlungsge-
bieten der deutschen Minderheit auch in deutscher Sprache zuzulassen.
Zum Vertrag, der sich weder mit Fragen der Staatsangehörigkeit
noch mit Vermögensfragen befasst, gehören das Abkommen über
das Deutsch-Polnische Jugendwerk, die Vereinbarung über die Bildung des gemeinsamen Umweltrats und der Notenwechsel zur Er-

richtung einer deutsch-polnischen Regierungskommission für regionale und grenznahe Zusammenarbeit.
Der Vertrag tritt mit dem Grenzabkommen vom → 14. 11. 1990 am 16. 1. 1992 in Kraft.

28. August   Deutschland nimmt die diplomatischen Beziehungen mit den drei **baltischen Staaten** wieder auf. Dies hatten Genscher und die Außenminister Algirdas Saudargas (Litauen), Janis Jurkans (Lettland) und Lennart Meri (Estland) am 27. 8. 1991 in Bonn vereinbart.
Die Republik Litauen hatte ihre Unabhängigkeit am 11. 3. 1990 ausgerufen; am 30. 3. 1990 folgte Estland, am 4. 5. 1990 Lettland. Die einseitigen Unabhängigkeitserklärungen der drei baltischen Staaten, die von der Sowjetunion im Juli/August 1940 als Unionsrepubliken förmlich annektiert worden waren, lösten zunächst Disziplinierungsmaßnahmen (z. B. Energieboykott) und schließlich auch militärische Übergriffe Moskaus aus, u. a. am 13. 1. 1991 in Wilna (»Blutiger Sonntag«). Erst nach dem gescheiterten Putsch reformfeindlicher Kommunisten in der Sowjetunion (19.–22. 8. 1991) ist der Staatsrat als neues Führungsorgan unter Leitung Gorbatschows am 6. 9. 1991 bereit, die Unabhängigkeit Litauens, Estlands und Lettlands anzuerkennen.

9. Oktober   Deutschland und **Bulgarien** schließen in Sofia den Vertrag über freundschaftliche Zusammenarbeit und Partnerschaft in Europa ab. Die Vertragspartner streben Konsultationen auf allen Ebenen und eine verstärkte Kooperation in vielen Bereichen an. Sie befürworten, dass Bulgarien enger als bisher in die europäische Entwicklung eingebunden wird, zunächst über ein Assoziierungsabkommen mit der EG.

19. Dezember   Die Bundesregierung beschließt, **Slowenien und Kroatien** mit Wirkung vom 23. 12. 1991 anzuerkennen. – Bundeskanzler Kohl hatte dem kroatischen Präsidenten Franjo Tudjman während dessen Besuch in Bonn am 5. 12. 1991 versichert, die BRD werde diesen völkerrechtlichen Schritt noch vor Weihnachten vollziehen. – In Kroatien war zuvor ein Gesetz über den Minderheitenschutz mit Verfassungsrang verabschiedet und damit eine wichtige Forderung der EG erfüllt worden. Ihre Außenminister hatten am 16. 12. 1991 in Brüssel »Richtlinien für die Anerkennung neuer Staaten in Osteuropa und in der Sowjetunion« verabschiedet.
Hintergrund: Nach Konflikten mit der serbisch dominierten Zentralregierung Jugoslawiens in Belgrad hatten die nördlichen Teilrepubliken Slowenien und Kroatien am 25. 6. 1991 ihren Austritt aus dem Vielvölkerstaat und ihre Unabhängigkeit erklärt. Der bisher latente Bürgerkrieg brach offen aus, die Bundesarmee griff die »abtrünnigen« Republiken an. Mehrere Versuche der EG, Frieden zu stiften oder einen Waffenstillstand zu vermitteln, scheiterten. So setzte sich in der EG unter deutschem Einfluss der Standpunkt

durch, dass die Einheit Jugoslawiens nicht mit Waffengewalt und auch nicht gegen das Selbstbestimmungsrecht der Völker aufrechterhalten werden könne. Deutschland hatte bei diesem Gesinnungswandel die Vorreiterrolle gespielt – unterstützt von Frankreich, aber auch kritisiert von anderen EG-Partnern.

25. Dezember **Selbstauflösung der Sowjetunion**: Gorbatschow tritt als sowjetischer Präsident und als Oberbefehlshaber der Streitkräfte zurück. Damit hört die 1922 gegründete UdSSR als Subjekt des Völkerrechts auf zu existieren (offiziell zum 31. 12. 1991).
Hintergrund: Vor der geplanten Unterzeichnung eines neuen Unionsvertrags hatte am 19. 8. 1991 ein reformfeindliches »Notstandskomitee«, dem u. a. Vizepräsident Gennadij Janajew, Ministerpräsident Valentin Pawlow, Innenminister Boris Pugo, Verteidigungsminister Dimitrij Jasow und Geheimdienstchef Wladimir Krjutschkow angehörten, gegen Gorbatschow geputscht. Der Radikalreformer Boris Jelzin, seit 12. 6. 1991 der erste frei gewählte Präsident Russlands, organisierte den Widerstand gegen den »rechtsreaktionären Staatsstreich«, der am 22. 8. 1991 endgültig zusammenbrach. Im russischen Parlament unterzeichnete Jelzin am 23. 8. in Anwesenheit Gorbatschows ein Dekret, das in Russland alle Aktivitäten der KPdSU verbot.
Russland, die Ukraine und Weißrussland (Belarus) gründeten am 8. 12. 1991 bei Brest einen neuen Staatenbund als »**Gemeinschaft Unabhängiger Staaten**« (GUS). Ihr traten am 21. 12. 1991 in Alma Ata (Kasachstan) Armenien, Aserbaidschan, Kasachstan, Kirgisien, Moldawien, Tadschikistan, Turkmenistan und Usbekistan bei – außer den drei baltischen Staaten und Georgien somit alle elf ehemaligen Unionsrepubliken. Sie erklärten die bisherige Sowjetunion für aufgelöst und Gorbatschow als Präsident für abgesetzt.

26. Dezember Deutschland nimmt diplomatische Beziehungen mit **Russland** (Russische Föderation) auf und erkennt die **Ukraine** an; mit ihr werden diplomatische Beziehungen am 17. 1. 1992 aufgenommen.

31. Dezember Nach Auflösung der Sowjetunion erkennt Deutschland völkerrechtlich als **Nachfolgestaaten** an (Klammerdatum: Aufnahme der diplomatischen Beziehungen): Armenien (31. 1. 1992); Aserbaidschan (20. 3. 1992); Kasachstan (11. 2. 1992); Moldawien (30. 4. 1992); Turkmenistan (6. 3. 1992); Usbekistan (6. 3. 1992); Weißrussland (13. 3. 1992).
Anerkannt werden ferner am 13. 1. 1992 Kirgisien (3. 2. 1992), am 16. 1. 1992 Tadschikistan (28. 2. 1992) und am 23. 3. 1992 Georgien (13. 4 1992).

1992

15. Januar Die BRD nimmt offiziell diplomatische Beziehungen mit **Slowenien und Kroatien** auf. Zeitgleich setzen auch alle übrigen EG-

Staaten den Beschluss um, Slowenien und Kroatien völkerrechtlich anzuerkennen.

6. Februar   Der **deutsch-ungarische Vertrag** über freundschaftliche Zusammenarbeit und Partnerschaft in Europa wird in Budapest unterzeichnet. Er fördert die bilateralen Beziehungen auf allen Gebieten mit der Perspektive, dass Ungarn nach einer Phase der Assoziierung der EG beitritt. Die BRD unterstützt Ungarn beim marktwirtschaftlichen Umgestaltungsprozess. Neben der wirtschaftlichen, finanziellen, wissenschaftlichen, regionalen und sonstigen Zusammenarbeit werden auch Status und Rechte der deutschen Minderheit in Ungarn geregelt.

In seiner letzten Rede im Bundestag am 6. 5. 1992 bezeichnet Außenminister Genscher die Partnerschaftsverträge mit osteuropäischen Staaten als »Elemente der gesamteuropäischen Architektur«. Der im Bundestag am 20. 5. 1992 einstimmig verabschiedete Vertrag tritt am 17. 9. 1992 in Kraft.

27. Februar   **ČSFR-Nachbarschaftsvertrag**: Bundeskanzler Kohl und Staatspräsident Vacláv Havel schließen in Prag den Vertrag zwischen der BRD und der Tschechischen und Slowakischen Föderativen Republik (ČSFR) über gute Nachbarschaft und freundschaftliche Zusammenarbeit ab. In der Präambel wird u. a. der Opfer von »Gewaltherrschaft, Krieg und Vertreibung« gedacht und die Nichtigkeit des Münchner Abkommens im Sinne des Prager Vertrags (23.1. → 11. 12. 1973) bestätigt.

Beide Staaten streben eine umfassende friedliche und partnerschaftliche Kooperation auf allen Gebieten an. Sie respektieren gegenseitig ihre souveräne Gleichheit, ihre territoriale Integrität, die Unantastbarkeit ihrer Grenzen, ihre politische Unabhängigkeit und den Grundsatz der Nichteinmischung in die inneren Angelegenheiten. Die BRD unterstützt die Entwicklung der sozialen Marktwirtschaft in der ČSFR und langfristig ihre Bemühungen um eine volle Eingliederung in die Europäischen Gemeinschaften nach der Phase der Assoziierung. Es finden regelmäßig Konsultationen statt, auch der Regierungschefs. Die Existenz einer deutschen Minderheit in der ČSFR wird anerkannt, ihr Status nach europäischem Standard geregelt, eine Schiedsstelle errichtet.

Gemäß Briefwechsel der Außenminister befasst sich der Vertrag nicht mit Vermögensfragen. Die Perspektive der vollen Eingliederung der ČSFR in die EG werde es zunehmend ermöglichen, dass sich auch Bürger der BRD in der ČSFR niederlassen können.

Der Bundestag verabschiedet den Vertrag am 20. 5. 1992 mehrheitlich mit einer von der CSU vorgeschlagenen Resolution. Darin wird der Nachbarschaftsvertrag gewürdigt, aber die Hoffnung geäußert, dass die ČSFR den Sudetendeutschen in der Frage ihrer Rechte entgegenkomme.

In der Bundesratssitzung am 26. 6. 1992 lehnt Bayern den Vertrag ab, da es als »Schirmland der Sudetendeutschen« deren Interessen wahrnehme, u. a. ihr Heimatrecht und ihre Vermögensansprüche. Der Vertrag tritt am 14. 9. 1992 in Kraft.
Am 1. 1. 1993 löst sich die bisherige ČSFR friedlich in zwei unabhängige Staaten auf: die Tschechische Republik (**Tschechien**) und die Slowakische Republik (**Slowakei**).

6. April   Die BRD beschließt in Absprache mit der EG und den USA, **Bosnien-Herzegowina** mit Wirkung vom 7. 4. 1992 als unabhängigen Staat anzuerkennen. Am 15. 4. 1993 erkennt die BRD auch **Mazedonien** völkerrechtlich an.
Der Bürgerkrieg im ehemaligen Jugoslawien hatte sich mittlerweile immer mehr von Kroatien nach Bosnien-Herzegowina verlagert. Dort stellen Moslems ca. 40 – 44 Prozent, Serben ca. 31 – 32 Prozent und Kroaten ca. 17 – 18 Prozent der Bevölkerung.

21. April   Deutschland und **Rumänien** schließen in Bukarest den Vertrag über freundschaftliche Zusammenarbeit und Partnerschaft in Europa. Vorgesehen sind Konsultationen auf allen Ebenen und umfassende Kooperation in vielen Bereichen, z. B. Wirtschaft, Technik, Umwelt, Wissenschaft, Jugendaustausch, Kultur, Verkehr. Rumänien soll an die EG herangeführt werden. Die Rechte der deutschen Minderheit in Rumänien sind geschützt.

24. September Mit Rumänien wird das erste **Rückübernahmeabkommen** vereinbart. Danach können rumänische Staatsangehörige, u. a. Sinti und Roma, nach illegaler Einreise in Deutschland oder als abgelehnte Asylbewerber direkt auf dem Luftweg in ihre Heimat zurückgeführt werden. (38.2. → 1. 7. 1993)
Deutschland und Kroatien schließen am 25. 4. 1994 ein allgemeines Rückübernahmeabkommen; es gilt auch für ehemalige Bürgerkriegsflüchtlinge.

1993

7. Mai   **Erstes Asylabkommen**: Deutschland und Polen vereinbaren, bei den Auswirkungen von Wanderungsbewegungen zusammenzuarbeiten. Danach beteiligt sich die BRD an den Kosten, die Polen durch die Reform des Asylgrundrechts (38.2 → 1. 7. 1993) entstehen. Es handelt sich vor allem um finanzielle Hilfen: für die technische Sicherung der Grenze, für den Aufbau einer Infrastruktur zur Durchführung von Asylverfahren, für Maßnahmen zur verstärkten Rückübernahme abgewiesener Asylbewerber.

1994

31. August   Die letzten Einheiten der Westgruppe der **russischen** (früher: sowjetischen) **Streitkräfte** verlassen termingerecht Deutschland. Sie werden von Präsident Jelzin und Bundeskanzler Kohl mit einer fei-

Abzug der 47. Panzergardedivision aus Hillersleben am 6. April 1994. → 31. August 1994

erlichen Zeremonie in Berlin verabschiedet. Damit sind planmäßig ca. 380 000 Soldaten nebst 210 000 Zivilpersonen aus dem Gebiet der ehemaligen DDR und Ost-Berlin abgezogen worden.

In einer Gemeinsamen Erklärung vom 16. 12. 1992 in Moskau hatten Jelzin und Kohl vereinbart, den Abschluss des Truppenabzugs vom 31. 12. 1994 auf den 31. 8. 1994 vorzuverlegen; Russland erhielt zusätzlich 550 Millionen DM als Wiedereingliederungshilfe und Zusagen für günstigere Umschuldungsbedingungen (→ 9. 10. und 12. 10. 1990). Kohl bestätigte ferner seine Bereitschaft, Russland, Weißrussland und der Ukraine eine Milliarde DM zur humanitären Wiedergutmachung von NS-Unrecht in besonderen Härtefällen zur Verfügung zu stellen.

Zur Verabschiedung der Westalliierten: 39.1. → 8. 9. 1994.

1995

20. Januar   In einer einstimmig verabschiedeten Resolution kritisiert der Bundestag den russischen Militäreinsatz in **Tschetschenien** als »schwere Verletzung« von OSZE- bzw. KSZE-Regeln sowie als »Missachtung von Menschenrechten«. Er fordert zu einer politischen Lösung des Konflikts auf. »Deutschland will Partner und Freund Russlands bleiben.«

Die Kaukasusrepublik Tschetschenien, die sich im August 1991 für unabhängig erklärt hatte, war am 11. 12. 1994 von russischen Truppen angegriffen worden. Die größte Militäraktion seit der Intervention in Afghanistan (36.1. → 15. 2. 1989) richtete sich auch gegen zivile Ziele, vor allem in der Hauptstadt Grosny. Präsident Jelzin rechtfertigte den Militäreinsatz damit, dass die Einheit Russlands gefährdet sei, es sich folglich um eine innere Angelegenheit handele, die jede Einmischung von außen verbiete.

Am 31. 8. 1996 unterzeichnen Alexander Lebed, Sicherheitsberater Jelzins und Tschetschenien-Beauftragter, sowie Aslan Maschadow, tschetschenischer Militärchef, ein Friedensabkommen. Es beendet den Krieg formell, lässt jedoch den politischen Status der Kaukasusrepublik vorerst offen.

28. April Bundestag und Bundesrat gedenken in einer Sondersitzung des Kriegsendes vor 50 Jahren. Hauptredner ist der polnische Außenminister Wladyslaw **Bartoszewski**. Als Protagonist der deutsch-polnischen Aussöhnung kommt er auch auf die Vertreibung zu sprechen: Bartoszewski erinnert daran, dass der Zweite Weltkrieg am 1. 9. 1939 mit der Aggression des Dritten Reiches gegen Polen begann, und er verschweigt als Angehöriger eines Volkes, das vom Krieg besonders heimgesucht wurde, nicht die »Tragödie der Zwangsumsiedlungen« und die »damit verbundenen Gewalttaten und Verbrechen«. Er beklagt »das individuelle Schicksal und die Leiden von unschuldigen Deutschen, die von den Kriegsfolgen betroffen wurden und ihre Heimat verloren haben«. Aufgrund seiner persönlichen Lebensgeschichte – er war im KZ Auschwitz inhaftiert und wurde später von den Kommunisten verfolgt – fühlt sich Bartoszewski mit den »Opfern von Aggression und Gewalt, mit den Opfern von Unterdrückung und Verbrechen« verbunden, stellt aber zugleich klar: »Ich kann nicht in einem Atemzug Opfer und Täter nennen oder auch jene, die das Böse passiv akzeptiert haben.«

Mit der Einladung an Bartoszewski, in der Sondersitzung die Hauptrede zu halten, war eine Kontroverse darüber beigelegt worden, wie Polen an den Gedenkfeiern zum Kriegsende beteiligt werden solle. (39.1. → 6–8. 5. 1995)

9. Mai Abschluss der Gedenkfeiern zum 50. Jahrestag des Kriegsendes in **Moskau**. Auf Einladung des russischen Präsidenten Boris Jelzin beteiligen sich als Repräsentanten der ehemaligen Anti-Hitler-Koalition US-Präsident Clinton, Premierminister Major und Präsident Mitterrand, als Vertreter des geeinten Deutschlands Bundeskanzler Kohl und Außenminister Kinkel.

Auf dem Staatsbankett im Kremlpalast bekennt sich Kohl zur deutschen Kriegsschuld und zur historischen Verantwortung: »Das nationalsozialistische Regime in Deutschland hat den Zweiten Weltkrieg entfesselt. Es hat den Vernichtungsfeldzug – zuerst gegen

Polen – und dann den Völkermord an den europäischen Juden geplant und begangen.« Er beklagt das millionenfache Unglück, das der Krieg über Völker, Menschen, Soldaten, auch Vertriebene und Flüchtlinge, besonders im eigenen Land, brachte.

1997

21. Januar

Nach zweijährigen Verhandlungen unterzeichnen Bundeskanzler Kohl und Ministerpräsident Vacláv Klaus in Prag die **deutsch-tschechische Aussöhnungserklärung.** Im Geiste des Nachbarschaftsvertrages (→ 27. 2. 1992) sollen die beiderseitigen Beziehungen freundschaftlich weiterentwickelt werden. Die deutsche Seite bekennt sich dazu, dass Deutschland für die historische Entwicklung, die über das Münchner Abkommen (1938) zur Zerschlagung und Besetzung der Tschechoslowakei führte, verantwortlich ist, und bedauert das Leid und das Unrecht, die das tschechische Volk durch die NS-Gewaltpolitik erlitt. Diese gilt als mitursächlich für die Nachkriegsfolgen. Die tschechische Seite bedauert, dass durch die Vertreibung und zwangsweise Aussiedlung der Sudetendeutschen, ihre Enteignung und Ausbürgerung »unschuldigen Menschen viel Leid und Unrecht« angetan wurde, auch aufgrund kollektiver Schuldzuweisung. Bedauert werden vor allem die

Bundeskanzler Helmut Kohl und der tschechische Ministerpräsident Václav Klaus unterzeichnen am → 21. 1. 1997 in Prag die deutsch-tschechische Aussöhnungserklärung.

Vertreibungsexzesse und das Gesetz vom 8. 5. 1946, das sie amnestierte. Beide Staaten wollen ihre Beziehungen nicht durch politische und rechtliche Probleme belasten, die aus der Vergangenheit herrühren, sie respektieren aber die »andere Rechtsauffassung«, die die deutsche bzw. tschechische Seite vertritt, z. B. in der Vermögensfrage.

Der gemeinsam errichtete »Zukunftsfonds« soll Projekte gemeinsamen Interesses (Jugendaustausch, Alten- und Gesundheitsfürsorge, Minderheitenförderung, Pflege von Baudenkmälern und Grabstätten, Sprachunterricht, grenzüberschreitende Zusammenarbeit u. a.) finanzieren, vor allem NS-Opfern zugute kommen. Aus dem Fonds sind auch Partnerschaftsprojekte zu fördern: die Erforschung der Beziehungen zwischen Deutschen und Tschechen, die Arbeit der gemischten Historikerkommission und die Einrichtung eines Gesprächsforums zur Pflege des deutsch-tschechischen Dialogs.

Laut Kohl soll die Erklärung helfen, »gemeinsam den Teufelskreis gegenseitiger Aufrechnung und Schuldzuweisung« zu durchbrechen, und zur »Aussöhnung« beitragen. Für den Fraktionsvorsitzenden der SPD im Bundestag, Rudolf Scharping, ist die Erklärung der »Endpunkt« des Aussöhnungsprozesses, den Willy Brandt mit den östlichen Nachbarn eingeleitet hatte.

40. Wirtschaft, Steuern und Sozialpolitik in Deutschland

40.1. Wirtschaft, deutsche Einheit und Finanzen 1990 – 1998

1990

26. Juni

Das **DDR-Investitionsgesetz** baut steuerliche Hemmnisse zur Förderung privater Investitionen in der DDR und Ost-Berlin ab. So besteht die Möglichkeit, steuerfreie Rücklagen zu bilden, wenn Wirtschaftsgüter transferiert werden und Anlaufverluste entstehen. Verluste aus Betriebsstätten, freiberuflicher Tätigkeit sowie Vermietung und Verpachtung in der DDR sind bei der Besteuerung zu berücksichtigen.

Das ERP-Wirtschaftsplangesetz vom 13. 12. 1990 (in Kraft ab 1. 1. 1991) stellt zinsverbilligte Kredite zur Förderung von Investitionen im Gebiet der ehemaligen DDR und in Ost-Berlin bereit. Die Fördermittel werden in den ERP-Wirtschaftsplangesetzen 1992 und 1993 aufgestockt.

20. Juli   Das **novellierte Außenwirtschaftsgesetz** verschärft die Ausfuhr-
            kontrollmöglichkeiten bei Firmen, die rüstungstechnisch nutzbare
            Güter im kerntechnischen, biologischen oder chemischen Bereich
            herstellen oder vertreiben.
            Hintergrund: Deutsche Unternehmen hatten Waffen in Kriegs- und
            Krisengebiete geliefert, u. a. nach Libyen (Giftgasproduktion?), und
            den Irak aufgerüstet.

1991

28. Februar Nach monatelangen Streitigkeiten über die **Finanzkrise** in den fünf
            neuen Bundesländern einigen sich Bundeskanzler Kohl und die 16
            Ministerpräsidenten der Länder auf einen Kompromiss. Bund und
            Altländer tragen in einer gemeinsamen Solidaritätsaktion zu einer
            verbesserten Finanzausstattung der neuen Bundesländer bei, die
            rückwirkend zum 1. 1. an der Verteilung der Umsatzsteuer beteiligt
            werden. Sie erhalten zusätzliche Finanzhilfen, z. B. für den Aufbau
            von Verwaltung und Justiz oder zur Sanierung von Umweltschäden.

Umweltverschmutzung in den neuen Bundesländern: der »Silbersee« in Bitterfeld. →
28. Februar 1991

Bundeskanzler Kohl räumt ein, er habe sich mit seiner Annahme geirrt, dass Steuererhöhungen für die deutsche Einheit überflüssig seien. Um nicht den Kapitalmarkt und die Geldwertstabilität durch neue Nettokreditaufnahmen zu belasten, sei es nach den bisherigen Leistungen für die deutsche Einheit, den nicht voraussehbaren Solidaritätsbeiträgen an die Verbündeten im Golfkrieg (39.1. → 17. 1.–28. 2. 1991) und nach dem Zusammenbruch des Osthandels unvermeidlich, Steuern zu erhöhen. (→ 1. 7. 1991)

Die Vorsitzenden der Regierungsparteien, Bundeskanzler Kohl (CDU), Finanzminister Waigel (CSU) und Graf Lambsdorff (FDP), hatten noch am 6. 8. 1990 erklärt, die deutsche Einheit könne ohne Steuererhöhungen verwirklicht werden.

8. März   Die Bundesregierung verabschiedet das **Gemeinschaftswerk Aufschwung Ost**. Das umfassende Hilfsprogramm soll Arbeitslosigkeit, Wirtschaftskrise und Zahlungsschwierigkeiten in den fünf neuen Ländern und ihren Gemeinden beheben helfen: durch bauliche Investitionen (Schulen und Hochschulen, Krankenhäuser und Heime, Wohnungs- und Städtebau) und Arbeitsbeschaffungsmaßnahmen (ABM), durch den Ausbau des Verkehrsnetzes und die Förderung

Sanierungsbedürftige Häuser in Brandenburg (Mai 1991). → 8. März 1991

Städte in der DDR: Stralsund (Langenstraße) im Juni 1990.

der regionalen Wirtschaftsstruktur, durch Umweltschutzsofortmaß-
nahmen, Werfthilfen u. a. – Zu den Steuererhöhungen: → 1. 7. 1991.
Der Zusammenbruch des Osthandels war ein Grund u. a. für die
wirtschaftlichen Schwierigkeiten in den neuen Bundesländern. Am
28. 6. 1991 wird in Budapest der **Rat für gegenseitige Wirtschaftshilfe** (RGW) aufgelöst. Seine Zielsetzung, die »sozialistische ökonomische Integration« zu verwirklichen, war lange vorher gescheitert; denn die Kooperation hatte sich weitgehend darin erschöpft,
dass die Mitgliedstaaten (zuletzt Bulgarien, Kuba, Mongolei, Polen,
ČSFR, Sowjetunion, Ungarn und Vietnam) Waren untereinander
austauschten. (32.3. → 8.–10. 6. 1982 und 18. 12. 1985)

1. Juli   Die von der Bundesregierung am → 8. 3. beschlossenen und vom
Bundestag am 14. 5. 1991 verabschiedeten **Steuererhöhungen** treten in Kraft; sie sollen die Kosten der deutschen Einheit und des
alliierten Golfkriegs (39.1. → 17. 1.–28. 2. 1991) finanzieren helfen: 1. 7,5-prozentiger genereller Solidaritätszuschlag zur Lohn-,
Einkommen- und Körperschaftsteuer, befristet bis 30. 6. 1992; 2.
erhöhte Mineralölsteuer auf Benzin, Diesel, Erdgas und leichtes
Heizöl ohne zeitliche Begrenzung; 3. Anhebung der Versicherungs-
steuer und 4. Anhebung der Post- und Telefongebühren. Zum 1. 3.
1992 wird zusätzlich die Tabaksteuer erhöht.

Das Steueränderungsgesetz 1991 fördert u. a. Investitionen in Ostdeutschland durch befristete Zulagen und 50-prozentige Sonderabschreibungen für Anlagen, Betriebs- und Privatgebäude. Gleichzeitig wird die Berlin- und Zonenrandförderung stufenweise abgebaut.

1993

1. Januar Es treten vor allem folgende **Steueränderungen** in Kraft:

1. Die **Zinsabschlagsteuer** in Höhe von 30 Prozent (bei Tafelgeschäften 35 Prozent) auf Zinserträge von Inländern aus Kapitalvermögen wird eingeführt. Zeitgleich steigt der Sparerfreibetrag auf DM 6 000/12 000 bei Alleinstehenden/Verheirateten. Der Steuerpflichtige kann seine Bank bzw. Banken beauftragen, bis zur Höhe des Sparerfreibetrags keinen Zinsabschlag einzubehalten. Ohne diesen Freistellungsauftrag wird er direkt an das Finanzamt abgeführt und später im Zuge der Steuererklärung verrechnet. Das Bankgeheimnis bleibt gewahrt.

Das Bundesverfassungsgericht hatte den Gesetzgeber am 27. 6. 1991 verpflichtet, die Besteuerung privater Zinserträge bis zum 1. 1. 1993 besser zu kontrollieren und so die Gleichbehandlung

Verabschiedung des Solidarpakts auf der Klausurtagung im Bonner Bundeskanzleramt. →
13. März 1993

aller Steuerzahler nicht nur rechtlich, sondern auch tatsächlich zu gewährleisten.

2. Der **Umsatzsteuer-Regelsatz** steigt von 14 Prozent auf 15 Prozent (ermäßigter Satz wie bisher sieben Prozent).

3. Unternehmer werden in einer **ersten Reformstufe** steuerlich entlastet, z. B. durch erhöhte Freibeträge. Zur zweiten Stufe der Unternehmensteuerreform: → 1. 1. 1994 Punkt 1.

13. März   Nach dreitägigen Klausurberatungen vereinbaren die Bundesregierung, die Ministerpräsidenten der Bundesländer und die Parteispitzen von CDU/CSU, FDP sowie der oppositionellen SPD einen **Solidarpakt** zur Finanzierung der deutschen Einheit als Zehnpunkteprogramm: 1. neuer Bund-Länder-Finanzausgleich ab → 1. 1. 1995 (Nr. 1); 2. erweiterter Kreditrahmen für die Treuhandanstalt (40.3. → 3. 10. 1990), damit ökologische Altlasten beseitigt und »industrielle Kerne« gesichert und erneuert werden können; 3. Absatzförderung für Produkte aus Ostdeutschland; 4. Bahnreform (→ 1. 1. 1994); 5. Wohnungsbauprogramm in Ostdeutschland: Regelung der Altschuldenfrage, aufgestocktes Kreditvolumen der Kreditanstalt für Wiederaufbau (KfW), Zinshilfen und Zinsverbilligung, verlängerte 50-prozentige Sonderabschreibungen; 6. zusätzliche ABM-Mittel als aktive Arbeitsmarktpolitik im Jahre 1993; 7. soziale Regelleistungen werden nicht gekürzt, doch ist ihr Missbrauch nachdrücklich zu bekämpfen; 8. Einsparungen von mehr als neun Milliarden DM durch Ausgabenkürzungen und Subventionsabbau; 9. neuer unbefristeter Solidaritätszuschlag von 7,5 Prozent ab 1. 1. 1995 und erhöhte private Vermögensteuer mit angepassten Freibeträgen; 10. Aufstockung des Fonds Deutsche Einheit durch Bund und alte Länder aus den Mehreinnahmen der Zinsabschlagsteuer im Jahre 1993 und zusätzliche stabilisierende Beiträge für 1994. Zur Umsetzung des »Solidarpakts der Vernunft«: → 1. 1. 1994 und → 1. 1. 1995.

29. November   Das **Geldwäschegesetz** vom 25. 10. 1993 tritt in Kraft. Es soll verhindern, dass Gewinne aus schweren Straftaten, z. B. aus dem Drogen- und Waffenhandel, in den legalen Geldkreislauf eingeschleust werden. Daher sind Banken und andere Gewerbetreibende künftig verpflichtet, bei Bargeschäften, die den Schwellenwert von DM 20 000 übersteigen, die Identität des Kunden festzustellen und aufzuzeichnen. Bei konkreten Verdachtsgründen ist die Finanztransaktion anzuhalten und anzuzeigen.

1994

1. Januar   **Bahnstrukturreform** nach Grundgesetzänderungen (38.2. → 20. 12. 1993): Die Deutsche Bundesbahn (West) und die Deutsche Reichsbahn (Ost) werden privatisiert. Sie bilden die Deutsche Bahn AG (DBAG), die organisatorisch und finanziell in drei Sparten aufgeteilt wird: Personenverkehr, Güterverkehr und Schienennetz. Die

Regionalisierung des öffentlichen Personennahverkehrs wird auf den 1. 1. 1996 verschoben.
Die Altschulden übernimmt der Bund. Sie werden durch eine höhere Mineralölsteuer finanziert.

1. Januar   Folgende Gesetze, die den Bundeshaushalt konsolidieren und den internationalen Wirtschaftsstandort Deutschland sichern sollen, treten größtenteils in Kraft:

1. das **Standortsicherungsgesetz** vom 13. 9. 1993 mit seinen meisten Bestimmungen. Es soll das gesamtwirtschaftliche Wachstum und die internationale Wettbewerbsfähigkeit durch verbesserte Rahmenbedingungen für deutsche und ausländische Investoren fördern und Arbeitsplätze sichern. Daher sind vor allem die Ertragsteuersätze auf gewerbliche Einkünfte und bei der Körperschaftsteuer auf Gewinne und Ausschüttungen abgesenkt – auf das niedrigste Niveau seit Bestehen der BRD. Klein- und Mittelbetriebe werden durch die eigenkapitalschonende Ansparabschreibung (ab 1. 1. 1995) bei gewinnmindernden Rücklagen und durch Freibeträge bei der Erbschaft- und Schenkungsteuer ebenso entlastet wie Holdinggesellschaften bei Gewinnausschüttungen. Verlängert und erweitert sind Steuervergünstigungen für die neuen Bundesländer. Maßnahmen zur Gegenfinanzierung sollen die Reform der Unternehmensbesteuerung so weit wie möglich aufkommensneutral gestalten: vor allem durch den Wegfall der degressiven Abschreibung für Wirtschaftsgebäude im Betriebsvermögen, durch die Begrenzung der eigenkapitalersetzenden Fremdfinanzierung von Kapitalgesellschaften, durch die Einschränkung des Dividenden-Stripping (Verkauf von Anteilen vor dem Dividendenstichtag und Rückkauf danach).

2. das 1. und 2. Gesetz zur Umsetzung des **Spar-, Konsolidierungs- und Wachstumsprogramms** (SKWP) vom 21. 12. 1993. Lohnersatzleistungen wie Arbeitslosenhilfe, Kurzarbeitergeld, Eingliederungsgeld und -hilfe sowie Schlechtwettergeld werden in der Regel um drei Prozent abgesenkt, andere Leistungen der Bundesanstalt für Arbeit eingeschränkt. Sozialhilfeempfänger sind verpflichtet, eine ihnen zumutbare gemeinnützige Arbeit anzunehmen und sozialwidrig bezogene Leistungen verstärkt zurückzuzahlen; ihre Erben haften mit dem Wert des vorhandenen Nachlasses. Die Sozialhilfe darf bis 1996 höchstens so ansteigen wie die durchschnittlichen Nettolöhne bzw. -gehälter. Der Zivildienst wird für Beschäftigungsstellen teurer, das Kindergeld unter bestimmten Voraussetzungen gekürzt.

3. das **Missbrauchsbekämpfungs- und Steuerbereinigungsgesetz** (StMBG) vom 21. 12. 1993. Es soll soweit wie möglich verhindern, dass Steuern und Sozialabgaben hinterzogen, Sozialleistungen oder Subventionen missbräuchlich bezogen werden. Vor-

gesehen sind z. B. verschärfte Meldekontrollen für Arbeitslose, verstärkte Betriebs- und Steuerprüfungen, vermehrte Razzien gegen Schwarzarbeit und illegale Ausländerbeschäftigung. Bisher steuersparende Finanzinnovationen und Gestaltungsmöglichkeiten, z. B. bei neuen Kapitalanlagemodellen, Investmentfonds, steuerfreien Kursgewinnen, treaty-shopping durch ausländische Gesellschaften, sind eingeschränkt. Betriebliche Bewirtungskosten werden ab 1995 steuerlich nur noch bei maschinengefertigten Belegen anerkannt.

1995

1. Januar **Postreform II** nach Grundgesetzänderungen (38.2. → 30. 8. 1994): Aus den drei öffentlichen deutschen Postunternehmen Telekom, Postbank und Postdienst werden die privatwirtschaftlich organisierten, rechtlich unabhängigen Aktiengesellschaften Deutsche Telekom, Deutsche Postbank und Deutsche Post. Sie erhalten damit neuen unternehmerischen Handlungsspielraum für Aktivitäten, Dienstleistungen und Produkte. Der Bund beschränkt sich künftig auf hoheitliche Aufgaben und behält vorerst auch die Aktienmehrheiten der Unternehmen. Die Aufsicht obliegt dem Ministerium für Post und Telekommunikation. Es handelt sich um die bisher größte deutsche Privatisierungsaktion. – Zur Postreform I: 32.1. → 1. 7. 1989.

1. Januar Im Rahmen des **Föderalen Konsolidierungsprogramms** (FKP), vor allem des Umsetzungsgesetzes vom 23. 6. 1993 (FKPG), treten in Kraft:

1. die Neuordnung des bundesstaatlichen **Finanzausgleichs**. Die neuen Bundesländer und Gesamt-Berlin werden erstmals voll einbezogen und gleichberechtigt beteiligt, um sie dauerhaft finanziell so auszustatten, dass sie in einem »Aufholprozess« Anschluss an die alten Bundesländer finden können. Gleichzeitig läuft der Interimsfonds »Deutsche Einheit«, der 1993 und 1994 nochmals aufgestockt worden war, als Finanzierungsinstrument aus.

2. die Neuregelung der **horizontalen Umsatzsteuerverteilung**. Im Zuge des neuen Finanzausgleichs erhalten die Länder einen höheren Anteil am Umsatzsteueraufkommen: 44 Prozent statt bisher 37 Prozent (Bund: 56 Prozent statt bisher 63 Prozent).

3. die Errichtung des **Erblastentilgungsfonds** des Bundes. In ihm werden hauptsächlich die bis 31. 12. 1994 aufgelaufenen Schulden der Treuhandanstalt und des Kreditabwicklungsfonds sowie die gekappten Altlasten der Wohnungswirtschaft der DDR zusammengefasst, verzinst und getilgt.

4. **Bundesergänzungszuweisungen** (BEZ) als nachgeordnete Finanzausgleichsinstrumente: Fehlbetrags-BEZ an finanzschwache alte und neue Länder, hohe Sonderbedarfs-BEZ an die neu-

en Länder, »Kosten politischer Führung« an kleinere Länder, Übergangs-BEZ an finanzschwächere alte Länder, Sanierungshilfen an das Saarland und Bremen. Flankierend erhalten die neuen Länder zusätzliche Transferleistungen als zweckgebundene Finanzhilfen (Investitionsförderungsgesetz Aufbau Ost als Art. 37 FKPG).

5. der neue unbefristete bundeseinheitliche **Solidaritätszuschlag** für alle Steuerpflichtigen in Höhe von 7,5 Prozent auf die Lohn- bzw. Einkommensteuerschuld sowie die Körperschaftsteuerschuld: Er ist zweckgebunden zur solidarischen Finanzierung der deutschen Einheit zu verwenden und mittelfristig zu überprüfen. Der Zuschlag steigt mit dem linear-progressiven Einkommensteuertarif und ist sozialverträglich abgefedert: durch das steuerfrei zu stellende Existenzminimum und eine Nullzone mit Gleitregelung.

6. Einsparungen auf allen staatlichen Ebenen zur **Entlastung der öffentlichen Haushalte**: Dies betrifft vor allem selbst genutzte Altbauwohnungen, Leibrenten, den Versicherungsteuer- und den Vermögensteuersatz, ausländische Investmentfonds, die Berlin-Förderung (ausgelaufen zum 31. 12. 1994), Investitionszulagen, die Gewerbesteuerumlage u. a. m.

1996

1. Januar Das **Jahressteuergesetz 1996** hebt das Existenzminimum, das die lebensnotwendigen Grundbedürfnisse deckt, jährlich stufenweise an und stellt es steuerfrei (Grundfreibetrag). Es führt den Familienleistungsausgleich durch einkommensunabhängiges erhöhtes Kindergeld oder durch erhöhten Kinderfreibetrag ein (42. → 1. 1. 1996). Die Gegenfinanzierung erfolgt durch den Abbau von Steuervergünstigungen, vor allem bei privat genutzten Firmenwagen, bei der doppelten Haushaltsführung, bei häuslichen Arbeitszimmern, bei der degressiven Abschreibung von Mietwohnungen u. a. Die steuerliche Abschreibung von Bestechungsgeldern wird abgeschafft.

1. Januar Die bisherige steuerlich progressionsabhängige Förderung selbst genutzten Wohneigentums nach § 10e Einkommensteuergesetz (32.1. → 1. 1. 1987) wird durch ein System gleich hoher **Eigenheimzulagen** für alle Bauherren oder Erwerber selbst genutzten Wohneigentums ersetzt. Die von den Herstellungs- bzw. Anschaffungskosten abhängige Grundförderung wird nebst Kinderzulage/n (vorher Baukindergeld) von den Finanzämtern ausgezahlt. Zusätzlich gefördert werden ökologische Baumaßnahmen (Wärmepumpen, Solar- und Wärmerückgewinnungsanlagen) und Niedrigenergiehäuser.

1. November Das neue **Ladenschlussgesetz** vom 30. 7. 1996 tritt in Kraft. Danach dürfen die Ladenöffnungszeiten von Montag bis Freitag auf

Umorientierung bei Handel und Verbrauchern seit dem → 1. 11. 1996: Diese Kundin informiert sich über die neuen Öffnungszeiten eines Frankfurter Kaufhauses.

die Zeit von 6 bis 20 Uhr festgelegt werden, an Samstagen in der Regel von 6 bis 16 Uhr. Bäckereien und Konditoreien können Backwaren auch an Sonn- und Feiertagen für jeweils drei Stunden verkaufen.

Die Änderung des bisherigen Ladenschlusses (im Allgemeinen 18.30 Uhr) hatten SPD, Grüne und PDS, von den Gewerkschaften dazu ermuntert, im Bundestag am 21. 6. 1996 abgelehnt, sodass nur eine knappe Regierungsmehrheit zustande gekommen war. Der Bundesrat beantragte am 5. 7. 1996 keine Einberufung des Vermittlungsausschusses.

1997

1. Januar

Die private **Vermögensteuer** entfällt. Als Kompensation für die Länder werden die Steuersätze für die Erbschaftsteuer (rückwirkend zum 1. 1. 1996) und die Grunderwerbsteuer angehoben.

22. April

Das **Produktsicherheitsgesetz** ermächtigt erstmals Behörden, vor offensichtlich gefährlichen Produkten zu warnen und Rückrufaktionen zu veranlassen, die bislang weitgehend im Ermessen der Hersteller lagen. Betroffen sind alle Produkte, die gewerbs- oder geschäftsmäßig in den Verkehr gebracht werden und der privaten

Nutzung dienen. »Unsichere« Produkte, u. a. mit unverständlichen oder falschen Gebrauchsanweisungen, können von den zuständigen Behörden schon vor dem Verkauf verboten werden. Sind sie bereits in den Verkehr gebracht, u. a. mit unzulässiger Verwendung der europäischen CE-Kennzeichnung, können die Behörden Bußgelder verhängen und anordnen, dass die Betroffenen über die Risiken aufgeklärt werden.

22. Dezember Das **Haushaltsrechts-Fortentwicklungsgesetz** soll die Haushaltswirtschaft von Bund und Ländern flexibler und effizienter gestalten. So ist es künftig möglich, dass Etatmittel verstärkt von einem Ausgabeposten auf andere oder auf das nächste Haushaltsjahr übertragen werden können und gegenseitig deckungsfähig sind. Damit wird das »Dezemberfieber« eingedämmt, da Behörden ihnen zugewiesene Etats zum Jahresende noch schnell ausgeben wollten, um zu verhindern, dass sie verfallen. Rechnungsprüfungsämter zur öffentlichen Finanzkontrolle werden eingerichtet, Wirtschaftlichkeitsuntersuchungen in geeigneten Sparten eingeführt.

1998

1. Januar **Marktöffnung**: Die Monopole der Post und Telekom sind aufgelöst, Briefverkehr und Telekommunikation werden daher für den Wettbewerb freigegeben. Die Deutsche Post AG verfügt nur noch über eine befristete Exklusivlizenz, Briefsendungen bis 200 Gramm und Infopost (Massensendungen) bis 50 Gramm zu befördern. Zeitgleich liberalisiert wird der Telekommunikationsmarkt. Telefonieren ist nicht nur nach den Tarifen der Deutschen Telekom AG, sondern auch nach denen anderer Anbieter möglich, zunächst nur bei Ferngesprächen. Voraussetzung für den Marktzugang ist die Lizenzerteilung für Netzbetreiber. Der Telefonkunde kann zwischen dem Einzelwahlverfahren (Call-by-Call) oder dem Vorwahlverfahren (Preselection) wählen, d. h. für jedes Ferngespräch eine andere Telefongesellschaft nutzen oder sich von vornherein für einen von ihm gewählten Netzbetreiber entscheiden.
An die Stelle des am 31. 12. 1997 aufgelösten Bundesministeriums für Post und Telekommunikation tritt die neue Regulierungsbehörde für Telekommunikation und Post als Bundesoberbehörde im Geschäftsbereich des Bundeswirtschaftsministeriums. Sie vergibt Lizenzen und überwacht den Wettbewerb. – Wolfgang Bötsch (CSU) war bereits am 17. 12. 1997 als Bundesminister verabschiedet worden.

1. Januar Der **Solidaritätszuschlag** sinkt von 7,5 Prozent auf 5,5 Prozent. Zur Gegenfinanzierung sollen Tilgungen beim Erblastenfonds gestreckt und Bundesliegenschaften verkauft werden.
Abgeschafft wird die **Gewerbekapitalsteuer**. Als Ausgleich für die

Atomstromgegner bringen ihren Protest auf dem Werbeplakat eines neuen Stromanbieters zum Ausdruck. → 24. 4. 1998

entstehenden Steuerausfälle werden die Gemeinden nach Änderung der Art. 28 und 106 GG (38.2. → 25. 10. 1997) an der Umsatzsteuer beteiligt. Der Anteil ist von den Ländern nach einem orts- und wirtschaftsbezogenen Schlüssel an ihre Gemeinden weiterzuleiten.

1. April   Die **Mehrwertsteuer** steigt von 15 auf 16 Prozent. Damit soll ein höherer Bundeszuschuss an die gesetzliche Rentenversicherung finanziert und der Rentenbeitragssatz stabilisiert werden. Ohne diese Mehrwertsteuererhöhung wäre er von 20,3 auf 21 Prozent gestiegen.

24. April   Die **Energiewirtschaft** wird liberalisiert und dereguliert. Damit entfallen die seit 1935 bestehenden Gebiets- und Versorgungsmonopole von Strom- und Gasunternehmen mit ausschließlichen Wegerechten in Konzessionsverträgen mit Gemeinden. Das bisher geschlossene Versorgungsgebiet können daher auch Dritte unabhängig von der Entfernung mit Energie beliefern und in vorhandene Netze oder zusätzliche Leitungen einspeisen. Stromlieferungen aus dem Ausland dürfen nicht diskriminiert werden. – Zunächst wird der Strommarkt für den Wettbewerb freigegeben.

40.2. Arbeit und Sozialpolitik im demographischen Wandel 1990 – 1998

1991

18. Januar   Das seit 6. 6. 1986 bestehende Ministerium für Jugend, Familie, Frauen und Gesundheit wird in drei **neue Ressorts** aufgeteilt: die Ministerien 1. für Familie und Senioren (Hannelore Rönsch/CDU), 2. für Frauen und Jugend (Angela Merkel/CDU), 3. für Gesundheit (Gerda Hasselfeldt/CSU, ab 6. 5. 1992 Horst Seehofer/CSU). 1. und 2. werden ab 17. 11. 1994 wieder zusammengelegt (Claudia Nolte/CDU).

1992

1. Januar   Die einheitliche **Rentenversicherung** (Sozialgesetzbuch 6) und die **Rentenreform** treten in ganz Deutschland in Kraft. Die Rentenanpassung richtet sich künftig nicht mehr nach der Brutto-, sondern nach der Nettolohnentwicklung, doch wird die einzelne Rente nach dem jeweils versicherten Bruttolohn berechnet. Beitragssatz und Bundeszuschuss sind selbstregulierend mit der Rentendynamik verbunden. Die flexible Altersgrenze wird stufenweise auf die Regelaltersgrenze von 65 Jahren angehoben. Teilrente ist möglich, sobald die Voraussetzungen für eine volle Altersrente erfüllt sind. Neuregelungen gelten auch für die Berechnung der beitragsfreien Zeiten (z. B. Ausbildung, Krankheit, Arbeitslosigkeit, Kriegsdienst, Zurechnung bei Frühinvalidität), der Kindererziehungs- und Kinderberücksichtigungszeiten, der Pflege- und Pflegeberücksichtigungszeiten sowie für die Bewertung bestimmter Pflichtbeiträge, z. B. von Behinderten oder von Wehr- und Zivildienstleistenden. Die Rente nach Mindesteinkommen wird ausgebaut. – Altrenten genießen Vertrauensschutz, bleiben daher unverändert.

30. Juni   Die Regierungskoalition beschließt, die **Pflegeversicherung als fünfte Säule** der gesetzlichen Sozialversicherung neben der Renten-, Arbeitslosen-, Unfall- und Krankenversicherung aufzubauen. Damit setzt sich Arbeitsminister Norbert Blüm (CDU) mit seinem Modell gegen die FDP durch. Sie hatte ursprünglich die private Pflegeversicherung gefordert, d. h., jeder sollte sich eigenverantwortlich für den Fall der Pflegebedürftigkeit im Alter oder bei Krankheit absichern. Der Koalitionskompromiss setzt allerdings voraus, dass die Arbeitgeber für ihre hälftigen Beiträge zur Pflegeversicherung eine finanzielle Kompensation erhalten. (→ 17. 12. 1993 und 1. 1. 1995 Punkt 1.)

1993

1. Januar   Das **Gesundheitsstrukturgesetz** vom 21. 12. 1992 tritt größtenteils in Kraft. Es soll die Kostenlawine im Gesundheitswesen, das sich in einer schweren Finanzkrise befindet, aufhalten (»Sofortbremsung«). Daher werden die Ausgaben für Leistungsanbieter (Ärzte, Zahnärzte, Krankenhäuser, Pharmahersteller, Apotheker, Masseure, Krankengymnasten u. a.) budgetiert: Sie dürfen in den nächsten drei Jahren nicht stärker steigen als die beitragspflichtigen Einkommen der gesetzlichen Krankenkassen. Die Honorare für prothetische, kieferorthopädische und zahntechnische Leistungen werden um zehn bzw. fünf Prozent gesenkt. Die Kosten für Arznei- und Heilmittel sind ebenfalls zu budgetieren und damit einzudeichen. Für Krankenhäuser gilt nicht mehr das Selbstkostendeckungsprinzip; an seine Stelle treten marktwirtschaftliche Anreize (leistungsorientierte Festpreise) und Bedarfsplanungen. Die Zulassung neuer Kassenärzte und Kassenzahnärzte in überversorgten Regionen wird eingeschränkt. Versicherte haben erhöhte Zuzahlungen für Krankenhaus, Kuren, teure Medikamente und aufwendigen Zahnersatz zu leisten. Härtefallregelungen sollen diese Belastungen sozial abfedern.

Die bisher umfassendste Reform der gesetzlichen Krankenversicherung seit 1945 war vom neuen Gesundheitsminister Horst Seehofer (CSU) initiiert worden. Sie stieß vor allem bei Ärzten, Zahnärzten, Zahntechnikern und Apothekern auf Widerstand.

28. September Die Bundesregierung legt ihren **ersten Altenbericht** über die Lebenssituation älterer Menschen in Deutschland vor. Er wurde von einer unabhängigen Sachverständigenkommission, die am 22. 2. 1989 von der Ministerin Ursula Lehr berufen worden war, erarbeitet. Der Bericht geht von der demographischen Entwicklung und dem Bewusstseinswandel in der älter werdenden Gesellschaft aus. Er analysiert erstmals umfassend die »Altenpolitik« als neues eigenständiges Politikfeld.

15. Oktober Ab sofort gelten gleiche gesetzliche **Kündigungsfristen** für Angestellte und Arbeiter in den alten und neuen Ländern. Die Grundkündigungsfrist beträgt einheitlich vier Wochen; sie wird damit für Arbeiter verdoppelt, für Angestellte um zwei Wochen verkürzt (bisher sechs Wochen zum Quartalsende). Die verlängerte Frist für die Kündigung durch den Arbeitgeber ist je nach Dauer der Betriebszugehörigkeit gestaffelt.

17. Dezember Die von der Regierungskoalition geplante **Pflegeversicherung** (→ 30. 6. 1992) scheitert vorläufig; denn der Bundesrat lehnt es mit der Mehrheit der SPD-regierten Länder ab, dem Kompromissvorschlag des Vermittlungsausschusses zuzustimmen. Hauptgrund ist die umstrittene Kompensation des 50-prozentigen Arbeitgeberanteils. Die Regierungsparteien hatten beabsichtigt, Löhne und Gehälter an zehn bundeseinheitlichen Feiertagen um 20 Prozent zu kürzen oder alternativ zwei Urlaubs- oder Feiertage zu streichen. (→ 1. 1. 1995)

1994

1. Juni Die verfassungswidrige ungleiche **Entgeltfortzahlung** im Krankheitsfall wird ab sofort bundeseinheitlich beseitigt. Danach haben

nicht nur Angestellte, sondern künftig auch Arbeiter, Heimarbeiter und geringfügig Beschäftigte Anspruch auf Entgeltfortzahlung im Krankheitsfalle für die Dauer von bis zu sechs Wochen. Die Arbeitsunfähigkeit ist dem Arbeitgeber unverzüglich anzuzeigen und nach drei Kalendertagen durch ein ärztliches Attest zu belegen.

14. Juni   Die Enquete-Kommission »**Demographischer Wandel**« legt dem Bundestag einen Zwischenbericht vor. Sie analysiert darin die »Herausforderung unserer älter werdenden Gesellschaft an den Einzelnen und die Politik«. Wegen der höheren durchschnittlichen Lebenserwartung und der konstant niedrigen Geburtenrate wird der Anteil der über 60-jährigen von 21 Prozent im Jahre 1990 auf über 35 Prozent im Jahre 2030 ansteigen.

1. August   Ab sofort ist nach dem Beschäftigungsförderungsgesetz vom 26. 7. 1994 die **private Arbeitsvermittlung** ohne regionale Beschränkung zugelassen und damit das bisherige Monopol der Bundesanstalt für Arbeit abgeschafft. Privatvermittler müssen geeignet und zuverlässig sein, in geordneten Vermögensverhältnissen leben und über die erforderlichen Geschäftsräume verfügen. Zuschüsse für Arbeitsbeschaffungsmaßnahmen (ABM) werden auf 80 Prozent ungeförderter Entgelte begrenzt. Die Möglichkeit, befristete Arbeitsverträge abzuschließen, wird verlängert. – Im Januar 1994 hatte die Zahl der Arbeitslosen in Deutschland die Vier-Millionen-Grenze überschritten.

1995

1. Januar   Es treten in Kraft:

1.   die **Pflegepflichtversicherung** (Sozialgesetzbuch 11) in der gesetzlichen oder privaten Krankenversicherung. Der Beitrag beträgt 1 Prozent des beitragspflichtigen Einkommens höchstens bis zur Beitragsbemessungsgrenze (DM 5 850/4 800) bzw. 1,7 Prozent ab 1. 7. 1996; er ist je zur Hälfte von Arbeitnehmern und Arbeitgebern bzw. Rentenanstalten zu finanzieren. Unterhaltsberechtigte Familienangehörige (Kinder, nichterwerbstätige Ehepartner) sind beitragsfrei mitversichert.
Rechtsansprüche auf Leistungen: 1. Für die vorrangige **häusliche** Pflege werden zum 1. 4. 1995 je nach dem Grad der Pflegebedürftigkeit (Stufe I: erheblich pflegebedürftig, II: schwer pflegebedürftig, III: schwerst pflegebedürftig) Sachleistungen durch ambulante Dienste oder Pflegegelder gewährt, ggf. ergänzt durch Pflegehilfsmittel wie z. B. Rollstuhl, Lifter. Wer häusliche Pflege leistet, wird unfall- und je nach ihrem Umfang auch rentenversichert. 2. Für die **stationäre** Pflege im Heim werden zum 1. 7. 1996 pflegebedingte Aufwendungen von monatlich bis maximal DM 3 300 gezahlt. Nicht versichert sind die Kosten für Unterbringung und Verpflegung – wie bei der häuslichen Pflege auch.

Das Pflegeversicherungsgesetz vom 26. 5. 1994, das mehrfach zu scheitern drohte (→ 17. 12. 1993), konnte durch einen Pflegekompromiss zwischen Regierungsparteien und SPD am 29. 4. 1994 einstimmig im Bundesrat verabschiedet werden. Danach ist der Arbeitgeberanteil in jedem Bundesland durch die Streichung eines Feiertags auszugleichen – andernfalls müssen dort die Arbeitnehmer den Versicherungsbeitrag alleine tragen. (Alle Länder außer Sachsen haben – trotz der Proteste vor allem von Kirchen und Gewerkschaften – den Buß- und Bettag als Feiertag abgeschafft.) Später ist zu klären, ob ggf. eine weitere Kompensation durch einen zweiten Feiertag erforderlich ist.

2. die **Agrarsozialreform** nach dem Gesetz vom 29. 7. 1994. Sie sichert bundeseinheitlich die Landwirte im Alter und bei Krankheit ab. Bäuerinnen gewährt sie einen eigenständigen Anspruch auf Rente im Alter oder bei Erwerbsunfähigkeit.

3. neue **Beitragsbemessungsgrenzen** (BBG) in der gesetzlichen Renten- und Arbeitslosenversicherung. Sie steigen bei Angestellten und Arbeitern von DM 7 600/5 900 auf DM 7 800/6 400 jeweils in West- bzw. Ostdeutschland. Der Beitragssatz wird gleichzeitig von 19,2 auf 18,6 Prozent abgesenkt.
Die Beitragsbemessungsgrenze in der gesetzlichen Krankenversicherung beträgt DM 5 850/4 800 statt bisher DM 5 700/4 425 jeweils in West- bzw. Ostdeutschland.

1996

1. Juli Die zweite Stufe der **Pflegepflichtversicherung** tritt in Kraft. Der Beitragssatz steigt von 1 Prozent auf 1,7 Prozent. Leistungen können fortan nicht nur für häusliche, sondern auch für stationäre Pflege beansprucht werden. → 1. 1. 1995

23. Juli Das **Altersteilzeitgesetz** fördert den gleitenden Übergang älterer Arbeitnehmer in den Ruhestand nach dem vollendeten 55. Lebensjahr. Dadurch soll die Frühverrentung eingeschränkt werden.

23. Juli Das Gesetz zur Reform des **Sozialhilferechts** verbessert die Arbeitsanreize für schwer vermittelbare Sozialhilfeempfänger. Wenn sie zumutbare Arbeit verweigern, wird der Sozialhilferegelsatz gekürzt, Arbeitsaufnahme dagegen wird durch Zuschüsse gefördert, auch an Arbeitgeber. Die Regelsätze der Sozialhilfe werden künftig an den Stand und die Entwicklung von Nettoeinkommen angepasst.

7. August Das neue **Arbeitsschutzgesetz** verpflichtet private und öffentliche Arbeitgeber, die notwendigen Schutzmaßnahmen gegen Gefährdungen im Betrieb zu treffen. Die Beschäftigten können dazu Vorschläge unterbreiten und sich bei unzureichendem Arbeitsschutz notfalls bei den Aufsichtsbehörden beschweren.

25. September **Arbeitsrechtliches Beschäftigungsförderungsgesetz:** Für Betriebe mit bis zu zehn (bisher fünf) Arbeitnehmern gilt kein gesetzlicher Kündigungsschutz; denn viele Kleinunternehmen, vor allem Handwerker, hatten nicht mehr als fünf Mitarbeiter eingestellt, da sie Arbeitsprozesse und Abfindungen scheuten, wenn sie betriebsbedingt Personal abbauen mussten. Arbeitsverträge können von bisher 18 auf fortan 24 Monate befristet werden. Die Lohnfortzahlung im Krankheitsfall beträgt künftig sechs Wochen lang 80 Prozent statt 100 Prozent des Arbeitsentgelts.

Durch das **Wachstums- und Beschäftigungsförderungsgesetz** vom gleichen Tage werden Leistungen in der Rentenversicherung und Arbeitsförderung angepasst und eingeschränkt, um die Lohnzusatzkosten und die Bundeszuschüsse abzusenken. Anrechenbare Ausbildungszeiten sind von sieben auf drei Jahre zu reduzieren; Studierende mit Einkommen oberhalb der Geringfügigkeitsgrenze sind künftig rentenversicherungspflichtig. Zeiten der Arbeitslosigkeit werden von Anrechnungszeiten in Berücksichtigungszeiten umgewandelt, berufsfördernde Maßnahmen der Bundesanstalt für Arbeit in Kannleistungen. Die berufliche Rehabilitation ist kostendämpfend einzuschränken. Die Lebensarbeitszeit für den erstmaligen Bezug von Altersrenten steigt stufenweise für Frauen und Männer auf 65 Jahre; vorzeitiger Renteneintritt hat Rentenkürzungen zur Folge.

Der Bundesrat hatte am 12. 9. 1996 mit seiner SPD-Mehrheit gegen die beiden nicht zustimmungsbedürftigen Gesetze Einspruch eingelegt. Er wurde tags darauf vom Bundestag mit den Stimmen der christlichliberalen Koalition zurückgewiesen. – Wiederholt hatten auch Gewerkschaften und Arbeitnehmer vor allem in der Metallindustrie gegen die beiden Gesetze protestiert.

1. November Das **Beitragsentlastungsgesetz** sieht Einsparungen in der gesetzlichen Krankenversicherung vor. Beitragssätze sind einzufrieren und zu reduzieren, Fehlbelegungen durch Pflegebedürftige in Krankenhäusern abzubauen. Das Krankengeld nach der sechswöchigen Lohnfortzahlung sinkt von 80 auf 70 Prozent des Bruttoentgelts. Die Zuzahlung bei Medikamenten wird erhöht, der Zuschuss für Zahnersatz wird zum Teil und für Brillengestelle ganz gestrichen. Kuren dauern in der Regel drei statt bisher vier Wochen. Sie sind künftig nur noch alle vier statt alle drei Jahre zu gewähren, und zwar unter Anrechnung von Urlaubstagen und erhöhten Zuzahlungen. Maßnahmen zur Gesundheitsförderung werden stark eingeschränkt.

1997

24. März Das **Arbeitsförderungs-Reformgesetz** soll die Beschäftigungschancen von Arbeitslosen verbessern: durch Trainingsmaßnahmen, Einstellungszuschüsse bei Firmengründungen, beschäftigungswirksame Sozialpläne, aktive Beschäftigungssuche, Eingliederungshilfen u. a. Leistungsmissbrauch und illegale Beschäftigung werden bekämpft.

23. Juni Das **1. Neuordnungsgesetz** (NOG) in der gesetzlichen Krankenversicherung (GKV) erschwert Beitragssatzanhebungen; denn sie haben automatisch erhöhte Zuzahlungen der Versicherten zur Folge und ermöglichen ihnen, die Krankenkasse zu wechseln. Damit sollen die Beitragssätze und die davon abhängigen Lohnnebenkosten stabilisiert werden.

Das **2. GKV-NOG** vom gleichen Tage erweitert die Gestaltungsmöglichkeiten der Krankenkassen im Leistungsbereich und löst die Arzneimittel- und Heilmittelbudgets durch Richtgrößen ab. Patienten müssen sich mit erhöhten Zuzahlungen an den Kosten für Medikamente und Verbandmittel, an der Krankenhaus- und Anschlussheilbehandlung, an Heilmitteln (z. B. Massagen, Krankengymnastik), Hilfsmitteln (z. B. Bandagen) sowie beim Zahnersatz beteiligen. Alle Kassenmitglieder haben einen Sonderbeitrag von je 20 DM in drei Jahren für bauliche Instandsetzungen von Krankenhäusern zu zahlen.

Gegen die beiden Neuordnungsgesetze hatte der Bundesrat mit seiner SPD-Mehrheit am 25. 4. bzw. am 16. 5. 1997 Einspruch eingelegt; er wird am 12. 6. 1997 vom Bundestag mit den Stimmen von CDU/CSU und FDP zurückgewiesen. – Vertreter von Heilberufen hatten gegen Seehofers »3. Stufe der Gesundheitsreform« heftig protestiert und Unterschriften gegen sie gesammelt.

5. November Das **Transplantationsgesetz** regelt die Spende, Entnahme und Übertragung von Organen. Die Organentnahme erfordert, dass ihr der Spender zugestimmt hat (in Ausnahmefällen auch Angehörige) und sein Tod zuvor ärztlich festgestellt worden ist; als Mindestnorm dafür gilt der Ausfall der Hirnfunktionen. Organhandel und unrechtmäßiges ärztliches Verhalten werden bestraft. Spendenregister sollen angelegt und Organspendeausweise ausgegeben werden.

16. Dezember Das **Rentenreformgesetz 1999** ergänzt die Rentenanpassungsformel um einen demographischen Faktor unter Beibehaltung der Leistungsbezogenheit. Damit sinkt das Eckwertrentenniveau ab 1999 von 70 Prozent des durchschnittlichen Nettoeinkommens stufenweise auf 64 Prozent. An die Stelle der bisherigen Erwerbs- und Berufsunfähigkeitsrenten tritt eine zweistufige Erwerbsminderungsrente mit einem Abschlag gegenüber der Altersrente. Die Rentenversicherungsbeiträge werden gesenkt, die Bundeszuschüsse erhöht.

Den Einspruch des Bundesrates hatte der Bundestag am 11. 12. 1997 mit den Stimmen der christlichliberalen Koalition zurückgewiesen. Zum ersten Mal in der Geschichte der BRD war damit eine Rentenreform ohne den Konsens von Regierungsparteien und Opposition verabschiedet worden.

1998

5. Februar Nach Angaben der Bundesanstalt für Arbeit in Nürnberg erreicht die **Massenarbeitslosigkeit** einen neuen Höchststand. Bundesweit sind 4,823 Millionen Menschen als arbeitslos registriert, das sind

12,6 Prozent aller zivilen Erwerbspersonen (neue Bundesländer: 21,1 Prozent). Es kommt zu Massenprotesten von Arbeitslosen. Im September 1998 sinkt die Zahl der Erwerbslosen mit 3,965 Millionen erstmals wieder unter die Vier-Millionen-Grenze.

1. September   Sach- und Geldleistungen für abgelehnte **Asylbewerber,** die sich noch im Bundesgebiet aufhalten, werden auf ein Minimum beschränkt. Personen, die aus Motiven, Sozialleistungen zu beziehen, eingereist sind, werden von ihnen ausgeschlossen.

40.3. Angleichung der Lebensbedingungen in Deutschland 1990 – 1998

1990

3. Oktober   Mit der deutschen Einheit wird die **Treuhandanstalt** in Berlin zur bundesunmittelbaren Anstalt des öffentlichen Rechts unter der Fach- und Rechtsaufsicht des Finanzministeriums in Bonn. Ihr obliegt es vor allem, die früher Volkseigenen Betriebe der ehemaligen DDR zu privatisieren, zu sanieren oder stillzulegen sowie Grund und Boden für wirtschaftliche Zwecke bereitzustellen.
Das Treuhandgesetz hatte die Volkskammer verabschiedet (35.3. → 17. 6. 1990). Die Erwartungen, dass die Verkaufserlöse bei der Privatisierung und Reorganisation des volkseigenen Vermögens die Folgelasten der deutschen Vereinigung weitgehend kompensieren könnten, haben sich als folgenschwerer Irrtum erwiesen.

1991

1. Januar   **Rechtsangleichung**: In den neuen Bundesländern werden zahlreiche Gesetze und Verordnungen der »alten« BRD eingeführt. Dazu gehören u. a. die Straßenverkehrsordnung, das Steuerrecht und große Teile der Sozialgesetzgebung, z. B. die gesetzliche Krankenversicherung (Sozialgesetzbuch 5) und das Sozialhilfegesetz. Die Renten steigen um je 15 Prozent zum 1. 1. 1991 und 1. 7. 1991. – Ostdeutsche Rekruten treten ihren Grundwehrdienst in der Bundeswehr erstmals am 2. 1. 1991 an.

1. April   Treuhandchef Detlev Karsten **Rohwedder** wird von RAF-Terroristen in seiner Düsseldorfer Wohnung ermordet.
Die am 13. 4. 1991 zur neuen Vorsitzenden der Treuhandanstalt gewählte CDU-Politikerin und frühere niedersächsische Ministerin Birgit **Breuel** tritt wie ihr Vorgänger dafür ein, die Betriebe in der ehemaligen DDR rasch zu privatisieren, entschlossen zu sanieren oder vorsichtig stillzulegen.

23. April   Das Bundesverfassungsgericht entscheidet, dass **Enteignungen in der SBZ** auf besatzungsrechtlicher oder besatzungshoheitlicher

Grundlage zwischen 1945 – 1949 grundsätzlich nicht rückgängig gemacht werden müssen. Diese Bestimmungen im Einigungsvertrag (Anlage III) werden somit für rechtens erklärt. (35.4. → 31. 8. 1990) Betroffen sind Enteignungen im Zuge der Bodenreform, sodass Grund und Boden im Umfang von ca. einem Drittel des ehemaligen DDR-Territoriums Staatsbesitz bleiben, ebenso Industrie- und Gewerbebetriebe, die auf Befehl der SMAD sozialisiert worden waren oder als Reparationsgüter gedient hatten.

Das Gericht argumentiert, die deutsche Einheit hätte ohne Anerkennung der Enteignungsmaßnahmen vor 1949 nicht vollzogen werden können. Es gesteht den Betroffenen aber einen Anspruch auf Ausgleichszahlungen zu. (→ 27. 9. 1994)

Die Kläger hatten mit ihren Verfassungsbeschwerden eine Verletzung des Gleichheitsgrundsatzes gerügt, da Enteignete nach dem 7. 10. 1949, also zu DDR-Zeiten, ihr Eigentum zurückerhalten sollten (Rückübertragung).

1. Oktober In den fünf neuen Bundesländern steigen die **Mieten**, Heiz- und sonstigen Betriebskosten. Soziale Härten soll ein neu eingeführtes höheres Sonderwohngeld Ost auffangen.

Die Mieten waren in der ehemaligen DDR »eingefroren« gewesen. Sie hatten die anfallenden Kosten bei weitem nicht gedeckt. Die bestehende Bausubstanz verfiel daher zunehmend.

16. Dezember Das Gesetz zur **Verkehrswegeplanungsbeschleunigung** verkürzt die Planungszeiten für Verkehrswege in den neuen Bundesländern und Berlin. Damit soll der Verkehrsnotstand beseitigt und zugleich der wirtschaftliche Wiederaufbau gefördert werden.

Das **Fernstraßenausbaugesetz** vom 15. 11. 1993 passt den Bedarfsplan an die Verkehrsentwicklung an und dehnt ihn auf die neuen Bundesländer aus.

31. Dezember Die ehemaligen **Landwirtschaftlichen Produktionsgenossenschaften** (LPG) werden aufgelöst, soweit sie nicht bereits vorher privatisiert worden sind – sei es als Einzelbetriebe der bäuerlichen »Wiedereinrichter«, sei es als Gemeinschaftsunternehmen in genossenschaftlicher bzw. kapitalgesellschaftlicher Rechtsform. Wegen ungeklärter Eigentumsverhältnisse, vor allem bei Grund und Boden, kann die Treuhandanstalt nur in Einzelfällen langfristige Pachtverträge abschließen. Diese Unsicherheiten gefährden neben Kapitalmangel, veralteten Produktionsmethoden und Schwierigkeiten der Vermarktung vielfach das wirtschaftliche Überleben der neu geschaffenen landwirtschaftlichen Einzel- oder Gemeinschaftsbetriebe.

1992

14. Juli Nach dem **Investitionsvorranggesetz** erhalten Investoren ausnahmsweise Vorfahrt vor Alteigentümern, d. h., sie müssen nicht abwarten, bis Eigentumsansprüche in den neuen Ländern – oft langwie-

rig – geklärt sind. Vorrang vor Rückgabe haben allerdings nur »echte« Investitionen, die zukunftsorientierte Arbeitsplätze und neuen Wohnraum schaffen oder sichern bzw. die Wettbewerbsfähigkeit verbessern helfen.
Das zum Einigungsvertrag (Anlage III) gehörende Gesetz zur Regelung offener Vermögensfragen (35.4. → 31. 8. 1990) hatte den Grundsatz »Rückgabe vor Entschädigung« festgelegt. Novelliert wird es u. a. durch das **zweite Vermögensrechtsänderungsgesetz** vom 14. 7. 1992 und das darin enthaltene Investitionsvorranggesetz (Art. 5).

29. Oktober **Erstes Gesetz zur Bereinigung von SED-Unrecht**: Wer durch Strafgerichte im Beitrittsgebiet (ehemalige DDR) rechtsstaatswidrig verfolgt oder verurteilt worden ist, wird durch ein vereinfachtes Verfahren rehabilitiert, entschädigt und versorgt. Vorgesehen sind: Kapitalentschädigung für die Dauer des Freiheitsentzugs (in der Regel DM 550 pro Haftmonat), Unterstützung für Bedürftige, Leistungen für haftbedingte Gesundheitsschäden, Hinterbliebenenversorgung u. a.

1994

23. Juni Das **zweite Gesetz zur Bereinigung von SED-Unrecht** schafft die Voraussetzungen für die verwaltungsrechtliche und berufliche Rehabilitierung. Zur ersten Kategorie gehören Zwangsaussiedlungen aus dem ehemaligen DDR-Grenzgebiet, Schäden an Gesundheit und Vermögenswerten, zur zweiten Kategorie politisch motivierte Berufsverbote, verfolgungsbedingte Bedürftigkeit und Nachteile in der Rentenversicherung. Die rehabilitierten SED-Opfer erhalten keinen vollen Schadenersatz, sondern Ausgleichsleistungen als Wiedergutmachung; berücksichtigt werden nur gravierende Unrechtsfälle mit fortwirkenden Nachteilen. (→ 29. 10. 1992)

21. September Das **Sachenrechtsänderungsgesetz** strebt einen sozialverträglichen Interessenausgleich zwischen Alteigentümern und baulichen Nutzern von Grundstücken in den neuen Bundesländern an. Danach können Nutzungsberechtigte, die in der DDR z. B. Eigenheime errichten durften, zwischen der Alternative wählen, das Grundstück zum halben Verkehrswert zu kaufen oder Erbbauzinsen zu günstigen Bedingungen zu zahlen; bei geringem Einkommen haben sie Anspruch auf Wohngeld für die Erbbauzinsen. Der Grundstückseigentümer erhält somit entweder den halben Verkehrswert ausbezahlt, oder das Grundstück fällt nach der Erbbaupacht wieder an ihn zurück.

27. September Das **Entschädigungs- und Ausgleichsleistungsgesetz** regelt 1. die Entschädigung für in der DDR entschädigungslos enteignete Vermögenswerte, die oft nicht rückgebbar sind; 2. die Ausgleichsleistungen für irreversible Enteignungen in der SBZ 1945 – 1949, vor

allem durch die Bodenreform; 3. die Bereinigung von DDR-Schuldbuchforderungen, die der Kreditabwicklungsfonds tilgt; 4. die einmalige Zuwendung von DM 4 000 an Vertriebene zu altersgebundenen Fälligkeitsterminen in den neuen Bundesländern (Wohnsitzstichtag 3. 10. 1990); 5. die Entschädigung für NS-Verfolgte, wie mit der Claims Conference gesondert vereinbart. Die gestaffelten Entschädigungen und Ausgleichsleistungen erfolgen durch Schuldverschreibungen, die am 1. 1. 2004 fällig und verzinsbar werden. Die Finanzierung erfolgt durch einen Entschädigungsfonds mit einem Volumen von ca. 18 Milliarden DM. (→ 23. 4 1991)

1995
1. Januar

Die verbliebenen Aufgaben der **Treuhandanstalt** (→ 3. 10. 1990), die zum 31. 12. 1994 aufgelöst worden ist, übernehmen 1. die Beteiligungs-Management-Gesellschaft mbH (BMG) für unternehmensbezogene Aufgaben und Beteiligungen; 2. die Liegenschaftsgesellschaft der Treuhandanstalt (TLG), die der Bund übernimmt; 3. die Bodenverwertungs- und -verwaltungsgesellschaft mbH (BVVG) für land- und forstwirtschaftliche Aufgaben; 4. die Bundesanstalt für Vereinigungsbedingte Sonderaufgaben (BVS) für restliche Abwicklungen, Reprivatisierungen und hoheitliche Funktionen. – Die Schulden der Treuhandanstalt, die sich aus Krediten, Altkrediten und Ausgleichsforderungen zusammensetzen, gehen in den Erblastentilgungsfonds des Bundes über. (40.1. → 1. 1. 1995 Punkt 3)

1997
18. August

Das Gesetz zur Fortsetzung der wirtschaftlichen Förderung in den neuen Ländern stellt den **Aufbau Ost** (40.1. → 8. 3. 1991) in den Jahren 1999 – 2004 auf eine neue Basis. Die umstrittenen Sonderabschreibungen werden abgeschafft und durch – in der Regel verdoppelte – direkte Investitionszulagen ersetzt. Sie kommen vor allem mittelständischen Unternehmen zugute.

41. Weltwirtschaft, Dritte Welt und Umwelt 1990 – 1998

1990
11. Mai

Das **Bundesimmissionsschutzgesetz** (26.4. → 15. 3. 1974) wird umfassend novelliert, vor allem mit der Zielsetzung, die Umweltvorsorge zu verbessern: durch Prüfungen, Kontrollen, sicherheitstechnische Regeln, »Luftreinhaltepläne«, »Lärmminderungspläne« u. a. m.

1991

1. Januar Das **Umwelthaftungsgesetz** tritt in Kraft. Es führt eine Gefährdungshaftung für schädliche Umwelteinwirkungen ein, die zum Schadenersatz verpflichten. Er ist bei höherer Gewalt ausgeschlossen. Wenn die Anlage (z. B. Kraftwerk, Feuerungsbetrieb, Chemiefabrik) den entstandenen Schaden verursacht haben könnte, so gilt die Kausalitätsvermutung, dass er durch die Anlage verursacht worden ist – es sei denn, sie ist bestimmungsgemäß betrieben worden.

12. Juni Die **Verpackungsverordnung** soll die Verpackungsflut schrittweise durch Abfallvermeidung bzw. stoffliche Verwertung eindämmen: für Transportverpackungen ab 1. 12. 1991, für Umverpackungen ab 1. 4 1992, für Verkaufsverpackungen ab 1. 1. 1993. Werden bis zum 1. 7. 1995 nicht mindestens 80 Prozent aller Verpackungsarten erfasst, gilt die Rücknahme- und Pfandpflicht im Laden. Um davon freigestellt zu werden, kann die Wirtschaft ein verbrauchernahes und flächendeckendes Rücknahmesystem aufbauen. Es wird als Duales System zum Sammeln, Sortieren und Wiederverwerten gebrauchter Verpackungen (Kennzeichen: Grüner Punkt) eingeführt.

1. September Das **Lomé-IV-Abkommen** vom 15. 12. 1989 zwischen der EG und nun 69 AKP-Staaten tritt in Kraft. Es hat erstmals eine Laufzeit von zehn Jahren (1990 – 2000), kann jedoch 1995 überprüft und revidiert werden. Die Europäische Investitionsbank (EIB) vergibt vor allem Darlehen, der Europäische Entwicklungsfonds (EEF) vor allem Zuschüsse. Die Finanzmittel sind beträchtlich aufgestockt worden; die BRD ist der größte Geldgeber mit einem Anteil von über einem Viertel am Finanzvolumen des EEF.
Schwerpunktmäßig gefördert werden wie bisher die Landwirtschaft und die Ernährungssicherung. Damit sich die AKP-Staaten nicht noch mehr verschulden müssen, erhöht die EG die Zuschüsse und verzichtet auf die Rückzahlung von Stabex-Transfers (am 19. 11. 1991 auch auf die früheren Stabex-Rückzahlungen). Wesentlich erweitert sind die Bestimmungen über die Menschenrechte, den Privatsektor, die Bevölkerungs- und Frauenpolitik sowie den Umweltschutz. Zu Lomé III: 32.2. → 1. 5. 1986.
Am 1. 4. 1993 verabschiedet die Paritätische Versammlung aus Vertretern des EP und der AKP-Staaten in Gaborone (Botswana) eine Entschließung, die fordert, »Demokratie, Menschenrechte und Entwicklung« zu fördern und einzuhalten.

10. Oktober Carl-Dieter Spranger, Minister für wirtschaftliche Zusammenarbeit, stellt im Bundestag **fünf Kriterien** vor, nach denen künftig Entwicklungshilfe vergeben werden soll: 1. Beachtung der Menschenrechte (u. a. bei der Festnahme von Personen, durch Minderheitenschutz und Verbot der Folter, keine Strafe ohne Gesetz); 2. Beteiligung der Bevölkerung an politischen Entscheidungen z. B.

durch demokratische Wahlen, freie Parteien und Gewerkschaften mit Meinungs- und Pressefreiheit; 3. Rechtssicherheit durch unabhängige Justiz, gleiches Recht für alle, Rechtsstaatlichkeit u. a.; 4. marktfreundliche Wirtschaftsordnung (u. a. durch den Schutz des Eigentums und des Wettbewerbs, Preisfindung durch den Markt mit Gewerbe- und Niederlassungsrecht); 5. Entwicklungsorientierung des Staates zugunsten der armen Bevölkerungsmehrheit (z. B. durch Verbesserung ihrer wirtschaftlichen und sozialen Lage anstelle überhöhter Rüstungsausgaben, Ressourcen- und Umweltschutz). Die Kriterien sind »keine starren Messgrößen«, sondern Orientierungshilfen, die dazu beitragen sollen, entwicklungspolitische Entscheidungen objektiver und transparenter zu gestalten.

Mehr als die Hälfte der öffentlichen deutschen Entwicklungsgelder entfällt auf die am wenigsten entwickelten Länder (LDC). Sie erhalten Kapitalhilfe seit 1978 als nicht rückzahlbare Zuschüsse (Finanzierungsbeiträge).

1992

3.–14. Juni   Auf der UN-Konferenz für Umwelt und Entwicklung (UNCED) in **Rio de Janeiro**/Brasilien beraten 178 Teilnehmerstaaten erstmals über globale Umweltprobleme und Umweltpolitik.

Folgende verabschiedete Dokumente sind hervorzuheben:

1. Die **Rio-Deklaration** führt Grundsätze auf, die in der Entwicklungs- und Umweltpolitik künftig das Verhalten zwischen Staaten untereinander (völkerrechtlich) und von Staaten zu ihren Bürgern (innerstaatlich) bestimmen sollen. Verbindlich festgeschrieben ist die »nachhaltige Entwicklung« (sustainable development), die gewährleisten soll, dass wirtschaftliche und soziale Zielsetzungen mit ökologischen des Umweltschutzes in Einklang gebracht werden.

    Der Commission on Sustainable Development (CSD) obliegt die Aufgabe, die Umsetzung zu überwachen, zu koordinieren und weiterzuentwickeln.

2. Die Konvention über die **Biologische Vielfalt** verpflichtet die Unterzeichnerstaaten dazu, die Vielfalt von Tier- und Pflanzenarten weltweit zu erhalten und ihre bedrohten Lebensräume innerhalb und außerhalb von Schutzgebieten (in situ und ex situ) sicherzustellen. Die USA, Saudi-Arabien, Kuwait u. a. verweigern die Unterschrift. – In Deutschland tritt die Konvention am 10. 9. 1993 in Kraft.

3. Die **Klimarahmenkonvention** soll gefährliche Klimaveränderungen und ihre Folgen verhindern. Um die Treibhausgasemissionen zu stabilisieren, sind alle Unterzeichnerstaaten verpflichtet, nationale Treibhausgasinventare aufzustellen, fortzuschreiben und zu veröffentlichen. Die Industrieländer haben bis zum Jahre 2000 die Emission von Kohlendioxid und anderen Treibhausgasen auf das Niveau von 1990 zu reduzieren und die Entwick-

lungsländer finanziell bei der Durchführung der Konvention zu unterstützen. Ein Zeitziel wird nicht festgelegt, weil die USA Einspruch einlegen. – In Deutschland tritt die Konvention am 17. 9. 1993 in Kraft.

4. Die Konvention gegen **Wüstenbildung** soll den bedrohlichen Tendenzen entgegenwirken, dass sich Wüsten weiter ausbreiten, vor allem in Afrika und Zentralasien, aber teilweise auch in Amerika und Südeuropa.

5. Nach der nicht verbindlichen **Wald-Erklärung** sind die Wälder global ökologisch zu bewirtschaften, zu erhalten und zu schützen. Jedoch betonen die Tropenwaldländer ihre Souveränität über ihr Territorium. – Eine vor allem von Deutschland angestrebte rechtlich bindende Waldkonvention ist nicht konsensfähig.

6. Das Aktionsprogramm **Agenda 21** enthält Handlungsaufträge an alle Staaten zur Gestaltung ihrer Entwicklungs- und Umweltpolitik. Die BRD sagt zu, ihre bi- und multilaterale Entwicklungspolitik an der Agenda 21 zu orientieren, und strebt an, so bald wie möglich 0,7 Prozent des Bruttosozialprodukts dafür aufzuwenden.

6.–8. Juli   Auf dem 18. **Weltwirtschaftsgipfel in München** einigen sich die sieben großen Industriestaaten (G7) darauf, Haushaltsdisziplin zu üben, das Wirtschaftswachstum zu fördern, den Welthandel (→ 15. 4

Polizeieinsatz bei einer nicht genehmigten Demonstration gegen den Weltwirtschaftsgipfel vom → 6.–8. Juli 1992 in München.

1994) zu liberalisieren und den Entwicklungsländern ebenso wie den postkommunistischen Reformstaaten Hilfe zur Selbsthilfe zu gewähren.

Nach dem beschlossenen »Zehn-Punkte-Programm« zur Unterstützung Russlands ist die Auszahlung weiterer Kredite davon abhängig, dass marktwirtschaftliche Reformen – wie angekündigt – durchgeführt werden. Ein 24-Milliarden-Dollar-Hilfsprogramm für die GUS soll u. a. den Rubel stabilisieren helfen und der Umschuldung dienen.

Bundeskanzler Kohl als Gastgeber betont, dass die finanzielle Belastung der BRD »bereits an der Obergrenze angelangt ist«; denn sie habe gegenüber den Nachfolgestaaten der Sowjetunion (GUS) fast zwei Drittel aller westlichen Hilfen (Kredite, Nahrungsmittel, Medizin, Technik u. a.) geleistet, gegenüber den mittel- und osteuropäischen Staaten ca. ein Drittel der Unterstützung.

Der russische Präsident Boris Jelzin trifft offiziell nach dem Ende des Weltwirtschaftsgipfels mit den Staats- und Regierungschefs der G7 zusammen. Auf dem Londoner Weltwirtschaftsgipfel (15–17. 7. 1991) hatte Gorbatschow als »Gast« die Sowjetunion vertreten. Als erster Schritt der westlichen »Hilfe zur Selbsthilfe« waren »besondere Beziehungen« der Sowjetunion zur Weltbank und zum Internationalen Währungsfonds hergestellt worden.

1993

1. Juni   Die **Technische Anleitung (TA) Siedlungsabfall** tritt in Kraft. Sie regelt in ganz Deutschland, wie Haus- und Sperrmüll verwertet und abzulagernde Restabfälle in Müllverbrennungsanlagen zur umweltverträglichen Entsorgung vorbehandelt werden müssen. Es gelten Übergangsfristen zur Verringerung von Deponien, die Grundwasser und Umwelt gefährden. Deponien sollen möglichst durch Mineralisierung und Homogenisierung des Restabfalls und durch Schadstoffzerstörung nachsorgefrei werden.

6. August   Neuregelung der Aufgaben des Bundes in den Bereichen **Natur- und Artenschutz**. In Bonn wird ein Bundesamt für Naturschutz als Bundesoberbehörde errichtet.

1994

15. April   In Marrakesch/Marokko endet die sog. Uruguay-Runde (seit Herbst 1986), an der sich zuletzt 125 Staaten beteiligen, mit der Unterzeichnung der **GATT-Schlussakte**. Dieses bisher umfangreichste internationale Handelsabkommen liberalisiert den Welthandel und baut den Protektionismus ab: Es senkt die Zölle für Industriegüter, beseitigt tarifäre und nichttarifäre Handelshemmnisse, begrenzt Subventionen und schützt geistiges Eigentum besser als bisher. Durch Kompromisse gelingt es erstmals, auch Landwirtschaft, Textilindustrie und Dienstleistungen in die GATT-Regeln einzubeziehen.

Den Vertragsabschluss gefährdet hatte der bestehende Protektionismus vor allem im Agrar-, Textil-, Kultur- und Dienstleistungssektor. Die EU-Staaten, zuletzt insbesondere Frankreich, weigerten sich lange, Subventionen für Landwirte abzubauen; die westliche Textil- und Bekleidungsindustrie fürchtete die »Billigkonkurrenz« aus Asien; die Entwicklungsländer wehrten sich anfangs dagegen, u. a. Patente, Markenartikel, Copyrights besser zu schützen. Kompromisse und Übergangsfristen für Landwirtschaft und Textilindustrie ebnen schließlich den Weg zur Verständigung.

An die Stelle des bisherigen GATT-Sekretariats tritt die neue World Trade Organization (WTO) als neue weltumspannende Institution. Sie bildet die dritte Säule der internationalen Handels- und Wirtschaftspolitik neben Weltbank und Internationalem Währungsfonds. Die WTO nimmt ihre Arbeit am 1. 1. 1995 in Genf auf.

8. Juli Das **Umweltinformationsgesetz** setzt die EG-Richtlinie vom 7. 6. 1990 in deutsches Recht um. Sie regelt den freien Zugang zu Informationen über die Umwelt und den Datenschutz.

9./10. Juli Der 20. Weltwirtschaftsgipfel der sieben wichtigsten Industriestaaten in **Neapel** erweitert die G7-Runde (USA, Kanada, Japan, Deutschland, Frankreich, Großbritannien und Italien) erstmals um Russland. Es ist durch die Teilnahme Jelzins ein gleichberechtigter, wenngleich nicht integrierter Partner geworden.

Auf dem Weltwirtschaftsgipfel in **Tokio** vom 7.–9. 7. 1993 hatte der russische Präsident Jelzin als Gast teilgenommen, seine Reformpolitik erläutert und finanzielle Unterstützung für die Privatisierung staatlicher Betriebe erhalten.

8. August Als erstes Land der Welt errichtet die BRD ein »Repräsentanzbüro« ohne diplomatischen Status bei der **palästinensischen Autonomieregierung** in Jericho.

Am 4. 5. 1994 hatten Israels Ministerpräsident Jitzhak Rabin und der Vorsitzende der am 1. 6. 1964 gegründeten Palestine Liberation Organization (PLO), Jassir Arafat, in Kairo das Autonomieabkommen für den Gaza-Streifen und Jericho (Westjordanland) unterzeichnet. Den Palästinensern obliegen vor allem Verwaltung, Sicherheit und Justiz im Autonomiegebiet, doch behält sich Israel die Oberhoheit vor. Die jüdischen Siedlungen und die israelischen Bürger im Autonomiegebiet erhalten einen Sonderstatus.

Die PLO betrachtet das auf fünf Jahre befristete Gaza-Jericho-Abkommen als Geburtsurkunde eines später unabhängigen Palästinenserstaates. Die Prinzipien des Abkommens waren unter Vermittlung der norwegischen Regierung in Oslo ausgehandelt und am 13. 9. 1993 in Washington vereinbart worden, nachdem sich Israel und die PLO am 9. 9. 1993 gegenseitig anerkannt und damit den Grundstein für eine Normalisierung ihrer Beziehungen gelegt hatten.

Am 28. 9. 1995 unterzeichnen Rabin und Arafat in Washington ein erweitertes Interims-Autonomieabkommen. Es regelt u. a. den weitgehenden Abzug des israelischen Militärs aus dem Westjordanland, die gestaffelte Kontrolle der Verwaltung in drei Zonen A-C, die Wahl eines palästinensischen Selbstverwaltungsrates, den Zugang zu heiligen Stätten und die etappenweise Freilassung inhaftierter Palästinenser.

Das vom konservativen israelischen Ministerpräsidenten Benjamin Netanjahu und Palästinenserpräsident Jassir Arafat unter Vermittlung des US-Präsidenten Clinton in Wye (nördlich von Washington) am 23. 10. 1998 ausgehandelte Zwischenabkommen (Wye I) bestätigt vor allem den weiteren israelischen Truppenabzug aus dem Westjordanland, wird jedoch wegen des ins Stocken geratenen Friedensprozesses nur in Ansätzen verwirklicht. Wye I soll daher durch die Wye II-Zusatzvereinbarung umgesetzt werden, die der neue israelische Regierungschef Ehud Barak und Palästinenserpräsident Jassir Arafat am 5. 9. 1999 im ägyptischen Badeort Scharm el Scheich unterschreiben.

5.–13. September

Die **Weltbevölkerungskonferenz** der UNO in **Kairo**, auf der 183 Staaten vertreten sind, diskutiert kontrovers über das Wachstum der Weltbevölkerung, über Geburtenkontrolle und Abtreibung sowie über die Rolle der Frau in Familie und Gesellschaft. Der Vatikan und islamische Staaten, die teilweise aus Protest der Konferenz fernbleiben, äußern Vorbehalte gegen eine »individualistische Auffassung der Sexualität« im Schlussdokument der Konferenz; als einziger Teilnehmerstaat stimmt ihr der Vatikan nur in Teilen zu.

27. September

Mit dem Gesetz zur Vermeidung, Verwertung und Beseitigung von Abfällen erhält in Deutschland die **Abfallvermeidung** den Vorrang vor der Abfallentsorgung. Verschärft ist die Überwachung unvermeidbarer Entsorgungsvorgänge. Das Verursacherprinzip gilt auch im Abfallbereich.

Die Kontrolle grenzüberschreitender Verbringung gefährlicher Abfälle und ihrer Entsorgung regelt das Basler Übereinkommen vom 22. 3. 1989. Es wird in der BRD mit Wirkung zum 14. 10. 1994 innerstaatlich umgesetzt. Danach sind Abfallexporte in Staaten außerhalb der EU und EFTA verboten, da eine umweltverträgliche Abfallentsorgung sonst nicht gewährleistet ist.

1. November

Das in Kraft getretene zweite Gesetz zur **Bekämpfung der Umweltkriminalität** verbietet es, gefährliche Abfälle zu exportieren bzw. zu importieren. Umweltsünden können je nach ihrer Schwere effektiver verfolgt werden: u. a. der unerlaubte Umgang mit radioaktiven und anderen gefährlichen Stoffen, die Verunreinigung des Bodens, der Luft und des Wassers, der Heilquellen- und der Naturschutzgebiete. (26.4. → 1. 7. 1980)

16. November Das **Seerechtsübereinkommen** der UNO vom 10. 12. 1982 tritt in Kraft; Bundestag und Bundesrat hatten ihm am 29. 6. bzw. am 8. 7. 1994 zugestimmt.
Das umfangreiche Vertragswerk regelt Meeresnutzungen wie Schifffahrt, Überflug, Fischerei, Tiefseebergbau, Meeresforschung und den Meeresumweltschutz. Es unterscheidet drei Zonen: 1. das Küstenmeer als Hoheitsgewässer, das von drei auf zwölf Seemeilen erweitert ist; 2. die »Ausschließliche Wirtschaftszone«, die 200 Seemeilen (mit Festlandsockel bis 350 Seemeilen) umfasst und der Nutzung des Küstenstaats vorbehalten bleibt; 3. das »Gebiet« als offene See, deren Boden und Ressourcen als »gemeinsames Erbe der Menschheit« gelten. Hamburg wird Sitz des Internationalen Seegerichtshofs und damit der ersten UNO-Institution in Deutschland. Ihm obliegt die Streitbeilegung in Seerechtsfragen.

1995

28. März –   In Berlin findet die erste Vertragsstaatenkonferenz der **UN-Klima-**
7. April   **rahmenkonvention** statt. Vertreten sind 170 Staaten. – Eingeladen hatte die Bundesregierung bereits in Rio de Janeiro: → 3.–14. 6. 1992.
Nach schwierigen Verhandlungen, die zeitweilig zu scheitern drohen, verabschiedet die Konferenz das »Berliner Mandat«. Es sieht vor, die Industriestaaten in Verhandlungen bis 1997 völkerrechtlich verbindlich zur Treibhausgasbegrenzung und -reduktion (Kohlendioxid, Fluorchlorkohlenwasserstoffe, Methan, Ozon u. a.) auch über das Jahr 2000 hinaus zu verpflichten und so die Vereinbarungen von Rio de Janeiro fortzuschreiben. In einer Pilotphase sollen gemeinsame Projekte gestartet und umgesetzt werden (joint implementation). Das Ständige Sekretariat der Klimarahmenkonvention hat künftig seinen Sitz in Bonn.

25. April   Der erste **Castor-Container** mit Atommüll aus dem Kernkraftwerk Philippsburg (Baden-Württemberg) trifft unter strengsten Sicherheitsvorkehrungen im niedersächsischen Zwischenlager Gorleben ein. AKW-Gegner hatten den Transport zu verhindern versucht.
Nur mit dem bisher größten Polizeiaufgebot in der Geschichte der BRD gelingt es am 7./8. 5. 1996, hochradioaktiven Abfall aus der Wiederaufbereitungsanlage in La Hague (Frankreich) per Atomzug nach Dannenberg und von dort per Tieflader nach Gorleben zu transportieren.
Geschützt von etwa 30 000 Polizisten und unter Protesten und Blockaden von ca. 10 000 Atomkraftgegnern erreicht am 5. 3. 1997 der dritte Atommülltransport in Castor-Behältern Gorleben.

4. November   Bei der Halbzeitüberprüfung des **Lomé-IV-Abkommens** (→ 1. 9. 1991) wird die Zusammenarbeit an »wesentliche Elemente« wie Demokratie, Menschenrechte, Rechtsstaatlichkeit und marktwirt-

schaftliche Prinzipien gekoppelt. Bei Vertragsverletzungen ermöglicht es eine neu eingeführte Suspendierungsklausel, die Entwicklungshilfe auszusetzen. Eine zweistufige flexibilisierte Finanzierung einzelner Projekte soll der Erfolgskontrolle dienen.

1996

1./2. März Auf der **Europäisch-asiatischen Gipfelkonferenz** in Bangkok beschließen die 15 EU-Staaten, die sieben ASEAN-Staaten (Indonesien, Malaysia, Philippinen, Singapur, Thailand, Vietnam und Brunei) sowie China, Japan und Südkorea eine »Partnerschaft für Wachstum«. Die 25 Staaten wollen ihren politischen Dialog ausbauen, ihren wechselseitigen Handel intensivieren und Investitionen verstärkt fördern.

Im Juli 1997 löst die Kursfreigabe des thailändischen Baht eine **Wirtschaftskrise in Asien** aus. Devisen- und Aktienkurse stürzen auch in Malaysia, auf den Philippinen, in Indonesien, im Oktober 1997 vor allem in Hongkong und danach in Südkorea. Im Juni 1998 erfasst die Rezession erstmals seit 1975 Japan. Produktion und Investitionen stagnieren, die Arbeitslosenquote steigt, der von der Asienkrise betroffene Außenhandel schrumpft. Der mit Krediten finanzierte Immobilienmarkt und davon abhängige alteingesessene Banken und Versicherungen brechen zusammen.

1997

18. April Das **Kraftfahrzeugsteueränderungsgesetz** berücksichtigt bei der Festsetzung der Abgaben neben dem Hubraum des Autos auch die von ihm ausgehende Umweltbelastung. Die Kfz-Steuer steigt bei Pkw mit hohem Schadstoffausstoß, z. B. bei älteren Autos ohne oder mit ungeregeltem Katalysator, und sie sinkt bei verbrauchsgünstigen und emissionsarmen Pkw. Besonders schadstoffreduzierte Fahrzeuge erhalten eine befristete Steuerbefreiung (Euro 3 – und Euro 4-Norm), darüber hinaus 5- und 3-Liter-Autos.

11. Dezember Nach langem Tauziehen verpflichten sich die Industrieländer auf der UN-Klimaschutzkonferenz in **Kyoto** weltweit darauf, die Emission von Treibhausgasen (vor allem Kohlendioxid, Methan, Lachgas) bis 2012 unter das Niveau von 1990 zu senken. Die Reduktionsziele für die EU betragen 8 Prozent, für Deutschland sogar 21 Prozent. Offen bleibt, wie die komplexen technischen Details des für die Industrieländer verbindlichen Protokolls von Kyoto umgesetzt werden sollen.

1998

1. Februar Der frühere Bundesminister **Klaus Töpfer** tritt sein Amt als Exekutivdirektor des UN-Umweltprogramms im Rang eines Unter-Generalsekretärs an. Das United Nations Environment Programme (UNEP) hat seinen Sitz in Nairobi (Kenia).

20. März   Der bisher größte deutsche **Atommülltransport** aus Gundremmingen (Bayern) und Neckarwestheim (Baden-Württemberg) trifft im westfälischen Ahaus als Zwischenlager ein. Der Castor-Zug war früher als angekündigt abgefahren, sodass Proteste von Atomkraftgegnern geringer ausfielen als erwartet. – Wie nachträglich bekannt gegeben wird, sind die Castor-Container teilweise hochgradig radioaktiv verstrahlt (kontaminiert).

42. Familien-, Jugend- und Bildungspolitik in Deutschland 1990–1998

1990

22. Mai   **BAföG-Reform**: Studierende erhalten die Förderung künftig zur Hälfte als Zuschuss und nicht mehr wie bisher als Volldarlehen. Neu aufgenommen werden Schüler von Berufsaufbauschulen und Fachoberschulklassen, von Fach- und Berufsfachschulklassen (ab Klasse 11). Erheblich angehoben sind die relativen Freibeträge, die beim Elterneinkommen über den Grundfreibetrag hinausgehen. Die Leistungen werden im Rahmen der allgemeinen Anpassung im Herbst 1990 um drei Prozent erhöht. Eine Verordnungsermächtigung zur Förderung von Studierenden, die von ihrem Wohnsitz in der DDR zur Ausbildung in die BRD pendeln, ist eingefügt.
Für die neuen Länder tritt das BAföG am 1. 1. 1991 in Kraft; die Förderung beginnt am 1. 4 1991.

26. September   Auf ihrer abschließenden Sitzung verabschiedet die **Gemeinsame Bildungskommission** der BRD und DDR in Bonn Empfehlungen zur Neugestaltung des Schul- und Bildungswesens in den neuen Bundesländern nach einschlägigen KMK-Vereinbarungen.
Die Gemeinsame Bildungskommission hatte sich am 16. 5. 1990 mit der Zielsetzung konstituiert, die Bildungssysteme der beiden deutschen Staaten »auf dem Weg zur deutschen Einheit« zusammenzuführen.

4./5. Oktober   Nach der Wiederherstellung der staatlichen Einheit Deutschlands heißt die **KMK** die zuständigen Minister und Ministerinnen der neuen Bundesländer als Mitglieder willkommen. Bildung und Kultur gelten als »jetzt entscheidende Faktoren beim inneren Zusammenwachsen der bisher getrennten Teile Deutschlands«.

1991

1. Januar   Das **Kinder- und Jugendhilfegesetz** tritt in Kraft. Es löst damit das alte Jugendwohlfahrtgesetz (1922) ab. Neu geregelt sind die

Aufgaben der Jugendämter, der freien Jugendhilfe, der Heimaufsicht, des Pflegekinderwesens, der Jugendarbeit u. a. m. Ausgebaut werden familienunterstützende und -entlastende Hilfen, z. B. für allein stehende Elternteile.

1. Januar   Die **neuen Bundesländer** werden in das Abkommen über die Bund-Länder-Kommission für Bildungsplanung und Forschungsförderung (BLK) sowie in die Gemeinschaftsaufgabe Hochschulbau einbezogen. Sie treten ferner den bestehenden Bildungs- und Wissenschaftsorganisationen bei (z. B. DAAD, DFG, HRK).

1992

25. Februar   Das Steueränderungsgesetz verbessert den **Familienlastenausgleich**: Der Kinderfreibetrag wird rückwirkend ab 1. 1. 1992 von jährlich DM 3 024 auf DM 4 104 angehoben, das Erstkindergeld von monatlich DM 50 auf DM 70. Für Familien mit geringem Einkommen, die nicht zur Einkommensteuer veranlagt sind, erhöht sich der Kindergeldzuschlag.

27. Juli   **Novellierter § 128 StGB**: Das Schwangeren- und Familienhilfegesetz regelt das Abtreibungsrecht neu. Es sieht eine gesamtdeutsche Fristenlösung vor: den straffreien Schwangerschaftsabbruch bis zur zwölften Woche nach Befruchtung der Eizelle, sofern sich die Schwangere vor dem Eingriff beraten lässt und darüber eine schriftliche Bestätigung vorlegt.
Das Bundesverfassungsgericht erlässt am 4. 8. 1992 auf Antrag von 247 CDU/CSU-Bundestagsabgeordneten und der Bayerischen Staatsregierung eine einstweilige Anordnung, die das In-Kraft-Treten des neuen Abtreibungsrechts aussetzt, bis es verfassungsrechtlich geprüft ist.
In Kraft treten können am 5. 8. 1992 die flankierenden Maßnahmen zum Schutz des vorgeburtlichen Lebens nach dem Prinzip Hilfe statt Strafe: kostenlose Sexualaufklärung durch flächendeckenden Ausbau von Beratungsstellen, Verhütungsmittel auf Krankenschein für junge Frauen bis zum vollendeten 20. Lebensjahr, Zuschläge für schwangere und allein erziehende Sozialhilfeempfängerinnen, Bevorzugung Schwangerer bei der Vergabe öffentlich geförderter Wohnungen, Anspruch auf künftige Kinderbetreuung u. a. m.
Zum Auftrag an den gesamtdeutschen Gesetzgeber gemäß Einigungsvertrag (Anlage II): 35.4. → 31. 8. 1990; zur Entscheidung des Bundesverfassungsgerichts in der Hauptsache: → 28. 5. 1993.

1993

5. Mai   Eine Arbeitsgruppe der zuständigen Bundes- und Landesminister legt den Regierungschefs das **Eckwertepapier** vor. Es enthält u. a. Vorschläge 1. für eine Studienstrukturreform, die Lehre und Studienbedingungen verbessert; 2. für den Ausbau der Fachhoch-

schulen (z. B. durch neue Studienplätze und Bildungsfelder); 3. für Leistungsverbesserungen der Hochschulen und leistungsorientierte Mittelzuweisungen; 4. zur Förderung der Hochschulforschung einschließlich außeruniversitärer Forschungseinrichtungen; 5. zur Innovation der beruflichen Aus- und Weiterbildung.

Das Eckwertepapier wird am 11. 11. 1993 in einem bildungs- und forschungspolitischen Grundsatzgespräch mit Bundeskanzler Kohl erörtert. Am 16. 12. 1993 beschließen die Regierungschefs von Bund und Ländern, einzelne Reformvorschläge konkret umzusetzen. Dafür sind hauptsächlich die Länder zuständig.

Das Bundeskabinett hatte bereits am 3. 2. 1993 »Grundsätzen zur Bildungs- und Forschungspolitik« zugestimmt, die von den Ministern Ortleb und Wissmann erarbeitet worden waren, um die Verhandlungsposition des Bundes für ein bildungspolitisches Spitzengespräch vorzubereiten.

28. Mai	Das Bundesverfassungsgericht erklärt das **novellierte Abtreibungsrecht** (→ 27. 7. 1992) für verfassungswidrig. Abtreibungen bleiben zwar in den ersten zwölf Wochen straffrei, sind aber »rechtswidrig«. Sie dürfen nur dann von Krankenkassen finanziert werden, wenn eine kriminologische, medizinische oder embryopathische Indikation vorliegt: Vergewaltigung, Gefahr für die Mutter oder Schädigung des Kindes. Die Beratung der Schwangeren mindestens drei Tage vor dem Eingriff muss »umfassend dem Schutz des ungeborenen Lebens« verpflichtet sein, d. h., sie darin bestärken, ihre Schwangerschaft fortzusetzen. – Das Urteil legt eine Übergangsregelung fest, die so lange gilt, bis der Gesetzgeber das Abtreibungsrecht neu geordnet hat. (→ 8. 7. 1994)
16. Dezember	Nach dem neuen **Familiennamensrechtsgesetz** haben Ehegatten verschiedene Wahlmöglichkeiten, ihren Familiennamen (Ehenamen) zu bestimmen. Die Befugnis zur nachträglichen Namenskorrektur wird befristet auf Altehen erweitert. Abkömmlinge können den Namen der Mutter oder des Vaters oder einen Doppelnamen erhalten.

Das Bundesverfassungsgericht hatte am 5. 3. 1991 den § 1355 Abs. 2 BGB, wonach Ehename der Geburtsname des Mannes ist, wenn sich die Ehegatten nicht auf einen gemeinsamen Ehenamen einigen können, für verfassungswidrig erklärt.

1994

3. Februar	Bildungs- und Wissenschaftsminister Rainer **Ortleb** (FDP) tritt zurück, offiziell aus gesundheitlichen Gründen. Sein Nachfolger wird nach einem politischen Verwirrspiel am 4. 2. 1994 Karl-Hans **Laermann** (FDP) für den Rest der Legislaturperiode.
30. Juni	**Kinderschutz**: Ab sofort ruht die Verjährungsfrist bei sexuellem Missbrauch von Kindern bis zum vollendeten 18. Lebensjahr des

Opfers. Neben dem Handel wird auch der Besitz von Kinderpornographie bestraft, ferner der sexuelle Missbrauch von Kindern durch deutsche Sextouristen im Ausland.

Die Dunkelziffer liegt bei Straftaten gegen die sexuelle Selbstbestimmung (§§ 176 – 179 StGB) sehr hoch. Opfer zeigen den sexuellen Missbrauch – sofern überhaupt – oft erst als Erwachsene an.

8. Juli   Der vom Bundestag am 26. 5. 1994 verabschiedete Gesetzentwurf der Fraktionen von CDU/CSU und FDP zur Neuregelung des § **218 StGB** scheitert an der SPD-Mehrheit im Bundesrat. Es bleibt daher vorerst bei der Übergangsregelung des Bundesverfassungsgerichts. (→ 28. 5. 1993)

1. September   Das **zweite Gleichberechtigungsgesetz** tritt in Kraft. Es soll die Benachteiligung von Frauen im Beruf beseitigen: durch Frauenförderpläne in der Bundesverwaltung, Frauenbeauftragte in größeren Dienststellen, verbesserte Vorschriften für Teilzeitbeschäftigung und Beurlaubung aus familiären Gründen, Gleichbehandlung am Arbeitsplatz u. a. m. Erstmals wird sexuelle Belästigung, also sexuell motivierte verbale und körperliche Übergriffe am Arbeitsplatz, verboten. Sie können mit Abmahnung bis Entlassung bestraft werden.

1995

1. Januar   Die **Pflegepflichtversicherung** tritt größtenteils in Kraft. (40.2. → 1. 1. 1995)

21. August   Das Schwangeren- und Familienhilfeänderungsgesetz novelliert das **Abtreibungsrecht** (§§ 218a, 218b, 218c und 219 StGB) nach den Vorgaben des Urteils des Bundesverfassungsgerichts vom → 28. 5. 1993. Der Kompromiss zwischen CDU/CSU, SPD und FDP sieht eine Fristenregelung in den ersten zwölf Monaten nach einer obligatorischen Konfliktberatung vor; sie muss die Frau dazu ermutigen, ihre Schwangerschaft auszutragen, jedoch zugleich ergebnisoffen bleiben. Wer die Frau zur Abtreibung nötigt, macht sich strafbar. Drei Tage nach Erhalt des Beratungsscheins kann ein Arzt nach Prüfung der rechtlichen Voraussetzungen den zwar rechtswidrigen, aber straffreien Schwangerschaftsabbruch vornehmen; rechtmäßig ist er nur bei kriminologischer, medizinischer oder embryopathischer Indikation. Ist die Frau bedürftig, erstattet die gesetzliche Krankenversicherung die Kosten des Schwangerschaftsabbruchs nach der Beratungsregelung.

In der Deutschen Bischofskonferenz (Vorsitzender: Karl Lehmann) kommt es wiederholt zu Auseinandersetzungen darüber, ob und wie sich die katholische Kirche an der staatlichen Schwangerenkonfliktberatung als Voraussetzung für eine straffreie Abtreibung beteiligen dürfe. Der Vatikan (Papst Johannes Paul II.) verwirft den Kompromiss, auf dem Beratungsschein zu vermerken, dass er nicht zur Durchführung straffreier Abtreibungen verwendet werden könne; denn die lediglich theoretische Aussage ohne reale Konsequenzen sei für die Kirche nicht vertretbar. Auf Drängen des Papstes entscheiden die katholischen Bischöfe am 24. 9. 1999 in Fulda, nach einer Übergangsfrist, während der jedes Bistum darüber entscheidet, wie lange Beratungsscheine noch vergeben werden, aus dem System der staatlichen Schwangerenkonfliktberatung auszuscheiden.

1996

1. Januar

Der bisherige Familienlastenausgleich wird zum **Familienleistungsausgleich** nach dem Optionsmodell fortentwickelt: Die leistungsberechtigten Eltern können wählen zwischen einkommensunabhängigen Kindergeldzahlungen, gestaffelt nach der Zahl der Kinder, oder dem einkommensteuerlichen Kinderfreibetrag, der etwa dem verfassungsrechtlich gebotenen steuerfreien Existenzminimum entspricht. Als Kinder gelten eheliche, nicht eheliche, adoptierte, Pflege- und Enkelkinder, sofern sie im Haushalt leben und unterhalten werden. Allgemeine Altersgrenze für die Leistungen ist nicht mehr das 16., sondern das 18. Lebensjahr. In der Regel erhalten Arbeitnehmer das Kindergeld monatlich nach Vorlage der Kindergeldbescheinigung des Arbeitsamts vom Arbeitgeber ausbezahlt; Selbständige und Geringverdiener beziehen es von der Familienkasse beim Arbeitsamt. Bei Scheidung oder Trennung steht das Kindergeld jenem Elternteil zu, bei dem das Kind lebt (Obhutsprinzip); den Kinderfreibetrag können Geschiedene jeweils hälftig beanspruchen.

1. Januar

Das sog. »**Meister-BAföG**« wird eingeführt. Danach können Fachkräfte für ihre Aufstiegsfortbildung zum Meister oder Techniker staatliche Zuschüsse und zinsgünstige Bankdarlehen beanspruchen. Das Darlehen, das die Deutsche Ausgleichsbank abwickelt, ist nach Abschluss der Fortbildung mit Zinsen zurückzuzahlen; Existenzgründer, die mindestens zwei Arbeitsplätze schaffen, erhalten Ermäßigung.
Das 18. BAföG-Änderungsgesetz vom 17. 7. 1996 ersetzt den Darlehensanteil durch ein verzinsliches privatrechtliches Bankdarlehen nach Überschreiten der Förderungshöchstdauer, bei einem Zweitstudium, bei einem Fachrichtungswechsel und bei der Studienabschlussförderung.

1997

5. Juli

Ab sofort werden **Vergewaltigung und sexuelle Nötigung** erstmals auch zwischen Eheleuten bestraft. Die von der Regierungskoalition lange geforderte Widerspruchsklausel, mit der die vergewaltigte Ehefrau das Strafverfahren gegen ihren Ehemann nachträglich zur

Einstellung hätte bringen können, wird durch die geschlechtsneutrale Formulierung eines einheitlichen Vergewaltigungstatbestandes ersetzt. Eheliche Tatopfer können bei laufenden Strafverfahren von ihrem Zeugnisverweigerungsrecht Gebrauch machen.

22. Juli   **Multimedia**: Das Informations- und Kommunikationsdienste-Gesetz regelt Rahmenbedingungen für Teledienste, für den Daten-, Verbraucher- und Jugendschutz sowie für die Sicherung der verschlüsselten digitalen Signatur. Wer rechtswidrige Inhalte im Internet oder in anderen Medien verbreitet oder nutzt (z. B. Kinderpornographie, Gewaltverherrlichung, NS-Propaganda), macht sich strafbar.

1998

26. Januar   Im Rahmen des 6. Strafrechtsreformgesetzes wird der **Kinderschutz** verbessert. Strafvorschriften gegen den Sextourismus, gegen den sexuellen Missbrauch vor allem an Kindern und gegen die Verbreitung der Kinderpornographie werden präzisiert und verschärft.

1. April   Nicht eheliche Kinder sind mit ehelichen ab sofort im **Erbrecht** gleichgestellt. Die Neuregelung gilt nicht für vor dem 1. 7. 1949 geborene nicht eheliche Kinder.

4. Mai   Das **Eheschließungsrechtsgesetz** schafft das Aufgebot ab. Die Eheverbote der Schwägerschaft, die Wartezeiten nach vorangegangener Scheidung und bei fehlendem Auseinandersetzungszeugnis werden aufgehoben, die Formalien bei Eheschließungen mit Ausländern vereinfacht. Die Ehe gilt als »Verantwortungsgemeinschaft«.

1. Juli   Die Reform des **Kindschaftsrechts** als Folge veränderter Lebensformen tritt in Kraft. Sie verbessert die Rechte des Kindes und den Schutz der ehelichen oder nicht ehelichen Eltern vor unnötigen staatlichen Eingriffen, z. B. beim Sorgerecht, bei Trennung oder beim Umgangsrecht für Bezugspersonen, u. a. für nicht eheliche Väter. Bei gerichtlichen Streitigkeiten der Eltern kann ein Verfahrenspfleger als »Anwalt des Kindes« bestellt werden. Die Amtsvormundschaft für nicht ehelich geborene Kinder wird abgeschafft.

14. Juli   Das Bundesverfassungsgericht erklärt die **Rechtschreibreform** für verfassungsgemäß; denn ihre Einführung erfordere formalrechtlich keine bundeseinheitliche Gesetzgebung. Die neuen Rechtschreibregeln können daher – wie vorgesehen – zum 1. 8. 1998 in Kraft treten. Daneben sind bis Mitte 2005 auch die alten Rechtschreibregeln zugelassen.
Die Rechtschreibreform, die am 1. 7. 1996 in Wien in einer für den ganzen deutschen Sprachraum geltenden Konvention vereinbart worden war, hatten Wissenschaftler, Schriftsteller, Journalisten und Eltern heftig kritisiert, teilweise abgelehnt. Gerichte urteilten un-

terschiedlich – teils für, teils gegen die Umsetzung der neuen Regeln. In einem Volksentscheid in Schleswig-Holstein am 27. 9. 1998 spricht sich eine deutliche Mehrheit (56,4 Prozent) gegen die Einführung der neuen Schreibweise aus.

20. August   Das **novellierte Hochschulrahmengesetz** verzichtet weitgehend auf Regelungen zur Organisation und Verwaltung der Hochschulen. Es führt eine leistungsorientierte Hochschulfinanzierung, die Evaluation von Forschung und Lehre sowie eine Zwischenprüfung in allen Studiengängen mit mindestens acht Semestern Regelstudienzeit ein. Die Hochschulen können künftig auch internationale Abschlüsse wie »Bachelor« und »Master« vergeben und sind verstärkt zur Studienberatung verpflichtet.

Das im Vermittlungsverfahren aufgenommene bundesrechtlich bindende Verbot von Studiengebühren, das SPD und Grüne verlangt hatten, war von der Regierungsmehrheit im Bundestag abgelehnt worden.

Im November/Dezember 1997 hatten Studierende gegen Sparmaßnahmen und Stellenkürzungen im Bildungswesen sowie gegen schlechte Studienbedingungen protestiert und u. a. ein Verbot von Studiengebühren gefordert.

KAPITEL IX

Kontinuität und Wandel in Deutschland während der rotgrünen Koalition 1998 – 2000

Baustelle Berlin: Das künftige Kanzleramt vor dem Reichstagsgebäude. 43.2. → 25. 11. 1998

43. Regierungswechsel und Innenpolitik

43.1. Wahlen, Regierung und Parteien
1998 – 2000

<u>1998</u>

27. September **14. Bundestagswahl.** Die seit 1982 regierende CDU/CSU erleidet mit Bundeskanzler Helmut Kohl als Spitzenkandidaten eine schwere Niederlage (35,1 Prozent der Zweitstimmen; 1994: 41,5 Prozent). Die oppositionelle SPD siegt mit dem niedersächsischen Ministerpräsidenten Gerhard Schröder als Kanzlerkandidaten unerwartet hoch (40,9 Prozent; 1994: 36,4 Prozent). Schröder war nach seinem beeindruckenden Wahlerfolg bei den Landtagswahlen in Niedersachsen am 1. 3. 1998 zum fünften Herausforderer Kohls gekürt worden.

Erstmals in der Geschichte der BRD wird ein Bundeskanzler durch das Votum der Wähler/innen abgelöst, während die Machtwechsel 1969 und 1982 jeweils durch einen Koalitionswechsel bedingt waren. Damit ist nach 16 Regierungsjahren die Ära Kohl (1982 – 1998), die bisher längste in der Geschichte der BRD, zu Ende. Dies markiert eine historische Zäsur.

Das Bündnis 90/Die Grünen bleibt drittstärkste politische Kraft, verliert aber leicht an Stimmen (6,7 Prozent; 1994: 7,3 Prozent). Mit der SPD bilden die Grünen die neue Regierungsmehrheit im Bundestag.

Die FDP (Parteichef Wolfgang Gerhardt) schafft mit 6,2 Prozent (1994: 6,9 Prozent) deutlich den Sprung über die Fünfprozenthürde. Erstmals seit der Großen Koalition (1966 – 1969) muss die Partei wieder in die Opposition gehen und um ihr politisches Überleben kämpfen.

Mit 5,1 Prozent der Zweitstimmen ist die PDS im Bundestag vertreten und erhält erstmals den Fraktionsstatus. In der alten BRD erzielt sie zwar nur 1,1 Prozent, in den neuen Bundesländern dagegen 19,5 Prozent. Während der 13. Legislaturperiode hatten die PDS-Abgeordneten eine Gruppe im Bundestag gebildet, da die Partei 1994 vier Direktmandate in Ost-Berlin erobert hatte, die sie auch 1998 erfolgreich verteidigt.

26. Oktober Der **14. Bundestag** konstituiert sich letztmals in Bonn. Er wählt den SPD-Abgeordneten Wolfgang Thierse als Repräsentanten der stärksten Fraktion zum neuen Bundestagspräsidenten. Thierse spricht von einem »historischen Datum« und »mehr als einer Geste«, da erstmals ein Deutscher aus der ehemaligen DDR eines der höchsten Staatsämter bekleide.

Wie in der Geschäftsordnung vorgesehen, stellt jede Fraktion mindestens einen Vizepräsidenten. Die CDU/CSU scheitert mit ihrem

Tab. 30: 14. Bundestagswahl, 27. September 1998
Zweitstimmen

	Anzahl	%	Sitze
Wahlberechtigte	60 762 751		
Wähler	49 947 087	82,2	
Ungültige Stimmen	638 575	1,3	
Gültige Stimmen	49 308 512		
CDU	14 004 908	28,4	198
SPD	20 181 269	40,9	298
FDP	3 080 955	6,2	43
CSU	3 324 480	6,7	47
GRÜNE	3 301 624	6,7	47
PDS	2 515 454	5,1	36
REP	906 383	1,8	-
APD	6 759	0,0	-
APPD	35 242	0,1	-
BP	28 107	0,1	-
BüSo Solidarität	9 662	0,0	-
BFB-Die Offensive	121 196	0,2	-
Chance 2000	28 566	0,1	-
CM	23 619	0,0	-
DPD	2 432	0,0	-
DVU	601 192	1,2	-
GRAUE	152 557	0,3	-
NATURGESETZ	30 619	0,1	-
MLPD	4 731	0,0	-
Die Tierschutzpartei	133 832	0,3	-
ÖDP/ödp	98 257	0,2	-
PBC	71 941	0,1	-
PASS	5 556	0,0	-
PSG	6 226	0,0	-
Pro DM	430 099	0,9	-
NPD	126 571	0,3	-
Frauen	30 094	0,1	-
Familie	24 825	0,1	-
Abkürzungsverzeichnis s. S. 585			

Quelle: Statistisches Bundesamt.

Antrag, diese Geschäftsordnung zu ändern, damit die erstmals in Fraktionsstärke im Bundestag vertretene PDS nicht ins Präsidium gelangt. Gewählt werden Anke Fuchs (SPD), Rudolf Seiters (CDU/CSU), Antje Vollmer (Grüne), Hermann Otto Solms (FDP) und Petra Bläss (PDS); sie setzt sich in einer Kampfabstimmung gegen die von der Union nominierte Michaela Geiger (CSU) durch.

27. Oktober   Der Bundestag wählt Gerhard **Schröder** (SPD) mit 351 von 665 abgegebenen gültigen Stimmen zum Bundeskanzler. Erforderlich

Gratulation an den Nachfolger: Am → 27. 10. 1998 wählt der Deutsche Bundestag Gerhard Schröder als Nachfolger Helmut Kohls in das Amt des Bundeskanzlers.

ist die absolute Mehrheit von 335 Stimmen der insgesamt 669 Bundestagsabgeordneten.

Schröder bildet die **erste rotgrüne Bundesregierung**, die am gleichen Tage ernannt und vereidigt wird:

Bundeskanzler	Gerhard Schröder (SPD)
Vizekanzler	Joschka Fischer (Grüne)
Auswärtiges	Joschka Fischer (Grüne)
Inneres	Otto Schily (SPD
Justiz	Herta Däubler-Gmelin (SPD)
Finanzen	Oskar Lafontaine (SPD) bis 11. 3. 1999 (Rücktritt), ab 12. 4. 1999 Hans Eichel (SPD)
Wirtschaft und Technologie	Werner Müller (parteilos)
Ernährung, Landwirtschaft und Forsten	Karl-Heinz Funke (SPD)
Arbeit und Sozialordnung	Walter Riester (SPD)
Verteidigung	Rudolf Scharping (SPD)
Familie, Senioren, Frauen und Jugend	Christine Bergmann (SPD)
Gesundheit	Andrea Fischer (Grüne)

Verkehr, Bau- und Wohnungswesen	Franz Müntefering (SPD) bis 17. 9. 1999, ab 29. 9. 1999 Reinhard Klimmt (SPD)
Umwelt, Naturschutz und Reaktorsicherheit	Jürgen Trittin (Grüne)
Bildung und Forschung	Edelgard Bulmahn (SPD)
Wirtschaftliche Zusammenarbeit und Entwicklung	Heidemarie Wieczorek-Zeul (SPD)
Besondere Aufgaben und Chef des Bundeskanzleramts	Bodo Hombach (SPD), ab 7. 7. 1999 Frank-Walter Steinmeier (SPD)

Nach seiner Regierungserklärung vom 10. 11. 1998 will Schröder »nicht alles anders, aber vieles besser machen«: u. a. die Massenarbeitslosigkeit als »drängendstes und schmerzhaftestes Problem« bekämpfen, in eine zukunftsfähige Energieversorgung einsteigen, ein Bündnis für Arbeit und Ausbildung schaffen, den Sozialstaat gerecht umgestalten, den Aufbau Ost fördern, die Gesellschaft ökologisch und solidarisch erneuern. Die »Republik der Neuen Mitte« soll mehr Demokratie praktizieren und ein verlässlicher Partner in Europa und in der Welt bleiben.

3. November **Erste rotrote Landesregierung**: In Mecklenburg-Vorpommern bilden SPD und PDS unter Ministerpräsident Harald Ringstorff (SPD) eine Regierungskoalition; sie war tags zuvor in Schwerin vertraglich besiegelt worden. Es ist bundesweit das erste Mal, dass die SED-Nachfolgepartei PDS an einer Regierung beteiligt wird. Daher zieht die PDS erstmals am 27. 11. 1998 in den Bundesrat ein.
Bei der Landtagswahl am 27. 9. 1998, die zeitgleich mit der Bundestagswahl stattfand, hatte die SPD 34,3 Prozent, die CDU 30,2 Prozent und die PDS 24,4 Prozent der Wählerstimmen erhalten. Andere Parteien sind nicht im Landtag vertreten.

7. November Auf ihrem 11. Bundesparteitag in Bonn zieht die CDU die personellen Konsequenzen aus den verlorenen Bundestagswahlen vom → 27. 9. 1998. Wolfgang **Schäuble**, Fraktionschef der Union im Bundestag, wird mit überwältigender Mehrheit zum neuen Parteivorsitzenden gewählt, Altbundeskanzler Kohl, der die CDU seit 1973 geführt hat, einstimmig zum Ehrenvorsitzenden. Mit der Ostdeutschen Angela Merkel wird erstmals eine Frau CDU-Generalsekretärin. Damit hat sich in der Partei ein Führungswechsel vollzogen.

1999

7. Februar Bei der **Landtagswahl in Hessen** wird die rotgrüne Regierung unter Ministerpräsident Hans Eichel (SPD) abgewählt. Die CDU verbucht starke Stimmengewinne (43,4 Prozent, 1995: 39,2 Prozent), und die FDP behauptet sich knapp (5,1 Prozent, 1995: 7,4 Prozent). Zwar legt die SPD leicht zu (39,4 Prozent, 1995: 38,0 Prozent), sie

kann jedoch die schweren Verluste der Grünen nicht ausgleichen (7,2 Prozent, 1995: 11,2 Prozent).
Der am 7. 4. 1999 zum Ministerpräsidenten gewählte CDU-Spitzenkandidat Roland Koch bildet mit der FDP eine Koalitionsregierung. Kurz nach dem Machtwechsel in Bonn (→ 27. 9. 1998) haben damit die SPD-geführten Länder ihre absolute Mehrheit im Bundesrat verloren.

11. März   Überraschend tritt Oskar **Lafontaine** als Bundesfinanzminister und SPD-Vorsitzender zurück. Er legt auch sein Bundestagsmandat nieder.
Seinen Rückzug von allen politischen Ämtern begründet Lafontaine später politisch. Er beklagt das »schlechte Mannschaftsspiel« der letzten Monate. »Das Herz wird noch nicht an der Börse gehandelt, aber es hat einen Standort. Es schlägt links.« So lautet auch der Titel seines Buches, in dem Lafontaine mit Schröders Regierungskurs abrechnet.

12. April   Die Delegierten des Bonner Sonderparteitags wählen Bundeskanzler Schröder mit knapp 76 Prozent der Stimmen zum **SPD-Vorsitzenden** (kommissarisch bestellt am 12. 3. 1999). Erstmals seit Willy Brandt ist damit in der SPD der Bundeskanzler zugleich Parteivorsitzender. Er erhält für seine Jugoslawien-/Kosovo-Politik Rückendeckung.
Der ehemalige hessische Ministerpräsident Hans Eichel (SPD) tritt sein neues Amt als Bundesfinanzminister an. Schröder und Eichel haben damit die Funktionen Lafontaines übernommen (→ 11. 3. 1999).

29. April   Erstmals in der deutschen Geschichte wird einem Parlamentsmitglied das **Mandat** entzogen.
Der Erfurter Landtag entscheidet mit Zweidrittelmehrheit, dass die PDS-Abgeordnete Almuth Beck (PDS) unwürdig sei, dem Landtag anzugehören, da sie früher wissentlich als Inoffizielle Mitarbeiterin (IM) der DDR-Staatssicherheit gearbeitet und eine Verpflichtungserklärung unterschrieben habe. – Den Verlust von Mandaten regelt das von CDU und SPD gegen den Widerstand der PDS verabschiedete »Gesetz zur Überprüfung der Abgeordneten des Thüringer Landtags«.

23. Mai   Am 50. Jahrestag der Verkündung des Grundgesetzes (Pfingstsonntag) tritt die Bundesversammlung im umgebauten Berliner Reichstaggebäude zur Wahl des künftigen Bundespräsidenten zusammen. Der Kandidat der rotgrünen Koalition, Johannes **Rau**, wird im zweiten Wahlgang mit der absoluten Mehrheit der Stimmen (mindestens 670) zum Nachfolger Herzogs (38.1. → 23. 5. 1994) vor der parteilosen ostdeutschen Unionskandidatin Dagmar Schipanski gewählt. – Rau versteht sich als Patriot, der Präsident aller Deutschen und Ansprechpartner der Ausländer in Deutschland sein will.

Tab. 31: Elfte Bundesversammlung, 23. Mai 1999 in Berlin

Mitglieder 1 338, davon CDU/CSU 547; SPD 565; FDP 56; DIE GRÜNEN 96; PDS 65; Sonstige 9.

Kandidaten	Abgegebene Stimmen	
	1. Wahlgang	2. Wahlgang
Johannes Rau (SPD)	657	690
Dagmar Schipanski	588	572
Uta Ranke-Heinemann	69	62
Ungültige Stimmen	2	1
Enthaltungen	17	8
Summe	1 333	1 333

Johannes Rau wird am 1. Juli 1999 der zweite Sozialdemokrat im höchsten Staatsamt nach Gustav Heinemann, seinem politischen Vorbild. Heinemanns Tochter und Raus angeheiratete Tante, Uta Ranke-Heinemann, hatte sich bei der Wahl zum Staatsoberhaupt als PDS-Kandidatin aufstellen lassen.

Nach seiner Wahl zum Bundespräsidenten nimmt Johannes Rau die Glückwünsche der unterlegenen Unionskandidatin Dagmar Schipanski entgegen. → 23. Mai 1999

1. Juli	**Berlin-Umzug**: Der Bundestag verabschiedet sich von Bonn und tagt künftig in Berlin: 43.2. → 1. 7. 1999.
5. September	Bei den Landtagswahlen im **Saarland** (Ministerpräsident Reinhard Klimmt, SPD) verliert die SPD knapp ihre absolute Mehrheit an die CDU (45,5 Prozent, SPD: 44,4 Prozent) und büßt sie in **Brandenburg** (Ministerpräsident Manfred Stolpe, SPD) erdrutschartig ein (SPD: 39,3 Prozent = 14,8 Prozent Verlust, CDU: 26,6, PDS: 23,3 und DVU: 5,3 Prozent).
	Bundeskanzler Schröder bietet Klimmt nach dessen Wahlniederlage an, Kabinettsmitglied zu werden. Klimmt, der zur Parteilinken zählt und den Regierungskurs kritisiert hatte, wird am 29. 9. 1999 Bundesminister für Verkehr, Bau- und Wohnungswesen. – Seinen Vorgänger Franz Müntefering wählt der SPD-Parteitag in Berlin am 7. 12. 1999 zum ersten Generalsekretär in der Geschichte der Partei (kommissarisch im Amt seit 6. 9. 1999).
	Bei den Landtagswahlen in **Thüringen** am 12. 9. 1999 erringt die CDU mit Ministerpräsident Bernhard Vogel erstmals die absolute Mehrheit (51,0 Prozent), und sie verteidigt sie in **Sachsen** am 19. 9. 1999 mit Ministerpräsident Kurt Biedenkopf unangefochten (56,9 Prozent). In beiden Bundesländern überflügelt die PDS die SPD: in Thüringen mit 21,3 zu 18,5 Prozent der Stimmen, in Sachsen mit 22,2 zu 10,7 Prozent.
8. November	Der Bundesgerichtshof in Leipzig bestätigt die Schuldsprüche des Landgerichts Berlin vom 25. 8. 1997 gegen ehemalige Spitzenpolitiker der **DDR und SED**: Wegen Mitverantwortung für den »Schießbefehl« und damit indirekt für die Toten an der Berliner Mauer wird der letzte Staats- und Parteichef Egon Krenz zu sechseinhalb Jahren Gefängnis verurteilt; seine früheren Politbürokollegen Günter Schabowski und Günther Kleiber erhalten je drei Jahre Haft. Krenz spricht von einem unfairen Verfahren (»Kalter Krieg im Gericht«).
30. November	In der **CDU-Finanzaffäre**, die staatsanwaltschaftliche Ermittlungen gegen den früheren Schatzmeister Walther Leisler Kiep ausgelöst hatte, bekennt Exkanzler Helmut **Kohl**, Ehrenvorsitzender der CDU und MdB, er habe Spenden (»Sonderzuwendungen«) in schwarze Kassen (»getrennte Kontenführung«) gelenkt. Er bedauert eventuelle Verstöße gegen das Parteiengesetz und weist den Verdacht zurück, es seien politische Entscheidungen erkauft worden.
	CDU-Politiker gehen fortan auf Distanz zu Kohl und fordern ihn auf, die unbekannten Geldgeber zu nennen. Dies lehnt Kohl ab; denn er habe sein Ehrenwort gegeben, dass sie anonym bleiben.
	Parteien sind verpflichtet, Spenden über 20 000 DM in ihrem jährlichen Rechenschaftsbericht aufzuführen und den Spender namentlich zu veröffentlichen.

Am 3. 1. 2000 eröffnet die Staatsanwaltschaft Bonn ein Ermittlungsverfahren gegen Kohl wegen des Verdachts der Untreue.

2000

1. Januar

Die Reform des **Staatsangehörigkeitsrechts**, die auf einem Kompromiss zwischen rotgrüner Koalition und FDP beruht, tritt in Kraft. Danach erhalten in Deutschland geborene Ausländerkinder automatisch die doppelte Staatsangehörigkeit, sofern sich ein Elternteil mindestens acht Jahre lang in der BRD legal aufhält. Bis zum 23. Lebensjahr müssen sie entweder für die deutsche Staatsangehörigkeit oder jene von Vater oder Mutter optieren. Ein Doppelpass ist nur in Härtefällen, aber nicht generell zulässig.

Ausländer können ihre Einbürgerung beantragen, wenn sie sich mindestens acht (bisher 15) Jahre lang rechtmäßig in Deutschland aufhalten, ihren Lebensunterhalt selbst bestreiten, nicht vorbestraft sind, sich zum Grundgesetz bekennen, über ausreichende Deutschkenntnisse verfügen und – in der Regel – ihre ausländische Staatsangehörigkeit aufgeben. (Ausnahmen gelten für politische Flüchtlinge und bei erheblichen wirtschaftlichen oder vermögensrechtlichen Nachteilen.)

Auslandsdeutsche (im Ausland geboren und dort dauerhaft lebend) können ihre Staatsangehörigkeit nicht mehr automatisch an Abkömmlinge vererben; sie erhalten nur dann einen deutschen Pass, wenn ihre Eltern die Geburt binnen Jahresfrist beim zuständigen Konsulat anzeigen.

Damit ist das in Deutschland seit dem Reichs- und Staatsangehörigkeitsgesetz (RuStAG) vom 22. 7. 1913 geltende Abstammungsprinzip (ius sanguinis) zugunsten des Territorialprinzips (ius soli) geändert. Die ursprünglichen Pläne der rotgrünen Koalition zur generellen doppelten Staatsbürgerschaft waren auf den Widerstand vor allem der CDU/CSU gestoßen und nach der verlorenen Landtagswahl in Hessen (→ 7. 2. 1999) zugunsten des Optionsmodells revidiert worden.

10. Januar

CDU-Vorsitzender Wolfgang **Schäuble** bekennt, von dem Waffenhändler Karlheinz Schreiber 1994 eine Spende über 100 000 DM bar entgegengenommen zu haben, die im CDU-Rechenschaftsbericht nicht ordnungsgemäß ausgewiesen ist. Schäuble räumt ein »Stück Mitverantwortung« am Spendengebaren und »patriarchalischen System« des damaligen Bundeskanzlers und Parteichefs Kohl ein (→ 30. 11. 1999).

Am gleichen Tage gibt die rotgrüne Landesregierung (Ministerpräsident Wolfgang Clement, SPD) in der **Düsseldorfer Flugaffäre** bekannt, dass NRW-Minister seit 1985 insgesamt 63 Mal mit Chartermaschinen der Westdeutschen Landesbank (WestLB) geflogen seien, die Flüge des damaligen Ministerpräsidenten Rau (SPD) nicht mitgezählt. Am häufigsten benutzte den Flugdienst Finanzminister Heinz Schleußer (SPD). Er tritt am 26. 1. 2000 zurück, da er wahrheitswidrig versichert hatte, er sei mit Charterjets der WestLB nie in Begleitung einer Frau geflogen.

In der Flugaffäre, bei der es um Streitfragen geht, ob und inwieweit NRW-Minister die Flugbereitschaft der WestLB zu privaten oder parteipolitischen Zwecken genutzt haben, wird auch Bundespräsident **Rau** kritisiert.

14. Januar   Der ehemalige Bundesinnenminister und hessische CDU-Vorsitzende Manfred Kanther räumt ein, dass die hessische CDU über **Schwarzgeld** im Ausland verfügt; es war als Vermächtnis angeblich reicher Juden getarnt worden.

Kanther legt am 17. 1. 2000 sein Bundestagsmandat nieder. Der hessische Ministerpräsident **Koch** (CDU) gibt später zu, in der Schwarzgeldaffäre »nicht alles richtig gemacht« zu haben, kann sich jedoch trotz aller Kritik und zahlreicher Rücktrittsforderungen im Amt behaupten, da ihn die eigene Partei und die Hessen-FDP als Koalitionspartner (Landesvorsitzende: Ruth Wagner) stützen.

Als erste Konsequenz aus der Finanzaffäre fordert Bundestagspräsident Thierse (SPD) am 15. 2. 2000 von der Bundes-CDU, sie solle rund 41 Millionen DM aus der staatlichen Parteienfinanzierung zurückzahlen; denn sie habe in ihrem Rechenschaftsbericht 1998 etwa 18 Millionen DM auf Auslandskonten der hessischen Landespartei verschwiegen.

18. Januar   Die CDU-Spitzengremien, die über die Spenden- und Finanzaffäre der Partei beraten, fordern Helmut **Kohl** auf, entweder die Namen der anonymen Spender (→ 30. 11. 1999) zu offenbaren und damit zur Aufklärung beizutragen oder den Ehrenvorsitz ruhen zu lassen.

Der Exkanzler legt daraufhin sofort den **CDU-Ehrenvorsitz** nieder; denn er wolle sein Wort, das er den Spendern gegeben habe, nicht brechen. Schäuble, der seinen Rücktritt anbietet, bleibt Parteivorsitzender, da ihm volles Vertrauen ausgesprochen wird.

Kohl sammelt später 6,3 Millionen DM Spenden. Sie sollen mögliche Bußgelder für die CDU wegen der von ihm nicht deklarierten Spenden von 2,1 Millionen DM aus den Jahren 1993–1998 ausgleichen.

16. Februar   Wolfgang **Schäuble** erklärt seinen Verzicht auf den CDU/CSU-Fraktions- und den CDU-Parteivorsitz. Er will damit für die CDU »in der schwersten Krise ihrer Geschichte« einen »Neuanfang« ermöglichen.

In der CDU-Finanz- und Spendenaffäre hatte Schäuble bisherige Aussagen über seine Kontakte zum Waffenhändler Schreiber korrigiert (→ 10. 1. 2000) und der abweichenden Darstellung der Parlamentarischen Geschäftsführerin und früheren Schatzmeisterin Brigitte Baumeister widersprochen. In eidesstattlichen Versicherungen stand zuletzt unüberbrückbar Aussage gegen Aussage.

27. Februar   Die erste Landtagswahl seit Bekanntwerden der CDU-Finanz- und Spendenaffäre (→ 30. 11. 1999) gewinnt in **Schleswig-Holstein** die SPD (Ministerpräsidentin Heide Simonis) mit einem Stimmenanteil von 43,1 Prozent (1996: 39,8 Prozent). Einbußen erleiden die CDU (35,2 Prozent; 1996: 37,2 Prozent) und die Grünen (6,2 Prozent; 1996: 8,1 Prozent). Die FDP (7,6 Prozent; 1996: 5,7 Prozent) und der von der Fünfprozenthürde befreite Südschleswigsche Wählerverband SSW (4,1 Prozent; 1996: 2,5 Prozent) legen deutlich zu. Zum ersten Male seit der Bundestagswahl am → 27. 9. 1998 wird damit eine rotgrüne Regierungskoalition bestätigt und fortgesetzt.

9. – 11. April   Auf ihrem **Parteitag in Essen** proklamiert die CDU nach der Finanz- und Spendenaffäre den politischen Neuanfang nach der Ära Kohl. Die vom Vorstand einstimmig nominierte bisherige Generalsekretärin Angela **Merkel** wird mit fast 96 Prozent der Stimmen zur neuen Parteivorsitzenden gewählt, sodass die CDU erstmals in ihrer Geschichte von einer Frau geführt wird. Die Mitglieder der CDU/CSU-Bundestagsfraktion hatten am 29. 2. 2000 den Finanz- und Wirtschaftsexperten Friedrich Merz (CDU) zum neuen Fraktionsvorsitzenden gewählt (→ 16. 2. 2000).

14. Mai   Bei der **Landtagswahl in Nordrhein-Westfalen** behauptet sich die rotgrüne Regierungskoalition unter Ministerpräsident Wolfgang Clement (SPD), obgleich SPD (42,8 Prozent; 1995: 46,0 Prozent)

Mit überwältigender Mehrheit wird Angela Merkel auf dem CDU-Parteitag in Essen zur Parteivorsitzenden gewählt. → 9.-11. 4. 2000

und Grüne (7,1 Prozent; 1995: 10,0 Prozent) Stimmen einbüßen. Die CDU stabilisiert sich nach der Spenden- und Finanzaffäre knapp auf dem Niveau von 1995 (Stimmenanteil: 37,7 Prozent; 2000: 37,0 Prozent), scheitert jedoch mit ihrer Zielsetzung, einen Regierungswechsel (Spitzenkandidat Jürgen Rüttgers) herbeizuführen. Wahlsieger ist die FDP, die mit ihrem Landesvorsitzenden Jürgen Möllemann 9,8 Prozent der Stimmen gewinnt und damit wieder in den Landtag einzieht (1995: 4,0 Prozent).

Die Wahlbeteiligung ist mit 56,7 Prozent (1995: 64,0 Prozent) die niedrigste bei einer Landtagswahl in einem westlichen Bundesland.

Nach Wahlkampfanalysen hat die Flugaffäre der SPD jeden zweiten Wahlberechtigten beschäftigt, die CDU-Spendenaffäre sogar zwei Drittel von ihnen (→ 10. 1. 2000).

43.2. Bundeshauptstadt Berlin und Bundesstadt Bonn 1998 – 2000

1998

23. November Als erste oberste Bundesbehörde nimmt das **Bundespräsidialamt** seine Arbeit in Berlin auf.

25. November Das **Bundeskabinett** tritt erstmals in Berlin zusammen. Unter der Leitung Gerhard Schröders (SPD) tagt es im ehemaligen DDR-Staatsratsgebäude, das als Sitz des Bundeskanzlers dient, bis das neue Kanzleramt fertiggestellt ist.

1999

19. April **Erste Bundestagssitzung** im umgebauten historischen **Berliner Reichstagsgebäude.** Es ist fortan ständiger Sitz des Deutschen Bundestages. 50 Jahre nach Gründung der BRD ist damit Berlin zur »politischen Metropole Deutschlands« (Thierse) geworden. Bundestagspräsident Wolfgang Thierse (SPD) sieht im Berlin-Umzug die Chance, die innere Einheit Deutschlands zu vollenden. Bundeskanzler Schröder betont in seiner ersten Regierungserklärung in Berlin, die Bonner Demokratie habe mit der Politik der Verständigung und mit der Westintegration die Berliner Republik ermöglicht. Trotz eindrucksvoller Aufbauleistungen in den neuen Ländern sei weder das »Ost-West-Gefälle« noch die »Mauer in den Köpfen und gelegentlich in den Herzen« überwunden. Schröder und Thierse versichern, dass der Berlin-Umzug keinen Bruch in der Kontinuität deutscher Politik markiere.

1. Juli Unter dem Motto »**50 Jahre Demokratie – Dank an Bonn**« tagt der Bundestag letztmalig am Rhein. In der Abschiedsdebatte würdigen Parlamentarier Bonn als »Wiege der zweiten deutschen Demokra-

Plenum unter der Kuppel: Am → 19. 4. 1999 tritt der Deutsche Bundestag zu seiner ersten Sitzung im umgebauten Berliner Reichstagsgebäude zusammen.

tie« – so auch Exkanzler Helmut Kohl (CDU) in seiner ersten Parlamentsrede seit der letzten Bundestagswahl (43.1. → 27. 9. 1998). Der neu gewählte Bundespräsident Johannes Rau (43.1. → 23. 5. 1999) wird in Bonn vereidigt und in sein Amt eingeführt. Er hält seine erste öffentliche Rede als Staatsoberhaupt – wie traditionell seine Vorgänger – auf der Rathaustreppe in Bonn.

28. Juli   Das **Bundeskabinett** tagt offiziell zum letzten Mal in Bonn. Dort hatten seit 20. 9. 1949 insgesamt 2 291 Kabinettssitzungen stattgefunden.

3. September   Bonn wird Weltsitz des internationalen **Behindertensports**, der mit Ausgleichsmitteln aus dem Berlin/Bonn-Gesetz (38.4. → 26. 4. 1994) gefördert wird. Das International Paralympic Committee (IPC) hatte auf seiner Generalversammlung in Sydney am 7. 11. 1997 beschlossen, seinen Hauptsitz nach Bonn zu verlegen.

7. September   Genau **50 Jahre**, nachdem er sich in Bonn am 7. 9. 1949 konstituiert hatte, tritt der Bundestag im Berliner Reichstagsgebäude zu einem Festakt zusammen. Der Bundesrat, der ebenfalls zum ersten Male in Bonn am 7. 9. 1949 zusammengetreten war, hatte sein 50. Jubiläum im Bonner »Haus der Geschichte« am 6. 9. 1999 gefeiert (6.2. → 7. 9. 1949).

10. Oktober   Bei der Wahl zum **Berliner Abgeordnetenhaus** kann die CDU ihre Mehrheit mit 40,8 Prozent der Zweitstimmen ausbauen (1995: 37,4

Prozent), während die SPD mit 22,4 Prozent ihr bisher schlechtestes Wahlergebnis seit 1945 erzielt (1995: 23,6 Prozent). Zu den Wahlverlierern gehören auch die Grünen, die in ihrer ehemaligen Hochburg 9,9 Prozent der Zweitstimmen erzielen (1995: 13,2 Prozent). Ihr bisher bestes Wahlergebnis in Berlin verbucht die PDS mit 17,7 Prozent (1995: 14,6 Prozent); sie wird im Ostteil der Stadt mit fast 40 Prozent der Zweitstimmen stärkste Partei und gewinnt dort 30 von 32 Direktmandaten (Erststimmen). FDP (2,2 Prozent) und Republikaner (2,7 Prozent) schaffen nicht den Sprung über die Fünfprozenthürde.

7. Dezember   Landesparteitage der CDU und – mit knapper Mehrheit – der SPD votieren dafür, die in Berlin seit 1991 bestehende große Koalition unter dem Regierenden Bürgermeister **Diepgen** (CDU) fortzusetzen und den Senat zu verkleinern. Er wird am 9. 12. 1999 vom Abgeordnetenhaus gewählt.

44. Deutschland in der internationalen Politik

44.1. Sicherheits- und Außenpolitik 1998 – 2000

1998

16. Oktober   Zur Abwehr einer humanitären Katastrophe im **Kosovo** stimmt der Bundestag in seiner alten Zusammensetzung grundsätzlich Luftoperationen der NATO gegen Jugoslawien mit überwältigender Mehrheit zu.
Hintergrund: In der bis März 1989 politisch, wirtschaftlich und kulturell autonomen serbischen Provinz Kosovo hatte die albanische Bevölkerungsmehrheit mit dem Aufbau einer eigenen »Republik Kosova« (Präsident: Ibrahim Rugova) begonnen. Seit dem 28. 2. 1998 brachen zwischen der separatistischen kosovarischen Befreiungsarmee UÇK und serbischer Sonderpolizei bürgerkriegsähnliche Kämpfe aus, die Vertreibungsaktionen und Fluchtwellen (»ethnische Säuberungen«) auslösten. Wegen der serbischen Übergriffe gegen die albanische Zivilbevölkerung (»Terroristensuche«) verhängte der UN-Sicherheitsrat am 31. 3. 1998 ein Waffenembargo gegen Jugoslawien. Präsident Milošević zeigte sich unbeeindruckt und lehnte jede internationale Vermittlung als »Einmischung« ab. Erst nach einem NATO-Ultimatum konnte ihm US-Sonderbotschafter Richard C. Holbrooke am 13. 10. 1998 Zugeständnisse abringen: Unbewaffnete internationale Beobachter der OSZE sowie zusätzlich unbe-

waffnete NATO-Flugzeuge sollten am Boden und aus der Luft verifizieren, ob Jugoslawien – wie gefordert – seine Gewalttätigkeiten im Kosovo einstellt und überzählige Streit-/Polizeikräfte abzieht. Diese Kosovo Verification Mission (KVM) konnte erst anlaufen, nachdem sich Milošević kurzfristig einem neuen NATO-Ultimatum am 27. 10. 1998 gebeugt hatte.

Wie vom Bundestag am 13. 11. 1998 beschlossen, beteiligt sich die Bundeswehr von Mazedonien aus an der NATO-Luftüberwachungsoperation »Adlerauge«. Sie soll prüfen, ob der serbische Truppenabzug aus dem Kosovo eingehalten wird.

1999

8. März   **Schlussstricherklärung**: Der tschechische Ministerpräsident Miloš Zeman, Chef einer sozialdemokratischen Minderheitsregierung in Prag, und Bundeskanzler Schröder kommen in Bonn überein, endgültig einen Schlussstrich unter die Vergangenheit zu ziehen, damit Deutschland und Tschechien sich der Zukunft zuwenden könnten. An die Stelle politischer und rechtlicher Streitigkeiten im Zusammenhang mit dem Zweiten Weltkrieg solle eine Partnerschaft zwischen beiden Staaten treten; sie würden weder heute noch künftig Vermögensfragen aufwerfen oder Forderungen gegeneinander stellen.

Diese Schlussstricherklärung stößt vor allem in Vertriebenenkreisen auf Bedenken, da es die deutsch-tschechische Aussöhnung erfordere, die Vergangenheit aufzuarbeiten statt sie zu verdrängen.

12. März   **Polen, Tschechien und Ungarn** treten der NATO im 50. Jahr ihres Bestehens bei und werden damit Verbündete Deutschlands. Nach dieser Osterweiterung durch frühere Warschauer-Pakt-Mitglieder gehören der NATO insgesamt 19 Staaten an. NATO-Generalsekretär Javier Solana spricht von einem neuen Kapitel in der Geschichte des Atlantischen Bündnisses.

Der NATO-Gipfel in Madrid am 8./9. 7. 1997 hatte sich darauf verständigt, Beitrittsverhandlungen mit Polen, Tschechien und Ungarn aufzunehmen. Damit setzte sich US-Präsident Bill Clinton gegen Vorschläge vor allem des französischen Staatspräsidenten Jacques Chirac durch; er hatte dafür plädiert, auch die Kandidaten Rumänien und Slowenien zu Beitrittsverhandlungen einzuladen.

24. März   Bundeskanzler Schröder gibt in einer Fernsehansprache bekannt, dass deutsche Soldaten seit 1945 zum ersten Male direkt im Kampfeinsatz stehen; denn die Bundeswehr beteiligt sich mit Tornado-Flugzeugen an der **Kosovo-Operation** der NATO. Der Bundestag hatte NATO-Luftangriffe gegen Jugoslawien grundsätzlich bereits am → 16. 10. 1998 gebilligt.

Kosovo-Krieg vom 24. 3. – 10. 6. 1999: Trotz der Kosovo Verification Mission (KVM) der OSZE und NATO (→ 16. 10. 1998) war die militärische Lage im Kosovo äußerst bedrohlich geblieben und von Serbien verschärft worden. Nach einem Massaker an albanischen Zivilisten im Dorf Račak bei Priština am 16. 1. 1999, das eine Zäsur markiert, stellte die institutionalisierte Balkan-Kontaktgruppe (KG), der Diplomaten Deutschlands, Frankreichs, Großbritanniens, Italiens, Russlands und der USA angehörten, den Konfliktparteien ein Ultimatum. Zwar gelang es, die verfeindeten Serben und Kosovo-Albaner ab 6. 2. 1999 an den Konferenztisch im Schloss Rambouillet bei Paris zu zwingen, doch scheiterten die Friedensverhandlungen an unüberbrückbaren Meinungsverschiedenheiten. Zwar lenkten die Kosovo-Albaner in einer zweiten Verhandlungsrunde in Paris am 18. 3. 1999 ein, indem sie das von der Balkan-Kontaktgruppe vorgeschlagene Friedensabkommen unterzeichneten, nicht jedoch die Serben.

Nach dem Abzug der Kosovo Verification Mission (KVM), die am 20. 3. 1999 aus Sicherheitsgründen nach Mazedonien evakuiert wurde, begannen die Serben eine neue Offensive gegen die UÇK und mit der planmäßigen Vertreibung von Albanern. Am 22. und am 23. 3. 1999 bemühte sich US-Sonderbotschafter Holbrooke zum letzten Mal erfolglos, Präsident Milošević von der Notwendigkeit eines Waffenstillstands und der Stationierung von NATO-Truppen im Kosovo zu überzeugen.

Ohne UN-Mandat beginnen am 24. 3. 1999 die angedrohten systematischen Luftangriffe der NATO gegen Jugoslawien im Rahmen der Operation Allied Force. Flankierend folgen humanitäre Hilfsmaßnahmen im Rahmen der Operation Allied Harbour, die Konsequenzen der versuchten »ethnischen Säuberungen«, d. h. der Vertreibung und des Völkermords im Kosovo, mildern sollten, vor allem in den benachbarten Republiken Mazedonien und Albanien.

Zum ersten Male in ihrer Geschichte interveniert die NATO in eigener Regie außerhalb ihrer vertraglich festgeschriebenen Verteidigungsfunktion und außerhalb ihres Vertragsgebiets zum Zwecke der Friedens- und Rechtsdurchsetzung (peace- and law-enforcement). → 11. 6. 1999

23./24. April   Auf ihrem Jubiläumsgipfel anlässlich ihres 50-jährigen Bestehens in Washington verabschiedet die NATO ein **neues strategisches Konzept** für das 21. Jahrhundert. Danach kann die Verteidigungsallianz auch außerhalb des Bündnisgebiets intervenieren, um Konflikte zu verhüten und Krisen zu bewältigen; zugleich sollen Partnerschaft, Kooperation und Dialog im euro-atlantischen Raum vertieft werden. In ihrer Kernfunktion will die NATO ein kollektives Defensivbündnis bleiben und keine Interventionsallianz werden. Die Europäische Sicherheits- und Verteidigungsidentität (ESVI) gemäß dem »Berliner Signal« (1996) ist innerhalb der NATO weiterzu-

entwickeln und die Zusammenarbeit mit der WEU und der EU deshalb zu intensivieren.
Der NATO-Gipfel steht im Schatten und unter dem Einfluss des Kosovo-Krieges: → 24. 3. und 11. 6. 1999.

11. Juni
Der Bundestag stimmt mit überwältigender Mehrheit dem **KFOR-Einsatz** der Bundeswehr auf der Grundlage der Resolution 1244 des UN-Sicherheitsrats vom 10. 6. 1999 zu und stockt zugleich das deutsche Kontingent von bisher 6 000 auf bis zu 8 500 Soldaten auf. Das Parlament folgt damit dem Antrag der Bundesregierung, gegen den sich nur die PDS ausgesprochen hatte; einige Abgeordnete der Grünen enthalten sich der Stimme.
Hintergrund: Am 6. 5. 1999 hatten sich die sieben führenden Industriestaaten und Russland beim G8-Außenministertreffen auf dem Petersberg bei Bonn auf Eckpunkte eines Friedensplans für das Kosovo verständigt: Sofortiges Ende der Gewalt, Rückzug militärischer, polizeilicher und paramilitärischer Kräfte, Stationierung von internationalen zivilen und »Sicherheitsrepräsentanzen« unter UN-Mandat, Rückkehr aller Vertriebenen und Flüchtlinge, Selbstverwaltung für das Kosovo im Rahmen der Souveränität Jugoslawiens, Entwaffnung der UÇK. Russland hatte damit erstmals einer internationalen Friedenstruppe zugestimmt. Vgl. dazu 44.2. → 3./4. 6. 1999.
Nachdem sich die G8-Außenminister am 8. 6. 1999 in Köln über den Text der UN-Resolution geeinigt hatten, wurde am 9. 6. das Militärabkommen zwischen NATO und Serbien über den geordneten und überprüfbaren Rückzug aus dem Kosovo unterzeichnet, und am 10. 6. 1999 verabschiedete der UN-Sicherheitsrat die UN-Resolution 1244 über die Entsendung der internationalen Friedenstruppe Kosovo Force (KFOR); nur China enthielt sich der Stimme.
Die am 10. 6. 1999 ausgesetzten NATO-Luftangriffe gegen Jugoslawien werden am 20. 6. 1999 endgültig eingestellt, da die Serben vereinbarungsgemäß Soldaten, Polizei und Paramilitärs aus dem Kosovo abgezogen haben. Damit ist der Kosovo-Krieg offiziell beendet.
Die ersten von der NATO geführten Verbände der internationalen Schutztruppe rücken am 12. 6. 1999 in das Kosovo ein. Es wird in fünf KFOR-Zonen unterteilt. Das deutsche Kontingent kontrolliert den Süden um Prizren.

13. Oktober
Der US-Senat lehnt es ab, den **Teststoppvertrag** (CTBT: Comprehensive Test-Ban Treaty) zu ratifizieren. Die Mehrheit der Republikaner begründet ihr Votum damit, dass die USA auf Nuklearversuche nicht verzichten könnten, ohne ihre Sicherheit zu gefährden, u. a. wegen sog. »Schurkenstaaten« wie Irak, Iran oder Nordkorea.
Der Teststoppvertrag (CTBT) vom 24. 9. 1996 verbietet umfassend alle Nuklearwaffentests; zur Verifikation ist ein weltweites Überwachungssystem vorgesehen. Um den CTBT in Kraft zu setzen,

müssen ihm mindestens 44 namentlich genannte Staaten zustimmen. Deutschland hat seine Ratifikationsurkunde am 20. 8. 1998
hinterlegt.
Weltweite Proteste und Irritationen hatten die indischen und
pakistanischen Nukleartests vom 11./13. 5. bzw. 28./30. 5. 1998 ausgelöst.

18./19. Nov. Auf dem **OSZE-Gipfel in Istanbul** unterzeichnen die 54 Staats- und
Regierungschefs die Europäische Sicherheitscharta. Sie ver-
pflichten sich darin, demokratische Institutionen aufzubauen und
Konflikte zwischen den Staaten und innerhalb der Einzelstaaten
soweit wie möglich zu schlichten. Als Plattform regionaler und
kooperativer Sicherheit soll die OSZE Beobachtungs- und Über-
wachungsaufgaben durchführen (z. B. bei Wahlen), Mandate für
militärisches »Peacemaking« übernehmen und in Krisengebiete
Expertenteams (REACT: Rapid Expert Assistance and Cooperation Teams) oder gegebenenfalls Polizeikräfte entsenden.
Der überarbeitete KSE-Vertrag (36.1. → 19. – 21. 11. 1990) schreibt
die Obergrenzen für schwere Waffen nicht mehr regional, sondern
einzelstaatlich neu fest. Sie sind, soweit sie überschritten werden,
zwischen Ural und Atlantik zu verschrotten.
Im Abschlussdokument akzeptiert Russland die Normen und die
Vermittlung der OSZE. Es bekennt sich zu einer politischen Lösung
des Tschetschenien-Krieges, der nach einem Konflikt in der Nach-
barrepublik Dagestan erneut entbrannt ist (39.3. → 20. 1. 1995). Der
russische Außenminister Igor Iwanow stellt allerdings eine Vermittlung der OSZE nachträglich als Einmischung in innere Angelegenheiten wieder in Frage.

44.2. Europäische Union und Euro
   1999 – 2000

1999

1. Januar **Euroland:** Die Europäische Währungsunion (3. Phase der WWU)
mit dem Euro als Buchgeld tritt in elf von 15 EU-Mitgliedstaaten in
Kraft (39.2. → 2./3. 5. 1998). Die amtlichen Umrechnungskurse der
einzelnen nationalen Währungen sind bis auf sechs Stellen hinter
dem Komma, die auf zwei Stellen auf- oder abzurunden sind, wie
folgt endgültig festgelegt (siehe Tab. 32 auf S. 570):
Ab 1. 1. 1999 geht die Geldhoheit von den einzelstaatlichen Noten-
banken über auf die EZB in Frankfurt a. M. (Präsident Wim Duisenberg), deren Vorläufer das Europäische Währungsinstitut (EWI)
war. Die Unabhängigkeit der EZB von politischen Weisungen jeder
Art (institutionell, operativ und personell) ist vertraglich festgelegt.

Tab. 32: Umrechnungskurse für die Währungen
der elf Euro-Teilnehmer-Staaten, 1. Januar 1999

Land	Währung	Umrechnungskurs
Belgien	Belgischer Franken	1 Euro = 40,3399 BEF
Deutschland	Deutsche Mark	1 Euro = 1,95583 DEM
Finnland	Finnmark	1 Euro = 5,94573 FIM
Frankreich	Französischer Franken	1 Euro = 6,55957 FRF
Irland	Irisches Pfund	1 Euro = 0,787564 IEP
Italien	Italienische Lira	1 Euro = 1936,27 ITL
Luxemburg	Luxemburgischer Franken	1 Euro = 40,3399 LUF
Niederlande	Niederländischer Gulden	1 Euro = 2,20371 NLG
Österreich	Österreichischer Schilling	1 Euro = 13,7603 ATS
Portugal	Portugiesischer Escudo	1 Euro = 200,482 PTE
Spanien	Spanische Peseta	1 Euro = 166,386 ESP

Vorrangig hat sie die Preisstabilität zu gewährleisten. Die bisher für die DM/DEM allein zuständige und verantwortliche Deutsche Bundesbank in Frankfurt a. M. wird zu einer Art Zweigstelle der EZB.

Im bargeldlosen Zahlungsverkehr (z. B. Buchungen, Überweisungen, Schecks) kann der Euro ab 1. 1. 1999 bereits verwendet werden, als Bargeld jedoch erst ab 1. 1. 2002. Die doppelte Preisauszeichnung sowohl in DM/DEM wie in Euro (€) auf Kassenbons, Kontoauszügen, Preisschildern ist freiwillig.

Euroland umfasst einen Wirtschaftsraum mit ca. 290 Millionen Menschen, verfügt somit über eine größere Bevölkerung als die USA (270 Millionen Einwohner) oder Japan (126 Millionen). Euroland exportiert ca. 25 Prozent mehr als die USA und etwa doppelt soviel wie Japan.

Zum 1. Januar 2002 erfolgt die Euro-Bargeld- Einführung. Die sieben neuen Euroscheine (Fünfer, Zehner, Zwanziger, Fünfziger, Hunderter, Zweihunderter, Fünfhunderter) und Münzen (Achter-Serie: 1 und 2 Euro, 1, 2, 5, 10, 20 und 50 Cent) werden an den Bankschaltern ausgegeben (1 Euro = 100 Cent). Alle Konten, die noch auf DM lauten, sind automatisch auf die neue Währung (1 Euro = 1,95583 DM) nach dem Grundsatz der Vertragskontinuität umzustellen (Big Bang). Während der Übergangsfrist bis zum 28. Februar 2002 kann die DM noch verwendet werden, jedoch ist der Euro im Euroland alleiniges gesetzliches Zahlungsmittel.

Mit dem 1. März 2002 wird in Deutschland der DM-Bargeld-Umlauf eingestellt. DM-Bargeld-Bestände können jedoch danach noch bei den Landeszentralbanken und ihren Zweigstellen zum Festkurs (1 Euro = 1,95583 DM) umgetauscht werden.

1. Januar   Mit dem Euro-Start übernimmt Deutschland zeitgleich den **Vorsitz** in der Europäischen Union (EU) für das erste Halbjahr 1999.

16. März   Die gesamte **EU-Kommission** tritt kurz nach Mitternacht mit ihrem Präsidenten Jacques Santer zurück. Sie führt vorläufig die Amtsgeschäfte weiter.
Rücktrittsgründe: Die unabhängige internationale Untersuchungskommission und Expertengruppe der »Fünf Weisen« hatte der Kommission vorgehalten, sie habe die Kontrolle über den Verwaltungsapparat verloren. So wird der französischen Wissenschaftskommissarin Edith Cresson »Vetternwirtschaft« vorgeworfen, der deutschen Strukturkommissarin Monika Wulf-Mathies, sie habe einen Mitarbeiter eingestellt, ohne die dafür geltenden Vorschriften zu beachten. → 15. 9. 1999
Das Europäische Parlament hatte der Kommission die Entlastung für den Haushalt 1996 verweigert, vor allem deshalb, weil Hilfsgelder für Flüchtlinge in Bosnien-Herzegowina und Afrika fehlgeleitet worden seien und es »Günstlingswirtschaft« und »Missmanagement« gegeben habe. Dennoch war am 14. 1. 1999 in Straßburg das Misstrauensvotum gegen die EU-Kommission gescheitert.

24. – 26. März   Auf dem **EU-Sondergipfel in Berlin** können sich die 15 Staats- und Regierungschefs nur mit Abstrichen auf die Agenda 2000 einigen, die Voraussetzung für die Osterweiterung sind (39.2. → 12./13. 12. 1997). Zwar verabschieden sie den Finanzrahmen für die Jahre 2000 bis 2006, doch erreicht Bundeskanzler Schröder als amtierender Ratspräsident nicht, die deutschen Nettozahlungen an die EU im Rahmen eines strikten Sparkurses wesentlich zu verringern – wie wiederholt gefordert. Die geplante Reform der völlig vergemeinschafteten Gemeinsamen Agrarpolitik wird teils verwässert, teils verschoben mit der Folge, dass ihre Kosten wieder rund 50 Prozent des EU-Haushalts betragen. Als Kandidat für das vakante Amt des EU-Kommissions-Präsidenten nominiert der Gipfel den früheren italienischen Regierungschef Romano Prodi. → 16. 3. 1999
Die Kommission hatte, wie von ihr gefordert, das Reformpaket »Agenda 2000« am 16. 7. 1997 vorgelegt und am 17. 3. 1998 durch detaillierte Legislativentwürfe ergänzt. Das Gesamtpapier, in drei Bände unterteilt, enthält Vorschläge zu vier Themenbereichen: 1. Zur Erweiterung der Union (Heranführungshilfen) durch die assoziierten mittel- und osteuropäischen Länder (MOE-Staaten), die zum Beitrittstermin nicht nur wirtschaftliche und politische Bedingungen erfüllen, sondern auch – von befristeten Ausnahmen abgesehen – alle gültigen Verträge, Gesetze und Verordnungen der EU (acquis communautaire) übernehmen sollen. 2. Zum Rahmenrecht für die Strukturfonds und den Kohäsionsfonds, mit denen benachteiligte Regionen je nach Entwicklungsgefälle finanziell gefördert werden. 3. Zur Gemeinsamen Agrarpolitik (GAP), die preisgerechter, wettbewerbsfähiger, verbraucherfreundlicher und umweltgerechter gestaltet werden soll. 4. Zum Finanzrahmen durch eine

finanzielle Vorausschau auf die Jahre 2000 bis 2006. – Die Diskussion der Agenda 2000 hatte zwischen den EU-Mitgliedstaaten zu tief greifenden Meinungsverschiedenheiten geführt, vor allem bezüglich der Reform der Agrarpolitik, des Kohäsionsfonds, der Lastenverteilung und der Beitragszahlungen.
Zum Auftakt des Gipfels war der Kosovo-Konflikt zum Kosovo-Krieg geworden: 44.1. → 24. 3. 1999.

3./4. Juni

Auf dem **Kölner EU-Gipfel** beschließen die 15 Staats- und Regierungschefs eine »Gemeinsame Strategie für Russland«. Sie soll Russland, das als wesentlicher Bestandteil der Zukunft Europas gilt, politisch und marktwirtschaftlich stabilisieren helfen. Die EU-Mitgliedstaaten wollen deshalb eine dauerhafte und feste Partnerschaft mit Russland aufbauen.

Während des Gipfels erzielen der Kosovo-Beauftragte der EU, der finnische Staatspräsident Martti Athisaari, und der Kosovo-Sonderbeauftragte Russlands, Viktor Tschernomyrdin, die Zustimmung Belgrads zum Kosovo-Friedensplan der G8-Außenminister: 44.1. → 11. 6. 1999.

Zum Auftakt des Gipfels hatten die Staats- und Regierungschefs ihre Absicht bekräftigt, sich verstärkt in den Bereichen Konfliktverhütung und Krisenbewältigung zu engagieren. Deshalb soll die Westeuropäische Union (WEU) als europäisches Verteidigungsbündnis innerhalb der NATO integraler Bestandteil der EU werden. Als »Hoher Vertreter für die Gemeinsame Außen- und Sicherheitspolitik« (»Mr. GASP«) wird NATO-Generalsekretär Javier Solana nominiert. – Solana übernimmt sein neues Amt am 18. 10. 1999; sein Nachfolger als NATO-Generalsekretär seit 14. 10. 1999 ist der frühere britische Verteidigungsminister George Robertson.

Der verabschiedete Beschäftigungspakt sieht einen regelmäßigen »makroökonomischen Dialog« als Meinungsaustausch über lohn-, geld-, haushalts- und finanzpolitische Grundsatzfragen vor. Damit sollen die europäischen Rahmenbedingungen für ein nachhaltiges Wirtschaftswachstum ohne Inflationstendenzen verbessert werden. Dieser »Köln-Prozess« strebt eine Kooperation zwischen den Mitgliedstaaten, den Sozialpartnern und den EU-Institutionen an, verpflichtet aber nicht zur Koordination der Beschäftigungspolitik; denn sie bleibt im Kompetenzbereich einzelstaatlicher Verantwortung. Die EU-Kommission soll beschäftigungsfördernde Empfehlungen unterbreiten und sie finanzieren helfen, z. B. bei Investitionen, Strukturreformen und Modernisierung. – Zum »Luxemburg-Prozess«: 39.2. → 20./21. 11. 1997.

10. Juni

Auf der internationalen Balkan-Konferenz in Köln, an der die 15 EU-Staaten, die G8-Gruppe, Staaten der Region und internationale Organisationen teilnehmen, wird der **Stabilitätspakt für Südosteuropa** verabschiedet. Er soll Initiativen und Ressourcen für

den demokratischen und wirtschaftlichen Aufbau der Region und ihre äußere sowie innere Sicherheit mobilisieren.
Sonderkoordinator des Stabilitätspakts für Südosteuropa ist seit Juli 1999 der bisherige Kanzleramtsminister Bodo Hombach. Bundeskanzler Schröder hatte ihn am 24. 6. 1999 für das neue Amt vorgeschlagen.

13. Juni   **Fünfte Direktwahl** zum Europäischen Parlament in Deutschland. Die CDU/CSU erzielt mit 48,7 Prozent der gültigen Stimmen (1994: 38,8 Prozent) einen überragenden Wahlsieg. Die regierende rotgrüne Koalition muss starke Verluste hinnehmen: Der Anteil der SPD sinkt von 32,2 Prozent (1994) auf 30,7 Prozent, bei den Grünen von 10,1 Prozent (1994) auf 6,4 Prozent der Stimmen. Erstmals im EP vertreten ist die PDS mit 5,8 Prozent der Stimmen (1994: 4,7 Prozent). Die FDP scheitert zum zweiten Male hintereinander, da sie von 4,1 Prozent (1994) auf 3,0 Prozent der Stimmen schrumpft.

Tab. 33: Fünfte Europawahl, 13. Juni 1999 in der BRD
Hauptergebnisse

	Anzahl	%	Sitze
Wahlberechtigte	60 786 904		
Wähler	27 468 932	45,2	
Ungültige Stimmen	409 659	1,5	
Gültige Stimmen	27 059 273	99	
SPD	8 307 085	30,7	33
CDU	10 628 224	39,3	43
GRÜNE	1 741 494	6,4	7
CSU	2 540 007	9,4	10
PDS	1 567 745	5,8	6
FDP	820 371	3,0	-
REP	461 038	1,7	-
GRAUE	112 142	0,4	-
ödp	100 048	0,4	-
APD	97 984	0,4	-
PASS	71 430	0,3	-
BP	14 950	0,1	-
PBC	68 732	0,3	-
Naturgesetz	38 139	0,1	-
NPD	107 662	0,4	-
CM	30 746	0,1	-
Büso Solidarität	9 431	0,0	-
Familie	4 117	0,0	-
Zentrum	7 080	0,0	-
Die Frauen	100 128	0,4	-
Tierschutz	185 186	0,7	-
Abkürzungsverzeichnis s. S. 585			

Quelle: Statistisches Bundesamt.

Die Wahlbeteiligung (45,2 Prozent; 1994: 60 Prozent) war die schlechteste bei den bisher bundesweiten EP-Wahlen. Die Europawahlen in der EU vom 10. – 13. 6. 1999 bestätigen den Trend in Deutschland. Die bisher stärkste Fraktion der Sozialdemokraten/Sozialisten (SPE) muss trotz der Zugewinne in Frankreich und Österreich hohe Verluste hinnehmen; die in der Europäischen Volkspartei (EVP) zusammengeschlossenen konservativen und christdemokratischen Parteien stellen erstmals die stärkste Fraktion im EP.

15. September Mit breiter Mehrheit stimmt das Europäische Parlament der Einsetzung der **neuen EU-Kommission** unter dem früheren italienischen Ministerpräsidenten Romano **Prodi** zu: für den Rest der Amtzeit der alten zurückgetretenen Kommission unter Santer (→ 16. 3. 1999) und sodann für die neue fünfjährige Amtsperiode bis Januar 2005. Dem 19-köpfigen Kollegium unter dem parteilosen Prodi, der auf dem EU-Gipfel in Berlin nominiert worden war (→ 24. – 26. 3. 1999), gehören zwei deutsche Kommissare an: Michaele Schreyer (Grüne) und Günter Verheugen (SPD), die für Haushalt und Korruptionsbekämfung bzw. für die EU-Erweiterung zuständig sind.

15./16. Okt. Der EU-Sondergipfel in **Tampere/Finnland** beschließt, einen einheitlichen europäischen Raum der Freiheit, der Sicherheit und des Rechts zu schaffen. Ein Rahmenplan sieht vor, die Rechtssysteme mittelfristig anzugleichen, eine gemeinsame Asyl- und Integrationspolitik zu treiben und die Verbrechensbekämpfung zu intensivieren. Geplant ist die Errichtung der neuen Zentralstelle Eurojust, die die nationalen Staatsanwaltschaften koordiniert, z. B. durch gemeinsame Ermittlungsteams. Eine Expertengruppe soll eine europäische Grundrechtecharta erarbeiten.

10./11. Dez. Auf ihrem **Gipfel in Helsinki** verdoppelt die EU die Zahl der Beitrittskandidaten von 6 (1. Gruppe: Estland, Polen, Slowenien, Tschechien, Ungarn, Zypern) auf 12 Staaten, jedoch ohne Angabe von Beitrittsterminen: Bulgarien, Lettland, Litauen, Malta, Rumänien und Slowakei (2. Gruppe). Offiziell erhält auch die Türkei den Status eines Beitrittskandidaten, allerdings ist die Aufnahme konkreter Beitrittsverhandlungen davon abhängig, dass Rechtsstaatlichkeit und Menschenrechte eingehalten werden. Falls es im Tschetschenien-Krieg weiter zu Auswüchsen gegen Zivilisten kommt, soll die Zusammenarbeit mit Russland überdacht werden.

2000

23./24. März Auf dem **EU-Sondergipfel in Lissabon** beschließen die 15 Staats- und Regierungschefs ein neues strategisches Ziel für das kommende Jahrzehnt. Im Zeichen der Globalisierung und ihrer Herausforderungen will die EU zum »wettbewerbsfähigsten und dynamischsten wissensbasierten Wirtschaftsraum der Welt« werden und so die

Weichen von der Industriegesellschaft zur Wissens- und Informationsgesellschaft stellen. Um die Massenarbeitslosigkeit (ca. 15 Millionen Menschen) abzubauen, ist ein Wirtschaftswachstum mit einer durchschnittlichen Rate von drei Prozent pro Jahr als Zielsetzung vorgesehen. Neue Arbeitsplätze sollen vor allem im Telekommunikationssektor entstehen. Daher ist dafür Sorge zu tragen, dass alle Schulen in der Union Zugang zum Internet und zu Multimedia-Material erhalten, die dafür erforderlichen Lehrer geschult und neue elektronische Technologien verstärkt gefördert werden. Die Kommission soll Schritte einleiten, damit ein europäischer Raum für konzertierte Forschung und Entwicklung sowie ein günstiges Umfeld für die Gründung innovativer Unternehmen entsteht.

Österreich bleibt in der EU wegen der neuen Regierungskoalition der christdemokratischen ÖVP mit Jörg Haiders rechtspopulistischer FPÖ weiterhin isoliert. Ein Appell des österreichischen Bundeskanzlers Wolfgang Schüssel (ÖVP) an die Staats- und Regierungschefs, von den diplomatischen Sanktionen gegen sein Land abzurücken, findet keine Unterstützung.

45. Wirtschafts-, Finanz- und Sozialpolitik

45.1. Ökonomie und Steuern
   1998 – 2000

1998
7. Dezember   Auftaktgespräch zu einem **Bündnis für Arbeit, Ausbildung und Wettbewerbsfähigkeit**. Unter dem Vorsitz Schröders beraten im Bonner Kanzleramt Spitzenvertreter der Wirtschaft, der Gewerkschaften und der Bundesregierung über die Senkung der Lohnnebenkosten, über beschäftigungsfördernde Maßnahmen, über den Kampf gegen die Jugend- und Dauerarbeitslosigkeit u. a. m.

1999
1. Januar   Das **dritte Vermögensbeteiligungsgesetz** tritt in Kraft. Es erhöht die für die Sparzulage maßgeblichen Einkommensgrenzen und verdoppelt die Arbeitnehmer-Sparzulage für Beteiligungen am Produktivvermögen von zehn auf 20 Prozent bei einer jährlichen Zulagebegünstigung von 800 DM. – Zur Förderung der Vermögensbildung: 14.1. → 12. 7. 1961 und 32.1. → 1. 1. 1984.

1. Januar   **Rotgrüne Steuerreform 1. Teil**: Das steuerfreie Existenzminimum wird erhöht, da der Grundfreibetrag von 12 365 auf 13 067 DM

pro Person steigt. Der Eingangssteuersatz sinkt von 25,9 auf 23,9 Prozent.
Das monatliche Kindergeld für das erste und zweite Kind wird von 220 auf 250 DM erhöht. Für seine Auszahlung ist nicht mehr der Arbeitgeber, sondern die Familienkasse beim Arbeitsamt zuständig.

1. April **Ökologische Steuerreform 1. Stufe**: Die Steuern auf Benzin/Diesel, Strom, Gas und Heizöl werden erhöht, um den Energieverbrauch zu drosseln. Die Mehreinnahmen aus diesen »Ökosteuern« sollen die Arbeits- und Lohnnebenkosten, vor allem den Rentenbeitrag, reduzieren und so die Arbeitslosigkeit bekämpfen helfen. Zugleich werden Steuervergünstigungen gestrichen.
Zeitgleich tritt die Neuregelung der umstrittenen **geringfügigen Beschäftigungsverhältnisse** in Kraft. Sie sind künftig bundeseinheitlich bis maximal 630 DM pro Monat (Geringfügigkeitsgrenze) steuerfrei, sofern keine sonstigen positiven Einkünfte hinzukommen. Diese 630-Mark-Jobs werden neu anmelde- und sozialversicherungspflichtig. Der Arbeitgeber hat generell pauschal 12 Prozent vom Arbeitsentgelt an die gesetzliche Rentenversicherung abzuführen und 10 Prozent an die gesetzliche Krankenversicherung, sofern ihr der Arbeitnehmer angehört. Die dauerhaft geringfügig Beschäftigten erwerben Rentenansprüche, die sie durch ergänzende Beitragszahlungen aufstocken können. Die bisherige 20-prozentige Lohnsteuerpauschalisierung durch den Arbeitgeber ist unverändert weiterhin möglich, doch darf der Stundenlohn 22 DM durchschnittlich nicht überschreiten. Von der Neuregelung ausgenommen bleiben Saisonbeschäftigungen.
Der Bundesrat hatte das heftig umstrittene Steuerpaket am 19. 3. 1999 mit den Stimmen der amtierenden rotgrünen Landesregierung Hessens, die abgewählt worden war (43.1. → 7. 2. 1999), verabschiedet. Der amtierende hessische Ministerpräsident Hans Eichel (SPD) war nach dem Rücktritt Lafontaines (43.1. → 11. 3. 1999) zugleich designierter Bundesfinanzminister geworden.

23. Juni Die rotgrüne Bundesregierung beschließt ein **30-Mrd.-DM-Steuer-Sparpaket**, das im Jahre 2000 (»Konsolidierungshaushalt«) eine Trendwende in der Staatsverschuldung herbeiführen soll (»Zukunftsprogramm 2000«). Die mittelfristige Finanzplanung bis 2003 sieht weitere tief greifende Etatkürzungen vor.
Bundeskanzler Schröder und Finanzminister Eichel (SPD) lassen sich durch Einsprüche, Proteste oder Wahlniederlagen (43.1. → 5. 9. 1999) von ihren Sparplänen nicht abbringen; denn ihrer Ansicht nach gibt es dazu keine Alternative.

26. November Der Bundestag verabschiedet mit der rotgrünen Mehrheit den **Haushalt 2000** (Gesetz vom 22. 12. 1999). Der Etat hat ein Einsparvolumen von rund 28 Mrd. DM.

Damit das umstrittene 30-Mrd.-DM-Steuer-Sparpaket der Bundesregierung (→ 23. 6. 1999) nicht an der Unionsmehrheit im Bundesrat scheitert, hatte Finanzminister Eichel (SPD) das eingebrachte **Haushaltssanierungsgesetz** in einen zustimmungsfreien Teil und einen zustimmungsbedürftigen Teil aufgeschnürt.

Die wichtigsten Einsparungen des zustimmungsfreien Pakets (verabschiedet im Bundestag am 12. 11., im Bundesrat am 26. 11. 1999): 1. Der Rentenanstieg hängt von der Inflationsrate ab, nicht mehr von der Nettolohnanpassung. 2. Die Bundesanstalt für Arbeit zahlt niedrigere Beiträge für Arbeitslose an die Renten- und Pflegeversicherung. 3. Die gesetzliche Rentenversicherung, die Alters- und Krankenversicherung der Bauern und die Künstlersozialkasse erhalten geringere Zuschüsse. 4. Die Zivildienstdauer wird von 13 auf elf Monate verkürzt. 5. Hilfen für Landwirte (Gasöl) und Kornbrenner (Branntweinmonopol) sind abzubauen. 6. Die Bahn erstattet dem Bundesgrenzschutz die Hälfte der Kosten für Schutzaufgaben als Bahnpolizei.

Vom zustimmungsbedürftigen Paket (Gesetz zur Änderung des Wohngeldgesetzes und anderer Gesetze) lässt der Bundesrat am 17. 12. 1999 passieren: 7. Die originäre Arbeitslosenhilfe (Referendare, Zeitsoldaten) fällt weg. 8. Aufwendungen für den Unterhaltsvorschuss an Geschiedene sind zu reduzieren. 9. Gutverdienende haben keinen Anspruch auf die Eigenheimzulage (40.1. → 1. 1. 1996). 10. Das Tabellenwohngeld für einkommensschwache Haushalte wird reformiert, doch muss der Bund wie bisher hälftig das pauschalisierte Wohngeld für Sozialhilfeempfänger tragen.

Die einzelnen Artikel treten zwischen dem 1. 1. 1999 und dem 1. 1. 2002 in Kraft.

Im Bundesrat scheitern am 17. 12. 1999 die Regierungspläne, den Besoldungszuwachs für Beamte/Richter/Soldaten an die Inflationsrate zu koppeln, also Preissteigerungen auszugleichen, und das Hauptziel des Steuerbereinigungsgesetzes, neu abgeschlossene langfristige Kapital-Lebensversicherungen zu besteuern, falls sie in einer Summe ausgezahlt werden.

17. Dezember   Nach langwierigen Verhandlungen, die wiederholt zu scheitern drohten, kommen Vertreter Deutschlands (Sonderbeauftragter Otto Graf Lambsdorff), der USA (Unterhändler Stuart Eizenstat) und aller Opfergruppen in Berlin überein, die noch lebenden 240 000 Sklavenarbeiter und etwa eine Million Zwangsarbeiter aus der NS-Zeit mit insgesamt **zehn Milliarden DM** zu entschädigen. Den Fonds statten eine Stiftungsinitiative der deutschen Wirtschaft und der deutsche Staat mit je fünf Milliarden DM aus. Deutsche Unternehmen sollen zugleich Rechtssicherheit erhalten und vor Schadenersatzklagen geschützt werden. – Zahlungs- und Detailfragen sind noch zu klären.

2000

1. Januar **Ökologische Steuerreform 2. Stufe**: Kraftstoffe und Strom verteuern sich erneut. Hocheffiziente Gas- und Dampfkraftwerke sowie Anlagen der Kraft-Wärme-Koppelung werden von der Mineralölsteuer befreit, Blockheizkraftwerke von der Stromsteuer.
Die steuerliche **Familienförderung** wird nach den Auflagen des Bundesverfassungsgerichts neu geregelt: 47. → 1. 1. 2000.
Der **Sparerfreibetrag** wird halbiert: Zinsen sind pro Jahr nur noch bis maximal 3000/6000 DM bei Alleinstehenden/Verheirateten steuerfrei. 40.1. → 1. 1. 1993

9. Januar Das **Bündnis für Arbeit, Ausbildung und Wettbewerbsfähigkeit** (→ 7. 12. 1998) einigt sich auf Kompromisse zur Bekämpfung der Arbeitslosigkeit. Die beteiligten Arbeitgeber (BDA-Präsident Dieter Hundt), Gewerkschaften (DGB-Vorsitzender Dieter Schulte) und die Bundesregierung (Bundeskanzler Gerhard Schröder) empfehlen für die anstehende Tarifrunde 2000 eine beschäftigungswirksame, längerfristige Tarifpolitik, die sich am Produktivitätszuwachs orientiert (nicht mehr wie bisher auch an Preissteigerungen). In diesem Zusammenhang sind Wege für einen vorzeitigen Ausstieg langfristig Versicherter aus dem Erwerbsleben zu zumutbaren Bedingungen zu finden, die die Sozialversicherung nicht zusätzlich belasten. Die Tarifpartner sollen differenzierte betriebs- und branchenbezogene Regelungen vereinbaren, die es ermöglichen, vorzeitig aus dem Berufsleben auszuscheiden oder verstärkt Altersteilzeit (40.2. → 23. 7. 1996) zu nutzen. Die von Gewerkschaften geforderte »Rente mit 60« taucht in der gemeinsamen Erklärung der Bündnispartner nicht auf.

45.2. Soziale Sicherung und Gesundheit
1998 – 2000

1999

1. Januar Von der alten Bundesregierung durchgesetzte **sozialpolitische Änderungen** werden von der rotgrünen Koalition wie folgt korrigiert: 1. Sie führt die volle Lohnfortzahlung im Krankheitsfall wieder ein und für Kleinbetriebe mit mehr als fünf Arbeitnehmern den vorher geltenden Kündigungsschutz (40.2. → 25. 9. 1996). 2. Sie reduziert die Zuzahlungen bei Arznei- und Heilmitteln und hebt den Ausschluss Jugendlicher beim Zahnersatz auf; das Krankenhaus-Notopfer von 20 DM pro Jahr entfällt (40.2. → 1. 11. 1996 und 23. 6. 1997). 3. Sie setzt Rentenkürzungen nach dem demographischen Faktor aus (40.2. → 16. 12. 1997).

26. November   Die geplante rotgrüne **GKV-Gesundheitsreform 2000** scheitert im Bundesrat. Sie hatte vorgesehen, die Obergrenze für die Gesamtausgaben aller Krankenkassen durch ein Globalbudget, das nicht stärker als die Einkommen der Versicherten hätte steigen dürfen, festzuschreiben.

Wegen der Unionsmehrheit im Bundesrat schnürt Gesundheitsministerin Andrea Fischer (Grüne) das Reformpaket auf, indem sie seine nicht zustimmungsbedürftigen Teile als Gesetzesvorlage neu einbringt. Sie wird am 16. 12. 1999 vom Bundestag, am 17. 12. 1999 vom Bundesrat verabschiedet und tritt mit wenigen Ausnahmen am → 1. 1. 2000 in Kraft.

2000

1. Januar   Die »abgespeckte« **Gesundheitsreform 2000** (→ 26. 11. 1999) tritt wie folgt in Kraft: Anstelle des ursprünglich geplanten Globalbudgets werden die Einzelbudgets für Ärzte, Zahnärzte, Arznei- und Heilmittel sowie für Krankenhäuser verlängert. Um die Ausgaben zu begrenzen, gelten die Grundsätze der Budgethaftung für Ärzte und der Beitragsstabilität für Krankenkassen. Wettbewerbsverzerrungen zwischen gesetzlich und privat Krankenversicherten, vor allem im Alter, sind zu beseitigen. Primärprävention, Selbsthilfe und Rehabilitation sollen gestärkt werden, u. a. durch den Ausbau der Gesundheitsförderung und der flächendeckenden Karies-Gruppenprophylaxe, durch die Unterstützung von Selbsthilfegruppen oder von Verbraucher- und Patientenberatungsstellen. Ambulante und stationäre Versorgung sind zu verzahnen, damit unnötige Kostenbelastungen durch Krankenhausaufenthalte entfallen, z. B. bei Operationen. Für psychisch Kranke wird die ambulante Soziotherapie eingeführt und erprobt. Der Hausarzt ist in seiner Lotsen- und Dokumentationsfunktion zu stärken und besser zu honorieren. Für Krankenhäuser gilt ein neues flächendeckendes, leistungsorientiertes, pauschalisierendes Vergütungssystem. Die künftig verordnungsfähigen Arzneimittel werden in einer Positivliste zusammengestellt, die jedoch unter dem Vorbehalt steht, dass ihr der Bundesrat zustimmt.

Zeitgleich tritt das zustimmungsbedürftige Gesetz zur Rechtsangleichung in der gesetzlichen Krankenversicherung vom 22. 12. 1999 in Kraft. Der Bundesrat hatte es am 17. 12. 1999 mit Unterstützung der unionsgeführten neuen Bundesländer Thüringen und Sachsen gebilligt. Damit erhalten die überschuldeten ostdeutschen Krankenkassen einen **Risikostrukturausgleich** durch Zuschüsse aus dem Westen im Rahmen eines stufenweise eingeführten Finanzausgleichs der gesetzlichen Krankenkassen in ganz Deutschland.

46. Weltwirtschaft, Dritte Welt und Umwelt 1998 – 2000

1999

18. – 20. Juni   **Weltwirtschaftsgipfel in Köln**: Nach der politischen Lösung des Kosovo-Konflikts (44.1. → 11. 6. 1999) haben sich die Beziehungen zwischen den sieben wichtigsten Industrienationen (G7) und Russland (Präsident Boris Jelzin) merklich entspannt. Deutschland (Gerhard Schröder), Frankreich (Jacques Chirac), Großbritannien (Tony Blair), Italien (Massimo D'Alema), Japan (Keizo Obuchi), Kanada (Jean Chrétien), die USA (Bill Clinton) und die EU, vertreten durch den scheidenden Kommissionspräsidenten Jacques Santer, beschließen, Russland gleichberechtigt und endgültig zu den Weltwirtschaftsgipfeln einzuladen. Aus G7 wird somit G8.

Das Gipfeltreffen verkündet für die 41 ärmsten Länder der Welt einen Schuldenerlass – teils ganz, teils hälftig. Deutschland verzichtet vor allem auf Forderungen gegenüber unterentwickelten Staaten in Afrika (u. a. Kamerun, Senegal, Elfenbeinküste) und Südamerika (u. a. Bolivien, Nicaragua, Guyana).

In einem gemütlichen Altstadt-Restaurant beschließen die Staats- und Regierungschefs der G8-Staaten mit ihren Ehefrauen den Kölner Weltwirtschaftsgipfel. → 18.–20. 6. 1999

Mit der sog. Köln-Charta werden die Regierungen weltweit dazu ermuntert, verstärkt das Bildungswesen zu fördern; denn Bildung sei der Schlüssel für Beschäftigung und Wirtschaftswachstum und baue soziale Ungleichheiten ab.
Die G8-Chefs erörtern auch den Stabilitätspakt für Südosteuropa (44.2. → 10. 6. 1999) und den Wiederaufbau des Kosovo. Serbien erhält, anders als von Russland gewünscht, vorerst keine Wiederaufbauhilfe; denn sie setze Demokratisierung voraus, die Präsident Slobodan Milošević verhindere.

25. Okt. –   Die **UN-Klimakonferenz in Bonn**, an der Minister und Delegierte
5. Nov.   aus rund 170 Ländern teilnehmen, einigt sich auf einen Fahrplan für weitere Verhandlungen darüber, wie das Kyoto-Protokoll zur Reduktion der Treibhausgas-Emissionen umgesetzt werden kann (41. → 11. 12. 1997). Deutschland will eine Vorreiterrolle übernehmen und den Ausstoß von Kohlendioxyd bis 2005 um 25 Prozent verringern.

4. Dezember   Die viertägige **Welthandelskonferenz in Seattle** endet ohne konkretes Ergebnis. Sie scheitert an Interessenkonflikten zwischen den WTO-Mitgliedstaaten (41. → 15. 4. 1994), vor allem zwischen Industrienationen und Dritter Welt, zwischen den USA und der EU.

2000

20. Januar   In der Bundestagsdebatte über den Abschlussbericht der Enquete-Kommission »**Schutz des Menschen und der Umwelt**« bestätigt Bundesminister Jürgen Trittin (Grüne), dass beabsichtigt sei, den geforderten »Rat für nachhaltige Entwicklung« bald einzurichten und die von der UNO vertretene Nachhaltigkeitsstrategie (41. → 3.–14. 6. 1992) in Politik und Gesellschaft aktiv umzusetzen.

23. März   Mit Horst **Köhler** (CDU), seit 1998 Leiter der europäischen Wiederaufbau- und Entwicklungsbank (Osteuropabank) in London, wird erstmals ein Deutscher zum geschäftsführenden Direktor des Internationalen Währungsfonds (IWF) in Washington gewählt. Der erste deutsche Kandidat, Finanzstaatssekretär Caio Koch-Weser, war am Einspruch der USA gescheitert.
Der 1944 in Bretton-Woods beschlossene **IWF** soll die Wechselkursbeziehungen zwischen den – zur Zeit 182 – Mitgliedsländern stabilisieren, Devisenbeschränkungen oder Diskriminierungen zwischen ihnen abbauen und so Wirtschaftswachstum und Welthandel fördern. Bei Zahlungsbilanzstörungen kann der IWF finanzielle Überbrückungshilfen gewähren oder langfristige Kredite vergeben.

47. Familie und Bildung 1998 – 2000

1999

1. Januar   Das **Kindergeld** für das erste und zweite Kind wird um je 30 DM pro Monat erhöht (45.1. → 1. 1. 1999).

19. Januar   Nach einem Grundsatzurteil des Bundesverfassungsgerichts sind **Familien mit Kindern** steuerlich zu entlasten. Der Staat wird verpflichtet, Erziehungsleistungen vor allem in der Ehe finanziell stärker zu berücksichtigen.

2000

1. Januar   **Familienförderung:** Das Kindergeld steigt für das erste und das zweite Kind um je 20 DM auf 270 DM im Monat. Alternativ soll der Kinderfreibetrag das »sächliche Existenzminimum« des Kindes gewährleisten. Betreuungskosten, bisher fast nur für alleinerziehende, berufstätige Elternteile steuerlich absetzbar, sind über einen zusätzlichen verrechenbaren Freibetrag für Kinder unter 16 Jahren zu berücksichtigen.

11. Januar   Nach einem Urteil des Europäischen Gerichtshofs (EuGH) in Luxemburg verstößt die restriktive Auslegung des **Art. 12a GG** (Wehr- und Dienstpflicht), der Frauen den Dienst mit der Waffe verbietet, gegen die EU-Richtlinie zur Gleichstellung der Frau beim Zugang zur Beschäftigung. In der Bundeswehr müsse daher Frauen nicht nur – wie bisher – der Sanitäts- und Militärmusikdienst offen stehen, sondern künftig auch der Dienst mit der Waffe. Ausnahmen von dieser Regel seien nur dann gerechtfertigt, wenn das männliche Geschlecht unabdingbare Voraussetzung für z. B. spezielle Kampfeinheiten sei.

Anhang

Anhang

I. Abkürzungen

AA	Auswärtiges Amt
ABC-Waffen	Atomare, biologische und chemische Waffen
ABF	Arbeiter-und-Bauern-Fakultät(en)
ABI	Arbeiter-und-Bauern-Inspektion
ABM	Anti Ballistic Missiles (Flugkörper-Abwehrraketen)
ABM	Arbeitsbeschaffungsmaßnahme(n)
AB 2000	Partei der Alternativen Bürgerbewegung 2000 in Deutschland
ACZ	Agrochemisches Zentrum
ADF	Aktion Demokratischer Fortschritt
ADN	Allgemeiner Deutscher Nachrichtendienst
AFG	Arbeitsförderungsgesetz
AG	Aktiengesellschaft
AGB	Arbeitsgesetzbuch
AHK	Alliierte Hohe Kommission
AIDS	Acquired Immune Deficiency Syndrome (Erworbene Immunschwäche-krankheit)
AIV	Agrar-Industrie-Vereinigung(en)
AJL	Alternative Jugendliste
AKP-Staaten	Staaten des afrikanischen, karibischen und pazifischen Raums
AKW	Atomkraftwerk
AL	Alternative Liste
ANS/NA	Aktionsfront Nationaler Sozialisten/Nationale Aktivisten
APD	Autofahrer- und Bürgerinteressen Partei Deutschlands
APM	Antipersonenminen
APO	Außerparlamentarische Opposition
APPD	Anarchistische Pogo-Partei Deutschlands
ARB	Für das Europa der Arbeitnehmer/innen und der Demokratie
ASD	Alle Sozialversicherten und Rentner Deutschlands (Rentnerpartei)
ASEAN	Association of South-East Asian Nations (Gemeinschaft südostasiatischer Nationen)
ATS	Österreichischer Schilling
AUD	Aktionsgemeinschaft Unabhängiger Deutscher
Autonome	Die Unregierbaren – Autonome Liste
AV	Amsterdamer Vertrag
AVL	Aktionsbündnis Vereinigte Linke. Die Nelken
AVP	Aktionsgemeinschaft Vierte Partei
AWACS	Airborne (Early) Warning and Control System (Luftgestütztes [Früh-] Warn- und Kontrollsystem)
BAföG	Bundesausbildungsförderungsgesetz
BBG	Beitragsbemessungsgrenze(n)
BDA	Bundesvereinigung der Deutschen Arbeitgeberverbände

BdD	Bund der Deutschen. Partei für Einheit, Frieden und Freiheit
BDI	Bundesverband der Deutschen Industrie
BDKJ	Bund der Deutschen Katholischen Jugend
BEF	Belgischer Franken
BEG	Bundesentschädigungsgesetz
Beneluxstaaten	Belgien, Niederlande und Luxemburg
Bewusstsein	Neues Bewusstsein, die ganzheitlich-esoterische Partei
BEZ	Bundesergänzungszuweisung(en)
BfB	Bund freier Bürger
BFB-Die Offensive	Bund Freier Bürger – Offensive für Deurtschland Die Freiheitlichen
BFD	Bund Freier Demokraten (auch »Die Liberalen«)
BfE	Bundesstelle für Entwicklungshilfe
BGB	Bürgerliches Gesetzbuch
BGBl.	Bundesgesetzblatt
BGD	Bund für Gesamtdeutschland. Ostdeutsche, Mittel- und Westdeutsche Wählergemeinschaft – Die Neue Deutsche Mitte –
BGH	Bundesgerichtshof
BGL	Betriebsgewerkschaftsleitung(en)
BHE	Block der Heimatvertriebenen und Entrechteten
BIP	Bruttoinlandsprodukt
BJP	Bundesjugendplan
BKV	Betriebskollektivvertrag
BLK	Bund-Länder-Kommission (für Bildungsplanung und Forschungsförderung)
BMG	Beteiligungs-Management-Gesellschaft mbH
BMZ	Bundesministerium für wirtschaftliche Zusammenarbeit
BND	Bundesnachrichtendienst
BP	Bayernpartei
BRD	Bundesrepublik Deutschland
BSA	Bund Sozialistischer Arbeiter, deutsche Sektion der Vierten Internationale
BSB	Betrieb(e) mit Staatlicher Beteiligung
BSE	Bovine Spongiforme Encephalopathie (»Rinderwahnsinn«)
Büso	Bürgerrechtsbewegung Solidarität
BVG	Berliner Verkehrsgesellschaft
BVG	Bundesversorgungsgesetz
BVS	Bundesanstalt für Vereinigungsbedingte Sonderaufgaben
BVVG	Bodenverwertungs- und verwaltungsgesellschaft mbH
B-Waffen	Biologische/Bakteriologische Waffen
BWK	Bund Westdeutscher Kommunisten
CAESAR	Center of Advanced European Studies and Research
Castor	Cask for Storage and Transport of Radioactive Material (Lager- und Transportbehälter für radioaktives Material)
C.B.V.	Christliche Bayerische Volkspartei (Bayerische Patriotenbewegung)
CDG	Carl-Duisberg-Gesellschaft
CDU	Christlich Demokratische Union Deutschlands
CJTF	Combined Joint Task Forces (Konzept der Alliierten Streitkräftekommandos)

CM	Christliche Mitte
CMS	Convention on the Conservation of Migratory Species of Wild Animals (Konvention zur Erhaltung wandernder wildlebender Tierarten)
CSD	Commission on Sustainable Development (Kommission für nachhaltige Entwicklung)
ČSFR	Československá Federativni Republika (Tschechische und Slowakische Föderative Republik)
ČS(S)R	Československá (Socialistická) Republika (Tschechoslowakische [Sozialistische] Republik)
CSU	Christlich-Soziale Union in Bayern e. V.
CTBT	Comprehensive Test-Ban Treaty (Teststoppvertrag)
CVP	Christliche Volkspartei
CWÜ	Chemiewaffen-Übereinkommen

DA	Demokratischer Aufbruch
DAAD	Deutscher Akademischer Austauschdienst
DAC	Development Assistance Committee (Entwicklungshilfeausschuss der OECD)
DAG	Deutsche Angestellten-Gewerkschaft
DBAG	Deutsche Bahn AG (Aktiengesellschaft)
DBB	Deutscher Beamtenbund
DBD	Demokratische Bauernpartei Deutschlands
DBJR	Deutscher Bundesjugendring
DBP	Deutsche Bauernpartei
DDD	Bund der Deutschen Demokraten
DDR	Deutsche Demokratische Republik
DED	Deutscher Entwicklungsdienst
DEG	Deutsche Gesellschaft für wirtschaftliche Zusammenarbeit (Deutsche Entwicklungsgesellschaft)
DEMO-KRATEN	Die Demokraten
DFD	Demokratischer Frauenbund Deutschlands
DFG	Deutsche Forschungsgemeinschaft
DFP	Deutsche Forumpartei
DFP	Deutsche Freiheitspartei
DFU	Deutsche Friedens-Union
DG	Deutsche Gemeinschaft
DGB	Deutscher Gewerkschaftsbund
DIE	Deutsches Institut für Entwicklungspolitik
DIHT	Deutscher Industrie- und Handelstag
DJ	Demokratie Jetzt
DKP	Deutsche Kommunistische Partei
DKP/DRP	Deutsche Konservative Partei/Deutsche Reichspartei
DM/DEM	Deutsche Mark
DNS	Nationale Sammlung
DP	Deutsche Partei
DPD	Demokratische Partei Deutschlands
DPS	Demokratische Partei Saar
DRP	Deutsche Reichs-Partei

DSE	Deutsche Stiftung für Internationale Entwicklung
DSU	Deutsche Soziale Union
DU	Deutsche Union
DV	Deutsche Volkspartei
DVP	Deutsche Volkspartei
DVU	Deutsche Volksunion – Liste D
DWK	Deutsche Wirtschaftskommission
EAC	European Advisory Commission (Europäische Beratende Kommission)
EAG	Europäische Atomgemeinschaft
EAP	Europäische Arbeiterpartei
EAPR	Euro-Atlantischer Partnerschaftsrat
ECU	European Currency Unit (Europäische Währungseinheit)
EDV	Elektronische Datenverarbeitung
EEA	Einheitliche Europäische Akte
EEF	Europäischer Entwicklungsfonds
EFP/EP	Europäische Föderalistische Partei/Europa Partei
EFTA	European Free Trade Association (Europäische Freihandelsassoziation)
EG	Europäische Gemeinschaft
EGKS	Europäische Gemeinschaft für Kohle und Stahl
EIB	Europäische Investitionsbank
EKD	Evangelische Kirche in Deutschland
EOS	Erweiterte Oberschule
EP	Europäisches Parlament
EPG	Europäische Politische Gemeinschaft
EPU	Europäische Politische Union
EPZ	Europäische Politische Zusammenarbeit
ERP	European Recovery Program (Europäisches Wiederaufbauprogramm, Marshallplan)
ESP	Spanische Peseta
ESVI	Europäische Sicherheits- und Verteidigungsidentität
EU	Europäische Union
EuGH	Europäischer Gerichtshof
EURATOM/ EAG	Europäische Atomgemeinschaft
EUREKA	European Research Coordination Agency (Agentur für europäische Forschungskoordination)
EUROPOL	Europäisches Polizeiamt
EVD	Europäische Volksbewegung Deutschlands
EVP	Europäische Volkspartei
EVG	Europäische Verteidigungsgemeinschaft
EWG	Europäische Wirtschaftsgemeinschaft
EWI	Europäisches Währungsinstitut
EWR	Europäischer Wirtschaftsraum
EWS	Europäisches Währungssystem
EWU	Europäische Währungsunion
EZB	Europäische Zentralbank

Familie/FP	Deutsche Familien-Partei/Familien-Partei Deutschlands
FAP	Freiheitliche Deutsche Arbeiterpartei
FBU	Freie Bürger Union
FDGB	Freier Deutscher Gewerkschaftsbund
FDJ	Freie Deutsche Jugend
FDP	Freie Demokratische Partei
FDP/DPS	Freie Demokratische Partei/Demokratische Partei Saar
FDP/DVP	Freie Demokratische Partei/Demokratische Volkspartei
FGB	Familiengesetzbuch
FIM	Finnmark
FKP(G)	Föderales Konsolidierungsprogramm (-gesetz)
FORUM	Neues Forum
FPÖ	Freiheitliche Partei Österreichs
FRAUEN	Feministische Partei Die Frauen
FRF	Französischer Franken
FRIEDEN	Die Friedensliste
FSK	Forum für Sicherheitskooperation
FSU	Freisoziale Union – Demokratische Mitte
FU	Föderalistische Union
FU	Freie Universität
5 %-Block	5 % Block Partei
FVP	Freie Volkspartei

G7	Gruppe der sieben führenden Industrienationen (Deutschland, Frankreich, Großbritannien, Italien, Japan, Kanada, USA)
GAP	Gemeinsame Agrarpolitik
GASP	Gemeinsame Außen- und Sicherheitspolitik
GATT	General Agreement on Tariffs and Trade (Allgemeines Zoll- und Handelsabkommen)
GAWI	Deutsche Förderungsgesellschaft für Entwicklungsländer
GAZ	Grüne Aktion Zukunft
GB/BHE	Gesamtdeutscher Block/Bund (Block) der Heimatvertriebenen und Entrechteten
GBA	Gesetzbuch der Arbeit
GDP(DP-BHE)	Gesamtdeutsche Partei
Gestapo	Geheime Staatspolizei (NS)
GG	Grundgesetz der Bundesrepublik Deutschland
GIM	Gruppe Internationaler Marxisten
GKV	Gesetzliche Krankenversicherung
GmbH	Gesellschaft mit beschränkter Haftung
GP	Grüne Partei
GPG	Gärtnerische Produktionsgenossenschaft(en)
GRAUE	Die Grauen – Graue Panther
GRÜNE	Die Grünen
GRÜNE	Bündnis 90/Die Grünen ab 1994
GRÜNE/GAL	Bündnis 90/Die Grünen Landesverband Hamburg, Grün-Alternative-Liste
GS	Geprüfte Sicherheit (Gerätesicherheitszeichen)
GSG 9	Grenzschutzgruppe 9 (Sondergruppe des Bundesgrenzschutzes)

GSSD	Gruppe der Sowjetischen Streitkräfte in Deutschland
GST	Gesellschaft für Sport und Technik
GTZ	Deutsche Gesellschaft für Technische Zusammenarbeit
GUS	Gemeinschaft Unabhängiger Staaten
GVK	Gemeinsame Verfassungskommission
GVP	Gesamtdeutsche Volkspartei
HO	(Staatliche) Handelsorganisation
HP	Humanistische Partei
HRG	Hochschulrahmengesetz
HRK	Hochschulrektorenkonferenz
IBWZ	Internationale Bank für Wirtschaftliche Zusammenarbeit
IEP	Irisches Pfund
IFM	Initiative Frieden und Menschenrechte
IFOR	Implementation Force (Durchführungstruppe)
IG	Industriegesellschaft
IG	Industriegewerkschaft
IIB	Internationale Investitionsbank
IM	Informeller/Inoffizieller Mitarbeiter (des MfS/Stasi)
INF	Intermediate (Range) Nuclear Forces (Nukleare Mittelstreckenwaffen)
IOK	Internationales Olympisches Komitee
IPC	International Paralympic Committee
ITL	Italienische Lira
IVBB	Informationstechnischer Verbund Berlin-Bonn
IWF	Internationaler Währungsfonds
JCS	Joint Chiefs of Staff (Vereinigte Stabschefs)
KAP	Kooperative Abteilung(en) Pflanzenproduktion
KBW	Kommunistischer Bund Westdeutschland
KFOR	Kosovo Force
KfW	Kreditanstalt für Wiederaufbau
KG	Kontaktgruppe (für das ehemalige Jugoslawien)
KMK	Ständige Konferenz der Kultusminister der Länder (Kultusministerkonferenz)
KoKo	Kommerzielle Koordinierung
KOV	Kooperationsverbände
KP	Kommunistische Partei
KPCh	Kommunistische Partei Chinas
KPD	Kommunistische Partei Deutschlands
KPD(neu)	Kommunistische Partei Deutschlands (am 28. 2. 1970 gegründet)
KPdSU	Kommunistische Partei der Sowjetunion
KSE	Konventionelle Streitkräfte in Europa
KSZE	Konferenz über Sicherheit und Zusammenarbeit in Europa

KVAE	Konferenz über Vertrauens- und Sicherheitsbildende Maßnahmen und Abrüstung in Europa
KVM	Kosovo Verification Mission
KVP	Kasernierte Volkspolizei
KWZE	Konferenz über Wirtschaftliche Zusammenarbeit in Europa
KZ	Konzentrationslager

LAG	Lastenausgleichsgesetz
LD	Liberale Demokraten, die Sozialliberalen
LDP	Liberal-Demokratische Partei
LDPD	Liberal-Demokratische Partei Deutschlands
LIGA	Christliche Liga. Die Partei für das Leben
L(L)DC	Least Developed Countries (am wenigsten entwickelte, d. h. ärmste Länder)
LOT	Polskie Linie Lotnicze (Polnische Staatliche Fluggesellschaft)
LPG	Landwirtschaftliche Produktionsgenossenschaft(en)
LPG-P	Landwirtschaftliche Produktionsgenossenschaft – Pflanzenproduktion
LPG-T	Landwirtschaftliche Produktionsgenossenschaft – Tierproduktion
LUF	Luxemburgischer Franken

MAS	Maschinen-Ausleih-Station(en)
MBFR	Mutual Balanced Force Reductions (Beiderseitig ausgewogene Truppenverminderungen)
MfS	Ministerium für Staatssicherheit (Stasi)
MITTEL-STAND	Deutscher Mittelstand (Union Deutscher Mittelstandsparteien – UDM)
MLF	Multilateral (Nuclear) Force (Multilaterale [Atom-] Streitmacht)
MLPD	Marxistisch-Leninistische Partei Deutschlands
MOE-Staaten	Mittel- und Osteuropäische Staaten
MPG	Max-Planck-Gesellschaft
MTS	Maschinen-Traktoren-Station(en)
Mündige Bürger	Die Mündigen Bürger

NAKR	Nordatlantischer Kooperationsrat
Nasi	Amt für Nationale Sicherheit
NATO	North Atlantic Treaty Organization (Nordatlantikpaktorganisation)
NATUR-GESETZ	Die Naturgesetz-Partei. Aufbruch zu neuem Bewusstsein
NDPD	National-Demokratische Partei Deutschlands
NF	Neues Forum
Nichtwähler	Partei der Nichtwähler
NKWD (NKVD)	Narodny Komissariat Wnutrennich Del (Volkskommissariat für Innere Angelegenheiten, sowjetische Geheimpolizei)
NL	Nationale Liste
NLG	Niederländischer Gulden
NÖS	Neues Ökonomisches System der Planung und Leitung
NOG	Neuordnungsgesetz

NOK	Nationales Olympisches Komitee
NPD	Nationaldemokratische Partei Deutschlands
NS	Nationalsozialismus/nationalsozialistisch
NSDAP	Nationalsozialistische Deutsche Arbeiterpartei
NVA	Nationale Volksarmee
NVR	Nationaler Verteidigungsrat
NVV	Nuklearer Nichtverbreitungsvertrag (Atomwaffensperrvertrag)

ÖDP/ödp	Ökologisch-Demokratische Partei
OECD	Organization for Economic Cooperation and Development (Organisation für wirtschaftliche Zusammenarbeit und Entwicklung)
OEEC	Organization for European Economic Cooperation (Organisation für europäische wirtschaftliche Zusammenarbeit)
Öko-Union	Deutsche Solidarität-Union für Umwelt- und Lebensschutz
ÖVP	Österreichische Volkspartei
OKW	Oberkommando der Wehrmacht
OPEC	Organization of Petroleum Exporting Countries (Organisation der erdölexportierenden Länder)
OSZE	Organisation für Sicherheit und Zusammenarbeit in Europa (bis 31. 12. 1994 KSZE)
OVCW	Organisation für das Verbot chemischer Waffen

PASS	Partei für Arbeit und Soziale Sicherheit/Partei der Arbeitslosen und Sozial Schwachen
Patrioten	Patrioten für Deutschland
PBC	Partei Bibeltreuer Christen
PCB	Polychloridbiphenyle
PCT	Polychlorterphenyle
PdgD	Partei der guten Deutschen
PDS	Partei des Demokratischen Sozialismus
PDS/Linke Liste	Partei des Demokratischen Sozialismus. Landesverband Niedersachsen Linke Liste
PEAD	Plattform Europa der ArbeitnehmerInnen und Demokratie
PGH	Produktionsgenossenschaft(en) des Handwerks
PKK	Partiya Karkeren Kurdistan (Arbeiterpartei Kurdistans)
Pkw	Personenkraftwagen
PLO	Palestine Liberation Organization (Palästinensische Befreiungsorganisation)
POS	Polytechnische Oberschule
Preußag	Preußische Bergwerks- und Hütten-Aktiengesellschaft
Pro DM	Initiative Pro D-Mark – neue liberale Partei
PSG	Partei für Soziale Gerechtigkeit, Sektion der Vierten Internationale
PTE	Portugiesischer Escudo

RAF	Rote Armee Fraktion
REACT	Rapid Expert Assistance and Cooperation Teams
REP	Die Republikaner

RFP	Recht und Freiheit Partei
RGW/	
COMECON	Rat für gegenseitige Wirtschaftshilfe/Council for Mutual Economic Assistance
RM	Reichsmark
RP	Rechtspartei
RSF	Radikal-Soziale Freiheitspartei
RTS	Reparatur- und Technische Station(en)
RuStAG	Reichs- und Staatsangehörigkeitsgesetz
RWE	Rheinisch-Westfälisches Elektrizitätswerk
RWVP	Rheinisch-Westfälische Volkspartei
SAG	Sowjetische Aktiengesellschaft(en)
SALT	Strategic Arms Limitation Talks (Verhandlungen über die Begrenzung strategischer Waffen)
SBZ	Sowjetische Besatzungszone
SD	Sicherheitsdienst
SDAG	Sowjetisch-Deutsche Aktiengesellschaft(en)
SDI	Strategic Defense Initiative (Strategische Verteidigungsinitiative)
SDP	Sozialdemokratische Partei in der DDR
SDS	Sozialistischer Deutscher Studentenbund
SED	Sozialistische Einheitspartei Deutschlands
SEW	Sozialistische Einheitspartei West-Berlins
SFOR	Stabilization Force (Stabilisierungstruppe)
SIS	Schengener Informationssystem
SJD	Sozialistische Jugend Deutschlands – Die Falken
SKK	Sowjetische Kontrollkommission
SKWP	Spar-, Konsolidierungs- und Wachstumsprogramm
SMAD	Sowjetische Militäradministration in Deutschland
Solidarität	Bürgerrechtsbewegung Solidarität
SpAD	Spartakist-Arbeiterpartei Deutschlands. Sektion der Internationalen Kommunistischen Liga (Vierte Internationalisten)
SPD	Sozialdemokratische Partei Deutschlands
SPE	Sozialdemokratische Partei Europas
SRP	Sozialistische Reichspartei
SS	Schutzstaffel der NSDAP
SS	Surface-to-Surface-Missile (Boden-Boden-Flugkörper)
SSW	Südschleswigscher Wählerverband
STABEX	Stabilisierung von Exporterlösen für wichtige Rohstoffe (Landwirtschaftsprodukte)
START	Strategic Arms Reduction Talks (Verhandlungen über die Reduzierung strategischer Waffen)
Stasi	Ministerium für Staatssicherheit (MfS)
STATT Partei	Statt Partei. Die Unabhängigen
StGB	Strafgesetzbuch
StMBG	Missbrauchsbekämpfungs- und Steuerbereinigungsgesetz
StUG	Stasi-Unterlagen-Gesetz
SU	Sowjetunion
SYSMIN	Exporterlöse stabilisierende Ausgleichszahlungen (Bergbauprodukte)

TA	Technische Anleitung
TAN	Technisch begründete Arbeitsnorm(en)
TASS	Telegrafnoje Agentstwo Sovetskovo Sojusa (Telegraphenagentur der Sowjetunion)
Tierschutzpartei	Mensch Umwelt Tierschutz
TLG	Liegenschaftsgesellschaft der Treuhandanstalt

UAP	Unabhängige Arbeiterpartei (Deutsche Sozialisten)
UÇK	Ushtria Çlirimtare e Kosoves (Kosovarische Befreiungsarmee)
UdSSR	Union der Sozialistischen Sowjetrepubliken
UFV	Unabhängiger Frauenverband
UN/UNO	United Nations (Organization) (Vereinte Nationen)
UNCED	United Nations Conference on Environment and Development (UN-Konferenz über Umwelt und Entwicklung)
UNCCD	United Nations Convention to Combat Desertification (UN-Übereinkommen zur Bekämpfung der Wüstenbildung)
UNDP	United Nations Development Programme (UN- Entwicklungshilfeprogramm)
UNEP	United Nations Environment Programme (UN- Umweltprogramm)
UNESCO	United Nations Educational, Scientific and Cultural Organization (UN-Organisation für Erziehung, Wissenschaft und Kultur)
UNFCCC	United Nations Framework Convention on Climate Change (UN-Klimarahmenkonvention)
UNIC	United Nations Information Centre
UNOSOM	United Nations Operation in Somalia (UN-Operation in Somalia)
UNV	United Nations Volunteers (UN-Freiwilligenorganisation)
USA/US	United States of America (Vereinigte Staaten von Amerika)
USD	Unabhängige Soziale Demokraten

V	Volksfront
VAA	Vereinigung der Arbeitskreise für Arbeitnehmerpolitik und Demokratie
VdgB	Vereinigung(en) der gegenseitigen Bauernhilfe
VEB	Volkseigene(r) Betrieb(e)
VEG	Volkseigene(s) Gut/Güter
VKSE	Verhandlungen über Konventionelle Streitkräfte in Europa
VL	Vereinigte Linke
V-Mann	Vertrauensmann
VSBD/PdA	Volkssozialistische Bewegung Deutschlands/Partei der Arbeit
VSBM	Vertrauens- und Sicherheitsbildende Maßnahmen
VU	Vaterländische Union
VVB	Vereinigung(en) Volkseigener Betriebe
VVG	Vereinigung(en) Volkseigener Güter

WAV	Wirtschaftliche Aufbauvereinigung
WD	Wiener Dokument
WestLB	Westdeutsche Landesbank
WEU	West European Union (Westeuropäische Union)

WGnD	Wählergemeinschaft für ein neutrales Deutschland
WRK	Westdeutsche Rektorenkonferenz
WSG	Wehrsportgruppe
WTO	World Trade Organization (Welthandelsorganisation)
WTR	Wissenschaftlich-Technische Revolution
WWU	Wirtschafts- und Währungsunion
ZBE	Zwischenbetriebliche Einrichtung(en)
ZDF	Zweites Deutsches Fernsehen
ZEF	Nord-Süd-Zentrum für Entwicklungsforschung
ZEI	Zentrum für Europäische Integrationsforschung
ZENTRUM	Deutsche Zentrumspartei
ZFU	Zentralstelle für Fernunterricht
ZGB	Zivilgesetzbuch
ZGE	Zwischengenossenschaftliche Einrichtung(en)
ZK	Zentralkomitee
ZPKK	Zentrale Parteikontrollkommission
ZPO	Zivilprozessordnung
ZS	Zentralsekretariat
ZVS	Zentralstelle für die Vergabe von Studienplätzen

II. Auswahlbibliographie

Vorbemerkungen

Diese Auswahlbibliographie führt Fachbücher und Hilfsmittel auf, die geeignet sind, **historisch-politisches Grundwissen** über Deutschland als Ganzes, über die BRD und die DDR zu ergänzen und zu vertiefen – für wissenschaftliche Zwecke, im Selbststudium, für den Unterricht in Schulen oder in der politischen Bildung.

Es handelt sich bevorzugt um ausgewählte **neuere und neueste Werke**, die ihrerseits Literaturangaben enthalten – sei es im Anhang, sei es in Fußnoten. Ältere Schriften sowie Aufsätze, die grundsätzlich nicht berücksichtigt worden sind, lassen sich mit Hilfe der aufgeführten Bibliographien und Fachbücher ermitteln.

Die nach übergreifenden Sachthemen gegliederte Auswahlbibliographie orientiert sich am **Aufbau der Chronik**. Fachbücher als ergänzende Lektüre zu den einzelnen Kapiteln, Abschnitten und Unterabschnitten lassen sich so schnell auffinden.

Nicht getrennt wird in dieser Auswahlbibliographie zwischen **Primärliteratur** (Quellen, Akten, Dokumenten, Zeitzeugnissen) und **Sekundärliteratur** (Darstellungen, Untersuchungen, Bewertungen). Darüber informieren in der Regel die Titelangaben, die bibliographisch vollständig – mit Untertiteln – erfasst sind.

Redaktionsschluss für die Auswahlbibliographie war am **1. Juni 2000.**

1. Bibliographien, Hilfsmittel, Handbücher, Lexika

1.1 Deutschland als Ganzes

ARCHIV DER GEGENWART (früher: Keesing's Archiv). Zusammengestellt vom Siegler-Verlag. Seit 1931 ff. jährlich.

ANNOTIERTE BIBLIOGRAPHIE FÜR DIE POLITISCHE BILDUNG. Hrsg. von der Bundeszentrale für politische Bildung. Heft 1 ff. Bonn 1980 ff.

BEDÜRFTIG, FRIEDEMANN: Taschenlexikon Deutschland nach 1945. München 1998.

BIBLIOGRAPHIE ZUR DEUTSCHLANDPOLITIK 1941 – 1974. Bearbeitet von Marie-Luise Goldbach, Werner John, Hannelore Nathan, Karlheinz Niclauß, Karl-Günter Schirrmeister und Albrecht Tyrell. Hrsg. vom Bundesministerium für innerdeutsche Beziehungen. Frankfurt a. M. 1975.

BIBLIOGRAPHIE ZUR DEUTSCHLANDPOLITIK 1975 – 1982. Bearbeitet von Karsten Schröder. Hrsg. vom Bundesministerium für innerdeutsche Beziehungen. Frankfurt a. M. 1983.

BIBLIOGRAPHIE ZUR ZEITGESCHICHTE 1953 – 1980. Im Auftrag des Instituts für Zeitgeschichte München hrsg. von Thilo Vogelsang und Hellmuth Auerbach unter Mitarbeit von Ursula van Laak. Band III (Geschichte des 20. Jahrhunderts seit 1945). München/New York/London/Paris 1983. S. 216 ff.

BRACHER, KARL DIETRICH/JACOBSEN, HANS-ADOLF/TYRELL, ALBRECHT (Hrsg.): Bibliographie zur Politik in Theorie und Praxis. Vollständige Neubearbeitung. Königstein/Düsseldorf 1982.

FÜNF JAHRE DEUTSCHE EINHEIT. Auswahlbibliographie 1990 – 1995. Bonn 1995 (Wissenschaftliche Dienste des Deutschen Bundestages. Bibliographien, Nr. 72).

HISTORISCHE BIBLIOGRAPHIE. Kumulation der Berichtsjahre 1991 – 1994 auf CD-ROM. München 1996. (Aktualisierte Neuausgaben der CD-ROM jährlich.)

JAHRESBERICHTE FÜR DEUTSCHE GESCHICHTE. Berichtsjahre 1990 – 1998. Datenbank. Hrsg. von der Berlin-Brandenburgischen Akademie der Wissenschaften. CD-ROM-Juwelbox. Berlin 2000 (Bibliographie).

MERRITT, ANNA J./MERRITT, RICHARD R.: Politics, Economics and Society in the Two Germanies, 1945 – 1975. A Bibliography of English-Language Works. Urbana 1978.

OECKL, ALBERT: Taschenbuch des öffentlichen Lebens. Deutschland 1999/2000. 49. Jahrgang Bonn 1999.

RITTER, GERHARD A./NIEHUSS, MERITH: Wahlen in Deutschland 1946 – 1991. Ein Handbuch. München 1991. Ergänzungsband: Wahlen in Deutschland 1990 – 1994. München 1995.

SCHÄFERS, BERNHARD: Politischer Atlas Deutschland. Gesellschaft, Wirtschaft, Staat. Bonn 1997.

SCHÄFERS, BERNHARD/ZAPF, WOLFGANG (Hrsg.): Handwörterbuch zur Gesellschaft Deutschlands. Redaktion: Sabina Misoch. Opladen/Bonn 1998.

SCHUMANN, HANS-GERD: Die politischen Parteien in Deutschland nach 1945. Ein bibliographisch-systematischer Versuch. Frankfurt a. M. 1967.

STAATSBÜRGERLEXIKON. Staat, Politik, Recht und Verwaltung in Deutschland und der Europäischen Union. Hrsg. von Gerlinde Sommer und Raban Graf von Westphalen. München/Wien 1999.

THOMSEN, HORST: Bibliographie zur deutschen Einigung. Wirtschaftliche und soziale Aspekte. Berichtszeitraum: November 1989 – Oktober 1990. 3. Auflage Kiel 1991.

WEIDENFELD, WERNER/ZIMMERMANN, HARTMUT (Hrsg.): Deutschland-Handbuch. Eine doppelte Bilanz 1949 – 1989. München/Bonn 1989.

1.2 Bundesrepublik Deutschland

BERMBACH, UDO U. A. (Hrsg.): Hamburger Bibliographie zum Parlamentarischen System der Bundesrepublik Deutschland 1945 – 1970. Opladen 1973. Ergänzungslieferungen: 1971 – 1972, 1973 – 1974, 1975 – 1976, 1977 – 1978, 1979 – 1980, 1981 – 1984. Opladen 1975 – 1993.

BIBLIOGRAPHIE ZUR GESCHICHTE DER CDU UND CSU 1945 – 1980. Erstellt von Gerhard Hahn. Stuttgart 1982. Fortsetzung: 1981 – 1986. Mit Nachträgen 1945 – 1980. Bearbeitet von Brigitte Krahe und Michaela Seibel. Düsseldorf 1989; 1987 – 1990. Bearbeitet von Thomas Schaarschmidt und Hildegard Krengel. Düsseldorf 1994.

BONNER ALMANACH. Informationen der Bundesregierung. Hrsg. vom Presse- und Informationsamt der Bundesregierung. Seit 1969 jährlich, Bonn 1969 ff.

BÜRGER, RECHT, STAAT. Handbuch des öffentlichen Lebens. Hrsg. von Sven Hartung und Stefan Kadelbach. Frankfurt a. M. 1997.

DAPPER, KARL-PETER/HAHN, GERHARD: Bibliographie zur Sozialen Marktwirtschaft. Die Wirtschafts- und Gesellschaftsordnung der Bundesrepublik Deutschland 1945/49 – 1981. Baden-Baden 1983.

DER KATHOLIZISMUS IN DER BUNDESREPUBLIK DEUTSCHLAND 1945 – 1980. Eine Bibliographie. Hrsg. von Ulrich von Hehl und Heinz Hürten. Mainz 1983.

DER KATHOLIZISMUS IN DER BUNDESREPUBLIK DEUTSCHLAND 1980 – 1993. Eine Bibliographie. Hrsg. von Karlies Abmeier und Karl-Joseph Hummel. Paderborn/München/Wien/Zürich 1997.

FISCHER, CLAUS A. (Hrsg.): Wahlhandbuch für die Bundesrepublik Deutschland. Daten zu Bundestags-, Landtags- und Europawahlen in der Bundesrepublik Deutschland, in den Ländern und in den Kreisen 1946 – 1989. 2 Bände. Paderborn 1990.

GÜNTHER, KLAUS/SCHMITZ, KURT THOMAS: SPD, KDP/DKP, DGB in den Westzonen und in der Bundesrepublik Deutschland 1945 – 1975. Eine Bibliographie. Bearbeitet von Volker Mettig. 2. Auflage Bonn 1980.

Hübner, Emil/Rohlfs, Horst-Hennek: Jahrbuch der Bundesrepublik Deutschland 1984 ff. München 1984 ff. (Ab 10. Ausgabe 1993/94: Horst-Hennek Rohlfs und Ursel Schäfer. München 1993.)

Karlsruher Juristische Bibliographie. München/Frankfurt a. M. 1965 ff.

Rytlewski, Ralf/Opp de Hipt, Manfred: Die Bundesrepublik Deutschland in Zahlen 1945/49 – 1980. Ein sozialgeschichtliches Arbeitsbuch. München 1987.

Staatsbürger-Taschenbuch. Alles Wissenswerte über Staat, Verwaltung, Recht und Wirtschaft mit zahlreichen Schaubildern. Begründet von Otto Model. Fortgeführt von Carl Creifelds, Gustav Lichtenberger und Gerhard Zierl. 29. Auflage München 1997.

Storbeck, Anna Christine: Die Regierungen des Bundes und der Länder seit 1945. München/Wien 1970. Ergänzungsband: 1969 – 1973. München/Wien 1973.

Thränhardt, Dietrich: Bibliographie Bundesrepublik Deutschland. Göttingen 1980.

1.3 Deutsche Demokratische Republik

Barth, Bernd-Rainer u. a. (Hrsg.): Wer war wer in der DDR. Ein biographisches Handbuch. 3. Auflage Frankfurt a. M. 1996.

Biographisches Handbuch der SBZ/DDR 1945 – 1990. Hrsg. von Gabriele Baumgartner und Dieter Hebig. 2 Bände. München/London/Paris 1996 – 1997.

Buch, Günther: Namen und Daten wichtiger Personen der DDR. 4. Auflage Berlin/Bonn 1987.

DDR-Almanach '89. Daten – Informationen – Zahlen. Hrsg. von Günter Fischbach. 2. Auflage Stuttgart 1990.

DDR-Almanach '90. Daten – Informationen – Zahlen. Hrsg. von Günter Fischbach. Stuttgart u. a. 1990.

DDR-Handbuch. Wissenschaftliche Leitung: Hartmut Zimmermann unter Mitarbeit von Horst Ulrich und Michael Fehlauer. Hrsg. vom Bundesministerium für innerdeutsche Beziehungen. 2 Bände. 3. Auflage Köln 1985.

Der Fischer Weltalmanach. Sonderband DDR. Hrsg. von der Redaktion des Fischer Weltalmanach. Frankfurt a. M. 1990.

Die Militär- und Sicherheitspolitik in der SBZ/DDR. Eine Bibliographie (1945 – 1995). Im Auftrag des Militärgeschichtlichen Forschungsamtes hrsg. von Hans Ehlert, bearbeitet von Hans-Joachim Beth. München 1996.

Eppelmann, Rainer/Möller, Horst/Nooke, Günter/Wilms, Dorothee (Hrsg.): Lexikon des DDR-Sozialismus. Staats- und Gesellschaftssystem der Deutschen Demokratischen Republik. 2. Auflage Paderborn/München/Wien/Zürich 1998.

Epstein, Fritz T.: East Germany. A Selected Bibliography. Washington 1959.

Handbuch Deutsche Demokratische Republik. Hrsg.: Lexikonredaktion des VEB Bibliographisches Institut Leipzig. 2. Auflage Leipzig 1984.

Landeskunde DDR. Eine annotierte Auswahlbibliographie. Bearbeitet und kommentiert von Walter Sperling. München u. a. 1978. Ergänzungsband: München 1984.

Rytlewski, Ralf/Opp de Hipt, Manfred: Die Deutsche Demokratische Republik in Zahlen 1945/49 – 1980. Ein sozialgeschichtliches Arbeitsbuch. München 1987.

Systematische Bibliographie von Zeitungen, Zeitschriften und Büchern zur politischen und gesellschaftlichen Entwicklung der SBZ/DDR seit 1945. (Auf der Grundlage der Bestände der Bibliothek des Zentralinstituts für sozialwissenschaftliche Forschung der Freien Universität Berlin und von Beständen des Gesamtdeutschen Instituts – Bundesanstalt für gesamtdeutsche Aufgaben, Bonn.) Bearbeitet von Walter Völkel unter Mitwirkung von Christiana Stuff. Band 1: Geschichte und politisches System der SBZ/DDR, nichtkommunistische Länder aus der Sicht der DDR, deutsche Frage. Opladen

1986. Band 2: Wirtschaft. Opladen 1987. Band 3: Gesellschaft, Bildung, Kirchen. Opladen 1989.

VADEMEKUM DDR-FORSCHUNG. Ein Leitfaden zu Archiven, Forschungseinrichtungen, Bibliotheken, Einrichtungen der politischen Bildung, Vereinen, Museen und Gedenkstätten. Hrsg. von Ulrich Mählert. Bonn/Opladen 1997.

VÖLKERRECHTLICHE VEREINBARUNGEN DER DDR. Eine Zusammenstellung der internationalen Verträge, Abkommen und sonstigen Vereinbarungen der Regierung der DDR, ihrer Organisationen und Institutionen seit 1949. Hrsg. vom Gesamtdeutschen Institut Bonn (Loseblattsammlung mit Ergänzungslieferungen).

ZASTROW, HILDEGARD VON (Hrsg.): Bibliographie zum Staatssicherheitsdienst der DDR. Berlin 1996.

2. Allgemeine Gesamt- und Teildarstellungen/Chroniken

2.1 Deutschland als Ganzes

BACKES, UWE U. A.: Deutschland, Deutschland. 40 Jahre. Eine Geschichte der Bundesrepublik Deutschland und der DDR in Bild und Text. Gütersloh 1989.

BENDER, PETER: Episode oder Epoche? Zur Geschichte im geteilten Deutschland. 3. Auflage München 1997.

BENZ, WOLFGANG: Deutschland seit 1945. Chronik und Bilder. München 1999.

BINDER, GERHART: Deutschland seit 1945. Eine dokumentierte gesamtdeutsche Geschichte in der Zeit der Teilung. Stuttgart 1969.

BLANKE, BERNHARD/WOLLMANN, HELLMUT (Hrsg.): Die alte Bundesrepublik. Kontinuität und Wandel. Opladen 1991. (Leviathan. Zeitschrift für Sozialwissenschaft. Sonderheft 12/1991.)

BÖGEHOLZ, HARTWIG: Die Deutschen nach dem Krieg. Eine Chronik. Befreit, geteilt, vereint: Deutschland 1945 – 1995. Reinbek 1995.

BOROWSKY, PETER: Deutschland 1945 – 1969. Hannover 1993.

BOROWSKY, PETER: Deutschland 1969 – 1982. 2. Auflage Hannover 1989.

BROCKHAUS: 1949 – 1999. 50 Jahre Deutsche Geschichte: Ereignisse, Personen, Entwicklungen. Leipzig/Mannheim 1999.

DEUTSCHLAND NACH 1945. Ein Lesebuch zur deutschen Geschichte von 1945 bis zur Gegenwart. Hrsg. von Eckart Conze und Gabriele Metzler. 2. Auflage München 1997.

DIE FISCHER CHRONIK DEUTSCHLAND 1949 – 1999. Ereignisse Personen Daten. Hrsg. von der Weltalmanach-Redaktion. Frankfurt a. M. 1999.

DIEMER, GEBHARD/KUHRT, EBERHARD: Kurze Chronik der Deutschen Frage. Mit den drei Verträgen zur Einigung Deutschlands. 3. Auflage München 1991.

FUHR, ECKHARD: Geschichte der Deutschen 1949 – 1990. Eine Chronik zu Politik, Wirtschaft und Kultur. Frankfurt 1990.

50 JAHRE DEUTSCHLAND PLOETZ. Ereignisse und Entwicklungen. Deutsch-deutsche Bilanz. Hrsg. von Hermann Schäfer. Freiburg im Breisgau 1999.

GLAESSNER, GERT-JOACHIM: Demokratie und Politik in Deutschland. Opladen 1999.

GREIFFENHAGEN, MARTIN: Politische Legitimität in Deutschland. Bonn 1998.

GROSSER, ALFRED: Geschichte Deutschlands seit 1945. 15. Auflage München 1991.

HILLGRUBER, ANDREAS: Deutsche Geschichte 1945 – 1986. Die »deutsche Frage« in der Weltpolitik. 7. Auflage Stuttgart/Berlin/Köln/Mainz 1989.

KLESSMANN, CHRISTOPH: Die doppelte Staatsgründung. Deutsche Geschichte 1945 – 1955. 5. Auflage Göttingen/Bonn 1991.

KLESSMANN, CHRISTOPH: Zwei Staaten, eine Nation. Deutsche Geschichte 1955 – 1970. 2. Auflage Göttingen/Bonn 1997.

KRAUSHAAR, WOLFGANG: Die Protest-Chronik 1949 – 1959. Eine illustrierte Geschichte von Bewegung, Widerstand und Utopie. 4 Bände. Hamburg 1996.

LILGE, HERBERT (Hrsg.): Deutschland 1945 – 1963. Hannover 1983.

MÄRZ, PETER (Hrsg.): Dokumente zu Deutschland 1944 – 1994. München/Landsberg am Lech 1996.

PÖTZSCH, HORST: Deutsche Geschichte von 1945 bis zur Gegenwart. Die Entwicklung der beiden deutschen Staaten. München 1998.

REICHELT, PAUL: Deutsche Chronik 1945 – 1970. Daten und Fakten aus beiden Teilen Deutschlands. Band I: 1945 – 1957. Freudenstadt 1970. Band II: 1958 – 1970 (mit Hans Ulrich Behn). Freudenstadt 1971.

SCHÄFER, JÖRG: Deutsche Geschichte von 1949 bis zur Gegenwart. CD-ROM. Bonn 1997.

STEININGER, ROLF: Deutsche Geschichte seit 1945. Darstellung und Dokumente in vier Bänden. Band 1 ff., Frankfurt a. M. 1996 ff.

VOGELSANG, THILO: Das geteilte Deutschland. 12. Auflage München 1983.

WILHARM, IRMGARD (Hrsg.): Deutsche Geschichte 1962 – 1983. Dokumente in zwei Bänden. Frankfurt a. M. 1985.

WINKLER, HEINRICH AUGUST: Der lange Weg nach Westen. Band 2: Deutsche Geschichte vom »Dritten Reich« bis zur Wiedervereingung. München 2000.

2.2 Bundesrepublik Deutschland

BECKER, JOSEF (Hrsg.): Dreißig Jahre Bundesrepublik. Tradition und Wandel. München 1979.

BEHN, HANS ULRICH/EISENACHER, ERHARDT: Politische Zeittafel 1949 – 1979. Drei Jahrzehnte Bundesrepublik Deutschland. Bonn 1981.

BENZ, WOLFGANG (Hrsg.): Die Geschichte der Bundesrepublik Deutschland. 4 Bände. Frankfurt a. M. 1989.

CONZE, ECKART/METZLER, GABRIELE (Hrsg.): 50 Jahre Bundesrepublik Deutschland. Daten und Diskussionen. Stuttgart 1999.

DOERING-MANTEUFFEL, ANSELM: Die Bundesrepublik Deutschland in der Ära Adenauer. Außenpolitik und innere Entwicklung 1949 – 1963. 2. Auflage Darmstadt 1988.

DÜWELL, KURT: Entstehung und Entwicklung der Bundesrepublik Deutschland 1945 – 1960. Eine dokumentierte Einführung. Köln/Wien 1981.

ELLWEIN, THOMAS/HOLTMANN, EVERHARD (Hrsg.): 50 Jahre Bundesrepublik Deutschland. Rahmenbedingungen – Entwicklungen – Perspektiven. Opladen/Wiesbaden 1999.

FÜLBERTH, GEORG (Hrsg.): Geschichte der Bundesrepublik Deutschland in Quellen und Dokumenten. 3. Auflage Köln 1989.

FÜLBERTH, GEORG: Leitfaden durch die Geschichte der Bundesrepublik Deutschland. 3. Auflage Köln 1991.

GESCHICHTE DER BUNDESREPUBLIK DEUTSCHLAND. In fünf Bänden. Hrsg. von Karl Dietrich Bracher, Theodor Eschenburg, Joachim C. Fest, Eberhard Jäckel. Band 1 ff. Stuttgart/Wiesbaden 1981 ff. Band 1: Eschenburg, Theodor: Jahre der Besatzung 1945 – 1949. 1983. Band 2: Schwarz, Hans-Peter: Die Ära Adenauer. Gründerjahre der Republik 1949 – 1957. 1981. Band 3: Schwarz, Hans-Peter: Die Ära Adenauer. Epochenwechsel 1957 – 1963. 1983. Band 4: Hildebrand, Klaus: Von Erhard zur Großen Koalition 1963 – 1969. 1984. Band 5/I: Bracher, Karl Dietrich/Jäger, Wolfgang/Link, Werner: Republik im Wandel 1969–1974. Die Ära Brandt. 1986. Band 5/II: Jäger, Wolfgang/Link, Werner: Republik im Wandel 1974 – 1982. Die Ära Schmidt. 1987.

GLAESSNER, GERT-JOACHIM/HOLZ, JÜRGEN/SCHLÜTER, THOMAS (Hrsg.): Die Bundesrepublik in den siebziger Jahren. Versuch einer Bilanz. Opladen 1984.

GÖRTEMAKER, MANFRED: Geschichte der Bundesrepublik Deutschland. Von der Gründung bis zur Gegenwart. München 1999.

HERBSTRITH, BERNHARD M.: Daten zur Geschichte der Bundesrepublik Deutschland. Düsseldorf 1984.

HETTLAGE, ROBERT (Hrsg.): Die Bundesrepublik. Eine historische Bilanz. München 1990.

KISTLER, HELMUT: Die Bundesrepublik Deutschland. Vorgeschichte und Geschichte 1945 – 1983. Bonn 1985.

LEHMANN, HANS GEORG: Chronik der Bundesrepublik Deutschland. 1945/49 bis heute. 3. Auflage München 1989.

LÖWENTHAL, RICHARD/SCHWARZ, HANS-PETER (Hrsg.): Die Zweite Republik. 25 Jahre Bundesrepublik Deutschland. 3. Auflage Stuttgart 1997.

MORSEY, RUDOLF: Die Bundesrepublik Deutschland. Entstehung und Entwicklung bis 1969. 4. Auflage München 1999.

NARR, WOLF-DIETER/THRÄNHARDT, DIETRICH (Hrsg.): Die Bundesrepublik Deutschland. Entstehung – Entwicklung – Struktur. Königstein/Ts. 1979.

PLOETZ: Die Bundesrepublik Deutschland. Daten, Fakten, Analysen. Hrsg. von Thomas Ellwein und Wolfgang Bruder unter Mitarbeit von Peter Hofelich. Freiburg/Würzburg 1984.

PRESSE- UND INFORMATIONSAMT DER BUNDESREGIERUNG (Hrsg.): 1949 – 1969. Zeittafel. Zwanzig Jahre Politik der Bundesregierung. Bonn 1970.

RITTER, GERHARD A.: Über Deutschland. Die Bundesrepublik in der deutschen Geschichte. München 1998.

RUPP, HANS KARL: Politische Geschichte der Bundesrepublik Deutschland. 3. Auflage München/Wien 2000.

SARKOWICZ, HANS (Hrsg.): Sie prägten Deutschland. Eine Geschichte der Bundesrepublik in politischen Portraits. München 1999.

SCHEEL, WALTER (Hrsg.): Nach dreißig Jahren. Die Bundesrepublik Deutschland – Vergangenheit, Gegenwart, Zukunft. Stuttgart 1979.

SCHNEIDER, FRANZ (Hrsg.): Der Weg der Bundesrepublik. Von 1945 bis zur Gegenwart. München 1985.

SÜSS, WERNER (Hrsg.): Die Bundesrepublik in den achtziger Jahren. Innenpolitik. Politische Kultur. Außenpolitik. Opladen 1991.

THRÄNHARDT, DIETRICH: Geschichte der Bundesrepublik Deutschland. Frankfurt a. M. 1996.

WEBER, JÜRGEN (Hrsg.): Geschichte der Bundesrepublik Deutschland. Analyse und Dokumentation in Text, Bild und Ton. Bände 1 ff. Paderborn/Wien/München/Zürich 1979 ff. (mit Tonkassetten)

WEBER, JÜRGEN (Hrsg.): Aufbau und Neuorientierung. Die Geschichte der Bundesrepublik 1950 – 1955. Landsberg am Lech 1998.

2.3 Deutsche Demokratische Republik

AKTEN. EINGABEN. SCHAUFENSTER. Die DDR und ihre Texte. Erkundungen zu Herrschaft und Alltag. Hrsg. von Alf Lüdtke und Peter Becker. Berlin 1997.

AM ENDE DES REALEN SOZIALISMUS. Beiträge zu einer Bestandsaufnahme der DDR-Wirklichkeit in den 80er Jahren. Hrsg. von Eberhard Kuhrt in Verbindung mit Hannsjörg F. Buck und Gunter Holzweißig im Auftrag des Bundesministeriums des Innern. Band 1: Die SED-Herrschaft und ihr Zusammenbruch. Band 2: Die wirtschaftliche und ökologische Situation der DDR in den 80er Jahren. Band 3: Opposition in der DDR von den 70er Jahren bis zum Zusammenbruch der SED-Herrschaft. Opladen 1996 – 1999.

BAHRMANN, HANNES/LINKS, CHRISTOPH: Chronik der Wende. Band 1: Die DDR zwischen 7. Oktober und 18. Dezember 1989. Band 2: Stationen der Einheit. Die letzten Monate der DDR. Berlin 1994 – 1995.

DDR. Hrsg. von der Landeszentrale für politische Bildung Baden-Württemberg. Redaktion: Hans-Georg Wehling. Stuttgart/Berlin/Köln/Mainz 1983.

DDR. Werden und Wachsen. Zur Geschichte der DDR. Autorenkollektiv. Berlin 1974.

DDR 1976 – 1980. Eine Chronik. Autoren- und Redaktionskollektiv. Berlin 1984.

DIE DDR – POLITIK UND IDEOLOGIE ALS INSTRUMENT. Herausgegeben von Heiner Timmermann. Berlin 1999.

GESCHICHTE DER DEUTSCHEN DEMOKRATISCHEN REPUBLIK. Autorenkollektiv unter Leitung von Rolf Badstübner. Hrsg. vom Wissenschaftlichen Beirat für Geschichtswissenschaft beim Ministerium für Hoch- und Fachschulwesen. Berlin 1981.

GESCHICHTLICHE ZEITTAFEL DER DEUTSCHEN DEMOKRATISCHEN REPUBLIK 1949 – 1959. Hrsg.: Deutsches Institut für Zeitgeschichte. Berlin 1959.

GLAESSNER, GERT-JOACHIM (Hrsg.): Die DDR in der Ära Honecker. Politik – Kultur – Gesellschaft. Opladen 1988.

GLAESSNER, GERT-JOACHIM: Die andere deutsche Republik. Gesellschaft und Politik in der DDR. Opladen 1989.

GRÄTZ, FRANK: Die DDR. Daten, Fakten, Analysen, Hinweise. München 1979.

HEITZER, HEINZ: DDR. Geschichtlicher Überblick. 2. Auflage Berlin 1984.

HERBST, ANDREAS/RANKE, WINFRIED/WINKLER, JÜRGEN: So funktionierte die DDR. Bände 1 – 2: Lexikon der Organisationen und Institutionen. Band 3: Lexikon der Funktionäre. Reinbek bei Hamburg 1994.

HOFFMANN, DIERK/SCHMIDT, KARL-HEINZ/SKYBA, PETER (Hrsg.): Die DDR vor dem Mauerbau. Dokumente zur Geschichte des anderen deutschen Staates 1949 – 1961. München/Zürich 1993.

JUDT, MATTHIAS (Hrsg.): DDR-Geschichte in Dokumenten. Beschlüsse, Berichte, interne Materialien und Alltagszeugnisse. Berlin/Bonn 1998.

LEHMANN, HANS GEORG: Chronik der DDR. 1945/49 bis heute. 2. Auflage München 1988.

MÄHLERT, ULRICH: Kleine Geschichte der DDR. München 1998.

MATERIALIEN DER ENQUETE-KOMMISSION »Aufarbeitung von Geschichte und Folgen der SED-Diktatur in Deutschland«. 12. Wahlperiode des Deutschen Bundestages (Hrsg.). 9 Bände in 18 Teilbänden. Baden-Baden 1995.

MATERIALIEN DER ENQUETE-KOMMISSION »Überwindung der Folgen der SED-Diktatur im Prozeß der deutschen Einheit«. 13. Wahlperiode des Deutschen Bundestages (Hrsg.). 8 Bände in 14 Teilbänden. Baden-Baden 1999.

PFEILER, WOLFGANG: DDR-Lehrbuch. Bonn 1974.

PLOETZ: Die Deutsche Demokratische Republik. Daten, Fakten, Analysen. Hrsg. von Alexander Fischer unter Mitarbeit von Nikolaus Katzer. Freiburg/Würzburg 1988.

POLLMANN, BERNHARD: Daten zur Geschichte der Deutschen Demokratischen Republik. Düsseldorf 1984.

RAUSCH, HEINZ/STAMMEN, THEO (Hrsg.): DDR. Das politische, wirtschaftliche und soziale System. 6. Auflage München 1984.

RÜCKBLICK AUF DIE DDR. Festschrift für Ilse Spittmann-Rühle. Hrsg. von Gisela Helwig. Köln 1995.

SBZ VON 1945 – 1954. Die Sowjetische Besatzungszone Deutschlands in den Jahren 1945 – 1954. Hrsg. vom Bundesministerium für gesamtdeutsche Fragen. Bonn/Berlin 1964. 3 Ergänzungsbände für die Jahre 1955 – 1956, 1957 – 1958 und 1959 – 1960. Bonn/Berlin 1960 – 1964.

SCHNEIDER, EBERHARD: Die DDR. Geschichte, Politik, Wirtschaft, Gesellschaft. 5. Auflage Stuttgart 1980.

SCHÖNEBURG, KARL-HEINZ/MAND, R./LEICHTFUSS, H./URBAN, K.: Vom Werden unseres Staates. Eine Chronik. Band 1: 1945 – 1949. Band 2: 1949 – 1955. Berlin 1966 – 1968.

SCHROEDER, KLAUS UNTER MITARBEIT VON STEFFEN ALISCH: Der SED-Staat. Partei, Staat und Gesellschaft 1949 – 1990. München 1998.

SONTHEIMER, KURT/BLEEK, WILHELM: Die DDR. Politik, Gesellschaft, Wirtschaft. 5. Auflage Hamburg 1979.

STARITZ, DIETRICH: Geschichte der DDR. Frankfurt a. M. 1996.

THOMAS, RÜDIGER: Modell DDR. Die kalkulierte Emanzipation. 8. Auflage München 1985.

UNSER STAAT. DDR-ZEITTAFEL 1949 – 1983. Hrsg.: Akademie für Staats- und Rechtswissenschaft der DDR. Autorenkollektiv unter Leitung von Ulrich Dähn. Berlin 1984.

WEBER, HERMANN (Hrsg.): DDR. Dokumente zur Geschichte der Deutschen Demokratischen Republik 1945 – 1985. München 1986.

WEBER, HERMANN: DDR. Grundriß der Geschichte 1945 – 1990. Hannover 1991.

WEBER, HERMANN: Geschichte der DDR. München 1999.

WEBER, HERMANN: Die DDR 1945 – 1990. 3. Auflage München 2000.

WEBER, JÜRGEN (Hrsg.): Der SED-Staat: Neues über eine vergangene Diktatur. München 1994.

WOLLE, STEFAN: Die heile Welt der Diktatur. Alltag und Herrschaft in der DDR 1971 – 1989. Berlin/Bonn 1998.

3. Vergleich BRD – DDR

ARMBRUSTER, FRANK: Politik in Deutschland. Systemvergleich Bundesrepublik Deutschland – DDR. Kollegmaterial Politik. Wiesbaden/Frankfurt 1981.

BEHR, WOLFGANG: Bundesrepublik Deutschland – Deutsche Demokratische Republik. Systemvergleich Politik, Wirtschaft, Gesellschaft. 2. Auflage Stuttgart/Berlin/Köln/Mainz 1985.

BÜRGER UND STAAT. Eine vergleichende Untersuchung zu Praxis und Recht der Bundesrepublik Deutschland und der DDR. Köln 1990. (Materialien zur Lage der Nation. Hrsg. vom Bundesministerium für innerdeutsche Beziehungen.)

BUNDESREPUBLIK DEUTSCHLAND – DDR (2 Hefte). Vergleich der politischen Systeme (Klaus-Dieter Böger/Hans Kremendahl). Informationen zur politischen Bildung, Nr. 192 und 193. Hrsg.: Bundeszentrale für politische Bildung. Bonn 1982.

HAMEL, HANNELORE (Hrsg.): Bundesrepublik Deutschland – DDR. Die Wirtschaftssysteme. Soziale Marktwirtschaft und Sozialistische Planwirtschaft im Systemvergleich. München 1983.

HELWIG, GISELA: Frau und Familie in beiden deutschen Staaten. Köln 1982.

HOCKERTS, HANS GÜNTER (Hrsg.): Drei Wege deutscher Staatlichkeit. NS-Diktatur, Bundesrepublik und DDR im Vergleich. München 1998.

HÜTTENBERGER, PETER/HOEBINK, HEIN: Bundesrepublik Deutschland – Deutsche Demokratische Republik. Ein Vergleich. 2. Auflage München 1985.

JAIDE, WALTER/HILLE, BARBARA (Hrsg.): Jugend im doppelten Deutschland. Opladen 1977.

JESSE, ECKHARD (Hrsg.): Bundesrepublik Deutschland und Deutsche Demokratische Republik. Die beiden deutschen Staaten im Vergleich. 4. Auflage Berlin 1985.

KLESSMANN, CHRISTOPH/MISSELWITZ, HANS/WICHERT, GÜNTER (Hrsg.): Deutsche Vergangenheiten – eine gemeinsame Herausforderung. Der schwierige Umgang mit der doppelten Nachkriegsgeschichte. Berlin 1999.

KONFLIKT UND INTEGRATION III. DDR – Bundesrepublik Deutschland. Beiträge zu einer vergleichenden Analyse ihrer politischen Systeme. Zusammengestellt und bearbeitet von Jürgen Weber. München 1980.

LANGENBUCHER, WOLFGANG R./RYTLEWSKI, RALF/WEYERGRAF, BERND (Hrsg.): Kulturpolitisches Wörterbuch Bundesrepublik Deutschland/Deutsche Demokratische Republik im Vergleich. Stuttgart 1983.

LEPTIN, GERT: Deutsche Wirtschaft nach 1945. Ein Ost-West-Vergleich. 3. Auflage Opladen 1980.

LÖW, KONRAD: Die Grundrechte. Verständnis und Wirklichkeit in beiden Teilen Deutschlands. München 1982.

NOLTE, ERNST: Der Weltkonflikt in Deutschland. Die Bundesrepublik und die DDR im Brennpunkt des kalten Krieges 1949 – 1962. München 1981.

SCHMID, KARIN: Die Verfassungssysteme der Bundesrepublik Deutschland und der DDR. Berlin 1982.

TIMMERMANN, HEINER: Bundesrepublik – DDR: Grundzüge im Vergleich. Vorgeschichte – Politik – Wirtschaft – Soziales – Recht – Außen- und Sicherheitspolitik. Opladen 1984.

WILKE, KAY-MICHAEL: Bundesrepublik Deutschland und Deutsche Demokratische Republik. Grundlagen und ausgewählte Probleme des gegenseitigen Verhältnisses der beiden deutschen Staaten. Berlin 1976.

ZAHLENSPIEGEL BUNDESREPUBLIK DEUTSCHLAND/DEUTSCHE DEMOKRATISCHE REPUBLIK. Ein Vergleich. Hrsg. vom Bundesministerium für innerdeutsche Beziehungen. 3. Auflage Bonn 1985.

ZÜCKERT, GUDULA UND ULRICH: Eine getrennte Geschichte. Die Bundesrepublik Deutschland und die Deutsche Demokratische Republik von 1945/49 bis 1990. 2. Auflage Bamberg 1994.

4. Vorgeschichte und Entstehung der beiden deutschen Staaten

4.1 Westzonen und Nachkriegsdeutschland 1945 – 1949

AKTEN ZUR VORGESCHICHTE DER BUNDESREPUBLIK DEUTSCHLAND 1945 – 1949. Hrsg. von Bundesarchiv und Institut für Zeitgeschichte. Band 1: September 1945 – Dezember 1946; Band 2: Januar – Juni 1947; Band 3: Juni – Dezember 1947; Band 4: Januar – Dezember 1948; Band 5: Januar – September 1949. München/Wien 1976 – 1983. (Sonderausgabe in Kassette 1989.)

BECKER, JOSEF/STAMMEN, THEO/WALDMANN, PETER (Hrsg.): Vorgeschichte der Bundesrepublik Deutschland. Zwischen Kapitulation und Grundgesetz. München 1987.

BENZ, WOLFGANG: Die Gründung der Bundesrepublik. Von der Bizone zum souveränen Staat. 5. Auflage München 1999.

BERGSDORF, WOLFGANG: Von Jalta bis zur Spaltung. Besatzung und politischer Wiederaufbau Deutschlands 1945 – 49. Melle 1979.

BUCHER, PETER (Hrsg.): Nachkriegsdeutschland 1945 – 1949. Darmstadt 1990.

DER PARLAMENTARISCHE RAT 1948 – 1949. Akten und Protokolle. Hrsg. vom Deutschen Bundestag und vom Bundesarchiv. Band 1 ff. Boppard am Rhein, später München 1975 ff.

DEUTSCHLAND UNTER ALLIIERTER BESATZUNG 1945 – 1949. Ein Handbuch. Hrsg. von Wolfgang Benz. Berlin 1999.

DROSTE GESCHICHTS-KALENDARIUM. Chronik deutscher Zeitgeschichte. Politik – Wirtschaft – Kultur. Band 3/I: Manfred Overesch: Das besetzte Deutschland 1945 – 1947. Band 3/II: Manfred Overesch: Das besetzte Deutschland 1948 – 1949. Düsseldorf 1986.

FELDKAMP, MICHAEL F.: Der Parlamentarische Rat 1948 – 1949. Die Entstehung des Grundgesetzes. Göttingen 1998.

FELDKAMP, MICHAEL F. (Hrsg.): Die Entstehung des Grundgesetzes für die Bundesrepublik Deutschland 1949. Eine Dokumentation. Stuttgart 1999.

GIMBEL, JOHN: Amerikanische Besatzungspolitik in Deutschland 1945 – 1949. Frankfurt a. M. 1971.

GREBING, HELGA/POZORSKI, PETER/SCHULZE, RAINER: Die Nachkriegsentwicklung in Westdeutschland 1945 – 1949. a. Die wirtschaftlichen Grundlagen. b. Politik und Gesellschaft. Stuttgart 1980.

HANDBUCH POLITISCHER INSTITUTIONEN UND ORGANISATIONEN 1945 – 1949. Bearbeitet von Heinrich Potthoff in Zusammenarbeit mit Rüdiger Wenzel. Düsseldorf 1983.

HENKE, KLAUS-DIETMAR: Die amerikanische Besetzung Deutschlands. 2. Auflage München 1996.

HOLZAMER, HANS-HERBERT/HOCH, MARC (Hrsg.): Der Marshall-Plan. Geschichte und Zukunft. Landsberg am Lech 1997.

KREIKAMP, HANS-DIETER (Hrsg.): Quellen zur staatlichen Neuordnung Deutschlands 1945 – 1949. Darmstadt 1994.

MAI, GUNTHER: Der Alliierte Kontrollrat in Deutschland 1945 – 1948. Alliierte Einheit – deutsche Teilung? München 1995.

NICLAUSS, KARLHEINZ: Der Weg zum Grundgesetz. Demokratiegründung in Westdeutschland 1945 – 1949. Paderborn/München/Wien/Zürich 1998.

OVERESCH, MANFRED: Deutschland 1945 – 1949. Vorgeschichte und Gründung der Bundesrepublik. Ein Leitfaden in Darstellung und Dokumenten. Königstein/Ts. 1979.

PLATO, ALEXANDER VON/LEH, ALMUT (Hrsg.): »Ein unglaublicher Frühling«. Erfahrene Geschichte im Nachkriegsdeutschland 1945 – 1948. Bonn 1997.

RÜCKKEHR UND AUFBAU NACH 1945. Deutsche Remigranten im öffentlichen Leben Nachkriegsdeutschlands. Hrsg. von Claus-Dieter Krohn und Patrik von zur Mühlen. Marburg 1997.

SCHMIDT, WOLFGANG: Vom Feind zum Partner. Amerikanische Deutschlandpolitik von 1944 – 1949. Bonn 1996.

SCHWARZ, HANS-PETER: Vom Reich zur Bundesrepublik. Deutschland im Widerstreit der außenpolitischen Konzeptionen in den Jahren der Besatzungsherrschaft 1945 – 1949. Neuwied 1966. (2., unveränderte Aufl. Stuttgart 1980.)

VOGEL, WALTER: Westdeutschland 1945 – 1950. Der Aufbau von Verfassungs- und Verwaltungseinrichtungen über den Ländern der drei westlichen Besatzungszonen. 2 Bände. Boppard a. Rh. 1956 – 1964.

WEISZ, CHRISTOPH (Hrsg.): OMGUS-Handbuch. Die amerikanische Militärregierung in Deutschland 1945 – 1949. 2. Auflage München 1995.

WESTDEUTSCHLANDS WEG ZUR BUNDESREPUBLIK 1945 – 1949. Beiträge von Mitarbeitern des Instituts für Zeitgeschichte. München 1976.

WINKLER, HEINRICH AUGUST (Hrsg.): Politische Weichenstellungen im Nachkriegsdeutschland 1945 – 1953. Göttingen 1979.

4.2 Sowjetische Besatzungszone 1945 – 1949

BADSTÜBNER, ROLF: Vom »Reich« zum doppelten Deutschland. Gesellschaft und Politik im Umbruch. Berlin 1999.

BONWETSCH, BERND/BORDJUGOV, GENNADIJ/NAIMARK, NORMAN M. (Hrsg.): Sowjetische Politik in der SBZ 1945 – 1949. Dokumente zur Tätigkeit der Propagandaverwaltung (Informationsverwaltung) der SMAD unter Sergej Tjul'panov. Bonn 1998.

BOUVIER, BEATRIX: Ausgeschaltet! Sozialdemokraten in der sowjetischen Besatzungszone und in der DDR 1945 – 1953. Bonn 1996.

BUTTLAR, WALRAB VON: Ziele und Zielkonflikte der sowjetischen Deutschlandpolitik 1945 – 1947. Stuttgart 1980.

CREUZBERGER, STEFAN: Die sowjetische Besatzungsmacht und das politische System in der SBZ. Weimar/Köln/Wien 1996.

DIE DDR IN DER ÜBERGANGSPERIODE. Studien zur Vorgeschichte und Geschichte der DDR 1945 – 1961. Hrsg. von Rolf Badstübner und Heinz Heitzer. Berlin 1979.

ERRICHTUNG DES ARBEITER- UND BAUERNSTAATES DER DDR 1945 – 1949. Autorenkollektiv unter Leitung von Karl-Heinz Schöneburg. Berlin 1983.

FOITZIK, JAN: Sowjetische Militäradministration in Deutschland (SMAD) 1945 – 1949. Struktur und Funktion. Berlin 1999.

GESCHICHTE DES STAATES UND DES RECHTS DER DDR. Dokumente 1945 – 1949. Hrsg.: Institut für Theorie des Staates und des Rechts der Akademie der Wissenschaften der DDR. Berlin 1984.

HACKER, JENS: Der Ostblock. Entstehung, Entwicklung und Struktur 1939 – 1980. Baden-Baden 1983.

MÄHLERT, ULRICH: Die Freie Deutsche Jugend 1945 – 1949. Von den »Antifaschistischen Jugendausschüssen« zur SED-Massenorganisation: Die Erfassung der Jugend in der Sowjetischen Besatzungszone. Paderborn/München/Wien/Zürich 1995.

MEHRINGER, HARTMUT (Hrsg.): Von der SBZ zur DDR. Studien zum Herrschaftssystem in der Sowjetischen Besatzungszone und in der Deutschen Demokratischen Republik. München 1995.

NAIMARK, NORMAN M.: The Russians in Germany. A History of the Soviet Zone of Occupation, 1945 – 1949. Cambridge (Mass.)/London 1995.

SBZ-HANDBUCH. Staatliche Verwaltungen, Parteien, gesellschaftliche Organisationen und ihre Führungskräfte in der Sowjetischen Besatzungszone Deutschlands 1945 – 1949. Im Auftrag des Arbeitsbereiches Geschichte und Politik der DDR an der Universität Mannheim und des Instituts für Zeitgeschichte München hrsg. von Martin Broszat und Hermann Weber. 2. Auflage München 1993.

SOWJETISCHE SPEZIALLAGER IN DEUTSCHLAND 1945 – 1950. Hrsg. von Sergej Mironenko, Lutz Niethammer und Alexander von Plato in Verbindung mit Volkhard Knigge und Günter Morsch. Band 1: Studien und Berichte. Band 2: Sowjetische Dokumente zur Lagerpolitik. Band 3: Sowjetische Dokumente zu den Haftbedingungen. Berlin 1998 – 1999.

STARITZ, DIETRICH: Die Gründung der DDR. Von der sowjetischen Besatzungsherrschaft zum sozialistischen Staat. München 1984.

THOSS, BRUNO (Hrsg,.): Volksarmee schaffen – ohne Geschrei! Studien zu den Anfängen einer »verdeckten Aufrüstung« in der SBZ/DDR 1947 – 1952. München 1994.

UM EIN ANTIFASCHISTISCH-DEMOKRATISCHES DEUTSCHLAND. Dokumente aus den Jahren 1945 – 1949. Redaktionskollegium. Berlin 1968.

WEBER, HERMANN (Hrsg.): Parteiensystem zwischen Demokratie und Volksdemokratie. Dokumente und Materialien zum Funktionswandel der Parteien und Massenorganisationen in der SBZ/DDR 1945 – 1950. Köln 1982.

ZUR WIRTSCHAFTSPOLITIK DER SED. Band 1: 1945 – 1949. Berlin 1984.

5. Innenpolitik und politisches System

5.1 BRD: Grundgesetz, Staatsorgane, Parteien, Länder, Wahlen

ALEMANN, ULRICH VON: Parteien. Reinbek bei Hamburg 1995.

ALEMANN, ULRICH VON: Das Parteiensystem der Bundesrepublik Deutschland. Opladen 2000.

ARNIM, HANS HERBERT VON: Staatslehre der Bundesrepublik Deutschland. München 1984.

AVENARIUS, HERMANN: Die Rechtsordnung der Bundesrepublik Deutschland. Eine Einführung. 2. Auflage Neuwied/Bonn 1997.

BADURA, PETER: Staatsrecht. Systematische Erläuterung des Grundgesetzes für die Bundesrepublik Deutschland. München 1986.

BAUER, ANGELA/JESTAEDT, MATTHIAS: Das Grundgesetz im Wortlaut. Änderungsgesetze, Synopse, Textstufen und Vokabular zum Grundgesetz. Heidelberg 1997.

BEYME, KLAUS VON: Das politische System der Bundesrepublik Deutschland. Eine Einführung. 9. Auflage Wiesbaden 1999.

BEYME, KLAUS VON: Der Gesetzgeber. Der Bundestag als Entscheidungszentrum. Opladen 1997.

BIRKE, ADOLF M.: Die Bundesrepublik Deutschland. Verfassung, Parlament und Parteien. München 1997.

DAS BUNDESVERFASSUNGSGERICHT. Ein Gericht im Schnittpunkt von Recht und Politik. Hrsg. von Michael Piazolo. Mainz/München 1995.

DIE KABINETTSPROTOKOLLE DER BUNDESREGIERUNG. Hrsg. für das Bundesarchiv von Hans Booms, ab Band 7 von Friedrich P. Kahlenberg. Bände 1 ff. (1949 ff.) Boppard 1982 ff., Bände 8 ff. (1955 ff.) München 1997 ff.

ESCHE, FALK/HARTMANN, JÜRGEN (Hrsg.): Handbuch der deutschen Bundesländer. Frankfurt a. M./New York 1990.

FLECHTHEIM, OSSIP K. (Hrsg.): Dokumente zur parteipolitischen Entwicklung in Deutschland seit 1945. 9 Bände. Berlin 1962–1971.

GABRIEL, OSCAR W./NIEDERMAYER, OSKAR/STÖSS, RICHARD (Hrsg.): Parteiendemokratie in Deutschland. Bonn/Opladen 1997.

GUGGENBERGER, BERND/WÜRTENBERGER, THOMAS (Hrsg.): Hüter der Verfassung oder Lenker der Politik? Das Bundesverfassungsgericht im Widerstreit. Baden-Baden 1998.

HANDBUCH DES STAATSRECHTS DER BUNDESREPUBLIK DEUTSCHLAND. Hrsg. von Josef Isensee und Paul Kirchhof. Band I ff. Heidelberg 1987 ff. Band I: Grundlagen von Staat und Verfassung. 1987. Band II: Demokratische Willensbildung – Die Staatsorgane des Bundes. 1987. Band III: Das Handeln des Staates. 2. Auflage 1997. Band IV: Finanzverfassung – Bundesstaatliche Verfassung. 1990. Band V: Allgemeine Grundrechtslehren. 1992. Band VI: Freiheitsrechte. 1989. Band VII: Normativität und Schutz der Verfassung – Internationale Beziehungen. 1993. Band VIII: Die Einheit Deutschlands – Entwicklung und Grundlagen. 1995. Band IX: Die Einheit Deutschlands – Festigung und Übergang. 1997.

HANDBUCH DES VERFASSUNGSRECHTS DER BUNDESREPUBLIK DEUTSCHLAND. Hrsg. von Ernst Benda, Werner Maihofer, Hans-Jochen Vogel. Unter Mitwirkung von Konrad Hesse, Wolfgang Heyde. 2. Auflage Berlin/New York 1994.

HANDBUCH DEUTSCHER RECHTSEXTREMISMUS. Hrsg. von Jens Mecklenburg. Berlin 1996.

HESSE, JOACHIM JENS/ELLWEIN, THOMAS: Das Regierungssystem der Bundesrepublik Deutschland. Band 1: Text. Band 2: Materialien. 8. Auflage Wiesbaden 1997.

HESSE, KONRAD: Grundzüge des Verfassungsrechts der Bundesrepublik Deutschland. 20. Auflage Heidelberg 1995.

HESSELBERGER, DIETER UNTER MITARBEIT VON NÖRENBERG, HELMUT: Das Grundgesetz. Kommentar für die politische Bildung. Bonn 1995.

ISMAYR, WOLFGANG: Der Deutsche Bundestag im politischen System der Bundesrepublik Deutschland. Ein Studienbuch. Opladen 2000.

JESSE, ECKHARD: Die Demokratie der Bundesrepublik Deutschland. 8. Auflage Baden-Baden 1998.

KAACK, HEINO: Geschichte und Struktur des deutschen Parteiensystems. Opladen 1971.

KAACK, HEINO/ROTH, REINHOLD (Hrsg.): Handbuch des deutschen Parteiensystems. Struktur und Politik in der Bundesrepublik zu Beginn der 80er Jahre. 2 Bände. Opladen 1980.

KAISER, CARL-CHRISTIAN/KESSEL, WOLFGANG: Deutscher Bundestag 1949 – 1999. Debatte und Entscheidung. Konsens und Konflikt. Hrsg. vom Deutschen Bundestag. München 1999.

KILPER, HEIDEROSE/LHOTTA, ROLAND: Föderalismus in der Bundesrepublik Deutschland. Eine Einführung. Opladen 1996.

KORTE, KARL-RUDOLF: Wahlen in der Bundesrepublik Deutschland. 2. Auflage Bonn 1999.

KUNZ, RAINER/MAIER, HERBERT/STAMMEN, THEO (Hrsg.): Programme der politischen Parteien in der Bundesrepublik Deutschland. München 1979.

LANGE, ERHARD H. M.: Die Würde des Menschen ist unantastbar. Der Parlamentarische Rat und das Grundgesetz. Heidelberg 1992.

LAUFER, HEINZ/MÜNCH, URSULA: Das föderative System der Bundesrepublik Deutschland. 7. Auflage München/Bonn 1997.

LOEWENBERG, GERHARD: Parlamentarismus im politischen System der Bundesrepublik Deutschland. Tübingen 1969.

NICLAUSS, KARLHEINZ: Kanzlerdemokratie. Bonner Regierungspraxis von Konrad Adenauer bis Helmut Kohl. Stuttgart/Berlin/Köln/Mainz 1988.

NICLAUSS, KARLHEINZ: Das Parteiensystem der Bundesrepublik Deutschland. Eine Einführung. Paderborn/München/Wien/Zürich 1995.

PILZ, FRANK/ORTWEIN, HEIKE: Das politische System Deutschlands. Systemintegrierende Einführung in das Regierungs-, Wirtschafts- und Sozialsystem. München/Wien 1995.

PÖTZSCH, HORST: Die deutsche Demokratie. Legislative – Exekutive – Recht. Bonn 1999.

RITTER, GERHARD A./NIEHUSS, MERITH: Wahlen in der Bundesrepublik Deutschland. Bundestags- und Landtagswahlen 1946 – 1987. München 1987. Ergänzungsband: Wahlen in Deutschland 1990 – 1994. München 1995.

RUDZIO, WOLFGANG: Das politische System der Bundesrepublik Deutschland. 5. Auflage Opladen 2000.

SÄCKER, HORST: Das Bundesverfassungsgericht. 5. Auflage München 1998/Bonn 1999.

SCHINDLER, PETER: Datenhandbuch zur Geschichte des Deutschen Bundestages 1949 – 1999. Gesamtausgabe in 3 Bänden. Eine Veröffentlichung der wissenschaftlichen Dienste des Deutschen Bundestages. Baden-Baden 1999.

SCHOLZ, GÜNTHER: Die Bundespräsidenten. Biographien eines Amtes. 2. Auflage Heidelberg 1992.

SONTHEIMER, KURT/BLEEK, WILHELM: Grundzüge des politischen Systems der Bundesrepublik Deutschland. München 1999.

SONTHEIMER, KURT/RÖHRING, HANS-HELMUT (Hrsg.): Handbuch des politischen Systems der Bundesrepublik Deutschland. München/Zürich 1978.

STAATS- UND VERWALTUNGSRECHT BUNDESREPUBLIK DEUTSCHLAND. Zusammengestellt von Paul Kirchhof und Eberhard Schmidt-Aßmann. 21. Auflage Heidelberg 1996.

STARITZ, DIETRICH (Hrsg.): Das Parteiensystem der Bundesrepublik. Geschichte – Entstehung – Entwicklung. Eine Einführung. Opladen 1980.

STERN, KLAUS: Das Staatsrecht der Bundesrepublik Deutschland. Band I: Grundbegriffe und Grundlagen des Staatsrechts. Strukturbegriffe der Verfassung. Band II: Staatsorgane, Staatsfunktion, Finanz- und Haushaltsverfassung, Notstandsverfassung. Band III/1 – 2: Allgemeine Lehren der Grundrechte. München 1977 – 1994.

STÖSS, RICHARD (Hrsg.): Parteien-Handbuch. Die Parteien der Bundesrepublik Deutschland 1945 – 1980. 2 Bände. Opladen 1983 – 1984.

THAYSEN, UWE: Parlamentarisches Regierungssystem in der Bundesrepublik Deutschland. Daten – Fakten – Urteile im Grundriß. Opladen 1976.

TRIESCH, GÜNTER/OCKENFELS, WOLFGANG: Interessenverbände in Deutschland. Ihr Einfluß in Politik, Wirtschaft und Gesellschaft. München/Landsberg am Lech 1995.

WAHLEN IN DEUTSCHLAND. Hrsg. von Eckhard Jesse und Konrad Löw. Berlin 1998.

WEBER, JÜRGEN: Interessengruppen im politischen System der Bundesrepublik Deutschland. Stuttgart/Berlin/Köln/Mainz 1981.

WILKE, JÜRGEN (Hrsg.): Mediengeschichte der Bundesrepublik Deutschland. Köln/Bonn 1999.

5.2 DDR: Verfassung, Staatsapparat, SED, Opposition

BRUNNER, GEORG (Hrsg.): Menschenrechte in der DDR. Baden-Baden 1989.

DDR-GESETZE. Textausgabe mit Anmerkungen. Hrsg. von Erika Lieser-Triebnigg, begründet von Dietrich Müller-Römer. Köln. Verlag Wissenschaft und Politik. (Loseblattsammlung)

FRICKE, KARL WILHELM: Opposition und Widerstand in der DDR. Ein politischer Report. Köln 1984.

FRICKE, KARL WILHELM: Politik und Justiz in der DDR. Zur Geschichte der politischen Verfolgung 1945 – 1968. Bericht und Dokumentation. 2. Auflage Köln 1990.

FRICKE, KARL WILHELM/MARQUARDT, BERNHARD: DDR Staatssicherheit. Das Phänomen des Verrats. Die Zusammenarbeit zwischen MfS und KGB. Bochum 1995.

FRIEDRICH, WOLFGANG-UWE (Hrsg.): Die totalitäre Herrschaft der SED. Wirklichkeit und Nachwirkungen. München 1998.

GESCHICHTE DER SED. Abriß. Autorenkollektiv beim Institut für Marxismus-Leninismus beim ZK der SED. Berlin/Frankfurt a. M. 1978.

GESCHICHTE DES STAATES UND DES RECHTS DER DDR. Dokumente 1949 – 1961. Berlin 1984.

GLAESSNER, GERT-JOACHIM: Herrschaft durch Kader. Leitung der Gesellschaft und Kaderpolitik in der DDR am Beispiel des Staatsapparates. Opladen 1977.

HAUSCHILD, CHRISTOPH: Die örtliche Verwaltung im Staats- und Verwaltungssystem der DDR. Baden-Baden 1991.

HENKEL, RÜDIGER: Im Dienste der Staatspartei. Über Parteien und Organisationen der DDR. Baden-Baden 1994.

HERBST, ANDREAS/STEPHAN, GERD-RÜDIGER/WINKLER, JÜRGEN (Hrsg.): Die SED. Geschichte, Organisation, Politik. Ein Handbuch. Berlin 1997.

HERTLE, HANS-HERMANN: Der Fall der Mauer. Die unbeabsichtigte Selbstauflösung des SED-Staates. 2. Auflage Opladen 1999.

HEUER, UWE-JENS (Hrsg.): Die Rechtsordnung der DDR. Baden-Baden 1995.

KOOP, VOLKER: »Den Gegner vernichten«. Die Grenzsicherung der DDR. Bonn 1996.

LAPP, PETER JOACHIM: Der Staatsrat im politischen System der DDR (1960 – 1971). Opladen 1972.

LAPP, PETER JOACHIM: Der Ministerrat der DDR. Aufgaben, Arbeitsweisen und Struktur der anderen deutschen Regierung. Opladen 1982.

LAPP, PETER JOACHIM: Wahlen in der DDR. Wählt die Kandidaten der Nationalen Front. Berlin 1982.

LIESER-TRIEBNIGG, ERIKA: Recht in der DDR. Einführung und Dokumentation. Köln 1985.

LUDZ, PETER CHRISTIAN: Parteielite im Wandel. Funktionsaufbau, Sozialstruktur und Ideologie der SED-Führung. Eine empirisch-systematische Untersuchung. 3. Auflage Köln/Opladen 1970.

MAMPEL, SIEGFRIED: Die sozialistische Verfassung der Deutschen Demokratischen Republik. Kommentar. 3. Auflage Goldbach 1997.

MERTENS, LOTHAR/VOIGT, DIETER (Hrsg.): Opfer und Täter im SED-Staat. Berlin 1998.

NEUBERT, EHRHART: Geschichte der Opposition in der DDR 1949 – 1989. Berlin/Bonn 1997.

POLLACK, DETLEF: Politischer Protest. Politisch alternative Gruppen in der DDR. Opladen 2000.

POLLACK, DETLEF/RINK, DIETER (Hrsg.): Zwischen Verweigerung und Opposition. Politischer Protest in der DDR 1970 – 1989. Frankfurt a. M./New York 1997.

REIN, GERHARD (Hrsg.): Die Opposition in der DDR. Entwürfe für einen anderen Sozialismus. Berlin 1989.

ROGGEMANN, HERWIG (Hrsg.): Die DDR-Verfassungen. 4. Auflage Berlin 1989.

ROGGEMANN, HERWIG (Hrsg.): Die Gesetzgebung der DDR. Berlin. Verlag Spitz seit 1971 ff. (Loseblattsammlung)

ROGGEMANN, HERWIG (Hrsg.): Die Staatsordnung der DDR. 3. Auflage Berlin 1982.

SAUER, HEINER/PLUMEYER, HANS-OTTO: Der Salzgitter Report. Die Zentrale Erfassungsstelle berichtet über Verbrechen im SED-Staat. Esslingen 1991.

SCHROEDER, KLAUS/ALISCH, STEFFEN: Der SED-Staat. Partei, Staat und Gesellschaft. München 1998.

SORGENICHT, KLAUS U. A. (Hrsg.): Verfassung der Deutschen Demokratischen Republik. Dokumente – Kommentar. 2 Bände Berlin 1969.

SPITTMANN, ILSE (Hrsg.): Die SED in Geschichte und Gegenwart. Köln 1987.

STAATSRECHT DER DDR. Lehrbuch. Hrsg.: Akademie für Staats- und Rechtswissenschaft der DDR. 2. Auflage Berlin 1984.

STAATS- UND RECHTSGESCHICHTE DER DDR. Grundriß. Hrsg.: Bereich Staats- und Rechtsgeschichte der Sektion Rechtswissenschaft der Humboldt-Universität zu Berlin. Autorenkollektiv. Berlin 1983.

STEPHAN, GERD-RÜDIGER (Hrsg.): »Vorwärts immer, rückwärts nimmer!« Interne Dokumente zum Zerfall von SED und DDR 1988/89. Berlin 1994.

VOLLNHALS, CLEMENS (Hrsg.): Die Kirchenpolitik von SED und Staatssicherheit. Eine Zwischenbilanz. Berlin 1996.

WALTHER, JOACHIM: Sicherungsbereich Literatur. Schriftsteller und Staatssicherheit in der Deutschen Demokratischen Republik. Berlin 1999.

WEBER, HERMANN/OLDENBURG, FRED: 25 Jahre SED. Chronik einer Partei. 2. Auflage Köln 1971.

WEBER, HERMANN: SED. Chronik einer Partei 1971 – 1976. Köln 1976.

WERKENTIN, FALCO: Recht und Justiz im SED-Staat. Bonn 1998.

WIDERSTAND UND OPPOSITION IN DER DDR. Hrsg. von Klaus-Dietmar Henke, Peter Steinbach und Johannes Tuchel. Köln/Weimar/Wien 1999.

6. Militär, innere Sicherheit, Extremismus und Demokratie

6.1 BRD/DDR: Bundeswehr und Nationale Volksarmee

ARMEE FÜR FRIEDEN UND SOZIALISMUS. Geschichte der Nationalen Volksarmee der DDR. Autorenkollektiv. Berlin 1985.

BALD, DETLEF: Militär und Gesellschaft 1945 – 1990. Die Bundeswehr der Bonner Republik. Baden-Baden 1994.

BALD, DETLEF/BRÜHL, REINHARD/PRÜFERT, ANDREAS (Hrsg.): Nationale Volksarmee – Armee für den Frieden. Beiträge zu Selbstverständnis und Geschichte des deutschen Militärs 1945 – 1990. Baden-Baden 1995.

BARTH, PETER/PFAU, GÜNTER/STREIF, KARL: Sicherheitspolitik und Bundeswehr. Frankfurt a. M. 1981.

DIE ENTWICKLUNG DEUTSCHER SICHERHEITSPOLITIK UND DIE GESCHICHTE DER BUNDESWEHR 1945 – 1992. Im Auftrag des Bundesministeriums der Verteidigung hrsg. von Hans-Martin Ottmer und Karl Diefenbach. Berlin/Bonn/Herford 1993.

DIE NATIONALE VOLKSARMEE DER DDR IM RAHMEN DES WARSCHAUER PAKTES. Hrsg. vom Arbeitskreis für Wehrforschung. München 1980.

FLECKENSTEIN, BERNHARD: Bundeswehr und Industriegesellschaft. Boppard a. Rh. 1971.

FORSTER, THOMAS M.: Die NVA. Kernstück der Landesverteidigung der DDR. 6. Auflage Köln 1983.

HENRICH, WOLFGANG (Hrsg.): Wehrgesetz und Grenzgesetz der DDR. Dokumentation und Analyse. Bonn 1983.

HOLZWEISSIG, GUNTER: Militärwesen der DDR. Berlin 1985.

IM DIENSTE DER PARTEI. Handbuch der bewaffneten Organe der DDR. Im Auftrag des Militärgeschichtlichen Forschungsamtes hrsg. von Torsten Diedrich, Hans Ehlert und Rüdiger Wenzke. Berlin 1998.

MILITÄRGESCHICHTLICHES FORSCHUNGSAMT (Hrsg.): Verteidigung im Bündnis. Planung, Aufbau und Bewährung der Bundeswehr 1950–1972. München 1975.

MUTZ, REINHARD: Sicherheitspolitik und demokratische Öffentlichkeit in der Bundesrepublik Deutschland. München 1978.

NAWROCKI, JOACHIM: Bewaffnete Organe in der DDR. Nationale Volksarmee sowie andere militärische und paramilitärische Verbände. Aufbau, Bewaffnung, Aufgaben. Berichte aus dem Alltag. Berlin 1979.

NVA. Nationale Volksarmee der DDR in Stichworten. Bearbeitet von Ullrich Rühmland. 6. Auflage Bonn 1983.

VOM KALTEN KRIEG ZUR DEUTSCHEN EINHEIT. Analysen und Zeitzeugenberichte zur deutschen Militärgeschichte 1945 – 1995. Im Auftrag des Militärgeschichtlichen Forschungsamtes hrsg. von Bruno Thoß unter Mitarbeit von Wolfgang Schmidt. München 1995.

WENZEL, OTTO: Kriegsbereit. Der Nationale Verteidigungsrat der DDR 1960 – 1989. Köln 1995.

ZEITTAFEL ZUR MILITÄRGESCHICHTE DER DDR 1969 – 1977. Autorenkollektiv des Militärgeschichtlichen Instituts der DDR. Berlin 1979.

ZOLL, RALF (Hrsg.): Wie integriert ist die Bundeswehr? Zum Verhältnis von Militär und Gesellschaft in der Bundesrepublik. München/Zürich 1979.

ZOLL, RALF/LIPPERT, EKKEHARD/RÖSSLER, TJARCK (Hrsg.): Bundeswehr und Gesellschaft. Ein Wörterbuch. Opladen 1977.

6.2 BRD/DDR: Extremismus und Terrorismus

BACKES, UWE: Bleierne Jahre. Baader-Meinhof und danach. Erlangen/Bonn/Wien 1991.

BACKES, UWE/JESSE, ECKHARD: Politischer Extremismus in der Bundesrepublik Deutschland. 4. Auflage Bonn/Berlin/Frankfurt a. M. 1996.

DÄHN, HORST: Konfrontation oder Kooperation? Das Verhältnis von Staat und Kirche in der SBZ/DDR 1945 – 1980. Opladen 1982.

DUDEK, PETER/JASCHKE, HANS-GERD: Entstehung und Entwicklung des Rechtsextremismus in der Bundesrepublik. Zur Tradition einer besonderen politischen Kultur. 2 Bände. Opladen 1984.

EISENMANN, PETER/HIRSCHER, GERHARD (Hrsg.): Bilanz der zweiten deutschen Diktatur. Mainz 1993.

FRICKE, KARL WILHELM: Die DDR-Staatssicherheit. Entwicklung, Strukturen, Aktionsfelder. 2. Auflage Köln 1984.

FRICKE, KARL WILHELM: MfS intern. Macht, Strukturen, Auflösung der DDR-Staatssicherheit. Analyse und Dokumentation. Köln 1991.

FUNKE, MANFRED (Hrsg.): Friedensforschung. Entscheidungshilfe gegen Gewalt. Bonn 1975.

FUNKE, MANFRED (Hrsg.): Terrorismus. Untersuchungen zur Strategie und Struktur revolutionärer Gewaltpolitik. Bonn/Düsseldorf 1977.

JESSE, ECKHARD (Hrsg.): Totalitarismus im 20. Jahrhundert. Eine Bilanz der internationalen Forschung. 2. Auflage Bonn 1999.

KOWALSKY, WOLFGANG/SCHROEDER, WOLFGANG (Hrsg.): Rechtsextremismus. Einführung und Forschungsbilanz. Opladen 1994.

LANGGUTH, GERD: Protestbewegung. Entwicklung, Niedergang, Renaissance. Die Neue Linke seit 1968. Köln 1983.

LICHTENSTEIN, HEINER/ROMBERG, OTTO R. (Hrsg.): Täter – Opfer – Folgen. Der Holocaust in Geschichte und Gegenwart. 2. Auflage Bonn 1997.

MITTER, ARMIN/WOLLE, STEFAN: Untergang auf Raten. Unbekannte Kapitel der DDR-Geschichte. München 1993.

PETERS, BUTZ: RAF. Terrorismus in Deutschland. Stuttgart 1991.

7. Außen-, Sicherheits- und Abrüstungspolitik

7.1 BRD: Allgemeine Außen-, Sicherheits- und Abrüstungspolitik

AKTEN ZUR AUSWÄRTIGEN POLITIK DER BUNDESREPUBLIK DEUTSCHLAND. Hrsg. im Auftrag des Auswärtigen Amts vom Institut für Zeitgeschichte. Hauptherausgeber Hans-Peter Schwarz. Jahre 1949/50 ff. München 1997 ff., Jahre 1963 ff. München 1994 ff.

ANFÄNGE WESTDEUTSCHER SICHERHEITSPOLITIK 1945 – 1956. Hrsg. vom Militärgeschichtlichen Forschungsamt. 4 Bände. München 1982 – 1997.

AUSSENPOLITIK DER BUNDESREPUBLIK DEUTSCHLAND. DOKUMENTE VON 1949 – 1994. Hrsg. aus Anlaß des 125. Jubiläums des Auswärtigen Amts. Hrsg.: Auswärtiges Amt, Referat Öffentlichkeitsarbeit. Verantwortlich Reinhard Bettzuege. Köln 1995.

AUSWÄRTIGES AMT (Hrsg.): 40 Jahre Außenpolitik der Bundesrepublik Deutschland. Eine Dokumentation. Stuttgart 1989.

BESSON, WALDEMAR: Die Außenpolitik der Bundesrepublik. Erfahrungen und Maßstäbe. Frankfurt a. M./Berlin/Wien 1973.

HACKE, CHRISTIAN: Die Außenpolitik der Bundesrepublik Deutschland. Weltmacht wider Willen? Berlin 1997.

HAFTENDORN, HELGA: Sicherheit und Entspannung. Zur Außenpolitik der Bundesrepublik Deutschland 1955 – 1982. Baden-Baden 1986.

HAFTENDORN, HELGA: Kernwaffen und die Glaubwürdigkeit der Allianz. Die NATO-Krise von 1966/67 und ihre Bewältigung. Baden-Baden 1994.

HAFTENDORN, HELGA/RIECKE, HENNING (Hrsg.): ». . .die volle Macht eines souveränen Staates. . .«. Die Alliierten Vorbehaltsrechte als Rahmenbedingung westdeutscher Außenpolitik 1949 – 1990. Baden-Baden 1996.

HANRIEDER, WOLFRAM F./RÜHLE, HANS (Hrsg.): Im Spannungsfeld der Weltpolitik. 30 Jahre deutsche Außenpolitik (1949 – 1979). Stuttgart 1981.

HILDEBRAND, KLAUS: Integration und Souveränität. Die Außenpolitik der Bundesrepublik Deutschland 1949 – 1982. Bonn 1991 (deutsch und französisch).

NOACK, PAUL: Die Außenpolitik der Bundesrepublik Deutschland. Stuttgart u. a. 1981.

PFETSCH, FRANK R.: Einführung in die Außenpolitik der Bundesrepublik Deutschland. Eine systematisch-theoretische Grundlegung. Opladen 1981.

PFETSCH, FRANK R.: Die Außenpolitik der Bundesrepublik 1949 – 1992. Von der Spaltung zur Vereinigung. 2. Auflage München 1993.

PÖLLINGER, SIGRID: Der KSZE/OSZE-Prozeß. Ein Abschnitt europäischer Friedensgeschichte. Wien 1998.

SCHNEIDER, HERBERT/UFFELMANN, UWE: Zur Außenpolitik der Bundesrepublik Deutschland. Ein Reader für den historisch-politischen Unterricht. Paderborn 1977.

SCHÖLLGEN, GREGOR: Die Außenpolitik der Bundesrepublik Deutschland. Von den Anfängen bis zur Gegenwart. München/Bonn 1999.

SCHUBERT, KLAUS VON (Hrsg.): Sicherheitspolitik der Bundesrepublik Deutschland. Dokumentation 1945 – 1977. 2 Teile. Köln/Bonn 1980.

SCHWARZ, HANS-PETER (Hrsg.): Handbuch der deutschen Außenpolitik. München/Zürich 1976.

SCHWARZ, KLAUS-DIETER (Hrsg.): Sicherheitspolitik. Analysen zur politischen und militärischen Sicherheit. Bad Honnef 1977.

TUDYKA, KURT P.: Das OSZE-Handbuch. Die Organisation für Sicherheit und Zusammenarbeit von Vancouver bis Wladiwostok. 2. Auflage Opladen 2000.

WALPUSKI, GÜNTER: Verteidigung plus Entspannung gleich Sicherheit. Texte und Materialien zur Außen- und Sicherheitspolitik. Bonn 1984.

7.2 BRD: West- und Europapolitik

AKTEN ZUR AUSWÄRTIGEN POLITIK DER BUNDESREPUBLIK DEUTSCHLAND. Hrsg. im Auftrag des Auswärtigen Amts von Hans-Peter Schwarz. Band 1: Adenauer und die Hohen Kommissare 1949 – 1951; Band 2: Adenauer und die Hohen Kommissare 1952. München 1989 – 1990.

BORCHARDT, KLAUS-DIETER: Die rechtlichen Grundlagen der Europäischen Union. Heidelberg 1996.

BRANDSTETTER, GERFRIED: Chronologisches Lexikon der europäischen Integration 1945 – 1995. Baden-Baden/Wien 1996.

BRÜCKNER, MICHAEL/PRZYKLENK, ANDREA: Europa transparent. Informationen, Daten, Fakten, Hintergründe. Heidelberg 1991.

BRÜCKNER, MICHAEL/MAIER, ROLAND/PRZYKLENK, ANDREA: Der Europa-Ploetz. Basiswissen über das Europa von heute. Freiburg/Würzburg 1993.

DIE BUNDESREPUBLIK DEUTSCHLAND UND FRANKREICH: Dokumente 1949 – 1963. Hrsg. von Horst Möller und Klaus Hildebrand. Band 1: Außenpolitik und Diplomatie. Bearbeitet von Ulrich Lappenküper. München 1997. Band 2: Wirtschaft. Bearbeitet von Andreas Wilkens. München 1997.

DIETZ, WOLFGANG A./FABIAN, BARBARA: Das Räderwerk der Europäischen Kommission. 3. Auflage Heidelberg 1999.

EINWANDERUNGSLAND BUNDESREPUBLIK DEUTSCHLAND IN DER EUROPÄISCHEN UNION: Gestaltungsauftrag und Regelungsmöglichkeiten. Hrsg. von Albrecht Weber. Osnabrück 1997.

EUROPAHANDBUCH 1999. Schriftleitung Gerhard Hitzler, Angelika Poth-Mögele. Berlin/ Bonn/München 1999.

EUROPA PLOETZ. Ereignisse und Entwicklungen seit 1945. Das ganze Europa – Zeitgeschichte, Staaten, Perspektiven. Freiburg im Breisgau 1999.

FRITZLER, MARC/UNSER, GÜNTHER: Die Europäische Union. Bonn 1998.

GABRIEL, OSCAR W. (Hrsg.): Die EG-Staaten im Vergleich. Strukturen, Prozesse, Politikinhalte. Wiesbaden/Bonn 1994.

GASTEYGER, CURT: Europa von der Spaltung zur Einigung. Darstellung und Dokumentation 1945 – 1997. Bonn 1997.

GRENZ-FALL. Das Saarland zwischen Frankreich und Deutschland 1945 – 1960. Hrsg. von Rainer Hudemann, Burkhard Jellonnek und Bernd Rauls unter Mitarbeit von Marcus Hahn. St. Ingbert 1997.

GROSSER, ALFRED: Das Bündnis. Die westeuropäischen Länder und die USA seit dem Krieg. München 1978.

GROSSER, ALFRED: Deutschland in Europa. 2. Auflage Weinheim 1998.

HANRIEDER, WOLFRAM F.: Deutschland, Europa, Amerika. Die Außenpolitik der Bundesrepublik Deutschland 1949 – 1994. 2. Auflage Paderborn/München/Wien/Zürich 1995.

HERZ, DIETMAR (Hrsg.): Die Europäische Union. Politik – Recht – Wirtschaft. Frankfurt a. M. 1999.

HILLGRUBER, ANDREAS: Europa in der Weltpolitik der Nachkriegszeit 1945 – 1963. Durchgesehen und wesentlich ergänzt von Jost Dülffer. 4. Auflage München 1993.

HUDEMANN, RAINER/POIDEVIN, RAYMOND (Hrsg.): Die Saar 1945 – 1955. Ein Problem der europäischen Geschichte. München 1992.

JACHTENFUCHS, MARKUS/KOHLER-KOCH, BEATE: (Hrsg.): Europäische Integration. Opladen 1996.

JAKOBEIT, CORD/YENAL, ALPARSLAN (Hrsg.): Gesamteuropa. Analysen, Probleme und Entwicklungsperspektiven. Opladen/Bonn 1993.

KOWALSKY, WOLFGANG: Europäische Sozialpolitik. Ausgangsbedingungen, Antriebskräfte und Entwicklungspotentiale. Opladen 1999.

KRÄMER, HANS R.: Die Europäische Gemeinschaft. Stuttgart/Berlin/Köln 1974.

LEHMANN, HANS GEORG (Hrsg.): Die europäische Integration in der interdisziplinären Lehrerbildung. Bonn 1981.

MICKEL, WOLFGANG W. (Hrsg.): Europäische Union. Handlexikon der Europäischen Union. 2. Auflage Köln 1998.

MÜLLER-ROSCHACH, HERBERT: Die deutsche Europapolitik 1949 – 1977. Eine politische Chronik. Bonn 1980.

PFETSCH, FRANK R. UNTER MITARBEIT VON TIMM BEICHELT: Die Europäische Union. Geschichte, Institutionen, Prozesse. München 1997.

PLATZER, HANS-WOLFGANG: Lernprozeß Europa. Die EU und die neue europäische Ordnung. Eine Einführung. 3. Auflage Bonn 1995.

QUELLEN ZU DEN DEUTSCH-AMERIKANISCHEN BEZIEHUNGEN 1917 – 1963. Hrsg. von Reiner Pommerin und Michael Fröhlich. Darmstadt 1996.

SACHWÖRTERBUCH ZUR EUROPÄISCHEN UNION. Hrsg. von Joerg Monar, Nanette Neuwahl und Paul Noack. Stuttgart 1993.

THIEL, ELKE: Die Europäische Union. 3. Auflage München 1999.

WEIDENFELD, WERNER (Hrsg.): Europa-Handbuch. Gütersloh/Bonn 1999.

WEIDENFELD, WERNER U. A.: Die doppelte Integration: Europa und das größere Deutschland. Gütersloh 1991.

WEIDENFELD, WERNER/WESSELS, WOLFGANG (Hrsg.): Europa von A-Z. Taschenbuch der europäischen Integration. 3. Auflage Bonn 1994.

WOYKE, WICHARD UNTER MITARBEIT VON JOHANNES VARWICK: Europäische Union. Erfolgreiche Krisengemeinschaft. Einführung in Geschichte, Strukturen, Prozesse und Politiken. München/Wien 1998.

7.3 BRD: Ost- und Entspannungspolitik

BINGEN, DIETER: Die Polenpolitik der Bonner Republik von Adenauer bis Kohl 1949 – 1991. Baden-Baden 1998.

FÜLLENBACH, JOSEF/SCHULZ, EBERHARD: Entspannung am Ende? Chancen und Risiken einer Politik des Modus vivendi. München/Wien 1980.

GARTON ASH, TIMOTHY: Im Namen Europas. Deutschland und der geteilte Kontinent. München/Wien 1993.

GÖRTEMAKER, MANFRED: Die unheilige Allianz. Die Geschichte der Entspannungspolitik 1943 – 1979. München 1979.

GRIFFITH, WILLIAM EDGAR: Die Ostpolitik der Bundesrepublik Deutschland. Stuttgart 1981.

HAFTENDORN, HELGA: Sicherheit und Entspannung. Zur Außenpolitik der Bundesrepublik Deutschland 1955 – 1982. 2. Auflage Baden-Baden 1986.

JACOBSEN, HANS-ADOLF (Hrsg.): Mißtrauische Nachbarn. Deutsche Ostpolitik 1919/1970. Dokumentation und Analyse. Düsseldorf 1970.

JAHN, EGBERT UND RITTBERGER, VOLKER (Hrsg.): Die Ostpolitik der BRD. Triebkräfte, Widerstände, Konsequenzen. Opladen 1974.

JELINEK, YESHAYAHU A. (Hrsg.): Zwischen Moral und Realpolitik. Deutsch-israelische Beziehungen 1945 – 1965. Eine Dokumentensammlung. Gerlingen 1997.

LEHMANN, HANS GEORG: Öffnung nach Osten. Die Ostreisen Helmut Schmidts und die Entstehung der Ost- und Entspannungspolitik. Bonn 1984.

LEMBERG, HANS U. A. (Hrsg.): Im geteilten Europa. Tschechen, Slowaken und Deutsche und ihre Staaten 1948 – 1989. Essen 1998.

MEISSNER, BORIS (Hrsg.): Die deutsche Ostpolitik 1961 – 1970. Kontinuität und Wandel. Dokumentation. Köln 1970.

MEISSNER, BORIS (Hrsg.): Moskau – Bonn. Die Beziehungen zwischen der Sowjetunion und der Bundesrepublik Deutschland 1955 – 1973. Dokumentation. 2 Bände. Köln 1975.

SCHMID, GÜNTHER: Entscheidung in Bonn. Die Entstehung der Ost- und Deutschlandpolitik 1969/70. Köln 1979.

ZÜNDORF, BENNO (= EITEL, ANTONIUS): Die Ostverträge. Die Verträge von Moskau, Warschau, Prag, das Berlin-Abkommen und die Verträge mit der DDR. München 1979.

7.4 DDR: Außen- und Ostpolitik

AUSSENPOLITIK DER DDR – FÜR SOZIALISMUS UND FRIEDEN. Hrsg.: Institut für Internationale Beziehungen an der Akademie für Staats- und Rechtswissenschaft der DDR. Berlin 1974.

AUSSENPOLITIK DER DDR. Drei Jahrzehnte sozialistische deutsche Friedenspolitik. Hrsg. vom Institut für Internationale Beziehungen. Berlin 1979.

AUSSENPOLITIK DER DDR. Sozialistische deutsche Friedenspolitik. Autorenkollektiv unter Leitung von Stefan Doernberg. 2. Auflage Berlin 1982.

BEZIEHUNGEN DDR – UDSSR 1949 – 1955. Dokumentensammlung. 2 Halbbände. Berlin 1975.

BRUNS, WILHELM: Die Außenpolitik der DDR. Berlin 1985.

DDR – UDSSR. 30 Jahre Beziehungen 1949 – 1979. Dokumente und Materialien. 2 Halbbände. Berlin 1982.

DIE DDR UND CHINA 1949 – 1990. Politik – Wirtschaft – Kultur. Eine Quellensammlung. Hrsg. von Werner Meißner. Bearbeitet von Anja Feege. Berlin 1995.

DOKUMENTE ZUR AUSSENPOLITIK DER REGIERUNG DER DDR. Bände I-X (1949 – 1962). Dokumente zur Außenpolitik der DDR. Bände XI ff. (1963 ff.) Berlin 1954 ff.

GESCHICHTE DER AUSSENPOLITIK DER DDR. Abriß. Hrsg.: Institut für Internationale Beziehungen. Berlin 1984.

GUTMANN, GERNOT/HAENDCKE-HOPPE, MARIA (Hrsg.): Die Außenbeziehungen der DDR. Heidelberg 1981.

HÄNISCH, WERNER: Außenpolitik und internationale Beziehungen der DDR. Band 1: 1949 – 1955. Berlin 1972.

JACOBSEN, HANS-ADOLF/LEPTIN, GERT/SCHEUNER, ULRICH/SCHULZ, EBERHARD (Hrsg.): Drei Jahrzehnte Außenpolitik der DDR. Bestimmungsfaktoren, Instrumente, Aktionsfelder. 2. Auflage München/Wien 1980.

KÜCHENMEISTER, DANIEL (Hrsg.): Honecker-Gorbatschow. Vieraugengespräche. Berlin 1993.

8. Deutschlandpolitik und innerdeutsche Beziehungen

BADSTÜBNER, ROLF/LOTH, WILFRIED (Hrsg.): Wilhelm Pieck – Aufzeichnungen zur Deutschlandpolitik 1945 – 1953. Berlin 1994.

BAUERKÄMPER, ARND/SABROW, MARTIN/STÖVER, BERND (HRSG.): Doppelte Zeitgeschichte. Deutsch-deutsche Beziehungen 1945 – 1990. Bonn 1998.

BENZ, WOLFGANG/PLUM, GÜNTER/RÖDER, WERNER: Einheit der Nation. Diskussionen und Konzeptionen zur Deutschlandpolitik der großen Parteien seit 1945. Stuttgart 1978.

BOOZ, RÜDIGER MARCO: »Hallsteinzeit«. Deutsche Außenpolitik 1955 – 1972. Bonn 1995.

BRUNS, WILHELM: Deutsch-deutsche Beziehungen. Prämissen, Probleme und Perspektiven. 4. Auflage Opladen 1984.

BUCHHEIM, HANS: Deutschlandpolitik 1949 – 1972. Der politisch-diplomatische Prozeß. Stuttgart 1984.

BUNDESMINISTERIUM FÜR INNERDEUTSCHE BEZIEHUNGEN (Hrsg.): Zehn Jahre Deutschlandpolitik. Die Entwicklung der Beziehungen zwischen der Bundesrepublik Deutschland und der Deutschen Demokratischen Republik 1969 – 1979. Bericht und Dokumentation. Bonn 1980.

BUNDESMINISTERIUM FÜR INNERDEUTSCHE BEZIEHUNGEN (Hrsg.): Innerdeutsche Beziehungen. Die Entwicklung der Beziehungen zwischen der Bundesrepublik Deutschland und der Deutschen Demokratischen Republik 1980 – 1986. Eine Dokumentation. Bonn 1986.

DOKUMENTATION ZUR DEUTSCHLANDFRAGE. Zusammengestellt von Heinrich von Siegler. Bände I-X (1941 – 1976). Band XI: Register. Bonn/Wien/Zürich 1961 – 1979.

DOKUMENTE ZUR DEUTSCHLANDPOLITIK. Hrsg. vom Bundesministerium für gesamtdeutsche Fragen/seit 1969 für innerdeutsche Beziehungen/seit 1990 Bundesministerium des Innern. I. Reihe: 3. September 1939 – 8. Mai 1945. II. Reihe: 9. Mai 1945 – 4. Mai 1955. III. Reihe: 5. Mai 1955 – 9. November 1958. IV. Reihe: 10. November 1958 – 30. November 1966. V. Reihe: 1. Dezember 1966 – 20. Oktober 1969. Frankfurt a. M./Berlin 1961 ff.

END, HEINRICH: Zweimal deutsche Außenpolitik. Internationale Dimensionen des innerdeutschen Konflikts 1949 – 1972. Köln 1973.

ENGELMANN, ROGER/ERKER, PAUL: Annäherung und Abgrenzung. Aspekte deutsch-deutscher Beziehungen 1956 – 1969. München 1993.

FRIEDRICH, WOLFGANG UWE (Hrsg.): Die USA und die deutsche Frage 1945 – 1990. Frankfurt a. M. 1991.

GASTEYGER, CURT: Die beiden deutschen Staaten in der Weltpolitik. München 1976.

HEIDEMEYER, HELGE: Flucht und Zuwanderung aus der SBZ/DDR 1945/1949 – 1961. Die Flüchtlingspolitik der Bundesrepublik Deutschland bis zum Bau der Berliner Mauer. Düsseldorf 1994.

JÜTTNER, ALFRED: Die deutsche Frage. Eine Bestandsaufnahme. Köln/Berlin/Bonn/München 1971.

LEHMANN, HANS GEORG: Der Oder-Neiße-Konflikt. München 1979.

LOTH, WILFRIED: Ost-West-Konflikt und deutsche Frage. München 1989.

MÄRZ, PETER (Hrsg.): 40 Jahre Zweistaatlichkeit in Deutschland. Eine Bilanz. München 1999.

MAIBAUM, WERNER: Geschichte der Deutschlandpolitik. Bonn 1998.

MÜNCH, INGO VON (Hrsg.): Dokumente des geteilten Deutschland. Quellentexte zur Rechtslage des Deutschen Reiches, der Bundesrepublik Deutschland und der DDR. 2 Bände. 2. Auflage Stuttgart 1976.

NAKATH, DETLEF/STEPHAN, GERD-RÜDIGER: Von Hubertusstock nach Bonn. Eine dokumentierte Geschichte der deutsch-deutschen Beziehungen auf höchster Ebene 1980 – 1987. Berlin 1995.

NICLAUSS, KARLHEINZ: Kontroverse Deutschlandpolitik. Die politische Auseinandersetzung in der Bundesrepublik Deutschland über den Grundlagenvertrag mit der DDR. Hrsg. vom Bundesministerium für innerdeutsche Beziehungen. Frankfurt 1977.

NOLTE, ERNST: Deutschland und der Kalte Krieg. München 1974.

POTTHOFF, HEINRICH: Die »Koalition der Vernunft«. Deutschlandpolitik in den 80er Jahren. München 1995.

POTTHOFF, HEINRICH: Bonn und Ost-Berlin 1969 – 1982. Dialog auf höchster Ebene und vertrauliche Kanäle. Darstellung und Dokumente. Bonn 1997.

ROTH, MARGIT: Zwei Staaten in Deutschland. Die sozialliberale Deutschlandpolitik und ihre Auswirkungen 1969 – 1978. Opladen 1981.

RUPIEPER, HERMANN-JOSEF: Der besetzte Verbündete. Die amerikanische Deutschlandpolitik 1949 – 1955. Opladen 1991.

SCHULTKE, DIETMAR: »Keiner kommt durch.« Die Geschichte der innerdeutschen Grenze 1945 – 1990. Berlin 1999.

SIEGLER, HEINRICH (Hrsg.): Wiedervereinigung und Sicherheit Deutschlands. Band I: 1944 – 1963. Band II: 1964 – 1967. Bonn/Wien/Zürich 1967/68.

TEXTE ZUR DEUTSCHLANDPOLITIK. Hrsg. vom Bundesministerium für gesamtdeutsche Fragen/seit 1969 für innerdeutsche Beziehungen. Bände 1 ff. Bonn/Berlin 1968 ff.

WEBER, WERNER/JAHN, WERNER: Synopse zur Deutschlandpolitik 1941 – 1973. Göttingen 1973.

WEIDENFELD, WERNER (Hrsg.): Deutschland. Eine Nation – doppelte Geschichte. Materialien zum deutschen Selbstverständnis. Köln 1993.

9. Berlin-Frage und Berlin-Politik

BERLIN. Quellen und Dokumente 1945 – 1951. Berlin. Chronik der Jahre 1951 – 1954. Berlin. Chronik der Jahre 1955 – 1956. Berlin. Chronik der Jahre 1957 – 1958. Berlin. Chronik der Jahre 1959 – 1960. Hrsg. im Auftrage des Senats von Berlin. Berlin 1964 – 1978.

BERLIN HANDBUCH. Das Lexikon der Bundeshauptstadt. Hrsg. vom Presse- und Informationsamt des Landes Berlin. Berlin 1992.

BREMEN, CHRISTIAN: Die Eisenhower-Administration und die zweite Berlin-Krise 1958 – 1961. Berlin/New York 1998.

DIEPGEN, EBERHARD (Hrsg.): Berlinpolitik. Rechtsgrundlagen, Risiken und Chancen. Berlin 1989.

DOKUMENTE ZUR BERLIN-FRAGE. Band 1: 1944 – 1966. Band 2: 1967 – 1986. München 1987.

ECKART, KARL/WILKE, MANFRED (Hrsg.): Berlin. Berlin 1998.

HERZFELD, HANS: Berlin in der Weltpolitik 1945 – 1970. Berlin/New York 1973.

HOLMSTEN, GEORG: Die Berlin-Chronik. Daten – Personen – Dokumente. Düsseldorf 1984.

HURWITZ, HAROLD: Demokratie und Antikommunismus in Berlin nach 1945. 4 Bände. Köln 1983 – 1991.

KLINGEMANN, HANS-DIETER/ERBRING, LUTZ/DIEDERICH, NILS (Hrsg.): Zwischen Wende und Wiedervereinigung. Analysen zur politischen Kultur in West- und Ost-Berlin 1990. Opladen 1995.

KOOP, VOLKER: Kein Kampf um Berlin? Deutsche Politik zur Zeit der Berlin-Blockade 1948/1949. Bonn 1998.

KOTOWSKI, GEORG/REICHHARDT, HANS J.: Berlin als Hauptstadt im Nachkriegsdeutschland und Land Berlin 1945 – 1985. Mit einem statistischen Anhang zur Wahl- und Sozialstatistik des demokratischen Berlin 1945 – 1985. Berlin 1987.

KUNZE, GERHARD: Grenzerfahrungen. Kontakte und Verhandlungen zwischen dem Land Berlin und der DDR 1949 – 1989. Berlin 1999.

LANGGUTH, GERD (Hrsg.): Berlin: Vom Brennpunkt der Teilung zur Brücke der Einheit. Köln/Bonn 1990.

LEMKE, MICHAEL: Die Berlinkrise 1958 – 1963. Interessen und Handlungsspielräume der SED im Ost-West-Konflikt. Berlin 1995.

MAHNCKE, DIETER: Berlin im geteilten Deutschland. München/Wien 1973.

STEINHAGE, AXEL/FLEMMING, THOMAS: Berlin 1945 – 1989. Vom Kriegsende bis zur Wende. Jahr für Jahr die Ereignisse in der geteilten Stadt. Berlin 1995.

SÜSS, WERNER (Hrsg.): Hauptstadt Berlin. Band 1: Nationale Hauptstadt – Europäische Metropole. 2. Auflage Berlin 1995. Band 2: Berlin im vereinten Deutschland. Berlin 1995. Band 3: Metropole im Umbruch. Berlin 1996.

SÜSS, WERNER/RYTLEWSKI, RALF (Hrsg.): Berlin. Die Hauptstadt. Vergangenheit und Zukunft einer europäischen Metropole. Bonn 1999.

WETZLAUGK, UDO: Berlin und die deutsche Frage. Köln 1985.

ZIVIER, ERNST R.: Der Rechtsstatus des Landes Berlin. Eine Untersuchung nach dem Viermächteabkommen vom 3. September 1971. 4. Auflage Berlin 1987.

ZIVIER, ERNST R.: Verfassung und Verwaltung von Berlin. 3. Auflage Berlin 1998.

10. Wirtschaft, Finanzen, Arbeit und soziale Sicherung

10.1 BRD/DDR: Sozialstruktur, Wirtschaftsordnung, Staat und Gesellschaft

ABELSHAUSER, WERNER: Die langen fünfziger Jahre: Wirtschaft und Gesellschaft der Bundesrepublik Deutschland 1949 – 1966. Düsseldorf 1987.

ADAM, HERMANN: Wirtschaftspolitik und Regierungssystem der Bundesrepublik Deutschland. Eine Einführung. 3. Auflage Opladen/Bonn 1995.

DAS GESPALTENE LAND. Leben in Deutschland 1945 – 1990. Texte und Dokumente zur Sozialgeschichte. Hrsg. von Christoph Kleßmann und Georg Wagner. München 1993.

DDR HEUTE. Wandlungstendenzen und Widersprüche einer sozialistischen Industrie-gesellschaft. Hrsg. von Gerd Meyer und Jürgen Schröder. Tübingen 1988.

FÜRSTENBERG, FRIEDRICH: Die Sozialstruktur der Bundesrepublik Deutschland. Ein soziologischer Überblick. Opladen 1976.

GEISSLER, RAINER: Die Sozialstruktur Deutschlands. Zur gesellschaftlichen Entwicklung mit einer Zwischenbilanz zur Vereinigung. Opladen/Bonn 1996.

GLATZER, WOLFGANG/NOLL, HEINZ-HERBERT (Hrsg.): Lebensverhältnisse in Deutschland. Ungleichheit und Angleichung. Frankfurt a. M. 1992.

GRANADOS, GILBERTO/GURGSDIES, ERIK: Lern- und Arbeitsbuch Ökonomie. Eine Einführung in die Probleme der westdeutschen Wirtschaftsentwicklung. Bonn 1980.

GROSSER, DIETER (Hrsg.): Der Staat in der Wirtschaft der Bundesrepublik. Opladen 1985.

GUTMANN, GERNOT/HOCHSTRATE, HANS J./SCHLÜTER, ROLF (Hrsg.): Die Wirtschaftsverfassung der Bundesrepublik Deutschland. 2. Auflage Stuttgart/New York 1979.

HAASE, HERWIG E.: Das Wirtschaftssystem der DDR. Eine Einführung. 2. Auflage Berlin 1990.

HARTWICH, HANS-HERMANN: Sozialstaatspostulat und gesellschaftlicher Status quo. Köln/Opladen 1970.

LAMPERT, HEINZ: Die Wirtschafts- und Sozialordnung der Bundesrepublik Deutschland. 11. Auflage München/Wien 1992.

LEHMANN, ALBRECHT: Im Fremden ungewollt zuhaus. Flüchtlinge und Vertriebene in Westdeutschland 1945 – 1990. 2. Auflage München 1993.

NEUMANN, FRANZ: Daten zu Wirtschaft – Gesellschaft – Politik – Kultur der Bundesrepublik Deutschland 1950 – 1975 (mit Vergleichszahlen EG-Länder und DDR). Baden-Baden 1976.

NEUMANN, LOTHAR F./SCHAPER, KLAUS: Die Sozialordnung der Bundesrepublik Deutschland. 4. Auflage Bonn 1998.

RÜTHER, GÜNTHER (Hrsg.): Soziale Marktwirtschaft. Entstehung, Grundlagen, Instrumente. Ein Arbeitsbuch. 2. Auflage Bonn 1994.

SCHÄFERS, BERNHARD: Gesellschaftlicher Wandel in Deutschland. Ein Studienbuch zur Sozialstruktur und Sozialgeschichte der Bundesrepublik. 5. Auflage Stuttgart 1990.

SEIFFERT, WOLFGANG (Hrsg.): Wirtschaftsrecht der DDR. Berlin 1982. Ergänzungsband: Berlin 1985.

10.2 BRD: Wirtschafts-, Arbeits- und Sozialpolitik

ABELSHAUSER, WERNER: Wirtschaftsgeschichte der Bundesrepublik Deutschland (1945 – 1980). Frankfurt a. M. 1983.

ADAMY, WILHELM/STEFFEN, JOHANNES: Handbuch der Arbeitsbeziehungen. Bonn 1985.

ALBER, JENS: Der Sozialstaat in der Bundesrepublik 1950 – 1983. Frankfurt a. M./New York 1989.

ALBER, JENS: Das Gesundheitswesen der Bundesrepublik Deutschland. Entwicklung, Struktur und Funktionsweise. Frankfurt a. M./New York 1992.

AUFHAUSER, RUDOLF/BOBKE, MANFRED H./WARGA, NORBERT: Einführung in das Arbeits- und Sozialrecht der Bundesrepublik Deutschland. Mit ausführlichen Arbeitsmaterialien. Köln/Bonn 1995.

BARTHOLOMÄI, REINHART/BODENBENDER, WOLFGANG/HENKEL, HARDO/HÜTTEL, RENATE (Hrsg.): Sozialpolitik nach 1945. Geschichte und Analysen. Bonn 1977.

BELLERS, JÜRGEN: Außenwirtschaftspolitik der Bundesrepublik Deutschland 1949 – 1989. Münster 1990.

CLAESSENS, DIETER/KLÖNNE, ARNO/TSCHOEPE, ARMIN: Sozialkunde der Bundesrepublik Deutschland. Reinbek bei Hamburg 1989.

CONZE, WERNER/LEPSIUS, M. RAINER (Hrsg.): Sozialgeschichte der Bundesrepublik Deutschland. Beiträge zum Kontinuitätsproblem. Stuttgart 1983.

FRERICH, JOHANNES/FREY, MARTIN: Handbuch der Geschichte der Sozialpolitik in Deutschland. Band 3: Sozialpolitik in der Bundesrepublik Deutschland bis zur Herstellung der Deutschen Einheit. München/Wien 1993.

HEILEMANN, ULLRICH/GEBHARDT, HEINZ/LOEFFELHOLZ, HANS DIETRICH VON: Wirtschaftspolitische Chronik der Bundesrepublik 1960–1995. Stuttgart 1996.

HOCKERTS, HANS GÜNTER: Sozialpolitische Entscheidungen im Nachkriegsdeutschland. Alliierte und deutsche Sozialversicherungspolitik 1945 – 1957. Stuttgart 1980.

FÜNFZIG JAHRE DEUTSCHE MARK. Notenbank und Währung in Deutschland seit 1948. Hrsg. von der Deutschen Bundesbank. München 1998.

NICKEL, WALTER: Taschenbuch der deutschen Gewerkschaften. Aufgaben – Organisation – Praxis. Köln 1995.

PILZ, FRANK: Regierungsaufgaben und Finanzpolitik. Das Aufgaben- und Finanz-, das Finanzplanungs- und Aufgabenplanungssystem der Bundesregierung. Köln 1976.

PILZ, FRANK: Das sozialstaatliche System der Bundesrepublik Deutschland. Grundzüge der Sozial- und Gesellschaftspolitik. München/Basel 1978.

PILZ, FRANK: Der Steuerungs- und Wohlfahrtsstaat Deutschland. Politikgestaltung versus Fiskalisierung und Ökonomisierung. Opladen 1998.

SPINNARKE, JÜRGEN: Soziale Sicherheit in der Bundesrepublik Deutschland. Die Sozialversicherung – System, Rechte, Leistungen. 7. Auflage Heidelberg 1994.

VOY, KLAUS/POSTER, WERNER/THOMASBERGER, CLAUS (Hrsg.): Marktwirtschaft und politische Regulierung. Beiträge zur Wirtschafts- und Gesellschaftsgeschichte der Bundesrepublik Deutschland 1949 – 1989 (Band 1); Gesellschaftliche Transformationsprozesse und materielle Lebensweise. Beiträge zur Wirtschafts- und Gesellschaftsgeschichte der Bundesrepublik Deutschland 1949 – 1989 (Band 2). Marburg 1991.

WEBER, ERICH/BITZER, WALTER: Handbuch für den Arbeitnehmer. Köln 1980.

WEIMER, WOLFRAM: Deutsche Wirtschaftsgeschichte. Von der Währungsreform bis zum Euro. Hamburg 1998.

WEISS, MANFRED: Handlexikon Arbeitsbeziehungen in der Bundesrepublik Deutschland. Arbeitsrecht – Sozialrecht – Wirtschaft und Arbeitsmarkt. Berlin/Bonn/Regensburg 1993.

10.3 DDR: Wirtschafts-, Arbeits- und Sozialpolitik

BETHKENHAGEN, JOCHEN U. A.: DDR und Osteuropa. Wirtschaftssystem, Wirtschaftspolitik, Lebensstandard. Ein Handbuch. Opladen 1981.

BICHLER, HANS: Landwirtschaft in der DDR. Agrarpolitik, Betriebe, Produktionsgrundlagen und Leistungen. 2. Auflage Berlin 1981.

BRÖLL, WERNER: Die Wirtschaft der DDR. Lage und Ansichten. 3. Auflage München/Wien 1974.

FRERICH, JOHANNES/FREY, MARTIN: Handbuch der Geschichte der Sozialpolitik in Deutschland. Band 2: Sozialpolitik in der Deutschen Demokratischen Republik. München/Wien 1993.

HANDBUCH DDR-WIRTSCHAFT. Hrsg.: Deutsches Institut für Wirtschaftsforschung Berlin. 4. Auflage Reinbek bei Hamburg 1985.

HEINE, MICHAEL U. A. (Hrsg.): Die Zukunft der DDR-Wirtschaft. Reinbek bei Hamburg 1990.

HÜBNER, PETER: Konsens, Konflikt und Kompromiß. Soziale Arbeiterinteressen und Sozialpolitik in der SBZ/DDR 1945 – 1970. Berlin 1995.

KORBANKA, CHRISTIAN: Das Gesundheitswesen der DDR. Darstellung und Effizienzanalyse. Köln 1990.

KÜCHLER, FALK: Die Wirtschaft der DDR. Wirtschaftspolitik und industrielle Rahmenbedingungen 1949 – 1989. Berlin 1997.

MANZ, GÜNTER/WINKLER, GUNNAR (Hrsg.): Sozialpolitik. Berlin 1985.

OBST, WERNER: DDR-Wirtschaft. Modell und Wirklichkeit. Hamburg 1973.

PIRKER, THEO/LEPSIUS, RAINER M./WEINERT, RAINER/HERTLE, HANS-HERMANN: Der Plan als Befehl und Fiktion. Wirtschaftsführung in der DDR. Wiesbaden 1995.

SOZIALGESCHICHTE DER DDR. Hrsg. von Hartmut Kaelble, Jürgen Kocka, Hartmut Zwahr. Stuttgart 1994.

THIELE, WILHELM (Hrsg.): Das Gesundheitswesen der DDR: Aufbruch oder Einbruch? Denkanstöße für eine Neuordnung des Gesundheitswesens in einem deutschen Staat. St. Augustin 1990.

WINKLER, GUNNAR: Geschichte der Sozialpoltik der DDR 1945 – 1985. Berlin (Ost) 1989.

WINKLER, GUNNAR (Hrsg.): Sozialreport 1990. Daten und Fakten zur sozialen Lage in der DDR. Stuttgart/München/Landsberg 1990.

11. Dritte Welt, Entwicklung, Umwelt, Energie und Ökologie

11.1 BRD/DDR: Dritte Welt und Entwicklungspolitik

BRAUN, GERALD: Nord-Süd-Konflikt und Dritte Welt. 3. Auflage Paderborn 1991.

BRAUN, GERALD/HILDEBRAND, KARL: Dritte Welt. Fortschritt und Fehlentwicklung. Paderborn 1991.

BUNDESMINISTERIUM FÜR WIRTSCHAFTLICHE ZUSAMMENARBEIT (Hrsg.): Politik der Partner. Aufgaben, Bilanz und Chancen der deutschen Entwicklungspolitik. Bonn 1981.

BUNDESMINISTERIUM FÜR WIRTSCHAFTLICHE ZUSAMMENARBEIT UND ENTWICKLUNG (Hrsg.): Journalisten-Handbuch Entwicklungspolitik. Bonn, jährlich neu.

DRITTE WELT. MATERIALIEN ZUR POLITIK DER BUNDESREPUBLIK DEUTSCHLAND. DOKUMENTATION. Hrsg.: Auswärtiges Amt. 2. Auflage Bonn 1981.

ENGELHARD, KARL: Entwicklungspolitik im Unterricht. 3. Auflage Köln 1992.

HUSEMANN, BETTINA/NEUMANN, ANNETTE: Die Afrikapolitik der DDR. Eine Titeldokumentation von Akten des Politbüros und des Sekretariats des Zentralkomitees der SED 1949 – 1989. Hamburg 1994.

KAISER, MARTIN/WAGNER, NORBERT: Entwicklungspolitik. Grundlagen – Probleme – Aufgaben. 3. Auflage Bonn 1991.

KEBSCHULL, DIETRICH/FASBENDER, KARL/NAINI, AHMAD: Entwicklungspolitik. Eine Einführung. Opladen 1976.

KÖHLER, VOLKMAR: Die Dritte Welt und wir. Probleme und Ansprüche einer zukunftsweisenden Entwicklungspolitik. 5. Auflage Stuttgart/Bonn 1991.

LAMM, HANS SIEGFRIED/KUPPER, SIEGFRIED: DDR und Dritte Welt. München 1976.

NOHLEN, DIETER (Hrsg.): Lexikon Dritte Welt. Reinbek bei Hamburg 1989.

NUSCHELER, FRANZ: Lern- und Arbeitsbuch Entwicklungspolitik. 4. Auflage Bonn 1995.

OBERNDÖRFER, DIETER/HANF, THEODOR (Hrsg.): Entwicklungspolitik. Stuttgart 1986.

OPITZ, PETER J. (Hrsg.): Weltprobleme. 3. Auflage Bonn 1990.

PINGER, WINFRIED: Die Neue Entwicklungspolitik. Konsequenzen für die deutsche Entwicklungszusammenarbeit. Baden-Baden 1997.

SCHLOZ, RUDOLF: Deutsche Entwicklungspolitik. Eine Bilanz nach 25 Jahren. München/Wien 1979.

SOHN, KARL-HEINZ: Entwicklungspolitik. Theorie und Praxis der deutschen Entwicklungshilfe. München 1972.
WEIDMANN, KLAUS: Die EG-Entwicklungspolitik in Afrika. Hungerhilfe oder Elitenförderung? Baden-Baden 1991.

11.2 BRD/DDR: Umwelt- und Energiepolitik

AHLHAUS, OTTO/BOLDT, GERHARD/KLEIN, KLAUS: Taschenlexikon Umweltschutz. Düsseldorf 1984.
BRUHN, JÜRGEN: Ökoreport 2000. Wege aus der Umweltkatastrophe. Stuttgart 1994.
BUCHWALD, KONRAD/ENGELHARDT, WOLFGANG (Hrsg.): Handbuch für Planung, Gestaltung und Schutz der Umwelt. 2 Bände. München 1978.
ENDRES, ALFRED: Umweltökonomie. Eine Einführung. Darmstadt 1994.
FRITZLER, MARC: Ökologie und Umweltpolitik. Bonn 1997.
KITSCHELT, HERBERT: Kernenergiepolitik. Arena eines gesellschaftlichen Konflikts. Frankfurt a. M./New York 1980.
MEROTH, PETER/MOLTKE, KONRAD VON: Umwelt und Umweltpolitik in der Bundesrepublik Deutschland. München 1987.
MOLL, WALTER L. H.: Taschenbuch für Umweltschutz. 3 Bände. Darmstadt 1978 – 1980.
OLSSON, MICHAEL/PIEKENBROCK, DIRK: Kompakt-Lexikon Umwelt- und Wirtschaftspolitik. Wiesbaden/Bonn 1993.
PETSCHOW, ULRICH/MEYERHOFF, JÜRGEN/THOMASBERGER, CLAUS: Umweltreport DDR. Bilanz der Zerstörung. Kosten der Sanierung. Strategien für den ökologischen Umbau. Frankfurt a. M. 1990.
STINGLWAGNER, WOLFGANG: Die Energiewirtschaft der DDR. Unter Berücksichtigung internationaler Effizienzvergleiche. Bonn 1985.
STREIT, BRUNO: Ökologie kurzgefaßt. Mannheim 1994.
UMWELTPROBLEME UND UMWELTBEWUSSTSEIN IN DER DDR. Hrsg. von der Redaktion Deutschland Archiv. Köln 1985.
WICKE, LUTZ: Umweltökonomie. Eine praxisorientierte Einführung. 2. Auflage München 1989.
WILHELM, SIGHARD: Umweltpolitik. Bilanz, Probleme, Zukunft. Opladen 1994.

12. BRD/DDR/Deutschland: Familie, Jugend, Frauen und Senioren

BERTRAM, HANS/BAYER, HILTRUD/BAUEREISS, RENATE: Familien-Atlas: Lebenslagen und Regionen in Deutschland. Karten und Zahlen. Opladen 1993.
BRAUCHBAR, MATHIS/HEER, HEINZ: Zukunft Alter. Herausforderung und Wagnis. München 1993.
CRAMER, ALFONS: Zur Lage der Familie und Familienpolitik in der Bundesrepublik Deutschland. Opladen 1982.
DÄHN, HORST/GOTSCHLICH, HELGA (Hrsg.): »Und führe uns nicht in Versuchung. . .« Jugend im Spannungsfeld von Staat und Kirche in der SBZ/DDR 1945 – 1989. Berlin 1998.
DIE ÄLTEREN. Zur Lebenssituation der 55 – 70jährigen. Eine Studie der Institute Infratest Sozialforschung, Sinus und Horst Becker. 2. Auflage Bonn 1993.

DOORMANN, LOTTEMI (Hrsg.): Keiner schiebt uns weg. Zwischenbilanz der Frauenbewegung in der Bundesrepublik. Weinheim/Basel 1979.

FAMILIE IN DER GESELLSCHAFT. Gestalt – Standort – Funktion (verantwortlich: Arbeitsgemeinschaft katholisch-sozialer Bildungswerke). 2 Teile. Bonn 1978.

FEUCHT, RALF: Beeinflussung demographischer Tatbestände durch den Staat. Eine Analyse zur bevölkerungspolitischen Kennzeichnung ausgewählter Politikbereiche in Deutschland. Baden-Baden 1999.

FREIBURG, ARNOLD/MAHRAD, CHRISTA: FDJ. Der sozialistische Jugendverband der DDR. Opladen 1982.

FRERICHS, PETRA/STEINRÜCKE, MARGARETA (Hrsg.): Soziale Ungleichheit und Geschlechterverhältnisse. Opladen 1993.

FRIEDRICH, WALTER/GRIESE, HARTMUT (Hrsg.): Jugend und Jugendforschung in der DDR. Gesellschaftspolitische Situationen, Sozialisation und Mentalitätsentwicklung in den achtziger Jahren. Opladen 1991.

HELWIG, GISELA: Jugend und Familie in der DDR. Leitbild und Alltag im Widerspruch. Köln 1984.

HELWIG, GISELA/NICKEL, HILDEGARD MARIA (Hrsg.): Frauen in Deutschland 1945 – 1992. Berlin/Bonn 1993.

HENNIG, WERNER/FRIEDRICH, WALTER (Hrsg.): Jugend in der DDR. Daten und Ergebnisse der Jugendforschung vor der Wende. Weinheim 1991.

HILLE, BARBARA/JAIDE, WALTER (Hrsg.): DDR-Jugend. Politisches Bewußtsein und Lebensalltag. Opladen 1991.

HETTLAGE, ROBERT: Familienreport. München 1992.

KLOSE, HANS-ULRICH (Hrsg.): Altern der Gesellschaft. Antworten auf den demographischen Wandel. Köln 1993.

KLOSE, HANS-ULRICH (Hrsg.): Altern hat Zukunft. Bevölkerungsentwicklung und dynamische Wirtschaft. Opladen 1993.

KNOLL, JOACHIM H.: Jugendbewegung. Phänomene, Eindrücke, Prägungen. Ein Essay. Opladen 1988.

MÄHLERT, ULRICH/STEPHAN, GERD-RÜDIGER: Blaue Hemden – Rote Fahnen. Die Geschichte der Freien Deutschen Jugend. Opladen 1996.

NAEGELE, GERHARD/TEWS, HANS PETER (Hrsg.): Lebenslagen im Strukturwandel des Alters. Alternde Gesellschaft – Folgen für die Politik. Opladen 1993.

NAVE-HERZ, ROSEMARIE: Die Geschichte der Frauenbewegung in Deutschland. 5. Auflage Bonn/Hannover 1997.

OBERTREIS, GESINE: Familienpolitik in der DDR 1945 – 1980. Opladen 1986.

SCHENK, HERRAD: Die feministische Herausforderung. 150 Jahre Frauenbewegung in Deutschland. München 1980.

SCHWITZER, KLAUS-PETER/WINKLER, GUNNAR (Hrsg.): Altenreport 1992. Zur sozialen Lage und Lebensweise älterer Menschen in den neuen Bundesländern. Berlin 1993.

VERHEUGEN, GÜNTER (Hrsg.): 60 plus. Die wachsende Macht der Älteren. Köln 1994.

WIGGERSHAUS, RENATE: Geschichte der Frauen und der Frauenbewegung in der Bundesrepublik Deutschland und in der Deutschen Demokratischen Republik nach 1945. Wuppertal 1979.

WILHELMI, JUTTA: Jugend in der DDR. Der Weg zur »sozialistischen Persönlichkeit«. Berlin 1983.

WINGEN, MAX: Vierzig Jahre Familienpolitik in Deutschland – Momentaufnahmen und Entwicklungslinien. Zugleich ein Beitrag zu 40 Jahren Bundesfamilienministerium. Grafschaft 1993.

WINGEN, MAX: Familienpolitik. Grundfragen und aktuelle Probleme. Bonn/Stuttgart 1997.

13. BRD/DDR/Deutschland: Bildungspolitik und Bildungswesen, politische Kultur

ABELEIN, MANFRED (Hrsg.): Deutsche Kulturpolitik. Dokumente. Düsseldorf 1970.

ARBEITSGRUPPE BILDUNGSBERICHT AM MAX-PLANCK-INSTITUT FÜR BILDUNGSFORSCHUNG: Das Bildungswesen in der Bundesrepublik Deutschland. Strukturen und Entwicklungen im Überblick. Reinbek bei Hamburg 1994.

ARNOLD, HANS: Auswärtige Kulturpolitik. Ein Überblick aus deutscher Sicht. München/Wien 1980.

BAHRO, HORST/BECKER, WILLI: Bildung und Erziehung, Wissenschaft und Forschung in der Bundesrepublik Deutschland. o. O. 1979.

BASKE, SIEGFRIED (Hrsg.): Bildungspolitik in der DDR 1963 – 1976. Dokumente. Wiesbaden 1979.

BERGSDORF, WOLFGANG/GÖBEL, UWE: Bildungs- und Wissenschaftspolitik im geteilten Deutschland. München/Wien 1980.

BILDUNGSPOLITIK IN DEUTSCHLAND 1945 – 1990. Ein historisch-vergleichender Quellenband. Hrsg., eingeleitet und erläutert von Oskar Anweiler, Hans-Jürgen Fuchs, Martina Dorner, Eberhard Petermann. Opladen/Bonn 1992.

CLAUSSEN, BERNHARD/WELLIE, BIRGIT (Hrsg.): Bewältigungen. Politik und Politische Bildung im vereinigten Deutschland. Hamburg 1995.

DANNENMANN, CHRISTOPHER (Hrsg.): Bildung und Bildungspolitik in der Bundesrepublik Deutschland. Aspekte, Probleme, Tendenzen. Neuwied 1973.

DAS BILDUNGSWESEN DER DDR. Gemeinschaftsarbeit. 2. Auflage Berlin 1983.

DAS HOCHSCHULWESEN DER DDR. Ein Überblick. Hrsg. vom Institut für Hochschulbildung. Berlin 1980.

DÖBERT, HANS: Das Bildungswesen der DDR in Stichworten. Inhaltliche und administrative Sachverhalte und ihre Rechtsgrundlagen. Neuwied 1996.

FÜHR, CHRISTOPH: Deutsches Bildungswesen seit 1945. Grundzüge und Probleme. Neuwied 1997.

FÜHR, CHRISTOPH/FURCK, CARL-LUDWG (Hrsg.): Handbuch der deutschen Bildungsgeschichte. Band VI: 1945 bis zur Gegenwart. 1. Teilband: Bundesrepublik Deutschland. 2. Teilband: Deutsche Demokratische Republik und neue Bundesländer. München 1998.

GAGEL, WALTER: Geschichte der politischen Bildung in der Bundesrepublik Deutschland 1945 – 1989. 12 Lektionen. Opladen 1994.

GEISSLER, GERT/WIEGMANN, ULRICH: Schule und Erziehung in der DDR. Studien und Dokumente. Neuwied/Berlin 1995.

GEISSLER, GERT/WIEGMANN, ULRICH: Pädagogik und Herrschaft in der DDR. Die parteilichen, geheimdienstlichen und vormilitärischen Erziehungsverhältnisse. Frankfurt a. M. 1996.

GLASER, HERMANN: Kleine Kulturgeschichte der Bundesrepublik Deutschland 1945 – 1989. 2. Auflage München/Bonn 1991.

GLASER, HERMANN: Deutsche Kultur. Ein historischer Überblick von 1945 bis zur Gegenwart. Bonn/München/Wien 1997.

GROTH, JOACHIM-RÜDIGER: Widersprüche. Literatur und Politik in der DDR 1949 – 1989. Zusammenhänge, Werke, Dokumente. Frankfurt a. M. 1994.

HANDWÖRTERBUCH ZUR POLITISCHEN KULTUR DER BUNDESREPUBLIK DEUTSCHLAND. Ein Lehr- und Nachschlagewerk. Hrsg. von Martin und Sylvia Greiffenhagen. 2. Auflage Wiesbaden 1999.

HETTWER, HUBERT: Das Bildungswesen in der DDR. Strukturelle und inhaltliche Entwicklung seit 1945. Köln 1976.

JÄGER, MANFRED: Kultur und Politik in der DDR. Ein historischer Abriß. Köln 1994.

KANZ, HEINRICH: Deutsche Erziehungsgeschichte 1945 – 1985 in Quellen und Dokumenten. Pädagogische Chancen der Pluralen Demokratie. Frankfurt a. M./Bern/New York 1987.

KNOLL, JOACHIM H.: Bildung und Wissenschaft in der Bundesrepublik Deutschland. Bildungspolitik/Schulen/Hochschulen/Erwachsenenbildung/Bildungsforschung. Ein Handbuch. München/Wien 1977.

LINDEMANN, HANS/MÜLLER, KURT: Auswärtige Kulturpolitik der DDR. Die kulturelle Abgrenzung der DDR von der Bundesrepublik Deutschland. Bonn-Bad Godesberg 1974.

MAX-PLANCK-INSTITUT FÜR BILDUNGSFORSCHUNG (Hrsg.): Bildung in der Bundesrepublik Deutschland. Daten und Analysen. 2 Bände. Reinbek bei Hamburg 1980.

REICHEL, PETER: Politische Kultur der Bundesrepublik. Opladen 1981.

REUTER, LUTZ-RAINER/MUSZYNSKI, BERNHARD (Hrsg.): Bildungspolitik. Dokumentation und Analyse. Opladen 1980.

SONTHEIMER, KURT: Deutschlands politische Kultur. München 1990.

SONTHEIMER, KURT: So war Deutschland nie. Anmerkungen zur politischen Kultur der Bundesrepublik Deutschland. München 1999.

14. Politikfelder der deutschen Einheit

Hinweis: Einzelaspekte des vereinten Deutschlands werden oft auch in überarbeiteten Fachbüchern behandelt, die nach 1989/1990 neu aufgelegt und bereits in anderen Teilen dieser Auswahlbibliographie dokumentiert worden sind.

ALTENHOF, RALF/JESSE, ECKHARD (Hrsg.): Das wiedervereinigte Deutschland. Zwischenbilanz und Perspektiven. Düsseldorf 1995.

ANDERSEN, UWE/WOYKE, WICHARD (Hrsg.): Handwörterbuch des politischen Systems der Bundesrepublik Deutschland. 4. Auflage Opladen/Bonn 2000.

BIERMANN, RAFAEL: Zwischen Kreml und Kanzleramt. Wie Moskau mit der deutschen Einheit rang. Paderborn/München/Zürich/Wien 1997.

BORTFELD, HEINRICH: Washington, Bonn, Berlin. Die USA und die deutsche Einheit. Bonn 1993.

BRAND, CHRISTOPH-MATTHIAS: Souveränität für Deutschland. Grundlagen, Entstehungsgeschichte und Bedeutung des Zwei-plus-Vier-Vertrages vom 12. September 1990. Köln 1993.

DER ZENTRALE RUNDE TISCH DER DDR. Wortprotokoll und Dokumente. Hrsg. von U. Thaysen. Band 1: Aufbruch. Band 2: Umbruch. Band 3: Neuer Machtkampf. Band 4: Identitätsfindung. Band 5: Dokumente. Wiesbaden 1999.

DEUTSCHE AUSSENPOLITIK 1990/91. Auf dem Weg zu einer europäischen Friedensordnung. Eine Dokumentation. Hrsg. vom Auswärtigen Amt. Stuttgart/Landsberg/München 1991.

DEUTSCHE AUSSENPOLITIK NACH DER EINHEIT 1990 – 1993. Eine Dokumentation. Hrsg. vom Auswärtigen Amt. Meckenheim 1994.

DEUTSCHLAND NACH DER WENDE. Eine Zwischenbilanz. Hrsg. von Robert Hettlage und Karl Lenz. München 1995.

DEUTSCHLANDS NEUE AUSSENPOLITIK. Band 1: Grundlagen. Hrsg. von Karl Kaiser und Hanns W. Maull. 3. Auflage München 1997. Band 2: Herausforderungen. Hrsg. von Karl Kaiser und Hanns W. Maull. München 1995. Band 3: Interessen und Strategien. Hrsg.

von Karl Kaiser und Joachim Krause unter Mitarbeit von Sebastian Bartsch. München 1996. Band 4: Institutionen und Ressourcen. Hrsg. von Wolf-Dieter Eberwein und Karl Kaiser. München 1998.

DOKUMENTE DER WIEDERVEREINIGUNG DEUTSCHLANDS. Quellentexte zum Prozeß der Wiedervereinigung von der Ausreisewelle aus der DDR über Ungarn, die ČSSR und Polen im Spätsommer 1989 bis zum Beitritt der DDR zum Geltungsbereich des Grundgesetzes der Bundesrepublik Deutschland im Oktober 1990. Hrsg. von Ingo von Münch unter Mitarbeit und mit einer Einführung von Günter Hoog. Stuttgart 1991.

DOKUMENTE ZUR DEUTSCHLANDPOLITIK. Deutsche Einheit. Sonderedition aus den Akten des Bundeskanzleramtes 1989/90. Bearbeitet von Hanns Jürgen Küsters und Daniel Hofmann. München 1998.

ECKART, KARL/ROESLER, JÖRG (Hrsg.): Die Wirtschaft im geteilten und vereinten Deutschland. Berlin 1999.

FISCHER, ALEXANDER/WILKE, MANFRED (Hrsg.): Probleme des Zusammenwachsens im wiedervereinigten Deutschland. Berlin 1994.

GABRIEL, OSCAR W. (Hrsg.): Politische Orientierungen und Verhaltensweisen im vereinigten Deutschland. Opladen 1997.

GEISSLER, RAINER (Hrsg.): Sozialer Umbruch in Ostdeutschland. Opladen 1993.

GESCHICHTE DER DEUTSCHEN EINHEIT. Band 1: Korte, Karl-Rudolf: Deutschlandpolitik in Helmut Kohls Kanzlerschaft. Regierungsstil und Entscheidungen 1982 – 1989. Stuttgart 1998. Band 2: Grosser, Dieter: Das Wagnis der Währungs-, Wirtschafts- und Sozialunion. Politische Zwänge im Konflikt mit ökonomischen Regeln. Stuttgart 1998. Band 3: Jäger, Wolfgang in Zusammenarbeit mit Michael Walter: Die Überwindung der Teilung. Der innerdeutsche Prozeß der Vereinigung 1989/90. Stuttgart 1998. Band 4: Weidenfeld, Werner: Außenpolitik für die deutsche Einheit. Die Entscheidungsjahre 1989/90. Stuttgart 1999.

GIESSMANN, HANS-JOACHIM/SCHLICHTING, URSEL (Hrsg.): Handbuch Sicherheit. Militär und Sicherheit in Mittel- und Osteuropa. Daten – Fakten – Analysen. Baden-Baden 1995.

GREIFFENHAGEN, MARTIN UND SYLVIA: Ein schwieriges Vaterland. Zur politischen Kultur im vereinigten Deutschland. München/Leipzig 1993.

HACKER, JENS: Integration und Verantwortung. Deutschland als europäischer Sicherheitspartner. Hrsg. von der Kulturstiftung der deutschen Vertriebenen. Bonn 1995.

HECKEL, MARTIN (Hrsg.): Die innere Einheit Deutschlands inmitten der europäischen Einigung. Deutschlands Weg 50 Jahre nach dem Kriege. Ringvorlesung der Juristischen Fakultät der Universität Tübingen 1995. Tübingen 1996.

HERTLE, HANS-HERMANN: Chronik des Mauerfalls. Die dramatischen Ereignisse um den 9. November 1989. 5. Auflage Berlin 1997.

HOFFMANN, ALEXANDER/KLATT, HARTMUT/REUTER, KONRAD: Die neuen deutschen Bundesländer. Eine kleine politische Landeskunde. 4. Auflage München 1992.

JARAUSCH, KONRAD H.: Die unverhoffte Einheit 1989 – 1990. Frankfurt a. M. 1995.

JESSE, ECKHARD/MITTER, ARMIN (Hrsg.): Die Gestaltung der deutschen Einheit. Geschichte – Politik – Gesellschaft. Bonn/Berlin 1992.

KAISER, KARL: Deutschlands Vereinigung. Die internationalen Aspekte. Mit den wichtigsten Dokumenten. Bearbeitet von Klaus Becher. Bergisch Gladbach 1991.

KLEIN, ECKART (Hrsg.): Verfassungsentwicklung in Deutschland nach der Wiedervereinigung. Berlin 1994.

LEHMANN, INES: Die deutsche Vereinigung von außen gesehen. Angst, Bedenken, Erwartungen in der ausländischen Presse. Band 1: Die Presse der Vereinigten Staaten, Großbritanniens und Frankreichs. Band 2: Die Presse Dänemarks, der Niederlande, Belgiens, Luxemburgs, Österreichs, der Schweiz, Italiens, Portugals und Spaniens und jüdische Reaktionen. Frankfurt a. M. 1997.

LINDNER, BERND: Die demokratische Revolution in der DDR 1989/90. Bonn 1998.

ÖKOLOGISCHE UND SOZIALE BEDINGUNGEN DES DEUTSCHEN EINIGUNGSPROZESSES. Hrsg. von der Arbeitsgruppe Ökologische Wirtschaftspolitik. Redaktion: Hans Diefenbacher, Hans G. Nutzinger und Ulrich Petschow. Marburg 1994.

OPPENLÄNDER, KARL HEINRICH (Hrsg.): Wiedervereinigung nach sechs Jahren: Erfolge, Defizite, Zukunftsperspektiven im Transformationsprozeß. Berlin 1997.

OTTO, HANS-UWE/MERTEN, ROLAND (Hrsg.): Rechtsradikale Gewalt im vereinigten Deutschland. Jugend im gesellschaftlichen Umbruch. Bonn/Opladen 1993.

PFAHL-TRAUGHBER, ARMIN: Rechtsextremismus. Eine kritische Bestandsaufnahme nach der Wiedervereinigung. Bonn 1993.

PILZ, FRANK/ORTWEIN, HEIKE: Das vereinte Deutschland. Wirtschaftliche, soziale und finanzielle Folgeprobleme und die Konsequenzen für die Politik. Stuttgart/Jena 1992.

RATTINGER, HANS/GABRIEL, OSCAR W./JAGODZINSKI, WOLFGANG (Hrsg.): Wahlen und politische Einstellungen im vereinigten Deutschland. Frankfurt a. M./Berlin/Bern u. a. 1994.

ROGGEMANN, HERWIG: Fragen und Wege zur Rechtseinheit in Deutschland. Berlin 1995.

RÜTHER, GÜNTHER (Hrsg.): Politik und Gesellschaft in Deutschland. Grundlagen. Zusammenhänge. Herausforderungen. Köln 1994.

SCHÄUBLE, WOLFGANG: Der Vertrag. Wie ich über die deutsche Einheit verhandelte. Hrsg. und mit einem Vorwort von Dirk Koch und Klaus Wirtgen. Stuttgart 1991.

SCHWARZ, HANS-PETER: Die Zentralmacht Europas. Deutschlands Rückkehr auf die Weltbühne. Berlin 1994.

STEUBL, DIETER: Vereinigt – Was jetzt? Eine kritische Analyse des vereinigten Deutschland. Hamburg 1997.

VOM RUNDEN TISCH ZUM PARLAMENT. Hrsg. und mit einem Einleitungsessay von Helmut Herles und Ewald Rose. Bonn 1990.

WAIGEL, THEO/SCHELL, MANFRED: Tage, die Deutschland und die Welt veränderten. Vom Mauerfall zum Kaukasus. Die deutsche Währungsunion. München 1994.

WEIDENFELD, WERNER/KORTE, KARL-RUDOLF (Hrsg.): Handbuch zur deutschen Einheit. 1949 – 1989 – 1999. Frankfurt a. M./Bonn 1999.

WIEDERVEREINIGUNG DEUTSCHLANDS. Festschrift zum 20jährigen Bestehen der Gesellschaft für Deutschlandforschung. Hrsg. von Karl Eckart, Jens Hacker und Siegfried Mampel. Berlin 1998.

»WIR SIND DAS VOLK!« Die DDR im Aufbruch. Eine Chronik in Dokumenten und Bildern. Redaktion: Micha Wimmer, Christine Proske, Sabine Braun und Bernhard Michalowski. 2. Auflage München 1990.

ZENTRUM FÜR TÜRKEISTUDIEN (Hrsg.): Ausländer in der Bundesrepublik Deutschland. Ein Handbuch. Herkunftsländer. Aufenthaltsstatus. Einbürgerung. Alltag. Selbständige. Asyl. Bildung. Familien. Selbstorganisation. Kriminalität. Medien. Sport. Rückkehr. Opladen 1994.

III. Namenregister

Allen Personen und Institutionen, die bei der Suche nach biographischen Daten behilflich waren, sei an dieser Stelle herzlich gedankt.

Trotz aller Bemühungen konnten Geburts- bzw. Sterbejahr nicht in jedem Fall ermittelt werden. Für ergänzende und ggf. korrigierende Hinweise sind Autor, Herausgeber und Bearbeiter dankbar.

Aufgeführt werden die Namen im Textteil und in den Bildunterschriften. Die Namen im Anhang werden nicht erfasst.

Die biographischen Daten stellten Birgitta Gruber und Patrick Grootveldt zusammen.

Lorenz, Peter (1922–1987) 231
Lorenz, Siegfried (1930–) 320
Loritz, Alfred (1902–1979) 63
Lotze, Werner (1952–) 404
Lübke, Heinrich (1894–1972) 69, 115,
116, 157, 213
Lücke, Paul (1914–1976) 115, 150, 152,
154, 156, 158, 162, 163
Lüders, Marie-Elisabeth (1878–1966) 70
Luft, Christa (1938–) 379, 396, 452
Lukaschek, Hans (1885–1960) 64
Lüneburg, Sonja, d.i. Johanna Olbrich
(1926–) 336
Luxemburg, Rosa (1871–1919) 320, 322

Macmillan, Harold (1894–1986) 184
Mahler, Horst (1936–) 229
Maier-Witt, Silke (1950–) 404
Maihofer, Werner (1918–) 218, 221–223
Maizière, Lothar de (1940–) 316, 379,
384, 387, 388, 397–400, 404, 408–413,
419, 421, 433, 434, 443, 465
Major, John (1943–) 456, 483, 488, 489,
511
Malenkow, Georgi Maximilianowitsch
(1902–1998) 77
Maleuda, Günther (1931–) 379, 395,
406, 414
Mao, Zedong (1893–1976) 167, 244, 333
Marcuse, Herbert (1898–1979) 167
Marienfeld, Claire (1940–) 125
Marshall, George C. (1880–1959) 23, 24
Marx, Karl (1818–1883) 145, 288, 384
Maschadow, Aslan (1951–) 511
Masur, Kurt (1927–) 370
Matthäus-Maier, Ingrid (1945–) 306
Matthöfer, Hans (1925–) 221, 222, 225
Mazowiecki, Tadeusz (1927–) 425
McCloy, John J. (1895–1989) 64
Meckel, Markus (1952–) 370, 398, 429
Mecklenburg, Ernst (1927–) 320
Meinhof, Ulrike (1934–1976) 229–231
Meins, Holger (1941–1974) 229, 230
Mende, Erich (1916–) 149, 152, 156,
158–159, 213
Mendès-France, Pierre (1907–1982) 85
Mensch, Hannelore (1937–) 380
Menzel, Bruno (1932–) 388
Meri, Lennart (1929–) 506
Merkatz, Hans-Joachim von (1905–1982)
69, 115–117, 150

Merkel, Angela (1954–) 446, 454, 525,
556, 562
Merker, Paul (1894–1969) 75
Merz, Friedrich (1955–) 562
Meyer, Hans-Joachim (1936–) 399
Meyer, Wolfgang (1938–) 380
Mielke, Erich (1907–2000) 78, 79, 370,
374, 379, 382, 384, 404, 467
Mies, Herbert (1929–) 163
Mikojan, Anastas Iwanowitsch (1895–1978)
132
Milošević, Slobodan (1941–) 486, 565–
567
Mischnick, Wolfgang (1921–) 150, 152,
154, 388, 389
Mittag, Günter (1926–1994) 200, 320,
349, 366, 372, 381, 382
Mitterrand, François (1916–1996) 429,
435, 456, 483, 489,511
Mock, Alois (1934–) 359
Modrow, Hans (1928–) 375, 379, 381,
384–388, 390, 393–396, 426, 427, 437
Mohnhaupt, Brigitte (1949–) 232, 306
Moldenhauer, Heinz (–1983) 334
Moldt, Ewald (1927–) 261, 336, 339
Möllemann, Jürgen W. (1945–) 316, 445,
447, 449, 563
Möller, Alex (1903–1985) 161, 215, 216
Möller, Irmgard (1947–) 230, 233
Molotow, Wjatscheslaw M. (1890–1986)
22, 23, 77, 95, 131
Momper, Walter (1945–) 377, 436–440,
469
Monnet, Jean (1888–1879) 82
Moreth, Peter (1941–) 379
Mückenberger, Erich (1910–) 374, 387
Müller, Gottfried (1934–) 399
Müller, Günther (1934–1997) 217
Müller, Heiner (1929–1995) 300
Müller, Hermann (1876–1931) 213
Müller, Josef (1898–1979) 63
Müller, Manfred (1943–) 452
Müller, Werner (1946–) 555
Müntefering, Franz (1940–) 556, 559

Nasser, Gamal Abd el (1918–1970) 187
Németh, Miklós (1948–) 359, 361
Netanjahu, Benjamin (1949–) 540
Neubauer, Horst (1936–) 339
Neubert, Ehrhart 369
Neumann, Alfred (1909–) 320, 374

IV. Der Autor

Hans Georg Lehmann

1935	geboren in Mährisch Schönberg/Sudetenland
1946	Vertreibung aus der Tschechoslowakei
1956 – 1962	Studium der Geschichte, Politikwissenschaft, Germanistik, Rechtswissenschaft und Psychologie an den Universitäten München und Tübingen
1963	Staatsexamen für das Höhere Lehramt
1966	Promotion zum Dr. phil. in Tübingen
1966 – 1974	im Auswärtigen Amt in Bonn
1974 – 1976	Habilitandenstipendium der Deutschen Forschungsgemeinschaft
1976	Habilitation in Bonn
1976 – 1979	Dozent für Politikwissenschaft an der Pädagogischen Hochschule Rheinland, Abteilung Bonn
Seit 1980	Professor für Politikwissenschaft an der Universität Bonn
1978 – 1987	Privatarchivar Helmut Schmidts
Seit 1992	Leiter der Abteilung Politikwissenschaft am Seminar für Orientalische Sprachen an der Universität Bonn

Selbstständige Veröffentlichungen:

Die Agrarfrage in der Theorie und Praxis der deutschen und internationalen Sozialdemokratie. Vom Marxismus zum Revisionismus und Bolschewismus. Tübingen 1970. (Italienische Übersetzung: Milano 1977.)

(Mithrsg.) Akten zur deutschen auswärtigen Politik 1918 – 1945. Aus dem Archiv des Auswärtigen Amtes. Serie E (1941 – 1945). Bände 1 – 4. Göttingen 1969 – 1975.

Deutscher Herold. Volks- und Lebensversicherungs-Aktiengesellschaft 1921 – 1971. Essen 1972.

Der Reichsverweser-Stellvertreter. Horthys gescheiterte Planung einer Dynastie. Mainz 1975.

In Acht und Bann. Politische Emigration, NS-Ausbürgerung und Wiedergutmachung am Beispiel Willy Brandts. München 1976.

Carlo Schmid Bibliographie. Herausgeber: Archiv der sozialen Demokratie (Friedrich-Ebert-Stiftung). Bonn 1977.

Der Oder-Neiße-Konflikt. München 1979.

(Hrsg.) Die Europäische Integration in der interdisziplinären Lehrerbildung. Bonn 1981.

Öffnung nach Osten. Die Ostreisen Helmut Schmidts und die Entstehung der Ost-
und Entspannungspolitik. Bonn 1984.

Nationalsozialistische und akademische Ausbürgerung im Exil. Warum Rudolf
Breitscheid der Doktortitel aberkannt wurde. Herausgeber: Der Präsident der
Philipps-Universität Marburg. Marburg 1985.

Die Oder-Neiße-Grenze aktuell und historisch. Herausgeber: Friedrich-Ebert-Stiftung. Bonn 1985.

Chronik der DDR. 1945/49 bis heute. 2. Auflage München 1988.

Chronik der Bundesrepublik Deutschland. 1945/49 bis heute. 3. Auflage München
1989.

Deutschland-Chronik 1945 – 1995. Bonn 1995. Nachdrucke Bonn 1996 – 1999.

Zahlreiche Aufsätze zur Zeitgeschichte und Politikwissenschaft in Zeitschriften und
Sammelbänden.